权威·前沿·原创

皮书系列为

“十二五”“十三五”“十四五”时期国家重点出版物出版专项规划项目

BLUE BOOK

智库成果出版与传播平台

中国地方政府债券蓝皮书
BLUE BOOK OF CHINA'S LOCAL GOVERNMENT BONDS

中国地方政府债券发展报告（2023）

ANNUAL REPORT ON DEVELOPMENT OF CHINA'S LOCAL GOVERNMENT BONDS (2023)

研　创 / 中诚信国际信用评级有限责任公司
主　编 / 毛振华　孙晓霞　闫　衍
副主编 / 袁海霞　王赫雷

社会科学文献出版社
SOCIAL SCIENCES ACADEMIC PRESS (CHINA)

图书在版编目(CIP)数据

中国地方政府债券发展报告 . 2023 / 毛振华，孙晓霞，闫衍主编 . --北京：社会科学文献出版社，2023. 5
（中国地方政府债券蓝皮书）
ISBN 978-7-5228-1613-5

Ⅰ. ①中… Ⅱ. ①毛… ②孙… ③闫… Ⅲ. ①地方政府-债券发行-研究报告-中国-2023 Ⅳ. ①F812. 7

中国国家版本馆 CIP 数据核字（2023）第 052895 号

中国地方政府债券蓝皮书
中国地方政府债券发展报告（2023）

主　　编 / 毛振华　孙晓霞　闫　衍
副 主 编 / 袁海霞　王赫雷

出 版 人 / 王利民
责任编辑 / 王晓卿
文稿编辑 / 李惠惠　张　爽　王　娇　白　银
责任印制 / 王京美

出　　版 / 社会科学文献出版社 · 当代世界出版分社（010）59367004
地址：北京市北三环中路甲 29 号院华龙大厦　邮编：100029
网址：www. ssap. com. cn
发　　行 / 社会科学文献出版社（010）59367028
印　　装 / 三河市东方印刷有限公司

规　　格 / 开 本：787mm × 1092mm　1/16
印 张：43. 25　字 数：720 千字
版　　次 / 2023 年 5 月第 1 版　2023 年 5 月第 1 次印刷
书　　号 / ISBN 978-7-5228-1613-5
定　　价 / 148. 00 元

读者服务电话：4008918866

主编简介

毛振华　中诚信集团创始人、董事长，中诚信国际信用评级有限责任公司首席经济学家。中国人民大学经济研究所所长、教授、博士生导师，武汉大学董辅礽经济发展研究院院长、教授、博士生导师，中国社会科学院研究生院MBA教育中心特聘教授。1979年考入武汉大学经济系，先后在湖北省统计局、湖北省委政策研究室、海南省政府研究中心、国务院政策研究室等单位从事经济研究工作。1992年创办国内首家全国性信用评级机构——中国诚信证券评估有限公司。在宏观经济、资本市场、信用评级理论方法等方面有较多研究成果，出版了《资本化企业制度论》《十年宏观、十年政策、十年理论——“中国宏观经济论坛”十周年》《“一带一路”沿线国家主权信用风险报告》《国家负债能力与主权评级研究》《企业扩张与融资》《双底线思维：中国宏观经济政策的实践和探索》《稳增长与防风险：中国经济双底线政策的形成与转换》等著作。

孙晓霞　曾任财政部金融司司长、财政部PPP工作领导小组副组长。毕业于东北财经大学，曾工作于财政部商贸司外贸处、金融司金融二处，是我国财政金融改革和地方政府债券市场改革的重要参与者。主要研究方向为财政金融体制改革、PPP和地方政府债券等。

闫　衍　中诚信国际信用评级有限责任公司董事长、总裁，亚洲信用评级协会理事。同时担任中国人民大学经济研究所副所长、中国宏观经济论坛（CMF）副主席、中国社会科学院研究生院MBA教育中心特聘导师。毕业于中国人民大学，获经济学博士学位。主要研究方向为宏观经济和债券市场，出版了《经济发展、区际非均衡增长与债务风险》《“一带一路”沿线国家主权信用风险报告》《“债务—通缩”压力与债务风险化解》《供给侧结构性改革下的中国宏观经济》等著作。同时，作为主要作者在《宏观经济管理》《中国金融》《改革》等刊物上发表了数十篇有关宏观经济、金融市场发展的学术论文。

摘 要

自2015年全面启动自发自还以来，地方债市场快速扩容，截至2022年，我国地方债存量规模已接近35万亿元，在债券市场中占比约为25%，稳居我国债券市场第一大品种。2022年，内外超预期冲击下，我国经济运行持续面临“需求收缩、供给冲击、预期转弱”三重压力，地方债作为宏观调控的重要工具，在稳增长、促基建等政策支持下新增限额保持高位并积极盘活结存限额，专项债募投领域、用作项目资本金领域持续拓宽，并在市场化和对外开放进程中更进一步，充分发挥了稳定经济大盘的积极作用。与此同时，常态化风险防控力度不减，地方债管理制度建设继续深入推进，专项债资金用途调整机制广泛应用，穿透式监测等严监管措施全面铺开，进一步助力地方债市场高质量发展。

展望未来，党的二十大报告强调加快构建新发展格局、构建现代化基础设施体系，并重申守住不发生系统性风险的底线。在稳增长和防风险长期均衡目标下，地方债有望继续稳步扩容、精准投向，同时更加注重效率提升，重视存量与增量的平衡、总量与质量的平衡，推进“债务—资产”的有效转化，助力“十四五”规划行稳致远，开启更高质量的新征程。

关键词： 地方债　专项债　债券管理　高质量发展

目 录

Ⅰ 总报告

Ⅱ 分报告

Ⅲ 区域篇

Ⅳ 专题篇

皮书数据库阅读**使用指南**

总报告

General Report

B.1

2022年中国地方政府债券分析与展望

袁海霞　汪苑晖　鲁　璐　闫彦明*

摘　要： 2022年，内外超预期冲击下，我国经济运行持续面临“需求收缩、供给冲击、预期转弱”三重压力，地方债作为宏观调控的重要工具，发行规模创历史新高，支持领域进一步拓宽，充分发挥了稳投资、补短板的重要作用。本报告结合2022年我国地方债政策环境的新变化，对当前地方债市场发展情况及存在的问题进行梳理分析。展望未来，党的二十大报告强调加快构建新发展格局、构建现代化基础设施体系，并重申守住不发生系统性风险底线，在稳增长和防风险长期均衡目标下，地方债将继续稳步扩容、精准投向，同时更加注重效率提升，重视存量与增量的平衡、总量与质量的平衡，推进“债务—资产”的有效转化，助

* 袁海霞，经济学博士，高级经济师，中诚信国际研究院副院长，中国人民大学国家发展与战略研究院中国政府债务研究中心联席主任，主要研究领域为地方债与城投行业、宏观经济、债券市场等；汪苑晖，中诚信国际研究院副总监，主要研究领域为宏观经济、地方债与城投行业、货币政策等；鲁璐，中诚信国际研究院研究员，主要研究领域为地方债与城投行业、财政政策等；闫彦明，中诚信国际研究院研究员，主要研究领域为地方债与城投行业、财政政策等。

力“十四五”规划行稳致远，开启更高质量的新征程。

关键词： 地方债 专项债 稳增长 防风险

一 2022年中国地方政府债券政策环境新变化

2022 年，国内疫情反复、俄乌冲突加剧外部环境复杂性、原油价格持续攀升，内外超预期冲击下经济下行压力加大。地方债作为宏观调控的重要工具，在稳增长、促基建等政策支持下新增限额保持高位、募投领域持续拓宽，市场化和对外开放进程更进一步。与此同时，常态化风险防控力度不减，专项债资金用途调整机制广泛应用，穿透式监测等严监管措施全面铺开。

（一）新增债务限额保持高位，盘活结存限额接续发力

2022 年国务院《政府工作报告》① 强调提升积极的财政政策效能，用好政府投资资金、带动扩大有效投资。地方债务新增限额保持高位、发行进度进一步加快，并积极盘活存量限额以接续发力。具体来看，2022 年地方政府新增债务限额 4.37 万亿元，其中新增一般债限额 0.72 万亿元，较 2021 年小幅下降 0.1 万亿元；新增专项债额度 3.65 万亿元，稳增长压力下与 2021 年持平，充足的新增地方债务限额为“六稳六保”提供了重要支撑。在“政策发力适当靠前”要求下，新增专项债发行进度较往年进一步加快，其中 1.46 万亿元提前批额度于 2021 年 12 月初下达、2022 年一季度基本发行完毕，与 2021 年底的专项债发行高峰实现良好衔接；在 5 月《国务院关于印发扎实稳住经济一揽子政策措施的通知》②（以下简称“稳经济 33 条”）的要求下，3.45 万亿元用于项目建设的专项债于 6 月底前基本发行完毕、8 月底前基本使用完毕。而后，为接续新增专项债以支持基建投资，国常会于 8 月下旬至 9 月初多

① 《政府工作报告——2022 年 3 月 5 日在第十三届全国人民代表大会第五次会议上》，中国政府网，2022 年 3 月 12 日，http：//www. gov. cn/premier/2022-03/12/content_ 5678750. htm。

② 《国务院关于印发扎实稳住经济一揽子政策措施的通知》（国发〔2022〕12 号），中国政府网，2022 年 5 月 31 日，http：//www. gov. cn/zhengce/content/2022-05/31/content_ 5693159. htm。

次部署盘活地方 2019 年以来结存的 5000 多亿元专项债限额，并要求在 10 月底前基本发行完毕，助力四季度形成更多实物工作量。此外，在跨周期调节要求下，9 月稳经济大盘四季度工作推进会议提出提前下达 2023 年专项债部分限额并于 10 月开始申报，对 2022 年四季度、2023 年一季度稳经济形成进一步支撑。

（二）债券募投领域持续拓宽，力图精准匹配投资需求

2022 年，内外超预期冲击下我国经济下行压力持续加大，地方债尤其是专项债作为宏观调控的重要抓手，继续通过创新投向领域来适应发展阶段变化及主要矛盾转化，支持领域进一步拓宽。在前期确定的九大募投领域基础上，新纳入消费相关基建、新基建、新能源领域，更加精准匹配有效投资需求。3 月，国务院《政府工作报告》提出合理扩大专项债使用范围。4 月，国常会提出将消费相关基础设施建设纳入专项债支持范围，以投资带消费，随后《国务院办公厅关于进一步释放消费潜力促进消费持续恢复的意见》① 提出支持消费相关基础设施和服务保障能力建设，符合条件的项目可纳入地方政府专项债支持范围。5 月，“稳经济 33 条”提出优先考虑将新型基础设施、新能源项目等纳入专项债支持范围，不断增后劲、上水平，助力绿色可持续发展，专项债募投领域由此扩展至 12 个。与此同时，专项债可用作项目资本金领域也逐步拓宽。10 月，监管部门明确专项债可用作项目资本金的领域在原有 10 个领域②的基础上增加新能源项目、煤炭储备设施、国家级产业园区基础设施 3 个，以期更全面地发挥专项债“四两拨千斤”作用，吸引更多社会资本投入。

（三）逐步探索发行利率变轨，市场基础设施持续完善

2022 年，我国地方债市场化水平和对外开放水平进一步提升，相关配套基础设施持续完善。在发行定价方面，逐步探索定价基准由国债收益率向地方

---

① 《国务院办公厅关于进一步释放消费潜力促进消费持续恢复的意见》（国办发〔2022〕9 号），中国政府网，2022 年 4 月 25 日，http：//www. gov. cn/zhengce/content/2022－04/25/content_ 5687079. htm。

② 2019 年 9 月 6 日，财政部副部长许宏才在“加快发行使用地方政府专项债券新闻发布会”上表示，专项债可用作项目资本金范围扩大为 10 个领域，包括铁路、收费公路、干线机场、内河航电枢纽和港口、城市停车场、天然气管网和储气设施、城乡电网、水利、城镇污水垃圾处理、供水。

债收益率的“变轨”。财政部于 2020 年 11 月发文鼓励具备条件的地区参考地方债收益率曲线合理设定投标区间①，并于 2021 年 8 月表示要积极研究编制地方债收益率曲线②。2022 年 3 月，“财政部—中国地方政府债券收益率曲线”正式发布。11 月，广东省发行的 2 只地方债③首次采用该收益率曲线作为定价基准，这是继 2021 年 6 月以来地方债发行利差突破“同期限国债加点 25BP”隐性限制后的又一重大市场化突破。新基准实施后，地方债投标标位区间下限将整体下降，定价空间将进一步增大，发行利率将更合理地反映地区信用差异，同时地方债收益率曲线的有效性也将得到加强，将更准确地发挥定价基准职能。在对外开放方面，继 2021 年 10 月深圳、广东离岸人民币地方债首发后，2022 年 11 月迎来新一轮发行，发行人包括海南、广东、深圳三地政府。截至 2022 年 11 月，离岸人民币地方债已达 11 只、规模 192 亿元，侧重于投向可持续发展领域，涵盖绿色债券、蓝色债券等品种。未来，随着市场基础设施制度的不断健全，离岸人民币地方债有望继续稳步扩容，丰富地方政府融资渠道，推进债券市场对外开放。

（四）常态化严监管全面推进，不断提升资金使用效率

近年来，我国在地方债信息披露、绩效管理、审查监督等方面出台了一系列监管措施，2022 年进一步落实落细，进一步提升资金使用效率。在穿透式监测方面，宁夏、湖南、辽宁、山西等地提出建立该机制，福建、陕西等地正式上线穿透式监测系统，新疆、安徽、甘肃等地组织各级财政、有关部门进行相关业务培训，穿透式监测全覆盖目标逐步实现。在支出进度管理方面，山西、吉林、广东、福建、河南等地建立了相关制度，例如支出进度预警、闲置资金超期收回、专项债项目建设和资金支出月调度等，实时监测并通报专项债

---

① 参见《关于进一步做好地方政府债券发行工作的意见》（财库〔2020〕36 号），财政部网站，2020 年 11 月 11 日，http：//gks. mof. gov. cn/ztztz/guozaiguanli/difangzhengfuzhaiquan/202011/t20201111_ 3621046. htm。

② 参见《财政部对十三届全国人大四次会议第 7349 号建议的答复》（财预函〔2021〕92 号），财政部网站，2021 年 8 月 18 日，http：//yss. mof. gov. cn/jytafwgk_ 8379/2021jytafwgk_ 1/rddbjyfwgk/202108/t20210818_ 3746002. htm。

③ 为 2022 年广东省地方政府再融资专项债券（八期）和 2022 年广东省地方政府再融资一般债券（九期）。

发行、资金拨付和实际支出进度情况，对不达标项目采取预警提示、暂停发行剩余债券、核减后续发行额度、收回资金调整使用等措施。在违规处理处罚方面，2022 年 1 月，财政部提出“建立专项债资金违规使用处理处罚机制，强化对违规行为的硬性约束”，福建要求通报专项债使用管理负面典型案例，对于问题突出地区扣减专项债新增限额或酌情暂停发行新增专项债。此外，专项债资金用途调整机制得到了更加广泛的应用。据中国债券信息网公开披露，2022 年 1~8 月，有 22 个省份进行了近 50 次专项债资金用途调整，避免资金闲置浪费，进一步提高资金使用绩效。

二　2022年中国地方政府债券市场运行情况

2022 年，稳增长压力下促基建成为重要抓手，地方债作为基础设施建设的重要资金来源，供给节奏大幅前置且规模创历史新高、发行市场化程度进一步提升，同时交易规模大幅增加，一、二级市场利差也有所收窄，资金使用持续聚焦稳增长、补短板、惠民生板块，且借新还旧比例有所上升。

（一）一级发行情况：供给节奏大幅前置，发行更趋市场化

1. 供给节奏大幅前置，发行规模创历史新高

2022 年，在稳增长压力下，宏观政策要求适当靠前发力，地方债尤其是专项债作为落实积极财政政策的重要着力点，新增额度保持高位，供给节奏大幅前置且发行规模创历史新高。1~9 月，地方债合计发行 6.35 万亿元，同比大幅增长 13.05%，规模创历史同期最高水平。从债券类型看，一般债合计发行 1.94 万亿元，同比下降 13.48%，其中新增一般债发行 0.70 万亿元，同比增长 2.52%；再融资一般债发行 1.24 万亿元，同比下降 20.48%。专项债合计发行 4.41 万亿元，同比增长 30.64%，其中新增专项债发行 3.54 万亿元，同比大幅增长 49.75%；再融资专项债发行 0.87 万亿元，同比下降 14.08%。从发行节奏看，一季度地方债发行规模达 1.82 万亿元，为上年同期的 1.04 倍。二季度，政策多次要求加快发行使用进度，确保“6 月底前基本发行完毕”，地方债发行进一步加快，5 月、6 月发行规模均超万亿元，其中 6 月发行 1.93 万亿元，创单月发行规模历史最大值（见图 1），完成限额进度也远超往年同

期。上半年，地方债完成2022年新增限额的92.01%，其中新增一般债、新增专项债分别完成85.39%、93.32%，均为历史最高水平。三季度地方债发行节奏明显放缓，仅发行1.10万亿元，同比下降51.71%，季度发行规模为2015年以来同期最低水平。在经济下行压力仍较大的背景下，国常会提出“依法用好5000多亿元专项债地方结存限额”，10月新增专项债再度迎来发行小高峰，支撑四季度基建投资及经济增长。

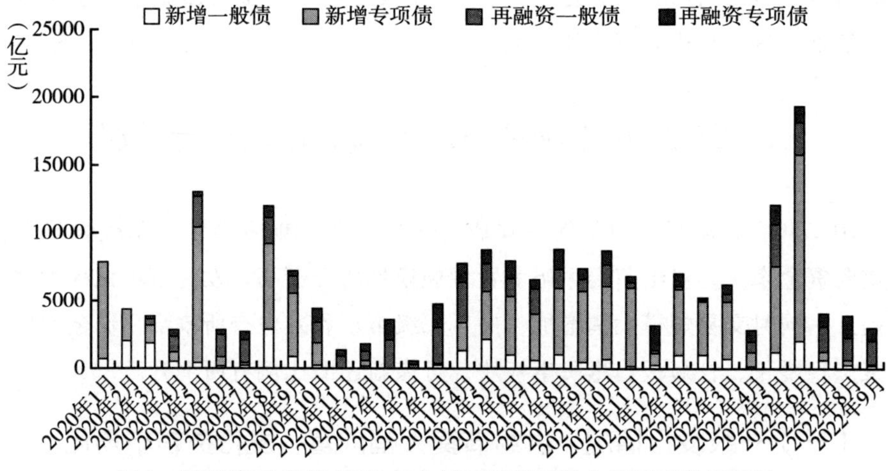

图1　2020年1月至2022年9月不同类型地方债月度发行统计

数据来源：Wind数据库，中诚信国际整理计算。

2. 发行期限同比延长，较长期限债券占比上升

2022年1~9月，由于期限相对较长的新增专项债发行较多，地方债加权平均发行期限较上年同期延长2.01年至13.29年，其中一般债8.05年、同比延长0.29年，专项债15.60年、同比延长2年；细分来看，新增一般债、新增专项债、再融资一般债、再融资专项债加权平均发行期限分别为9.16年、17.19年、7.42年、9.09年，同比分别增加0.34年、2.13年、0.11年和下降1.13年（见图2），新增专项债长期化趋势更为明显。从期限结构看，地方债发行以较长期限为主且占比有所上升，10年及以上期限地方债占比为66.58%、同比回升6.25个百分点，5年及以下期限占比为16.80%、同比下降0.56个百分点；具体来看，10年期债券占比最高、达23.63%，同比回落9.02个百分点，次之为7年期，发行规模占比为16.62%、同比回落5.69个百分点。

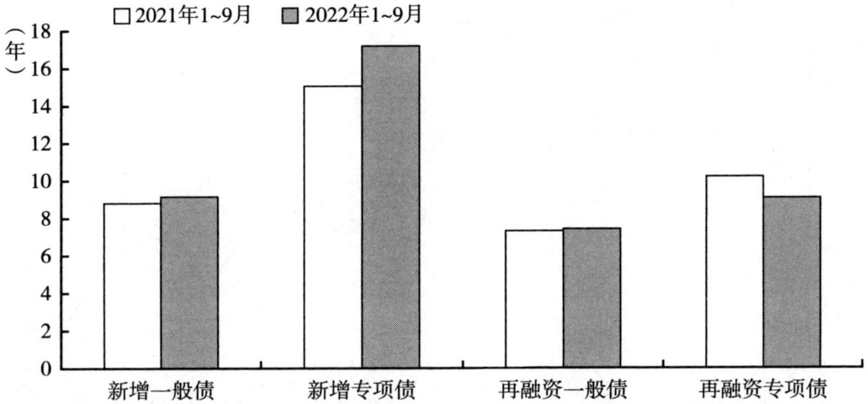

图2　2021 年 1~9 月和 2022 年 1~9 月地方债加权平均发行期限

数据来源：Wind 数据库，中诚信国际整理计算。

3. 发行进一步市场化，利率基准转换定价空间放开

受利率中枢波动下行、发行市场化程度提升等影响，2022 年地方债发行利率波动下降。1~9 月，地方债加权平均发行利率为 3.03%、同比下降 34BP，一般债、专项债加权平均发行利率分别为 2.86%、3.11%，同比分别下降 42BP、31BP。分月度看，1~4 月地方债发行利率稳中有降，5~6 月伴随新增专项债密集发行、发行期限延长，地方债发行利率逐月抬升，7 月以来重新进入下行通道。此外，除 8 月外，年内专项债利率均高于一般债，或与新增专项债发行占比较高有关（见图 3）。从发行利差来看，地方债发行利差大幅收窄且整体位于 15BP 之内，1~9 月地方债加权平均发行利差为 14.95BP、同比收窄 9.36BP，一般债为 15.43BP、同比收窄 9.39BP，专项债为 14.74BP、同比收窄 9.23BP。

与此同时，各省份地方债市场化发行程度进一步提升。一方面，更多省份地方债发行利率突破“较招投标前 5 日同期限国债上浮 25BP”的隐性限制，进一步反映出区域信用差异。2022 年 1~9 月，除西藏外的 30 个省（区、市）的地方债发行利差①均小于 25BP，省份数量较 2021 年大幅增加 14 个。具体来看，31 个省（区、市）地方债发行利差处于 9BP~26BP 区间，并且各地区利差差异较为明显，一定程度上反映了区域经济财政实力和债务风险水平。有

① 发行利差指与招投标前 5 日同期限国债收益率均值的加权平均利差。

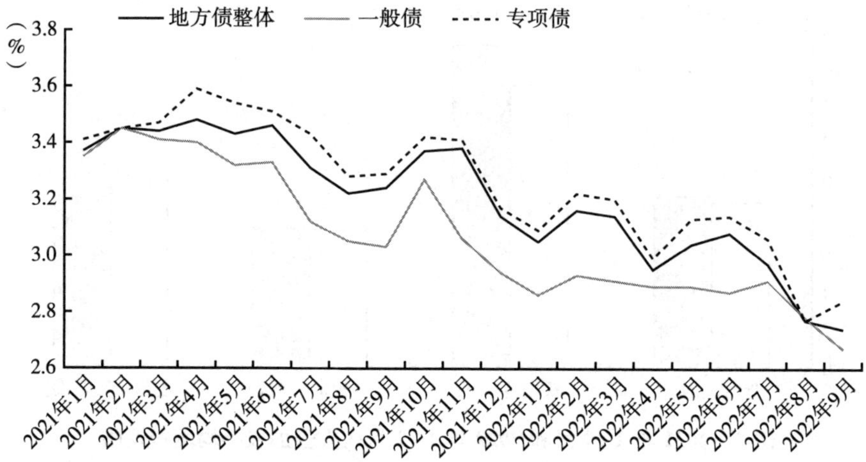

图 3　2021 年至 2022 年 9 月一般债、专项债和地方债整体加权平均发行利率走势

数据来源：Wind 数据库，中诚信国际整理计算。

21 个省（区、市）的地方债发行利差高于全国平均水平（15.05BP），其中西藏、新疆、内蒙古、辽宁、云南在 22BP 以上；上海、浙江、湖北、广东在 11BP 以下，区域经济财政实力较强、债务压力较小（见图 4）。另一方面，

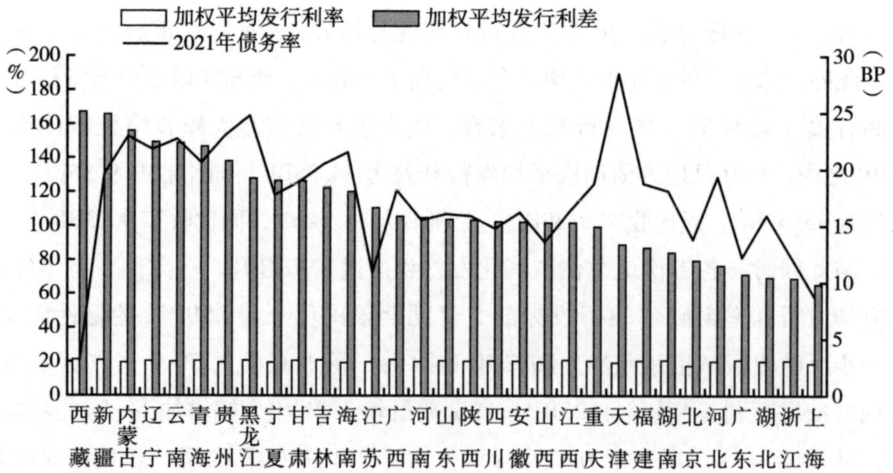

图 4　2022 年 1~9 月我国 31 个省（区、市）地方债发行利率、利差及 2021 年债务率

数据来源：Wind 数据库，中诚信国际整理计算。

地方债发行定价参考基准开始向地方债收益率曲线调整，投标区间下限有所下降。11 月，广东地方债发行定价参考基准首次从“财政部—中国国债收益率曲线”调整至“财政部—中国地方政府债券收益率曲线”，新定价基准实施后地方债投标标位区间下限将整体下降，市场化定价空间增大，地方债发行市场化进程再度迈出重要步伐。

（二）二级交易情况：交易规模同比增加，收益率同比下滑

1. 交易规模同比增加，流动性进一步改善

2022 年，经济下行压力持续加大，市场避险情绪浓厚，低风险券种交易升温，地方债二级市场交投情绪持续回暖；同时，考虑到地方债交易优势不如国债、投资者结构以银行机构为主等因素，地方债的交易规模多与同期发行规模呈正相关，1~9 月地方债发行规模同比大幅增长也是地方债交易活跃度改善的重要原因之一。整体看，前三季度地方债现券交易规模达 7. 54 万亿元，同比增长 28. 70%；若以“期间交易规模/期初、期末存量地方债规模平均值”定义换手率指标，则地方债换手率由上年同期的 0. 21 明显增加至 0. 33，二级市场流动性有所改善。分省份看，广东、山东、北京等省（区、市）地方债交易规模超过 6000 亿元，或与当地地方债存量规模相对较大有关（见图 5）。

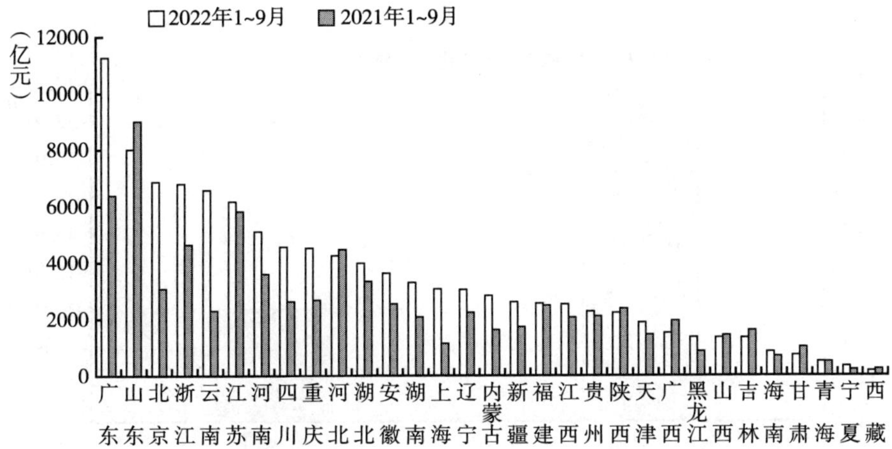

图 5　2021 年 1~9 月和 2022 年 1~9 月我国 31 个省（区、市）地方债交易规模

数据来源：Wind 数据库，中诚信国际整理计算。

2. 收益率同比下降，一、二级市场利差收窄

2022 年 9 月 30 日，地方债存量规模加权平均中债估价收益率为 2.70%，同比下降 0.32 个百分点；其中一般债为 2.60%、同比下降 0.37 个百分点，专项债为 2.77%、同比下降 0.30 个百分点（见图 6）。从交易利差看，地方债交易利差为 14.34BP，同比收窄 13.35BP；其中一般债交易利差为 14.38BP、同比收窄 13.72BP，专项债交易利差为 14.32BP、同比收窄13.00BP（见图 7）。

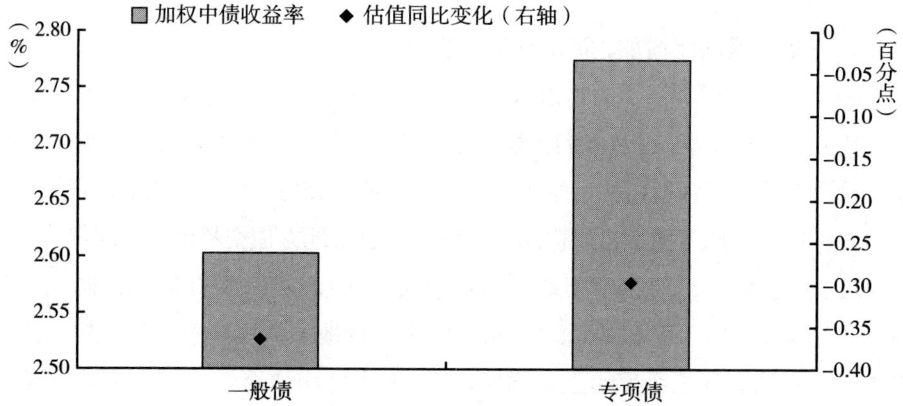

图 6　截至 2022 年 9 月存量地方债收益率

数据来源：Wind 数据库，中诚信国际整理计算。

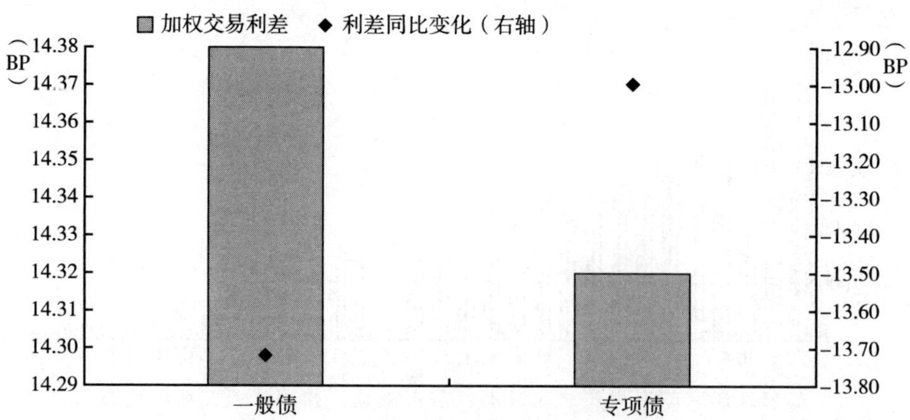

图 7　截至 2022 年 9 月存量地方债交易利差

数据来源：Wind 数据库，中诚信国际整理计算。

从一、二级市场利差对比看，在 1～9 月发行的地方债中，一级市场招标利率加点与二级市场交易利差偏离幅度在 10BP 以内的规模占比达 98.66%、同比大幅回升 40.71 个百分点，偏离幅度在 20BP 以内的规模占比仅为 0.11%、同比回落 40.52 个百分点，偏离幅度在 20BP 以上的规模占比仅为 1.23%、同比回落 0.01 个百分点，地方债一、二级市场利差整体较低，且伴随地方债发行市场化程度上升，一、二级市场利差进一步收窄。

3. 投资者结构仍较单一，以商业银行为主

从地方债投资者结构看，银行间市场投资者持有规模占比仍最大，占市场比重达 96.58%，其中商业银行仍是最主要的持有人，截至 2022 年 9 月持有规模占银行间市场比重达 86.05%，投资者结构仍较单一。商业银行负债端成本相对较低、稳定性相对较高，并且与地方政府的关联较为密切，因此既有能力，也有动力持有机构所在地地方政府发行的地方债。值得注意的是，近年来商业银行持有规模占比逐年回落、年均回落超 0.5 个百分点，非法人产品、保险机构、证券公司持有规模占比整体上逐年抬升（见图 8），地方债投资者结构不断丰富。此外，以中小投资者为主的柜台市场等其他市场占比为 3.42%，较上年同期增加 0.45 个百分点，仍有较大提升空间。

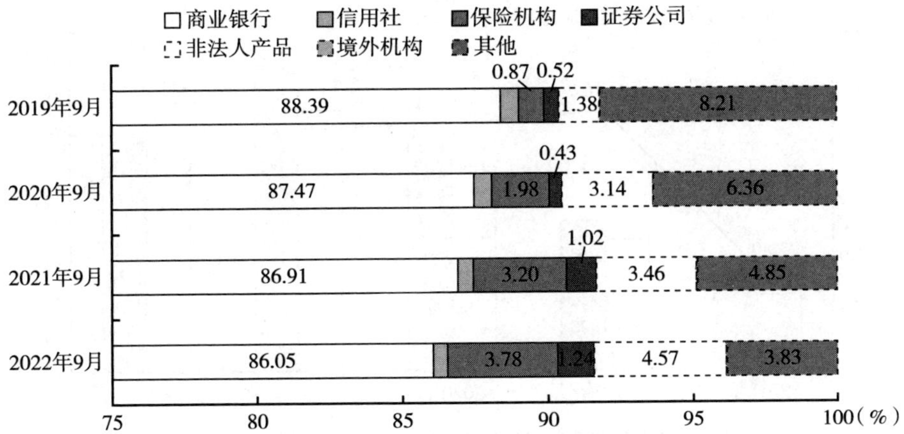

图 8　2019 年 9 月至 2022 年 9 月银行间市场地方债持有人结构

数据来源：中国债券信息网，中诚信国际整理计算。

（三）资金使用情况：聚焦基建加大撬动，借新还旧比例上升

1. 财政承压下借新还旧比例上升，多用于偿还到期债券

2022 年 1~9 月，新增地方债发行规模达 4.24 万亿元，同比增长 39.18%，占全部地方债发行规模的 66.82%，占比较上年同期抬升 12.54 个百分点。再融资地方债发行规模达 2.11 万亿元，同比下降 17.96%；其中有 2199.57 亿元用于偿还存量政府债务，其余 90%用于偿还到期债券本金。结合地方债到期偿还情况看，1~9 月地方债偿还量达 21061.54 亿元，其中近九成依靠再融资债进行偿还，借新还旧比例①达 89.56%，财政承压背景下较上年全年抬升超 3 个百分点，且为 2018 年来最高水平（见图 9）。此外值得关注的是，有 87.18 亿元为提前偿还，规模约为上年同期的 2.4 倍，一定程度上避免了后续付息压力及到期偿还压力。分区域看，广东、山东、浙江新增债发行规模较大，均超 2700 亿元；江苏、北京再融资债发行规模较大，其中江苏发行规模居全国首位，达 1791.63 亿元，地方债到期压力下均用于偿还到期债券本金；北京次之，为 1788.56 亿元，其中约 86%用于偿还存量债务，或与其开展全域隐性债

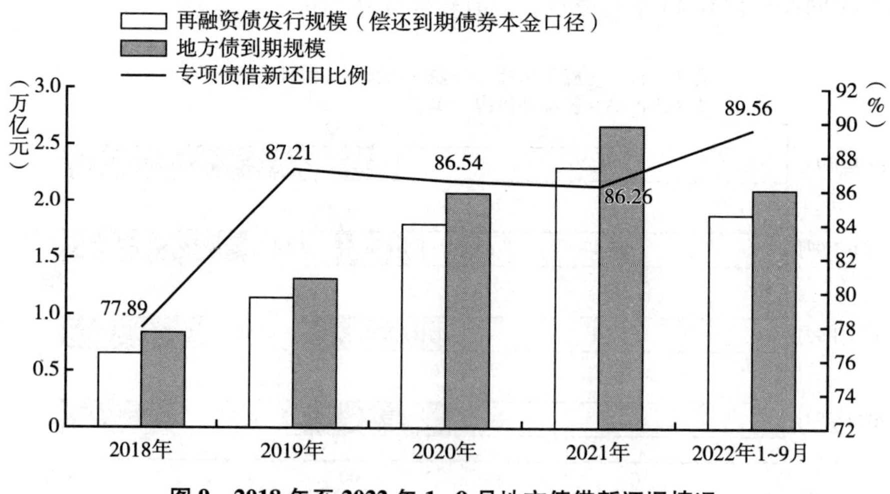

图 9　2018 年至 2022 年 1~9 月地方债借新还旧情况

数据来源：Wind 数据库，中诚信国际整理计算。

① 此处“借新还旧比例”指用于偿还到期债券本金的再融资债发行规模/地方债到期规模，不考虑偿还存量政府债务的再融资债。

务清零工作有关，此外，同样进行这一试点的上海、广东也发行了用于偿还存量政府债务的再融资债，规模分别为654.80亿元、13.64亿元。

2. 新增专项债多投向基建领域，募集资金用途持续拓宽

2022年国务院《政府工作报告》提出"支持在建项目后续融资，开工一批具备条件的重大工程、新型基础设施、老旧公用设施改造等建设项目"，专项债持续聚焦稳增长、补短板、惠民生板块，投向近3万个项目，其中过半数为新开工项目，有力支撑了地方重大项目开工建设。1~9月，专项债主要投向市政和产业园区基础设施（30%）、交通基础设施（18%）、民生服务（16%）、棚改（11%）、农林水利（6%）等领域（见图10）。其中，既促消费、惠民生，又调结构、增后劲的"两新一重"领域占比约四成，与上年同期基本持平。具体来看，交通、水利、能源等"重大工程"仍维持主要地位（18%），其中超六成为交通基础设施领域；"新基建"占比较低（6%），但在国常会"支持新基建等增后劲、上水平项目建设"等政策的引导下较上年同期小幅抬升约1个百分点。同时，伴随《"十四五"新型城镇化实施方案》[①]

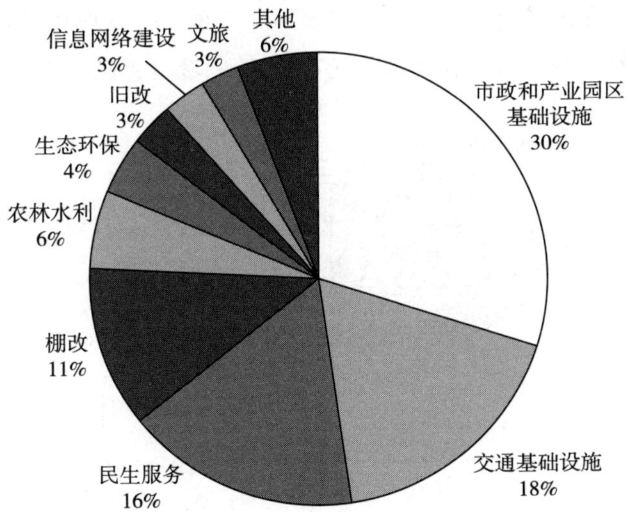

图10　2022年1~9月新增专项债募投项目分布

数据来源：中诚信国际地方政府专项债项目数据库，中诚信国际整理计算。

① 《"十四五"新型城镇化实施方案》，国家发展和改革委网站，2022年7月28日，https://www.ndrc.gov.cn/fggz/fzzlgh/gjjzxgh/202207/t20220728_1332050_ext.html。

等的落地，“新型城镇化建设”持续扩容（14%），其中超八成投向棚改领域，但较上年同期大幅回落，此外，有 3 只用于支持中小银行发展的专项债发行，规模合计 485 亿元。分区域看，各地区在聚焦市政和产业园区、交通等基础设施建设的同时，也因地制宜、各有侧重地投向不同领域。东部地区积极推进城市更新及乡村振兴，约 3%的专项债资金投向城乡建设领域，远超其他地区；中部地区存量棚改项目较多，投向棚改领域的专项债资金占比较高，达 16%；西部地区持续向文旅领域倾斜，近 4%的专项债资金投向文旅领域，超过其他地区；东北地区继续加大对市政和产业园区基础设施的支持力度，过半数专项债资金投向该领域。

3. 专项债用作项目资本金比例上升，投资撬动能力进一步增强

在政策持续强调发挥专项债“四两拨千斤”作用、带动扩大有效投资的要求下，2022 年 1~9 月专项债用作项目资本金比例有所提升，对基建投资的撬动能力进一步增强。根据中诚信国际对 1~9 月专项债项目的不完全统计，各地安排超过 2500 亿元专项债资金用作重大项目资本金，约占全部专项债的 7%、较上年提升超 1 个百分点，投向超 500 个项目。从应用领域看，仍集中于交通基础设施（83%）、农林水利（7%）等领域（见图 11），其中农林水利

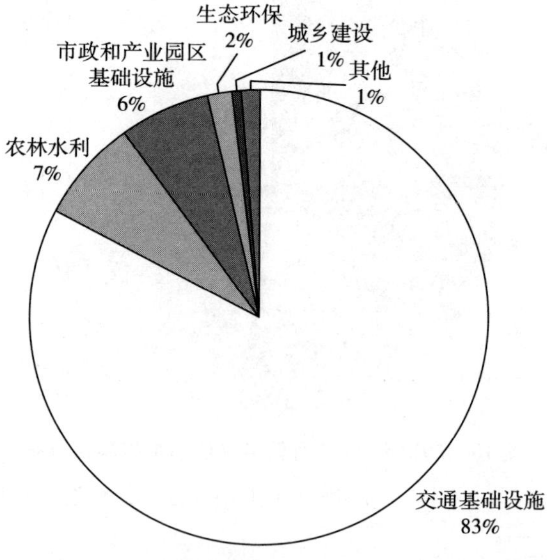

图 11　2022 年 1~9 月专项债用作资本金的项目领域分布

数据来源：中诚信国际地方政府专项债项目数据库，中诚信国际整理计算。

领域占比较上年抬升约1个百分点。从区域看，有25个省（区、市）发行了新增专项债用作项目资本金，其中广东规模超500亿元，但各省（区、市）专项债用作项目资本金比例的均值仍不足10%。一方面，这与该类项目审核较严，同时地方政府出于防止新增隐性债务风险的考虑，实际操作较为谨慎有关；另一方面，专项债项目收益能力仍然偏低，金融机构参与意愿不足也对此形成阻力。此外，这也与大部分专项债项目立项主体为政府职能部门、本身不具备市场化融资条件密不可分。

三　当前中国地方政府债券市场发展面临的问题

2022年，在我国经济发展面临需求收缩、供给冲击、预期转弱三重压力背景下，充足的地方债资金供应、快速的发行节奏对稳增长、促基建发挥了重要积极作用，同时市场化程度和对外开放水平的进一步提升，以及常态化监管机制的进一步完善对于地方债市场高质量发展具有积极意义。然而，在创新发展的同时，我国地方债市场仍面临“债务—资产”转化效率待提升、配套市场基础设施待健全、财政承压下偿债保障机制尚待完善等问题。

（一）用途调整更为频繁，“债务—资产”转化效率仍待提升

在2022年专项债发行节奏大幅提前、规模创历史新高的背景下，专项债用途调整频率明显加快、规模及范围进一步扩大，虽然避免了债券资金闲置浪费，但若频繁调整，易造成项目储备质量进一步下降、更加依赖用途调整的恶性循环，制约从债务到有效优质资产的及时转化和稳增长政策效果的有效显现。具体来看，与2021年全年相比，2022年1~8月新增5省份进行资金用途调整，发布调整公告的次数增加超20%（见图12），调整时间由2021年的四季度大幅提前至年初，且超半数省份对2022年新增专项债资金用途进行了调整。梳理其调整原因，可大致分为项目实际需求少于预期带来的“钱等项目”、项目建设进度缓慢等带来的“钱需错配”、资金违规使用等造成的“钱需不符”三类，占比分别为近五成、超四成、不足一成，在专项债“借用管还”全流程中均存在一定问题，政府“债务—资产”转化效率仍待提升。在“借”的环节，存在前期论证不严谨、规划方案不符合政策要求，导致估算投

资金额高于实际使用金额、发债规模与项目实施进度不匹配、项目实施后与社会需求差距大、项目无法开展等情况；在“用”的环节，存在将资金违规用于经常性支出、人员补贴、债券发行费等现象，最终因审计等监管原因被迫发生调整；在“管”的环节，存在监督责任未落实、部门协调机制待完善等问题，从而导致规划报批手续慢、配套设施建设或配套资金未到位等拖累项目建设进度、影响形成实物工作量等情况；在“还”的环节，存在项目收入结构不稳定、收入波动性较大等问题，易引发项目收益不及预期，且部分项目偿债资金依赖土地出让收入，土地市场低迷下项目还本付息存在较大不确定性。

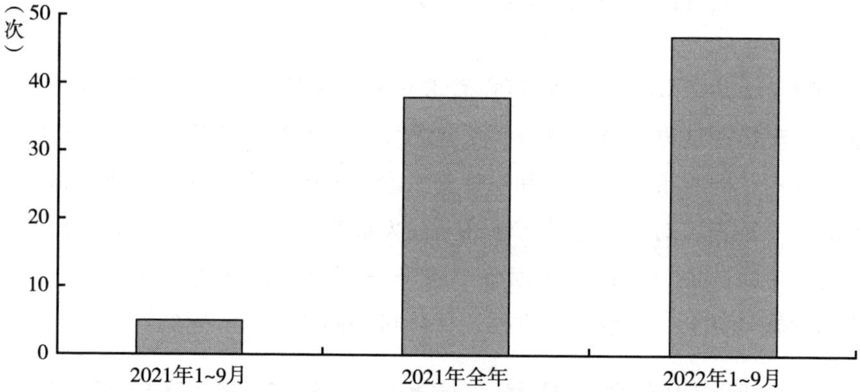

图 12　2021 年至 2022 年 1~9 月专项债资金用途调整次数

数据来源：中国债券信息网，中诚信国际整理计算。

（二）对外开放程度提升，配套市场基础设施待进一步健全

近年来，随着合格境外机构投资者、人民币合格境外机构投资者、银行间债券市场直投、债券通等机制的建立，以及离岸人民币地方债的持续发行，我国地方债“引进来”和“走出去”的双向通道已经打通。然而，目前我国境内外地方债市场基础设施仍有进一步完善空间，或对债券市场的双向开放以及地方债的可持续发展形成一定制约。第一，发行定价机制需进一步完善，市场化水平有待继续提升。2015 年以来，我国地方债发行定价一直以国债收益率曲线为基准，发行利率差异化程度低，随着地方债快速扩容并稳居我国债券市场第一大券种，其自身定价能力不断增强，参考国债收益率定价的必要性正逐

步下降。当前，地方债刚刚开始从以国债收益率为基准向以地方债收益率为基准进行“变轨”试点，后续发行定价的市场化力度和试点区域仍需进一步加大和放开，并以此为契机进一步推动离岸人民币地方债的市场化发行定价。第二，投资者结构单一问题长期存在，地方债流动性仍显不足。鉴于地方债收益率相对较低、产品期限难以精准匹配非银客户需求等因素，我国地方债投资者仍集中于商业银行，其持有规模超全部地方债的八成，远高于成熟市场水平。尽管近年来我国积极推广地方债柜台业务、推进离岸债发行，但目前来看对投资者结构单一、地方债市场流动性不足等问题的改善程度仍较微弱。第三，信息披露机制有待进一步细化完善。当前我国地方债信息披露透明度不断提升，发行、资金用途调整等信息披露较及时和完备，但仍存在项目存续期信息公开频率较低、披露标准及内容不统一、重大事项披露不及时等问题，尤其是在专项债持续大幅扩容、离岸人民币地方债不断推行的情况下，需进一步完善信息披露机制，为国内外投资者提供更有价值的参考。

（三）债务风险不容忽视，财政承压下偿债保障机制待完善

近年来，我国地方债在进行逆周期调控、发挥稳增长功效的同时，也造成了地方政府债务余额的大幅攀升，且当前地方债到期高峰已经来临，2023~2025年我国地方债年均到期量将高达3万亿元左右，在地方财政普遍承压背景下，地方政府债务风险不容忽视、相关偿债保障机制亟待完善。第一，财政紧平衡下财政资金偿还受限，偿债资金筹措渠道少。疫情反复冲击经济生产活动，叠加减税降费持续推进、土地出让持续低迷，财政收入压力加大；而支出端刚性较强，社会保障等民生支出显著增加，我国地方财政收支平衡压力进一步凸显，财政资金还本付息持续承压。与此同时，地方政府对存量优质资产盘活不足，且通过盘活存量资产来筹措偿债资金的周期较长、力度有限，因而短期内地方政府安排财政资金偿债的压力不断加大。第二，地方债偿还高度依赖借新还旧，增加未来付息压力及利率风险。目前专项债项目收益仍较低，近八成项目本息覆盖倍数不足2倍，且部分项目偿债资金依赖土地出让收入，不确定性较高，在财政资金偿还承压的情况下，地方政府对发行再融资债的滚续偿债方式的依赖度不断加深，2022年1~9月地方政府专项债借新还旧比例高达79.88%，明显高于2020年、2021年全年水平。尽管借新还旧能在短期内缓解债务压力，但长期

来看将增加财政付息压力并面临利率波动风险。第三，地方债特殊条款运用少，偿债安排欠灵活。2018 年以来，广东、深圳、青岛等地创新发行了含权地方债，地方政府可在偿债资金充足时选择提前赎回债券，进而降低付息成本、平滑大规模到期压力。近年来，我国含权地方债发行规模及占比均逐年增加，但整体占比仍不足 5%，地方政府偿债灵活性仍有一定不足，不利于对债务余额开展主动管理，容易面临被动付息压力以及集中到期风险。

四　中国地方政府债券发展展望

当前我国宏观经济下行压力仍存，内外部均面临严峻复杂形势，党的二十大报告强调加快构建新发展格局、构建现代化基础设施体系，并重申守住不发生系统性风险的底线。在稳增长和防风险长期均衡目标下，地方债作为宏观调控的重要工具，将更注重存量与增量的平衡、总量与质量的平衡，推进政府“债务—资产”的有效转化。一方面稳步扩容、精准投向，在财政可承受范围内继续发挥稳增长、补短板、调结构、化债务的重要作用；另一方面提升效率、加速改革，进一步强化“借用管还”全流程常态化管理，并完善境内外市场基础设施建设，筑牢可持续发展基石。整体看，未来地方债发展将在市场各方共同努力下向纵深推进，助力“十四五”规划行稳致远，开启更高质量的新征程。

（一）提升效率，强化“借用管还”全流程管理

在党的二十大强调构建现代化基础设施体系、“十四五”规划有序推进的背景下，地方债作为基础设施建设的重要资金来源，在继续扩容的同时将更加注重效率提升，进一步强化“借用管还”全周期管理，提升“债务—资产”转化效率，构建良性循环机制，更好地发挥稳增长、促投资、补短板作用。

举借环节将进一步规范，更加重视项目储备。债务额度分配将持续优化，对财政紧平衡下的政府偿债能力进行重新论证，并充分运用项目绩效评价结果予以调整优化，从严落实对违规举债的问责处罚，同时加强对结存额度的盘活运用，合理把控债务风险。更为重要的是，募投项目储备长效机制将逐步建立

完善，从源头保障政府“债务—资产”的有效转化。数量上，按专项债分配额度的2~3倍进行储备，并建立健全项目超前储备机制，为财政政策逆周期调节提供重要支撑；质量上，将项目重要性、开工建设可行性、各类资金到位时间、收入来源结构等纳入储备标准，重视形成资产的周期及效益；针对区县政府较难把握储备标准的情况，完善与省级部门的联动机制，优先筛选乡村振兴、县城城镇化项目。

用好用足地方债，进一步提升资金使用效率。针对地方债尤其是专项债使用的严监管措施，如闲置资金调整机制及资金用途调整机制将进一步健全，同时债券使用的时效弹性或将上升，根据区域、领域等制定差异化要求，避免用途调整常态化，制约政策作用发挥。同时，债券募投将继续围绕国家政策重点精准投向，优先支持存量项目的续建和收尾，确保前期政策效果尽快显现，并将加强多部门协调，完善申报使用机制，加快配套设施建设，对专项债项目开辟配套建设绿色通道，推动尽快形成实物工作量。此外，专项债用作项目资本金的比例将进一步提升，部分比例较低省份或可适当加强对当地金融资源的协调及优质专项债项目的宣传，进一步发挥专项债资金及市场化资金的合力，扩大有效投资。

严监管将进一步强化，压实债务管理多方责任。一方面，常态化严监管将继续落实落细。项目进度监测及信息披露将更加及时，有效识别项目实际需求变化，提前做好应急预案；同时绩效管理将加强，充分发挥激励约束作用，引导政府提升债券资金使用效率。另一方面，债务管理主体责任将进一步压实。在《国务院办公厅关于进一步推进省以下财政体制改革工作的指导意见》（国办发〔2022〕20号）明确省级政府对地方债务风险负总责的同时，地方人大将加强对地方债的审查监督，健全听取政府债务报告制度，细化完善报告频率、报告内容等标准；社会监督评价机制也将进一步完善，律师事务所、会计师事务所、评级机构等中介机构的第三方责任将进一步强化，更好发挥市场约束及风险监督作用。

偿债保障将进一步加强，逐步探索备付金机制。目前地方债到期高峰已经来临，地方政府可提前安排偿债计划，包括财政资金筹集、存量资产盘活及再融资债滚动，并可由省级政府牵头探索建立债务风险应急资金池，完善省市资金池联动机制；在后续发债中可进一步推广含权地方债，以备在资金充足时提前偿还本金，减轻付息压力，提高借用还灵活性。对于专项债项目运营收入不足以还本付息的情形，逐步探索健全偿债备付金机制，防范兑付风险。例如，市场化收入较高的项目可在当年还本付息后按一定比例安排备付金，还可因地制宜探索各类备付金来源，强区域可按一定比例安排财政预算内资金、土地出让收入等设立备付金，弱区域或低层级政府或可依托国家重大战略项目申请中央财政直达资金、上级部门补助等用作备付金，减轻财政补贴压力。

（二）稳步扩容，兼顾稳增长与债务可持续性

综合当前我国稳增长需求、政府杠杆率水平来看，地方债仍有一定扩容空间。同时，在国内外经济形势愈加复杂多变的情况下，地方债整体规模的确定将从更长周期的视角来谋划，统筹考虑中长期经济增长需求及财政承压下的债务可持续性，更好地发挥地方债尤其是专项债在跨周期、逆周期调节中的作用，并合理控制总量扩张带来的债务风险累积。整体看，未来地方债扩容或将更加合理，做好存量与增量债务的平衡。2023 年国务院《政府工作报告》① 指出，新增地方政府专项债限额 3.8 万亿元，稳增长压力下仍保持较高水平，继续弥补地方财政紧平衡下基建领域资金缺口，发挥稳投资、补短板的重要作用。同时，考虑到近年来疫情反复叠加大规模留抵退税实施，地方财政大幅减收，地方政府债务率被动攀升至临界值以上，对地方债的扩张形成一定约束，且专项债募投项目“借用管还”仍存不足，制约“债务—资产”有效转化，2023 年安排的 3.8 万亿元新增专项债限额小幅低于 2022 年全年用于项目建设的逾 4 万亿元专项债额度，在财政可承受范围内稳步扩容，保障财政及债务的可持续性，防范风险快速累积。总量扩容的同时，结构层面将进一步优化。一方面，在地方财政减收增支的紧平衡压力下，2023 年赤字率小幅上升至 3.0%，《关于 2022 年中央和地方预算执行情况与 2023 年中央和地方预算草案的报告（摘要）》② 指出地方财政赤字规模 0.72 万亿元，一般债新增额度与

① 《政府工作报告——2023 年 3 月 5 日在第十四届全国人民代表大会第一次会议上》，中国政府网，2023 年 3 月 14 日，http：//www.gov.cn/premier/2023-03/14/content_ 5746704.htm。

② 《关于 2022 年中央和地方预算执行情况与 2023 年中央和地方预算草案的报告（摘要）》，财政部网站，2023 年 3 月 6 日，http：//www.mof.gov.cn/zhengwuxinxi/caizhengxinwen/202303/t20230306_ 3870852.htm。

上年持平，将继续缓解地方“三保”压力，也能在一定程度上减少部分专项债挪用风险。另一方面，2023 年地方债到期 3.67 万亿元，较 2022 年增加 0.9 万亿元，财政承压下地方债偿还仍将依赖再融资债滚动，在安排适宜新增额度稳增长的同时，还需合理规划再融资债发行，一是规模不宜过高、避免后续付息压力过大，二是期限结构需优化、避免未来到期过于集中。

（三）精准投向，牢扣发展需求扩大有效投资

伴随总量扩容，地方债募投领域逐步扩大，目前十余个专项债募投领域已基本涵盖当前我国经济发展需要及社会民生短板。未来地方债发力或将更加重视在现有领域中精准投向，注重项目效益，提升投资有效性，在此基础上再充分考虑社会需求变化，合理扩大新领域，承载更多发展新需求。结合党的二十大报告及“十四五”规划，既促消费、惠民生，又调结构、增后劲的“两新一重”领域仍将是支持重点。一是交通、水利、能源等有效投资拉动效应明显的重大项目，尤其是新纳入专项债支持领域的新能源项目，在党的二十大报告强调推动绿色低碳发展的背景下，相关项目谋划工作将加速推进，考虑到低碳经济贯穿我国从传统行业到高新技术产业等各个领域，项目挖掘空间较为充足，或将助力我国经济“弯道超车”；二是新型城镇化建设，党的二十大报告部署实施城市更新行动，后续如老旧小区改造、综合管廊建设等项目将进一步得到专项债助力，同时在乡村振兴全面推进、县城城镇化建设陆续铺开的过程中，专项债投资将进一步下沉，提供更大范围的资金支持；三是新基建领域，党的二十大报告强调加快建设网络强国及数字中国、构建现代化基础设施体系，未来专项债将继续围绕新一代信息技术、人工智能、物联网等助力传统基建升级，优先投向回报率高、建设风险可控的项目。此外，2020 年以来疫情反复扰动暴露出民生医疗领域存在一定的短板，在健康中国目标下，专项债仍将重点投向公共卫生服务、应急医疗建设等惠民生项目；同时专项债也将在消费领域加快合格项目的筛选及申报，逐步推动需求修复。结合区域看，在党的二十大报告提出的“西部大开发、东北全面振兴、中部加快崛起、东部加快推进现代化”的目标下，后续专项债将进一步优化投向，在风险可控的前提下对财政承压更大、基建融资缺口更大的区域给予精准支持，优先保障重大战略项目稳妥推进。

（四）改革提速，市场基础设施建设持续完善

伴随我国地方债市场开放程度提升，配套改革需有序推进，除了从更深层次推进财政体制改革、加速省以下财政体制改革外，地方债市场基础设施也将继续完善，进一步提升透明化、规范化、市场化水平，稳步推进债券市场双向开放。第一，地方债国际化将在总量扩容与制度建设中有序推进。党的二十大报告提出“有序推进人民币国际化”，后续离岸人民币地方债将稳步扩容，有序扩大试点区域，支持更多财政实力强、经济对外开放程度高、国际知名度高的省份赴海外发债，债券期限品种及募投领域将结合国际投资者偏好进一步丰富，同时离岸地方债监管机制也将进一步完善，避免风险传导蔓延造成对在岸、离岸市场的双重冲击。第二，地方债发行定价或更趋市场化。一方面，地方债续发行机制或进一步完善，试点范围将推广至更多地区，地方债发行规模或相应增加，二级市场流动性有望实现边际提升；另一方面，地方债发行利率将继续推广定价基准转换，更多地区将参照“财政部—中国地方政府债券收益率曲线”进行定价，并有望加大对一级市场非市场化定价行为的惩处力度，进一步提升市场化水平。第三，地方债投资者保护机制或将进一步完善。一方面，信息披露机制或更趋完善，地方债尤其是专项债项目全周期信息披露将进一步规范，包括项目建设进度、绩效管理、重大事项等要素，对项目承建主体、市场融资主体和中介机构的重要信息披露机制将进一步完善，在地方债双向开放中帮助国内外投资者全面识别风险。另一方面，信用评级或将更加有效，从市场秩序、业务程序、行业监管等方面进一步细化完善顶层设计，评级方法及指标体系将更加合理科学，提升评级结果的区分度，更好地发挥风险揭示作用。此外，对地方政府和中介机构的监管将进一步加强，监督内容包括地方政府披露内容及频率、中介机构执业情况等，确保其真实性、及时性和完整性。

分报告

Topical Reports

B.2

2022年交通基础设施类地方政府项目收益专项债分析报告

王 璇*

摘　要： 交通基础设施类地方政府项目收益专项债投资领域由收费公路逐渐扩展到城际高速铁路和城际轨道交通、轨道交通等大型交通基础设施，发行期限呈长期化特征，项目收益对融资本息覆盖情况良好，但应关注区域性信用风险。通过作为资本金的方式，交通基础设施类地方政府项目收益专项债在撬动投资方面发挥了积极作用，但需警惕收益不及预期的风险。随着专项债资金绩效管理、项目监测、信息公开等环节细化规范，未来专项债资金使用效率将提高。

关键词： 地方债　专项债　交通基础设施

* 王璇，中诚信国际评级技术与标准部高级分析师，主要研究领域为基础设施投融资平台、交通、评级方法与模型研究等。

2021年，全球疫情持续演变，外部环境更趋复杂严峻，国内经济面临“需求收缩、供给冲击、预期转弱”的三重压力，在稳增长需求凸显的背景下，地方债规模在持续扩容、发行节奏灵活加快的同时风险防控力度不减，地方债尤其是专项债常态化管理加强。2021年12月的中央经济工作会议强调要“稳字当头、稳中求进”，积极的财政政策要提升效能，更加注重精准、可持续。2022年，在稳增长压力有所增加的背景下，扩大有效投资仍是稳定经济增长的重要抓手，地方债尤其是专项债仍然是积极财政政策的重要着力点。2022年，地方债新增限额维持较高水平，加快专项债发行节奏的政策频出，专项债支持范围进一步扩大。2022年地方政府新增债务限额为4.37万亿元，其中新增一般债限额0.72万亿元，较2021年小幅下降0.10万亿元，新增专项债限额3.65万亿元，与2021年持平。

《中华人民共和国国民经济和社会发展第十四个五年规划和2035年远景目标纲要》① 明确指出，统筹推进传统基础设施和新型基础设施建设，加快建设新型基础设施、加快建设交通强国、加强水利基础设施建设，在此导向下，一系列推进“两新一重”建设的政策密集出台。2021年8月，交通运输部印发《交通运输领域新型基础设施建设行动方案（2021—2025年）》②，明确到2025年要打造一批交通新基建重点工程，促进交通基础设施网与运输服务网、信息网、能源网融合发展。2022年《政府工作报告》③ 中指出要合理扩大专项债使用范围，支持在建项目后续融资，开工一批具备条件的重大工程、新型基础设施、老旧公用设施改造等建设项目。2022年3月29日，国务院常务会议强调支持新基建等增后劲、上水平项目建设，在重点用于交通、能源、生态环保、保障性安居工程等领域项目基础上，支持有一定收益的公共服务等项目。2022年4月18日，中国人民银行、国家外汇管理局印发《关于做好疫情防控

① 《中华人民共和国国民经济和社会发展第十四个五年规划和2035年远景目标纲要》，中国政府网，2021年3月13日，http://www.gov.cn/xinwen/2021-03/13/content_5592681.htm?pc。

② 《交通运输部关于印发〈交通运输领域新型基础设施建设行动方案（2021—2025年）〉的通知》，交通运输部网站，2021年9月23日，https://xxgk.mot.gov.cn/2020/jigou/zhghs/202109/t20210923_3619709.html。

③ 《政府工作报告》，中国政府网，2022年3月12日，http://www.gov.cn/premier/2022-03/12/content_5678750.htm。

和经济社会发展金融服务的通知》①，强调加大对水利、交通、管网、市政基础设施等领域惠民生、补短板项目和5G、工业互联网、数据中心等新型基础设施建设的支持力度。未来专项债或进一步支持与新技术相结合的新型交通设施建设项目，形成交通基建的全新生态。

一　交通基础设施类地方政府项目收益专项债发行特点分析

根据财政部发布的《关于试点发展项目收益与融资自求平衡的地方政府专项债券品种的通知》②，加快按照地方政府性基金收入项目分类发行专项债的步伐，发挥政府规范举债促进经济社会发展的积极作用。2017年，优先选择土地储备、政府收费公路两个领域在全国范围内开展试点。收费公路项目收益专项债作为交通基础设施类地方政府项目收益专项债（以下简称“交通基础设施类专项债”）的一个重要投资领域，从2017年开始登上历史舞台。从发行规模来看，2018~2020年交通基础设施类专项债的规模逐年攀升，得益于疫情期间宽松的财政政策；2021年受提前额度下达较晚、专项债项目审核趋严等影响，当年交通基础设施类专项债规模有所收缩；2022年1~9月交通基础设施类专项债规模已突破2021年全年发行规模（见图1）。

（一）发行规模有所收缩，发行利率小幅回落，发行期限以中长期为主

2021年，受提前额度下达较晚、专项债项目审核趋严等因素影响，交通基础设施类专项债的发行规模较2020年的发行高位有所收缩，但仍大幅超出2019年的发行规模。2022年，积极财政政策基调未变，专项债新增额度仍维

① 《人民银行　外汇局出台23条举措全力做好疫情防控和经济社会发展金融服务》，中国人民银行网站，2022年4月18日，http://www.pbc.gov.cn/goutongjiaoliu/113456/113469/4533227/index.html。

② 《关于试点发展项目收益与融资自求平衡的地方政府专项债券品种的通知》，财政部网站，2017年7月21日，http://yss.mof.gov.cn/zhuantilanmu/dfzgl/zcfg/201707/t20170724_2656632.htm。

持高位，1~9 月发行规模超过 2021 年全年的发行规模。据不完全统计，2022 年 1~9 月交通基础设施类专项债规模为 6281.15 亿元（见图 1）。发行利率[①]方面，2021 年发行利率较 2020 年有小幅回升；2022 年，受益于政策面宽松，发行利率较 2021 年有所回落，达到 2018 年以来最低水平（见图 1）。从发行期限来看，为匹配交通基础设施类项目投资规模大、投资回收期限长的特征，近年来专项债的发行期限呈现长期化特征。2022 年 1~9 月专项债发行期限多为 15 年、20 年和 30 年（见图 2）。这些长期债券多用于收费公路、铁路、轨道交通等大型交通基础设施领域，以满足其投资回收期限长的项目特点。

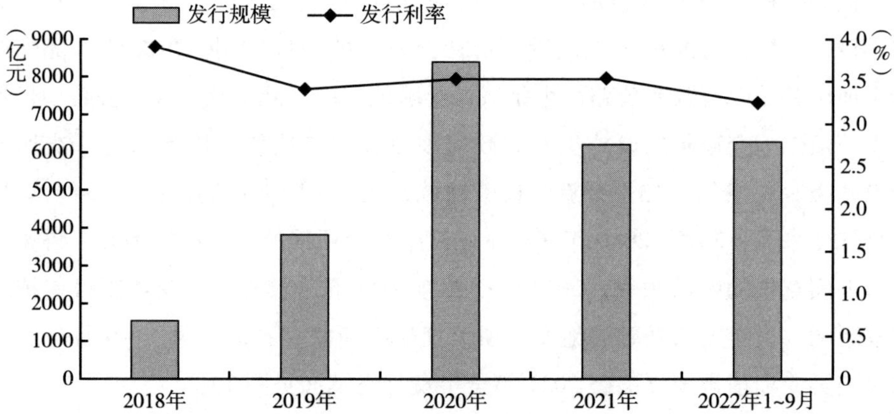

图 1　2018 年至 2022 年 9 月交通基础设施类专项债发行规模与发行利率

数据来源：Wind 数据库，中诚信国际整理计算。

（二）区域分化明显，地市级项目占比最高

从分布区域来看，2022 年 1~9 月，广东省、江苏省、浙江省、山东省和安徽省交通基础设施类专项债发行规模居前 5 位（见图 3），这五省的发行规模占当期全国发行规模的 41.98%。其中广东省、浙江省、江苏省为传统经济强省，这些省份发行的交通基础设施类专项债规模位于全国前列，2022 年 1~

① 如无特别说明，本报告中发行利率、利差为根据发行额计算的加权平均发行利率、利差，发行利差计算公式：债券发行利率-对应期限国债收益率。

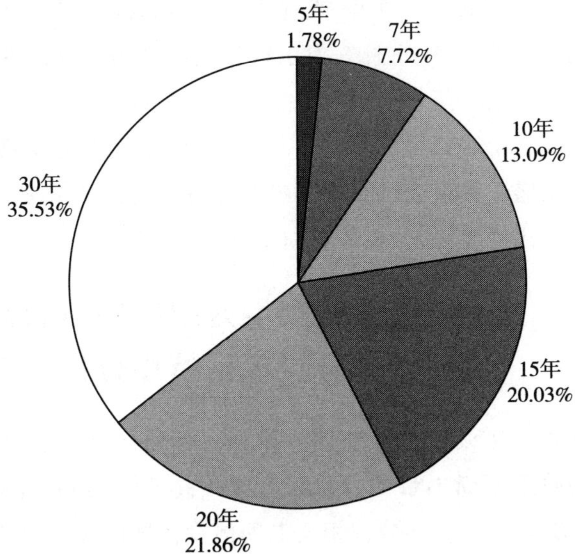

图 2　2022 年 1~9 月交通基础设施类专项债发行期限结构

数据来源：Wind 数据库，中诚信国际整理计算。

9 月广东省发行规模超过 1000 亿元，远远高于其他省份。山东省是交通运输部确定的第一批交通强国建设试点地区。安徽省地处长江三角洲地区，东连江

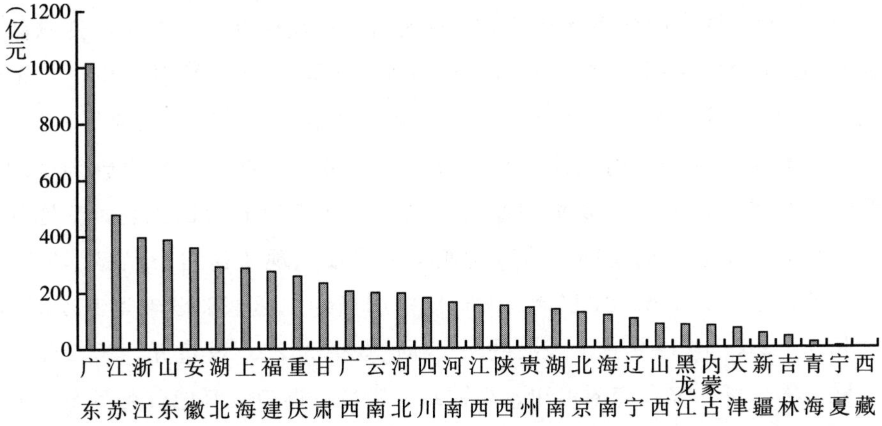

图 3　2022 年 1~9 月全国 31 个省（区、市）交通基础设施类专项债发行规模

数据来源：Wind 数据库，中诚信国际整理计算。

苏省，西接河南省、湖北省，东南接浙江省，南邻江西省，北靠山东省，是重要的交通枢纽。2022 年 1～9 月，山东省和安徽省也在交通基础设施建设方面持续发力。

从行政层级来看，2022 年 1～9 月，地市级地方政府对交通基础设施类项目投资需求最为旺盛，其次为区县级和省级地方政府，地市级、区县级和省级专项债项目规模之比约为 4.1∶3.3∶2.6。

二　交通基础设施类地方政府项目收益专项债募投项目特点分析

2022 年，交通基础设施类专项债募投项目保持多样化发展。在推动“两新一重”建设的政策不断出台的背景下，城际高速铁路和城际轨道交通项目作为新基建领域的重要组成部分，相关专项债发行规模大幅增长。此外，交通基础设施类专项债用作项目资本金的比例较高，起到了撬动基建投资的作用。

（一）募投项目保持多样化，“两新一重”类交通基础设施项目收益专项债发行规模大幅增长

自 2017 年全国试点发行以来，收费公路类专项债一直是交通基础设施类专项债主要的募投领域，2022 年 1～9 月，收费公路类专项债发行规模为 1289.75 亿元，居当期交通基础设施类专项债发行规模之首。城际高速铁路和城际轨道交通为“两新一重”的新基建领域，2020 年开始发力，2022 年 1～9 月其发行规模达到 1283.77 亿元，发行规模首次超越轨道交通类项目。2017～2018 年，轨道交通类专项债作为收费公路类项目之外交通基础设施领域的有益尝试，2018 年国家发改委集中通过一批城市轨道交通项目批复，各地的城市轨道交通建设进入加速期，轨道交通类专项债呈现快速增长趋势，2022 年 1～9 月发行规模为 1162.81 亿元，发行规模居当期交通基础设施类专项债第 3 位。此外，2022 年 1～9 月，一般铁路专项债规模为 726.39 亿元。2022 年 1～9 月，城市停车场、综合交通枢纽、高铁站、机场、港口、其他公路等专项债合计发行规模达到 1818.43 亿元，成为交通基础设施类专项债的重要补充。整体来看，随着地方政府债券市场的扩容，交通基础设施类专项债募投领域呈现多元化的趋势（见图 4）。

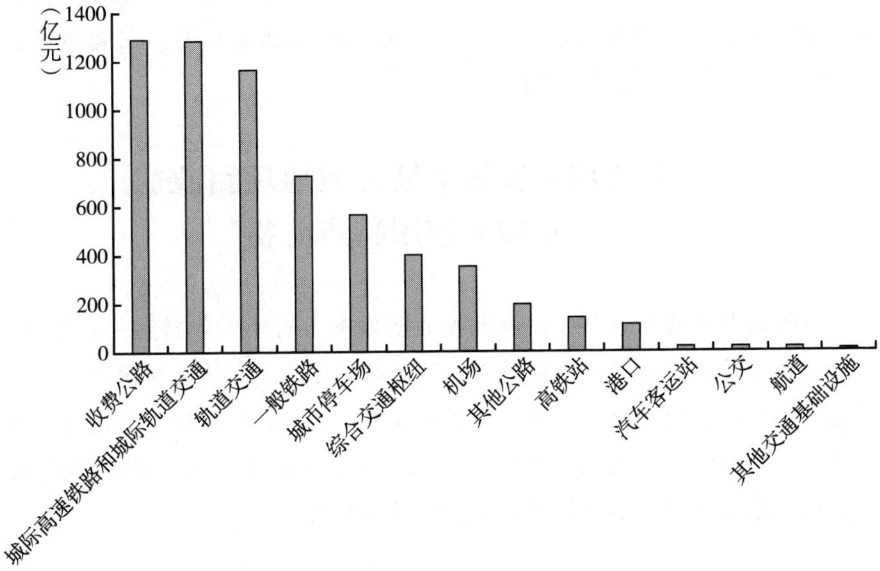

图 4　2022 年 1~9 月交通基础设施类专项债募投领域分类

数据来源：Wind 数据库，中诚信国际整理计算。

（二）募投项目资本金比例较高，募投资金用于项目资本金的比例亦较高

根据 2022 年 1~9 月发行统计，在项目资金来源方面，募投项目资本金比例在 25%以上的项目约占当期发行规模的 77%①，资本金占比较高，资本金主要来自财政资金、项目自筹、专项债等，剩余配套资金通过融资方式解决。专项债资金用作资本金方面，2019 年 9 月，国务院常务会议明确重点投向的重大基础设施领域可将地方政府专项债作为项目资本金，以省为单位，专项债资金用于项目资本金的规模占该省份专项债规模的比例为 20%左右。2020 年 3 月，各省份专项债可做资本金的比例提高至 25%。据不完全统计，2022 年 1~

① 如无特别说明，本报告中引用的专项债募投项目的相关数据均来自地方政府新增专项债信息披露文件，并由中诚信国际整理计算。由于数据的获取问题，数据可能来自不同募投项目文件、项目实施方案、信息披露模板等，这可能导致数据分析出现一定偏差，但不会对分析结论产生实质上的影响。

9月，用于项目资本金的交通基础设施类专项债规模为1682.97亿元，约占当期交通基础设施类专项债规模的27%，交通基础设施类专项债在撬动基建投资和稳增长方面发挥了积极作用。

三　交通基础设施类地方政府项目收益专项债信用特点分析

项目收益专项债具有第一偿债来源为项目本身对应的收益这一信用特点，地方政府作为债券的最终信用提供方，其区域信用也是重要考量因素。在考虑项目收益专项债信用风险时，首先衡量募投项目的收益与融资平衡情况，然后综合衡量地方政府信用状况。2022年，随着交通新基建重点工程的逐步推进，交通基础设施类项目将继续保持较高的抗风险能力。

（一）偿债资金以项目收益为主，融资本息覆盖情况较好

在募投项目收益与融资平衡方面，对于交通基础设施类专项债，其偿债资金首先来自项目运营收入和财政补贴收入（若有），当运营收入无法覆盖项目投资成本时，多依靠配套的土地出让收入实现项目收益自平衡。对于收费公路类专项债，其偿债资金来源主要为车辆通行费、广告收入、服务区经营收入及财政补贴收入等。对于一般铁路、轨道交通、城际高速铁路和城际轨道交通类专项债，其偿债资金来源主要为票款收入、财政补贴收入、土地开发收入等。从项目收益对融资本息覆盖倍数来看，覆盖倍数介于1~2倍的占比约为72%，其余覆盖倍数大多在2倍以上，覆盖情况良好。

（二）各省（区、市）经济、财政实力呈现区域性分化，债务压力各不相同

在地方政府信用状况方面，发行地方政府专项债的主体为省级政府，各省（区、市）经济、财政实力呈现区域性分化特点，各省（区、市）应重点关注区域性信用风险。在交通基础设施类专项债发行规模前五的省中，东部地区经济、财政实力较强的广东省、江苏省、浙江省债务率分别为81.08%、

72.60%和64.64%①，这几个省份的债务压力尚可；华北地区的山东省和华东地区的安徽省债务率分别为106.99%和107.05%，这两个省具有一定的债务压力；部分省（区、市）债务率达到120%以上（见图5）。各省（区、市）经济、财政实力分化较明显，债务压力差异也较大。

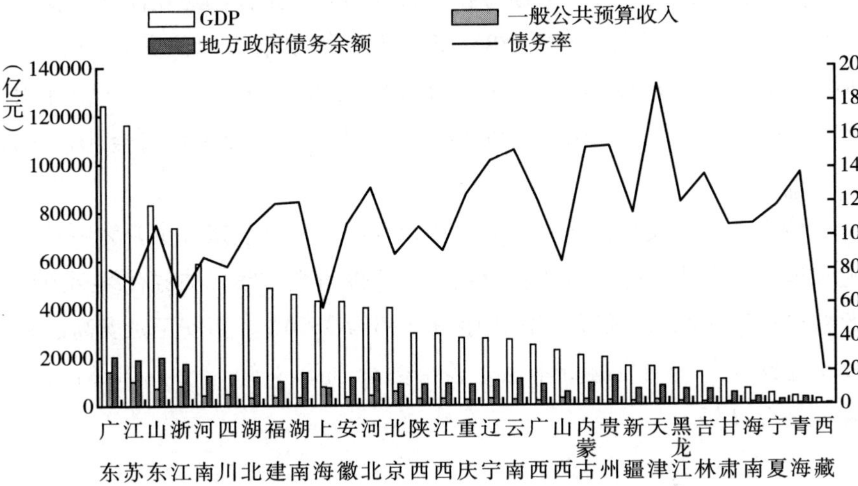

图5 2021年全国31个省（区、市）经济、财政和债务率情况

数据来源：Wind数据库，中诚信国际整理计算。

四　案例分析——2022年陕西省政府专项债券（二十九期）

本报告挑选了已发行的2022年陕西省政府专项债券（二十九期）进行分析。

（一）债券及项目基本情况介绍

2022年陕西省政府专项债券（二十九期）（以下简称“22陕西债39”）发行总规模为33亿元，发行期限为30年，票面利率为3.37%。其募集的专项

① 如无特别说明，本报告中引用的宏观经济数据和财政相关数据均来自地方《国民经济和社会发展统计公报》和财政预算执行及决算报告，并由中诚信国际整理计算。

资金用于西安至延安高速铁路和西安市地铁 8 号线项目，项目建设期为 5~6 年，运营期限为 29 年和 30 年，运营期限能覆盖债券存续期。

（二）项目评价

在资金平衡方面，该期专项债募投项目为西安至延安高速铁路和西安市地铁 8 号线项目，投资估算总额为 886.75 亿元，拟申请专项债资金 161.22 亿元，2020 年和 2021 年分别发行专项债 30.0 亿元和 15.9 亿元，2022 年计划申请专项债资金 34.4 亿元，2023 年和 2024 年分别拟申请专项债资金 61.2 亿元和 19.72 亿元。

在偿债资金来源及收益平衡方面，该期专项债的偿债来源主要为项目对应的高速和地铁运营收入等。按照募投项目可行性研究方案，债券存续期内项目预期收益可达到 2865.87 亿元，假设融资利率为 3.50%，西安至延安高速铁路和西安市地铁 8 号线项目融资本息覆盖倍数分别为 8.80 倍和 5.70 倍（见表 1），覆盖情况良好。

表 1　“22 陕西债 39”募投项目情况

单位：亿元，倍

项目名称	建设期	运营期	债券存续期内项目总投资	专项债融资	本期专项债融资	债券存续期内项目预期收益	项目融资本息覆盖倍数
西安至延安高速铁路	2020~2024 年	2025~2053 年	571.35	81.22	18.00	1679.29	8.80
西安市地铁 8 号线	2019~2024 年	2025~2054 年	315.40	80.00	15.00	1186.58	5.70

数据来源：陕西省地方政府新增专项债信息披露文件，中诚信国际整理计算。

五　交通基础设施类地方政府项目收益专项债发展建议

项目收益专项债在我国起步较晚，但发展较快。2017 年以来，交通基础设施类专项债募投领域从收费公路逐渐扩展至一般铁路、轨道交通、城际高速铁路和城际轨道交通、综合交通枢纽、机场、城市停车场等多元化领域，债券发行期限亦随项目的多元化呈现长期化特征，项目收益对债务本息的覆盖情况良好。

2022 年 1~9 月，用于项目资本金的交通基础设施类专项债占比较高，在撬动投资和稳增长方面发挥的积极作用进一步扩大，但需要关注在专项债作为项目资本金的情况下，项目收益自平衡压力增大的可能性。一方面，交通基础设施类项目建设周期较长，资金占用时间相应较长，且项目开展过程中受地质环境、自然灾害、疫情等不确定性因素影响较大；另一方面，专项债项目收益所得需优先偿还债券本息，剩余专项收入由实施单位偿还社会资本方。基于此，需加强交通基础设施类专项债资金使用过程中的全流程监管，警惕项目低效开展、收益不及预期等问题，警惕社会资本方可能面临的亏损风险。

长期以来，地方政府对专项债“重发行、轻管理”，各地普遍存在资金闲置或挪用、项目建设进度滞后、收益偏低等问题。尽管 2021 年以来，中央在专项债资金绩效管理、用途调整、项目穿透式监测、信息公开平台管理、高频调度发行使用情况等方面采取了一系列严监管措施，但多个地区仍存在专项债资金闲置、违规使用、使用进度较慢等问题，未及时发挥专项债资金效用。交通基础设施类项目建设周期较长，需要重点关注资金使用效率方面的问题，及时掌握资金使用、项目建设进度、运营管理等情况，着力发挥新基建带动扩大有效投资、保持经济平稳运行的重要作用。

B.3
2022年能源类地方政府项目收益专项债分析报告

张嘉芮*

摘　要： 目前能源类专项债还处于成长初期，发行数量较少。2022年能源类专项债发行期限仍以中长期为主，集合类的能源类专项债居多。募投项目主要集中在电力与燃气两个行业，同时特高压、新能源汽车充电桩等"新基建"项目逐渐出现并增多。从项目信用特点来看，电气管网类项目具备专营性，现金流较为稳定，盈利性较好；LNG调峰站类项目具有准公益性质，靠自身收入及财政补贴平衡投资。未来受益于政策面创造的宽松环境和建设资金的需求，能源类专项债的发行有望逐步增长，各地政府也可以充分发挥专项债用作项目资本金的优势，充分发挥其撬动投资的杠杆作用。

关键词： 地方债　专项债　能源

随着能源政策的不断完善，我国能源的生产能力和生产水平大幅提升，基本形成了煤、油、气及可再生能源多轮驱动的能源生产体系。目前，在提倡能源发展转型的大背景下，清洁能源的建设步伐逐渐加快。2019年9月，国务院常务会议明确了地方政府项目收益专项债可重点用于天然气管网和储气设施等能源项目，2021~2022年政府相关"报告"或"通知"文件中再次重申此项。因此在能源类项目建设需求增加的影响下，能源类地方政府项目收益专项

---

* 张嘉芮，中诚信国际评级技术与标准部高级分析师，主要研究领域为评级质量检验。

债（以下简称“能源类专项债”）的发行数量和金额有所增加。目前，我国的能源类专项债以电力及天然气两个行业的项目为主。电力行业具有较明显的周期性特征，变动趋势与宏观经济变动趋势基本一致。一方面，宏观经济的发展要依赖电力行业提供可靠的能源支持。另一方面，国民经济增长对电力行业发展具有驱动作用，当国民经济处于稳定发展期时，发电量随电力需求量的增加而上升，并促使电力行业快速发展；当国民经济增长放缓或处于低谷时，发电量随电力需求量的减少而下降，电力行业发展也随之放缓。天然气方面，近年来随着城市化进程的持续推进，国家环保标准的提高，国民环保意识的增强，以及新能源的不断开发，我国用气类型和供气结构也逐步调整，作为清洁能源的天然气已成为我国城市用气和供气的主要产品。但随着全球天然气储量连续三年下滑，中国天然气进口成本增长，叠加疫情影响，2022 年全国天然气表观消费量走低。具体来看，2022 年 1~9 月，全国用电量同比增长 4.0%；全国天然气表观消费量 2694.8 亿立方米，较上年同期下降 1.4%。

一 能源类地方政府项目收益专项债发行特点分析

2019 年 9 月，国务院常务会议表示将扩大地方政府项目收益专项债的使用范围，明确其可重点用于交通基础设施，城乡电网、天然气管网和储气设施等能源项目，生态环保，民生服务，市政和产业园区基础设施项目。其后，2020~2022 年政府出台的相关“报告”或“政策”中多次重申 2019 年会议精神。2022 年 8 月，《2022 年上半年中国财政政策执行情况报告》[①] 再次指出“合理安排地方政府专项债券，保障重点项目建设”。“用好用足专项债券作为重大项目资本金政策，优化专项债券投向领域，将新型基础设施、新能源项目纳入重点支持范围，严格资金使用监管，不撒‘胡椒面’，重点支持在建和能够尽快开工的项目，扩大有效投资。”受政策影响，近年来能源类专项债的发行数量逐渐增多。据不完全统计，2020 年之前，我国各级地方政府发行的项目收益专项债中，涉及能源类项目建设的债券数量很少；2020 年，我国涉及

① 《2022 年上半年中国财政政策执行情况报告》，财政部网站，2022 年 8 月 30 日，http://www.gov.cn/xinwen/2022-08/30/content_5707425.htm。

能源类项目建设的专项债发行数量上升至 90 只；2021 年受专项债提前额度下达较晚、审核趋严等因素影响，能源类专项债的发行数量下滑；2022 年 1～9 月我国地方政府发行的能源类专项债共计 81 只。

（一）能源类专项债发行期限以中长期为主，发行利率集中在 3.2%～3.3%

从发行期限来看，2022 年 1～9 月能源类专项债的发行期限以 15 年和 20 年为主（见图 1），上述两种发行期限的债券发行数量分别占其总发行量的 35.80%和 34.57%，符合地方政府项目收益专项债的发行期限特点，更趋长期化。从发行成本来看，发行利率[①]与同期新增能源类专项债发行利率相比有所下降，集中于 3.2%～3.3%，最低发行利率为 2.68%，最高发行利率为 3.47%。

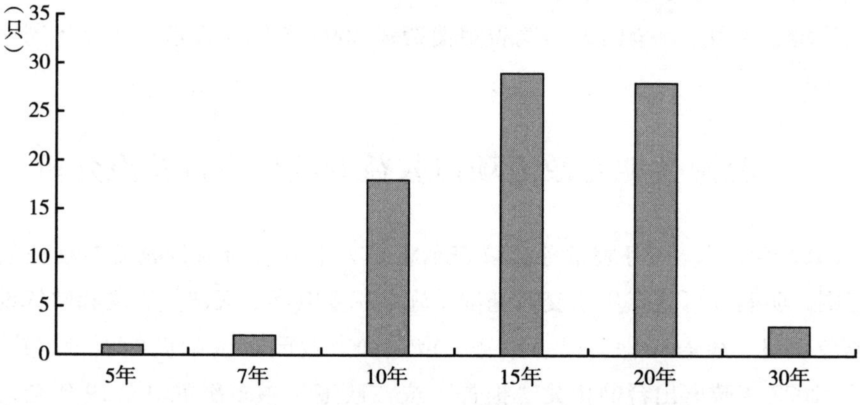

图 1　2022 年 1～9 月能源类专项债发行期限结构

数据来源：Wind 数据库，中诚信国际整理计算。

（二）我国能源类专项债的发行数量区域差异较大，资金主要投向区县级项目

从区域分布来看，2022 年 1～9 月，在地方政府发行的 81 只能源类专项债

① 如无特别说明，本报告中发行利率、利差为根据发行额计算的加权平均发行利率、利差，发行利差计算公式：债券发行利率－对应期限国债收益率。

中，山东省以 14 只的发行数量居于首位，新疆维吾尔自治区和湖北省分别发行 10 只与 8 只，居能源类专项债发行数量第 2 位和第 3 位；绝大多数省份发行的能源类专项债数量少于 5 只（见图 2）。从全国范围来看，能源类专项债的发行数量面临区域差异较大的情况。从资金投向来看，受政策鼓励影响，七成的能源类专项债投向了区县级项目（见图 3），超半数投向电网改造项目。

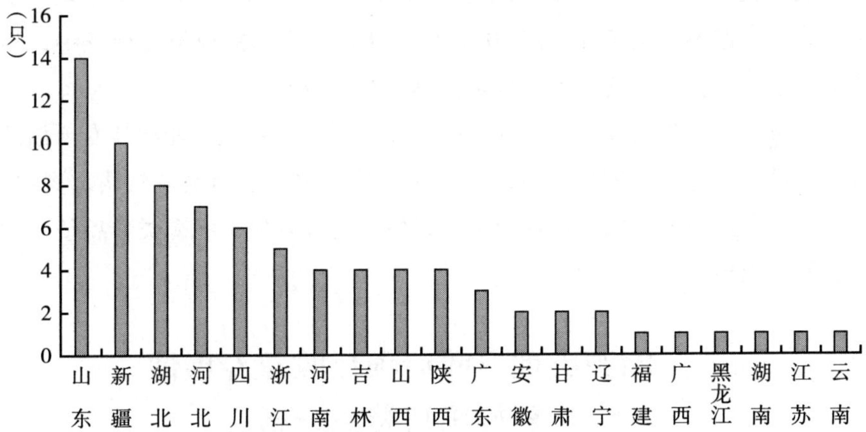

图 2　2022 年 1~9 月部分省（区）能源类专项债发行数量

数据来源：Wind 数据库，中诚信国际整理计算。

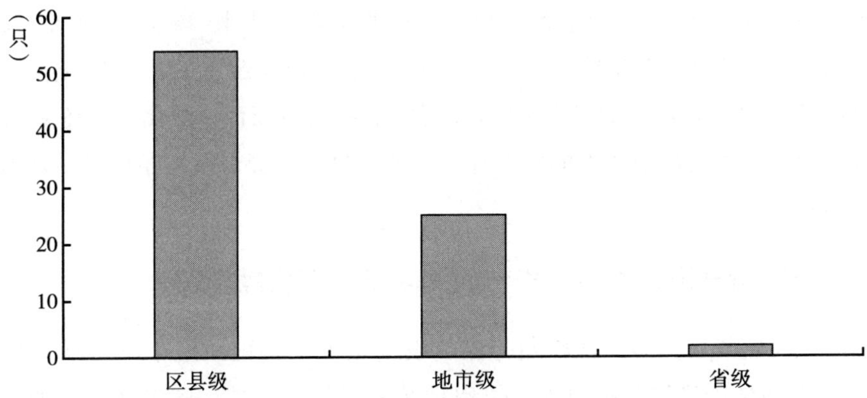

图 3　2022 年 1~9 月能源类专项债项目资金投向行政层级分布

数据来源：Wind 数据库，中诚信国际整理计算。

（三）集合类的能源类专项债较多，能源项目的规模较小

由于地方政府项目收益专项债可以对应单一项目发行，也可以对应多个项目集合发行，且对于集合发行的项目类型、区域等要素未有统一要求，故目前统计口径内的能源类专项债中投向能源项目建设的金额不大。2022 年 1~9 月发行的项目收益专项债中，用于能源类项目建设的金额为 426.99 亿元，规模较小。此外，据不完全统计，在 2022 年 1~9 月发行的能源类专项债中，将募集资金用于项目资本金的专项债数量依然较少，仅有 3 只。

综合来看，相较其他类别的地方政府项目收益专项债，能源类专项债的起步较晚，目前发行总量较少。2020 年以来，能源类专项债呈现较快发展趋势，未来受益于政策面创造的宽松环境和建设资金的需求等，能源类专项债的发行数量和发行规模有望逐步增长。

二　能源类地方政府项目收益专项债募投项目特点分析

截至 2022 年 9 月，各地方政府的能源类募投项目集中在电力及燃气两个行业，其中电力行业的建设项目主要为电网改造与建设等，燃气行业的建设项目主要为燃气管网改造及建设、储气设施建设等。同时，随着“两新一重”概念的提出，特高压和新能源汽车充电桩作为“新基建”的重点领域，募投项目数量增多。根据 2022 年 1~9 月发行的能源类专项债，除储气设施具有施工时间较长及投资规模较大的特点外，其他项目的投资规模均相对较小且项目周期不长。

（一）储气设施项目的投资时间较长、资金需求较大

液化天然气（LNG）调峰站等储气设施是整个输配系统中不可缺少的部分，由于 LNG 调峰储备站的主要作用是调节用气峰谷差，应对地区、季节等影响导致的不同需求，防止因意外事件造成的供气中断，故该类项目的投资规模根据其实际需求变化，省级及地市级的储气设施建设投资规模较大，建设时间稍长；区县级的 LNG 调峰储备站投资规模相对较小。2020 年《关于加快推

进天然气储气能力建设的实施意见》① 中指出“支持地方政府专项债券资金用于符合条件的储气设施建设。鼓励金融机构提供多种金融服务，支持储气设施建设。支持储气企业发行债券融资，支持储气项目发行项目收益债券”。能源类专项债中涉及储气设施建设的债券发行数量有所上升。

（二）应电网升级改造和“煤改气”政策的推行，相关电气类项目占比较大

近年来，随着经济形势的变化，居民对电网的要求不断提升，电网升级改造及配网建设项目成为建设重点；同时，随着“煤改气”的有序推进，燃气管网铺设的范围逐步扩大，城镇燃气的主干及支线管网建设不断增多。在能源类专项债的募投项目中，项目数量较多的是电气管网类项目，其占比超过六成；同时，电气管网类的项目建设区域多集中在区县，地市级和省级项目相对较少。

（三）属于“新基建”的能源项目逐渐增多

随着“两新一重”概念的提出，特高压和新能源汽车充电桩作为“新基建”的重点领域，在拉动上下游产业发展、促进全国能源资源优化配置及保障国家能源安全等方面将发挥重大作用，其作为募投项目逐渐出现在能源类专项债中，并逐年增多。据不完全统计，2022 年 1~9 月，各地区与新能源汽车充电桩相关的项目达 35 个，相比上年同期（5 个项目）增幅明显；其中河南省与甘肃省相关项目数量较多，分别为 12 个与 7 个。

三 能源类地方政府项目收益专项债信用特点分析

项目收益专项债的第一偿债来源为项目本身对应的收益，同时因为债券的最终信用提供方为地方政府，其区域信用也是重要的考量因素。中诚信国际在考虑项目收益专项债信用风险时，首先衡量募投项目的收益与融资平衡情况，

---

① 《关于加快推进天然气储气能力建设的实施意见》，中国政府网，2020 年 4 月 10 日，http：//www. gov. cn/zhengce/zhengceku/2020-04/26/content_ 55061 89. htm。

然后综合衡量地方政府信用状况；而在分析募投项目的信用基础情况时，募投项目的质量和最终的融资本息覆盖倍数是两个值得关注的重点。其中，现金流的可预测性和稳定性是判断项目质量的要点。因电力行业和燃气行业均属于国家民生行业，事关经济发展和社会稳定，具有准公益性质，也具备特许经营性，需求稳定，其由终端消费者直接或间接付费并附加政府补贴的特点从一定程度上加强了其可预测性和稳定性，项目质量较好。新能源汽车充电桩项目为近期新趋势，能合理覆盖融资本息，但需关注收入不确定性、政策变化及其他方面对本息覆盖的影响。

（一）电气管网类项目具备专营性，现金流较为稳定，盈利性好

具体来看，以区县为主的电气管网类项目的投资期限相对较短，绝大多数为3年及以下；自筹资金与财政资金为项目主要资本金来源，资本金落实较有保障；此外电气、管网建设所需要的施工技术及安全系数要求相对较高。项目建成后，电气管网类项目的建设及维护成本主要通过后续的售电或售气收入来平衡，由于具备专营性，其现金流可以在较长的时间内保持稳定，盈利性好，项目收益对债务本息的覆盖倍数较高。

（二）LNG调峰站类项目具有准公益性质，靠自身收入及财政补贴平衡投资

LNG调峰站主要解决天然气基础设施均匀供气与用户不均匀用气的矛盾，在平时储存LNG，在管网高峰用气时实现气化外输，是既保证用气需求，又保证天然气基础设施安全平稳运行的管理措施。近年来，我国对LNG的开发与利用已进入全新阶段，LNG调峰站也随之步入高速发展时期。许多省（区、市）的重要城市为提高应对气源风险的能力，将建设LNG调峰站纳入议程，但由于需求条件的不同，LNG调峰站建设所需的投资规模、配套设施存在差异。与电气管网类项目类似的是，LNG调峰站的建设对施工技术和安全系数要求同样较高，但由于其具有准公益性质，项目建设及维护成本除了会通过后续的售气收入或储备服务收入平衡外，也可能会通过部分财政补贴来平衡。

（三）新能源汽车充电桩项目偿债资金以项目运营收益为主

新能源汽车充电桩是为新能源电动汽车提供充电服务的基础设施建设装置，作为新能源汽车产业链条的关键一环，在新能源汽车产业政策的刺激下，新能源汽车市场发展迅猛，对应汽车充电桩需求也持续上升。充电桩建设技术目前已较为成熟，几乎不存在技术风险。同时其上游的原材料主要是充电模块、滤波设备、监控计费设备和电池维护设备等，供应商较多、供应量充足，价格波动风险主要取决于供求关系和宏观经济周期状况。在募投项目收益与融资平衡方面，偿债资金主要来源于充电桩服务费收入。从项目收益对融资本息覆盖倍数来看，覆盖倍数在2倍以上的项目占比60%，其余覆盖倍数也均在1倍以上，覆盖情况良好，能够保障债券本金和利息的偿还，实现项目收益与融资自求平衡。但需关注在充电桩预测收入不确定、政策变化以及其他不可抗力的情况下，加压的融资本息覆盖情况。

四　案例分析——2022年新疆维吾尔自治区政府专项债券（十一期）

本节挑选了已发行的能源类专项债中的“2022年新疆维吾尔自治区政府专项债券（十一期）”进行分析。

（一）债券及项目基本情况介绍

2022年6月23日，2022年新疆维吾尔自治区政府专项债券（十一期）发行成功，（以下简称“22新疆债18”），发行规模为197.00亿元，发行期限为10年，票面利率为3.03%，每半年付息一次，到期一次还本。在本期专项债募集资金计划投资项目中（见表1），木垒县花园110千伏输变电项目总投资15200万元，建设期1年，项目收入主要来源于供电收入。伊犁州伊宁市煤改电配套电力工程建设项目总投资7500万元，建设期为2年，项目收入主要来源于供热收入。察布查尔县城电网改造项目总投资84000万元，建设期为1.75年，项目收入主要来源于供电收入。富蕴县城市配电网提升改造建设工程项目总投资5500万元，建设期为1.33年，项目收入主要来源于输配电费用收入。

（二）项目评价

“22 新疆债 18”募投项目中木垒县花园 110 千伏输变电项目计划用一年时间新建木垒县花园 110 千伏变电站工程、110 千伏线路 24.5 千米和 35 千伏线路 47 千米，配套送出原有 10 千伏线路 30 千米。在资金平衡方面，项目总投资 15200 万元，其中申请地方政府专项债 12000 万元（2022 年申请债券资金 12000 万元，第二季度已发行 7000 万元，本次申请 1000 万元。债券融资利率按 4.5%估算）。在偿债资金来源及收益平衡方面，以项目供电收入作为还本付息基础。通过《新疆维吾尔自治区木垒县花园 110 千伏输变电项目可行性研究报告》及其他相关资料，对资金收支数据进行分析测算，项目专项债在发行期间，项目可偿债收益合计为 28221.20 万元，专项债本息合计为 16860.00 万元，本项目的偿债倍数可达 1.67 倍，满足资金筹措充足性的要求。

伊犁州伊宁市煤改电配套电力工程建设项目计划用 2 年时间（2021 年 1 月至 2022 年 12 月）对伊宁市集中供热外各单位进行“煤改电”入户线路改造。安装 10 千伏线路、0.4 千伏线路、变压器、煤改电户表箱、煤改电电能表等，同时完成相关配套工程。项目建设投资 7500 万元，前期已通过本级财政预算性资金投资 1000 万元；2022 年计划投资 6500 万元，其中拟申请 2022 年地方政府专项债 6000 万元，占总投资的 80%，用于支付建设资金；财政部门配套 500 万元用于支付建设资金、建设期利息及债券发行费用。在偿债资金来源及收益平衡方面，项目建设完成后收益来源为供热收入，预计取得经营收入 14257.80 万元，扣除经营及税费成本 1131.68 万元后，项目可用于偿还地方政府专项债本息的收益为 13126.12 万元。预计本项目收入对本息的覆盖倍数为 1.51 倍，项目收益可以覆盖债券成本，保障程度较高。

察布查尔县城电网改造项目预计建设期限短于 2 年（2022 年 3 月至 2023 年 12 月），该项目计划改造察布查尔县城高低压线 8 回路管线 203000 米及附属设施与 10 千伏及以下电力电缆入地工程和相应的变配电设施。充分统筹区域内负荷特点、供电可靠性，合理优化网架结构，提升区域供电能力、提高供电质量。在资金平衡方面，项目总投资 84000 万元，拟通过发行项目收益与融资自求平衡专项债的方式完成项目筹资。其中本级财政预算性资金 34000 万元，申请地方政府专项债资金 50000 万元，本期 2022 年申请地方政府专项债10000万元。在偿债资金来源及收益平衡方面，该期专项债的偿债来源主要是项目建成后运营期内的电费收入。察布查尔县城电网改造项目预计从2024年开始运营，在债券存续期内可用于还本付息的现金流收入为112374万元，本息覆盖的平均倍数为1.55倍，现金流收入能够覆盖专项债还本付息的规模。

富蕴县城市配电网提升改造建设工程项目预计用不超过2年（2022年6月至2023年10月）时间新建富蕴县内11公里电力10千伏线路，同时完成电力设施改造和电缆管沟建设，配备下地相关设施。该项目意在改善富蕴县城市电网及通信环境，提升人居环境与生活质量，具有较大社会效益。资金平衡方面，工程总投资预算为5500万元，其中计划申请政府专项债3000万元，占总投资预算的54.55%；2500万元的资金缺口通过县级财政配套解决。2022年本期申请专项债2000万元。偿债资金来源及收益平衡方面，项目建设完成后可以收取输配电费用。项目可偿债净收益为8285.76万元，对应债券存续期本息及融资费用合计为4353.39万元，本息覆盖倍数为1.90倍，项目的利息保证程度较高，偿债能力较好。

表1　“22新疆债18”募投项目情况

单位：亿元，倍

项目名称	总投资	项目拟发行专项债总金额	本期专项债用于该项目的金额	项目预期收益	项目预期收益对拟发行专项债总金额本息覆盖倍数
木垒县花园110千伏输变电项目	1.52	1.20	0.1	2.82	1.67
伊犁州伊宁市煤改电配套电力工程建设项目	0.75	0.60	0.6	1.31	1.51
察布查尔县城电网改造项目	8.40	5.00	1.0	11.24	1.55
富蕴县城市配电网提升改造建设工程	0.55	0.30	0.2	0.83	1.90

数据来源：中国地方政府债券信息公开平台，中诚信国际整理计算。

五　能源类地方政府项目收益专项债发展建议

综合前文所述，供气供电项目依然是已发行能源类专项债的主要募投领域，具有良好的政策基础与稳定的经营性收入来源。同时，随着重点支持“两新一重”建设政策的推行，2022 年“新基建”领域的募投项目数量逐渐增多。此外，在目前募投的能源类项目中，将专项债用作资本金的项目数量较少。考虑到能源类项目符合专项债用作项目资本金的要求，各地政府未来也可充分发挥专项债用作项目资本金的优势，发挥其撬动投资的杠杆作用。

B.4

2022年生态环保类地方政府项目收益专项债分析报告

孙晓曼*

摘 要： 生态文明建设是关系我国经济高质量发展和现代化建设进程的重要因素，具有重大战略意义。从2022年1~9月的情况看，生态环保类专项债的发行规模突破千亿元大关，且增速有所提升，发行期限以中长期为主，发行利率小幅下降，发行主体均为省级、自治区或直辖市政府，发行主体能提供较强的信用支持。城镇污水垃圾处理仍为最大的募投领域，且依旧以区县级项目为主，项目资本金占比较高，但专项债用作资本金的规模不大，整体来看，项目融资对本息覆盖情况较好。未来受益于政策面创造的宽松环境和建设资金的需求等，生态环保类专项债的发行有望继续增长。

关键词： 地方债 专项债 生态环保类

随着我国经济由高速增长阶段转向高质量发展阶段，生态文明建设的重要性日益凸显，坚持人与自然和谐共生已成为重要发展方针。党的十八大报告指出，建设中国特色社会主义的总布局是“五位一体”，即全面推进经济建设、政治建设、文化建设、社会建设、生态文明建设，实现以人为本、全面协调可持续的科学发展。党的二十大报告也进一步强调在生态文明建设的基础上，推进美丽中国建设，加快发展方式绿色转型，深入推进环境污染防治，提升生态系统多样

* 孙晓曼，中诚信国际评级技术与标准部分析师，主要研究领域为风险管理、信用评级模型设定等。

性、稳定性、持续性，积极稳妥推进碳达峰、碳中和，促进人与自然和谐共生。

在具体政策上，2021 年 9 月财政部办公厅、国家发展和改革委员会办公厅发布《关于申报 2022 年新增专项债券项目资金需求的通知》[①]，明确 2022 年专项债资金继续重点用于包括生态环保在内的多个领域。并且，在当前国内经济下行压力加大的背景下，作为积极财政政策的重要发力点，专项债被寄予拉动投资、扩大需求、稳定增长的厚望。财政部最新统计数据显示，相较 2021 年同期，2022 年专项债发行节奏明显前置。此外，自 2022 年以来，随着市场对 ESG 的关注度逐渐提高，相关指引性政策也陆续出台。

受上述政策影响，2022 年生态环保类地方政府项目收益专项债（以下简称"生态环保类专项债"）规模增速有所提升，区域分化仍然较大，发行利率[②]小幅下降，发行期限仍呈长期化特征。作为国家重点关注并予以大力支持的新基建板块，生态环保类专项债的募投项目均存在一定的公益性，以区县级项目为主，资本金占比普遍较高，项目收益对本息覆盖倍数介于 1 倍至 2 倍之间，覆盖情况良好。整体而言，目前我国处于全面建成小康社会的关键时期，经济在快速发展的同时积累了诸多环境问题，未来随着生态文明建设的加强，以及坚持绿色发展的根本之策，生态环保类专项债的需求将日益增加。

一　生态环保类地方政府项目收益专项债发行特点分析

从发行规模来看，据不完全统计，2022 年 1~9 月生态环保类专项债及投向生态环保项目的其余债券的发行规模增速有所提升，总额依旧突破千亿元大关，累计达到 1399.87 亿元，但其中生态环保类专项债发行规模的占比进一步减少，且多为集合债。

（一）发行期限以中长期为主，发行利率小幅下降

从发行期限来看，根据《关于加快地方政府专项债券发行使用有关工作

① 《关于申报 2022 年新增专项债券项目资金需求的通知》，陕州区财政局网站，2021 年 11 月 10 日，http：//www. shanzhou. gov. cn/content-312-24094-1. html。

② 如无特别说明，本报告中发行利率、利差为根据发行额计算的加权平均发行利率、利差，发行利差计算公式：债券发行利率-对应期限国债收益率。

的通知》①，鼓励地方政府在综合评估后发行长期专项债，支持运营期限较长的重大项目。2022 年 1~9 月发行的生态环保类专项债为匹配现阶段环保运营项目普遍存在的前期投入大、回收周期长等典型的资本密集型特征，发行期限也随之呈长期化特征。据不完全统计，2022 年 1~9 月新增发行的生态环保类专项债共有 3 年、5 年、7 年、10 年、15 年、20 年和 30 年七种期限，以 10 年期、15 年期和 20 年期为主；按发行只数统计，这三类期限的债券分别占 2022 年 1~9 月发行总数的 22%、29%和 27%。（见图 1）。

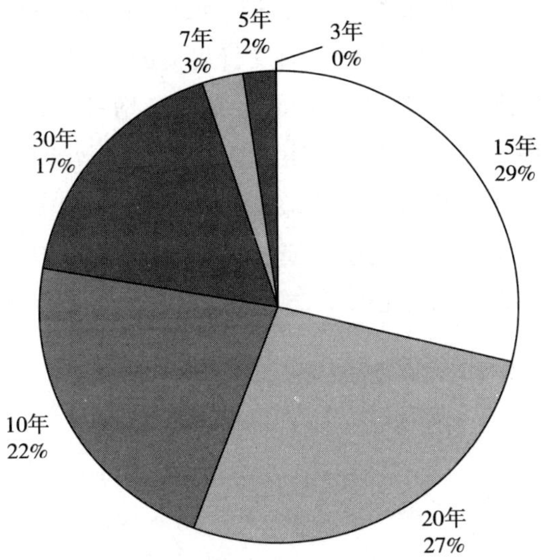

图 1　2022 年 1~9 月生态环保类专项债发行期限结构（按发行只数统计）

数据来源：Wind 数据库，中诚信国际整理计算。

从发行利率来看，据不完全统计，2022 年 1~9 月共新增发行 386 只生态环保类专项债，付息频率为每年付息一次或两次；发行利率介于 2.33%~3.54%，最低发行利率与最高发行利率分别较 2021 年下降 0.48 个百分点与 0.43 个百分点，加权平均发行利率约为 3.23%，较 2021 年下降 0.29 个百分点，相较同期的交通类、能源类及棚改类专项债而言，其发行利率处于中游。

① 《关于加快地方政府专项债券发行使用有关工作的通知》（财预〔2020〕94 号），中国政府网，2020 年 7 月 27 日，http://www.gov.cn/zhengce/zhengceku/2020-07/29/content_5530987.htm。

从特殊条款来看，涉及提前偿还等特殊条款的债券共100只，规模合计359.65亿元，占2022年1~9月累计发行规模的25.69%，较上年同期的占比有所提升。

（二）发行规模呈现较大区域分化

从区域分布来看，生态环保类专项债的发行区域差异性较大，部分地区的发行只数和发行规模明显高于其他地区（见图2）。据不完全统计，2022年1~9月，广东省、山东省、浙江省、湖北省和河北省的发行规模位居前五，这5个省的发行规模占2022年1~9月全国发行规模的48.37%。广东省仍稳居第一，虽然发行只数仅增加了34只，但其发行规模增长53.41亿元，现已突破200亿元，领先优势进一步扩大；山东省凭借发行只数增加25只以及发行规模增长55.22亿元从第3位跃升至第2位，现已突破100亿元。新上榜的浙江省、湖北省以及河北省的发行规模均逼近100亿元，较上年同期的发行规模分别增长54.78亿元、56.35亿元以及25.90亿元。

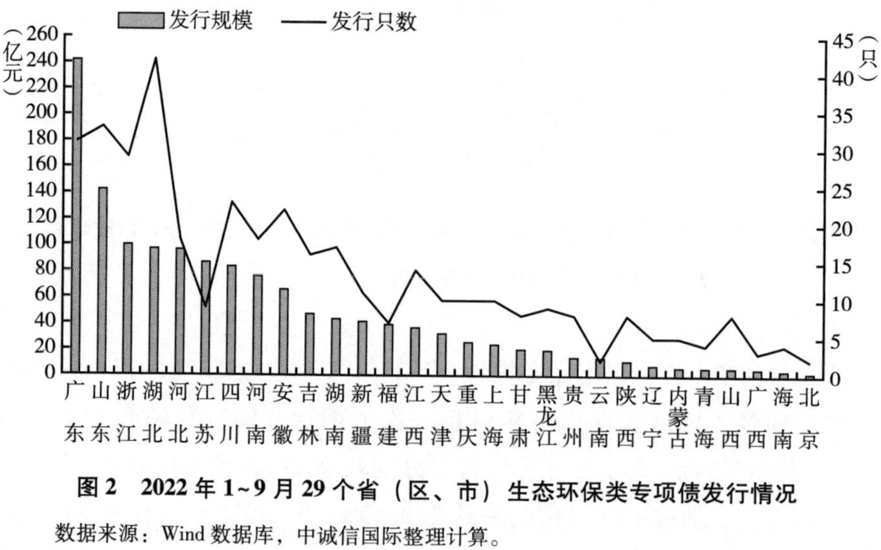

图2　2022年1~9月29个省（区、市）生态环保类专项债发行情况

数据来源：Wind数据库，中诚信国际整理计算。

具体来看，广东省、山东省、浙江省和河北省均为我国沿海省份，且均拥有发达的内陆水系，环保需求较高。此外，广东省、山东省及浙江省均为传统经济强省，2022 年 1~9 月 GDP 依次位列第一、第三以及第四，且广东省与山东省均为人口大省，第七次全国人口普查数据显示，广东省与山东省的人口超过 1 亿人；浙江省、湖北省以及河北省也均拥有超 5000 万的常住人口。这些地区缓解经济社会发展与资源环境约束的矛盾的需求极为强烈，并且这些省份分别作为长三角地区、中部地区以及京津冀的重要支点，战略地位突出。

二　生态环保类地方政府项目收益专项债募投项目特点分析

从募投项目的整体情况来看，生态环保类专项债募投项目可大致分为城镇污水垃圾处理项目和环境修复项目两类，这两类项目均存在一定的公益性特征。根据《城镇污水垃圾处理设施建设中央预算内投资专项管理办法》①，城镇污水垃圾处理项目包括但不限于污水处理设施、污水管网、淤泥处理处置设施、再生水回用设施、垃圾无害化处理设施、垃圾收转运系统、垃圾渗滤液处理设施等；环境修复项目包括但不限于生态修复等。

（一）城镇污水垃圾处理项目投资规模较小、项目周期较短

具体来看，随着我国经济和社会发展水平的提升，在人口聚集和工业发展的影响下，居民生产生活产生的污染逐步超过环境承载能力，对城镇污水垃圾的治理需求日益凸显，打好污染防治攻坚战成为首要任务。因此城镇污水垃圾处理项目自 2020 年以来一直是生态环保类专项债及投向生态环保项目的其余债券最大的募投领域。据不完全统计②，2022 年1~9 月城镇污水垃圾处理项目的总投资规模已累计达到 12939. 74 亿元，约占同期生态环保类

① 《国家发展改革委办公厅关于印发〈城镇污水垃圾处理设施建设中央预算内投资专项管理办法〉的通知》，中国政府网，2016 年 4 月 12 日，http：//www. gov. cn/xinwen/2016-04/12/content_ 5063454. htm。

② 如无特别说明，本报告中引用的专项债募投项目的相关数据均来自地方政府新增专项债信息披露文件，并由中诚信国际整理计算。由于数据的获取问题，数据可能来自不同募投项目文件、项目实施方案、信息披露模板等，这可能导致数据分析出现一定偏差，但不会对分析结论产生实质上的影响。

募投项目总投资规模的八成左右（见图3），资本金规模约为7689.12亿元，其中生态环保类专项债用于项目资本金的规模约为28.68亿元，用于配套融资的规模约为1063.18亿元。从单个项目来看，城镇污水垃圾处理项目呈小而多的特点，单个项目总投资多在1亿元以内，项目周期集中在1~3年，时间较短。

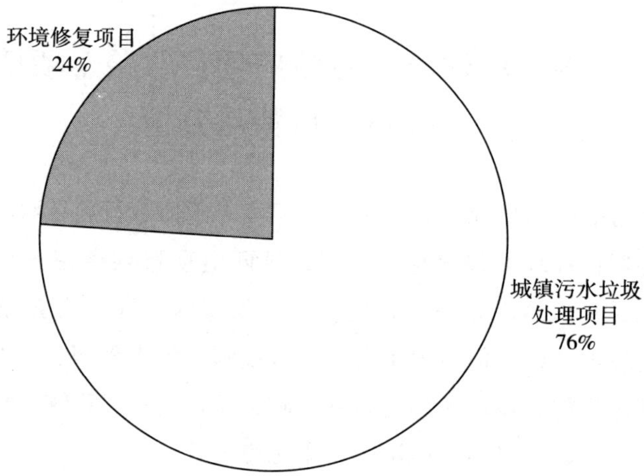

图3　2022年1~9月生态环保类专项债募投项目分类

数据来源：Wind数据库，中诚信国际整理计算。

（二）环境修复项目投资规模较大、项目周期较长

相比之下，生态保护修复工程多针对城镇外的自然区域，且工程系统性强、专业性高、耗时长，需长期平稳有序推进。据不完全统计，2022年1~9月环境修复项目的总投资规模仅为4114.33亿元，约占同期生态环保类募投项目总投资规模的两成左右（见图3），资本金规模约为1851.39亿元，其中生态环保类专项债用于项目资本金的规模约为8.17亿元，用于配套融资的规模约为299.84亿元。从单个项目来看，环境修复项目呈现大而精的特点，单个项目总投资多为2亿~10亿元，项目周期集中在2~5年，时间较长。

（三）基层环境整治需求较大，生态环保类募投项目以区县级项目为主

从项目的行政层级来看，生态环保类募投项目共分为省级项目、地市级项目和区县级项目，主要特征为地方财力与事权相匹配。2022 年 5 月，中共中央办公厅、国务院办公厅印发的《乡村建设行动实施方案》[①] 中明确乡村建设是国家现代化建设的重要内容，其中包括实施农村人居环境整治提升五年行动，具体表现在统筹农村改厕和生活污水、黑臭水体治理，因地制宜建设污水处理设施，基本消除较大面积的农村黑臭水体。健全农村生活垃圾收运处置体系，完善县、乡、村三级设施和服务，推动农村生活垃圾分类减量与资源化处理利用，建设一批区域农村有机废弃物综合处置利用设施。受政策影响，2022 年 1~9 月生态环保类募投项目仍以区县级项目为主，占比高达 75%；地市级项目次之，占比约为 24%；省级项目数量最少，占比仅为 1%左右。

（四）生态环保类募投项目资本金占比较高，资金保障良好

从项目的资本金情况来看，资本金比例在 30%以上的生态环保类募投项目约占当期发行规模的七成，资本金占比情况较好，能够为项目建设提供充足的资金保障。资本金主要来自财政资金、项目自筹，剩余配套资金通过融资方式解决。据不完全统计，2022 年 1~9 月生态环保类专项债用于配套融资的规模为 1363. 02 亿元。同期用于项目资本金的生态环保类专项债规模为 36. 85 亿元，目前来看规模不大，考虑到目前的鼓励政策，未来将募集资金用于项目资本金的专项债发行数量或将增长。

三　生态环保类地方政府项目收益专项债信用特点分析

生态环保类专项债延续了项目收益专项债的信用特点。首先，项目本身对

---

① 《中共中央办公厅　国务院办公厅印发〈乡村建设行动实施方案〉》，中国政府网，2022 年 5 月 23 日，http：//www. gov. cn/zhengce/2022-05/23/content_ 569 1881. htm。

应的收益作为第一偿债来源，需衡量募投项目的收益与融资平衡情况。其次，地方政府作为债券的最终信用提供方，其区域信用也是重要考量因素。

（一）项目融资对本息覆盖情况较好

在项目收益方面，生态环保类募投项目作为国家重点关注并予以大力支持的新基建板块，项目现金流较为稳定，项目主要收益来源于垃圾处理收入、污水处理费用、中水回用收入及辖区相应地块的国有土地使用权出让收入。此外，生态环保类项目的实施将大幅改善项目辖区内整体的生态环境、居住及投资环境等，对区域内可供出让土地的价值提升产生较积极影响，在一定程度上保障项目自身的融资平衡。具体来看，2022 年 1~9 月生态环保类募投项目的本息覆盖倍数介于 1 倍至 2 倍的占比近八成，其余覆盖倍数均在 2 倍以上，债券的本息得到较有力的保障。

（二）地方政府能提供较强的信用支持

在地方政府信用状况方面，生态环保类专项债的发行主体均为省级、自治区或直辖市政府且生态环保类募投项目的实施主体主要为项目辖区的地方政府及下属相关政府部门。据不完全统计①，2022 年1~9 月发行生态环保类专项债最多的 5 个省（区、市）分别是广东省、山东省、浙江省、湖北省和河北省，其 2021 年的债务率依次为 81.08%、106.99%、64.65%、106.10%以及 128.73%（见图4），大部分低于平均值，债务压力尚可。其中河北省虽有一定的债务压力，但考虑到其 2021 年一般公共预算收入同比增长 8.9%，且其作为环首都经济圈、河北沿海经济带的重要组成部分，战略地位突出，存在一定的资源优势及上级支持，因此信用状况仍然较好。综合来看，上述省份自身财政盈余基本能够满足基础设施建设等财政支出需求，故能提供较强的信用支持。

① 如无特别说明，本报告中引用的专项债募投项目的相关数据均来自地方政府新增专项债信息披露文件，并由中诚信国际整理计算。由于数据的获取问题，数据可能来自不同募投项目文件、项目实施方案、信息披露模板等，这可能导致数据分析出现一定偏差，但不会对分析结论产生实质上的影响。

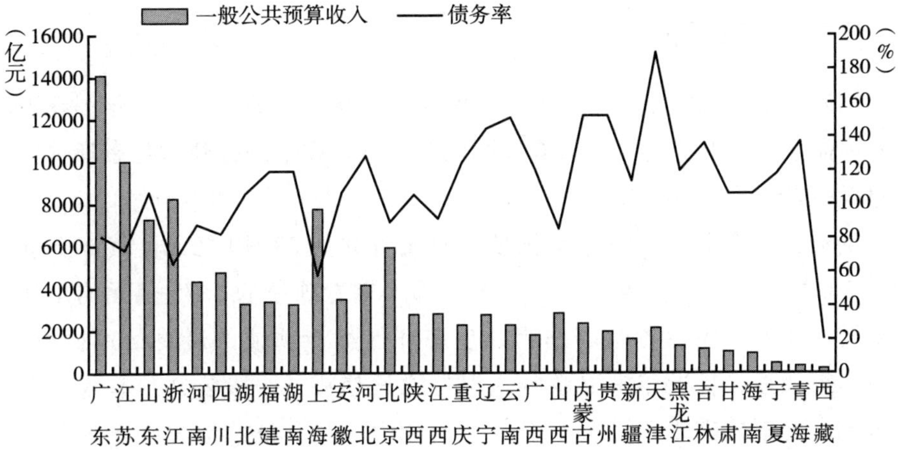

图 4　2021 年全国 31 个省（区、市）一般公共预算收入和债务率

数据来源：Wind 数据库，中诚信国际整理计算。

四　案例分析——2022年福建省生态环保专项债券（三期）

本节以 2022 年福建省生态环保专项债券（三期）［2022 年福建省政府专项债券（三十二期）］为例，对该专项债及其对应的募投项目进行分析。

（一）债券及项目基本情况介绍

2022 年 2 月 21 日，2022 年福建省生态环保专项债券（三期）［2022 年福建省政府专项债券（三十二期）］以公募的方式新增发行，债券简称“22 福建债 33”，发行人为福建省政府，期限 15 年，规模 3.75 亿元，发行利率 3.26%，每年付息两次。“22 福建债 33”募集的资金将专项用于龙岩市、南平市、宁德市、泉州市、三明市以及漳州市的 10 个生态环保类项目。募投项目投资主体主要为区县级，项目建设期分别为 1 年、2 年以及 3 年，项目收益主要来源于垃圾处理收入与污水处理费用。

（二）项目评价

整体来看，2022年福建省生态环保专项债券（三期）［2022年福建省政府专项债券（三十二期）］具有较强的公益性，在推动福建省生态环保类项目建设中起到了积极作用。

从资金安排来看，10个募投项目总投资共计37.40亿元，资本金规模约为20.21亿元，主要源于自筹资金，而本期专项债的3.75亿元均用作配套融资。此外，福建省政府作为该生态环保类专项债的最终信用提供方，财政实力较强，且近年来财政收入保持增长趋势。一般公共预算收入在全国范围内处于较高水平，公共财政自给能力较强，虽然地方政府债务规模较大，但债务负担尚可，总体信用质量较高。从收益平衡情况来看，项目收益自平衡情况较好，本期债项对应的10个募投项目预计可实现收益35.79亿元（见表1），保障程度较高。总体来看，项目偿债资金到位压力不大，偿债风险较低。

五　生态环保类地方政府项目收益专项债发展建议

为响应我国推进美丽中国建设，加快发展方式绿色转型，深入推进环境污染防治，提升生态系统多样性、稳定性、持续性，积极稳妥推进碳达峰、碳中和，促进人与自然和谐共生的号召，并进一步发挥专项债拉动投资、扩大需求、稳定增长的积极作用，现对生态环保类专项债提出以下建议。

首先，建议进一步优化债券期限管理，提高债券期限与项目期限的配适度。目前生态环保类专项债的发行期限仍呈长期化特征，多以10年期、15年期和20年期为主，但该类专项债的募投项目周期却集中在5年内，债券期限明显长于项目周期。因此，建议适当缩短债券发行期限，使其匹配项目周期，这有利于提升该类专项债的运作效率。

其次，建议提升债券募投项目的多样性，全面推动我国生态文明建设。目前生态环保类专项债仍集中投向城镇污水垃圾处理项目和环境修复项目两大领域。然而，我国生态文明建设仍然面临诸多矛盾和挑战，重点区域、重点行业污染问题没有得到根本解决，实现碳达峰、碳中和任务依旧艰巨。因此，建

表 1 “22 福建债 33”募投项目明细

序号	募投项目名称	项目总投资（亿元）	本期债项用于该项目的金额（亿元）	其中:用于资本金金额（亿元）	其中:用于配套融资金额（亿元）	项目资本金占比(%)	项目预计收益(亿元)	项目融资本息覆盖倍数（倍）
1	长汀县古城镇污水处理厂及配套管网工程项目	0.59	0.10	—	0.10	32	1.02	1.29
2	古田县鹤塘镇农村生活污水治理2021年度治理项目	0.36	0.15	—	0.15	50	0.46	1.46
3	安海湾(水头片区)生态修复工程项目	0.97	0.40	—	0.40	59	1.13	1.82
4	明溪县污水处理厂及配套管网提标改造工程	0.90	0.10	—	0.10	67	0.75	1.66
5	政和县第二污水处理厂及配套管网改造提升工程项目	0.36	0.18	—	0.18	50	0.45	1.28
6	安溪县湖头污水处理厂提标及配套污水收集管网工程项目	1.75	0.20	—	0.20	43	2.89	1.61
7	清流县城乡环卫一体化提升建设项目	1.10	0.05	—	0.05	64	0.81	1.36
8	龙海市污水收集处理基础配套工程	9.70	1.00	—	1.00	40	12.21	1.40
9	宁德市中心城区水系综合治理工程	16.67	1.27	—	1.27	54	14.46	1.21
10	武平县城区雨污分流改造工程	5.00	0.30	—	0.30	84	1.61	1.29
合计		37.40	3.75	—	3.75	—	35.79	—

数据来源：“22 福建债 33” 信息披露文件，中诚信国际整理计算。

议将生态环保类募投项目向除城镇污水垃圾处理项目和环境修复项目外的其他生态环保领域延伸，有利于全面推动生态文明建设。

再次，建议适当扩大债券用作项目资本金的范围，更好发挥专项债资金撬动作用。虽然目前生态环保类项目资本金占比较高，但生态环保类专项债用作资本金的规模不大。鉴于 2022 年 9 月国务院政策例行吹风会提出将继续适当扩大专项债资金投向领域和扩大专项债用作项目资本金的范围，更好发挥专项债“四两拨千斤”、拉动有效投资的作用，建议适当扩大生态环保类专项债用作项目资本金的范围，更好发挥专项债资金撬动作用。

最后，建议加强对拟发债募投项目的评估，保障项目质量。目前我国基层的环境整治需求较大，且相继出台了有关提升农村居住环境的政策。受此影响，生态环保类募投项目以区县级项目为主。因此，考虑到地方财力与事权相匹配的原则，建议加强对拟发债募投项目的审核与评估，避免区县申报不符合地方财力的高风险项目。

B.5
2022年棚改类地方政府项目收益专项债分析报告

余 茜*

摘 要： 棚改类地方政府项目收益专项债的偿债资金以国有土地使用权出让收入为主，项目收益对融资本息覆盖情况处于良好水平，且地方政府能够提供较强的信用支撑。在房地产行业低迷及土地市场景气度持续下行的背景下，应进一步提高土地出让价格预测以及加压系数选取的科学性和合理性，关注专项债募投项目未来收益水平的变化。

关键词： 地方债 专项债 棚户区改造

棚户区改造是加快经济发展、实现人民群众安居乐业的民心工程，也是改善群众居住环境、提高生活质量的民生工程。党的十八大以来，我国进入历史上保障性安居工程规模最大、投资最多的建设时期，累计完成投资14.8万亿元，建设各类保障性住房和棚户区改造安置住房5900多万套。

为规范棚户区改造融资行为，坚决遏制地方政府隐性债务增量，2018年财政部联合住房城乡建设部发布《关于印发〈试点发行地方政府棚户区改造专项债券管理办法〉的通知》①，明确省、自治区、直辖市政府为棚改类地方政府项目收益专项债（以下简称“棚改类专项债”）的发行主体；试点

* 余茜，中诚信国际评级技术与标准部副总监，主要研究领域为评级方法与模型、评级技术与评级政策研究与制定等。

① 《关于印发〈试点发行地方政府棚户区改造专项债券管理办法〉的通知》，财政部网站，2018年4月2日，http：//yss. mof. gov. cn/zhuantilanmu/dfzgl/zcfg/201804/t20180402_ 2858433. htm。

发行棚改类专项债的棚户区改造项目应当有稳定的预期偿债资金来源，对应的纳入政府性基金的国有土地使用权出让收入、专项收入[①]应当能够保障偿还债券本金和利息，实现项目收益和融资自求平衡。2019年6月，中共中央办公厅、国务院办公厅印发的《关于做好地方政府专项债券发行及项目配套融资工作的通知》[②]明确，对有一定收益且收益全部属于政府性基金收入的重大项目，由地方政府发行专项债券融资。在上述政策的推动下，棚改类专项债已逐渐成为地方政府棚改项目融资的重要途径。《2020年政府工作报告》[③]指出，重点支持既促消费惠民生又调结构增后劲的“两新一重”建设，即加强新型基础设施建设、加强新型城镇化建设及加强交通、水利等重大工程建设。2021年政府投资向惠及面广的民生项目倾斜，当年新开工改造城镇老旧小区5.6万个。根据《2022年政府工作报告》[④]、中央一号文件、国务院常务会议等政策指引，预计2022年专项债将持续围绕惠民生、增后劲、补短板的目标提供支持，“两新一重”、民生等领域仍将继续发力。

一　棚改类地方政府项目收益专项债发行特点分析

棚改类专项债起步较晚，其于2018年下半年开始正式发行，当年发行合计约3156亿元[⑤]。2019年受政策推动以及各省市棚改项目资金需求旺盛的影响，棚改类专项债发行规模大幅攀升至约7172亿元。2020年，随着三年棚改攻坚计划接近尾声，棚改类专项债发行规模回落至4165亿元。2021年财政部

---

① 包括属于政府的棚改项目配套商业设施销售、租赁收入以及其他收入。

② 《中共中央办公厅　国务院办公厅印发〈关于做好地方政府专项债券发行及项目配套融资工作的通知〉》，中国政府网，http://www.gov.cn/zhengce/2019-06/10/content_5398949.htm。

③ 《2020年政府工作报告》，中国政府网，2020年5月22日，http://www.gov.cn/guowuyuan/2020zfgzbg.htm。

④ 《2022年政府工作报告》，中国政府网，2022年3月12日，http://www.gov.cn/premier/2022-03/12/content_5678750.htm。

⑤ 如无特别说明，本报告中引用的地方债发行量等债券相关数据均来自截至2022年9月的Wind数据库，并由中诚信国际整理计算。

在《关于梳理2021年新增专项债券项目资金需求的通知》[①] 中明确，对于棚户区改造项目，专项债主要支持在建收尾项目，适度支持新开工棚改项目，带动当年棚改类专项债的发行规模增长4868亿元。按照财政部相关政策要求，为保持政策延续性和稳定性，2022年专项债资金继续重点用于包括保障性安居工程（城镇老旧小区改造、保障性租赁住房、棚户区改造）在内的九大领域。2022年3月，国务院常务会议强调支持新基建等增后劲、上水平项目建设，在重点用于交通、能源、生态环保、保障性安居工程等领域项目的基础上，支持有一定收益的公共服务等项目。据不完全统计，2022年1~9月棚改类专项债的发行规模约为4055亿元，同比略有增长。

（一）发行期限以15年以下为主

具体来看，据不完全统计，2022年1~9月全国各区域共新增发行244只棚改类专项债。从发行期限来看，当期发行的棚改类专项债的发行期限主要集中在5年、7年和10年，按发行只数统计，占比分别为22%、26%和28%，期限为15年的占比约为13%，发行期限在20年及以上的占比合计为8%（见图1），基本契合《试点发行地方政府棚户区改造专项债券管理办法》中“棚改专项债券期限应当与棚户区改造项目的征迁和土地收储、出让期限相适应，原则上不超过15年，可根据项目适当延长，避免期限错配风险”的要求。

（二）发行利率小幅低于全国平均水平

从发行利率[②]来看，据不完全统计，2022年1~9月棚改类专项债的发行利率主要分布在2.70%~3.30%，加权平均发行利率为3.00%，较1~9月专项债加权平均发行利率低0.11个百分点，与同期发行的交通基础设施类和生态环保类专项债相比具有一定的融资优势；从发行条款来看，2022

---

① 《关于梳理2021年新增专项债券项目资金需求的通知》（财办预〔2021〕29号），泉港区政府网，2021年7月2日，http：//www.qg.gov.cn/zwgk/zcfg/sjfgwj/202107/t20210702_2582004.htm。

② 如无特别说明，本报告中发行利率、利差为根据发行额计算的加权平均发行利率、利差，发行利差计算公式：债券发行利率-对应期限国债收益率。

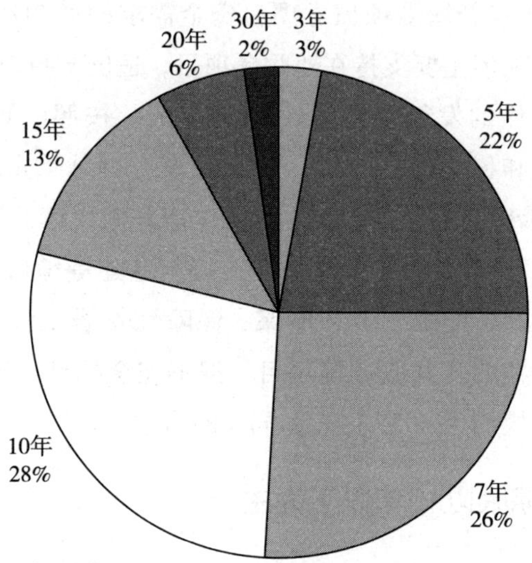

图1　2022年1~9月棚改类专项债发行期限结构

数据来源：Wind数据库，中诚信国际整理计算。

年1~9月发行的棚改类专项债均采用记账式固定利率付息形式，每年付息1次或2次，其中涉及提前偿还或赎回等特殊条款的债券37只，占比相对较低。

（三）发行规模区域分化明显，河南省发行规模居首位

从分布区域来看，棚改类专项债的发行区域差异较大。据不完全统计，2022年1~9月河南省、山东省、北京市、安徽省和江苏省的棚改类专项债发行规模位居前五（见图2），这五个省市合计发行规模约占当期全国发行总规模的51%，区域分化较为明显。

二　棚改类地方政府项目收益专项债募投项目特点分析

按照相关政策要求，对于棚户区改造项目，新增专项债资金主要用来支持在建收尾项目，适度支持新开工项目。在2022年1~9月发行的专项债中，募

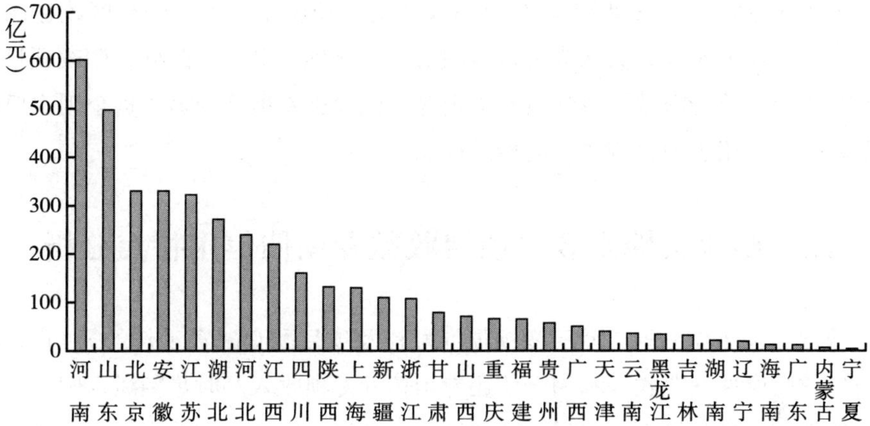

图2　2022年1~9月29个省（区、市）棚改类专项债发行规模

数据来源：Wind数据库，中诚信国际整理计算。

集资金投向涉及的棚改项目主要为以前年度存量项目，新开工项目较少；募投项目以区县级项目为主，专项债用于资本金的情况极少。

（一）募投项目多为在建收尾项目，新开工项目较少

从募投项目整体情况来看，据不完全统计①，在2022年1~9月发行的专项债中，募集资金投向涉及的棚改项目主要为2018~2021年已开工的存量项目，新开工项目较少；具体结合当期河南省新增专项债募投项目情况来看，专项债投向的棚改项目合计593个，其中2022年新开工项目占比在14%左右，增量项目占比相对较低，在一定程度上表明以前年度留下的存量项目较多，对专项资金仍存在较大的需求。

（二）募投项目以区县级项目为主，专项债用于资本金的情况极少

从行政层级来看，目前区县级棚改项目对棚改类专项债的资金需求较为旺

① 如无特别说明，本报告中引用的专项债募投项目的相关数据均来自地方政府新增专项债信息披露文件，并由中诚信国际整理计算。由于数据的获取问题，数据可能来自不同募投项目文件、项目实施方案、信息披露模板等，这可能导致数据分析出现一定偏差，但不会对分析结论产生实质上的影响。

盛。据不完全统计，在2022年1~9月发行的专项债中，涉及棚户区改造的区县级项目占比为82%，其次为地市级项目，省级项目极少。此外，棚改项目的资本金来源主要为财政资金和自有资金等，棚改类专项债的募集资金则主要作为配套融资，用于项目资本金的情况极少。

三　棚改类地方政府项目收益专项债信用特点分析

根据《关于做好地方政府专项债券发行及项目配套融资工作的通知》，项目对应的政府性基金收入和用于偿还专项债的专项收入及时足额缴入国库，纳入政府性基金预算管理，确保专项债还本付息资金安全。棚改类专项债延续了项目收益专项债的特点：第一偿债来源为项目本身对应的收益，地方政府作为债券的最终信用提供方，其区域信用也是重要的考量因素。在考虑项目收益专项债信用风险时，首先衡量募投项目的收益与融资平衡情况，然后综合衡量地方政府信用状况。

（一）偿债资金以土地出让收入为主，融资本息覆盖情况处于良好水平

在募投项目收益与融资平衡方面，对于棚改类项目而言，其偿债资金主要来自征迁后腾空土地的国有土地使用权出让收入、专项收入。此外，从公开披露的项目自求平衡方案的测算情况来看，在2022年1~9月发行的专项债涉及的棚改项目中，项目收益对融资本息覆盖倍数为1~2倍的占比接近70%，其余覆盖倍数多在2倍以上，覆盖情况良好。但由于其对土地出让收入的依赖程度极高，在当前宏观经济下行、房地产行业监管趋严的背景下，需关注区域土地出让市场景气度下滑时，加压的融资本息覆盖情况。

（二）地方政府能够为专项债的发行和偿付提供有力的信用支撑

在地方政府信用状况方面，发行棚改类专项债的主体为省级政府，实施主体主要为项目辖区内的地方政府及下属相关政府部门。具体来看，2022年1~9月发行棚改类专项债规模较大的河南省、山东省、北京市、安徽省和江苏省的经济财政实力在全国均处于中等及中上水平，其中2021年江苏省的债务率

为72.60%；河南省和北京市的债务率较为接近，分别为87.98%和89.54%；同期，山东省和安徽省的债务率略高，分别为106.99%和107.05%，债务压力仍处于可控水平。整体来看，上述省市的经济财政实力较强、债务压力相对可控，能够为相关专项债的发行及偿付提供强有力的信用支撑。

四　案例分析——2022年河南省棚改专项债券（十七期）

本节挑选了已发行的2022年河南省棚改专项债券（十七期），即2022年河南省政府专项债券（五十八期）进行分析。

（一）债券及项目基本情况介绍

2022年河南省棚改专项债券（十七期）（以下简称“22河南债65”）于2022年6月29日成功发行，发行总规模为9.69亿元，发行期限为7年，票面利率为2.92%，付息频率为按年付息，偿还方式为到期一次性还本，最后一期利息随本金一起支付。该期债券募集的专项资金具体投向10个项目，涉及开封市、洛阳市、安阳市、新乡市、信阳市、周口市和驻马店市，具体为洛阳市洛龙区潘村城中村改造项目（二期），凤冠社区城中村改造项目，林州市城西下申街村、胡家庄村棚户区改造项目，新蔡县任桥片区棚户区改造项目，开封市鼓楼区自由路东段南光明街周边棚户区改造项目，卫辉市城郊乡南张庄社区城中村改造项目，淮阳区北花园社区棚户区改造项目，淮阳区腾达社区棚户区改造项目，长垣市东、西护城河片区棚户区改造项目和息县原水泥厂、原石灰厂家属院棚户区改造项目。上述棚户区改造项目中包含2个地市级项目、8个区县级项目；项目建设周期以3年为主，当年新开工项目3个，剩余项目开工时间集中在2019~2021年。

（二）项目评价

在偿债资金来源及收益平衡方面，根据披露的财务咨询评估报告，该期专项债还本付息的偿债资金主要来源于棚改项目对应的土地出让收入。本期专项债涉及10个项目的计划总投资合计为131.48亿元，项目资本金合计55.86亿元，计划通过专项债融资 75.61 亿元（其中 2022 年以前已发行 27.54 亿元，2022 年计划发行 38.27 亿元，2023 年及以后年度计划发行 9.80 亿元），所测算的债券存续期内的债券融资本息合计为 97.93 亿元。在扣除估算的成本费用及应缴土地出让金等后，债券存续期内 10 个项目的总收益合计为 144.53 亿元，对应的覆盖倍数为 1.48 倍，覆盖情况处于良好水平，能够实现项目收益和融资自平衡（见表 1）。

表 1　“22 河南债 65”募投项目情况

单位：亿元，倍

序号	项目名称	债券存续内项目总投资	本期债券融资金额	债券存续期内项目总收益	债券存续期内债券融资本息	覆盖倍数
1	洛阳市洛龙区潘村城中村改造项目(二期)	15.26	0.49	20.90	11.84	1.77
2	凤冠社区城中村改造项目	27.83	2.20	6.94	5.65	1.23
3	林州市城西下申街村、胡家庄村棚户区改造项目	26.17	0.61	37.11	27.48	1.35
4	新蔡县任桥片区棚户区改造项目	4.30	2.35	4.85	3.95	1.23
5	开封市鼓楼区自由路东段南光明街周边棚户区改造项目	9.96	0.81	11.90	9.64	1.23
6	卫辉市城郊乡南张庄社区城中村改造项目	3.75	1.00	4.61	3.58	1.29
7	淮阳区北花园社区棚户区改造项目	14.09	0.76	24.00	13.39	1.79
8	淮阳区腾达社区棚户区改造项目	16.59	0.72	26.06	15.87	1.64
9	长垣市东、西护城河片区棚户区改造项目	11.95	0.25	6.40	5.12	1.25
10	息县原水泥厂、原石灰厂家属院棚户区改造项目	1.58	0.50	1.76	1.41	1.25
合计		131.48	9.69	144.53	97.93	1.48

数据来源：Wind 数据库，中诚信国际整理计算。

五　棚改类地方政府项目收益专项债发展建议

棚户区改造项目主要以国有土地使用权出让收入来实现项目收益与融资平衡，其项目收益水平受宏观经济及土地与房地产市场影响较大，因此对未来土地出让收入的测算是否科学合理以及项目收益能否顺利实现成为关注重点。2022年以来国内房地产市场处于下行周期，土地市场景气度亦持续低迷，或将对部分棚改项目未来收益水平造成影响，因此在进行募投项目分析时，应更加明确可比地块的挑选标准以及出让价格预测的计算方式，提升土地出让预测价格设置的谨慎性和合理性；同时，应注重压力测试中加压系数设置的科学性和合理性，并详细进行收益变动敏感性分析，增强对募投项目风险的预警和判断能力。

B.6 2022年水利类地方政府项目收益专项债分析报告

王　晨*

摘　要： 水利工程是关系社会民生的重要工程，在2022年《政府工作报告》强调“建设重点水利工程”的背景下，水利类地方政府项目收益专项债大幅扩容。水利类专项债募投项目以区县级水利建设为主，项目收益主要来源于供水收入，收益与融资平衡性良好。水利类项目风险总体可控，但专项资金到位情况或对项目开工建设产生一定影响，且存在项目投资测算偏差带来偿债风险的可能。为使专项债更好地匹配地方水利基础设施建设，建议加强专项债募投项目筛选、规范项目收入成本测算、充分发挥专项债资本金作用。

关键词： 地方债　专项债　水利

水利类地方政府项目收益专项债（以下简称“水利类专项债”）是募集资金用于防洪工程、水资源工程、水土保持及生态建设等水利领域的地方政府专项债。自2018年首只水利类专项债问世以来，该领域专项债规模持续上升。2020年，“十四五”规划明确提出加强水利基础设施建设，以150项重大水利工程为代表的国家水网骨干工程建设持续提速。2022年，在《政府工作报告》强调“建设重点水利工程”以及稳增长需求边际上升的背景下，水利投资大

* 王晨，中诚信国际研究院研究员，主要研究领域为债券市场、地方债与城投行业、货币政策等。

幅增长。截至 9 月 15 日，全国累计完成水利建设投资 7611 亿元，同比增长 63.5%[①]，而地方政府专项债作为重要资金来源，在水利建设中发挥了积极作用；根据水利部数据，2022 年 1～10 月水利项目落实地方政府专项债规模是 2021 年落实规模的 1.5 倍。党的二十大表示要“构建现代化基础设施体系”，水利工程作为基础设施建设的重要组成部分，未来仍有较大发展空间，水利部强调全力扩大 2023 年地方政府专项债使用规模，精准筛选出符合申报要求的水利项目，后续水利类专项债有望继续扩容，发挥专项债补短板的重要作用。

一　水利类地方政府项目收益专项债发行特点分析

根据水利部数据，2020～2022 年我国计划重点推进 150 项重大水利工程建设，工程总投资约为 1.29 万亿元[②]；若进一步考虑地方级水利项目，水利项目建设资金需求或更高，叠加近年来稳基建稳增长需求上升，水利类专项债持续扩容。2022 年 1～9 月，全国涉及水利类项目的地方政府专项债共计发行 1.84 万亿元[③]，较 2021 年 1～9 月增长超万亿元。从期限看，水利类专项债发行长期化趋势明显，10 年及以上期限债券发行规模占比 99.08%。从发行利率[④]和条款看，发行利率为 3.22%，发行利差为 15.78BP，均较 2021 年 1～9 月有所下降，多数为到期后一次性偿还本金。

（一）水利类专项债基本以集合形式发行，东部地区发行规模较高

2022 年，在多项政策出台支持水利基础设施建设的背景下，水利类专项债大幅扩容。中诚信国际对 2022 年 1～9 月所有专项债募投项目进行梳理，筛

---

① 《李国英主持召开加快水利基础设施建设调度会》，水利部网站，2022 年 9 月 29 日，http：//www.mwr.gov.cn/xw/slyw/202209/t20220929_ 1599239.html。

② 《150 项重大水利工程已开工 23 项》，水利部网站，2020 年 9 月 29 日，http：//www.mwr.gov.cn/xw/mtzs/rmrb/202009/t20200929_ 1449565.html。

③ 如无特别说明，本报告中引用的地方债存量、发行量、发行利率、发行利差、交易量、到期收益率等债券相关数据均来自截至 2021 年 9 月的 Wind 数据库，并由中诚信国际整理计算。

④ 如无特别说明，本报告中发行利率、利差为根据发行额计算的加权平均发行利率、利差，发行利差计算公式：债券发行利率-对应期限国债收益率。

选出包含水利类项目的专项债共计 311 只，发行规模为 1.84 万亿元，较 2021 年 1~9 月增长超万亿元。水利类专项债基本以集合形式发行，对应水利类项目 1712 个，专项债用于水利类项目建设的资金共计 1502.16 亿元，单只集合类债券中用于水利项目的额度普遍较小，项目分布较为零散。从发行节奏看，水利类专项债主要于上半年发行，其中 5 月和 6 月发行规模相对较高，分别发行 4119.65 亿元（占比 22.39%）和 7354.95 亿元（占比 39.97%）（见图 1）。从区域分布看，全国共计 28 个省（区、市）[①] 发行水利类专项债，其中广东省、山东省、浙江省、河北省发行规模居于前列，广东省发行规模达 3206.79 亿元，居全国首位。

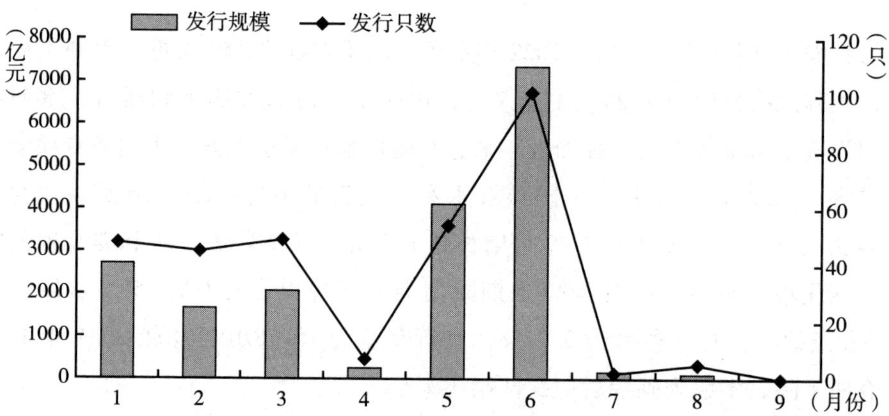

图 1　2022 年 1~9 月水利类专项债月度发行规模与发行只数

数据来源：Wind 数据库，中诚信国际整理计算。

（二）水利类专项债发行长期化趋势明显，以10年及以上期限为主

由于水利项目运营周期长，对应项目收益专项债融资期限普遍偏长，2022 年 1~9 月，新发行的水利类专项债仍以长期限债券为主，期限主要分布在 10~30 年。具体看，10 年、15 年、20 年和 30 年期限的水利类专项债规模分

① 截至 2021 年 9 月，北京市、上海市、西藏自治区尚未发行，也不包含港澳台地区。

别为 2646.16 亿元、5289.02 亿元、6199.39 亿元和 4144.00 亿元，占比分别为 14.34%、28.67%、33.60%和 22.46%，其中 10 年及以上期限合计占全部水利类专项债的 99.07%、20 年及以上期限占比为 56.06%（见图 2），均较 2021 年 1~9 月有所上升。在政策持续支持水利基础设施建设、强调拓宽中长期融资渠道的背景下，水利类专项债发行长期化趋势明显。

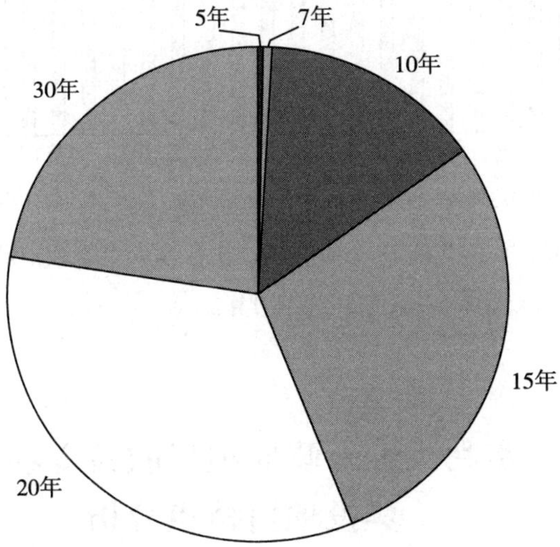

图 2　2022 年 1~9 月新发行水利类专项债期限结构

数据来源：Wind 数据库，中诚信国际整理计算。

（三）发行利率及发行利差均同比下降，东北地区及西部地区发行成本较高

2022 年 1~9 月，新发行的水利类专项债发行利率为 3.22%，较 2021 年 1~9 月下行约 34BP；发行利差为 15.78BP，较 2021 年 1~9 月下行 8BP。从区域分布看（见图 3），吉林、甘肃、贵州的发行利率较高，分别为 3.40%、3.38%和 3.36%；海南发行利率较低、为 2.91%，显著低于其他省份。发行利差方面，辽宁、新疆和内蒙古的发行利差较大，分别为 27.31BP、27.13BP 和 25.97BP；江苏、湖北、浙江、湖南发行利差较小，位于 9~12BP。发行条款方面，311 只水利类专项债多为到期后一次性偿还本金，其中 74 只债券内含提前偿还条款，3 只债券内含提前赎回权。

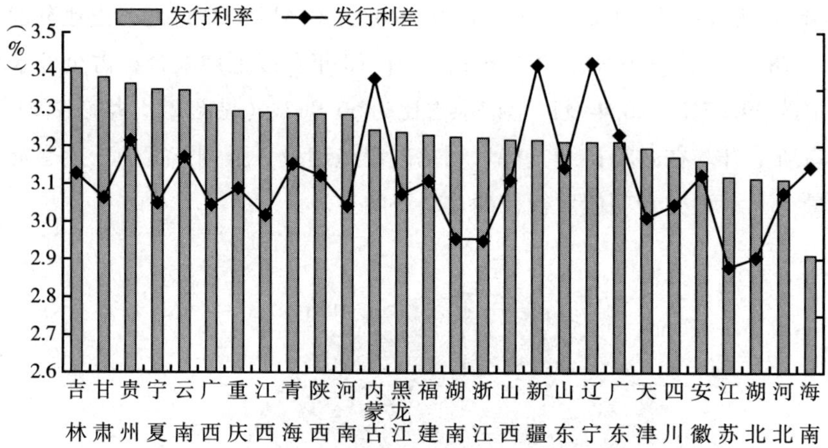

图3　2022年1~9月28个省（区、市）水利类专项债发行成本

数据来源：Wind数据库，中诚信国际整理计算。

二　水利类地方政府项目收益专项债募投项目特点分析

2022年1~9月，新发行的水利类专项债对应募投项目以区县级水利建设项目为主，用于补充项目资本金以及配套融资。目前水利项目收入来源多样，包括供水、供电、砂石销售、租赁等，超九成项目融资本息覆盖倍数为1~3倍，收益与融资平衡性良好。

（一）募投项目仍以区县级水利建设项目为主，用作项目资本金的专项债较少

由于水利建设工程项目营利性较弱，公益属性强，对市场化资金吸引有限，项目建设更加依赖中央、地方财政资金，根据水利部发布的《2020年全国水利发展统计公报》①，2015~2020年水利建设投资来源于中央政府

① 数据来源于2022年2月9日水利部发布的最新一期《2020年全国水利发展统计公报》，用于展示水利投资资金来源情况，数据存在一定时滞性，但不影响水利资金来源结论。

和地方财政的资金占比均超七成，2020 年该比例为 81.09%（见图 4），因此发行水利类专项债对支持水利建设具有重要意义。2022 年 1～9 月，新发行的水利类专项债对应募投水利项目①共计 1712 个，对应用于水利项目建设的金额为 1502.16 亿元，均较 2021 年 1～9 月有所上升；用于水利项目建设的资金占水利类专项债的比例为 8.14%，较 2021 年 1～9 月有所下降，主要是因为集合债中用于水利项目的金额相对较低。从水利项目行政层级看，以区县级水利项目为主，省级、地市级和区县级水利项目分别为 162 个、208 个和 1342 个，对应用于水利项目建设的金额分别为 205.81 亿元、298.23 亿元、998.12 亿元。从资金用途看，专项债募集的资金主要用作补充水利项目建设的配套融资资金，仅 204 个项目将部分专项债资金用作项目资本金，用作资本金的资金总额为 153.70 亿元，占用作水利项目建设的专项债资金比例为 10.23%，该比例与 2021 年 1～9 月基本持平。

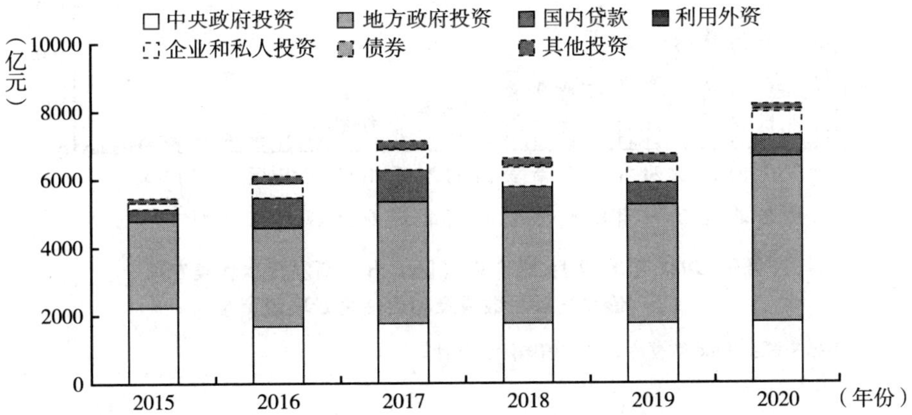

图 4　2015～2020 年水利投资资金来源

数据来源：《2020 年全国水利发展统计公报》，中诚信国际整理计算。

① 如无特别说明，本报告中引用的专项债支持项目的相关资料、数据均来自全国各省份地方政府新增专项债信息披露文件，并由中诚信国际整理计算。由于数据的获取问题，数据可能来自不同募投项目文件、项目实施方案、信息披露模板等，存在一定信息缺失，但不会对分析结论产生实质上的影响。

（二）水利项目建设周期以1~5年为主，山东省水利类项目较多

从项目区域分布看，2022 年 1~9 月，山东、贵州、广东水利类专项债募投项目数量居全国前列，其中山东水利项目最多，共计 287 个，占比 16.76%；宁夏、辽宁、天津等省（区、市）水利项目数量较少。从项目金额看，山东、广东、河北居全国前列，其中山东水利项目金额为 275.33 亿元，居全国首位，且远高于其他省份（见图 5）。从项目期限看，水利项目建设周期基本为 1~5 年，5 年以上期限项目较少，占比仅为 3.91%。

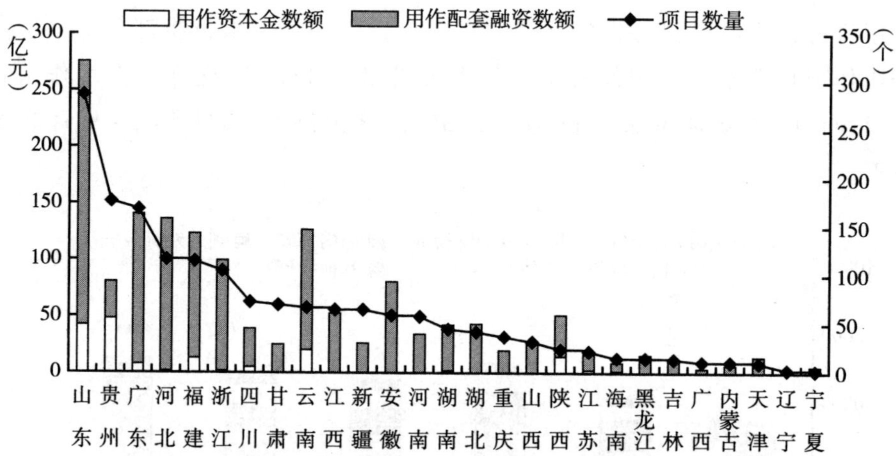

图 5　2022 年 1~9 月 27 个省（区、市）新发行水利类专项债募投项目数量及项目使用专项债资金

数据来源：Wind 数据库，中诚信国际整理计算。

（三）项目融资本息覆盖倍数相对较高，收益与融资平衡性良好

水利项目建设完成进入运营期后，用于平衡融资本息的收益不仅包括供水收入、发电收入等专项收入，还包括水资源类农田灌溉收入、砂石销售收入、租赁收入等间接收入，此外部分项目还具有配套土地出让金、政府运营补贴等收入，以提高项目收益自平衡能力，偿债来源较为广泛。而供水收入作为专项债的主要偿债来源，具有收入来源稳定性高等特点，是较好的偿债来源。从融

资本息覆盖倍数看，项目本息覆盖倍数均值为 2. 12 倍，近九成的项目融资本息覆盖倍数为 1~3 倍（见图 6），项目收益与融资自平衡情况良好。

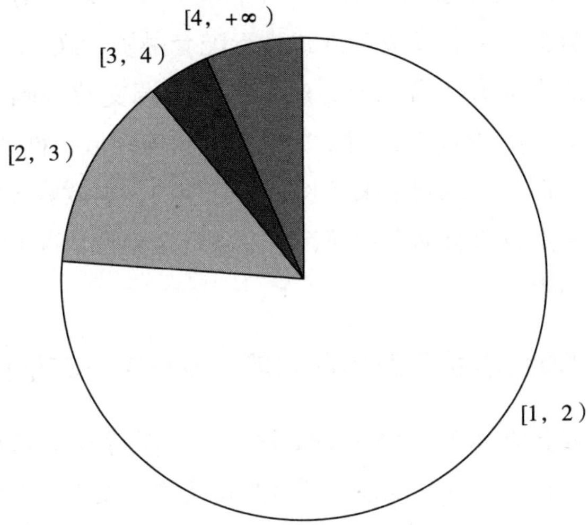

图 6　2022 年 1~9 月新发行水利类专项债募投项目本息覆盖倍数分布

数据来源：Wind 数据库，中诚信国际整理计算。

三　水利类地方政府项目收益专项债信用特点分析

水利类项目多为涉及民生的重大基础设施建设项目，项目实施主体资质及建设能力较好，总体风险可控。但由于水利建设多依赖政府资金，在当前财政收支依然紧平衡的背景下，专项资金到位情况或对项目开工建设产生一定影响。同时，由于水利项目投资规模大、建设难度大且不确定性高，项目投资测算可能存在一定偏差，或带来一定的偿债风险。

（一）水利建设多依赖政府资金，财政承压下资金到位情况是重要考虑因素

水利行业是典型的资本密集型行业，对初始投资规模要求较高，充足的资金支持对行业健康持续发展至关重要，因此资金到位情况是影响项目信用水平的重要因素。考虑到水利项目建设周期较长且通常具有公益性质，目前财政资

金仍是水利项目融资的主要来源，近年来水利工程投资七成以上资金来源于中央和地方政府。从现阶段情况看，该类项目资本金到位情况整体较好，2022年1~9月专项债用作资本金项目有204个，其余项目多以财政方式补充资本金，并通过银行贷款、企业投资等方式进行配套融资；在2022年经济下行压力较大、稳增长需求上升的背景下，政策持续强调支持基础设施建设，新增6000亿元以上政策性开发性工具用于交通、水利等领域，推动项目加速落地、形成实物工作量。但需认识到未来较长一段时期内，财政收支将继续维持紧平衡，高度依赖政府财政资金的水利项目的专项资金到位情况或是评估项目信用情况的重要考虑因素。

（二）水利项目收益测算存在偏差，或带来一定偿债风险

水利工程主要包括水库、水资源工程、水土保持及生态建设、水电工程等，种类繁多且工程施工较为复杂，项目收益测算难度大，对模型设计要求较高，部分水利项目尤其是现金流收入稳定性较差的中小型项目，由于专业化程度相对较低，模型设计或存在一定缺陷，可能会降低项目收益测算的精确度。同时，由于水利项目存在一定的建设风险，易受降雨、洪涝等极端天气影响，项目进度、运营周期等参数估测也可能出现误差，会对投资回收期测算造成一定影响。此外，水利类专项债期限普遍较长，可用于偿债的投资净现金流折现过程可能会受到市场利率波动的影响，从而进一步加大测算误差。

（三）水利项目质量整体较高，项目风险总体可控

水利项目由于建设周期长，所处地质环境较为特殊，施工进度易受到内外部各种因素的影响。例如，地质条件勘察不到位、地质环境变化、极端天气影响等均会拖慢施工进度，增加项目建设风险，影响后续项目运营以及现金流入。但考虑到水利工程项目多为涉及民生的重大基础设施建设项目，项目实施主体多为政府机关单位，其具备良好的业务资质和项目建设能力，工程经验较为丰富，因此水利类项目质量整体较高，项目风险总体可控。同时，通过加强前期勘察工作、强化施工进度技术管控、增强灾害防范意识等，能够有效降低突发事件造成的损失，避免意外风险因素对项目施工、运营等方面产生的影响。

四　案例分析——2022年宁夏回族自治区水利建设专项债券（一期）

清水河流域城乡供水工程是国务院部署实施的150项重大水利工程之一[①]，同时也是2022年宁夏回族自治区“六个一百”重大项目，是宁夏回族自治区的重点工程、民生工程[②]。本节以2022年宁夏回族自治区水利建设专项债券（一期）［2022年宁夏回族自治区政府专项债券（一期）］为案例[③]，对其募投项目——清水河流域城乡供水工程进行分析。

（一）债券及项目基本情况介绍

2022年宁夏回族自治区水利建设专项债券（一期），即2022年宁夏回族自治区政府专项债券（一期）为2022年宁夏回族自治区新发行的单一类水利地方政府项目收益专项债，专项债资金定向用于清水河流域城乡供水工程项目建设。该债券于2022年6月21日发行，票面利率为3.37%，债券期限为30年，发行规模为4.5亿元，全部用作项目配套融资；债券利息每半年支付，可按规定在全国银行间债券市场上市流通。清水河流域城乡供水工程已于2020年7月2日开工，预计总工期为24个月，主要解决区域城乡居民生活、规模化养殖和产业园区发展用水问题，对提高城乡供水保证率、优化水资源配置格局、促进区域经济社会发展等具有重要意义。

（二）项目评价

清水河流域城乡供水工程是国务院部署实施的150项重大水利工程之一，

---

① 《新华社：投入500多亿元，这项工程对农村地区为何如此重要？｜视点深度》，水利部网站，2022年5月20日，http://www.mwr.gov.cn/xw/mtzs/xhsxhw/202205/t20220520_1573933.html。

② 《清水河流域城乡供水工程进展顺利》，宁夏回族自治区水利厅官网，2022年3月31日，http://slt.nx.gov.cn/slzt/xczx/gzdt_57716/202203/t20220331_3412288.html。

③ 本案例中引用的专项债支持项目的相关资料、数据均来自2022年宁夏回族自治区水利建设专项债券（一期）［2022年宁夏回族自治区政府专项债券（一期）］信息披露文件、专项债券项目预期收益与融资平衡方案及评价报告、法律意见书、信用评级报告，并由中诚信国际整理计算。

主要用来建立和完善城乡饮水安全保障体系和供水保障体系，有利于提高供水标准和保障程度，满足区域用水需求。项目估算总投资金额为23.66亿元，资金来源为项目资本金、专项债融资以及银行专项贷款。具体而言，项目资本金为10.70亿元，占投资总额的45.22%，全部由政府投入；银行专项贷款为7.45亿元，占投资总额的31.49%，已于2021年10月31日全部到位；专项债配套融资为5.50亿元，占投资总额的23.25%，其中2020年专项债发行规模为1亿元，本期专项债即2022年发行规模为4.5亿元。项目收入主要来源于供水收费，预计2023年开始实现水费收益，2023~2052年累计实现水费收入71.94亿元。项目成本主要包括工程维护费、燃料动力费、设备更新费等，预计2023~2052年累计经营成本为41.01亿元。因此，预计该项目累计收益为30.93亿元，项目本息覆盖倍数为1.21倍，项目收益平衡性良好，预期收益可满足各年度付息及到期还本需要。

五　水利类地方政府项目收益专项债发展建议

水利工程项目作为惠及社会民生的基础设施建设，是促进我国地方经济发展的重要力量。2022年，在稳增长需求上升的背景下，水利类专项债规模进一步扩大。党的二十大要求“构建现代化基础设施体系”，水利作为“两新一重”的重要内容，未来建设投资仍会保持较大体量，水利部要求全力扩大2023年地方政府专项债使用规模，做好项目储备，后续水利类专项债有望继续扩容。为使专项债更好地匹配地方水利基础设施建设，本报告提出以下三点建议。

（一）加强专项债募投项目筛选，重视收益与还本付息的匹配

各地需严格审查符合条件的专项债项目，提高筛选标准，确保专项债募投项目能够拉动有效投资，避免资金流入风险高、撬动效应小的项目，且在土地出让收入持续下滑的背景下，需谨慎投向以土地出让收入为主要还款来源的项目；并完善省级部门与市县部门的联动机制，指导推进项目前期工作，做好项目储备。同时，应加大对收益与融资自求平衡方案、财务评估咨询报告等信息披露文件的审核力度，重视项目预期收益、现金流入时点、项目期限等与还本

付息的匹配度，避免增加债务风险，降低专项债项目潜在风险向金融领域传导的可能性。

（二）充分发挥专项债资本金作用，进一步撬动市场化融资

水利类项目整体质量较高、收益相对稳定、本息覆盖倍数较高，能够拉动有效投资，但目前用作项目资本金的水利类专项债比例仍较低，仅 10%左右。因此，应充分利用专项债资金用作项目资本金的杠杆撬动优势，进一步加快水利领域可行性项目的储备及申报进度，引导银行贷款、Reits 等市场化资金投入重大或具有地区重要性的水利项目，在减轻财政资本金到位压力的同时，进一步发挥专项债资金“四两拨千斤”的重要作用，并加大对有效投资及区域经济的拉动作用。

（三）规范项目收入成本测算，提高模型的合理性与准确性

水利项目具有初始投资规模大、投资回收期长等特点，且项目施工难度大、易受自然因素影响，在第三方评估机构资质差异化明显的情况下，各地水利项目收益测算模型或存在差异，部分模型合理性、准确性较低，项目收益测算或存在偏差，从而带来一定的偿债风险。因此，相关部门应结合水利项目特点，规范模型设计及测算方法，明确压力测试要求，可结合当地经济、环境、地质条件等开展压力测试，提高收入成本测算的规范性及准确性。

B.7

2022年信息基础设施类地方政府项目收益专项债分析报告

梁蕴兮*

摘　要： 信息基础设施作为新型基础设施的核心，是加速现代化产业建设、培育经济增长新动能的重要力量。在国家政策的积极引导下，2022年1~9月该类新增专项债发行规模明显扩容，并呈现区域间发行规模分布不均、发行利差分化等特点。募投项目主要以产业园为载体，项目收入来源多元，项目周期普遍较短。从项目信用特点看，市场需求变化与技术更新迭代易加大项目运营不确定性，以产业园为载体的项目还需考量工程施工风险以及运营管理风险。此外，专项债资金与财政资金到位情况将影响项目现金流，进而影响项目信用水平。为实现信息基础设施类地方政府项目收益专项债的进一步发展，应加强对募投项目的筛选，发挥专项债资金用作项目资本金的优势，规范项目收入成本测算，优化债券期限结构设计。

关键词： 地方债　专项债　信息基础设施

自2018年中央经济工作会议提出加强人工智能、工业互联网、物联网等新型基础设施建设后①，中央多次召开会议反复提及加快信息基础设施建设。《2022年政府工作报告》对促进数字经济发展做出部署，强调要“建设数字信

* 梁蕴兮，应用经济学博士，中诚信国际研究院研究员，主要研究领域为地方政府债券、债券市场、评级行业等。

① 《中央经济工作会议在北京举行》，人民网，2018年12月22日，http://politics.people.com.cn/n1/2018/1222/c1024-30481785.html。

息基础设施，推进5G规模化应用，促进产业数字化转型，发展智慧城市、数字乡村。加快发展工业互联网，培育壮大集成电路、人工智能等数字产业，提升关键软硬件技术创新和供给能力”。[①] 党的二十大报告亦表明要构建新一代信息技术、人工智能等一批新的增长引擎，并将加快发展数字经济作为建设现代化产业体系的重要内容。[②] 数字化既是经济高质量发展的驱动力，也是提升持久竞争力的着力点。以数字信息基础设施为代表的新基建对扩大有效需求、应对风险挑战、推动高质量发展具有重要意义。在国家政策的积极引导下，地方政府加快信息基础产业布局，该类项目逐渐成为地方政府项目收益专项债资金的重要投放领域。专项债资金能够对项目资金形成有效补充，加速信息基础设施项目落地，有助于推动区域数字化发展，为经济发展提供新动能。

一　信息基础设施类地方政府项目收益专项债发行特点分析

在国家推动新型基础设施建设的政策引导下，募投种类包含信息基础设施类项目的地方政府项目收益专项债（以下简称“信息基础设施类专项债”）快速扩容。2022年1~9月，信息基础设施类专项债均以集合形式发行，发行规模合计16885.21亿元，超上年同期2倍，并呈现区域间发行规模分布不均、发行期限以长期为主等特点。

（一）投向信息基础设施建设项目的专项债规模较小，区域间分布不均

2022年1~9月共发行223只信息基础设施类专项债，均以集合形式发行。发行规模合计16885.21亿元，占全部新增专项债规模的39.80%。专项债资金共投向786个信息基础设施建设项目，资金共计1167.43亿元，占该类专项债发行总规模的6.91%，专项债实际支持信息基础设施建设项目的规模仍相对较

① 《2022年政府工作报告》，中国政府网，2022年3月12日，http：//www.gov.cn/premier/2022-03/12/content_5678750.htm。

② 《习近平：高举中国特色社会主义伟大旗帜　为全面建设社会主义现代化国家而团结奋斗——在中国共产党第二十次全国代表大会上的报告》，中国政府网，2022年10月25日，http：//www.gov.cn/xinwen/2022-10/25/content_5721685.htm。

小。从地域分布来看，2022 年 1~9 月信息基础设施类专项债发行规模排名前三的省份分别为广东、浙江、山东，合计占发行总规模的 36.54%（见图 1）。从发行节奏看，在 2022 年新增专项债基本于 6 月前发行完毕的要求下，信息基础设施类专项债主要集中于上半年发行，其中 6 月发行规模最大，共发行 79 只，发行规模为 7355.57 亿元，占比为 43.56%（见图 2）。

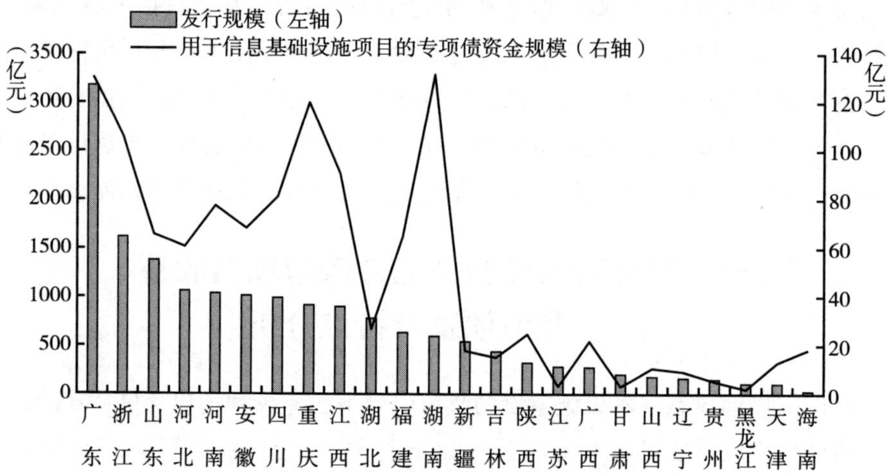

图 1　2022 年 1~9 月 24 个省（区、市）信息基础设施类专项债发行规模

数据来源：Wind 数据库，中诚信国际整理计算。

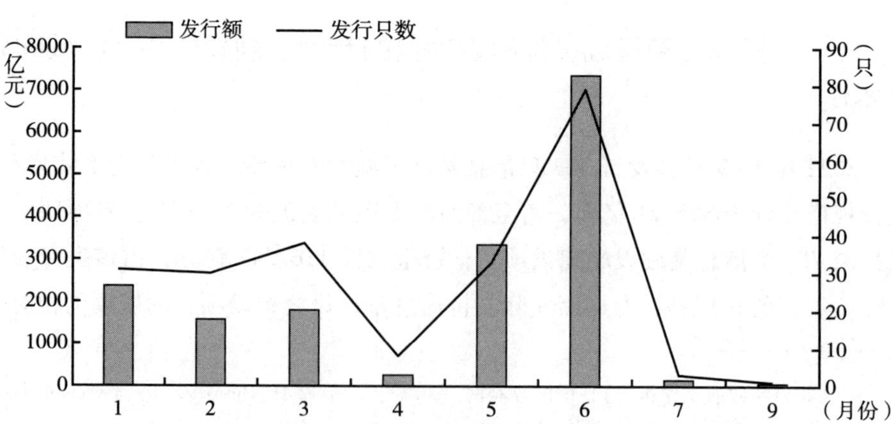

图 2　2022 年 1~9 月信息基础设施类专项债月度发行情况

数据来源：Wind 数据库，中诚信国际整理计算。

（二）发行期限以10~30年为主，区域间发行利差分化较大

从发行期限看，信息基础设施类专项债以长期债券为主，发行期限主要分布于10~30年，其中15年期占比最高，达34%；20年期次之，占比为29%（见图3）。该类债券的整体平均期限为18年，相关信息基础设施项目平均周期为2.78年，债券平均期限远高于项目平均周期。从发行成本看，2022年1~9月信息基础设施类专项债发行利率①为3.27%，较同期全部新增专项债发行利率高13.67BP，其中甘肃发行利率最高，为3.42%；海南发行利率最低，为3.05%。该类专项债整体发行利差为13.76BP，区域间分化程度较大，其中新疆、海南、辽宁等区域发行利差较大，分别为29.73BP、26.00BP和23.16BP；湖北发行利差较小，为9.18BP（见图4）。

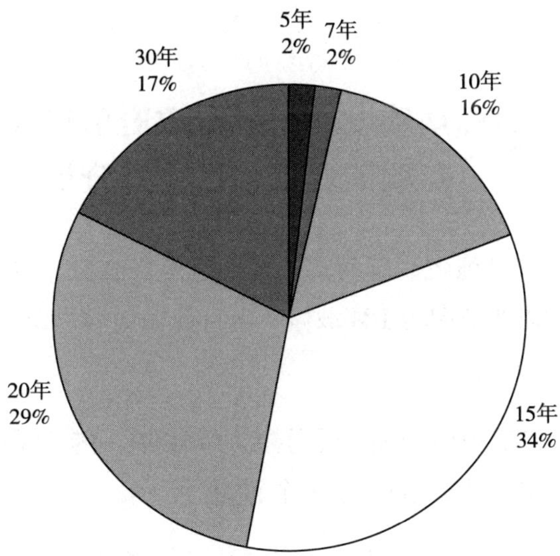

图3　2022年1~9月信息基础设施类专项债发行期限结构

数据来源：Wind数据库，中诚信国际整理计算。

① 如无特别说明，本报告中发行利率、发行利差为根据发行额计算的加权平均发行利率、发行利差，发行利差计算公式：债券发行利率-对应期限国债收益率。

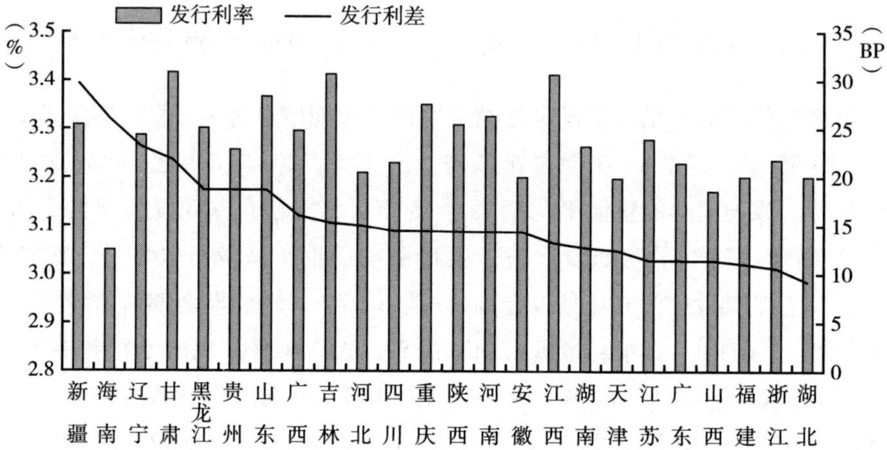

图4　2022年1~9月24个省（区、市）信息基础设施类专项债发行成本

数据来源：Wind数据库，中诚信国际整理计算。

二　信息基础设施类地方政府项目收益专项债募投项目特点分析

目前，信息基础设施建设行业正处于快速发展阶段。与传统基建项目相比，该类项目呈现以产业园为主要载体、项目涵盖内容广泛、收入来源多元、项目周期较短等特征。

（一）超九成项目以产业园区建设为载体，内容涵盖园区与城市的智慧化升级、5G基站建设等多个领域

2022年1~9月新增专项债中共计786个信息基础设施类项目，其中90.33%①的项目以产业园区建设为载体，项目具体内容包括园区配套基础设施建设与运营，以及园区的数字化、智慧化升级等，旨在优化区域信息产业链布

① 如无特别说明，本报告中引用的专项债募投项目的相关数据均来自地方政府新增专项债信息披露文件，并由中诚信国际整理计算。由于数据的获取问题，数据可能来自不同募投项目文件、项目实施方案、信息披露模板等，这可能导致数据分析出现一定偏差，但不会对分析结论产生实质上的影响。

局、聚集信息技术创新资源，鼓励相关企业聚集联动，提高产业园信息化水平；非产业园区建设类项目占比较低，主要聚焦5G基站建设、数字产业、智慧城市建设以及基础设施的智能化改造。

（二）以区县级项目为主，项目建设周期多为5年及以下

从项目分布看，广东、河南、四川项目数量位居前列，其中，广东该类项目最多，共计116个，占比15%；河南次之，共计102个，占比13%；海南项目数量较少，只有1个信息基础设施类项目。从专项债资金规模来看，湖南、广东用于信息基础设施类项目的专项债资金规模均超过130亿元，居全国前列（见图5）。从行政层级看，信息基础设施类项目以区县级为主，共计557个；地市级次之，共224个；省级项目仅5个，占比最少，且全部为以产业园为载体的项目。从项目期限看，项目建设周期为0.5~11年，超九成项目周期在5年及以下。其中，以产业园为载体的项目周期普遍在5年及以下；非产业园类项目周期更短，多集中于3年及以下（见图6）。

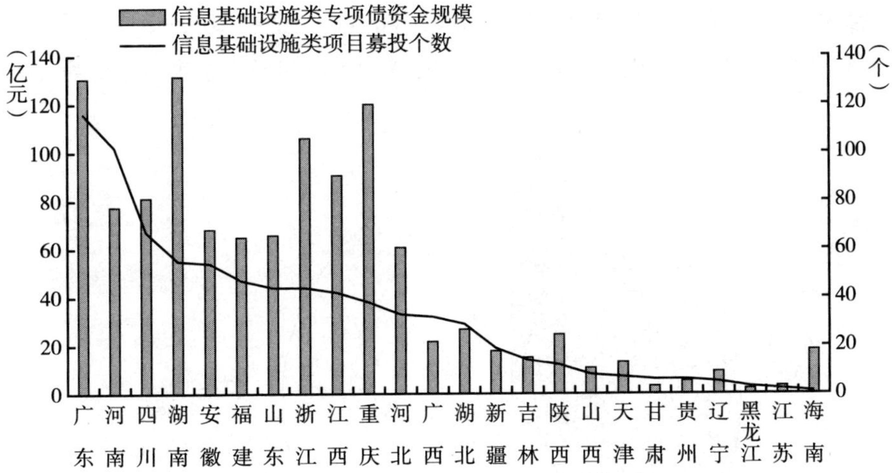

图5　2022年1~9月24个省（区、市）信息基础设施类专项债资金规模与项目募投个数

数据来源：Wind数据库，中诚信国际整理计算。

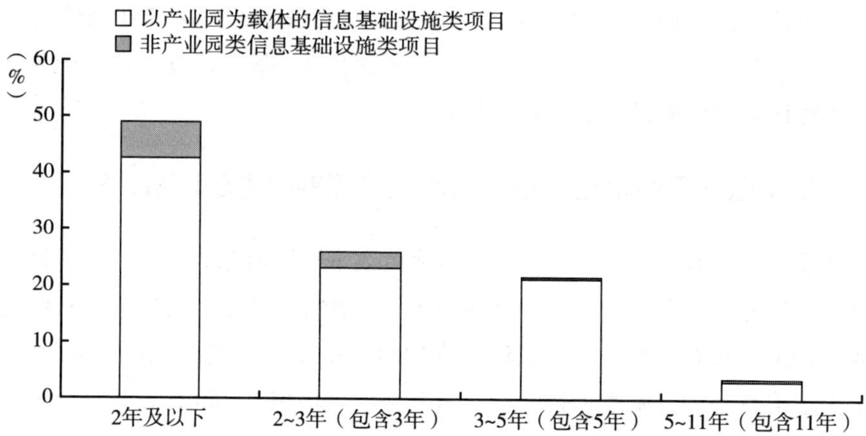

图 6　2022 年 1~9 月使用专项债资金的信息基础设施类项目的周期分布

数据来源：Wind 数据库，中诚信国际整理计算。

（三）项目资本金比例普遍较高，专项债全部用作项目配套资金

从项目资本金情况看，大部分信息基础设施类项目的资本金比例较高，37%的项目资本金比例在 50%以上，59%的项目资本金比例在 20%~50%（含），仅有 4%的项目资本金比例在 20%及以下（见图 7）。项目资本金来源主要为财政资

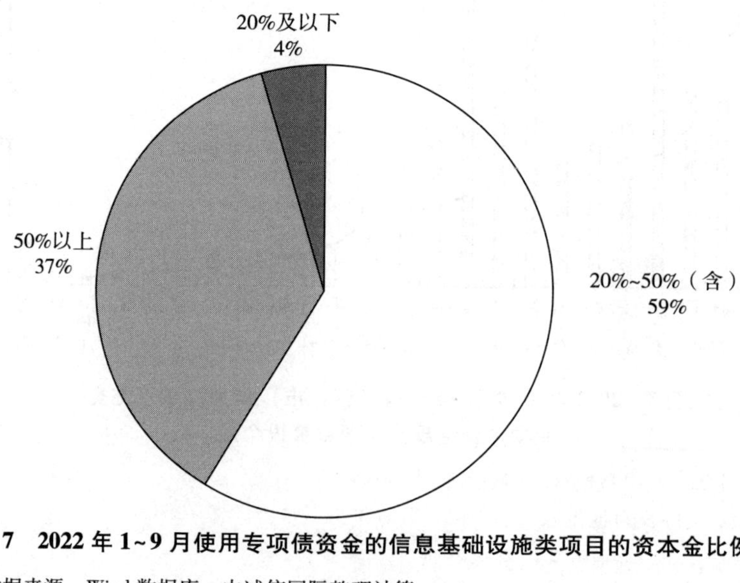

图 7　2022 年 1~9 月使用专项债资金的信息基础设施类项目的资本金比例分布

数据来源：Wind 数据库，中诚信国际整理计算。

金和自筹资金，其中超半数项目资本金依赖于财政资金。专项债资金全部用作项目配套资金，其他配套资金来源主要包括财政补贴、银行贷款等，值得注意的是，该类项目中银行贷款等市场化融资支持度不高，或与信息基础设施项目前期资金投入多但投资回报不确定性较大有关，银行贷款投放相对谨慎。

（四）项目收入来源多元，融资本息覆盖倍数分化较大

从偿债收入看，不同项目类型收入来源有所差异。对于以产业园区建设为载体的信息基础设施类项目，项目收入以厂房等建筑租赁收入、停车位收入以及物业服务费为主，部分项目还包括广告、智能设备租赁、数据服务以及土地出让等收入来源。受地区经济水平、信息产业发展情况、房屋租赁市场价格、项目收入形式等因素影响，该类项目融资本息覆盖倍数分化较大，在1.04~41.27倍，均值为2.59倍，超八成项目的融资本息覆盖倍数在1~3倍（含）范围内。对于非产业园类项目，项目收入以服务收入和信息技术设备租赁收入为主，具体包括云服务、算力服务、数字化服务、互联网服务收入等，以及微基站租赁、服务器租赁、数据中心租赁收入等，部分项目还包括广告收入、展厅门票收入等。受项目技术难度、运维成本、地区信息化程度差异影响，项目本息覆盖倍数在1.15~14.5倍，平均值为3.11倍，其中近七成的项目融资本息覆盖倍数在1~3倍（含）范围内，近两成项目融资本息覆盖倍数在3~5倍（含）范围内（见图8）。

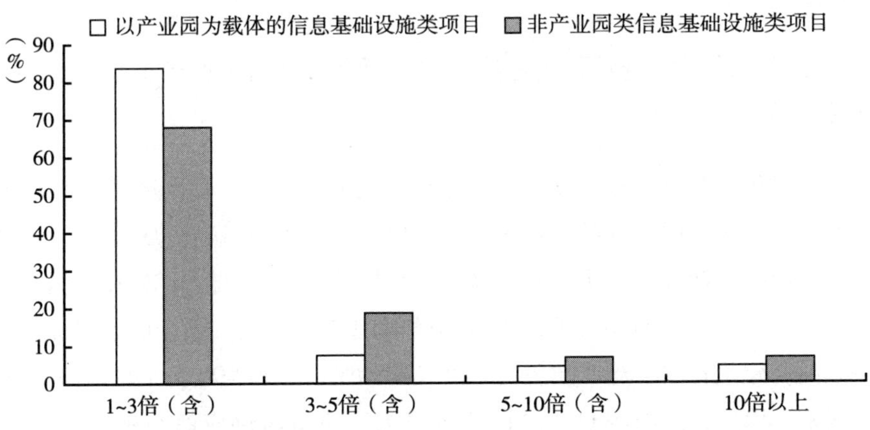

图8　2022年1~9月使用专项债资金的信息基础设施类项目的融资本息覆盖倍数分布

数据来源：Wind数据库，中诚信国际整理计算。

三　信息基础设施类地方政府项目收益专项债信用特点分析

信息基础设施类专项债主要以集合形式发行，整体看来，该类专项债信用状况取决于发行主体所在区域信用状况与项目信用状况，本报告主要对该类项目信用特点进行分析。

（一）市场需求变化与技术更新迭代加大项目运营不确定性

从需求端看，随着互联网技术的快速发展，大数据应用场景日益丰富，以及工业行业向数字化智能化转型，市场各类用户对数据信息技术的时延、算力、安全等要求不断提高。信息基础设施项目提供的设备与服务的功能性，以及供给的及时性和质量能否匹配日益变化的市场需求将直接影响项目收入。技术方面，信息基础设施是新兴领域，技术更新迭代快，项目在运营期间可能面临较大的设备升级改造压力，由此给项目运营成本带来较大压力。对于部分细分领域，技术的迭代升级可能对现阶段技术产生颠覆性影响，对项目运营的持续性产生较大冲击。因而该类项目评估应综合考量项目领域市场需求变化趋势、承建方技术水平、项目规划的合理性等因素，并谨慎评估技术迭代对现金流的影响。

（二）项目以产业园为主要载体，风险评估需考虑工程施工风险及运营风险

超九成信息基础设施类项目以产业园为载体，该类项目风险评估还需充分考虑产业园区项目中存在的工程施工风险以及运营管理风险。从项目施工阶段看，一方面疫情散发、恶劣气候环境等不可控外部因素可能导致施工停滞、项目建设周期拉长，进而导致项目投入运营时间晚于预期，预期收益难以实现；另一方面，建筑材料、施工质量与工期长短均是产业园类项目工程风险的重要影响因素。因此，此类项目风险评估也需关注原材料供应商与施工团队的选取。从运营阶段看，产业园顺利招揽企业入驻是项目收益及维持后续运营资金链稳定的关键因素，而信息基础设施类园区的招商引资能力与宏观经济环境、

区域信息产业发展水平以及产业园自身配套设施水平等因素相关。此外，对于信息产业孵化器、加速器或相关产业创业园区类产业园，园区内企业主要为初创企业、中小微企业，这些中小企业的抗风险能力普遍较差，易受经济波动及社会风险影响。当盈利较差时，企业可能会退出园区，进而对项目营收产生负面影响。因此要对以中小微、初创企业为主要租户的信息科技类产业园保持关注。

（三）专项债与财政支持资金到位情况是项目信用评估的重要因素

信息基础设施类项目具有资本密集型特征，资本金和配套资金到位情况将直接影响项目进程，进而影响项目信用水平。2022 年 1~9 月专项债信息基础设施类项目的资本金主要来自财政支持和自筹资金，专项债资金则全部用于项目配套资金，同时财政支持也是配套资金来源的重要组成部分。整体看来，信息基础设施项目对财政支持与专项债资金依赖程度较大。2022 年，在稳增长压力较大、地方政府财政持续承压的背景下，对信息基础设施类项目信用状况评估需要充分考虑专项债资金到位的及时性以及财政补贴的落实情况。

四　案例分析——2022年广东省政府专项债券（十五期）

本报告选取 2022 年广东省政府专项债券（十五期）中佛山东平新一代信息技术产业园基础设施建设项目为案例，对于纳入专项债的信息基础设施类项目的特点进行分析。

（一）债券及项目整体情况介绍

2022 年广东省政府专项债券（十五期）于 2022 年 3 月 15 日发行，发行规模共计 121.34 亿元，债券期限为 20 年，票面利率为 3.32%。债券募投的佛山东平新一代信息技术产业园基础设施建设项目，旨在吸引大数据和信息技术产业龙头企业落户产业园，发挥龙头企业引领示范作用，带动区域内产业转型升级，同时吸引更多产业链上下游优质企业来园区集群集聚发展。项目包括数字产业研发、孵化和转化基地与青年创新创业基地建设工程，工业厂房改造，园区道路及综合管廊建设和园区公共空间利用工程等内容。项目工程期限为2020年1月至2025年12月，计划总投资45亿元，拟使用2022年广东省政府专项债券（十五期）资金2.2亿元。

（二）项目评价

佛山东平新一代信息技术产业园基础设施建设项目通过完善产业园内的基础设施建设，促进当地新一代信息技术产业的有效集聚，从而推动地区信息技术的快速发展。项目自筹资金30亿元，配套资金主要来自地方政府债券融资，共计15亿元。项目收益主要来源于园区内各类项目收入，包括沙岗污水处理厂埋地改造项目收入、工业遗址项目收入、泛家居电商创意园产业项目收入、园区智慧电杆收入等，项目从2022年开始运营，项目收益期限为20年，项目运营总收益为63.53亿元。项目成本主要包括园区基础设施的改造、建设与维护成本等，共计19.76亿元，项目总净收益为43.77亿元。项目融资本息方面，该项目计划发行债券融资15亿元，其中2021年已发行债券融资6.06亿元，2022年计划申请债券融资8.94亿元，按债券利率4.05%、期限20年、半年付息测算本息金额共计26.81亿元。预计债券募投项目相关收益在债券存续期内可以全部实现，项目收益对融资成本的覆盖倍数为1.63倍，能实现项目收益和融资自平衡。

五 信息基础设施类地方政府项目收益专项债发展建议

信息基础设施是新型基础设施的核心，是构建现代化产业体系的着力点。目前，信息基础设施行业正处于快速发展阶段，支持该类项目的专项债迅速扩容。为使专项债充分发挥聚力增效作用，更好引导行业发展，本报告提出如下建议。

一是加强对募投项目的筛选，确保专项债资金精准投放，从源头提升政府投资效率。现阶段信息基础设施类项目具有特殊性，涵盖的细分领域较多，项目形式与收入来源多样，且在数字化智能化技术不断更迭下项目投资回报不确定性较大。各地仍需加强项目审查，从严审核项目信息披露材料，加大对项目真实性、收入来源可靠性、投资建设风险的审查，避免虚假项目、不合格项目、高风险项目的打包申报。

二是合理分配专项债额度，充分发挥专项债用作项目资本金优势。目前，专项债资金用作信息基础设施类项目配套资金比例较大，2022 年 1~9 月，专项债资金全部用作项目配套资金。各地政府可根据信息基础设施类项目建设情况、区域财政情况、地方信息产业发展情况等，合理分配专项债额度，针对风险可控、投资回报确定性更高的优质信息基础设施项目，积极探索开展专项债用作项目资本金的模式，充分发挥专项债“四两拨千斤”的优势，并加大当地金融资源协调力度，寻求更多市场化融资支持，助力撬动更多社会资金。

三是坚持谨慎性原则，规范项目收入成本测算。信息基础设施产业是新兴产业，技术更新较快，行业发展不确定性较大。对于此类项目，需进一步规范项目运营期内项目收入成本测算要求。一方面，信息基础设施类项目投资范围、收入方式较为多元，相关部门可结合该类项目细分领域风险特征，进一步优化投资收益测算模型；另一方面，基于谨慎性原则，强化压力测试要求，如结合项目细分领域，增加区域经济下行、社会风险增加、技术升级迭代、区域信息技术发展较慢等压力测试情景，便于监管部门和投资人参考。

四是合理安排期限结构，提高债券期限与项目期限的匹配度。信息基础设施项目中，部分前沿技术仍处于探索阶段，技术更新迭代速度快，设备升级改造成本高。项目投产后，市场需求的转变、技术迭代以及运营稳定性或对项目收入产生影响。目前，该类专项债期限以 10~30 年为主，但超九成信息基础设施项目期限少于 5 年，可适当缩短债券期限，提升与项目期限的匹配度，减少行业发展不确定性对债券偿付的影响。

B.8
2022年乡村振兴类地方政府项目收益专项债分析报告

王肖梦*

摘　要： 党的二十大报告提到要全面推进乡村振兴，近年来地方政府专项债对乡村振兴支持力度加大，但仍有待进一步提升。乡村振兴类项目多以财政资金作为资本金，且还本付息对土地出让收入有一定依赖，在土地市场低迷、地方财政承压背景下，部分区域项目资本金到位压力较大，且项目偿还不确定性增加。为全面贯彻乡村振兴战略，建议结合当地优势积极做好项目储备，提高专项债募投项目质量；充分发挥专项债可作为资本金的优势，完善配套融资机制，扩大有效投资；拓宽项目收入来源，健全专项债偿债保障机制。

关键词： 地方债　专项债　乡村振兴

2017年党的十九大报告①首次提出“乡村振兴”战略，2018年《乡村振兴战略规划（2018—2022年）》② 提出“支持地方政府发行一般债券用于支持乡村振兴领域公益性项目，鼓励地方政府试点发行项目融资和收益自平衡的专项债

* 王肖梦，中诚信国际研究院研究员，主要研究领域为债券市场、地方债与城投行业、高收益债市场等。

① 《习近平：决胜全面建成小康社会　夺取新时代中国特色社会主义伟大胜利——在中国共产党第十九次全国代表大会上的报告》，中国政府网，2017年10月27日，http：//www.gov.cn/zhuanti/2017-10/27/content_ 5234876.htm。

② 《中共中央　国务院印发〈乡村振兴战略规划（2018—2022年）〉》，中国政府网，2018年9月26日，http：//www.gov.cn/zhengce/2018-09/26/content_ 53 25534.htm。

券，支持符合条件、有一定收益的乡村公益性建设项目”，8 月首单乡村振兴专项债发行。2019 年 6 月，《中共中央办公厅　国务院办公厅印发〈关于做好地方政府专项债券发行及项目配套融资工作的通知〉》① 指出，要支持做好专项债券项目融资工作，精准聚焦包括乡村振兴战略在内的重点领域和重大项目。2020 年 5 月，农业农村部召开传达学习贯彻全国两会精神干部大会，提及加强“三农”领域投资，推动地方扩大乡村振兴专项债规模。《关于做好 2022 年全面推进乡村振兴重点工作的意见》② 指出，支持地方政府发行政府债券用于符合条件的乡村振兴公益性项目。同时党的二十大报告③提到，要全面推进乡村振兴，坚持农业农村优先发展，坚持城乡融合发展，并对下阶段发展农业农村、全面推进乡村振兴做出重要安排。在国家政策的积极引导下，乡村振兴类地方政府项目收益专项债（以下简称“乡村振兴类专项债”）逐渐成为地方政府专项债资金的创新性投放领域，乡村振兴事业有望在其支持下加速发展。

一　乡村振兴类地方政府项目收益专项债发行特点分析

2022 年 1~9 月，乡村振兴类专项债发行规模为 13559.02 亿元，其中，债券名称中含“乡村振兴”的专项债 20 只，规模合计 268.93 亿元，与上年同期基本持平；债券名称中未出现“乡村振兴”但募投项目名称中含“乡村振兴”的专项债 169 只，规模合计 13290.09 亿元，较上年同期增加近万亿元。整体来看，实际投向乡村振兴类项目的债券规模仅 610.74 亿元④，超半数投向城

① 《中共中央办公厅　国务院办公厅印发〈关于做好地方政府专项债券发行及项目配套融资工作的通知〉》，中国政府网，2019 年 6 月 10 日，http：//www.gov.cn/zhengce/2019-06/10/content_5398949.htm。

② 《关于做好 2022 年全面推进乡村振兴重点工作的意见》，中国政府网，2022 年 2 月 22 日，http：//www.gov.cn/zhengce/2022-02/22/content_5675035.htm。

③ 《习近平：高举中国特色社会主义伟大旗帜　为全面建设社会主义现代化国家而团结奋斗——在中国共产党第二十次全国代表大会上的报告》，中国政府网，2022 年 10 月 25 日，http：//www.gov.cn/xinwen/2022-10/25/content_5721685.htm。

④ 本报告中，“乡村振兴类项目”指地方政府专项债项目名称中带有“乡村振兴”的项目。如无特别说明，本报告中引用的专项债募投项目的相关数据均来自地方政府新增专项债信息披露文件，并由中诚信国际整理计算。由于数据的获取问题，数据可能来自不同募投项目文件、项目实施方案、信息披露模板等，这可能导致数据分析出现一定偏差，但不会对分析结论产生实质上的影响。

乡建设领域。此类债券呈现实际支持乡村振兴的规模偏低、区域间发行规模分布不均、发行期限较长、发行成本偏高的特点。

（一）专项债对乡村振兴项目的支持度上升，多数投向城乡建设领域

2022 年 1~9 月，23 个省（区、市）合计发行 189 只乡村振兴类专项债，发行总规模达 13559.02 亿元，投向 15447 个项目，其中乡村振兴类项目 511 个，对应的债券规模为 610.74 亿元，约为 2021 年的 1.3 倍，专项债对乡村振兴的支持力度逐步加大，但占乡村振兴类专项债发行总规模的比例为 4.50%，专项债实际支持乡村振兴的规模偏低。从地域分布来看，乡村振兴类专项债发行规模排名前三的省份依次为广东、浙江、河北，规模分别为 3141.21 亿元、1664.36 亿元、1154.50 亿元，占乡村振兴类专项债总发行规模的 43.96%。而从实际投向乡村振兴类项目的债券规模来看，广东、贵州、福建排名前三位，规模依次为 105.27 亿元、71.43 亿元、70.33 亿元，占投向乡村振兴类项目专项债规模的 40.45%（见图 1）。从资金投向领域来看，实际投向乡村振兴类项目的专项债涉及 9 个领域，使用债券资金规模排名前三的领域为城乡建设、市政和产业园区基础设施、农林水利，占比依次为 67.33%、19.97%、9.48%（见图 2）。城乡建设领域主要

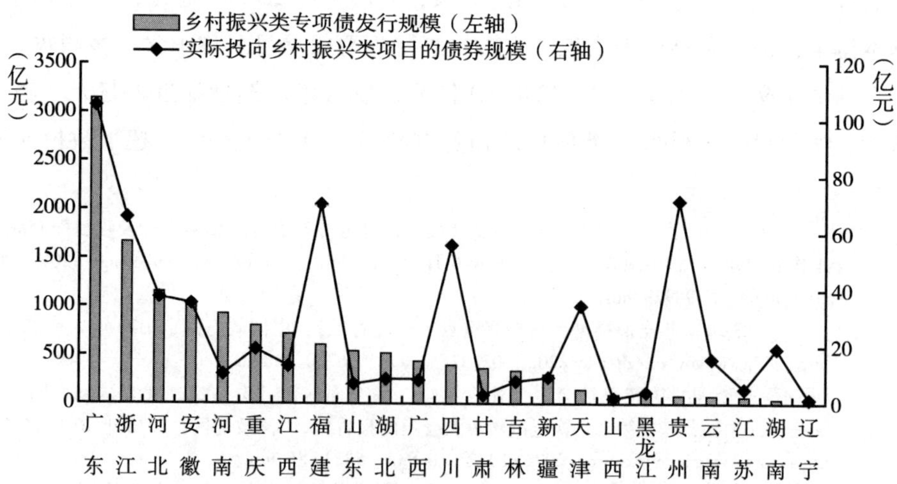

图 1　2022 年 1~9 月 23 个省（区、市）乡村振兴类专项债发行规模与实际投向乡村振兴类项目的债券规模

数据来源：Wind 数据库，中诚信国际整理计算。

包括农村配套基础设施提升、农村人居环境整治、乡村生态修复等项目，市政和产业园区基础设施领域主要包括产业园给排水、水务等。

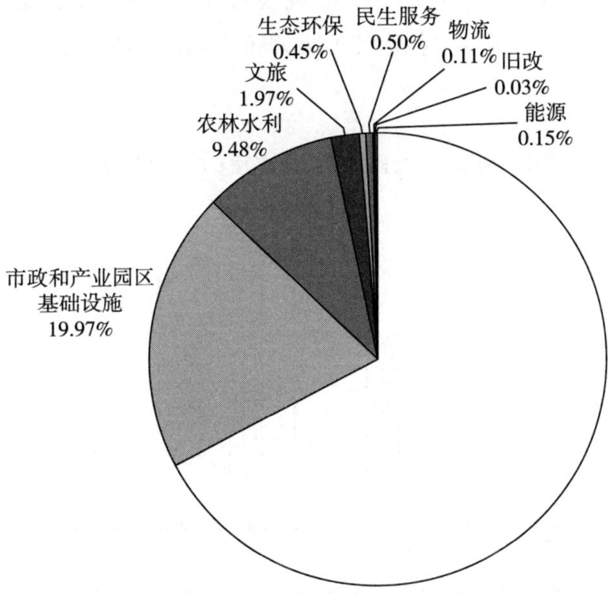

图 2　2022 年 1~9 月实际投向乡村振兴类项目的专项债涉及领域分布

数据来源：Wind 数据库，中诚信国际整理计算。

（二）乡村振兴类专项债以15年期和20年期为主，发行成本偏高

从发行期限来看，2022 年 1~9 月乡村振兴类专项债发行期限以 15 年和 20 年为主，二者发行规模分别为 4338.20 亿元、5081.92 亿元，占此类专项债总规模的比例分别为 31.99%、37.48%，分别比同时段、同期限全部新增专项债发行规模占比高出 16.82 个百分点、21.78 个百分点。乡村振兴类专项债发行期限在 20 年及以上的合计规模占比为 57.43%，较上年同期增加 16.23 个百分点，发行期限长期化趋势明显（见图 3）。从发行利率[①]来看，乡村振兴类专项债发行利率介于 3.0%~3.5%的规模占比最高，

① 如无特别说明，本报告中发行利率、利差为根据发行额计算的加权平均发行利率、利差，发行利差计算公式：债券发行利率-对应期限国债收益率。

达 89.95%；其次为 0～3%，规模占比为 9.37%；剩余部分发行利率高于 3.5%，规模占比仅为 0.68%，较上年同期减少 61.40 个百分点。但同期全部新增专项债中发行利率介于 0～3.0%的规模占比为 50.82%，较此类专项债高 41.45 个百分点，可见乡村振兴类专项债的发行成本整体偏高（见图 4）。

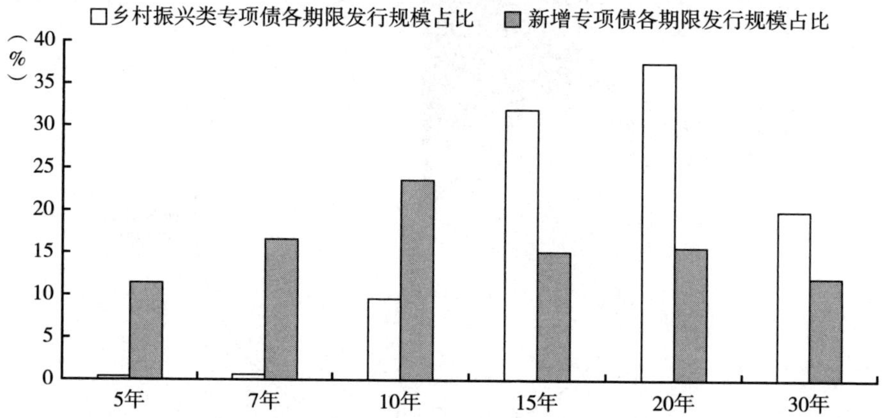

图 3　2022 年 1～9 月乡村振兴类专项债与新增专项债发行期限结构

数据来源：Wind 数据库，中诚信国际整理计算。

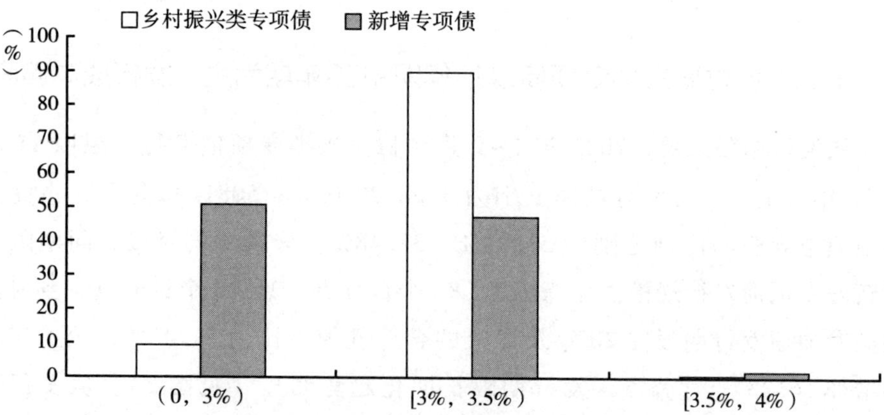

图 4　2022 年 1～9 月乡村振兴类专项债与新增专项债发行成本分布

数据来源：Wind 数据库，中诚信国际整理计算。

二 乡村振兴类地方政府项目收益专项债募投项目特点分析

乡村振兴政策意在促进乡村发展，2022 年 1~9 月发行的乡村振兴类专项债对应募投项目集中在东部和西部地区的区县级项目。此类项目公益属性较强，项目建设较依赖财政资金，项目期限集中在 3~5 年，且呈现长期化的趋势。项目收入来源以专项收入为主，部分区域募投项目对土地出让收入仍有一定依赖，整体融资本息覆盖倍数较低，仍有提升空间。

（一）资金主要投向区县级项目且占比提升，以东部和西部地区为主

从项目行政层级来看，2022 年 1~9 月乡村振兴类专项债中投向乡村振兴类项目中，47.63 亿元被用于地市级项目，占比为 7.80%，其余被用于区县级项目，占比为 92.20%，较上年同期增加 27.00 个百分点，区县级项目占比明显提升。考虑到乡村振兴政策意在促进乡村发展，而乡镇一级政府由区县级政府直接领导，区县级项目占比进一步提升，符合乡村振兴全面推进下专项债的定位。从区域分布看，以东部和西部地区为主，项目数量占比分别为 50.29%、24.26%，其中广东省、四川省项目数量靠前，且超九成投向了区县级项目。

（二）项目期限多为3~5年，且呈现长期化趋势

从项目期限上看，乡村振兴类项目期限集中在 3~5（含）年，较上年同期有所延长。具体来看，在 2022 年 1~9 月使用了新增专项债资金的乡村振兴类项目中，期限在 2 年及以下的项目所使用的专项债资金为 69.41 亿元，规模占比达 11.36%；期限在 2~3（含）年的项目所使用的专项债资金为 162.36 亿元，规模占比达 26.58%；期限在 3~5（含）年的项目所使用的专项债资金为 299.20 亿元，规模占比达 48.99%，较上年同期增加 18.70 个百分点；项目期限在 5~10（含）年的规模占比为 13.07%，较上年同期增加 8.28 个百分点（见图 5）。

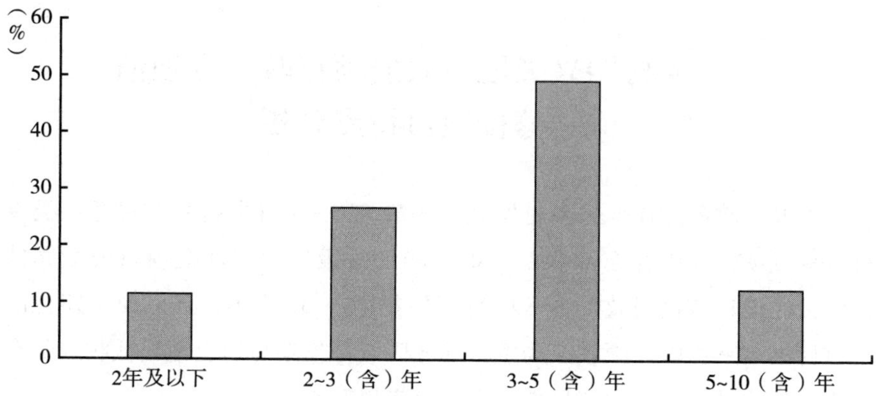

图 5　2022 年 1~9 月使用专项债资金的乡村振兴类项目期限分布

数据来源：Wind 数据库，中诚信国际整理计算。

（三）专项债用作资本金的项目较少，项目建设更为依赖财政资金

从资本金来看，大部分乡村振兴类项目的资本金比例较高，资本金比例在 50%及以上的规模占比达 39.82%，较上年同期增加 12.77 个百分点，在 20%（含）~50%的规模占比达 57.63%，不足 20%的规模占比仅为 2.56%，较上年同期减少 15.63 个百分点（见图 6）。从项目资本金来源看，包含财政补贴作

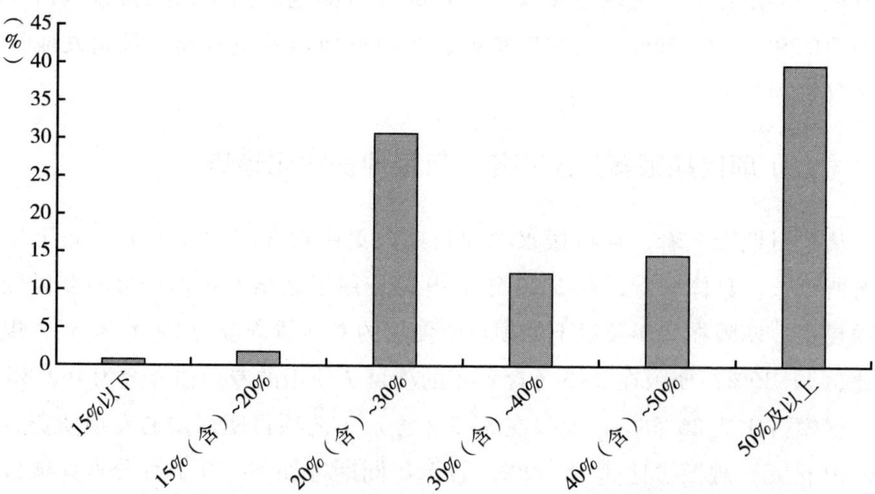

图 6　2022 年 1~9 月使用专项债资金的乡村振兴类项目资本金比例分布

数据来源：Wind 数据库，中诚信国际整理计算。

为资本金的项目数量超七成，涉及乡村振兴类专项债规模为329.59亿元，占比为53.97%；将专项债用作项目资本金的乡村振兴类项目比例较低，仅有4个项目将专项债作为资本金，合计金额为2.49亿元，占比仅为0.41%。配套融资方面，由于乡村振兴类项目没有明显的超额收益，对市场化配套融资吸引力有限，仅约5%的项目配套融资包含市场化资金，更多来自专项债和财政补贴。综合来看，乡村振兴类项目建设整体较为依赖财政资金。

（四）项目收入来源以专项收入为主，收益能力仍有提升空间

乡村振兴类项目使用的专项债资金主要用于城乡建设和产业园，偿债资金包括项目专项收入和土地出让收入，其中收入来源仅为专项收入的项目数量占比为76.74%，仍有部分项目对土地出让收入有一定依赖。从项目融资本息覆盖倍数上看，乡村振兴类项目融资本息覆盖倍数平均值为2.08倍，其中项目融资本息覆盖倍数介于1~1.5倍的规模占比达60.06%；项目融资本息覆盖倍数介于1.5~2.0倍的规模占比达21.86%，较上年同期减少4.66个百分点；项目融资本息覆盖倍数介于2.0~3.0倍的规模占比达9.30%；项目融资本息覆盖倍数在3.0倍及以上的规模占比达8.77%，较上年同期增加4.21个百分点（见图7）。整体来看，乡村振兴类项目融资本息覆盖倍数较上年同期有小幅增加，但整体处于较低水平，仍有提升空间。

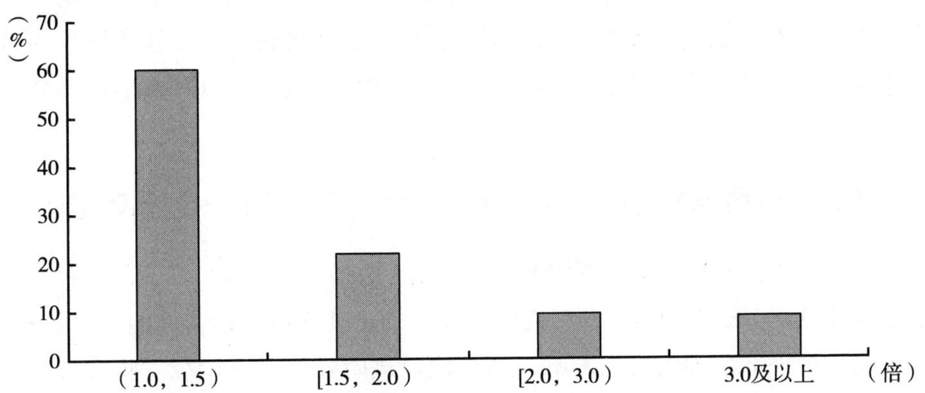

图7　2022年1~9月乡村振兴类项目融资本息覆盖倍数分布（按使用专项债资金规模计算）

数据来源：Wind数据库，中诚信国际整理计算。

三　乡村振兴类地方政府项目收益专项债信用特点分析

乡村振兴类项目资本金比例较高，且多使用财政资金作为资本金，财政承压下弱区域项目资本金到位压力较大，或难以较快形成实物工作量。同时乡村振兴类项目募投领域不断多元化，项目内容日渐复杂，区县级主管部门缺乏专业经验，项目面临一定建设风险。此外，乡村振兴类项目规模偏小，多依赖项目运营收入和土地出让收入，盈利和偿债能力值得关注。

（一）多数省份财政收支矛盾加大，弱区域项目财政资本金到位压力较大

乡村振兴类项目资本金比例较高，且多使用财政资金作为资本金，2022年1~9月发行乡村振兴类专项债的23个省份经济财政实力分化较为明显，浙江、江苏、广东、山东、四川2021年区域综合财力均在1.5万亿元以上，依次居全国前5位，财政实力较强；而甘肃、吉林、天津均在5000亿元以下，全国排名均在25位（含）以后，区域财政实力整体偏弱。2022年以来，受疫情冲击及大规模留抵退税实施的影响，各地财政收入均出现不同程度下滑，多数省份财政平衡率有所回落，西部、东北地区财政平衡能力较弱。对于财政收支平衡承压、刚性支出压力较大的省份而言，乡村振兴项目资本金到位压力较大，或直接影响项目开工建设进度，难以较快形成实物工作量。

（二）区县级主管部门缺乏专业经验，项目面临一定建设风险

乡村振兴类专项债募投领域不断多元化，包括城乡建设、产业园、水利工程、文旅基建等诸多项目。项目内容日渐复杂，且建设和运营周期相对较长，极易受到内外部各种因素的影响，项目建设风险随之上升。在一些项目建设中，专项债借债主体、资金使用主体、项目受托方并不一致，可能会出现职责不清、各自为政、资金分配不合理、重建轻管、建设项目进展滞后等情况，进而影响资金效益。现阶段，乡村振兴类专项债项目多为区县级主管，较多基层

工作人员还不具备相应的知识和技能，缺乏管理经验，因此在项目监管过程中，可能会出现一定的管理风险。

（三）项目收入影响因素较多，存在一定偿债风险

乡村振兴类项目收入影响因素较多，实际收入或难以覆盖债券本息，存在一定偿债风险。一方面，超七成的乡村振兴类项目回款资金仅来自商业运营收入，面临一定不确定性。比如乡村休闲旅游类项目产品类型单一，同质化明显，竞争风险相对较高，厂房出租收入则取决于当地产业结构以及招商引资效果，农业项目投资收益低、经营风险大、回报周期较长。另一方面，2022 年 1~9 月，在使用了专项债资金的乡村振兴类项目中，超两成项目对应的偿债资金来源包含土地出让收入或土地指标转让收入。2021 年下半年以来，房地产行业整体发展承压，房地产企业拿地意愿较弱，2022 年 1~10 月国有土地使用权出让收入同比下降 25.90%，其中三、四线城市土地成交面积下滑幅度较大。当前在低层级、弱资质地区土地拍卖市场遇冷的背景下，部分项目完全依赖土地出让收入，未来可能因土地出让收入不及预期而带来债券偿付安全的边际弱化。

四　案例分析——2022年江苏省乡村振兴专项债券（二期）

本报告选取了已发行的 2022 年江苏省乡村振兴专项债券（二期），即 2022 年江苏省政府专项债券（六期）进行分析。

（一）债券及项目基本情况介绍

2022 年江苏省乡村振兴专项债券（二期）（以下简称“22 江苏债 07”）发行金额 14.68 亿元，期限为 15 年，票面利率为 3.23%，专项用于溧阳市基层公共卫生设施提升项目、天目湖文旅综合体项目（一期）、开发区常安现代纺织科技产业园腾海污水处理厂新建工程、苴镇街道中心幼儿园、启东市乡村振兴（高标准农田建设一期）、宝应县乡镇污水管网建设工程、碳中和循环经济产业化项目，涉及江苏省 5 个县（市）。

（二）项目评价

近年来，江苏省政府持续推进区域协调发展，统筹基础设施建设，“22江苏债07”募集资金用于江苏省5个县（市）卫生健康、教育、农业、文化、污水垃圾处理等基础设施项目建设，有助于提升乡村民生服务水平，改善当地生态环境，推动共同富裕，符合乡村振兴战略发展规划。项目整体建设期为2021~2025年，债券存续期内项目总投资为63.24亿元，项目资本金总额为18.96亿元，主要为自有资金或财政预算资金，配套融资基本来自专项债。在项目偿债资金来源及偿债保障方面，本期债券偿债资金来源于募投项目对应的土地出让收入、租金收入、医疗收入、教育费收入、农田收入和污水处理收入等。经测算，本期债券存续期内，对应的7个项目预期可实现收益73.26亿元，各项目预期收益对使用本期债券金额本息的覆盖倍数为1.10~4.55倍，项目整体预期收益可实现债券本息覆盖（见表1）。总体来看，江苏省经济财政实力居全国前列，该项目资本金到位和后续专项债融资压力不大，但需注意的是，未来房地产市场波动可能会对部分项目收入产生一定影响。

表1　“22江苏债07”募投项目情况

单位：亿元，倍

项目名称	本期债券计划使用额度	债券存续期预期收益	债券存续期预期收益/债券本息
溧阳市基层公共卫生设施提升项目	1.28	2.25	1.10
天目湖文旅综合体项目(一期)	5.00	36.40	4.55
开发区常安现代纺织科技产业园腾海污水处理厂新建工程	2.01	6.95	2.16
苴镇街道中心幼儿园	0.40	1.24	1.94
启东市乡村振兴(高标准农田建设一期)	2.89	19.48	4.21
宝应县乡镇污水管网建设工程	2.10	3.89	1.16
碳中和循环经济产业化项目	1.00	3.05	1.91
合计	14.68	73.26	3.12

数据来源：江苏省地方政府新增专项债信息披露文件，中诚信国际整理计算。

五　乡村振兴类地方政府项目收益专项债发展建议

当前我国人民日益增长的美好生活需要和不平衡不充分的发展之间的矛盾在乡村最为突出，主要表现在城乡发展不平衡、“三农”问题等，因此提出并落实乡村振兴战略，对于解决新时代我国社会主要矛盾、实现“两个一百年”奋斗目标和中华民族伟大复兴中国梦具有重大意义。现阶段乡村振兴类地方政府项目收益专项债发行规模仍然偏低，且投向项目涵盖面广，单个项目投资规模较小，自身收益不稳定，经营风险较高，项目融资本息覆盖倍数有待提升。对此，本报告提出以下三点建议。

第一，结合当地优势积极做好项目储备，提高专项债募投项目质量。紧密结合“十四五”规划和乡村振兴战略，围绕当地特色优势产业提质增效，走好乡村振兴特色发展之路，有效盘活支持乡村振兴建设的可用资源，提高项目附加值，降低融资成本，推进乡村振兴新格局的建设，针对部分区县级政府较难把握项目申报标准的情况，完善省级部门与市县政府的联动机制，避免发生专项债资金闲置、投向不合理等问题。

第二，充分发挥专项债可作为资本金的优势，完善配套融资机制，扩大有效投资。当前专项债用作乡村振兴类项目资本金的比例较低，在基层财政收支矛盾进一步凸显的背景下，对于符合要求的项目应积极争取专项债作资本金，缓解财政资本金到位压力；同时结合项目资金安排和收益，完善专项债配套融资机制，但由于基层金融资源相对匮乏，需积极协调当地可用资源，并鼓励上层政府金融资源同步下沉，支持乡村振兴战略的全面推进。

第三，拓宽项目收入来源，健全专项债偿债保障机制。党的二十大报告继续强调“房住不炒”，在房地产行业进入调整期、土地财政模式弱化的背景下，较为依赖土地出让收入的乡村振兴类专项债可能会面临收益下滑，债券偿还不确定性或加大。通过拓宽乡村振兴类专项债的偿债资金来源，降低项目收入波动性，建立相对稳定的收益机制，保障专项债项目收益融资平衡。同时考虑到乡村振兴项目多集中于区县，收益能力相对弱于省市级项目，为确保该战略的有序推进，可探索以上级财政补助、中央直达资金等为载体的偿债备付金试点机制。

B.9
2022年物流类地方政府项目收益专项债分析报告

卢菱歌　姚姝冰*

摘　要： 在疫情反复、经济承压的背景下，需求不足成为当前制约经济发展的主要矛盾之一，应重点以消费和投资拉动需求，并将消费相关基础设施建设纳入专项债支持范围。物流产业是提高产品流通速度、促进消费的重要环节，专项债对其发展起到积极的拉动作用，物流类专项债发行规模持续上升。物流类项目收益与融资平衡情况良好，偿债风险可控，但仍需关注经济周期及社会因素对物流类项目的影响。党的二十大报告强调建设高效顺畅的流通体系，未来应从合理分配专项债额度、规范项目收入成本测算及压力测试要求等方面出发，促进物流产业的高质量发展，进一步发挥其在改善社会民生、释放消费潜能、助力经济增长中的重要作用。

关键词： 地方债　专项债　物流

物流类地方政府项目收益专项债（以下简称“物流类专项债”）是募集资金用于物流设施布局、物流体系建设等物流领域的地方政府专项债。随着国民经济的发展、人民生活水平的提高，物流产业迅速发展成为新的经济增长点。近年来我国积极推进物流产业发展，2019 年城乡冷链物流设施建设作

* 卢菱歌，中诚信国际研究院副总监，主要研究领域为债券市场、地方债和城投行业、产业类信用债、资产支持证券、评级质量检验等；姚姝冰，中诚信国际研究院副总监，主要研究领域为债券市场、地方债和城投行业、产业类信用债、债市信用风险、评级质量检验等。

为补短板工程，首次写入中央政治局会议；“十四五”规划提到要强化流通体系支撑作用，建设现代物流体系，完善国家物流枢纽、骨干冷链物流基地设施条件，加快形成内外联通、安全高效的物流网络，对物流产业的发展做出系统指引；党的二十大报告也强调要建设高效顺畅的流通体系，降低物流成本。2022 年，消费相关基础设施建设纳入专项债支持范围，在以投资带动消费的背景下，进一步加大对物流等基础设施建设的支持力度。现阶段我国物流基础设施仍有巨大的建设空间，作为聚焦物流这一重点领域的重要融资工具，未来物流类专项债有望继续扩容，为物流产业发展提供更多资金支持，进一步助力有效投资的扩大，加大保障和改善民生工作的补短板力度。

一 物流类地方政府项目收益专项债发行特点分析

2022 年物流类专项债发行明显升温，更多资金流向物流领域。物流类专项债普遍以集合形式发行，单一类债券较少。分区域来看，东部地区集合类物流类专项债发行规模最大，物流领域的资金需求较高。物流类专项债发行期限以 15 年和 20 年为主，期限普遍较长；从特殊条款来看，单一类物流专项债均不含提前偿还条款，含特殊条款的集合类物流专项债占比不高。

（一）物流类专项债多以集合类形式发行，6月募投规模最大

随着物流产业不断发展、债券发行模式愈加成熟，更多资金向物流领域集聚。考虑到部分地区会将物流类项目与其他项目打包成专项债集合发行，中诚信国际对 2022 年 1~9 月所有专项债募投项目进行梳理，筛选出涵盖物流类项目的专项债共计 241 只，其中单一类①物流类专项债共发行 7 只，规模合计 40 亿元，集合类物流类专项债共发行 234 只，涉及债券规模合计 1. 74 万亿元。与上年同期相比，单一类物流类专项债发行数量与规模略有减少，集合类物流类专项债发行量增加了约 3 倍。前述专项债共投向 820 个物流类项目，募

① 单一类物流类专项债指债券募投项目均为物流项目，集合类物流类专项债则包含物流项目与其他类型项目。

投规模合计为979.71亿元。从月度情况来看，6月的募投规模最高，接近所有项目募投规模的1/2。

（二）仅湖南发行单一类物流类专项债，东部地区集合类物流类专项债发行最多

2022年1~9月，全国范围内仅湖南发行单一类物流类专项债，其余省份均以集合债形式支持物流项目。从含物流类项目的集合类专项债来看，虽然专项债总额度较高，不过单只专项债中用于物流类项目的额度普遍较少，且项目分布较分散。或出于节省发行成本的考虑，多数省份选择将物流类项目与其他项目打包发行。其中东部地区集合类债券发行规模最大，特别是广东、山东、浙江等地，中部地区的四川、江西、河南等地集合类债券的发行规模也相对较高；而内蒙古、天津、海南等地此类债券发行规模较小。在国家支持物流基础设施建设的背景下，未来各地区物流类专项债或继续扩容。

（三）发行期限以10年以上为主，提前偿还条款占比不高

物流类专项债的期限范围较大，2022年1~9月新增的物流类专项债期限为7~30年，7只单一类物流专项债中有6只债券的发行期限为15年，另外1只债券的发行期限为30年。集合类物流类专项债的平均期限为18年，这或与集合类债券涉及其他如交通、市政等较长期限的基建项目有关，集合类物流类专项债以15年期和20年期为主，二者合计占比为70%（见图1）。物流类项目的建设周期普遍不超过5年，债券期限的延长或是考虑到项目运营主体本息偿付能力等因素。从债券条款看，7只单一类物流类专项债中均不包含提前偿还条款；其余234只集合类物流类专项债中有56只债券包含提前偿还条款，这些债券主要分布于河南、吉林、湖北等地，包含特殊条款的债券比重不高。

二　物流类地方政府项目收益专项债募投项目特点分析

在物流类专项债中区县级项目占据主要位置，省级和地市级项目相对较少。相较于其他基建项目，物流类项目建设周期普遍较短。从投资规模来看，

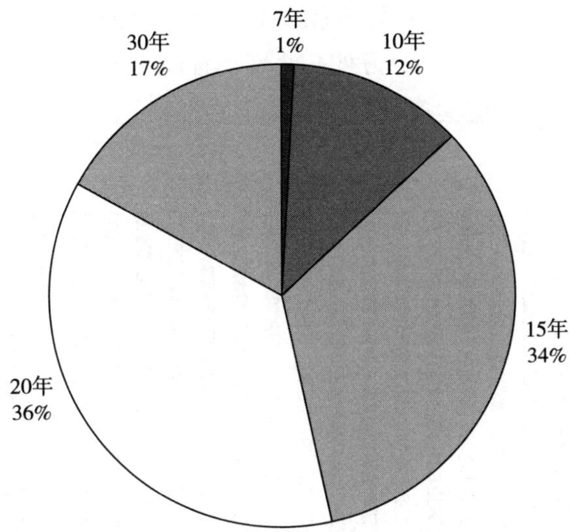

图 1　2022 年 1~9 月集合类物流类专项债发行期限结构

数据来源：Wind 数据库，中诚信国际整理计算。

普通物流类项目投资规模高于冷链物流类项目，项目资本金占总投资的比重较高。物流类项目收入来源以基础设施运营收益为主，本息覆盖情况较好，整体偿债风险可控。

（一）整体以区县级项目为主，省级项目较少

2022 年 1~9 月，全国有 26 个省（区、市）新增物流类专项债项目，项目以区县级为主，募投规模占比为 79%①；其次为地市级项目，占比为 19%；省级项目仅占 2%。从区域分布看，物流类项目分布较为分散，暂未表现出明显的地域特征。其中发行物流类专项债以支持省级项目的有广东、甘肃、山西、重庆 4 个省（市），这 4 个省（市）处于大力提升省级物流水平的阶段；广

① 本部分统计样本为 2022 年 1~9 月发行的物流专项债募投项目；（二）和（三）小节的统计样本为募投项目中公开披露了项目财务评估报告、募投说明、信用评级报告等信息披露文件的项目，数量小于募投项目总数。如无特别说明，本报告中引用的专项债募投项目的相关数据均来自地方政府新增专项债信息披露文件，并由中诚信国际整理计算。由于数据的获取问题，数据可能来自不同募投项目文件、项目实施方案、信息披露模板等，这可能导致数据分析出现一定偏差，但不会对分析结论产生实质上的影响。

西、内蒙古、安徽等省（区）地市级项目较多，海南、天津、云南、江西等地专项债项目普遍为区县级。另外，北京、青海、上海、西藏和宁夏5个省（区、市）暂无投向物流类项目的专项债（见图2）。

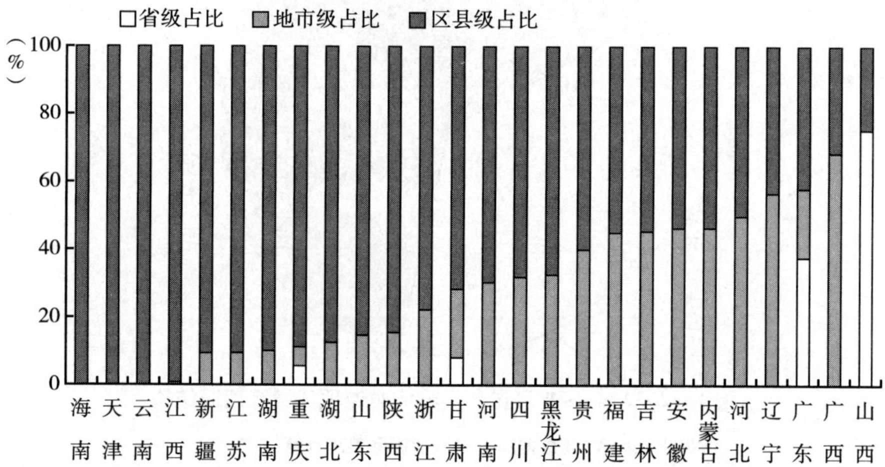

图2　2022年1~9月全国26个省（区、市）物流类专项债项目行政层级分布

数据来源：Wind数据库，中诚信国际整理计算。

（二）项目建设周期普遍较短，专项债用作资本金的项目较少

物流类专项债募投项目类型主要包括冷链物流设施和普通物流设施，募集资金多用于物流基础设施新建及改造升级、配套设施建设等。其中冷链物流是利用专业的技术工艺和设施设备，确保冷链产品在储存、运输、配送等全过程中始终处于规定温度环境下的专业物流。在2022年1~9月物流类专项债募投项目中，冷链物流类项目共288个，占比35%。从项目建设周期看，物流类项目的建设周期普遍不长，平均建设周期为2.22年，其中冷链物流类项目平均建设周期为2年，普通物流类项目平均建设周期为2.33年。从项目投资规模看，冷链物流类项目投资规模均值为4.19亿元；普通物流类项目投资规模均值为9.6亿元，投资规模相对较大。从项目资金构成来看，物流类项目资本金多来自财政资金及自筹资金，其中冷链物流类项目配套资金到位更快，资本金所占比例相对较低，普通物流类项目资本金占总投资比

重稍高；配套融资方面，冷链物流类项目的配套融资均包括专项债，少数项目额外将银行贷款和市场化融资作为资金补充，普通物流类项目的融资来源更为多元，除前述资金来源外，部分普通物流类项目的配套融资还包括特别国债和财政补贴，另有 2 个普通物流类项目仅使用市场资金作为融资补充。此外，2022 年 1~9 月共 2 个物流类项目采用专项债作为资本金，涉及项目包括临沂市第一净水厂升级改造工程和博州精河县公铁联运物流园集装箱专用线及保税仓库建设项目，这两个项目均为普通物流类项目，专项债资本金占项目资本金的比例分别为 74%和 32%。

（三）项目收益主要来自运营收入，融资本息覆盖能力良好

物流类项目多以基础设施运营收入平衡融资本息，具体收益可细分为不动产出租收入、停车场收入、物业费收入、广告收入等；不到 5%的项目偿债来源为土地出让收入，且多为区县级项目，建议对项目对应的土地出让进度和偿债风险保持关注；另外，少数地市级、区县级项目将财政补贴作为偿债资金的补充，项目多处于经济财力较弱的地区。从融资本息覆盖倍数看，项目融资本息覆盖倍数均值为 2. 18 倍，超过 12%的项目融资本息覆盖倍数在 2. 5 倍以上，项目收益与融资平衡情况整体较好，偿债风险可控。

三　物流类地方政府项目收益专项债信用特点分析

随着经济全球一体化的深度推进、国家经济向第三产业转型以及居民生活水平不断提高，物流服务需求日趋旺盛。国家相关部门先后出台减税降费、便利通行、纾困帮扶等多项政策，加大对物流行业的扶持力度。我国物流行业保持快速发展，市场规模不断扩大。当前，我国物流规模已经位居世界第一，物流行业也逐渐成为国民经济的重要组成部分。在新发展阶段，物流行业必须适应新发展阶段历史要求，实现现代物流业高质量发展。在此背景下，物流类项目整体建设风险可控。但由于物流行业起步较晚，目前仍面临效率低、成本高、收益微薄的问题，需关注项目在实施过程中的建设风险及后续偿付风险。

（一）物流行业地位再上新台阶，项目风险总体可控

加快推进物流行业高质量发展，既是新发展阶段物流领域贯彻落实国家战略的新要求，也是物流更好服务经济体系现代化的战略要求。国家“十四五”规划①中多处提到物流和供应链，并从多个领域对现代物流进行战略部署，物流行业地位再上新台阶。强调要深化国家关于物流“基础设施”的战略定位，把现代物流作为乡村振兴的重要基础设施，提出加强农产品仓储保鲜和冷链物流设施建设。② 与此同时，在工业、制造业生产持续增加，消费市场提质扩容的背景下，叠加疫情影响，社会物流、冷链物流、医药医疗、生鲜电商等新兴物流需求增长，进一步推动物流业向高质量发展。考虑到物流类专项债募投项目主要为物流产业园、普通物流和冷链物流等基础设施建设项目，此类项目不仅具有显著的经济社会效益，并且在政策支持下，存在较为广阔的发展空间。总体来看，物流类项目建设风险整体可控。

（二）区县级项目较多，或存在一定建设风险

专项债募投的部分物流类项目发行主体行政级别较低，项目在实施进程中受技术和专业程度的制约，或存在一定建设风险。一方面，物流类专项债募投项目多为区县级项目，可能会面临物流专业技术水平低、人才储备不充分、项目经验不足等问题。另一方面，由于物流类项目多以物流园区、库房等基础设施建设为主，或存在项目启动前尚未取得相关建筑规划、施工许可证等资格审批风险，项目进程中相关房屋征收、搬迁等社会稳定风险，以及疫情冲击下施工项目暂停或延期等风险。

（三）项目经营存在不确定性，或面临一定偿付风险

物流类项目经营内容主要为租赁、运输等服务业务。目前我国物流行业发展成熟度不高，长期处于微利经营、运行成本高、效率低的状态。后续相关项

---

① 《中华人民共和国国民经济和社会发展第十四个五年规划和 2035 年远景目标纲要》，中国政府网，2021 年 3 月 13 日，http：//www. gov. cn/xinwen/2021-03/13/content_ 5592681. htm。

② 《国务院办公厅关于印发“十四五”冷链物流发展规划的通知》，中国政府网，2021 年 12 月 12 日，http：//www. gov. cn/zhengce/content/2021-12/12/content_ 5660244. htm。

目业务经营及收益情况或存在一定的不确定性。与此同时，考虑到经济复苏乏力、疫情反复、外贸不稳定等因素的影响，项目经营或将面临出租率不及预期、业务量下降、物流运输不畅通等问题，进而影响项目经营收入的实现。此外，由于物流类项目建设期及资金回收期普遍较长，项目收益测算方法较为简单，对增长率以及收益对本息覆盖倍数的估算准确性存在一定偏差，进而导致债券本息偿付风险。

四　案例分析——2022年湖南省城乡冷链等物流基础设施专项债券（三期）

本报告选取已发行的2022年湖南省城乡冷链等物流基础设施专项债券（三期），即2022年湖南省政府专项债券（三十三期）（以下简称“22湖南35”）为案例，对纳入专项债的城乡冷链等物流基础设施项目特点进行分析。①

（一）债券及项目整体情况介绍

2022年湖南省城乡冷链等物流基础设施专项债券（三期），即2022年湖南省政府专项债券（三十三期）于2022年3月24日发行，发行规模共计3.07亿元，债券期限为15年，票面利率为3.22%。该期债券为物流类专项债中少数的单一类城乡冷链等物流基础设施专项债，其募投资金专项用于张家界市、衡阳市和怀化市的3个城乡冷链等物流基础设施建设项目。项目内容主要包括现代物流园、县（乡、镇）级物流中心、冷藏保鲜库、速冻库、粮食储备仓、物流平台等建设，冷藏保鲜设备购置安装，以及道路、绿化、硬化、水电、消防等园区配套设施建设。

（二）项目评价

本期债券涉及的3个项目均为相关区域现代物流中心或冷链物流中心的基

① 本案例中引用的专项债支持项目的相关资料、数据均来自2022年湖南省城乡冷链等物流基础设施专项债券（三期）——2022年湖南省政府专项债券（三十三期）的信息披露文件、专项债券项目预期收益与融资平衡方案及专项评价报告、信用评级报告、项目法律意见书等，并由中诚信国际整理计算。

础设施建设项目。具体来看，武陵山片区冷链物流仓储中心项目位于张家界市中心城区，包括冷藏保鲜库、速冻库等设施，建筑面积为7.75万平方米；耒阳市北部现代物流园建设项目主要包括生鲜冷链、粮食仓储、物流综合平台，总建筑面积为36.15万平方米；新晃县全域物流体系建设项目主要包括县、乡镇、村等多级别的物流中心及平台。

在项目资金来源方面，张家界市和新晃县项目资金来源均主要为财政资金、地方政府专项债；耒阳市项目资金来源主要为自筹资金和地方政府专项债。3个项目计划申请发行政府专项债金额占比分别为60%、50%、10%，财政资金到位压力尚可。在项目偿债资金来源及偿债保障方面，偿债资金主要来源于项目对应冷链仓库出租收入和仓库出售收入等。经测算，本期债券存续期内，对应的3个项目预期可实现收益7.30亿元，各项目收益对本期债券本息的覆盖倍数在1.17~4.15倍，项目整体基本可实现债券本息覆盖（见表1）。

表1 "22湖南35"募投项目情况

单位：亿元，倍

地市	所属区域	项目名称	项目总投资规模	申请本期债券额度	对本期债券本息的覆盖倍数
张家界市	张家界市	武陵山片区冷链物流仓储中心项目	3.00	1.80	1.26
衡阳市	耒阳市	耒阳市北部现代物流园建设项目	10.00	1.00	1.17
怀化市	新晃县	新晃县全域物流体系建设项目	1.20	0.27	4.15

数据来源：湖南省地方政府新增专项债信息披露文件，中诚信国际整理计算。

五　物流类地方政府项目收益专项债发展建议

现代物流业是与国民经济紧密融合的基础性现代服务业，已日益成为支撑实体经济发展的先导性、基础性、战略性产业。但物流业发展质量有待进一步提高，特别是我国冷链物流行业，由于起步较晚、基础薄弱，还存在标准体系不完善、基础设施相对落后、专业化水平不高、有效监管不足等问题。[①] 目前物流类专项债，特别是城乡冷链物流类专项债处于起步阶段，发行规模偏小。未来要继续发挥专项债财政资金增效作用，根据行业发展趋势及特点，不断优化配套管理细则，引导物流行业基础设施建设发展。

一是提升对募投项目遴选水平，合理分配专项债额度。目前物流类专项债涉及的区县级项目较多，受技术及专业程度的制约，区县政府对申报项目评审可能存在标准不清晰、内容不够规范、指标不统一等情况。需要建立健全省、市、县部门联动机制，统一规范项目遴选标准，严格项目审查，避免虚假项目、不合格项目、高风险项目的打包申报。此外，项目甄选区域方面，针对政策提及的关键物流枢纽城市，政府相关部门需精准筛选储备项目、合理分配专项债额度，提高专项债资金效率以及政府投资效益。

二是充分利用专项债可用作项目资本金的优势，提高专项债作为资本金的应用比例。当前物流类项目资本金多来自财政资金及自筹资金，专项债用作物流类项目的资本金比例较低。后续有条件的相关地方政府可以综合考量自身财政表现、项目实际情况以及发展趋势，对于符合要求的项目积极争取专项债用作资本金，提高额度比重，并加大对当地金融资源等市场化资金的协调，更好地发挥专项债资金的撬动作用，进而减轻政府财政压力。

三是规范项目收入成本测算及压力测试要求，坚持谨慎原则。随着经济发展，我国物流行业将逐渐从单一物流向供应链全流程转变，从传统物流向数字经济、枢纽经济和低碳经济模式转变。物流类项目内容丰富的同时，也会产生越来越多的非量化和非主观性因素影响项目风险。相关部门可结合该类项目变化趋势及风险特征，完善项目收益测算指标、规范项目预测模型、明确项目压力测试要求。

---

① 《国务院办公厅关于加快发展冷链物流保障食品安全促进消费升级的意见》，中国政府网，2017 年 4 月 13 日，http：//www. gov. cn/gongbao/content/2017/content_ 5191695. htm。

区域篇

Regional Reports

B.10
2022年北京市地方政府债券分析报告

黄　菲*

摘　要： 2022年以来，北京市地方债发行明显提速，发行规模仍维持高位，中短期再融资专项债占据主导地位，发行成本明显下行，交易活跃度进一步提升；新增专项债募投领域仍主要向基建民生倾斜，但未启动资本金应用。尽管北京市经济财政实力全国领先，债务限额仍有较大空间，但近两年债务偿还背景下债务余额增速显著加快，建议未来北京市引领地方债资金投放聚焦科研和公共治理领域，扩大专项债撬动基建投资效用，统筹债务到期及预算资金管理。

关键词： 地方债　专项债　北京市

一　北京市地方债运行情况分析

北京市地方债存量规模在全国排名中游，略低于全国平均水平，其中专项

* 黄菲，中诚信国际政府公共评级一部副总监，主要研究领域为地方债与城投行业、大交通行业等。

债约占八成，债券期限以5~10年为主。从规模看，截至2022年9月北京市地方债存量规模为10689.59亿元①，占全国规模的3.10%，在全国31个省（区、市）中排第15位，在直辖市中排首位（见图1）。从结构看，存量地方债中接近八成为专项债，规模达8252.66亿元，在全国排第10位。从期限看，存量地方债主要为5~10年的中长期债券，约占全市地方债总规模的73.24%，5年以下及10年以上期限的债券占比分别为21.80%和4.96%。

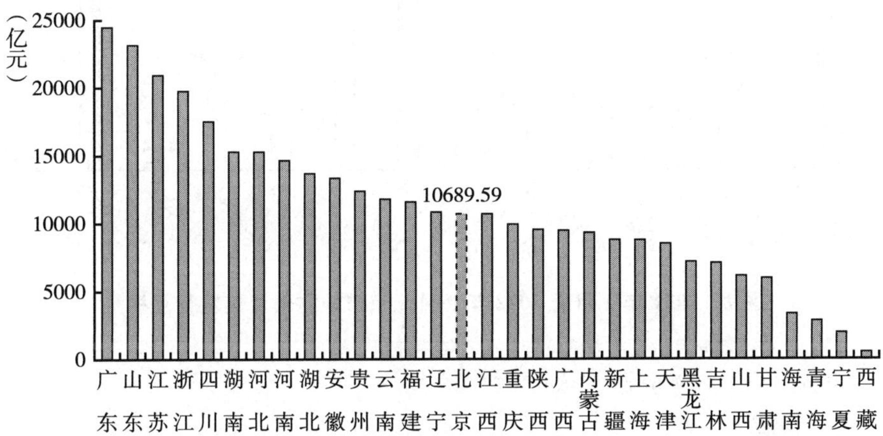

图1　截至2022年9月全国31个省（区、市）地方债存量规模

数据来源：Wind数据库，中诚信国际整理计算。

（一）发行规模较同期翻倍增长，发行节奏明显加快

2022年以来，宏观经济持续面临“需求收缩、供给冲击、预期转弱”三重压力，地方债作为积极财政政策的重要发力点，发行规模创历史新高，且发行节奏明显加快。2022年1~9月，北京市共计发行地方债2696.56亿元，约为2021年发行总规模的81.87%，较上年同期翻倍增长。从月度发行规模看，监管部门及国务院常务会议要求专项债6月底前完成大部分发行工作、第三季度完成剩余额度发行，北京市政府亦要求上半年隐债清零，因而相较于2021

① 如无特别说明，本报告中引用的地方债存量、发行量、发行利率、发行利差、交易量、到期收益率等债券相关数据均来自截至2022年9月的Wind数据库，并由中诚信国际整理计算。

年，北京市2022年上半年地方债发行明显提速，第三季度发行节奏则大幅放缓（见图2）。

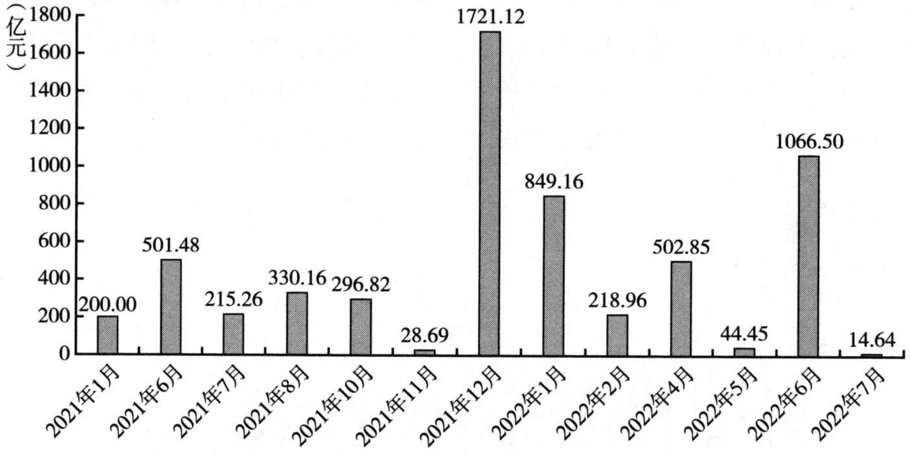

图2　2021年1月至2022年9月北京市地方债月度发行规模

注：北京市部分月份无地方债发行，未在图中显示。
数据来源：Wind数据库，中诚信国际整理计算。

（二）再融资专项债占据主导，中短期债券占比大幅提升

2022年1~9月，北京市地方债发行中再融资专项债占据主导地位，期限结构中中短期债券占比大幅提升。从券种结构看，2022年1~9月北京市一般债和专项债发行规模分别为277.66亿元和2418.90亿元，其中新增一般债和新增专项债分别为149.00亿元和759.00亿元，再融资一般债和再融资专项债分别为128.66亿元和1659.90亿元（见图3）；再融资专项债发行规模远超其他省份，约占全国全部再融资专项债规模的19%，且不同于大部分省份用于偿还到期债券本金，其中1476.13亿元用于偿还存量债务，主要系继广东之后，上海、北京也加速推动全域无隐性债务试点，助力隐债清零。从期限结构看，债券以3年和5年为主，合计占比达74.35%，其中3年期较2021年上升约27.09个百分点；10年及以上期限占比较2021年减少20个百分点以上，降至11.73%（见图4）。整体来看，受期限相对较短的再融资债券发行较多影响，北京市地方债发行期限进一步缩短。

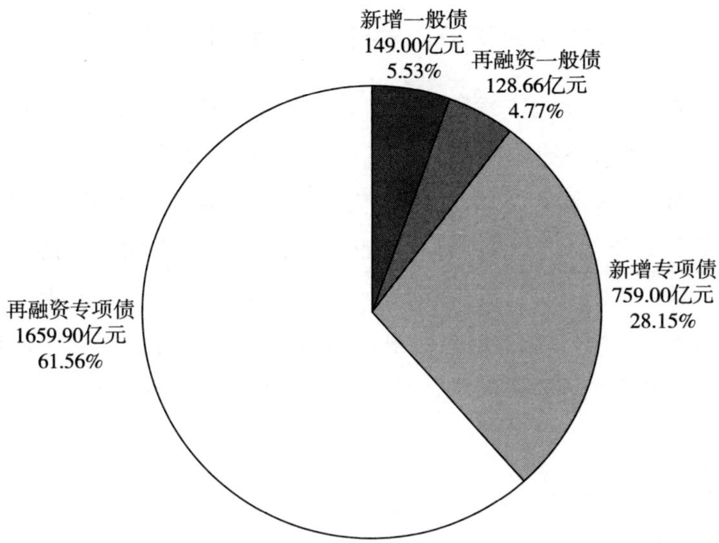

图 3　2022 年 1~9 月北京市新发行地方债券种结构

数据来源：Wind 数据库，中诚信国际整理计算。

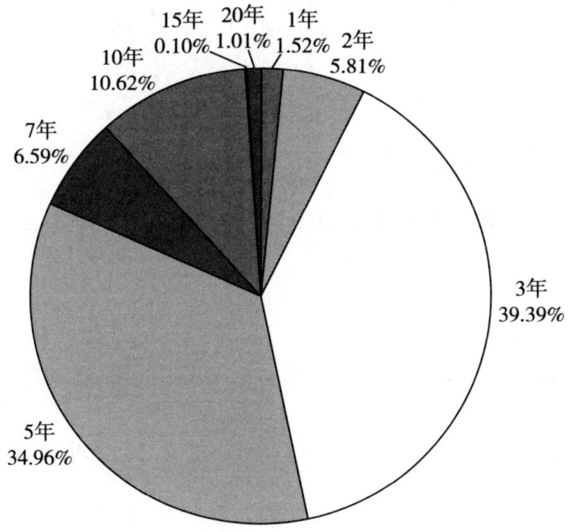

图 4　2022 年 1~9 月北京市新发行地方债期限结构

数据来源：Wind 数据库，中诚信国际整理计算。

（三）发行成本明显下行，发行利差大幅收窄

受利率中枢波动下行、发行期限缩短、发行市场化程度提升等因素影响，2022 年 1～9 月北京市地方债发行利率[①]大幅下行至 2.64%，发行利差亦持续收窄至 13.86BP（见图 5）。从月度分布看，发行利率整体呈下降趋势，并在 7 月达到低点 2.52%（见图 6），且北京市地方债发行市场化程度持续提升，除 1 月稍高，2022 年以来发行利差均低于 15BP，显著低于上年同期。与其他省（区、市）相比，由于 2022 年短期限再融资专项债发行占据主导地位，北京市地方债发行利率全国排名最末，且显著低于其他省（区、市），区域差异有所扩大（见图 7）。

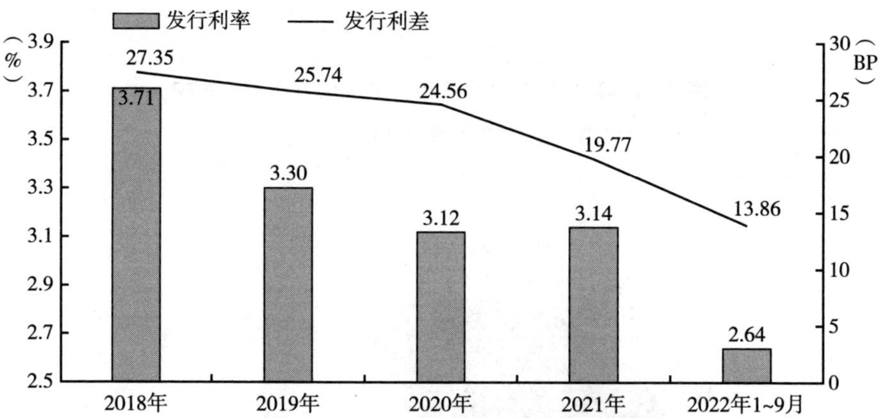

图 5　2018 年至 2022 年 9 月北京市地方债发行成本

数据来源：Wind 数据库，中诚信国际整理计算。

（四）交易规模[②]提升至全国第三，到期收益率[③]整体下行

从二级市场交易规模看，2022 年 1～9 月北京市地方债交易规模增至

---

① 如无特别说明，本报告中发行利率、利差为根据发行额计算的加权平均发行利率、利差，发行利差计算公式：债券发行利率-对应期限国债收益率。

② 交易统计包含回购交易、现券交易等部分。

③ 此处到期收益率均值采用的是算术平均值。

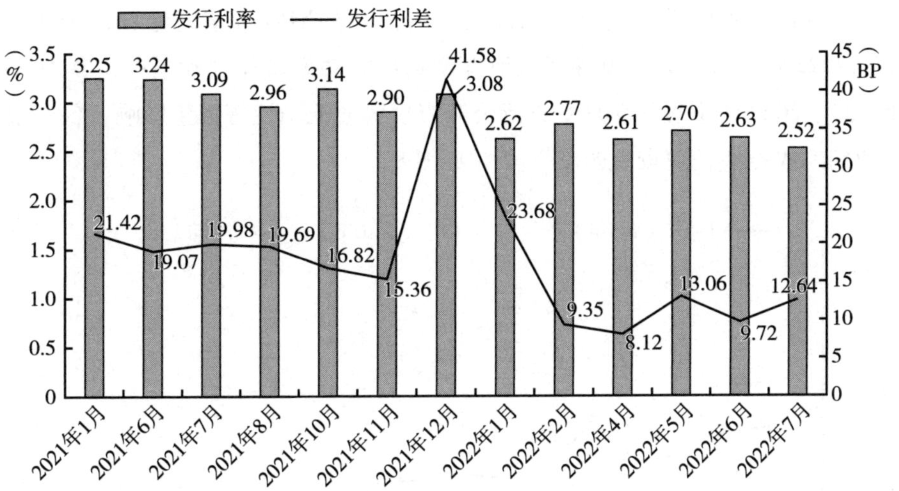

图6　2021年1月至2022年9月北京市地方债月度发行成本

注：北京市部分月份无地方债发行，未在图中显示。

数据来源：Wind数据库，中诚信国际整理计算。

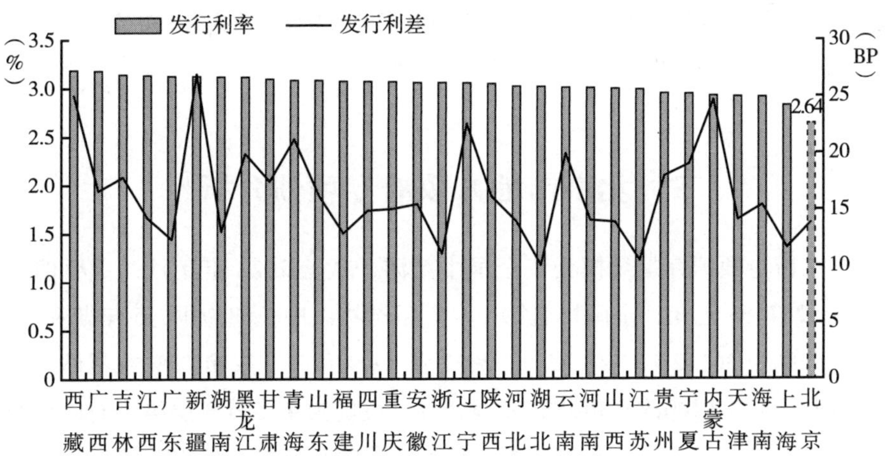

图7　2022年1~9月全国31个省（区、市）地方债发行成本

数据来源：Wind数据库，中诚信国际整理计算。

6867.07亿元，全国排名第三，仅次于广东、山东，比上年同期排名靠前，这与2022年以来北京市一级市场净融资量相关，而期限结构调整为以3~5年期为主，这进一步促进了交易活跃度的提升。从到期收益率走势看，2021 年 1 月至 2022 年 9 月，北京市各期限地方债到期收益率整体波动下行，其中 2021 年 7 月、2022 年 1 月和 5 月受央行公开市场释放流动性等因素影响，各期限地方债到期收益率呈现较大幅度下降（见图 8）。

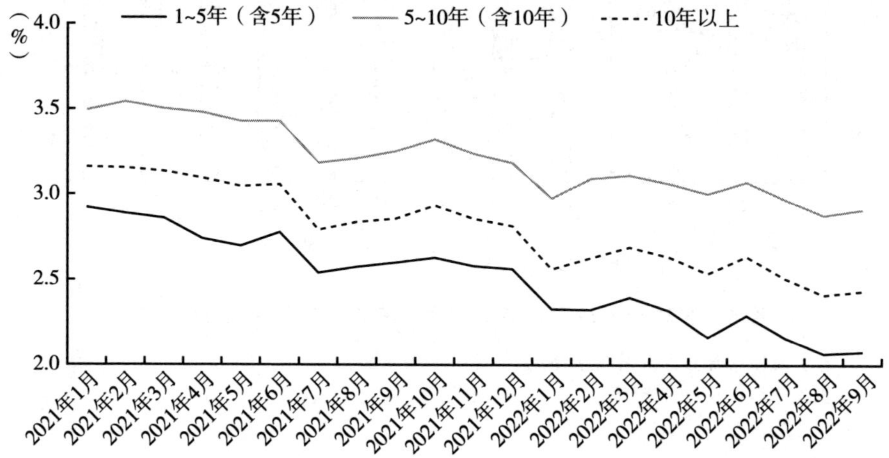

图 8　2021 年 1 月至 2022 年 9 月北京市地方债到期收益率走势

数据来源：Wind 数据库，中诚信国际整理计算。

二　北京市地方政府专项债分析①

北京市专项债存量规模处于全国中上游，截至 2022 年 9 月，专项债存量规模为 8252.66 亿元，全国排名第十；期限结构以中长期为主，5 年期和 10 年期占比分别为 36.12%和 21.72%。2022 年 1～9 月，北京市新增专项债 759 亿元，投向领域仍以棚改和市政产业园区基础设施为主，行政层级上向区县级项目倾斜力度进一步加大，且融资本息覆盖情况表现良好。值得注意的是，北京市仍未启用专项债资本金模式，未来亦可积极尝试以扩大投资撬动效应。

① 2020 年 7 月 29 日财政部《关于加快地方政府专项债券发行使用有关工作的通知》（财预〔2020〕94 号）明确 2020 年新增专项债必须保证融资规模与项目收益相平衡，因此 2020 年新增专项债均为项目收益专项债；本部分项目收益专项债的统计样本为 2018～2019 年项目收益专项债与 2020 年至 2022 年 1～9 月新增专项债。

（一）再融资专项债规模自2021年以来大幅提升，发行成本整体下行

北京市专项债发行规模逐年递增，但发行结构变动较大。2020 年及以前北京市专项债发行以新增为主，规模在 2020 年达到顶峰；2021 年以来，随着疫情形势缓和和经济情况改善以及北京市启动隐性债务清零试点，新增专项债规模下行，再融资专项债发行规模大幅增长，仅 2022 年 1~9 月北京市再融资专项债发行规模就高达 1659.90 亿元，其中 88.93%用于偿还存量债务。从发行期限来看，受短期再融资专项债大规模发行的影响，2022 年以来，北京市专项债发行期限有所缩短，3~5 年期占比由 2021 年的 44.61%提升至 76.59%；且发行节奏大大加快，2022 年 1~6 月专项债额度已基本发行完毕。从发行成本来看，近年来北京市专项债发行利率逐年走低，发行利差波动下降，相较于最高点的 2018 年，2022 年 1~9 月发行利差收窄 26.74BP，降幅明显（见图 9）。

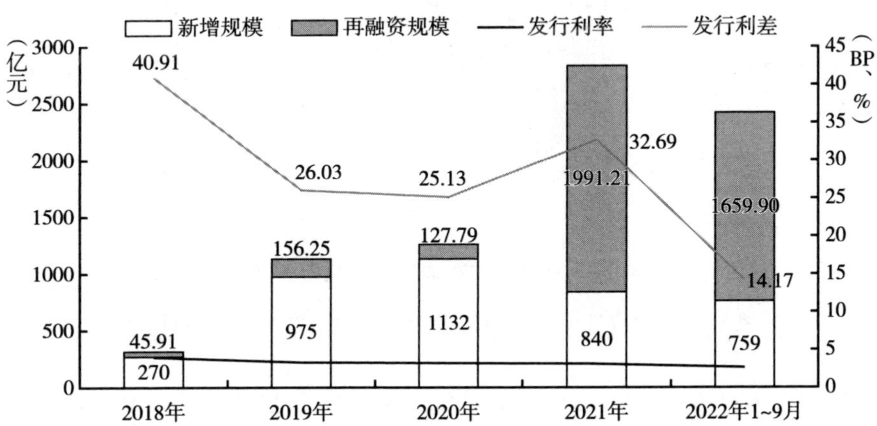

图 9　2018 年至 2022 年 9 月北京市项目收益专项债发行情况

数据来源：Wind 数据库，中诚信国际整理计算。

（二）募投领域以棚改及市政和产业园区基础设施为主，仅以土地出让收入为还款来源项目占比较大

2022 年 1~9 月北京市新增专项债募投领域仍以棚改、市政和产业园区

基础设施及交通基础设施为主，上述品种当期募集资金使用规模占比分别为43.54%、38.05%和16.64%（见图10）；棚改占比有所提升，交通基础设施类则主要投向机场和轨道交通领域。北京市新增专项债集合发行尚不明显，单只债券募集资金仍局限于单个项目；向区县级项目倾斜的力度进一步加大，占比提升约7个百分点，至88%；2021年新开工项目使用资金额度超过百亿元。

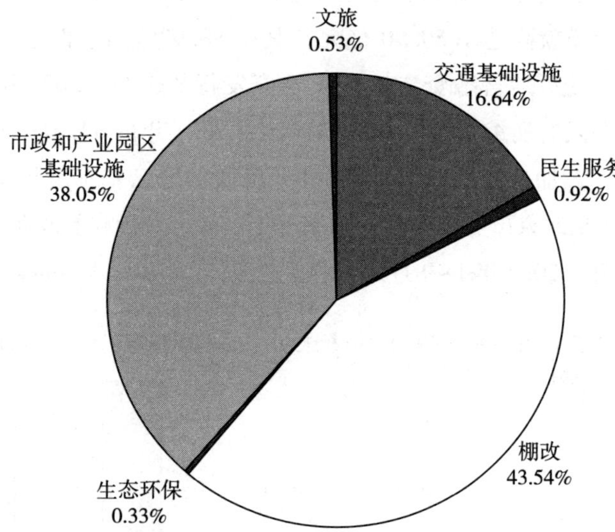

图10　2022年1~9月北京市新增项目收益专项债募投领域分布

数据来源：北京市政府新增专项债信息披露文件，中诚信国际整理计算。

从项目本息覆盖情况来看，2022年以来北京市新增专项债募投项目收益均能对债券融资本息形成有效覆盖，覆盖倍数均值提升至5.73倍，其中规模占比最大的棚改类项目平均融资本息覆盖倍数均值为4.85倍，民生服务和文旅类项目本息覆盖倍数较高（见图11），偿债风险整体较低。但部分募投项目实际运营及募投收益可能会与初始收益平衡测算出现较大差异，且超过一半项目仅以土地出让收入为还款来源，需关注对应土地出让进度及项目偿还本息的潜在风险。

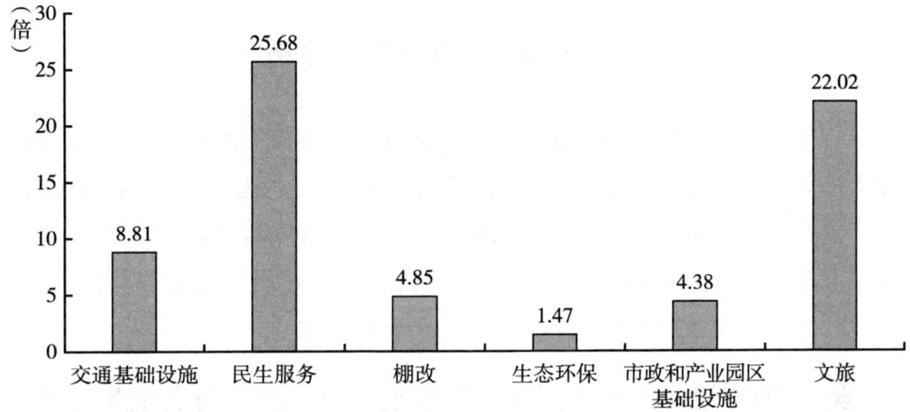

图 11　2022 年 1~9 月北京市新增项目收益专项债募投项目本息覆盖情况

数据来源：北京市政府新增专项债信息披露文件，中诚信国际整理计算。

（三）发行重心调整，目前北京市仍未有新增专项债用作项目资本金

为配合隐性债务清零计划，北京市 2022 年以来地方债发行重点为再融资专项债，故新增专项债规模下行，且没有用作项目资本金的新增专项债。除重心调整外，北京市经济财政实力强劲，项目资本金到位压力较小，且第三产业高度发达，符合专项债资本金使用条件的储备项目可能不足。但新增专项债用作项目资本金的撬动作用仍不可忽视，未来可考虑合理推进资本金应用。

（四）推算可撬动基建投资超千亿元，实际效果仍受较多因素限制

2022 年 1~9 月，北京市固定资产投资（不含农户）同比增长 7%①，保持平稳增长态势。由于北京市暂无新增专项债用作项目资本金，新增专项债对基建投资的撬动以项目配套融资的形式体现，对应撬动杠杆约 1.53 倍，理论上约能撬动基建投资 1164.02 亿元②，但由于资金到位和项目建设进度不统一、配套设施不匹配等，实际效果仍受较多因素限制。

① 如无特别说明，本报告中引用的宏观经济数据均来自北京市统计局发布的数据及《北京市国民经济和社会发展统计公报》，并由中诚信国际整理计算。

② 专项债撬动基建投资方法参见袁海霞、汪苑晖、卞欢《专项债兼顾扩容提效，助力基建托底稳增长——地方政府专项债 2019 年回顾与 2020 年展望》，《财政科学》2020 年第 1 期。

三　北京市偿债能力分析

北京市地方政府债务余额在全国的排名处在中游偏下的位置，债务限额仍有较大使用空间，近两年债务余额及债务率增幅加大，但考虑到产业结构潜在增长动能强劲，经济财政实力全国领先，整体偿债风险仍较为可控。此外，2022年以来受疫情多点散发、退税节奏加快以及国际局势变化等超预期因素影响，北京市全年经济财政预期完成情况仍有待关注。

（一）地方政府债务余额近两年增幅加大，2025年为到期高峰

北京市地方政府债务余额规模近两年增幅加大，债务限额剩余空间较大。截至2021年，北京市地方政府债务限额为11277.40亿元[①]（见图12），较2017年增长42.36%，债务余额为8770.68亿元，近两年增幅分别为22.15%和44.65%，规模在全国排第17位（见图13），未使用的债务限额达2506.72亿元，剩余空间较大。从地方债存量结构和到期分布来看，北京市

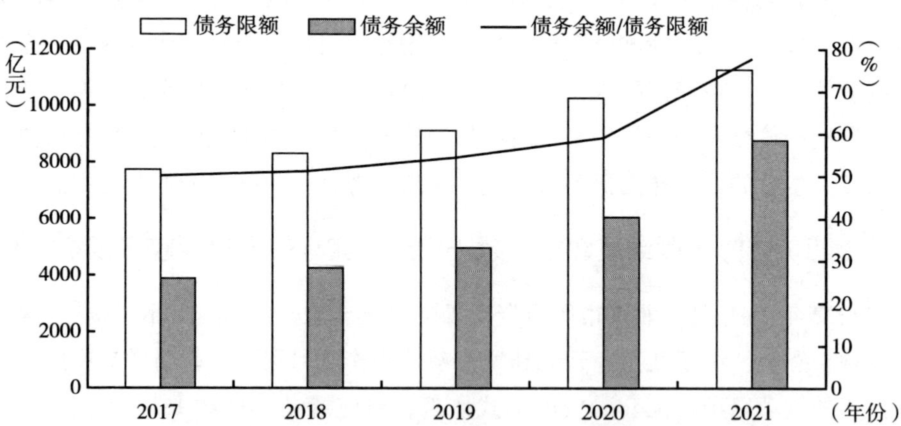

图12　2017~2021年北京市地方政府债务限额及余额

数据来源：北京市财政预算执行及决算报告，中诚信国际整理计算。

① 如无特别说明，本报告中引用的北京市政府债务限额、余额，一般公共预算收入、支出，财政平衡率，债务率、负债率等财政相关数据均来自北京市财政预算执行及决算报告，并由中诚信国际整理计算。

91%的政府债务为政府债券形式，其 2022 年内剩余到期规模为 374.48 亿元，2025 年到期规模相对较大，除大额到期一般债外，专项债将迎来到期小高峰（见图 14）。

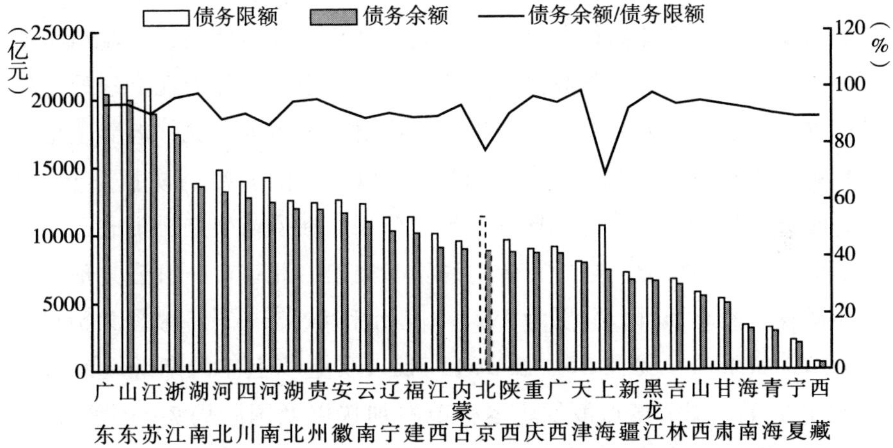

图 13　2021 年全国 31 个省（区、市）地方政府债务限额及余额

数据来源：全国 31 个省（区、市）财政预算执行及决算报告，中诚信国际整理计算。

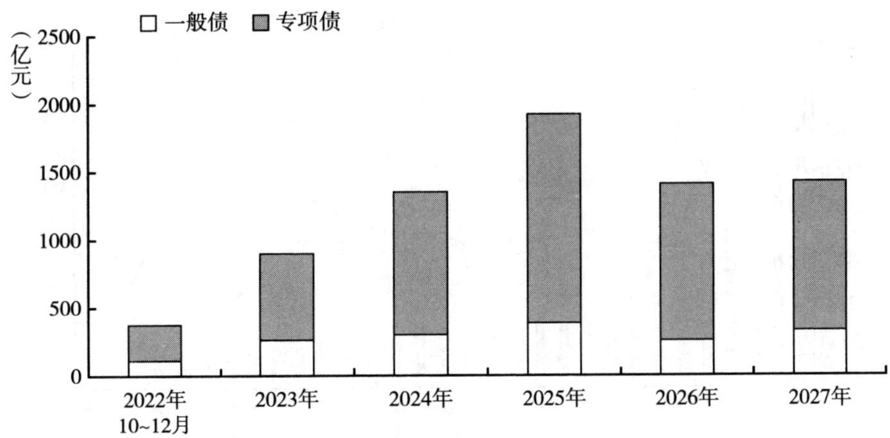

图 14　截至 2022 年 9 月北京市存量地方债到期分布

数据来源：Wind 数据库，中诚信国际整理计算。

（二）产业结构潜在增长动能强劲，经济财政实力全国领先

北京市是全国政治中心、文化中心、国际交往中心和科技创新中心，经济财政实力极强，近年来经济总量和人均 GDP 保持全国领先水平，同时第三产业高度发达，产业结构中高技术、高附加值产业占比高，产业结构潜在增长动能强劲，可持续贡献高质量财税收入，财政平衡能力在全国处于极佳水平；政府性基金收入亦是北京市地方政府财力的重要补充，但受土地市场行情影响较大，具有一定波动性。2021 年以来，随着疫情防控形势好转，金融、商贸服务和批发零售发挥重要支撑作用，在疫苗生产、集成电路需求旺盛带动下，医药行业、电子行业财税贡献突出，北京市一般公共预算收入规模和财政平衡率回升，分别为 5932.3 亿元和 82.33%，一般公共预算收入规模全国排名第六（见图 15、图 16），收入质量较上年同期继续改善。但 2022 年上半年，疫情多点散发、退税节奏加快以及国际局势变化等超预期因素使经济财政增速放缓，第二批集中供地尚未入库也造成基金预算收入有所下滑，一般公共预算收入仅实现 2021 年全年的 33%，经济财政预期完成情况有待关注。

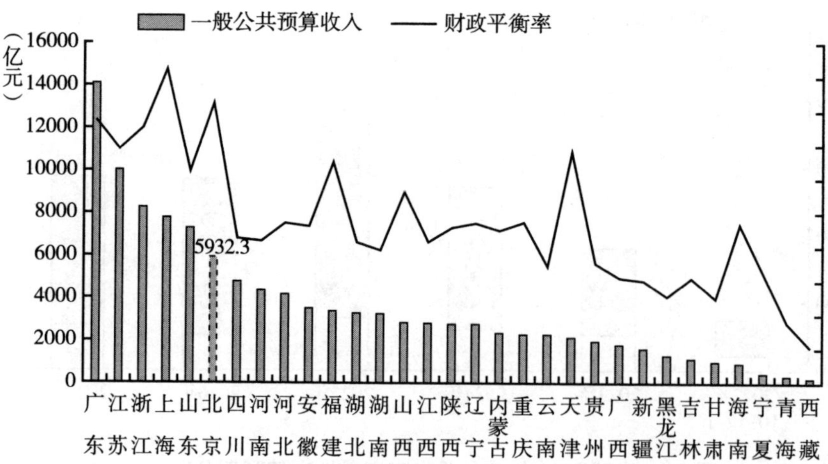

图 15　2021 年全国 31 个省（区、市）一般公共预算收入及财政平衡率

数据来源：全国 31 个省（区、市）财政预算执行及决算报告，中诚信国际整理计算。

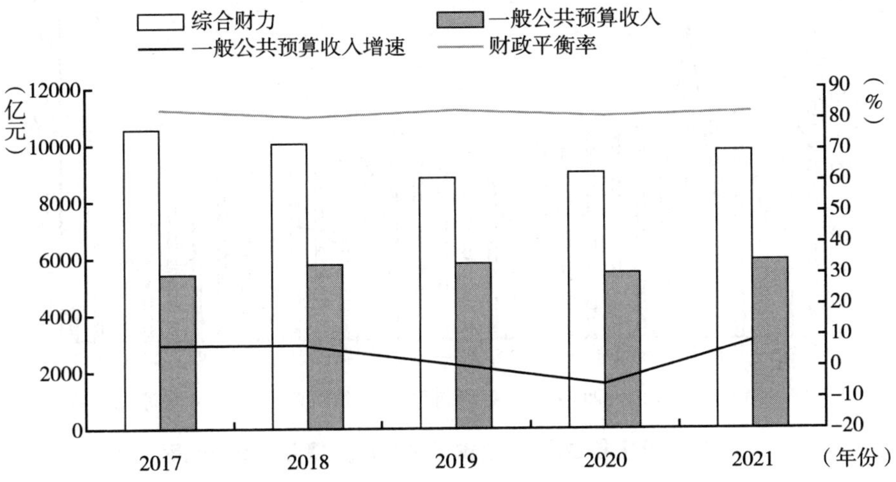

图 16　2017~2021 年北京市财政情况

数据来源：2017~2021 年北京市财政预算执行及决算报告，中诚信国际整理计算。

（三）债务率和负债率提升较快，但偿债风险仍整体可控

北京市债务率和负债率提升较快，但偿债风险整体可控。截至 2021 年，北京市债务率及负债率分别为 89.54%和 21.77%，分别较上年同期上升 22.31 个百分点和 4.97 个百分点，债务率及负债率在全国 31 个省（区、市）中位列倒数第 9 和倒数第 6（见图 17），低于全国平均水平，整体债务风险较小；2021 年债务余额占一般公共预算收入的比重为 148%（见图 18），较上年上升 37 个百分点，整体偿债压力有所加重，但在全国仍处于较好水平。北京市不断健全地方政府债务管理机制，加强债务项目库建设，建立涵盖项目需求申报、债券资金审核、债务限额分配、支出使用管理、债务还本付息等在内的政府债务全过程项目管理机制；并强化政府债务常态化监管与偿债能力分析，确保债务规模与财政可承受能力、项目实际需求相匹配，推动化解政府债务风险。

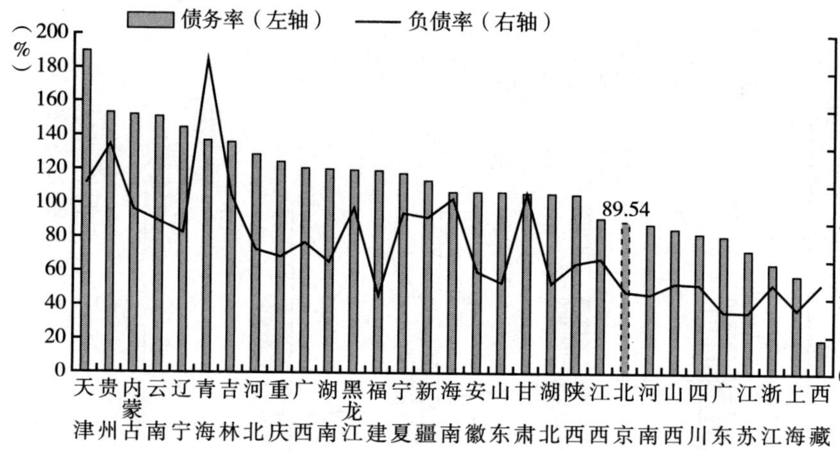

图 17　2021 年全国 31 个省（区、市）债务率及负债率

数据来源：全国 31 个省（区、市）财政预算执行及决算报告，中诚信国际整理计算。

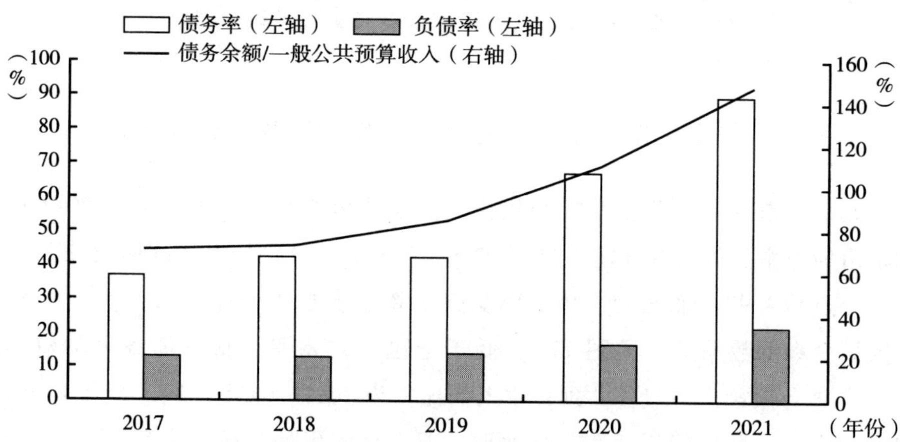

图 18　2017~2021 年北京市债务率及负债率

数据来源：2017~2021 年北京市财政预算执行及决算报告，中诚信国际整理计算。

四　小结

随着经济情况持续好转以及启动隐性债务清零试点，自 2022 年以来北京市地方债发行规模成倍增长，发行节奏明显加快，中短期再融资专项债占据主导地位，发行成本明显下行，交易活跃度进一步提升；新增专项债募投领域向基建民生倾斜，本息覆盖表现良好，但仍未启动资本金应用，未来亦可积极尝试以扩大投资撬动效应。北京市产业结构潜在增长动能强劲，经济财政实力全国领先，债务限额仍有较大空间，但近两年债务置换背景下债务余额增幅明显加大，债务率及负债率有所提升，虽然债务风险整体可控，仍需结合城市功能定位及经济高质量发展要求，在后续债务管理过程中注意以下几点。

一是加强专项债募投领域指引，围绕首善之区功能定位和自身产业结构特点，持续投向惠民生、补短板、稳增长板块，补齐基层社区治理、医疗服务等领域配套资源短板，也可在人工智能、大数据、区块链等领域的科研实验室建设、人才引进、园区建设等方面灵活运用地方债资金；二是进一步发挥专项债“四两拨千斤”的作用，扩大专项债用作资本金的规模及范围，放大撬动基建投资效用；三是加强对专项债募投项目的穿透监测，建立支出进度预警机制，确保资金依法合规使用；四是继续加强债务全流程管理，并合理统筹安排财政预算资金，加强债务风险监测，推动债务风险化解。

B.11
2022年天津市地方政府债券分析报告

黄菲　郗玥*

摘　要： 2022年以来，天津市地方债发行规模同比减少，期限结构有所拉长，发行成本继续回落，二级市场交易活跃度上升；但专项债发行节奏有所放缓，投向仍主要为市政和产业园区基础设施领域；专项债作为资本金的规模较小，投资撬动效果仍有待释放。此外，2021年天津市财政实力有所恢复，但债务规模及债务率均进一步升高，债务率居全国首位，仍面临较大偿债压力，未来仍需增强财政可持续性并加强地方债常态化管理，有效防范债务风险。

关键词： 地方债　专项债　天津市

一　天津市地方债运行情况分析

天津市地方债存量余额小于全国平均规模，类别以专项债为主，期限多集中在5~10年。规模方面，截至2022年9月，天津市地方债存量规模为8501.84亿元①，占全国地方债总规模的2.46%，居第23位（见图1）；结构方面，天津市存量地方债中专项债规模占比超过75%，金额达6511.66亿元，居全国第15位；期限方面，天津市存量地方债期限以5~10年为主，占比约67%。

---

* 黄菲，中诚信国际政府公共评级一部副总监，主要研究领域为地方债与城投行业、大交通行业等；郗玥，中诚信国际政府公共评级一部分析师，主要研究领域为地方债与城投行业等。

① 如无特别说明，本报告中引用的地方债存量、发行量、发行利率、发行利差、交易量、到期收益率等债券相关数据均来自截至2022年9月的Wind数据库，并由中诚信国际整理计算。

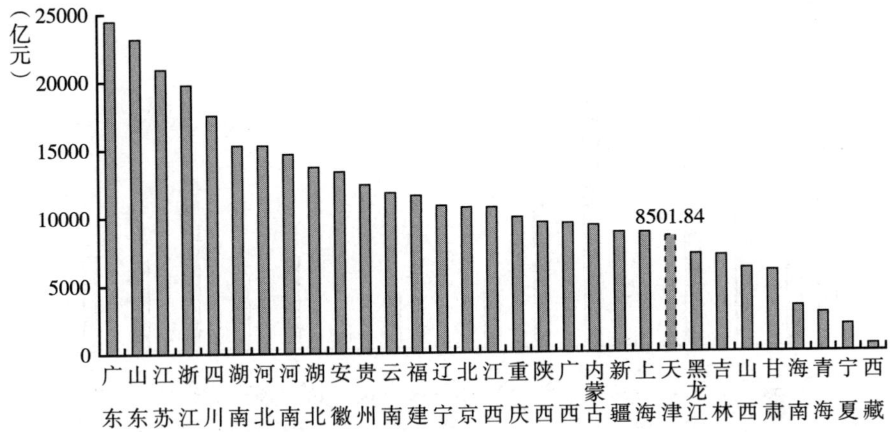

图1 截至2022年9月全国31个省（区、市）地方债存量规模

数据来源：Wind数据库，中诚信国际整理计算。

（一）发行规模有所下降，月度发行集中度较上年同期有所降低

2022年以来，天津市经济增速放缓，财政收入同比下降，地方债仍能发挥对基础设施建设的拉动作用，但整体发行规模有所减少。2022年1~9月天津市发行地方债1228.14亿元，仅为上年度全年发行规模的54%。按月度来看，2022年天津市地方债1~3月发行规模较少，4~8月各月发行规模较为平均（6月除外），发行集中度较2021年同期有所降低（见图2）。

（二）发行品种主要为新增专项债，期限结构调整为以5年期为主

2022年1~9月，天津市发行的地方债仍以新增专项债为主，且占比较上年同期进一步提升；期限以5年期为主，占比提升至36.01%。从券种结构看，2022年1~9月，发行新增专项债646.82亿元，占比由上年的42.58%升至52.67%；其次为再融资专项债（309.19亿元）和再融资一般债（223.63亿元），占比及规模均较上年同期有所下降，再融资债券未用于偿还存量债务。2022年1~9月，天津地方债发行期限有所延长，期限结构由以3年期为主调整为以5年期为主，3年期地方债占比为7.18%，同比下降约23个百分点，5年期地方债占比为36.01%，同比上升约26个百分点；期

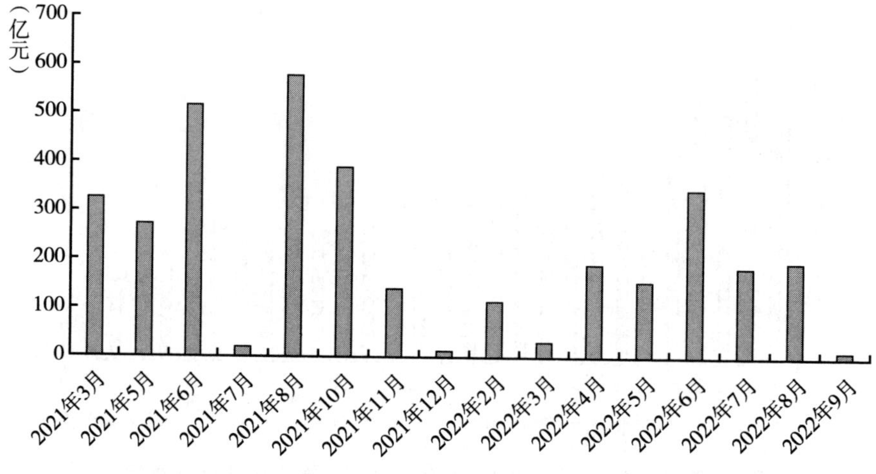

图 2　2021 年至 2022 年 9 月天津市地方债月度发行规模

注：天津市部分月份无地方债发行，未在图中显示。

数据来源：Wind 数据库，中诚信国际整理计算。

限品种未发生变化；10 年及以上期限所占比例为 39. 87%，发行比例保持稳定（见图 3）。

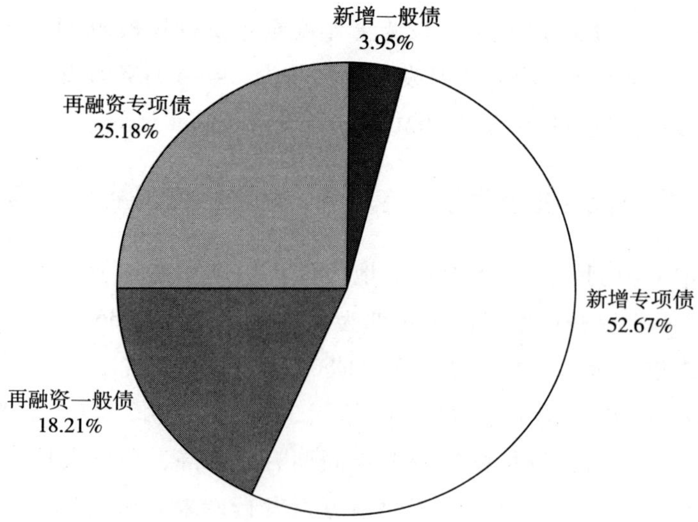

（a）券种结构

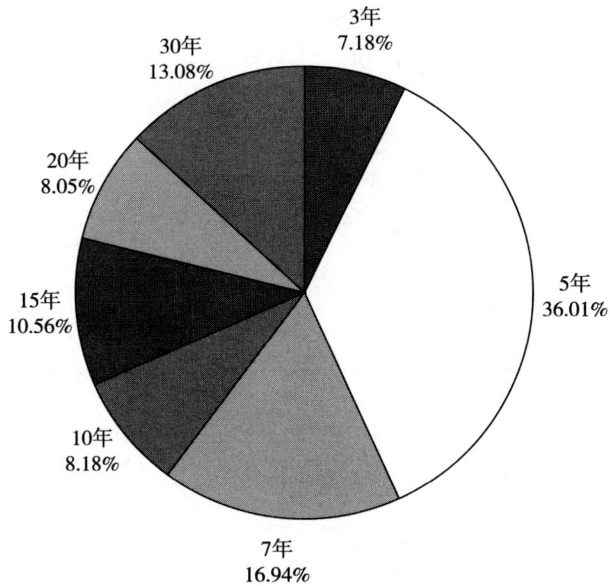

（b）期限结构

图3　2022年1~9月天津市新发行地方债券种和期限结构

数据来源：Wind数据库，中诚信国际整理计算。

（三）发行成本保持回落趋势，5年期及7年期利率回落幅度较大

2022年1~9月，天津市地方债发行利率①保持回落趋势，回落至2.91%，发行利差为14.11BP，较2021年收窄8.20BP（见图4）。月度分布方面，4月发行利率和发行利差基本同时处于低点，分别为2.73%和10.97BP（见图5）。期限分布方面，与2021年对应期限的地方债相比，发行利率明显回落，其中中短期回落幅度较大，5年期发行利率下降51BP，7年期发行利率下降49BP；发行利差亦整体下降，其中7年期发行利差下降幅度最大，为10.75BP。券种分布方面，一般债、专项债发行利率分别回落至2.62%和3.00%，发行利差分别回落至13.58BP和14.27BP，发行成本有所降低。相较于其他省份，天津市地方债发行利率较低，居全国第28位（见图6）。

① 如无特别说明，本报告中发行利率、利差为根据发行额计算的加权平均发行利率、利差，发行利差计算公式：债券发行利率-对应期限国债收益率。

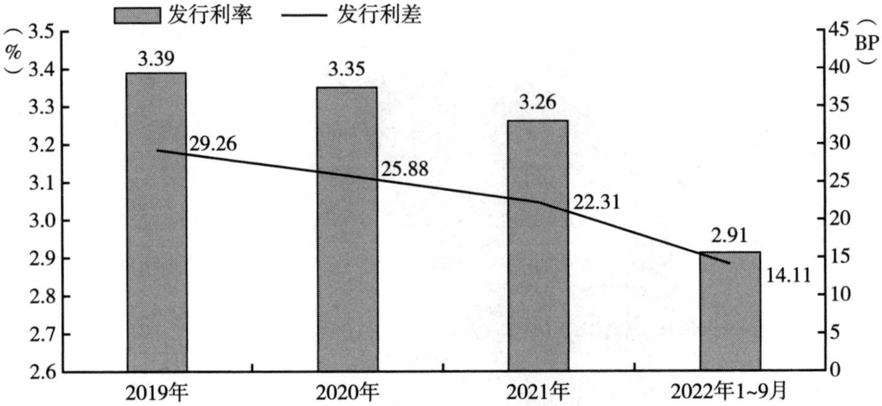

图 4　2019 年至 2022 年 9 月天津市地方债发行成本

数据来源：Wind 数据库，中诚信国际整理计算。

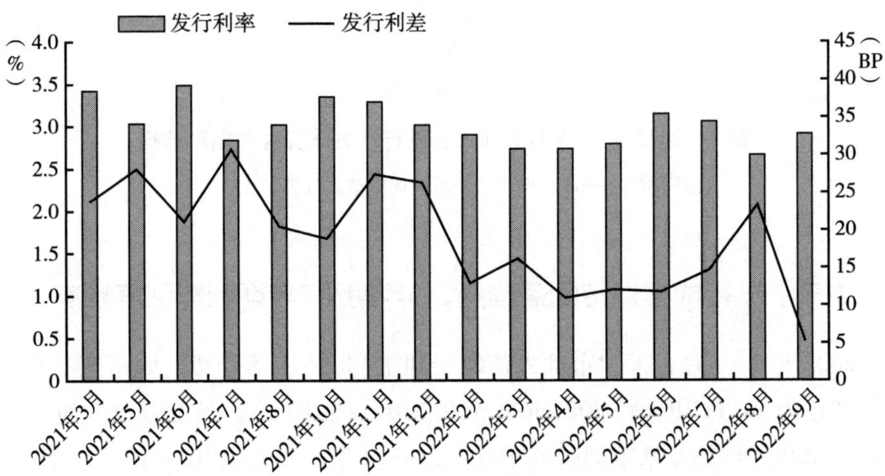

图 5　2021 年 3 月至 2022 年 9 月天津市地方债月度发行成本

注：天津市部分月份无地方债发行，未在图中显示。

数据来源：Wind 数据库，中诚信国际整理计算。

（四）二级市场交易规模[①]有所上升，到期收益率[②]波动下降

从二级市场交易规模看，2022 年 1~9 月，天津市地方债交易规模上升至

① 交易统计包含回购交易、现券交易等部分。

② 此处到期收益率均值采用的是算术平均值。

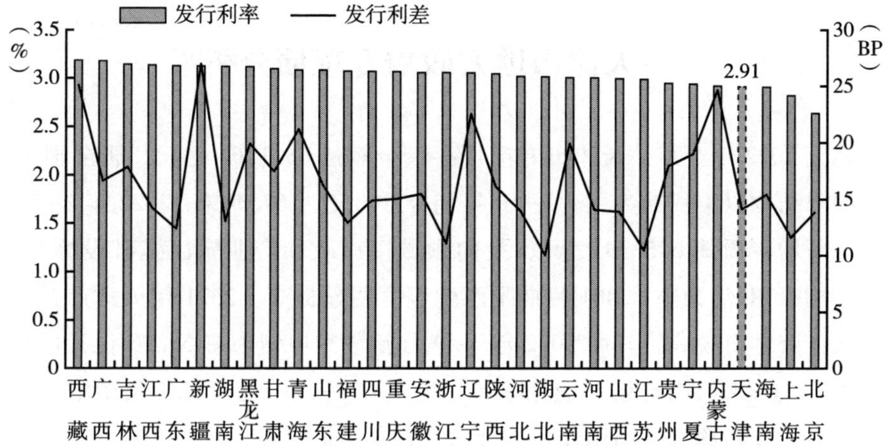

图6　2022年1~9月全国31个省（区、市）地方债发行成本

数据来源：Wind数据库，中诚信国际整理计算。

1887.17亿元，在全国排第22位，排名上升1位，流动性有所增强。从到期收益率走势看，2021年1月至2022年9月，天津市各期限地方债到期收益率呈现波动下降态势（见图7）。

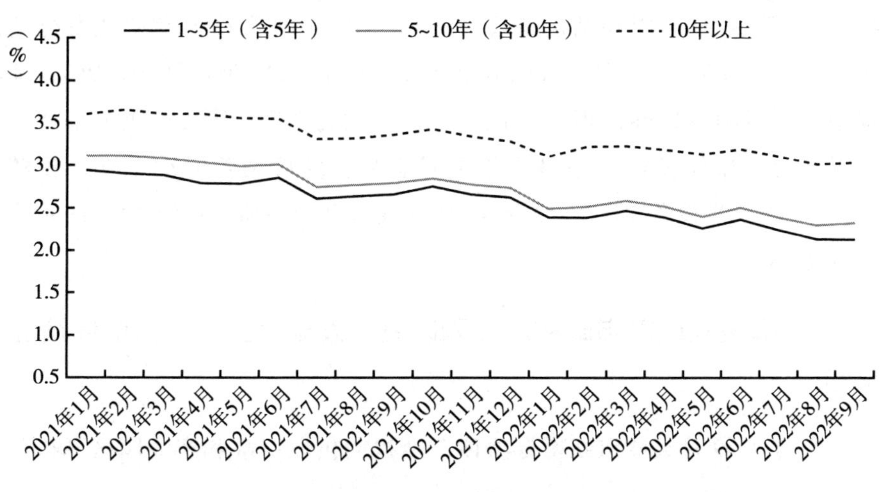

图7　2021年1月至2022年9月天津市地方债到期收益率走势

数据来源：Wind数据库，中诚信国际整理计算。

二　天津市地方政府专项债分析[①]

截至2022年9月，天津市专项债存量金额达6511.66亿元，居全国第15位；期限结构以中长期为主，5~10年期合计占比为67.34%。2022年1~9月，天津市新增专项债645.39亿元，投向领域以市政和产业园区基础设施为主，期限结构以30年为主，和项目期限匹配程度明显提高。2021年天津市开始启用专项债资本金模式，其中2022年1~9月新增专项债中有35.00亿元用作项目资本金，未来启用规模及应用领域仍有待拓展，后疫情时代及稳增长背景下，需进一步发挥专项债用作资本金的杠杆优势。

（一）2022年以来专项债发行规模收缩，发行成本下降

近年来，天津市专项债发行规模逐年递增，其中2021年维持高位发行，天津市政府通过专项债发行托底基建投资稳增长的意图较为明显；2022年以来天津市专项债发行规模收缩，2022年1~9月专项债发行规模为956.01亿元，比2021年同期减少300亿元，或与疫情影响下项目建设进度放缓有关。从发行期限和结构来看，2022年1~9月天津市专项债发行期限以5年、7年和30年为主，占比分别为25.62%、21.76%和16.80%；债券结构中新增专项债始终占据主导地位，占比约为2/3。从发行成本来看，近年来天津市专项债发行利率呈逐年下降态势，发行利差波动下降，相较于2018年发行利差最高点，2022年1~9月发行利差下降38.65BP，利差降幅较大（见图8）。

（二）募投领域以市政和产业园区基础设施为主，项目偿债覆盖倍数降低

2022年1~9月天津市新增专项债资金投向仍以市政和产业园区基础设施

① 2020年7月29日财政部《关于加快地方政府专项债券发行使用有关工作的通知》（财预〔2020〕94号）明确2020年新增专项债必须保证融资规模与项目收益相平衡，因此2020年新增专项债均为项目收益专项债；本部分项目收益专项债的统计样本为2018~2019年项目收益专项债与2020年至2022年9月的新增专项债。

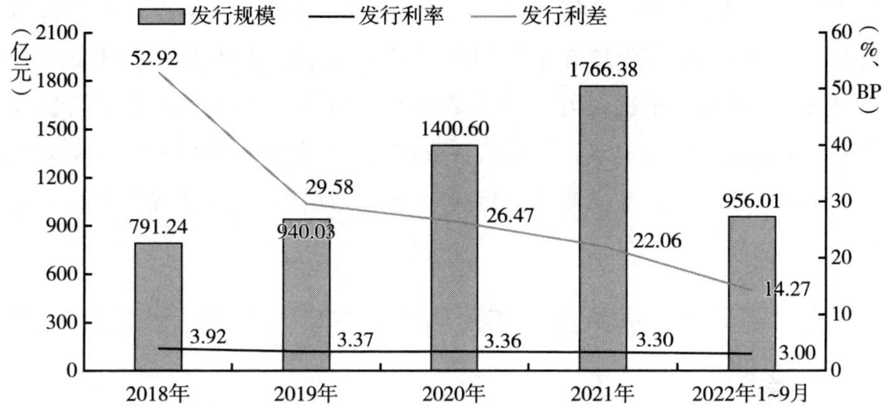

图 8　2018 年至 2022 年 9 月天津市项目收益专项债发行情况

数据来源：Wind 数据库，中诚信国际整理计算。

为主，占比达 55%，生态环保领域占比下降至 5%（见图 9）；项目行政层级主要为区县级，区县级占比大幅上升至 90%，表明天津市加大对区县级转贷的倾斜力度；2022 年新开工项目使用资金额度近 300 亿元。

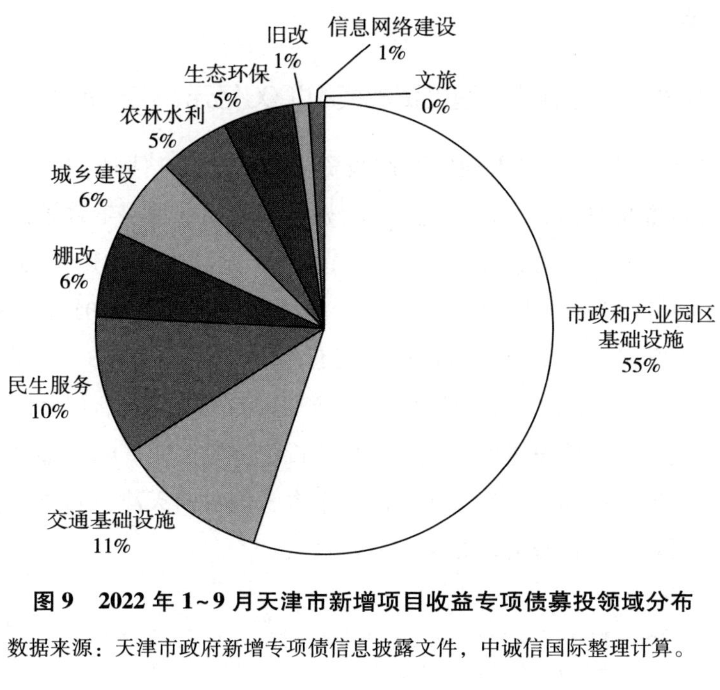

图 9　2022 年 1~9 月天津市新增项目收益专项债募投领域分布

数据来源：天津市政府新增专项债信息披露文件，中诚信国际整理计算。

项目本息覆盖方面，2022 年 1~9 月天津市新增专项债募投项目收益均可以覆盖对应债券本息，但覆盖倍数均值降至 1.39 倍，其中交通基础设施类项目平均融资本息覆盖情况最好，覆盖倍数为 1.51 倍。但部分项目预期收益中可能未考虑投资、运营成本，覆盖倍数或存在被高估的可能性；同时需关注部分以土地出让收入为还款来源的项目所对应的土地实际出让情况及面临的潜在风险。

（三）部分专项债资金已作为项目资本金，但应用领域有限且规模及比例较低

2022 年 1~9 月，天津市发行的新增专项债中有 35 亿元作为项目资本金，资金投向均为交通基础设施，资本金占总投资的比例为 10%~87.5%，项目收入主要来源为通行费、票务分成和平衡地块出让收益等。天津市于 2021 年开始将专项债用作项目资本金，启用时间相对较晚，且现阶段应用领域有限。考虑到专项债作为资本金的撬动效果优于用作配套融资，未来天津市可以适当增加专项债用作资本金的项目规模，引导社会资本投向短板项目，充分发挥资金撬动效果。

（四）理论上可撬动基建投资规模约1000亿元，仍有较大释放空间

2022 年 1~9 月，天津市固定资产投资（不含农户）同比下滑 7.9%，而基础设施投资增长 10.1%，在固定资产投资整体收缩的情况下基础设施投资仍保持较快增长，专项债对拉动基建投资仍具有一定的积极作用。2022 年 1~9 月，天津市将 35 亿元专项债用作资本金，资本金撬动杠杆 2.05 倍，撬动基建投资规模 71.80 亿元；专项债用作项目配套融资总规模 611.82 亿元，对应撬动杠杆约 1.58 倍，理论上约能撬动基建投资 1032.33 亿元①，但实际效果会受资金到位情况、项目建设进度、配套设施建设情况等因素影响。整体来看，专项债作为资本金的撬动效果优于用作配套融资，但目前天津市新增专项债作为资本金的规模较小，投资撬动效果仍有待释放。

① 专项债撬动基建投资方法参见袁海霞、汪苑晖、卞欢《专项债兼顾扩容提效，助力基建托底稳增长——地方政府专项债 2019 年回顾与 2020 年展望》，《财政科学》2020 年第 1 期。

三 天津市偿债能力分析

天津市地方债余额在全国处于中下游水平，并呈进一步扩张态势，2023 年和 2024 年将迎来地方债到期高峰。2021 年天津市财政实力有所恢复，财政自给能力提升，但债务率仍居全国首位，面临较大偿债压力，需关注政府债务管理情况。

（一）债务规模持续上升，2023年和2024年将迎地方债到期高峰

截至 2021 年，天津市政府债务余额为 7882.04 亿元①，较上年增长 15.22%，全国排第 21 位（见图 10），仍在限额规定范围 7982.13 亿元内，但债务限额使用空间不大。从地方债存量结构和到期分布来看，天津市政府债务基本为政府债券形式，其中 2022 年 10～12 月剩余到期规模 78.47 亿元，2023 年、2024 年到期规模相对较大，且为专项债到期高峰，专项债将分别到期 911.68 亿元和 1129.70 亿元（见图 11），未来两年天津市政府债券面临一定到期压力。

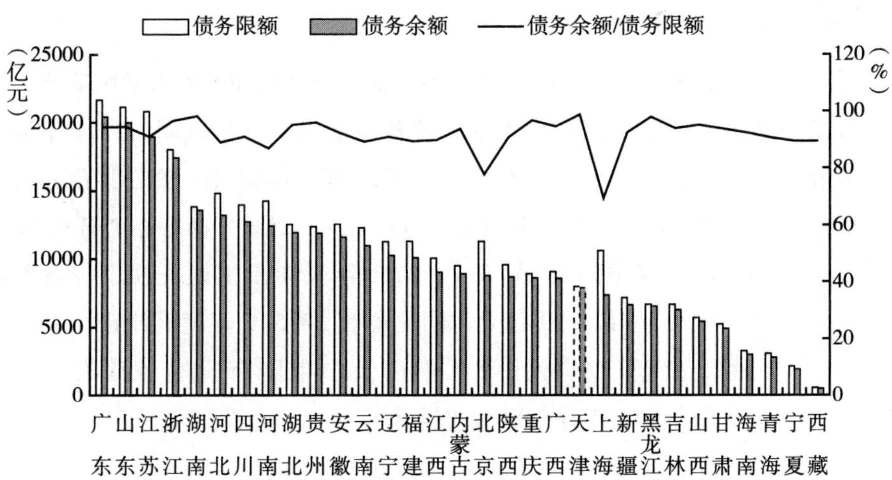

图 10 2021 年全国 31 个省（区、市）地方政府债务限额及余额

数据来源：全国 31 个省（区、市）财政预算执行及决算报告，中诚信国际整理计算。

① 如无特别说明，本报告中引用的天津市政府债务限额、余额，一般公共预算收入、支出，财政平衡率，债务率、负债率等财政相关数据均来自天津市财政预算执行及决算报告，并由中诚信国际整理计算。

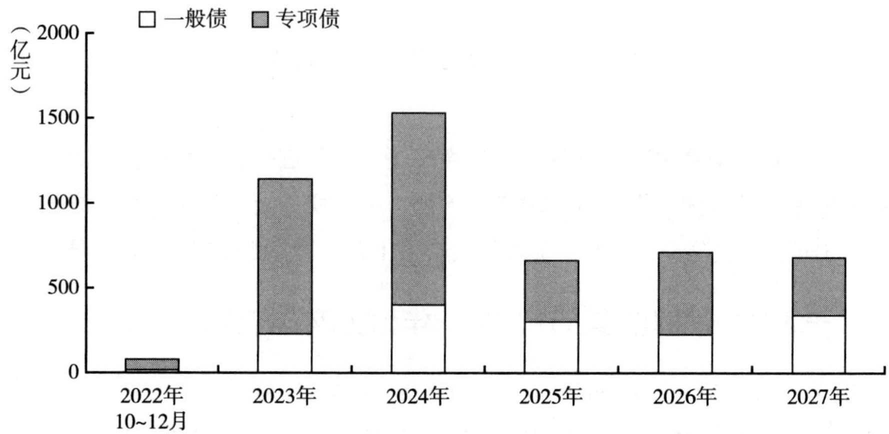

图 11　截至 2022 年 9 月天津市存量地方债到期分布

数据来源：Wind 数据库，中诚信国际整理计算。

（二）2021年财政实力有所恢复，但仍不及疫前水平，财政自给能力提升

近年来，在做实数据、工业转型、环保整治、疫情冲击等因素影响下，天津市经济增速始终低于全国平均水平。随着疫情影响逐步减弱，2021 年天津市财政收入有所恢复，但仍不及疫情前水平，2021 年实现一般公共预算收入 2141. 04 亿元，全国排第 21 位，同比增长 11. 33%，财政平衡率亦上升 6. 89 个百分点，至 67. 92%（见图 12、图 13）。2021 年天津市土地交易市场有所回暖，政府性基金收入为 1126. 50 亿元，同比增长 23. 53%。随天津市国企改革继续深入，国企混改及产权转让收入推动天津市国有资本经营收入增至 341. 85 亿元，有助于天津市综合财力的提升。

（三）政府债务率高居全国首位，但债务管控体系日益健全

截至 2021 年，天津市地方政府债务率达 189. 69%，负债率达 50. 22%，同比均进一步升高，债务率仍为全国首位，且高于第 2 位的贵州省 36. 42 个百分点，负债率全国排名第三；债务余额与一般公共预算收入的比值亦提升至 3. 68 倍，整体偿债压力有所增加（见图 14、图 15）。但天津市高度重视政府

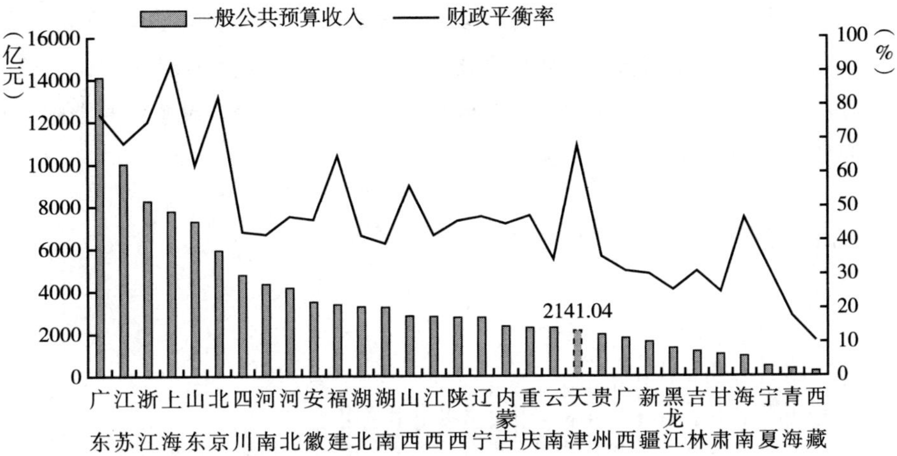

图 12　2021 年全国 31 个省（区、市）一般公共预算收入及财政平衡率

数据来源：全国 31 个省（区、市）财政预算执行及决算报告，中诚信国际整理计算。

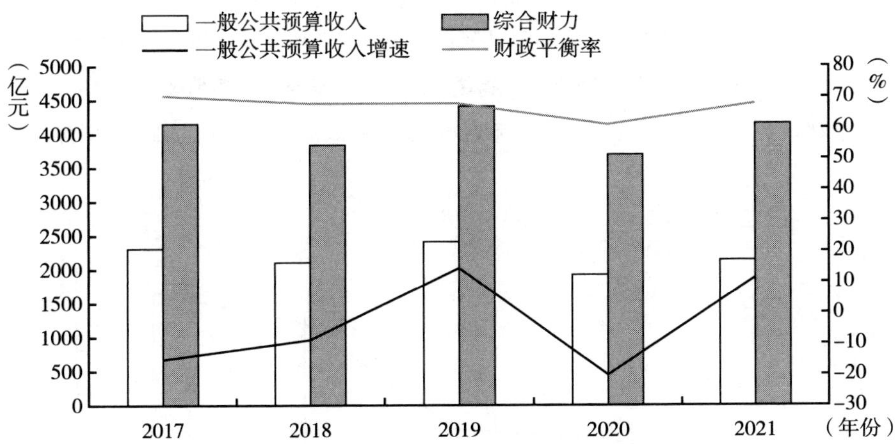

图 13　2017~2021 年天津市财政情况

数据来源：2017~2021 年天津市财政预算执行及决算报告，中诚信国际整理计算。

性债务管理工作，严格债务限额管理，合理控制债务规模。一是加强制度保障，覆盖“借、用、管、还”的全过程债务管控体系日益健全。二是充分发挥政府债券的作用，积极创新，拓宽融资渠道，设立投资项目储备库，择优选择符合要求的项目。三是加强政府债务限额管理，依据所处区域定位、经济财政情况、债务压力等，科学设置各区政府债务限额，合理分配新增债券额度，将各区政府债务规模控制在批准额度之内。四是加强防范政府债务风险，优化新增专项债资金投向，使项目收益有效覆盖融资本息，恰当设置债券期限，控制期限错配风险，防止资金闲置。

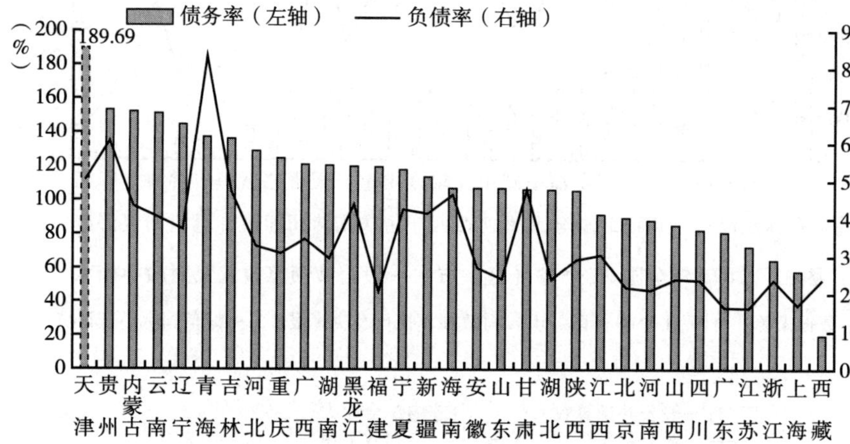

图 14　2021 年全国 31 个省（区、市）债务率及负债率

数据来源：全国 31 个省（区、市）财政预算执行及决算报告，中诚信国际整理计算。

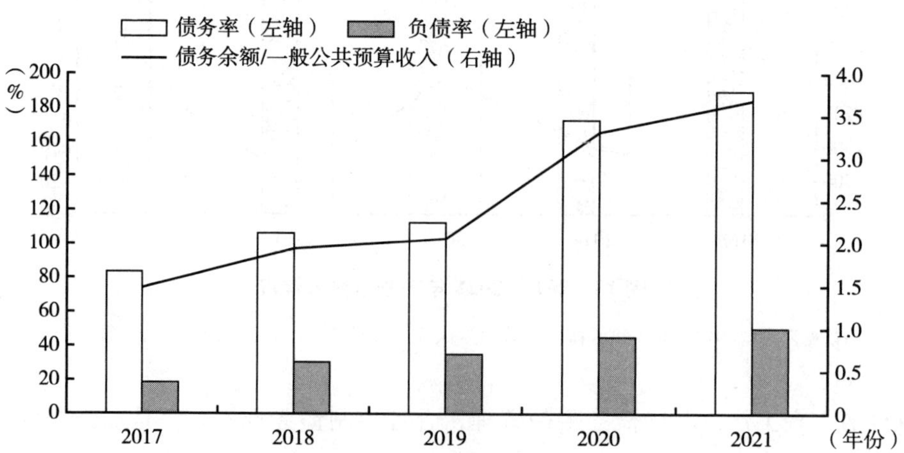

图 15　2017~2021 年天津市债务率及负债率

数据来源：2017~2021 年天津市财政预算执行及决算报告，中诚信国际整理计算。

四 小结

天津市地方债存量余额小于全国平均规模，2022 年以来发行规模同比减少，期限结构有所拉长，发行成本继续回落，二级市场交易规模上升，流动性有所增强。专项债作为天津市政府补短板、调结构、稳投资的重要着力点，近年来保持较大发行规模，但受疫情反复等因素影响，2022 年以来天津市专项债发行节奏有所放缓；天津市专项债投向仍以市政和产业园区基础设施为主，项目偿债覆盖倍数有所降低；专项债作为项目资本金规模较小，投资撬动效果仍有待释放。此外，2021 年天津市财政实力有所恢复，但债务规模及债务率均进一步升高，债务率居全国首位，仍面临较大偿债压力。因而在提升债券融资比重的同时要更加注意财政和债务的可持续性问题，后续债务管理过程中应格外注意以下几点。

一是进一步强化债务风险管理与防控，设立符合规范的举债审批制度、健全债务风险预警提示系统、实施全面监督考核问责机制；二是落实项目库管理办法，储备优质项目，优化专项债资金投资领域，确保融资规模与项目收益相平衡；三是提升资金使用效率，加快债券发行使用进度，确保即发即用；四是合理安排期限结构，缓解资金本息集中兑付压力，使项目收益与偿债周期逐步匹配。

B.12
2022年辽宁省地方政府债券分析报告

郑远航　王靖允　李　昊*

摘　要： 2022年以来，辽宁省地方债发行节奏有所放缓，新发行的地方债以专项债为主，债券期限有所拉长，整体发债成本下行，二级市场交易活跃度提升。从专项债使用情况来看，新增专项债进一步扩容，主要投向市政和产业园区基础设施与交通基础设施，但新增专项债未用作项目资本金，对基建投资的实际撬动效应仍有待进一步释放。整体来看，辽宁省面临人口持续外流、经济发展缓慢等实际问题，同时政府债务率较高、偿付能力偏弱对其财政投资形成一定限制，但辽宁省政府重视地方政府债务管理，债务风险整体可控。展望下一阶段，本报告建议辽宁省政府充分发挥专项债作为项目资本金的撬动作用，同时应进一步丰富资金投向。

关键词： 地方债　专项债　辽宁省

一　辽宁省地方债运行情况分析

截至2022年9月，辽宁省地方债存量规模为10821.45亿元，占全国规模的3.13%，在全国31个省（区、市）中排第14位（见图1）。按照债券品种

* 郑远航，中诚信国际政府公共评级一部高级分析师，主要研究领域为地方政府债券、基础设施投融资平台等；王靖允，中诚信国际政府公共评级一部助理总监，主要研究领域为地方政府债券、基础设施投融资平台等；李昊，中诚信国际政府公共评级一部高级分析师，主要研究领域为地方政府债券、基础设施投融资平台等。

划分，辽宁省地方债以一般债为主，一般债和专项债的存量规模占比分别为63.74%和36.26%。从债券期限来看，辽宁省地方债以5年、7年和10年等期限为主，合计约占全省地方债存量总规模的68.79%。

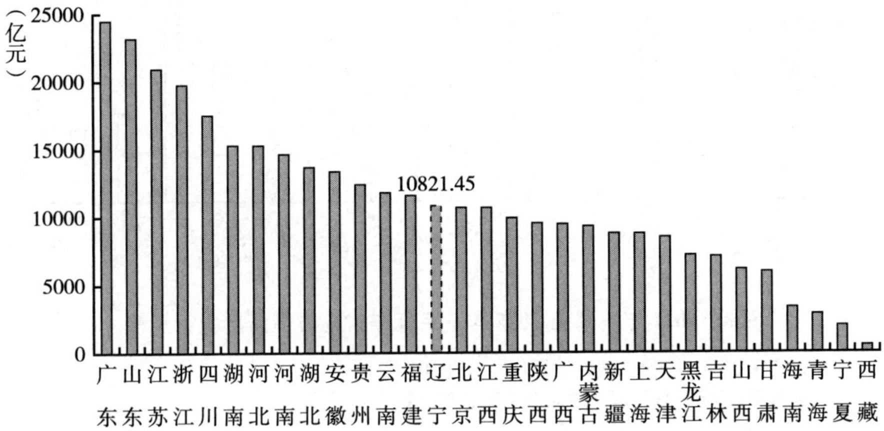

图1　截至2022年9月全国31个省（区、市）地方债存量规模

数据来源：Wind数据库，中诚信国际整理计算。

（一）发行节奏放缓，发行集中度提高

2022年以来，伴随经济下行压力加大，积极财政政策基调仍未改变，但辽宁省地方债发行规模较上年同期有所下降。2022年1~9月，辽宁省新发行51只政府债券，小于上年同期（53只）；发行规模合计1473.97亿元，较上年同期下降16.12%。2022年1~9月，辽宁省地方债主要集中在4~6月和9月发行，2月未发行地方债（见图2）。

（二）发行结构以专项债为主，发行期限有所延长

2022年1~9月，辽宁省新发行地方债以专项债为主，专项债发行规模843.23亿元，占比57.21%，一般债发行规模630.74亿元，占比42.79%。从发行期限来看，10年期及以上中长期限品种所占比例为73%，其中10年期地方债发行占比最高，达到31%，其次为20年期，占比23%（见图3）。

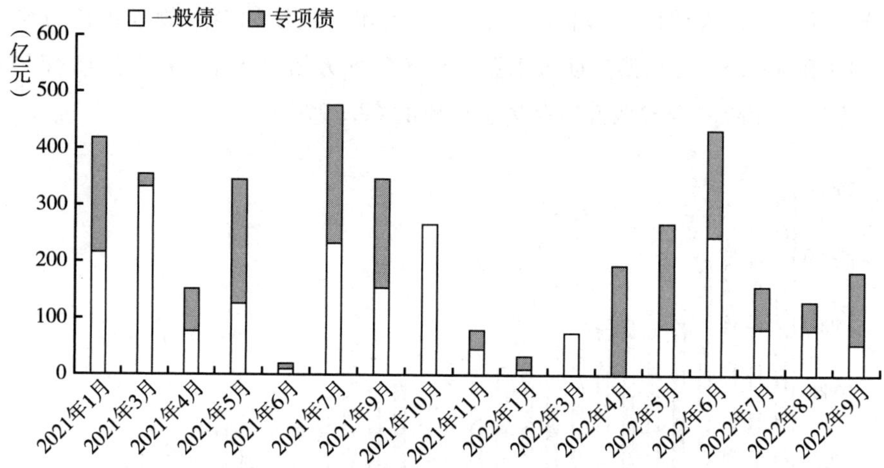

图 2　2021 年 1 月至 2022 年 9 月辽宁省地方债月度发行规模

注：辽宁省部分月份无地方债发行，未在图中显示。

数据来源：Wind 数据库，中诚信国际整理计算。

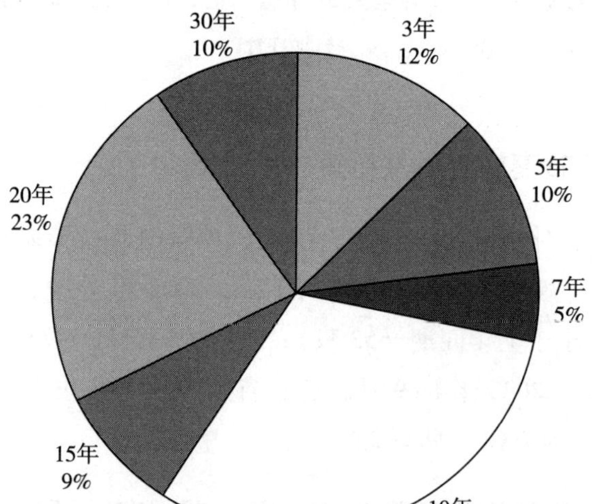

图 3　2022 年 1~9 月辽宁省新发行地方债期限结构

数据来源：Wind 数据库，中诚信国际整理计算。

（三）发行成本整体呈下降趋势

从地方债发行成本看，2022 年 1~9 月，辽宁省地方债发行利率[①]为 3.05%，较上年同期下降 0.33 个百分点，在全国 31 个省（区、市）排名第 17 位（见图 4）；同期发行利差由 2021 年的 27.76BP 下降至 22.55BP，融资成本整体有所下降。从单月走势情况来看，2022 年以来辽宁省地方债发行利率有所波动，发行利差整体呈下降趋势，6 月到达低点，当月发行利差为 20.94BP（见图 5）。

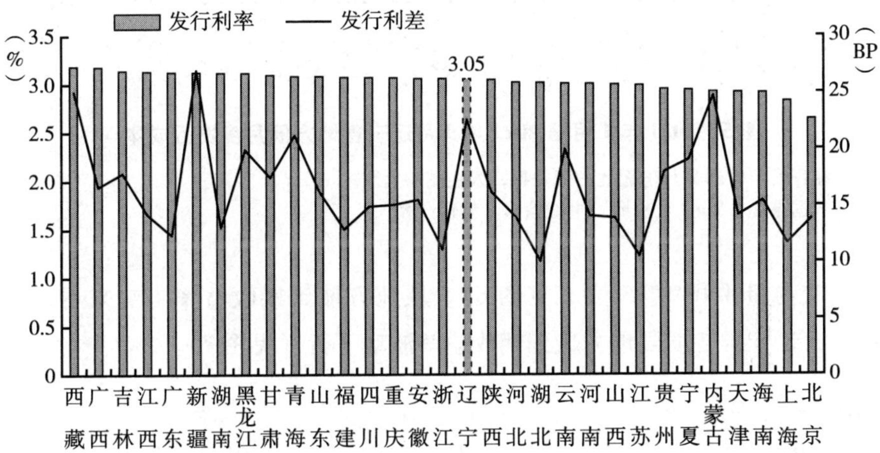

图 4　2022 年 1~9 月全国 31 个省（区、市）地方债发行成本

数据来源：Wind 数据库，中诚信国际整理计算。

（四）地方债二级市场交易活跃度有所上升，到期收益率[②]波动下行

2022 年以来，辽宁省地方债二级市场交易的活跃度有所提升，1~9 月交易规模[③]为 3053.67 亿元，较 2021 年同期增长 103.08%，在全国 31 个省（区、

① 如无特别说明，本报告中发行利率、利差为根据发行额计算的加权平均发行利率、利差，发行利差计算公式：债券发行利率-对应期限国债收益率。

② 此处到期收益率均值采用的是算术平均值。

③ 交易统计包含回购交易、现券交易等部分。

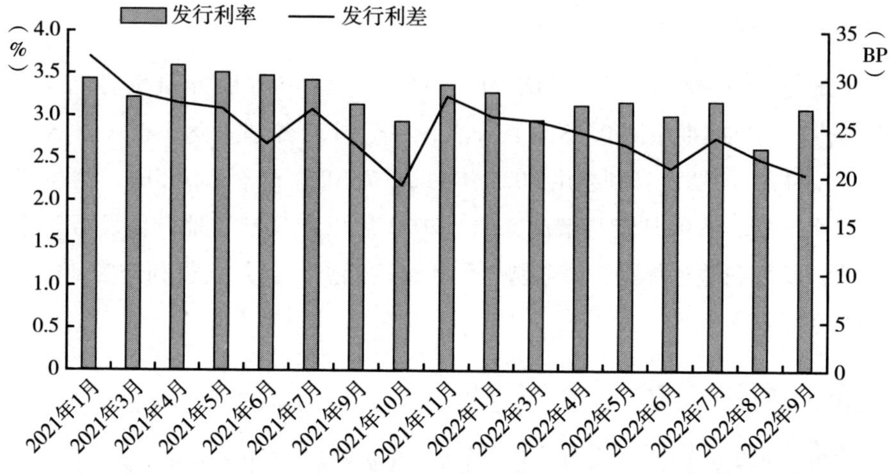

图5　2021年1月至2022年9月辽宁省地方债月度发行成本

注：辽宁省部分月份无地方债发行，未在图中显示。

数据来源：Wind数据库，中诚信国际整理计算。

市）的交易量中排第15位（见图6）。从地方债到期收益率走势来看，2022年以来，辽宁省各期限地方债到期收益率波动下行（见图7）。

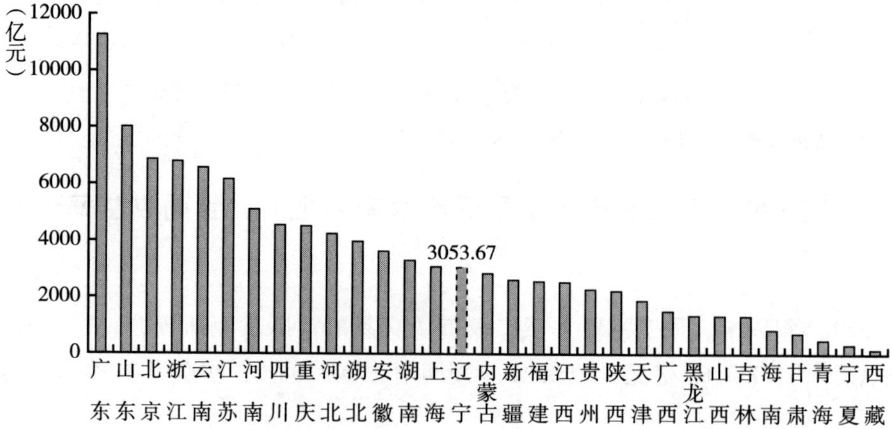

图6　截至2022年9月全国31个省（区、市）地方债交易规模

数据来源：Wind数据库，中诚信国际整理计算。

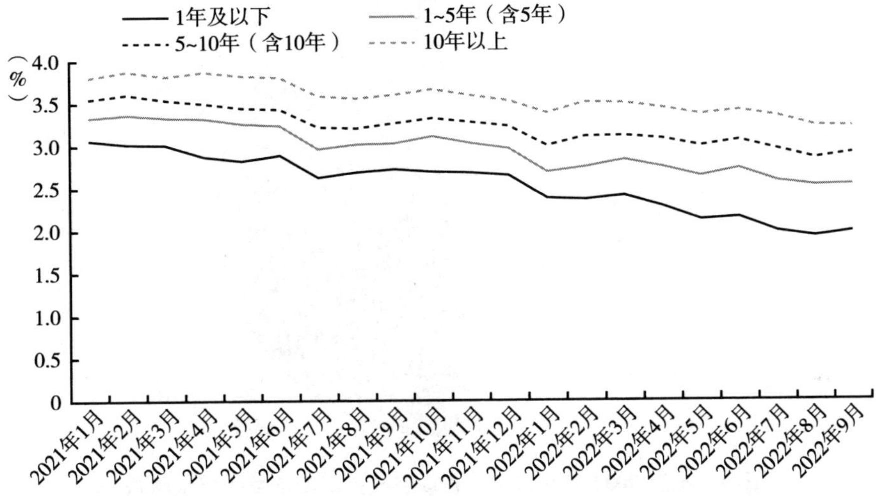

图7　2021 年 1 月至 2022 年 9 月辽宁省地方债到期收益率走势

数据来源：Wind 数据库，中诚信国际整理计算。

二　辽宁省地方政府专项债分析①

截至 2022 年 9 月，辽宁省存量地方政府专项债共计 181 只，余额合计 3924.24 亿元，在全国各省份中处于下游水平，存量债券剩余期限以 10 年以上为主，余额占总量的 47.48%，1~5 年（含 5 年）和 5~10 年（含 10 年）的余额接近，分别占存量专项债的 27.42%和 25.10%（见图 8）。

从用途类型看，截至 2022 年 9 月，辽宁省专项债中再融资及置换类专项债占比最高，占存量专项债的 48.02%，新增专项债余额占存量专项债的 35.72%（见图 9）。

① 2020年7月29日财政部《关于加快地方政府专项债券发行使用有关工作的通知》（财预〔2020〕94号）明确2020年新增专项债必须保证融资规模与项目收益相平衡，因此2020年新增专项债均为项目收益专项债；本部分项目收益专项债的统计样本为2019年项目收益专项债与2020年至2022年9月的新增专项债。

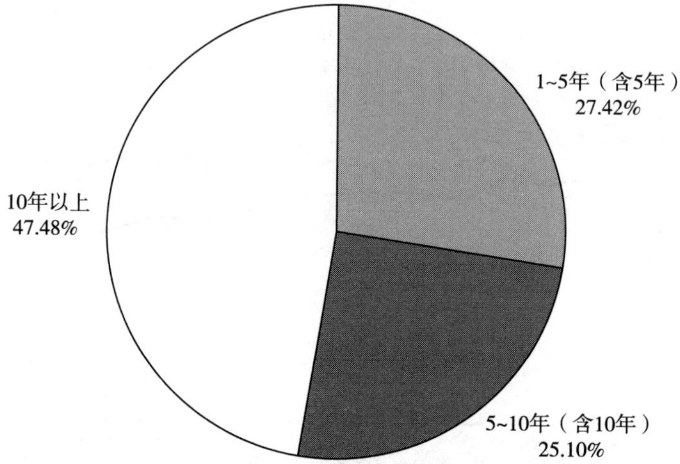

图 8　截至 2022 年 9 月辽宁省项目收益专项债发行期限结构

数据来源：Wind 数据库，中诚信国际整理计算。

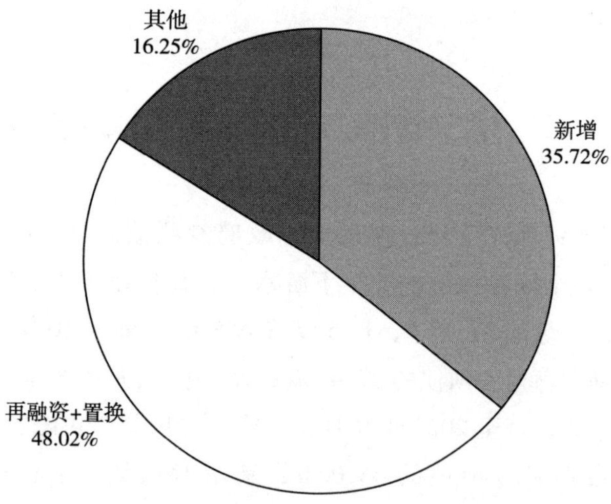

图 9　截至 2022 年 9 月辽宁省项目收益专项债用途类型结构（按余额分）

数据来源：Wind 数据库，中诚信国际整理计算。

（一）发行规模持续上升，以新增专项债为主

2019~2021 年，辽宁省专项债发行规模呈上升趋势（见图 10），占全国发

行总量的比重亦波动上升，占比总体较低，发行规模最高的 2021 年仅占全国总量的 2.03%；同期，辽宁省专项债发行利率及利差呈波动下降趋势（见图 11），发行利率略高于全国平均水平，发行利差存在一定波动，除 2020 年略低于全国平均水平以外，其他年份均高于全国平均水平。从类型来看，2022 年 1~9 月辽宁省新发行专项债以新增专项债为主，占总发行量的 69.14%，低于 80.31%的全国平均水平，再融资专项债发行量占总发行量的 30.86%。

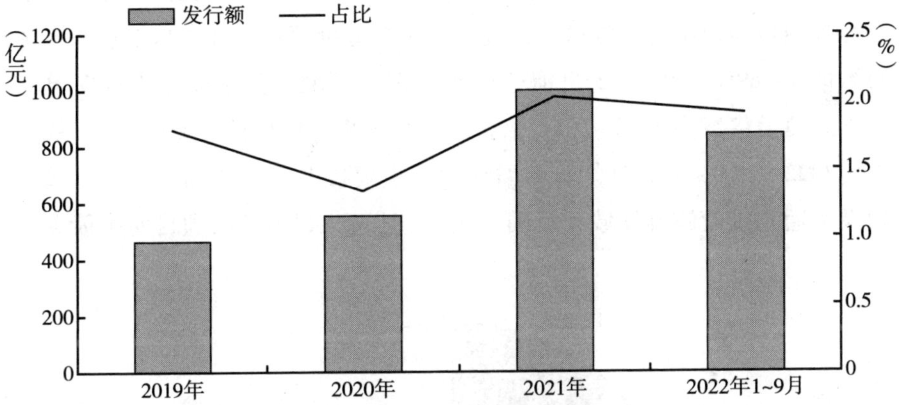

图 10　2019 年至 2022 年 9 月辽宁省项目收益专项债发行规模

数据来源：Wind 数据库，中诚信国际整理计算。

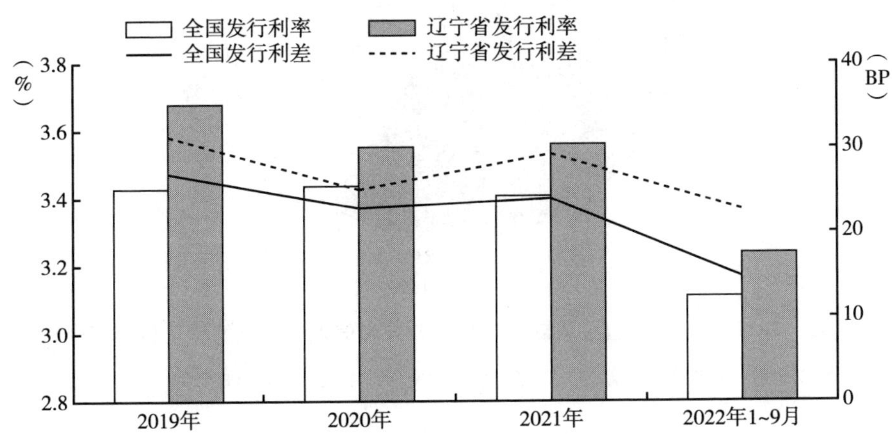

图 11　2019 年至 2022 年 9 月全国与辽宁省项目收益专项债发行成本

数据来源：Wind 数据库，中诚信国际整理计算。

（二）多集中投放于市政和产业园区基础设施与交通基础设施，资金下沉力度较大

2022 年 1~9 月，辽宁省发行 30 只新增专项债，合计 583 亿元，其中项目收益类专项债①合计 398 亿元，剩余 185 亿元为中小银行发展专项债。新增专项债以 10 年期和 20 年期为主，分别占总发行量的 41.03%和 32.51%，15 年期和 30 年期次之，分别占总发行量的 14.15%和 12.30%（见图 12）。新增专项债募投项目涉及十一大领域，共投向 274 个募投项目，其中当年新开工项目占总数的 44.89%，共有 13 只债券投向了多个领域，其余债券均投向单一领域，本息覆盖倍数为 1.12~9.06 倍，2 倍以下的项目合计占 89.05%。从金额来看，2022 年 1~9 月，辽宁省新增专项债主要投向了市政和产业园区基础设施以及交通基础设施等领域（见图 13），上述两大领域募投项目使用债券金额

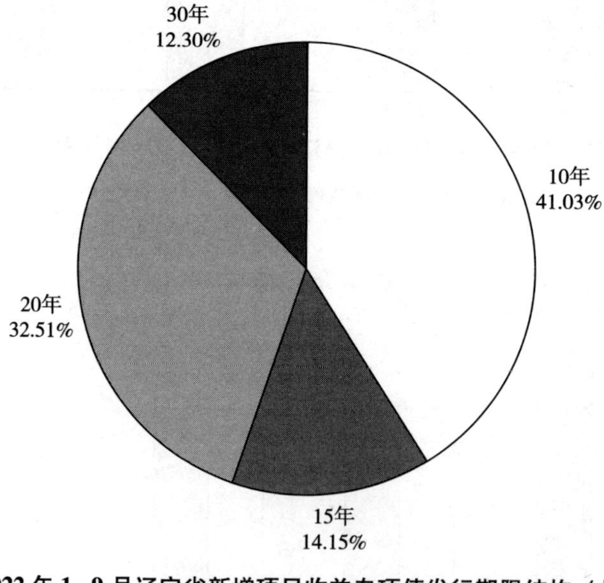

图 12　2022 年 1~9 月辽宁省新增项目收益专项债发行期限结构（按金额分）

数据来源：辽宁省政府新增专项债信息披露文件，中诚信国际整理计算。

① 下文结合募投项目分析的新增专项债 2022 年 1~9 月投放及撬动投资情况仅考虑项目收益类新增专项债，如未特别说明，相关分析均不考虑当期发行的中小银行发展专项债。

合计 280. 30 亿元，占债券拟投向募投项目总额度的 70. 42%，其中市政和产业园区基础设施项目使用的债券资金比例最大，占总发行量的 44. 25%，交通基础设施项目占总发行量的 26. 17%，剩余领域使用比重均低于 10%，专项债资金使用在少量重点领域内较为集中。

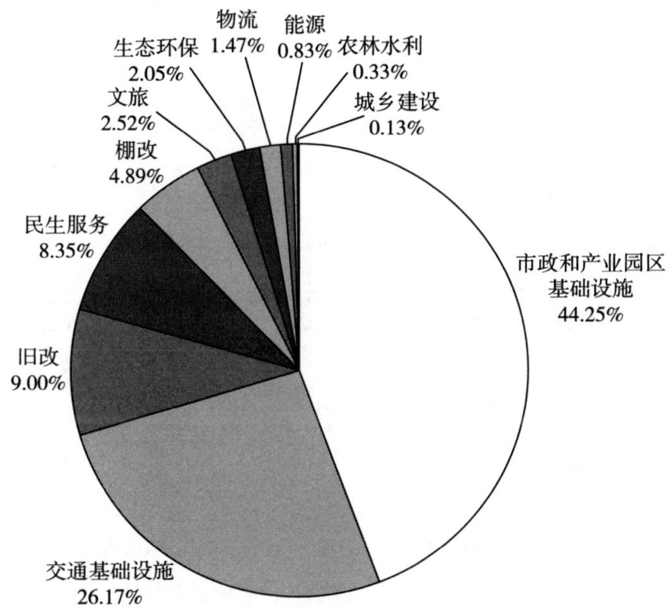

图 13　2022 年 1~9 月辽宁省新增项目收益专项债募投领域分布（按一级分类分）

数据来源：辽宁省政府新增专项债信息披露文件，中诚信国际整理计算。

从投资领域的分类看，产业园（其他）、轨道交通、旧改、气热管网、收费公路、医疗卫生、产业园（文化）和一般铁路等领域发行规模较大，使用债券资金规模均超过 20 亿元，合计 274. 97 亿元（见图 14），占总发行量的 69. 09%，投向的 173 个项目涉及总投资 3536. 75 亿元，对应的项目资本金合计 1565. 67 亿元，其中产业园（其他）和产业园（文化）类项目收入主要来源为土地出让收益、租金、设施经营和出售收入等，融资本息覆盖倍数为 1. 20~3. 28 倍；轨道交通项目收入主要来源为票款收入、土地相关收入和其他经营收入等，融资本息覆盖倍数为 1. 17~1. 47 倍；旧改类项目收入主要来源为物业、停车等经营收入，融资本息覆盖倍数为 1. 12~9. 06 倍；收费公路和一般铁路收入主要来源为收费、票款和补贴等，融资本息覆盖倍数为 1.15~1.88 倍；气热管网和医疗卫生等项目收入主要来源为建设投用设施的经营收益，融资本息覆盖倍数为 1.20~4.95 倍。

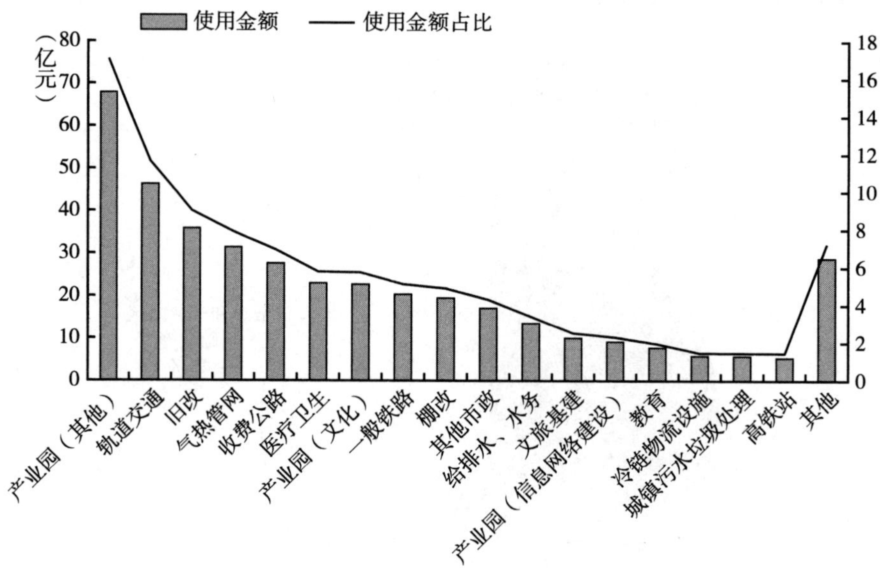

图 14　2022 年 1~9 月辽宁省新增项目收益专项债募投领域分布（按二级分类分）

数据来源：辽宁省政府新增专项债信息披露文件，中诚信国际整理计算。

从行政层级分布看，2022 年 1~9 月辽宁省新增专项债资金下沉力度明显加大，其中区县级项目获得 216 亿元的资金支持，占总发行量的 54.27%，地市级项目获得 68 亿元的资金支持，占总发行量的 33.05%（见图 15）。省级项目主要集中在交通基础设施领域，地市级项目主要集中在市政和产业园区基础设施以及民生服务等领域，区县级项目在覆盖地市级项目类型的基础上兼顾了棚改和旧改类项目。

（三）新增专项债未用作项目资本金，撬动基建投资规模处于全国下游水平

2022 年 1~9 月，辽宁省新增专项债未用作募投项目的资本金，全部用于项目建设的配套资金，项目配套融资比例均值为 34.35%，估算对应撬动杠杆

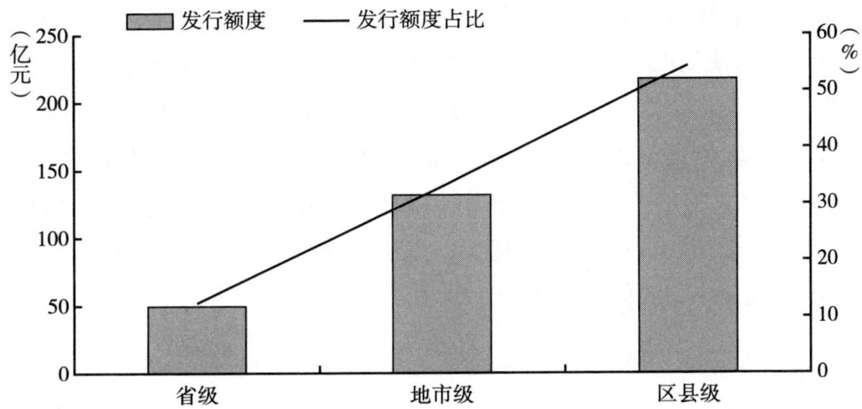

图 15　2022 年 1~9 月辽宁省新增项目收益专项债募投项目行政层级分布

数据来源：辽宁省政府新增专项债信息披露文件，中诚信国际整理计算。

1.52 倍，理论上可撬动的基建投资规模为 888.01 亿元①，在各省份中处于下游水平，实际效果亦受资本金到位情况、项目建设进度等因素影响。

三　辽宁省偿债能力分析

辽宁省地方政府债务余额在全国位列中游，整体呈现增长态势，债务限额仍有一定空间，2023 年将迎地方债到期高峰。辽宁省财政实力一般，财政自给水平尚可，随着债务规模逐年攀升，偿债能力仍处于较弱水平，但辽宁省政府高度重视政府性债务管理工作，并出台多项化解债务风险的政策，债务风险整体可控。

（一）地方政府债务限额仍有一定空间，2023年将迎地方债到期高峰

辽宁省地方政府债务余额整体呈现增长态势，且债务限额仍有一定使用空间。截至 2021 年，辽宁省地方政府债务限额为 11264.49 亿元，较上年增长

① 专项债撬动基建投资方法参见袁海霞、汪苑晖、卞欢《专项债兼顾扩容提效，助力基建托底稳增长——地方政府专项债 2019 年回顾与 2020 年展望》，《财政科学》2020 年第 1 期。

5.89%，债务余额为10252.5亿元，较上年增长10.75%，在全国位列第十三（见图16），未使用的债务限额达1011.99亿元，仍有一定举债空间。从地方债到期分布情况看，2022年10~12月辽宁省到期的地方债余额为408.12亿元，2023~2025年辽宁省需偿还的地方债余额均超过800亿元，整体存在一定偿债压力，2023年是辽宁省的偿债高峰，当年需偿还地方债规模高达1249.05亿元，其中需偿还一般债944.36亿元，占比75.61%；2026年及以后，辽宁省需偿还地方债4887.93亿元（见图17）。

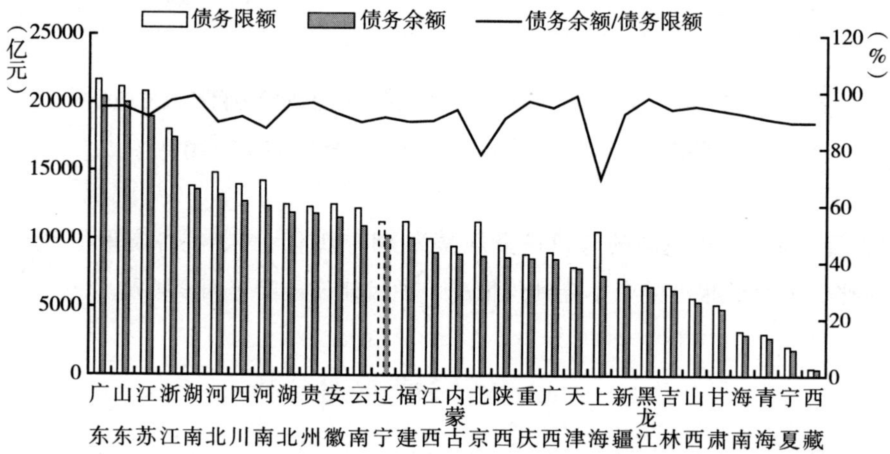

图16　2021年全国31个省（区、市）地方政府债务限额及余额

数据来源：全国31个省（区、市）财政预算执行及决算报告，中诚信国际整理计算。

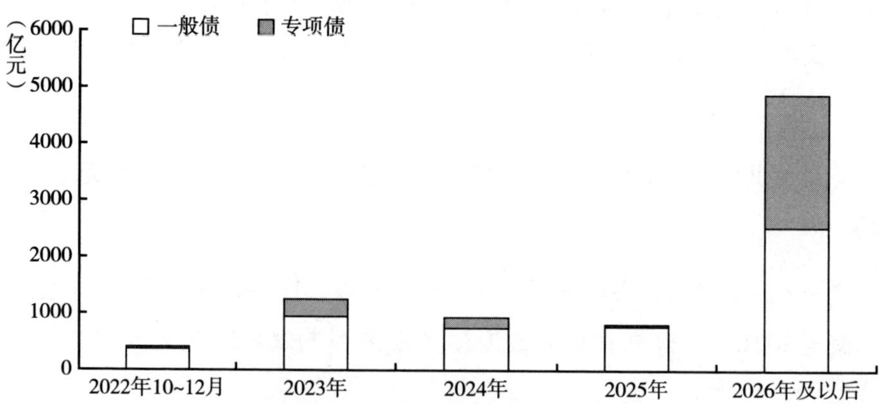

图17　截至2022年9月辽宁省存量地方债到期分布

数据来源：Wind数据库，中诚信国际整理计算。

（二）财政实力一般，财政自给能力尚可

近年来，受产业转型、人口外流等多重因素影响，辽宁省经济发展相对缓慢，财政实力处于全国中游水平，财政自给能力一般。2021 年，辽宁省一般公共预算收入为2765.6 亿元，在全国31 个省（区、市）中位列第十七（见图18），一般公共预算收入增速小幅回升至 4.1%；财政平衡率为 47.04%，全国排第 12 位，财政自给能力尚可。综合财力方面，2021 年辽宁省综合财力为7092.4 亿元，较 2020 年减少 3.05%。其中，受土地市场不景气的影响，政府性基金预算收入占比为 16.71%，较 2020 年下降 5.41 个百分点，系综合财力下降的主要原因；上级补助收入占比为 42.35%，小幅下降 1.41 个百分点；国有资本经营收入占比达 1.95%，小幅回升 0.48 个百分点。

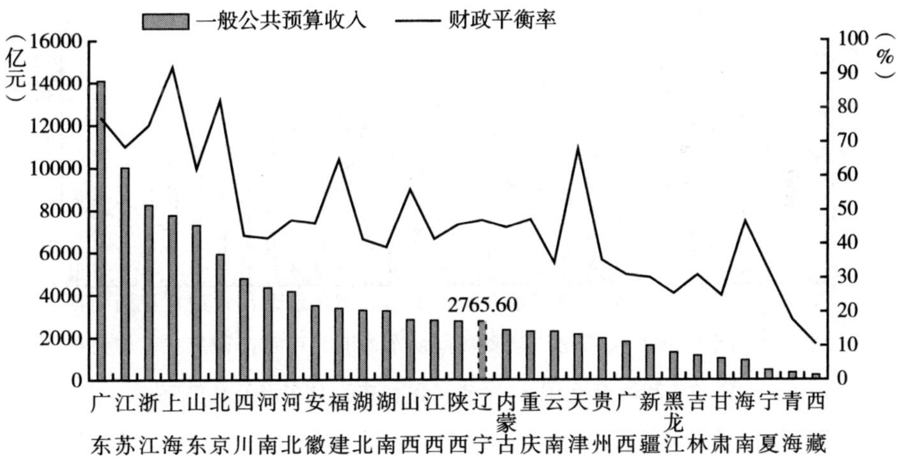

图 18 2021 年全国 31 个省（区、市）一般公共预算收入与财政平衡率

数据来源：全国 31 个省（区、市）财政预算执行及决算报告，中诚信国际整理计算。

（三）债务负担较重，需关注持续上升的债务水平

截至 2021 年，辽宁省债务率及负债率分别为 144.56%和 37.17%，分别较上年同期增长 17.96 个百分点和 0.29 个百分点，债务率及负债率均在全国 31 个省（区、市）中位列第五，整体债务负担较重（见图 19）；债务余额是一般

公共预算收入的 3.71 倍，比上年同期增加 0.22 倍，偿债能力较 2020 年有所弱化，且在全国仍处于较弱水平。近年来，辽宁省高度重视政府性债务管理工作，多次强调防范化解债务风险，并明确提出完善政府性债务管理体系及建立与“借用还”相统一的政府性债务管理机制。2021 年，辽宁省在全国率先出台化解隐性债务风险的意见，通过“一地一案”和“银政企”协作等措施防范化解隐性债务风险；同时也创新债券管理机制，率先建立了全流程管理系统，实行全生命周期管理，得到了财政部的肯定。当前辽宁省经济基本面稳步发展，债务管理机制较为健全，债务风险整体可控，但未来仍需关注持续上升的债务水平。

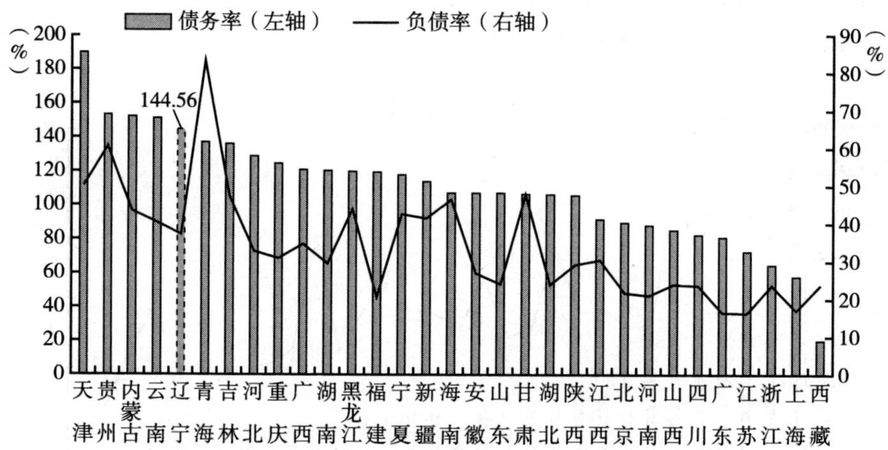

图 19　2021 年全国 31 个省（区、市）债务率及负债率

数据来源：全国 31 个省（区、市）财政预算执行及决算报告，中诚信国际整理计算。

四　小结

2022 年以来，辽宁省地方债发行节奏有所放缓，发行规模有所下降，新发行地方债以专项债为主，债券期限有所拉长。从发行成本看，发行利率整体下降，地方债二级市场交易活跃度有所上升，到期收益率波动下行。从专项债情况看，辽宁省专项债存量规模处于全国中下游水平，其中新增专项债投向领域以市政和产业园区基础设施与交通基础设施为主，但新增专项债未用作项目资本金，对基建投资的实际撬动效应仍需提升。

总体来看，辽宁省整体经济和财政实力一般，近年来地方政府债务余额规模持续攀升，但现阶段债务限额尚有一定空间，且辽宁省政府高度重视政府性债务管理工作，债务风险总体可控。

近年来，辽宁省政府利用政府债券尤其是专项债进行基础设施建设、调整经济结构的意识逐步增强，政府债券市场化水平也逐步提高，但过高的政府债务率及大规模的到期债务始终对辽宁省政府投融资形成一定制约，因而在利用政府债券作为积极财政重要着力点的同时，更应注意债务的合理性及可持续性问题，在后续债务管理过程中应注意以下几点：一是在严控债务增量的同时，合理安排政府债券发行的期限结构，缓解到期债务集中偿付压力；二是加强对政府债券资金流向的监督，提升债券资金配置效率和使用效益，确保募投项目的配套资金和资本金能够及时到位；三是重点关注新增专项债与募投项目收益期限的匹配性，避免出现资金筹集和项目进度不衔接的现象；四是充分发挥专项债作为项目资本金的撬动作用，同时应进一步丰富资金投向；五是继续健全地方政府债务风险管理机制，强化债务闭环管理，完善“银政企”对接平台，妥善处置和化解政府存量债务，坚决遏制隐性债务增量。

B.13
2022年吉林省地方政府债券分析报告

黄 菲　闫璐璐*

摘　要： 2022年以来，吉林省地方债发行节奏前置，品种结构以新增专项债为主，期限结构进一步向长期倾斜。新增专项债持续扩容，其募投领域仍主要为市政和产业园区基础设施，但专项债用作项目资本金的规模和占比较小，对基建投资的撬动作用仍有待提高。吉林省地方政府债务余额及债务率逐年攀升，且其经济财政实力在全国处于靠后位置，远期需关注债务风险，未来亦可将地方债资金聚焦于省内优势领域，带动行业和区域经济发展。

关键词： 地方债　专项债　吉林省

一　吉林省地方债运行情况分析

截至2022年9月，吉林省地方债存量规模为7078.78亿元①，占全国规模的2.05%，在全国31个省（区、市）中排第25位（见图1），低于全国平均水平。其中，吉林省存量一般债与专项债规模分别为3603.26亿元（50.90%）和3475.52亿元（49.10%），占比基本相当。从期限来看，存量地方债10年期以下、10年期

* 黄菲，中诚信国际政府公共评级一部副总监，主要研究领域为地方债与城投行业、大交通行业等；闫璐璐，中诚信国际政府公共评级一部分析师，主要研究领域为地方政府债券、基础设施投融资行业等。

① 如无特别说明，本报告中引用的地方债存量、发行量、发行利率、发行利差、交易量、到期收益率等债券相关数据均来自截至2022年9月的Wind数据库，并由中诚信国际整理计算。

及10年期以上品种规模分别为2440.52亿元（34.48%）、2303.31亿元（32.54%）和2334.95亿元（32.99%），10年期以下品种规模占比略高。从收益率来看，2021年以来，吉林省各期限地方债到期收益率呈波动下降态势。

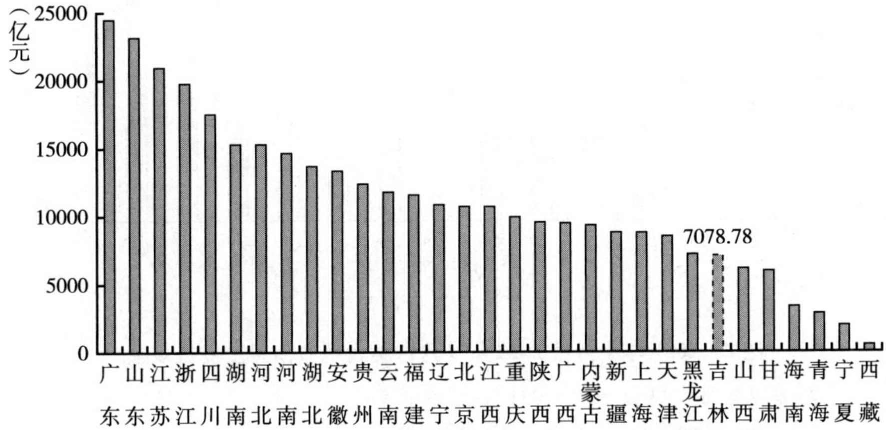

图1　截至2022年9月全国31个省（区、市）地方债存量规模

数据来源：Wind数据库，中诚信国际整理计算。

（一）发行规模超过上年同期百亿元，发行节奏有所前置

在稳增长压力较大的背景下，宏观政策要求适当靠前发力，地方债作为积极财政的重要抓手，在加快地方债发行与使用、依法盘活专项债结存限额等相关政策的加持下，2022年吉林省地方债发行明显提速，且专项债发行规模显著提升。2022年1~9月，吉林省地方债发行规模为1308.90亿元，约为2021年全年发行量的93.90%，超过上年同期百亿元；其中一般债和专项债占比分别为32.75%和67.25%，专项债发行规模较2021年增加23.46%，专项债发行规模持续提升，但一般债发行规模有所下滑。从月度发行规模看，2022年吉林省地方债发行节奏较2021年明显加快，1月、3月、5月相对平稳，发行时间集中于6~7月（见图2）。

（二）发行品种以新增专项债为主，期限结构更趋长期化

从券种结构来看，2022年1~9月，吉林省新增地方债与再融资地方债发行规模分别为882.05亿元和426.85亿元，其中，新增专项债规模（678.00亿元）同比提升22.53%，占比52%（见图3）；再融资地方债发行规模亦有所增

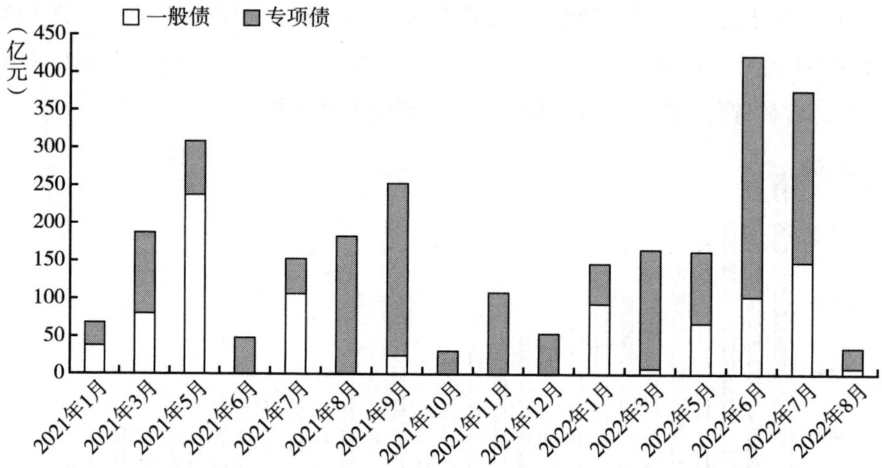

图 2　2021 年 1 月至 2022 年 9 月吉林省地方债月度发行规模

注：吉林省部分月份无地方债发行，未在图中显示。

数据来源：Wind 数据库，中诚信国际整理计算。

长，其中再融资一般债和再融资专项债占比差距不大，但均未用作偿还存量债务。从期限来看，2022 年 1~9 月吉林省新发行地方债 10 年期以下、10 年期、

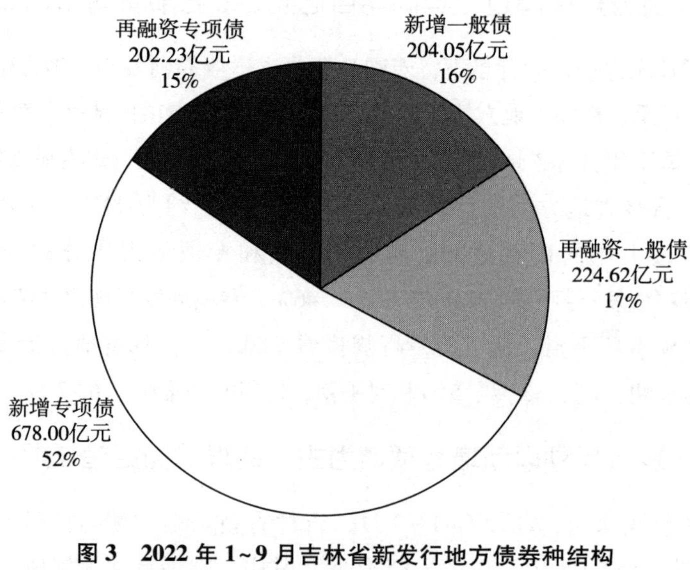

图 3　2022 年 1~9 月吉林省新发行地方债券种结构

数据来源：Wind 数据库，中诚信国际整理计算。

10 年期以上品种规模分别为 421.02 亿元、187.33 亿元和 709.55 亿元，10 年期以上品种规模较上年进一步增加，2022 年吉林省地方债发行更趋长期化（见图 4）。

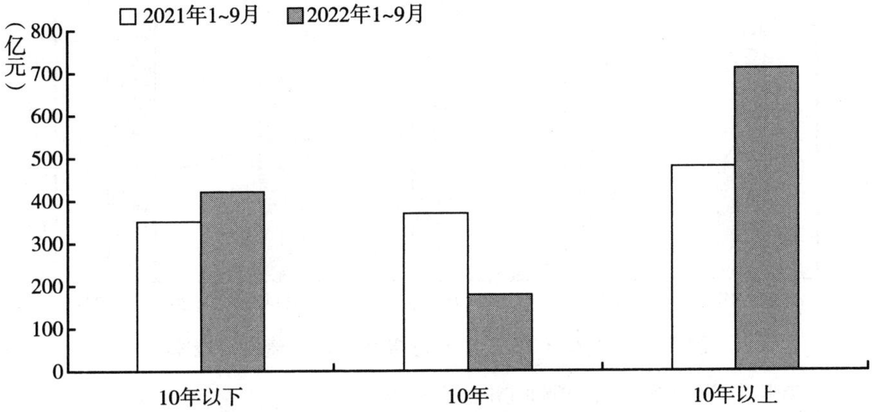

图 4　2021 年 1~9 月与 2022 年 1~9 月吉林省新发行各期限地方债规模

数据来源：Wind 数据库，中诚信国际整理计算。

（三）发行成本呈下降态势，但仍居全国前列

受利率中枢波动下行、市场化发行程度提升等因素影响，2022 年 1~9 月，吉林省地方债发行成本呈下降态势（见图 5），但与其他省（区、市）相比仍处在较高水平，发行利率①在全国排名第三，较上年提升 2 位（见图 6）。其中，专项债和一般债发行利率分别为 3.24%和 2.94%，分别较上年同期下降 0.26 个百分点和 0.40 个百分点；专项债发行利率高于一般债，主要系专项债发行期限延长幅度明显高于一般债。从发行利差来看，2022 年 1~9 月，除新疆、西藏外，其余各省（区、市）地方债发行成本均突破“较招投标前 5 日同期限国债上浮 25BP”的隐性限制，吉林省地方债发行利差为 17.85BP，地方债发行市场化水平进一步提高，发行成本仍高于东部经济发达地区。从月度分布看，吉林省地方债发行利率平缓波动，发行利差于 6 月降至最低点（见图 7）。

① 如无特别说明，本报告中发行利率、利差为根据发行额计算的加权平均发行利率、利差，发行利差计算公式：债券发行利率-对应期限国债收益率。

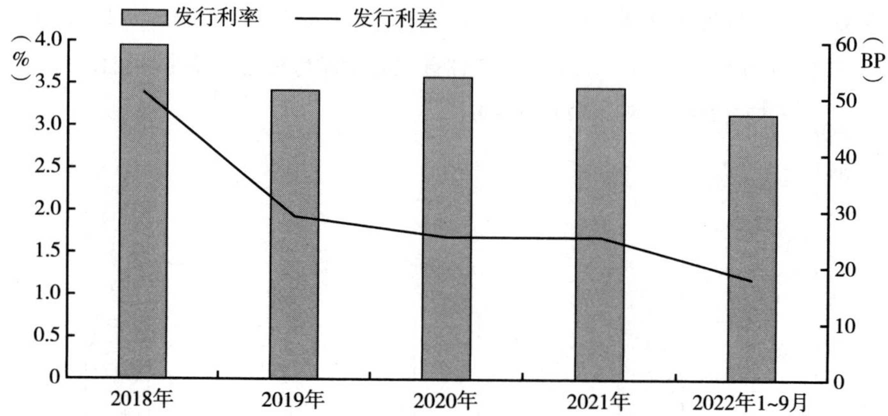

图5　2018年至2022年9月吉林省地方债发行成本

数据来源：Wind数据库，中诚信国际整理计算。

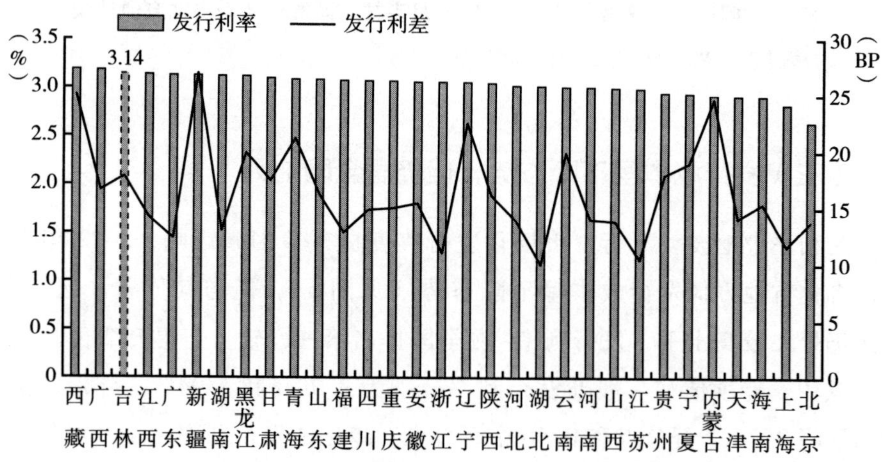

图6　2022年1~9月全国31个省（区、市）地方债发行成本

数据来源：Wind数据库，中诚信国际整理计算。

（四）交易规模[①]低于2021年同期，2022年到期收益率[②]波动下行

从二级市场交易规模看，2022年1~9月，吉林省地方债交易规模为

① 交易统计包含回购交易、现券交易等部分。

② 此处到期收益率均值采用的是算术平均值。

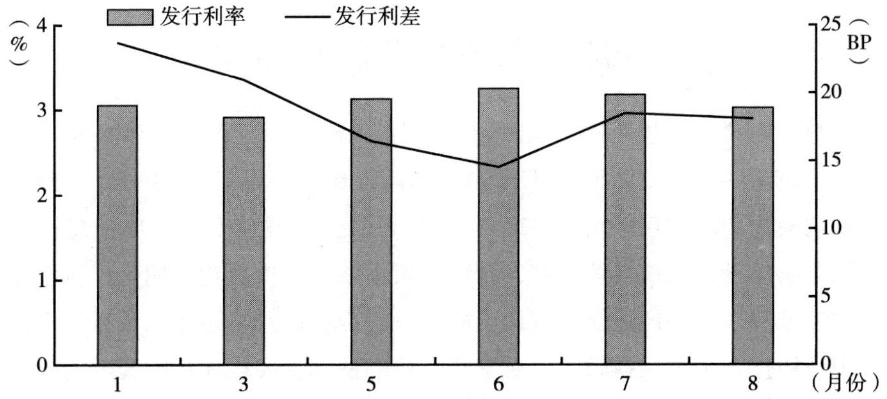

图7　2022年1~9月吉林省地方债月度发行成本

注：吉林省部分月份无地方债发行，未在图中显示。
数据来源：Wind数据库，中诚信国际整理计算。

1345.68亿元，较上年同期减少16.56%，在全国排第26位，较上年同期下降4个位次，吉林省地方债流动性表现较弱。从到期收益率走势看，2021年1月至2022年9月，吉林省各期限地方债到期收益率随国债到期收益率下降呈现波动下行趋势（见图8）。

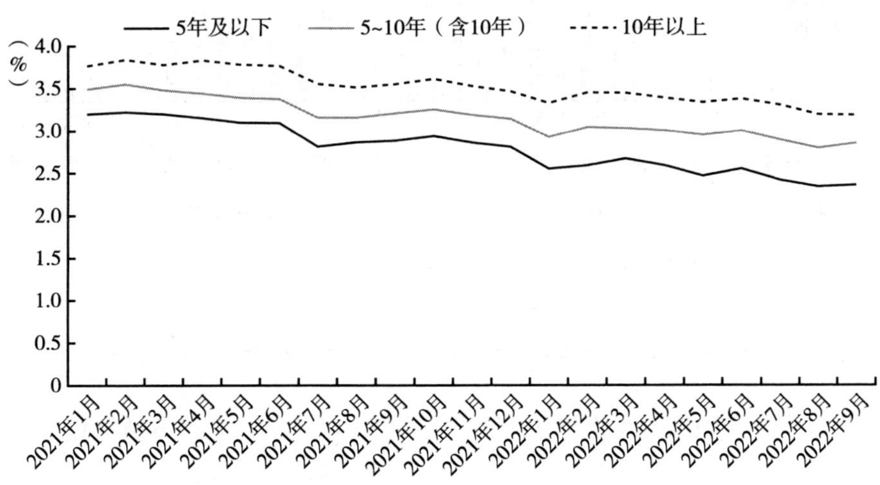

图8　2021年1月至2022年9月吉林省地方债到期收益率走势

数据来源：Wind数据库，中诚信国际整理计算。

二　吉林省地方政府专项债分析[①]

吉林省专项债存量规模在全国范围内处于下游，截至 2022 年 9 月，专项债存量规模为 3475.52 亿元（见图 9），期限以中长期品种为主，10 年期及以上品种规模为 2689.10 亿元。2022 年 1~9 月，吉林省新发行专项债规模较上年同期有所提升，规模持续扩容，新增专项债期限结构更趋长期化；新增专项债投向领域以市政和产业园区基础设施、民生服务以及生态环保项目为主；新增专项债用作资本金规模较小，对基建投资的撬动主要以项目配套融资的形式体现，理论上能撬动基建投资 967.09 亿元，稳增长背景下吉林省需进一步发挥专项债用作资本金的杠杆优势。

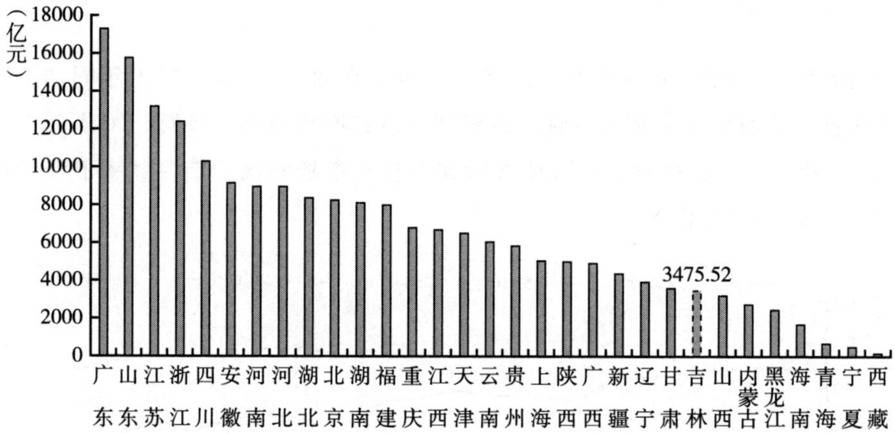

图 9　截至 2022 年 9 月全国 31 个省（区、市）项目收益专项债存量规模

数据来源：Wind 数据库，中诚信国际整理计算。

（一）专项债发行规模逐年上升，以长期限和新增品种为主

吉林省专项债发行规模逐年上升，2022 年 1~9 月，吉林省新发行专项债

① 2020年7月27日财政部《关于加快地方政府专项债券发行使用有关工作的通知》（财预〔2020〕94号）明确2020年新增专项债必须保证融资规模与项目收益相平衡，因此2020年新增专项债均为项目收益专项债；本部分项目收益专项债的统计样本：2018~2019年项目收益专项债与2020年至2022年9月的新增专项债。

880.23 亿元，主要集中于 3 月、6 月和 7 月。从期限来看，2022 年 1～9 月，吉林省新发行专项债 10 年期以下、10 年期、10 年期以上规模分别为 137.53 亿元、91.15 亿元和 651.55 亿元（见图 10），其中 10 年期以上发行规模较 2021 年同期增长 59.37%，期限结构逐渐拉长。从用途来看，2022 年 1～9 月，吉林省新增专项债与再融资专项债分别新发行 678.00 亿元和 202.23 亿元，延续上年发行结构，仍以新增专项债为主。从发行成本来看，2022 年 1～9 月，吉林省专项债发行利率和发行利差分别为 3.24%和 17.90BP，呈下行态势，其中发行利差较上年同期收窄 7.62BP。

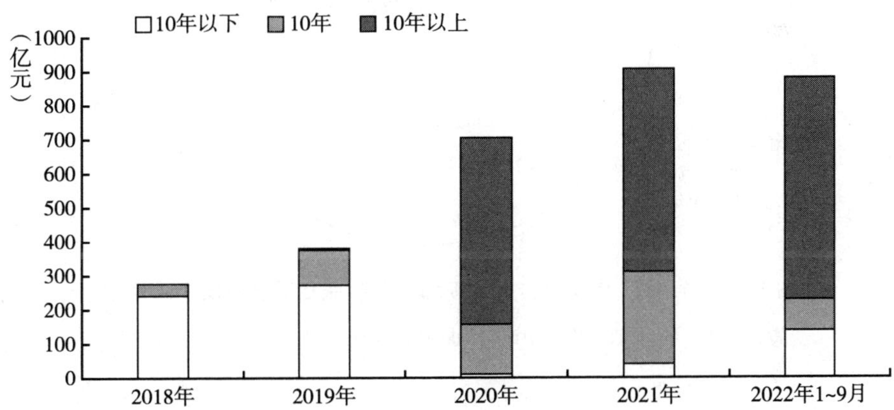

图 10　2018 年至 2022 年 1～9 月吉林省项目收益专项债各期限发行规模

数据来源：Wind 数据库，中诚信国际整理计算。

（二）募投领域主要为市政和产业园区基础设施，项目投向集中于地市级和区县级

2022 年 1～9 月，吉林省新增专项债募投领域主要集中在市政和产业园区基础设施（见图 11），规模和占比分别为 427.49 亿元和 63.05%。从细分领域来看，2022 年吉林省新增专项债募投领域新增储气设施项目，募投范围进一步扩大。2022 年 1～9 月，在吉林省新增专项债募投项目中，新开工项目有 143 个。行政层级方面，吉林省新增专项债项目投向主要集中于地市级和区县级，省级项目相对较少，地市级项目主要分布在长春市和松原市，区县级项目主要分布在长春市、延边朝鲜族自治州和通化市等地级市下属区县。根据现金

流测算，2022 年 1~9 月吉林省新发行专项债项目收益均可有效覆盖债务本息，在现金流测算可靠的情况下，项目偿债有保障。

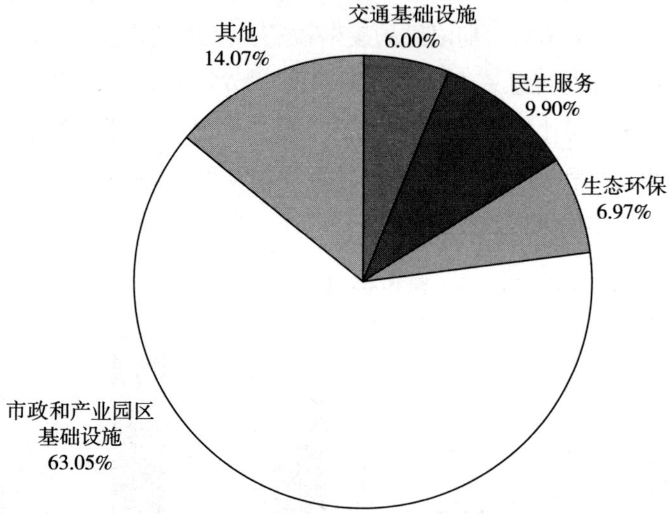

图 11　截至 2022 年 9 月吉林省新增项目收益专项债募投领域分布

数据来源：Wind 数据库，中诚信国际整理计算。

（三）新增专项债用作项目资本金规模较少

2019 年 6 月，中共中央办公厅、国务院办公厅下发《关于做好地方政府专项债券发行及项目配套融资工作的通知》，允许将专项债作为符合条件的重大项目资本金，资金用途的放宽有利于缓解政府资金压力。2022 年 1~9 月，吉林省新增专项债用作项目资本金情况仍较少，当期用作资本金的项目仅 4 个，用作资本金金额合计为 7.72 亿元，项目领域以生态环保和交通基础设施为主，未来可以考虑适当使用专项债作为资本金，进一步带动社会资本投入短板项目，提高专项债的资金撬动作用。

（四）专项债对基建投资的撬动主要以项目配套融资的形式体现

2022 年 1~9 月，吉林省新增专项债发行规模为 678.00 亿元，其中用作资本金规模和用作配套融资规模分别为 7.72 亿元和 670.28 亿元，当期专项债资本金撬动杠杆和配套融资撬动杠杆分别为 2.52 倍和 1.45 倍，理论上可实现基建投资撬动规模 967.09 亿元①，吉林省新增专项债对基建投资的撬动主要以项目配套融资的形式体现。2022 年 1~9 月，在吉林省固定资产投资（不含农户）同比下降 6.9%的背景下，基础设施投资同比增加 2.7%，专项债对基建投资的带动作用显现。但鉴于专项债作为资本金的撬动效应强于配套融资，吉林省新增专项债中用作资本金规模仍较小，吉林省新增专项债对投资的撬动效应仍有很大释放空间。

三　吉林省偿债能力分析

吉林省地方政府债务余额逐年增长，但在全国占比较小，2023 年将迎偿债高峰。吉林省经济财政实力偏弱，财政平衡率较低，一般公共预算支出较为依赖中央补助；近年来受多重因素影响一般公共预算收入波动较大，加之债务率呈上升态势，短期看债务偿付相对可控，但长期看仍需关注债务风险。

（一）地方政府债务余额呈增长态势，2023年将迎偿债高峰期

吉林省地方政府债务限额和余额均处于全国下游（见图 12）。2017 年以

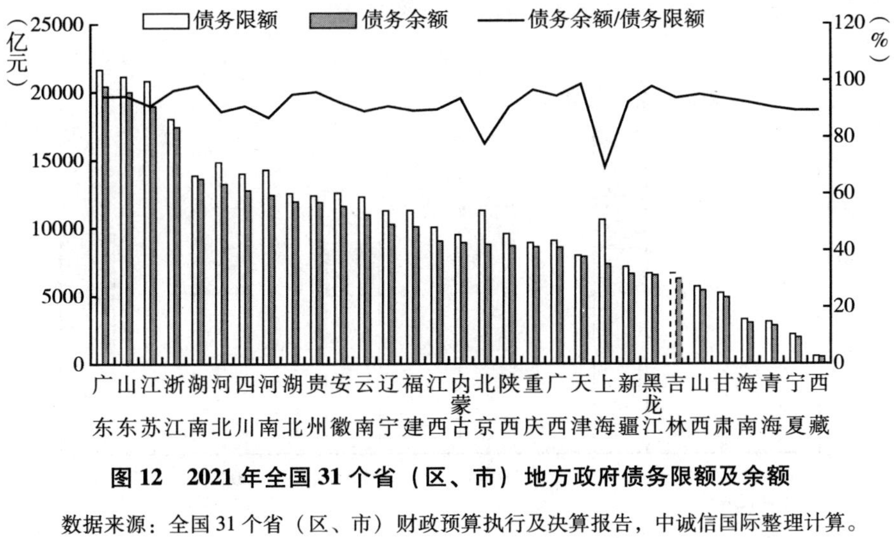

图 12　2021 年全国 31 个省（区、市）地方政府债务限额及余额

数据来源：全国 31 个省（区、市）财政预算执行及决算报告，中诚信国际整理计算。

① 专项债撬动基建投资方法参见袁海霞、汪苑晖、卞欢《专项债兼顾扩容提效，助力基建托底稳增长——地方政府专项债 2019 年回顾与 2020 年展望》，《财政科学》2020 年第 1 期。

来，吉林省地方政府债务余额呈增长态势，2021 年债务余额为 6259. 36 亿元，同比增长 19. 88%，尚在债务限额之内。2021 年，吉林省地方政府债务余额占限额的比重为 93. 87%，尚存一定举债空间（见图 13）。从到期分布来看，2022 年 10~12 月吉林省地方债到期规模为 182. 79 亿元，2023 年为偿债高峰，吉林省到期债券以一般债居多（见图 14）。

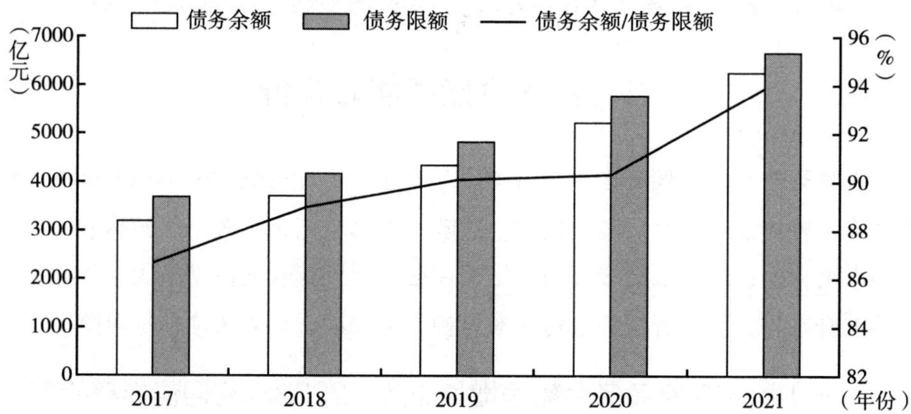

图 13　2017~2021 年吉林省地方政府债务限额及余额

数据来源：吉林省财政决算报告，中诚信国际整理计算。

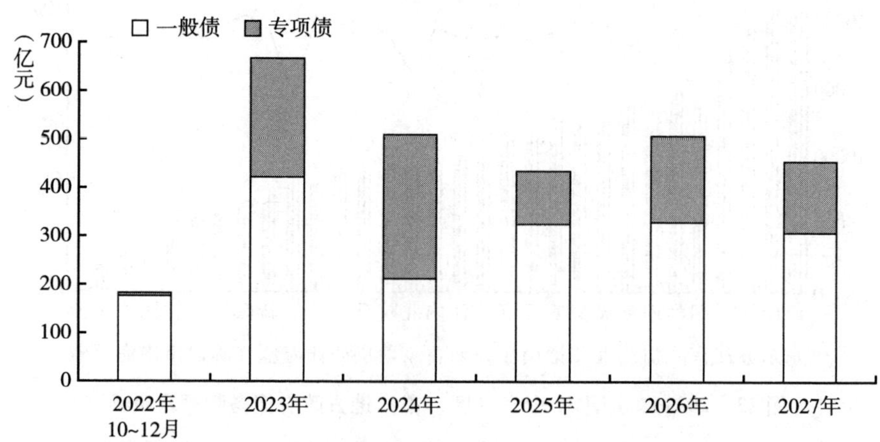

图 14　截至 2022 年 9 月吉林省存量地方债到期分布

数据来源：Wind 数据库，中诚信国际整理计算。

（二）经济财政实力维持增长态势，但仍有待进一步提升

吉林省是中国重要的工业基地和商品粮生产基地，汽车、石化和农产品加工为其三大支柱产业；作为中国传统的老工业基地，近年来吉林省持续优化其产业结构，经济增长稳中向好，2021 年吉林省实现地区生产总值 13235.52 亿元（见图 15），三产之比为 11.7∶36.0∶52.3，第三产业比重较大，利于区域经济发展及财政收入增加。但吉林省地区经济发展与其他省（区、市）相比处于较低水平，2021 年吉林省地区生产总值在全国各省（区、市）中排第 26 位。

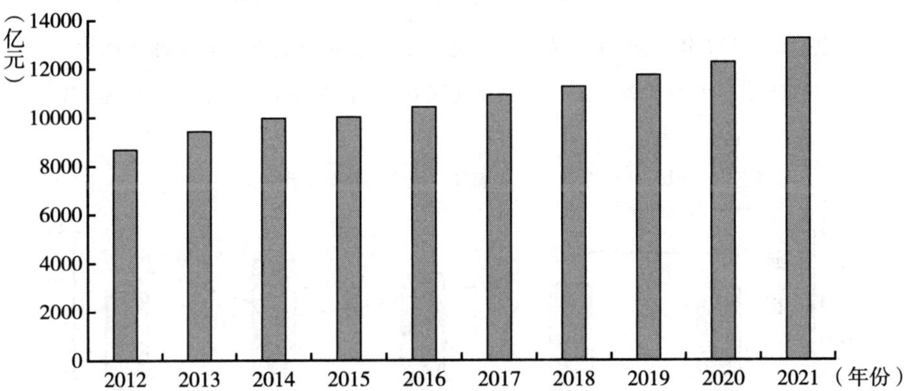

图 15　2012~2021 年吉林省地区生产总值

数据来源：2012~2021 年吉林省统计公报，中诚信国际整理计算。

吉林省财政实力较弱，2021 年吉林省一般公共预算收入为 1144.00 亿元，在全国 31 个省（区、市）中处于下游（见图 16）。近年来受大规模减税降费、新冠肺炎疫情等多重因素叠加影响，吉林省税收收入有所波动，一般公共预算收入随之呈波动态势（见图 17），2021 年其财政平衡率有所回升（30.95%），但财政自给能力仍较弱，一般公共预算支出较为依赖中央补助。同期，受房地产行业政策收紧影响，吉林省政府性基金收入随国有土地使用权收入减少呈下滑态势。受益于中央补助规模的大幅提升，吉林省综合财力仍维持增长态势（见图 18）。

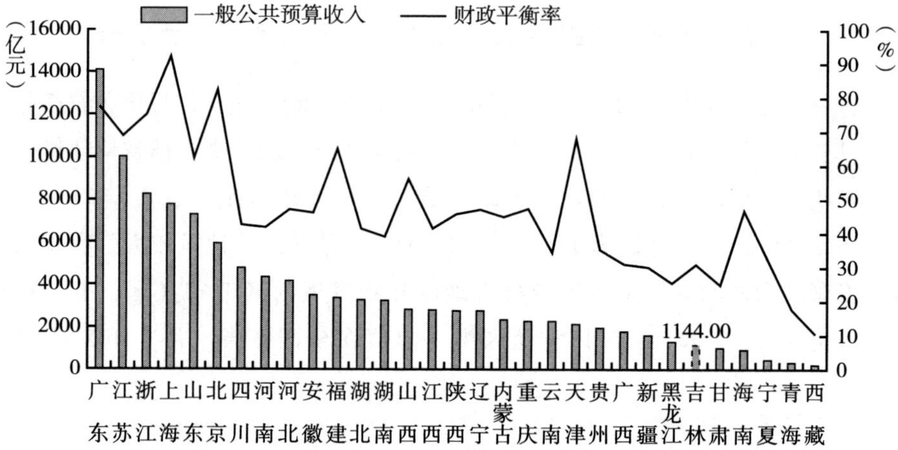

图 16　2021 年全国 31 个省（区、市）一般公共预算收入与财政平衡率

数据来源：全国 31 个省（区、市）财政预算执行及决算报告，中诚信国际整理计算。

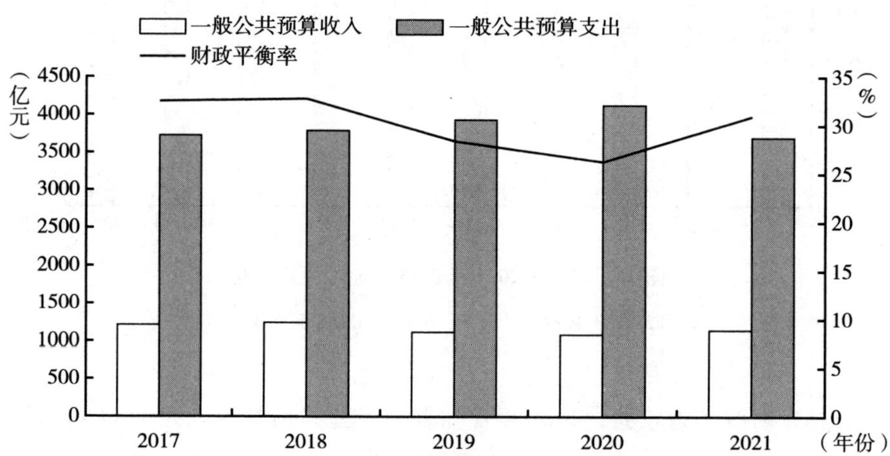

图 17　2017～2021 年吉林省财政情况

数据来源：2017～2021 年吉林省财政决算报告，中诚信国际整理计算。

（三）吉林省债务率相对较高，长期看需关注债务风险

2021 年，吉林省债务率及负债率分别为 136.04% 和 47.29%，在全国 31 个省（区、市）中均处于上游（见图 19）；吉林省债务率及负债率持续上

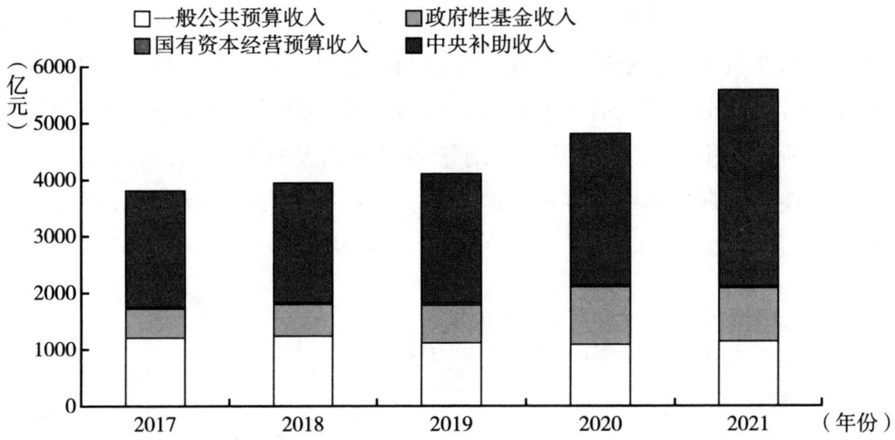

图 18　2017~2021 年吉林省综合财力

注：综合财力=一般公共预算收入+政府性基金收入+国有资本经营预算收入+中央补助收入。

数据来源：2017~2021 年吉林省财政决算报告，中诚信国际整理计算。

升，其中债务率已超国际警戒线水准，未来需关注债务风险。此外，2021年吉林省债务余额占一般公共预算收入的比重为 547.15%，比重较高且持续

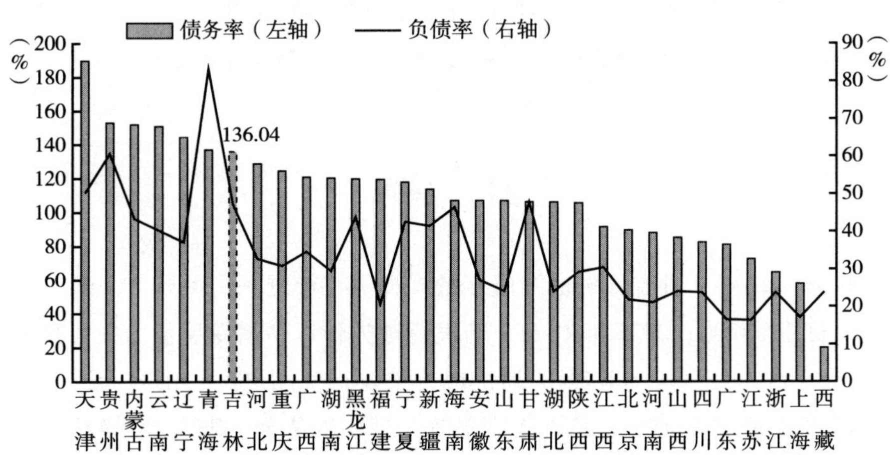

图 19　2021 年全国 31 个省（区、市）债务率及负债率

数据来源：全国 31 个省（区、市）财政预算执行及决算报告，中诚信国际整理计算。

增加（见图 20）。吉林省整体债务率相对较高，且偿债指标表现较弱，但在债务风险防控方面吉林省坚持不断健全完善制度建设，如为督促市县政府分类处置地方政府债务出台了《吉林省政府性债务风险应急处置预案》，印发了《地方政府性债务风险分类处置指南》；对于专项债的发行与使用，亦出台一系列政策进行规范，有效防范债务风险的发生，然而长期来看吉林省仍需关注债务风险。

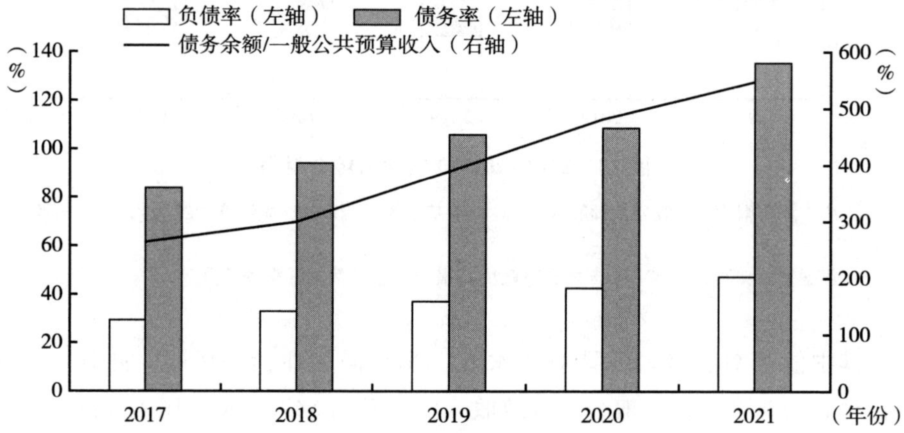

图 20　2017~2021 年吉林省债务率及负债率

数据来源：2017~2021 年吉林省财政决算报告，中诚信国际整理计算。

四　小结

截至 2022 年 9 月吉林省地方债存量规模仍有待进一步提升，一般债与专项债规模基本相当；2022 年 1~9 月新发行地方债以新增专项债为主，且期限结构进一步趋向长期。在政府“加快地方债发行使用进度”的号召下，吉林省 2022 年发债节奏前置。吉林省地方债发行成本从全国来看处于较高水平，随着 2022 年利率中枢下行，吉林省地方债发行成本整体下降，发行利差有所收窄，但仍高于东部经济发达地区。2022 年 1~9 月，吉林省地方债交易规模亦小于 2021 年同期，流动性表现较弱。

2022 年 1~9 月吉林省专项债持续扩容，发行规模较上年进一步提升，期限结构逐渐拉长，以新增专项债为主；募投领域主要为市政和产业园区基础设施、民生服务和生态环保类，集中于地市级和区县级；但当前用作资本金规模较小，吉林省新增专项债对投资的撬动效应仍有很大的释放空间。

偿债能力方面，吉林省经济财政实力虽维持增长趋势，但从全国乃至东三省来看仍整体偏弱，2021 年，受大规模减税降费、新冠肺炎疫情等多因素叠加影响，一般公共预算收入增速波动较大，财政平衡率仍相对较低，一般公共预算支出依赖中央补助。当前吉林省债务余额距离债务限额仍有一定空间，但债务率逐年走高，2023 年到期地方债规模较大，未来需持续关注债务偿还风险。

吉林省作为中国的传统老工业基地，面临经济增长动力不足、竞争力减弱、人口净流出、基础设施有待进一步改造升级等多重压力，建议下一阶段吉林省继续加大市政和产业园区基础设施与交通基础设施建设领域的投入，同时依托现阶段自身在生物医药、机械制造等重点领域的技术优势，加大专项债资金投入力度，带动行业和区域经济发展；同时加大专项债用作资本金的比重，充分发挥资本金撬动投资的杠杆作用。

B.14 2022年河北省地方政府债券分析报告

黄 菲 闫璐璐*

摘 要： 2022年1~9月，河北省地方债发行节奏前快后慢，发行规模较2021年同期大幅增加，主要受新增专项债发行规模显著提升带动。新增专项债募集用途以基础设施建设为主，用作资本金项目仍较少，撬动效应尚有较大释放空间。河北省债务率和负债率居全国上游，2023年将迎地方债到期高峰，建议河北省政府妥善处理存量债务，持续优化地方债期限结构，降低融资成本，并充分发挥新增专项债杠杆效应。

关键词： 地方债 专项债 河北省

一 河北省地方债运行情况分析

河北省地方债存量规模居全国上游，专项债居多，期限结构以10年期及以上品种为主。从规模看，截至2022年9月河北省地方债存量规模为15292.81亿元①，占全国的4.43%，在全国31个省（区、市）中排名第七（见图1）。从结构看，河北省存量地方债中接近六成为专项债（58.63%），专项债规模在全国31个省（区、市）中排名第八；从期限看，河北省存量地方债中10年期以下品种、10年期品种和10年期以上品种规模分别为4920.55亿元、5197.67亿元和5174.59亿元，占比分别为32.18%、33.99%和33.84%。

* 黄菲，中诚信国际政府公共评级一部副总监，主要研究领域为地方债与城投行业、大交通行业等；闫璐璐，中诚信国际政府公共评级一部分析师，主要研究领域为地方政府债券、基础设施投融资行业等。

① 如无特别说明，本报告中引用的地方债存量、发行量、发行利率、发行利差、交易量、到期收益率等债券相关数据均来自截至2022年9月的Wind数据库，并由中诚信国际整理计算。

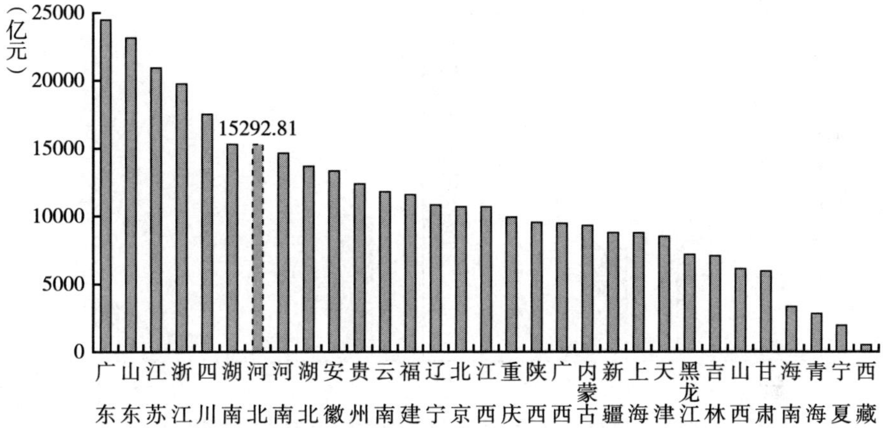

图1　截至2022年9月全国31个省（区、市）地方债存量规模

数据来源：Wind数据库，中诚信国际整理计算。

（一）地方债发行规模较上年同期增加33.35%，受政策影响提速发行

2022年，国际环境更趋复杂严峻，国内疫情持续反复，需求收缩、供给冲击以及预期转弱的三重压力有所加大。地方债作为积极财政的重要抓手，在政策敦促下发行使用进度明显加快。2022年1~9月，河北省地方债发行规模为3171.38亿元，较2021年同期（2378.18亿元）增长33.35%。从月度发行规模看，2022年1~9月河北省地方债发行节奏前快后慢；2022年5月31日，国务院出台《关于印发扎实稳住经济一揽子政策措施的通知》，要求3.45万亿元用于项目建设的专项债要在6月末前基本发行完毕，受该政策影响，第二季度河北省地方债发行节奏明显加快，仅5月就发行1127.23亿元，且以专项债为主；第三季度河北省地方债发行速度明显放缓，仅发行373.40亿元（见图2）。

（二）新增专项债发行规模大幅提升，期限结构由此拉长

从券种结构来看，2022年1~9月，河北省一般债、专项债发行规模分别为984.04亿元和2187.34亿元，分别较上年同期下降11.86%和增长73.35%，专项债进一步扩容；其中，新增专项债发行规模1920.00亿元，占比60.54%

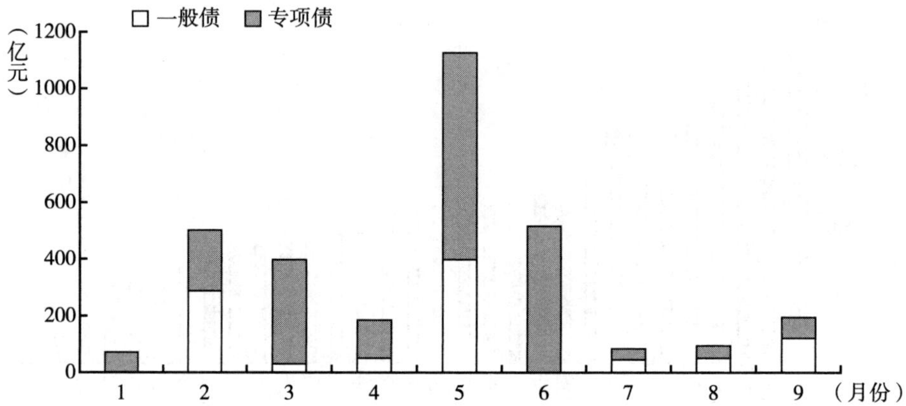

图2　2022年1~9月河北省地方债月度发行规模

数据来源：Wind数据库，中诚信国际整理计算。

（见图3），与2021年同期1050.58亿元的规模和44.18%的占比相比，提升显著（见图4）；新增一般债发行规模为490.96亿元，占比15.48%，发行规模与2021年同期基本持平。2022年河北省地方债到期规模有所减少，1~9月再融资地方债发行规模亦随之下滑，较上年同期（832.07亿元）减少8.61%。

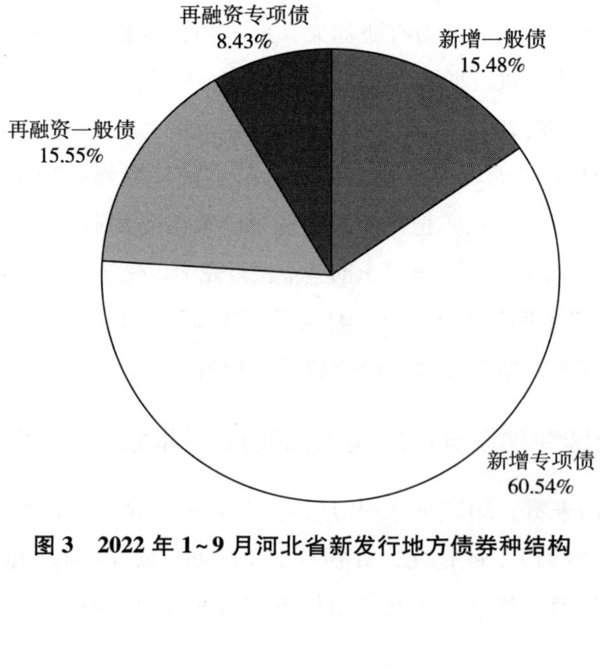

图3　2022年1~9月河北省新发行地方债券种结构

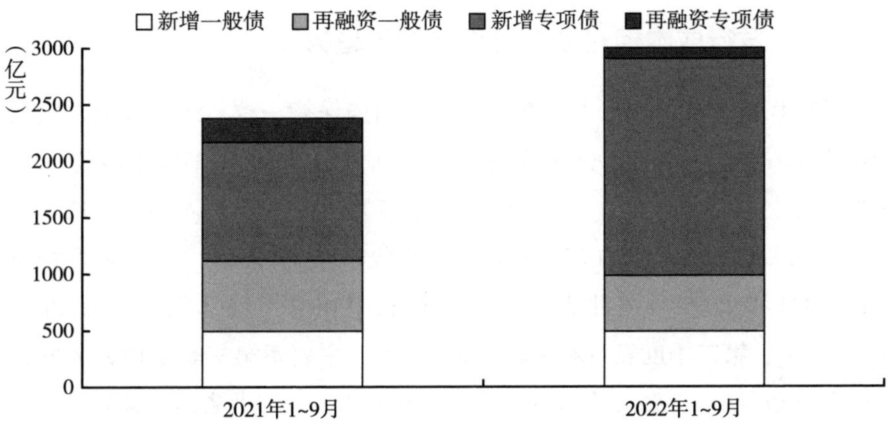

图 4　2021 年 1~9 月与 2022 年 1~9 月河北省地方债发行券种结构

数据来源：Wind 数据库，中诚信国际整理计算。

从发行期限看，2022 年 1~9 月河北省地方债中 10 年期以下、10 年期和 10 年期以上品种发行规模分别为 613.41 亿元、958.14 亿元和 1599.83 亿元（见图 5），受新增专项债发行规模增加影响，10 年期以上品种占比由 2021 年同期的 29.94%大幅提升至 50.45%，与募投项目存续运营时间更为匹配，而 10 年期以下品种占比由 2021 年同期的 36.39%下降至 19.34%，10 年期品种占比略高于上年同期。

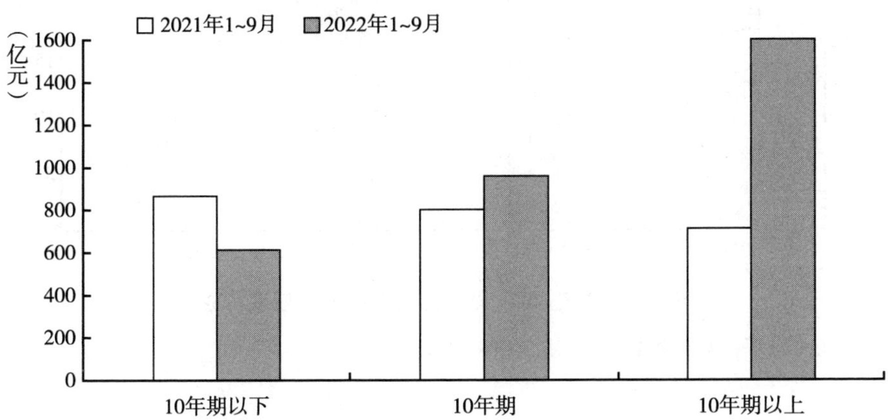

图 5　2021 年 1~9 月与 2022 年 1~9 月河北省各期限地方债发行规模

数据来源：Wind 数据库，中诚信国际整理计算。

（三）发行成本相对较低且维持下降趋势

2022 年 1~9 月，与债市利率中枢下行趋势保持一致，河北省地方债发行成本呈下降态势，当期地方债发行利率[①]由 2021 年的 3.37%下降至 3.02%（见图 6），在全国 31 个省（区、市）中排第 19 位，发行成本相对较低（见图 7）；发行利差由 2021 年的 22.39BP 进一步收窄至 13.93BP。从各月发行情况来看，2022 年 1～6 月河北省地方债发行利率相对平稳（见图 8），维持在 3%～3.15%，第三季度发行利率降至 3%以下，主要系第三季度地方债发行以 3~5 年的较短期限再融资债为主；从发行利差来看，河北省地方债发行利差虽呈波动态势，但各月发行利差均低于 20BP，部分月度发行利差甚至处于 10BP 以下，地方债发行进一步市场化。从期限分布看，与 2021 年同期对应期限的地方债相比，2022 年 1~9 月河北省 10 年期以下、10 年期及 10 年期以上品种地方债发行利率均有所下降，发行利差均进一步收窄。从券种分布看，2022 年 1～9 月河北省一般债发行利率下降至 2.86%，发行利差收窄至 13.38BP；专项债发行利率下降至 3.09%，发行利差小幅收窄至 14.18BP。

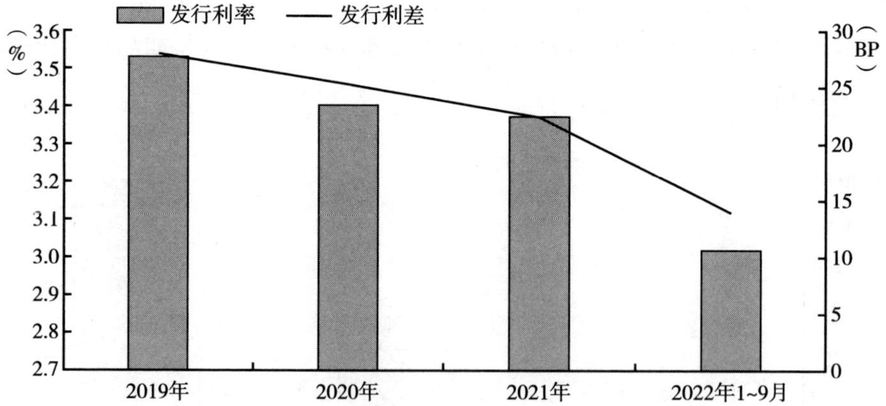

图 6　2019 年至 2022 年 9 月河北省地方债发行成本

数据来源：Wind 数据库，中诚信国际整理计算。

---

① 如无特别说明，本报告中发行利率、利差为根据发行额计算的加权平均发行利率、利差，发行利差计算公式：债券发行利率-对应期限国债收益率。

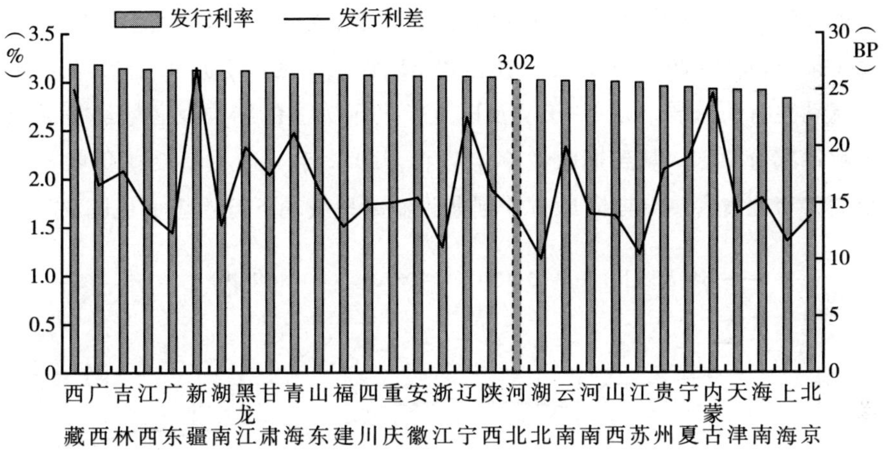

图 7　2022 年 1~9 月全国 31 个省（区、市）地方债发行成本

数据来源：Wind 数据库，中诚信国际整理计算。

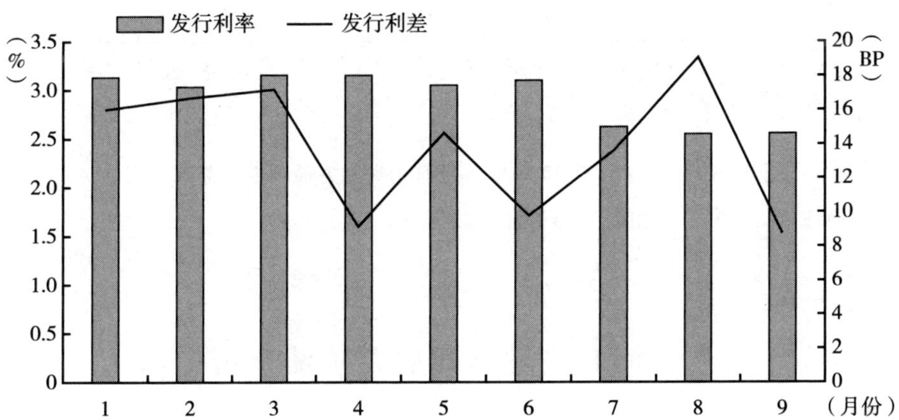

图 8　2022 年 1~9 月河北省地方债月度发行成本

数据来源：Wind 数据库，中诚信国际整理计算。

（四）交易规模[①]同比有所回落，到期收益率[②]呈下降态势

从二级市场交易规模看，2022 年 1~9 月全国地方债交易规模同比大幅增

① 交易统计包含回购交易、现券交易等部分。

② 此处到期收益率均值采用的是算术平均值。

长，成交活跃度有所提升，但河北省地方债交易规模由2021年同期的4462.33亿元小幅下降至4248.69亿元，在全国31个省（区、市）中排名降至第10位，流动性有所减弱，以10年期及以上长期限为主的结构及区域经济活跃度或可解释部分原因。从到期收益率走势看，2022年1~9月，受国债收益率下降影响，河北省各剩余期限地方债到期收益率呈波动下行趋势（见图9）。

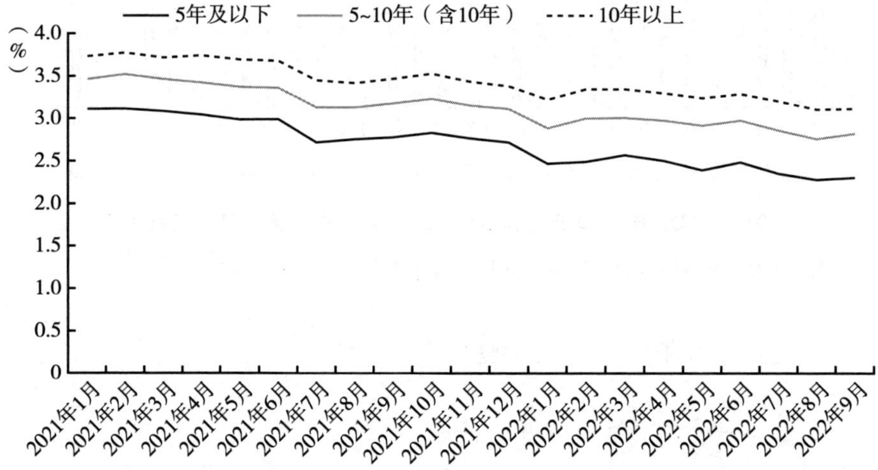

图9　2021年1月至2022年9月河北省地方债到期收益率走势

数据来源：Wind数据库，中诚信国际整理计算。

二　河北省地方政府专项债分析[①]

河北省专项债存量规模居全国上游，资金用途以新增专项债为主，期限结构以10年期及以上品种为主。从规模看，截至2022年9月，河北省存量专项债规模为8966.11亿元，占全国的4.43%，在全国31个省（区、市）中排第8位（见图10）。从期限看，河北省存量专项债中10年期以下品种、10年期

① 2020年7月29日财政部《关于加快地方政府专项债券发行使用有关工作的通知》（财预〔2020〕94号）明确2020年新增专项债必须保证融资规模与项目收益相平衡，因此2020年新增专项债均为项目收益专项债；本部分项目收益专项债的统计样本为2019年项目收益专项债与2020年至2022年9月的新增专项债。

品种和 10 年期以上品种规模分别为 2566.14 亿元、2576.38 亿元和 3823.59 亿元，占比分别为 28.62%、28.73%和 42.64%。2022 年 1~9 月，河北省专项债持续扩容，发行节奏前快后慢，新增专项债同比大幅提升，且募投领域仍以基建为主，但对投资的撬动作用有待进一步释放。

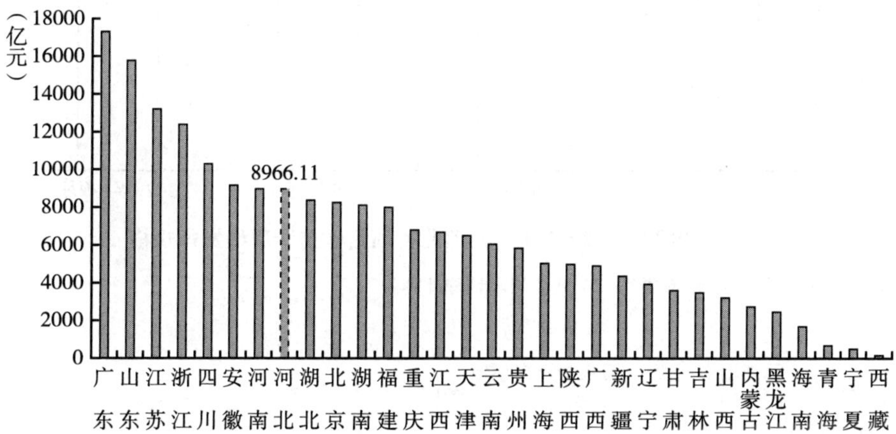

图 10　截至 2022 年 9 月全国 31 个省（区、市）项目收益专项债存量规模

数据来源：Wind 数据库，中诚信国际整理计算。

（一）发行规模同比大幅提升，期限结构向长期倾斜，发行成本有所下降

发行规模及券种方面，2022 年 1~9 月，河北省专项债发行规模为 2187.34 亿元，超 2021 年全年发行金额，专项债持续扩容；其中新增专项债发行规模为 1920.00 亿元，接近同券种上年全年发行水平，再融资专项债发行规模小幅提升，但发行占比下滑至 12.22%（见图 11）。发行节奏方面，2022 年 1~9 月，河北省专项债发行节奏前快后慢，且第二季度发行节奏明显加快，第三季度发行节奏大幅放缓（见图 12）。债券期限方面，2022 年 1~9 月，河北省 10 年期以下、10 年期和 10 年期以上品种专项债发行规模分别为 392.14 亿元、268.33 亿元和 1526.87 亿元，占比分别为 17.93%、12.27%和 69.80%，发行期限进一步向长期倾斜。发行成本方面，2022 年 1~9 月河北省专项债发行利率随利率中枢下行呈波动下降态势，发行利差有所波动但均未超 20BP（见图 13）。

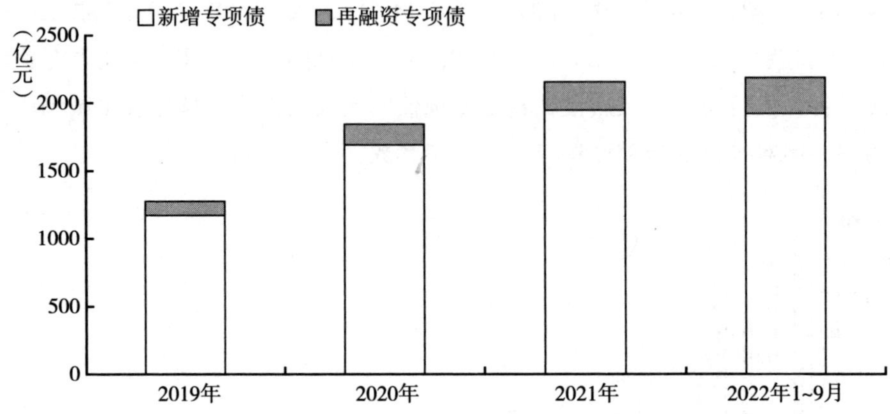

图 11　2019 年至 2022 年 9 月河北省项目收益专项债发行规模

数据来源：Wind 数据库，中诚信国际整理计算。

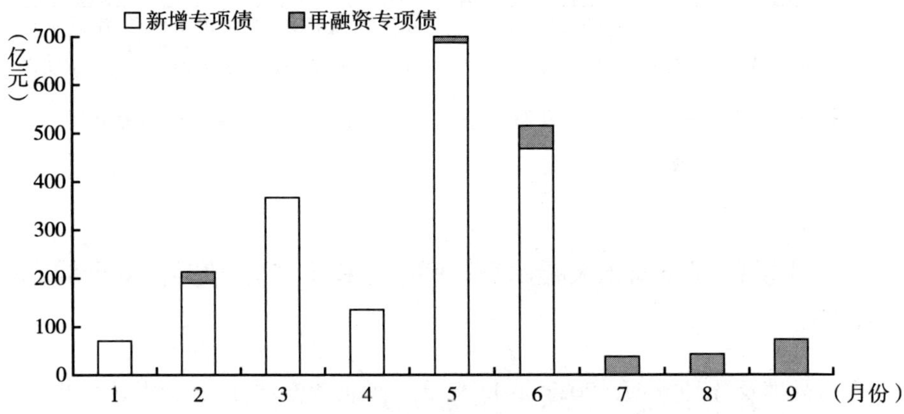

图 12　2022 年 1~9 月河北省项目收益专项债月度发行规模

数据来源：Wind 数据库，中诚信国际整理计算。

（二）新增专项债募投项目仍以基建领域为主，区县级项目占比较高

2022 年 1~9 月，河北省新增专项债投向仍以市政和产业园区基础设施项目为主，使用专项债金额 753.45 亿元，占当期新增专项债发行规模的 39.24%，其次为民生服务项目 318.03 亿元（占比 16.56%）、棚改项目 239.09

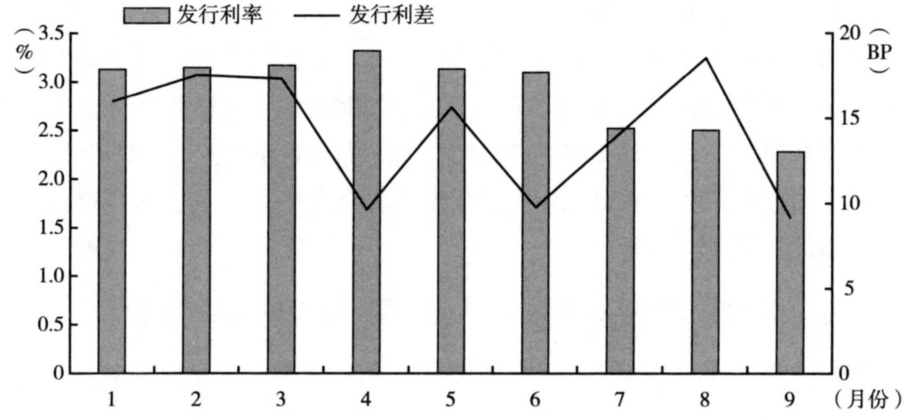

图 13　2022 年 1~9 月河北省项目收益专项债月度发行成本

数据来源：Wind 数据库，中诚信国际整理计算。

亿元（占比 12.45%）和交通基础设施项目 183.26 亿元（占比 9.54%）（见图 14）。河北省专项债募投范围进一步拓宽，当期募投领域新增信息网络建设；募

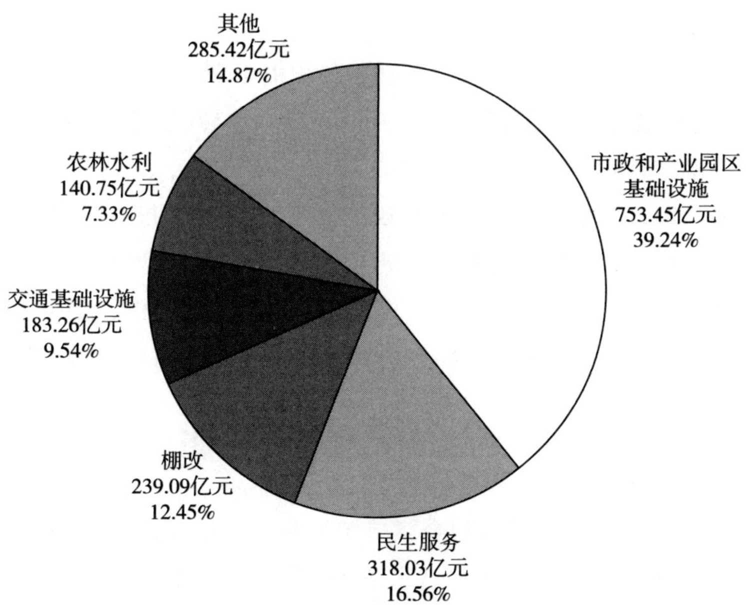

图 14　2022 年 1~9 月河北省新增项目收益专项债募投领域分布

数据来源：Wind 数据库，中诚信国际整理计算。

投资金用于当期新开工项目合计35个。从募投项目行政层级来看，2022年1~9月河北省新增专项债募投项目行政层级仍以区县级为主，占比（不含支持中小银行发展金额）69.90%，其次为地市级和省级，占比（不含支持中小银行发展金额）分别为28.30%和1.41%。从项目偿债情况看，2022年1~9月河北省新增专项债募投项目融资本息覆盖倍数均值为2.39倍，募投项目还本付息保障能力较强。

（三）用作资本金项目较少，以交通基础设施项目为主

2022年1~9月，河北省新增专项债用作项目资本金情况仍较少，当期用作资本金项目仅10个，用作资本金金额合计97.60亿元，项目领域以高速铁路和城际轨道等交通基础设施为主。考虑到专项债用作项目资本金的撬动作用强于用作配套融资，在稳增长背景下仍需合理推进资本金应用以放大对基建投资的拉动效果。

（四）理论上可撬动基建投资3102.35亿元，撬动效应仍有较大释放空间

2022年1~9月，河北省新增专项债发行规模1920.00亿元，其中用作资本金规模和用作配套融资规模分别为97.60亿元和1822.40亿元，当期专项债资本金撬动杠杆和配套融资撬动杠杆分别为2.35倍和1.59倍，理论上可实现基建投资撬动规模3102.35亿元①。在新增专项债发行对基建投资的拉动作用下，2022年1~9月，河北省固定资产投资（不含农户）同比增长8.2%。但鉴于专项债用作资本金的撬动效应强于配套融资，而河北省新增专项债中用作资本金的规模仍较小，河北省新增专项债对投资的撬动效应仍有较大释放空间。

三　河北省偿债能力分析

河北省地方政府债务限额和余额持续增长，存量规模居全国上游，2023年将迎地方债到期高峰。河北省经济水平和财政实力较强，但产业结构仍有待优

① 专项债撬动基建投资方法参考袁海霞、汪苑晖、卞欢《专项债兼顾扩容提效，助力基建托底稳增长——地方政府专项债2019年回顾与2020年展望》，《财政科学》2020年第1期。

化，财政平衡能力有待提高。河北省债务率和负债率持续提升，债务余额占一般公共预算收入的比重不断增长，债务负担偏重，但债务风险防范机制健全。

（一）债务限额和余额均位于全国上游，2023年将迎地方债到期高峰

2017~2021 年，河北省地方政府债务限额和余额均呈增长态势，债务余额占债务限额的比例持续上升（见图 15）。截至 2021 年，河北省地方政府债务限额[①]和余额分别为 14842. 10 亿元和 13226. 37 亿元，在全国 31 个省（区、市）中分别居第 5 位和第 6 位；债务余额占债务限额的比例为 89. 11%，在全国 31 个省（区、市）中排第 28 位（见图 16）。截至 2021 年，河北省未使用债务限额 1615. 73 亿元，尚有一定规模融资空间。从地方债到期分布来看，2022 年 10~12 月，河北省地方债到期规模较小，仅 53. 60 亿元；2023~2027 年，河北省地方债到期规模呈先升后降态势，2023 年为河北省地方债到期高峰，到期规模 1421. 08 亿元，其中专项债和一般债到期规模分别为 632. 17 亿元和 788. 91 亿元（见图 17）。

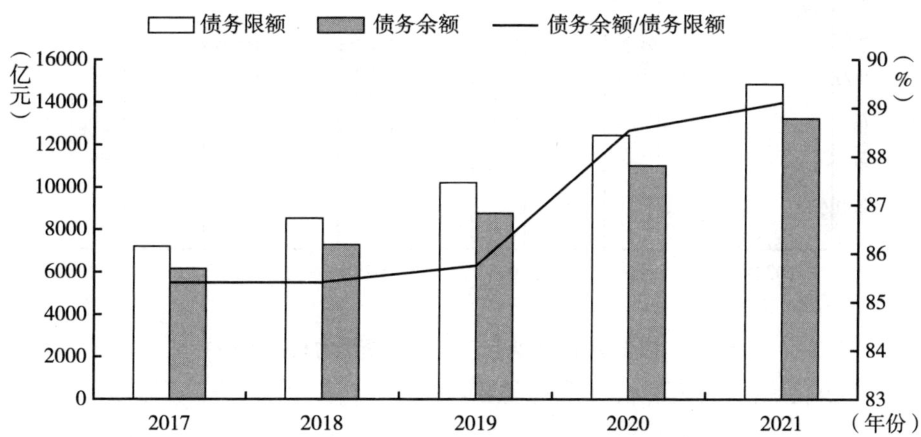

图 15　2017~2021 年河北省地方政府债务限额及余额

数据来源：河北省财政预算执行及决算报告，中诚信国际整理计算。

① 如无特别说明，本报告中引用的河北省地方政府债务限额、余额，一般公共预算收入、支出，财政平衡率，债务率、负债率等财政相关数据均来自河北省财政预算执行及决算报告，并由中诚信国际整理计算。

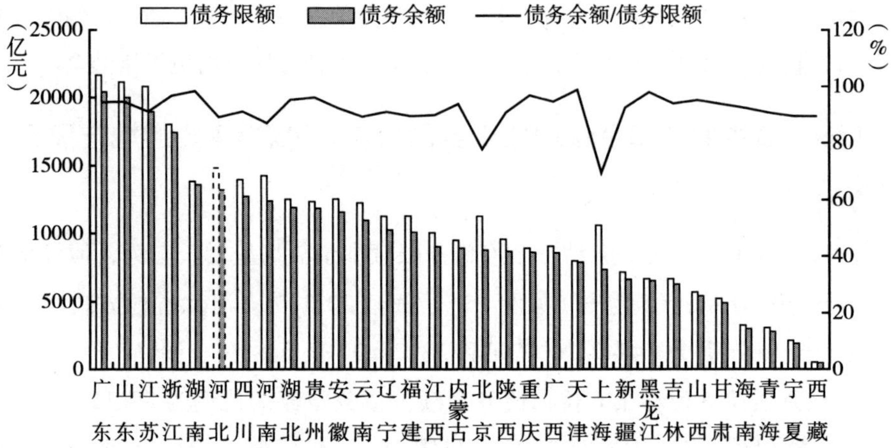

图 16　2021 年全国 31 个省（区、市）地方政府债务限额及余额

数据来源：全国 31 个省（区、市）财政预算执行及决算报告，中诚信国际整理计算。

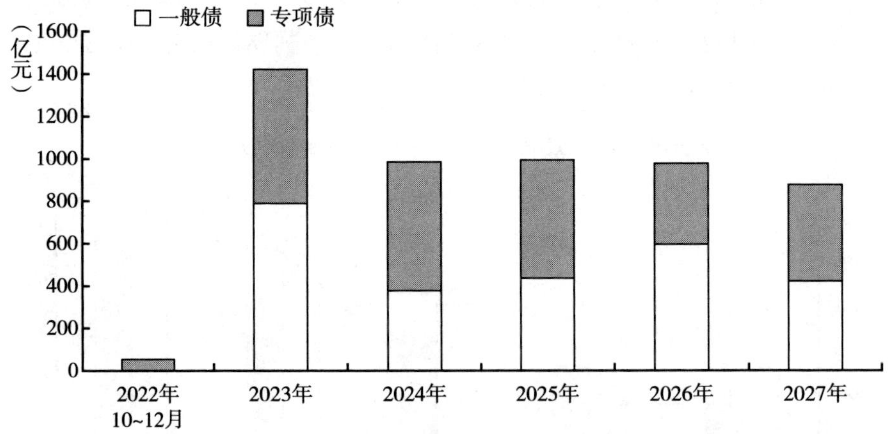

图 17　截至 2022 年 9 月河北省存量地方债到期分布

数据来源：Wind 数据库，中诚信国际整理计算。

（二）经济水平和财政实力较强，但产业升级缓慢，财政平衡能力有待提高

河北省经济体量居全国中游水平，2021 年河北省地区生产总值（GDP）

为 40391.27 亿元（见图 18），在全国 31 个省（区、市）中排第 12 位；随着国内疫后经济的逐步修复，2021 年 GDP 增速回升至 6.5%。产业结构方面，2021 年河北省第一、第二、第三产业增加值分别为 4030.30 亿元、16364.20 亿元和 19996.70 亿元，同比分别增长 6.3%、4.8%和 7.7%，三次产业比例为 10.0∶40.5∶49.5，产业结构虽持续优化，但产业升级缓慢、第二产业技术含量低、第三产业发展较 GDP 增长滞后等问题仍然存在。

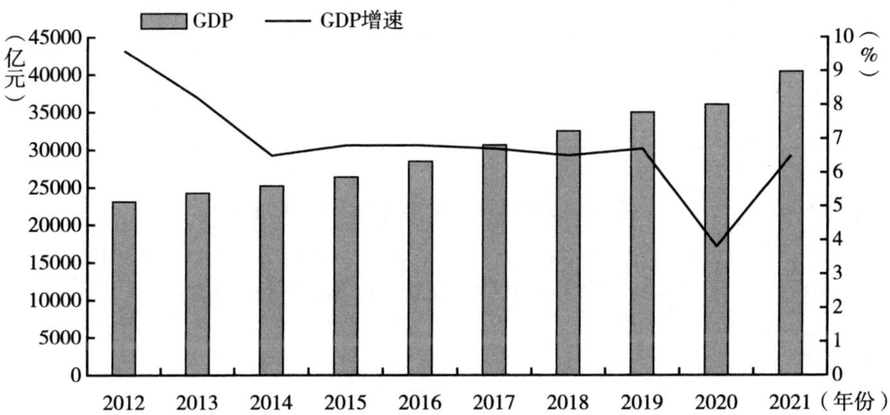

图 18　2012~2021 年河北省经济情况

数据来源：河北省国民经济和社会发展统计公报，中诚信国际整理计算。

河北省财政实力居全国上游，2021 年财政平衡能力有所回升。2017~2021 年，河北省综合财力呈先增后降趋势（见图 19），其中，一般公共预算收入稳步增长，2021 年，河北省实现一般公共预算收入 4167.58 亿元，在全国 31 个省（区、市）中居第 9 位（见图 20），同时较大规模的中央补助亦有助于提升河北省财政实力；受疫情持续、土地集中出让制度推行、房地产行业政策紧缩等因素影响，2020 年以来政府性基金收入呈持续回落态势；国有资本经营收入规模较小。2021 年，河北省财政平衡率为 47.07%，较上年有所回升，但财政平衡能力仍有待提高。

（三）债务负担偏重，但债务风险防范机制健全

截至 2021 年，河北省债务率和负债率分别为 128.73%和 32.75%，在全国 31 个省（区、市）中分列第 8 位和第 14 位，居全国中上游水平，债务负担相

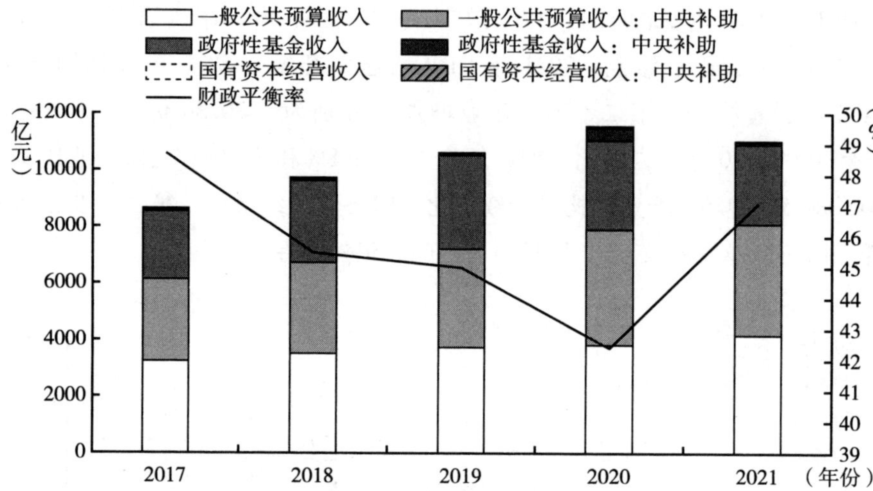

图 19　2017~2021 年河北省财政情况

注：综合财力=一般公共预算收入+政府性基金收入+国有资本经营收入+中央补助。
数据来源：2017~2021 年河北省财政决算报告，中诚信国际整理计算。

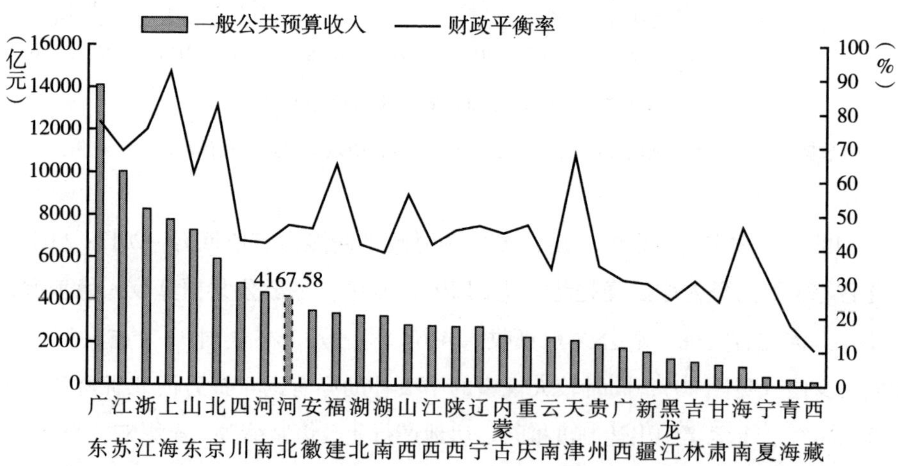

图 20　2021 年全国 31 个省（区、市）一般公共预算收入与财政平衡率

数据来源：全国 31 个省（区、市）财政预算执行及决算报告，中诚信国际整理计算。

对偏重（见图 21）。2017~2021 年河北省债务余额增长较快，债务率和负债率水平持续上升，债务余额占一般公共预算收入的比重亦呈增长态势（见图 22）。但河北省在防范政府性债务风险方面拥有较为健全的机制，在加强政府债务政策制度建设的基础上，河北省积极开展政府性债务月度报告、隐性债务统计监测和地方政府性债务投资项目资产清查登记，持续完善全口径债务风险监控机制；此外，还对债务风险提示或预警地区实施通报，有效防范债务风险。

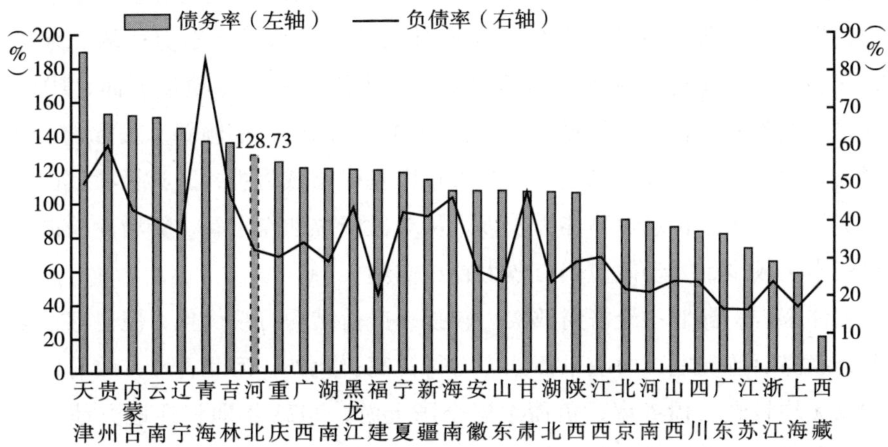

图 21　2021 年全国 31 个省（区、市）债务率及负债率

数据来源：全国 31 个省（区、市）财政预算执行及决算报告，中诚信国际整理计算。

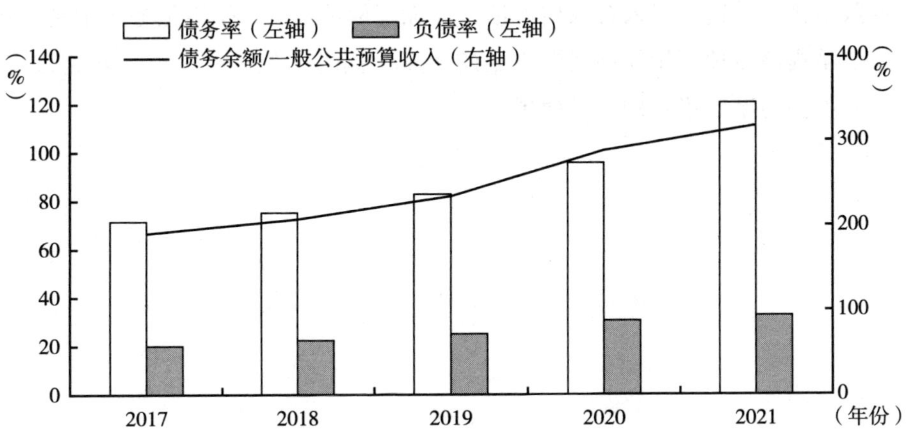

图 22　2017~2021 年河北省债务率及负债率

注：上图所绘数据均通过决算报告数据计算得出，故与图 21 采用预算执行报告计算的数据存在差异。

数据来源：2017~2021 年河北省财政决算报告，中诚信国际整理计算。

四 小结

2022 年 1~9 月，河北省地方债发行规模同比大幅增加超三成，其中新增专项债发行规模占比超六成、已接近上年全年发行水平，地方债发行节奏前慢后快，发行期限明显拉长，发行成本相对较低且维持下行态势；从二级市场看，交易规模同比有所减少，到期收益率呈下降态势。专项债方面，2022 年 1~9 月河北省专项债发行规模同比大幅增加，期限向长期倾斜，发行成本有所下降；新增专项债募投范围进一步扩大且以基建领域为主，区县级项目占比较高，募投项目还本付息保障能力较强。从对投资拉动作用看，新增专项债用作项目资本金较少，撬动效应仍有较大释放空间。

整体来看，河北省经济财政实力较强、产业结构持续优化，但也存在第三产业升级滞后等问题，财政平衡能力有待提高；此外，河北省地方政府债务限额和余额均较高，债务率、负债率居全国上游，2023 年即将迎地方债到期高峰，债务负担偏重。基于此，建议河北省政府加强债务管控和风险防范，可以从以下几方面着手：一是持续完善债务风险防范机制，积极落实政府性债务月度报告、债务风险提示通报等各项制度；二是不断优化地方债长短期合理搭配的期限结构，并适当引入含权地方债，增强偿债灵活性、平滑债务集中到期压力；三是提高专项债用作项目资本金的比重，提高“债务—资产”转化效率，放大专项债对基建投资的拉动效果。

B.15
2022年黑龙江省地方政府债券分析报告

黄 菲 郗 玥*

摘 要： 2022年以来，黑龙江省地方债发行规模有所下降但仍维持高位；发行成本持续回落，二级市场活跃度明显上升。黑龙江省地方政府专项债扩容，资金投向以传统基础设施为主；新增专项债作为资本金的规模较小，撬动效应仍有待释放。2021年黑龙江省债务率明显升高，整体债务风险有所增加。未来黑龙江省应加强制度保障、防范政府债务风险、继续严格政府债务限额管理、发挥地方债积极作用。

关键词： 地方债 专项债 黑龙江省

一 黑龙江省地方债运行情况分析

黑龙江省地方债存量余额小于全国平均规模，类型主要为一般债，期限以10年为主。从规模看，截至2022年9月，黑龙江省地方债存量规模为7170.80亿元①，占全国规模的2.08%，在全国31个省（区、市）中排第24位（见图1）。从结构看，存量地方债中近66%为一般债，规模为4713.90亿元，一

* 黄菲，中诚信国际政府公共评级一部副总监，主要研究领域为地方债与城投行业、大交通行业等；郗玥，中诚信国际政府公共评级一部分析师，主要研究领域为地方债与城投行业等。

① 如无特别说明，本报告中引用的地方债存量、发行量、发行利率、发行利差、交易量、到期收益率等债券相关数据均来自截至2022年9月的Wind数据库，并由中诚信国际整理计算。

般债存量规模在全国31个省（区、市）中排第14位。从期限看，存量地方债期限主要为10年，10年期地方债约占黑龙江省地方债总规模的37.84%。

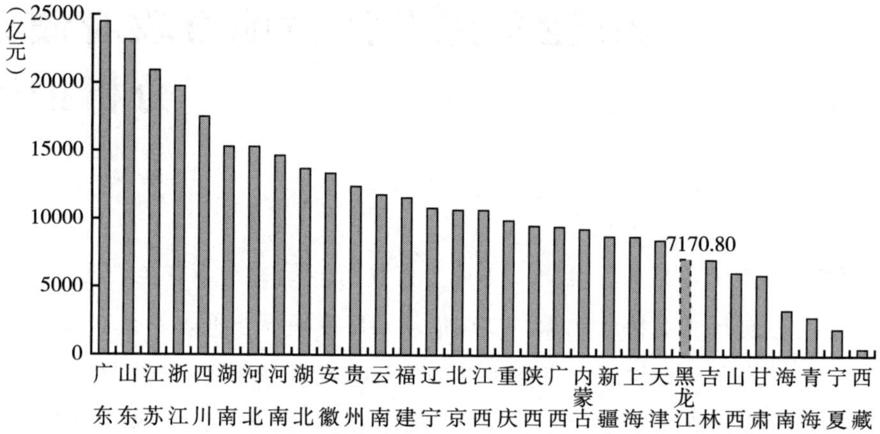

图1　截至2022年9月全国31个省（区、市）地方债存量规模

数据来源：Wind数据库，中诚信国际整理计算。

（一）地方债发行规模下降但仍维持高位，发行主要集中在第二季度

近年来黑龙江省面临较大的产业结构转型压力，经济增速低于全国平均水平，经济下行压力较大。在此背景下，积极财政政策基调未变，2022年以来黑龙江省地方债发行规模虽同比有所下降，但仍维持高位。2022年1~9月，黑龙江省共发行地方债1040.92亿元，较上年同期有所下降，占2021年全年发行规模的75%。从月度发行规模看，2022年黑龙江省地方债集中于4~6月发行，合计发行规模达911.17亿元（见图2），与2021年发行高峰一致。

（二）以新增专项债为主要发行券种，长期限债券占比下降

2022年1~9月，黑龙江省地方债以新增专项债为主要发行券种，债券期限以10年为主，但其占比显著下降。券种结构方面，新增专项债规模及占比最高，2022年1~9月发行规模为400.00亿元，占比近四成，新增一般债发行规模为339.00亿元，再融资一般债发行规模为243.23亿元，再融资专项债发行规模为58.69亿元，其中再融资债未用于偿还存量债务。期限结构方面，以10年期为

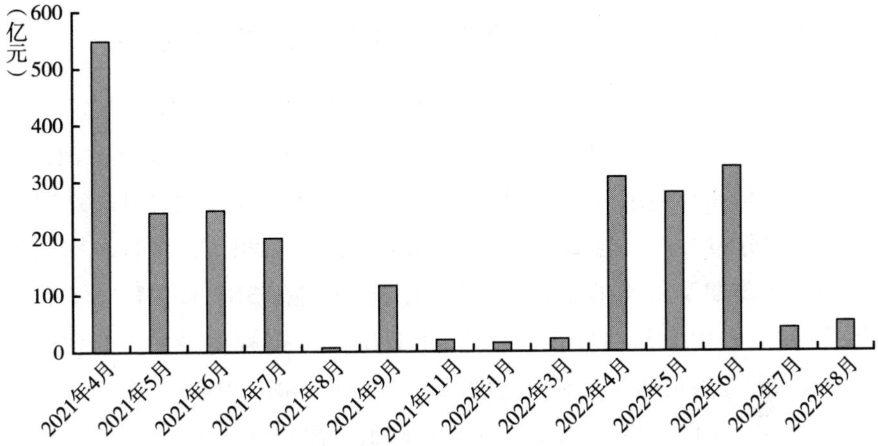

图 2　2021 年 1 月至 2022 年 9 月黑龙江省地方债月度发行规模

注：黑龙江省部分月份无地方债发行，未在图中显示。

数据来源：Wind 数据库，中诚信国际整理计算。

主，占比为 47. 71%，同比下降约 21 个百分点，而 20 年期和 30 年期占比较上年同期分别上升约 10 个百分点，期限品种较 2021 年无变化，10 年及以上期限所占比例为 86. 80%（见图 3），较 2021 年 1~9 月下降 6. 93 个百分点。

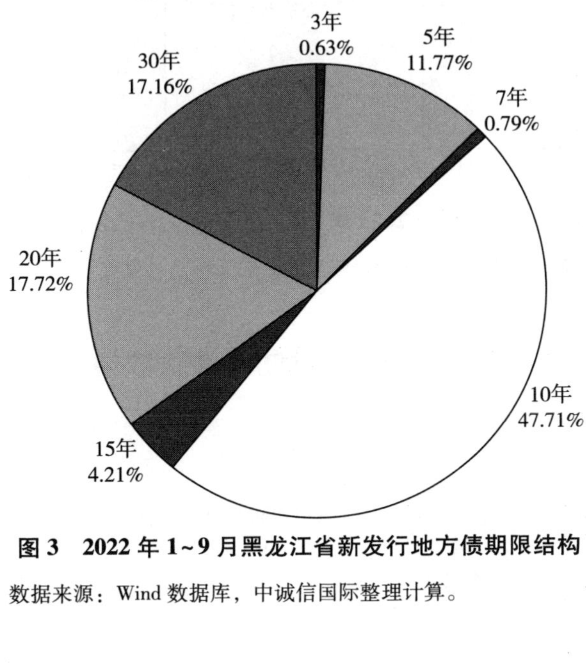

图 3　2022 年 1~9 月黑龙江省新发行地方债期限结构

数据来源：Wind 数据库，中诚信国际整理计算。

（三）整体发行成本有所降低，但仍处于全国较高水平

2022 年 1~9 月，黑龙江省地方债发行利率①仍呈下降趋势，降至 3.12%，发行利差为 19.93BP，较 2021 年减少 7.22BP（见图 4）。月度分布方面，发行利率在 2022 年 8 月到达低点 2.97%，发行利差在 6 月降至低点 12.62BP（见图 5）。期限分布方面，与 2021 年对应期限的地方债相比，发行利率明显回落，其中 15 年期及 20 年期回落幅度较大，分别下降 53BP 和 43BP；发行利差亦有所下降，其中 5 年期发行利差为 14.17BP，下降幅度最大。券种分布方面，一般债和专项债的发行利率分别回落至 3.06%和 3.20%，发行利差分别回落至 22.00BP 和 17.29BP，发行成本有所降低。但与其他省（区、市）相比，黑龙江省发行利率较高，在全国排名第八（见图 6）。

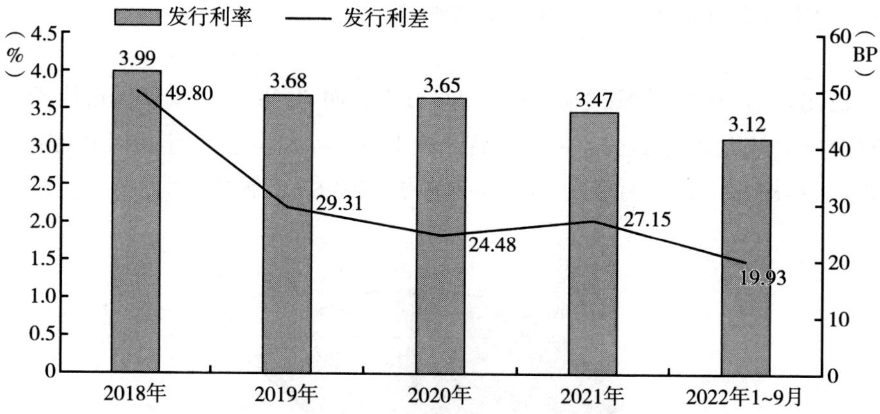

图 4　2018 年至 2022 年 9 月黑龙江省地方债发行成本

数据来源：Wind 数据库，中诚信国际整理计算。

（四）二级市场交易规模②大幅增加，到期收益率③呈平缓下降态势

从二级市场交易规模看，2022 年 1~9 月黑龙江省交易规模同比大幅上升

① 如无特别说明，本报告中发行利率、利差为根据发行额计算的加权平均发行利率、利差，发行利差计算公式：债券发行利率-对应期限国债收益率。

② 交易统计包含回购交易、现券交易等部分。

③ 此处到期收益率均值采用的是算术平均值。

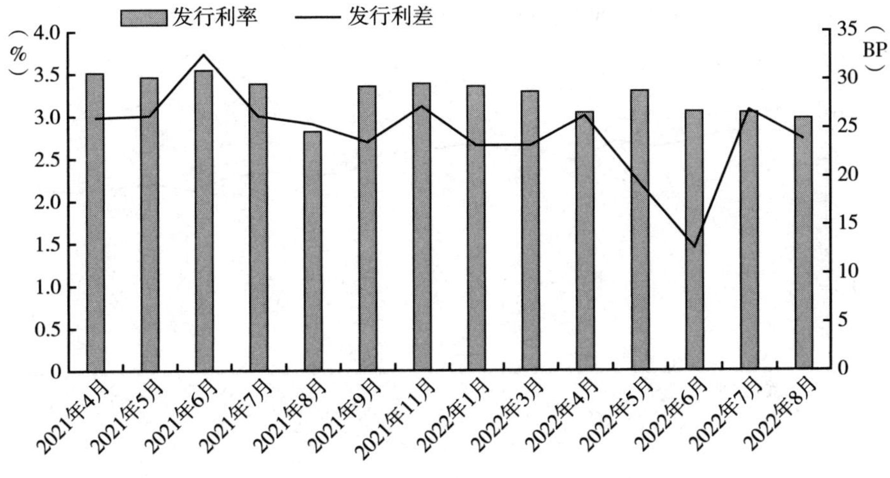

图 5　2021 年 1 月至 2022 年 9 月黑龙江省地方债月度发行成本

注：黑龙江省部分月份无地方债发行，未在图中显示。

数据来源：Wind 数据库，中诚信国际整理计算。

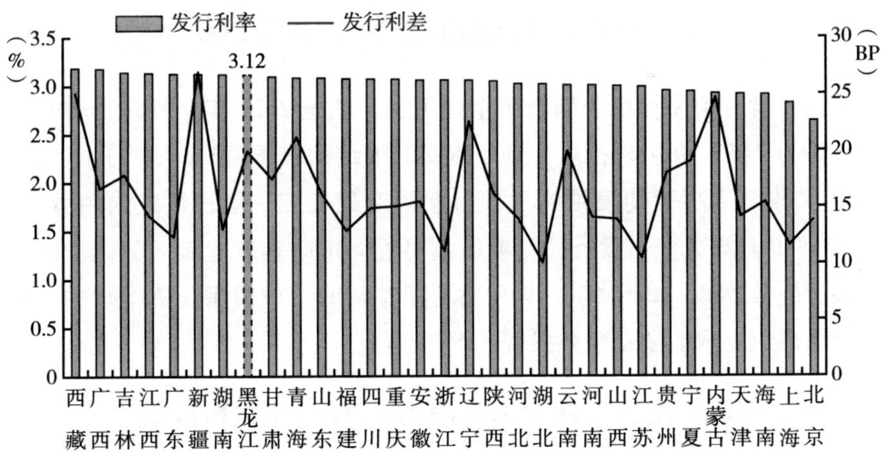

图 6　2022 年 1~9 月全国 31 个省（区、市）地方债发行成本

数据来源：Wind 数据库，中诚信国际整理计算。

57.67%至 1366.49 亿元，交易量排名也由 2021 年的全国第 27 位上升至全国第 24 位，二级市场流动性增强。从到期收益率走势看，2021 年 1 月至 2022 年 9 月黑龙江省各期限地方债到期收益率呈现平缓下降态势，其中 2022 年 8 月处于最低点（见图 7）。

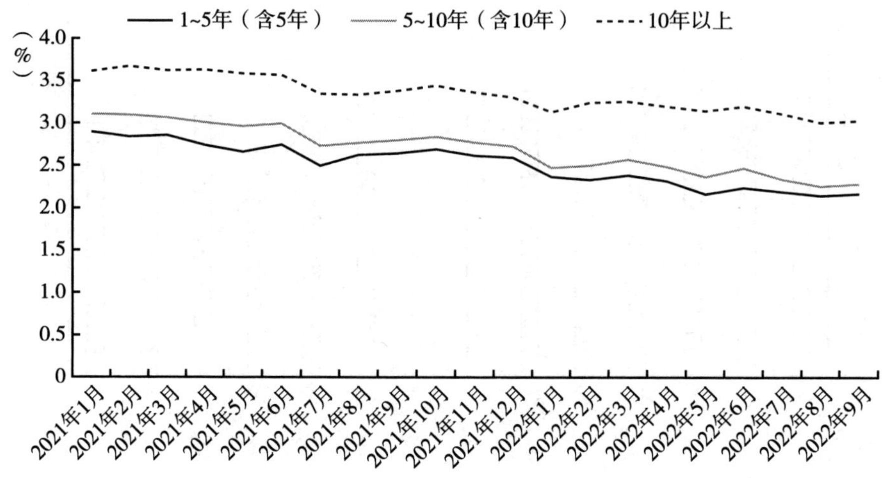

图 7　2021 年 1 月至 2022 年 9 月黑龙江省地方债到期收益率走势

数据来源：Wind 数据库，中诚信国际整理计算。

二　黑龙江省地方政府专项债分析①

黑龙江省专项债存量余额处于全国下游，截至 2022 年 9 月，新增专项债存量余额为 2456.90 亿元；从存量专项债期限结构来看，5 年期占比较高，其次为 10 年期，专项债期限结构与项目期限匹配程度一般；从投向领域来看，2022 年 1~9 月黑龙江省发行的专项债主要投向市政和产业园区基础设施与交通基础设施等领域；2022 年 1~9 月黑龙江省新增专项债用作资本金的比例相对较小，理论上或能撬动基建投资 555.78 亿元。

（一）专项债发行规模呈上升趋势，2022年发行成本下行

近年来，黑龙江省专项债发行规模呈上升趋势，其中 2022 年 1~9 月发行 458.69 亿元，占 2021 年全年发行规模的 75.65%；从期限结构来看，2022 年 1~9 月发行的专项债中 20 年期占比为 40.21%，较上年同期大幅上升，其次

① 2020 年 7 月 29 日财政部《关于加快地方政府专项债券发行使用有关工作的通知》（财预〔2020〕94 号）明确 2020 年新增专项债必须保证融资规模与项目收益相平衡，因此 2020 年新增专项债均为项目收益专项债；本部分项目收益专项债的统计样本为 2018~2019 年项目收益专项债与 2020 年至 2022 年 9 月的新增专项债。

10 年期、30 年期品种占比较高（见图 8）。从发行成本来看，2018 年以来，黑龙江省专项债发行利差呈波动下降态势，其中 2021 年发行利差有所回升，2022 年再次走低，相较于 2018 年，2022 年 1~9 月黑龙江省专项债发行利差收窄 29.40 BP，降幅较大（见图 9）。

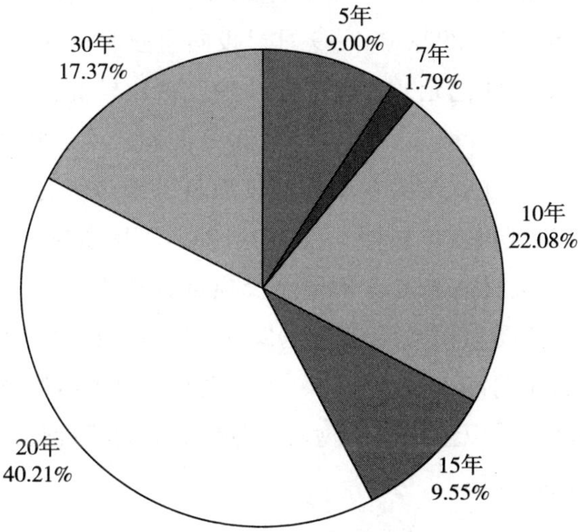

图 8　截至 2022 年 9 月黑龙江省项目收益专项债发行期限结构

数据来源：Wind 数据库，中诚信国际整理计算。

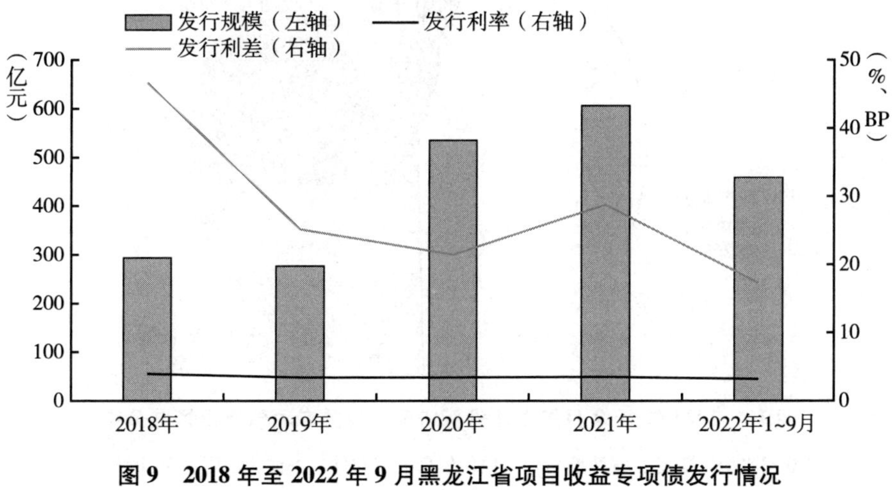

图 9　2018 年至 2022 年 9 月黑龙江省项目收益专项债发行情况

数据来源：Wind 数据库，中诚信国际整理计算。

（二）新增专项债募投领域以市政和产业园区基础设施为主，地市级项目占比较高，整体偿债保障较好

2022 年 1~9 月，黑龙江省新增专项债募投领域主要为传统基建领域，具体包括市政和产业园区基础设施、交通基础设施、民生服务、棚改、农林水利和生态环保（见图 10）。2022 年 1~9 月，投向市政和产业园区基础设施领域的专项债规模为 181.03 亿元，其中产业园建设占比较高；投向交通基础设施领域 81.27 亿元，其中一般铁路、收费公路等占比较高。从项目行政层级看，2022 年 1~9 月，黑龙江省新增专项债募投项目以地市级为主，地市级项目占比为 51.27%；省级项目占比较低，仅为 14.23%。从项目本息覆盖情况来看，2022 年 1~9 月，黑龙江省新增专项债募投项目收益均能对债券融资本息形成有效覆盖，项目本息覆盖倍数均值升至 2.90 倍，项目整体偿债风险不大。但部分项目预期收益中可能未考虑投资、运营成本，覆盖倍数或存在被高估的可能性；同时需关注部分以土地出让收入为还款来源的项目所对应的土地实际出让情况及面临的潜在风险。

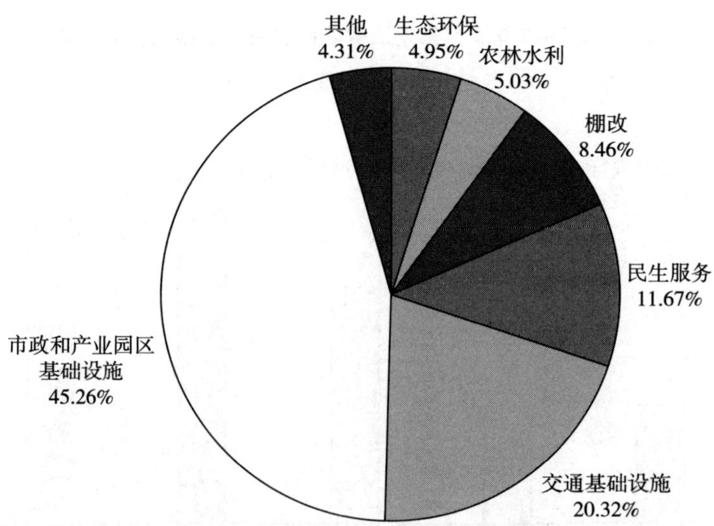

图 10　2022 年 1~9 月黑龙江省新增项目收益专项债募投领域分布

数据来源：黑龙江省政府新增专项债信息披露文件，中诚信国际整理计算。

（三）专项债作为资本金规模尚小，未来仍需发挥专项债作用，带动社会资本投入

2022 年 1~9 月，黑龙江省新增专项债募集资金用作项目资本金的数额为 4.94 亿元，主要投向领域为城际高速铁路和城际轨道交通、城市停车场和给排水、水务；黑龙江省专项债作为项目资本金规模尚小，可能系当地符合条件的项目储备较少、专项债发行规模有限所致，在稳增长背景下仍需合理推进资本金应用，进一步带动社会资本投入短板项目，以发挥其对基础设施建设投资的拉动作用。

（四）理论可撬动约560亿元投资，撬动效应仍有待释放

2022 年 1~7 月，黑龙江省固定资产投资同比增长 6.3%，黑龙江省继续积极发挥地方政府专项债对基建投资的刺激作用。从专项债对投资拉动实际效果来看，2022 年 1~9 月黑龙江省新增专项债规模 400 亿元，其中用作资本金和配套融资的专项债规模分别为 4.94 亿元和 395.06 亿元，对应的专项债资本金和专项债配套融资撬动杠杆分别为 2.14 倍和 1.38 倍，理论上约能撬动基建投资 555.78 亿元[①]。总体而言，专项债作为资本金的撬动效应强于配套融资，但目前黑龙江省专项债作为资本金的规模尚小，对投资的撬动效应仍有待释放。

三　黑龙江省偿债能力分析

黑龙江省地方政府债务余额处于全国下游水平，但仍保持一定增速，其中一般债占比近 70%，2023 年迎来到期高峰。黑龙江省财政收入对上级补助依赖较大，财政实力和财政自给能力均较弱，且 2021 年黑龙江省债务率大幅升高，债务风险有所增加。

（一）地方政府债务规模持续增长，2023年将进入地方债偿债高峰期

黑龙江省地方政府债务余额整体呈增长态势并接近债务限额。截至 2021

① 专项债撬动基建投资方法参考袁海霞、汪苑晖、卞欢《专项债兼顾扩容提效，助力基建托底稳增长——地方政府专项债 2019 年回顾与 2020 年展望》，《财政科学》2020 年第 1 期。

年，黑龙江省地方政府债务限额为 6673.60 亿元（见图 11），同比上升 13.12%，债务余额达 6534.50 亿元，规模居全国第 24 位（见图 12），同比上升 14.94%，截至 2021 年黑龙江省未使用的债务限额仅 139.10 亿元，限额空间较小。地方债存量结构方面，黑龙江省政府债务主要为债券形式，截至 2022 年 9 月黑龙江省存量地方债券规模为 7170.80 亿元，居全国第 24 位。券

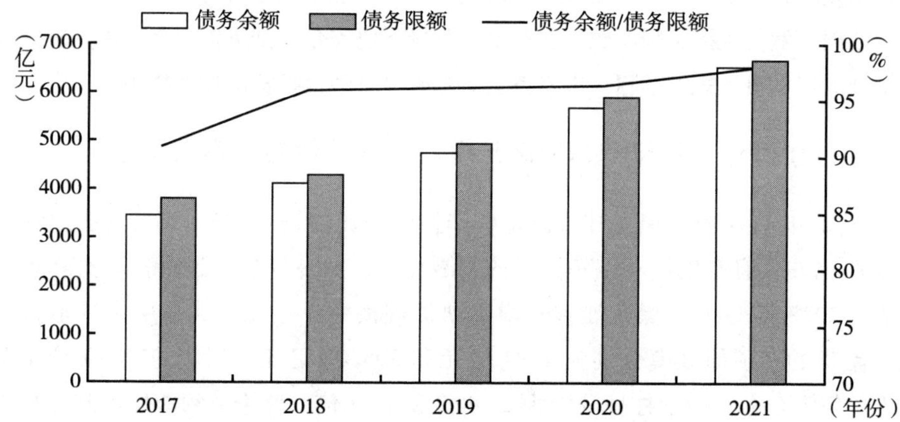

图 11　2017～2021 年黑龙江省债务限额及余额

数据来源：黑龙江省财政预算执行及决算报告，中诚信国际整理计算。

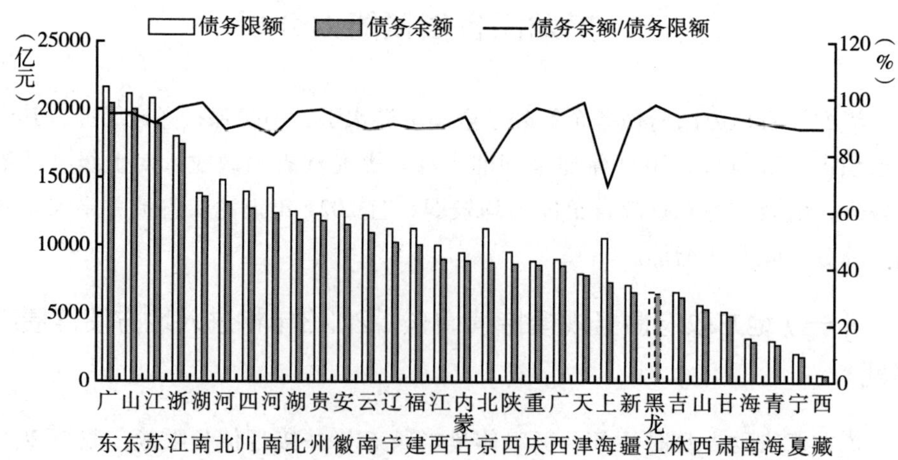

图 12　截至 2021 年全国 31 个省（区、市）债务限额及余额

数据来源：全国 31 个省（区、市）财政预算执行及决算报告，中诚信国际整理计算。

种分布方面，主要为一般债，一般债规模为 4713.90 亿元，占比为 65.74%。到期情况方面，2022 年 10~12 月剩余到期规模 200.14 亿元，未来 5 年中 2023 年到期规模相对较大，且为专项债到期高峰，专项债将到期 333.42 亿元（见图 13）。

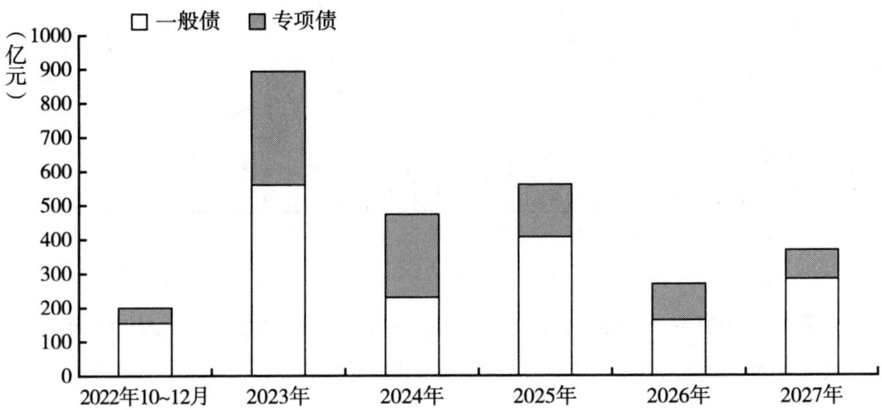

图 13　截至 2022 年 9 月黑龙江省存量地方债到期分布

数据来源：Wind 数据库，中诚信国际整理计算。

（二）财政收入规模不高，自给能力较弱，对上级补助较为依赖

黑龙江省为我国粮食、石油的重要生产省份，作为传统老工业基地，近年来受资源衰竭、产业结构问题突出、人口老龄化以及人才流失等因素制约，经济增长较为乏力，经济总量持续处于全国中下游水平。自身财政实力和财政自给能力均较弱，且受经济结构调整、疫情反复、减税降费等因素影响，黑龙江省一般公共预算收入规模有所起伏，2021 年黑龙江省财政收入呈疫后恢复态势，实现一般公共预算收入 1300.5 亿元，在全国 31 个省（区、市）中位列第二十五（见图 14），同比增长 12.8%。综合财力方面，2021 年黑龙江省综合财力为 5454.15 亿元（见图 15），其中，政府性基金预算收入占比为 6.8%，上级补助收入占比达 69.3%，总体来看，财政收入较依赖上级补助。

（三）债务率同比大幅升高并超过100%，地方债务风险增加

截至 2021 年，黑龙江省地方政府债务率为 119.81%，负债率为 43.92%（见图 16），同比均有所升高，其中债务率增幅较大，已突破 100%，债务率在

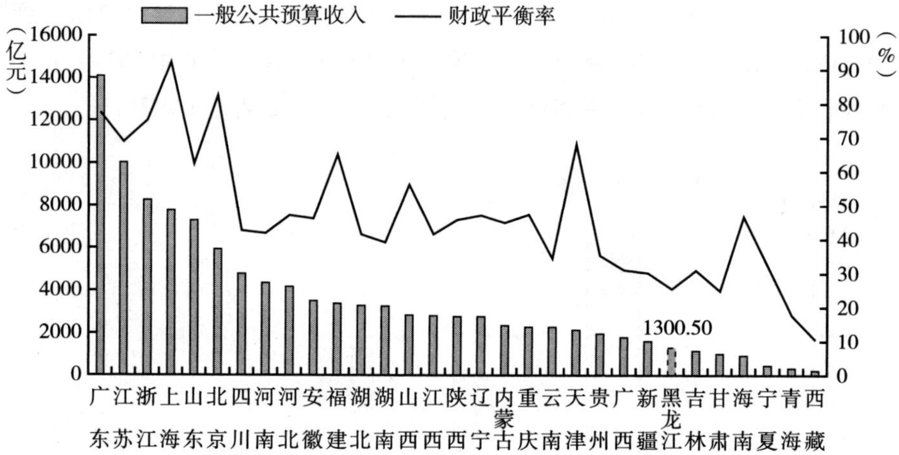

图 14　2021 年全国 31 个省（区、市）一般公共预算收入和财政平衡率

数据来源：全国 31 个省（区、市）财政预算执行及决算报告，中诚信国际整理计算。

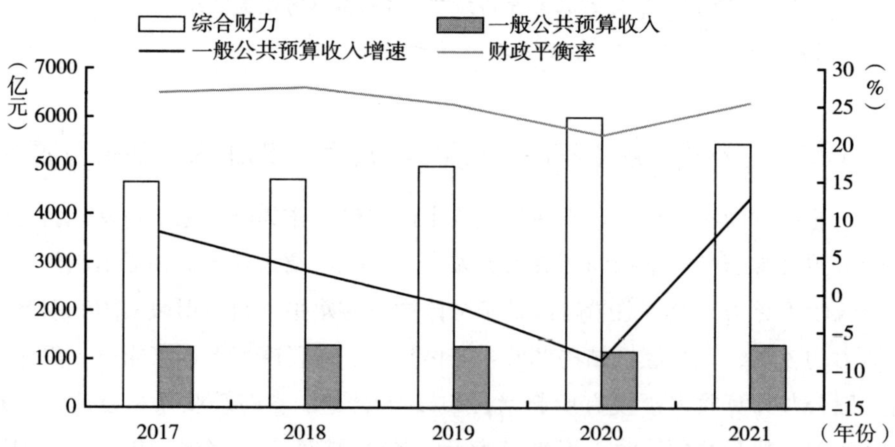

图 15　2017~2021 年黑龙江省财政情况

数据来源：2017~2021 年黑龙江省财政预算执行及决算报告，中诚信国际整理计算。

全国 31 个省（区、市）中处于第 12 位，较 2020 年上升 7 位（见图 17），债务风险有所加大。但黑龙江省政府高度重视政府性债务管理工作，强化债务风险管控，实行限额管理，严格控制政府债务规模，加强预算管理，并开展风险预警提示工作，风险防控体系日益完善。

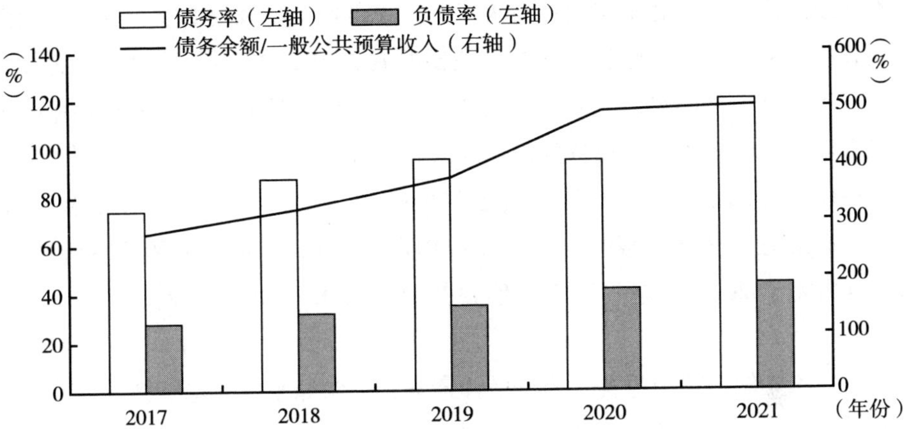

图 16　2017~2021 年黑龙江省债务率及负债率

数据来源：2017~2021 年黑龙江省财政预算执行及决算报告，中诚信国际整理计算。

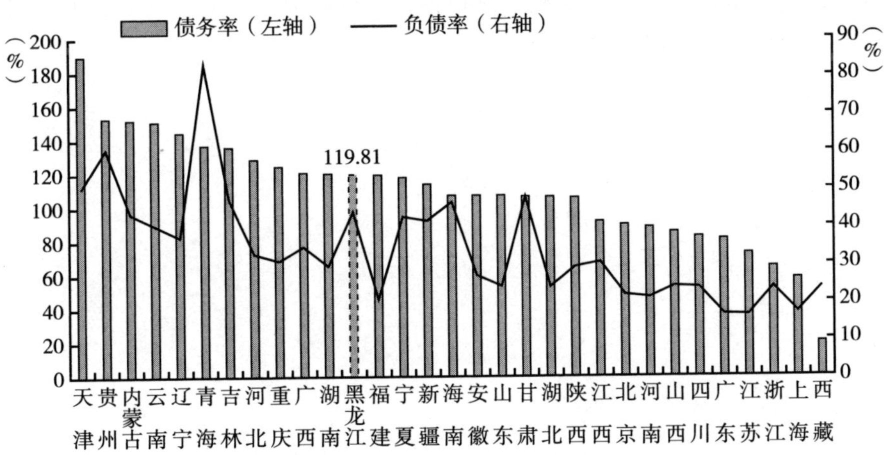

图 17　2021 年全国 31 个省（区、市）债务率及负债率

数据来源：全国 31 个省（区、市）财政预算执行及决算报告，中诚信国际整理计算。

四　小结

2022 年 1~9 月，黑龙江省地方债发行体量有所下滑但仍保持较高规模。地方债发行券种主要为新增专项债，期限以 10 年为主。从发行成本看，发行成本持续回落，但仍处于全国较高水平，二级市场交易规模明显上升，各期限到期收益率呈平缓下行趋势。从专项债情况看，2022 年 1~9 月黑龙江省专项债发行规模呈上升趋势，投向以市政和产业园区基础设施为主，专项债用作项目资本金的规模较小，对投资的拉动效果有待提高。

整体而言，黑龙江省现阶段债务限额空间较小，且财政收入规模不高，2021 年随着地方债务余额的增长，债务率明显升高，整体债务风险有所加大。黑龙江省将于 2023 年进入地方债偿债高峰，对未来债务风险防控具体建议如下。

一是建立健全组织机构，充分发挥债务管理领导小组和隐性债务风险管理专班职责；二是发挥政府主体责任，守住不发生债务风险的底线；三是加强制度保障，通过制度建设，形成覆盖“借、用、管、还”全过程的债务管控体系。四是强化债务风险管控，实行限额管理，加强预算管理，开展债务风险预警提示工作；五是落实统计监测、月报预警、风险会商、应急救助、考核问责机制；六是缓释市县偿债压力。

B.16

2022年内蒙古自治区地方政府债券分析报告

骆传伟　张逸菲*

摘　要： 内蒙古自治区地方政府债券余额在全国处于中游水平；2022年以来，新发行地方政府债券规模和成本均呈下降趋势，且以一般债为主；内蒙古自治区专项债资金主要用于交通基础设施、市政和产业园区基础设施、民生服务等领域；内蒙古自治区债务水平偏高，偿债压力较大。综合来看，内蒙古自治区可适当优化地方政府债券期限结构，推动区域经济高质量发展。

关键词： 地方债　专项债　内蒙古自治区

一　内蒙古自治区地方债运行情况分析

截至2022年9月，内蒙古地方债存量规模①为9306.77亿元，在全国31个省（区、市）中排第20位，整体处于中游水平（见图1）。按债券类型划分，内蒙古地方债以一般债为主，截至2022年9月，一般债与专项债规模占比分别为70.57%和29.43%。从债券期限结构来看，内蒙古地方债的发行期限以5年、10年、15年和20年为主。

* 骆传伟，中诚信国际政府公共评级一部副总监，主要研究领域为地方政府债券、基础设施投融资行业等；张逸菲，中诚信国际政府公共评级一部助理总监，主要研究领域为地方政府债券、基础设施投融资行业等。

① 如无特别说明，本报告中引用的地方债存量、发行量、发行利率、发行利差、交易量、到期收益率等债券相关数据均来自截至2022年9月30日的Wind数据库，并由中诚信国际整理计算。

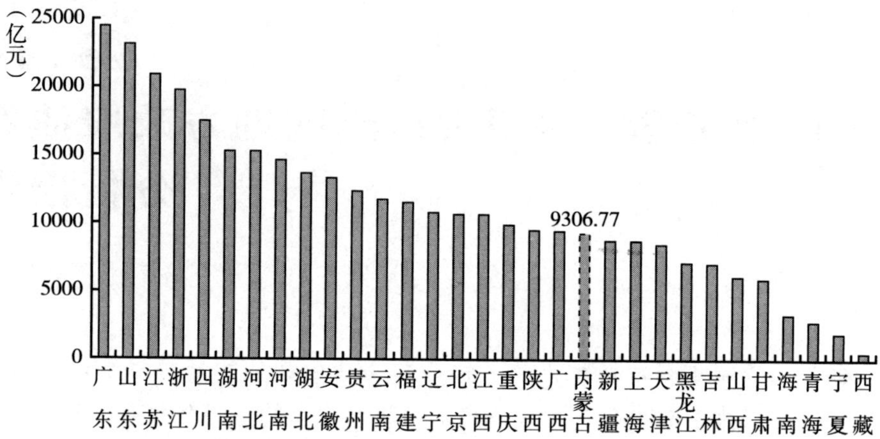

图 1　截至 2022 年 9 月全国 31 个省（区、市）地方债存量规模

数据来源：Wind 数据库，中诚信国际整理计算。

（一）整体发行规模有所下降，月度发行规模呈波动态势

2022 年以来，经济延续恢复态势，但受疫情等因素影响，内蒙古经济恢复势头边际放缓。《政府工作报告》明确 2022 年赤字率按 2.8%左右安排，较 2021 年有所下调。在此背景下，2022 年 1~9 月，内蒙古新增地方债规模为 1002.62 亿元，在全国 31 个省（区、市）中排第 27 位，较 2021 年同期发行规模（1283.59 亿元）有所下降。从月度发行规模来看，2022 年 1~9 月，内蒙古地方债发行规模呈波动态势，主要集中于 5 月、6 月和 9 月发行（见图 2）。

（二）新发行品种以一般债为主，期限以5年、10年、15年和20年为主

2022 年 1~9 月，内蒙古新发行的债券以一般债为主，专项债规模相对较小，其中一般债规模为 688.85 亿元，较 2021 年同期下降 26.06%，占比由 72.58%下降至 68.70%。2022 年 1~9 月，内蒙古新发行的债券以再融资债券为主，规模为 542.92 亿元，较 2021 年同期减少 31.70%，占比为 54.15%，较 2021 年同期有所下降。在期限结构方面，2022 年 1~9 月内蒙古新发行债券的期限有所调整，20 年期债券发行规模和数量大幅增加，其中 5 年期、10 年期

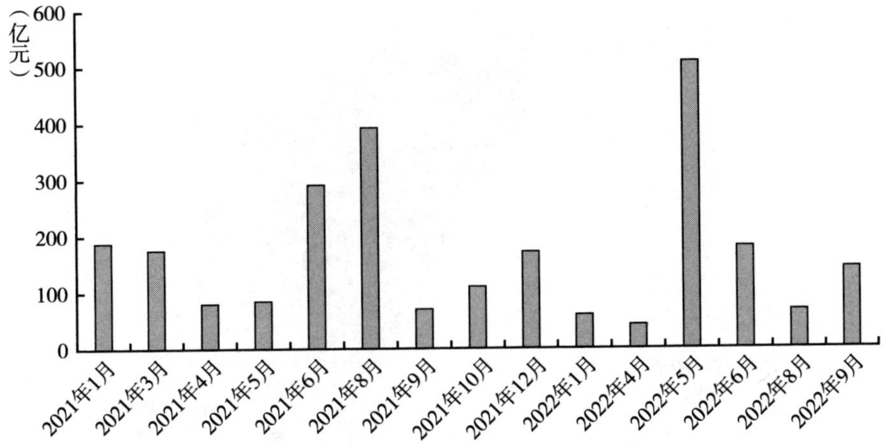

图 2　2021 年 1 月至 2022 年 9 月内蒙古地方债月度发行规模

注：内蒙古部分月份无地方债发行，未在图中显示。

数据来源：Wind 数据库，中诚信国际整理计算。

和 20 年期债券合计 19 只，占总发行数量的比重为 65.51%；规模为 1014.47 亿元，占总发行规模的 52.15%（见图 3），发行债券品种以再融资一般债和新增一般债为主，发行额度占比分别为 45.10%和 23.61%（见图 4）。

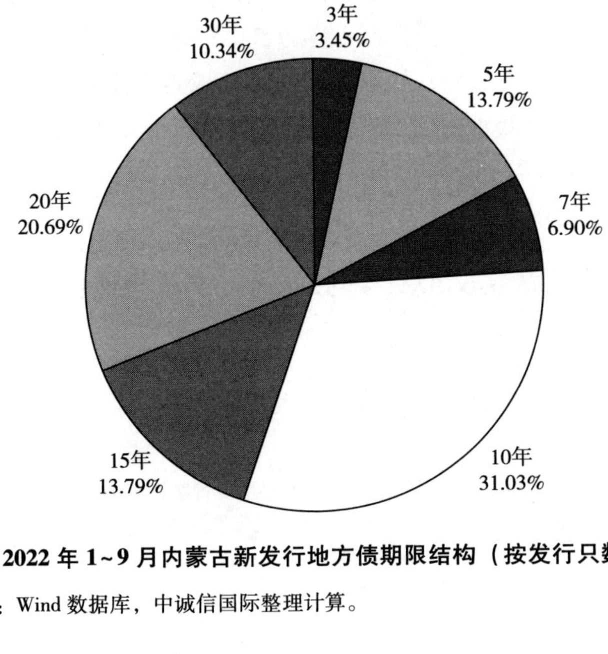

图 3　2022 年 1~9 月内蒙古新发行地方债期限结构（按发行只数统计）

数据来源：Wind 数据库，中诚信国际整理计算。

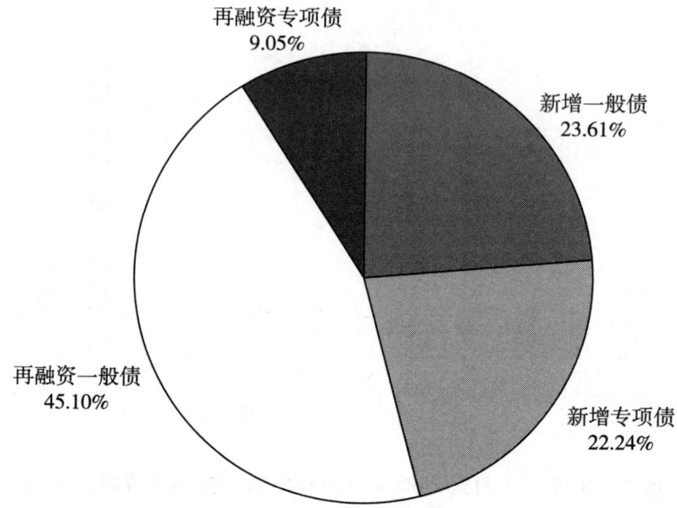

图 4 2022 年 1~9 月内蒙古新发行地方债券种结构（按发行额度统计）

数据来源：Wind 数据库，中诚信国际整理计算。

（三）整体发行成本有所下降，发行利差有所收窄

2022 年 1~9 月，内蒙古地方债发行成本有所下降，发行利差有所收窄。具体来看，2022 年 1~9 月，内蒙古地方债发行利率①为 2.92%，较 2021 年同期下降了 0.36 个百分点；发行利差为 24.67BP，较 2020 年同期下降了 1.10BP，但仍处于较高水平。总体来看，发行成本在全国 31 个省（区、市）中排名靠后，处于较低水平（见图 5）。从发行成本走势来看，2022 年 1~9 月，内蒙古地方债发行利率和发行利差均有所波动，最低点均在 6 月，6 月发行利率和发行利差分别为 2.56%和 18.6BP（见图 6）。

（四）交易活跃度较2021年同期显著上升，各期限到期收益率②整体呈下降趋势

2022 年 1~9 月，内蒙古地方债二级市场交易量③为 2839.57 亿元，在全国

---

① 如无特别说明，本报告中发行利率、利差为根据发行额计算的加权平均发行利率、利差，发行利差计算公式：债券发行利率-对应期限国债收益率。

② 此处到期收益率均值采用的是算术平均值。

③ 交易统计包含回购交易、现券交易等。

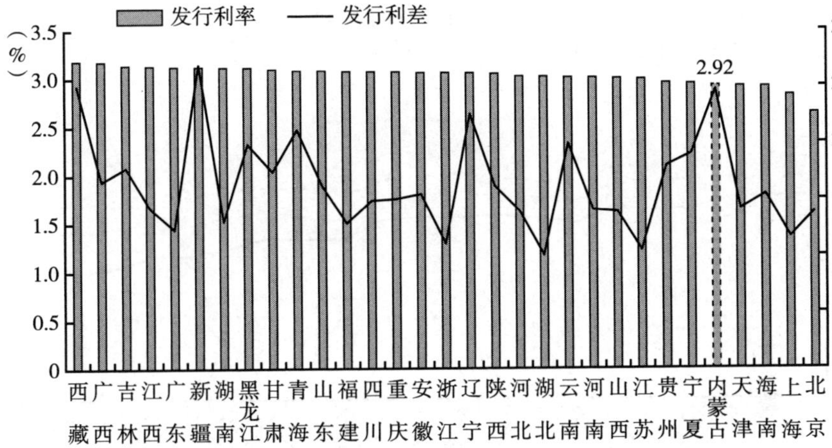

图5　2022年1~9月全国31个省（区、市）地方债发行成本

数据来源：Wind数据库，中诚信国际整理计算。

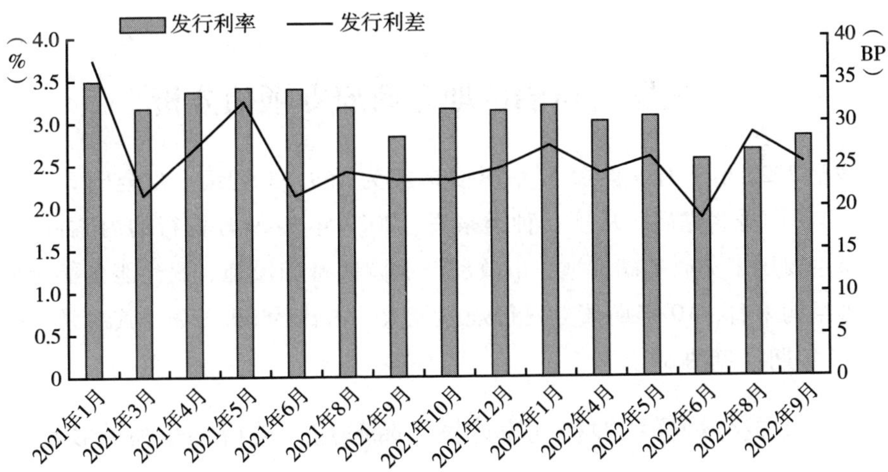

图6　2021年1月至2022年9月内蒙古地方债月度发行成本

注：内蒙古部分月份无地方债发行，未在图中显示。
数据来源：Wind数据库，中诚信国际整理计算。

31个省（区、市）中排名第十六，交易量较2021年同期上升74.47%。从到期收益率走势来看，2021年以来内蒙古各期限地方债到期收益率整体呈下降趋势（见图7）。

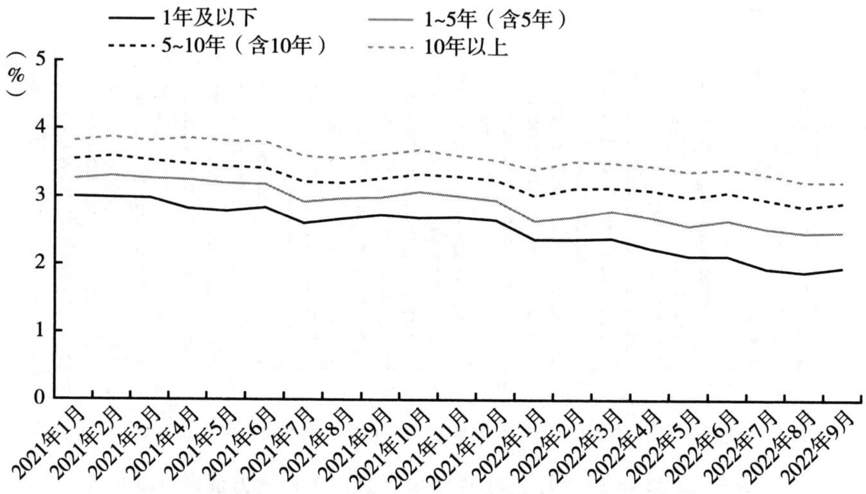

图 7　2021 年 1 月至 2022 年 9 月内蒙古地方债到期收益率走势

数据来源：Wind 数据库，中诚信国际整理计算。

二　内蒙古自治区地方政府专项债分析[①]

截至 2022 年 9 月，内蒙古专项债余额为 1595.8 亿元，在全国 31 个省（区、市）中排名靠后。从项目种类来看，2022 年 1～9 月发行的内蒙古专项债资金主要用于交通基础设施、市政和产业园区基础设施、民生服务等领域。从期限结构来看，10 年期债券发行规模最大，占比为 36.97%，其次是 20 年期和 15 年期（见图 8）。

（一）发行规模和发行利率均呈下降趋势，发行利差有所波动

2019～2021 年，内蒙古专项债发行规模分别为 261.30 亿元、663.00 亿元和 295.00 亿元，其中 2021 年较 2020 年下降 55.51%。2022 年 1～9 月，内蒙古专项债发行规模为 223.00 亿元，较 2021 年同期下降 16.78%。（见图 9）。从

① 2020 年 7 月 29 日财政部印发《关于加快地方政府专项债券发行使用有关工作的通知》，明确 2020 年新增专项债必须保证融资规模与项目收益相平衡，因此 2020 年新增专项债均为项目收益专项债；本部分项目收益专项债的统计样本为 2019 年项目收益专项债、2020 年至 2022 年 9 月的新增专项债。

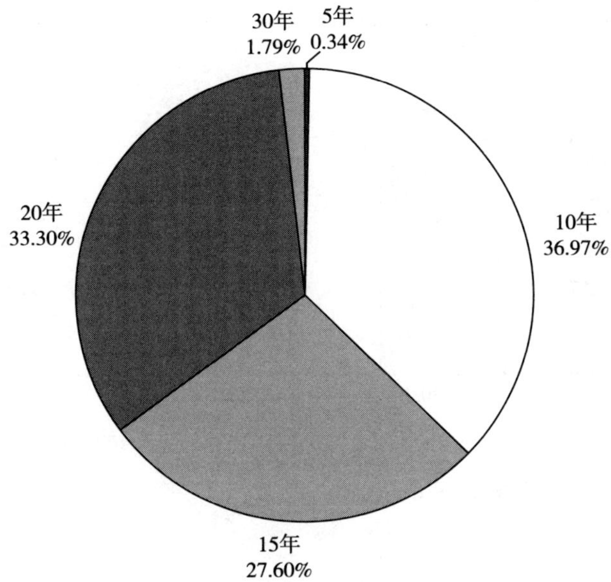

图 8　2022 年 1~9 月内蒙古项目收益专项债发行期限结构

数据来源：Wind 数据库，中诚信国际整理计算。

发行利率及利差来看，2019~2021 年内蒙古专项债发行利率持续走低，发行利差整体有所波动，融资成本下降；2022 年 1~9 月，发行利率进一步下降，发行利差小幅上升（见图 10）。

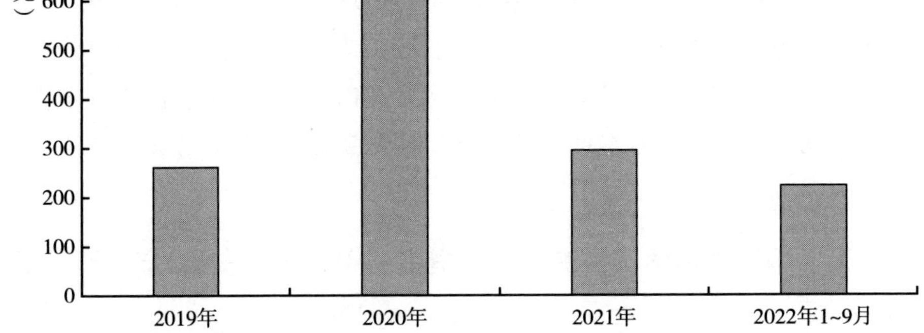

图 9　2019 年至 2022 年 9 月内蒙古项目收益专项债发行规模

数据来源：Wind 数据库，中诚信国际整理计算。

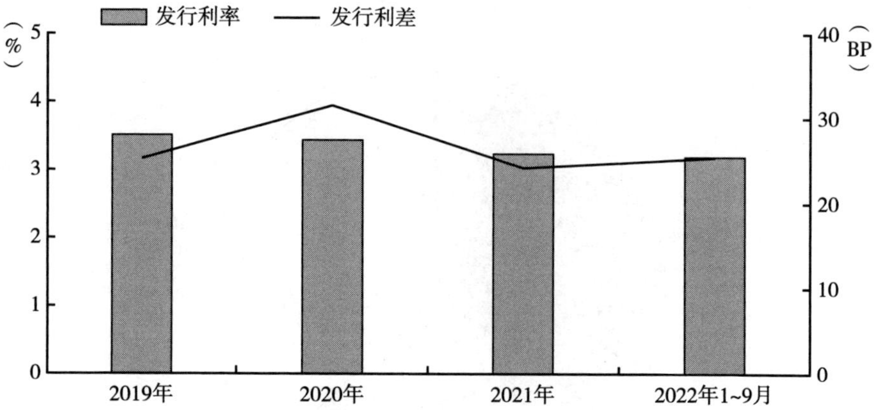

图 10　2019 年至 2022 年 9 月内蒙古项目收益专项债发行成本

数据来源：Wind 数据库，中诚信国际整理计算。

（二）募投项目涉及范围较广，集合发行趋势明显，资金自平衡情况较好

2022 年 1~9 月，内蒙古专项债的募集资金主要用于交通基础设施、市政和产业园区基础设施、民生服务等领域。具体来看，2022 年 1~9 月，内蒙古专项债募集资金共计 223.00 亿元，其中用于交通基础设施、市政和产业园区基础设施、民生服务等领域的资金分别为 78.72 亿元、64.45 亿元、38.74 亿元，合计占总募集资金的 81.57%（见图 11），且多项目整体发行趋势明显。从行政层级来看，内蒙古专项债募投项目主要分布于地市级和区县级。2022 年 1~9 月，地市级和区县级项目所募资金分别为 55.17 亿元和 119.46 亿元，占比分别为 24.74%和 53.57%。从本息覆盖倍数来看，内蒙古专项债募投项目未来现金流入对债券本息均可覆盖，但覆盖能力因项目类型不同有所差异（见图 12）。

（三）用于项目资本金的专项债资金规模较小，主要为交通基础设施领域

2022 年 1~9 月，内蒙古专项债资金用于项目资本金的债券有 2 只，规模为 17.66 亿元。具体来看，用于项目资本金的项目主要涉及省级交通基础设施

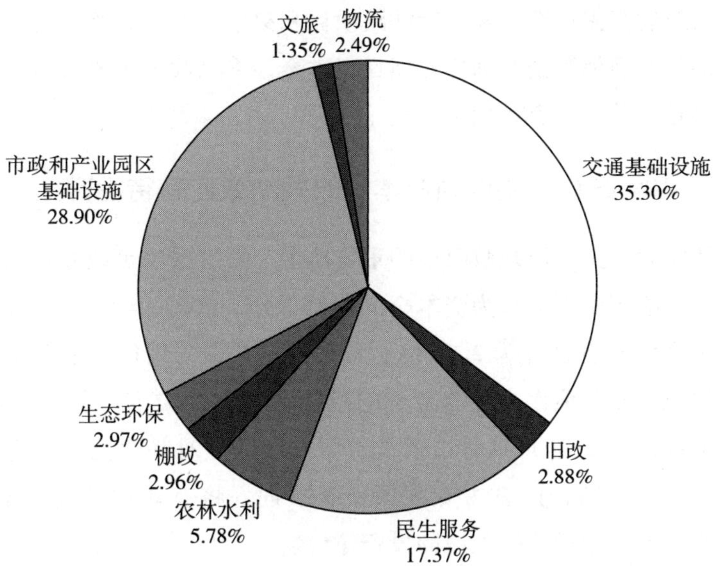

图 11　2022 年 1~9 月内蒙古新增项目收益专项债募投领域分布

数据来源：内蒙古地方政府新增项目收益专项债信息披露文件，中诚信国际整理计算。

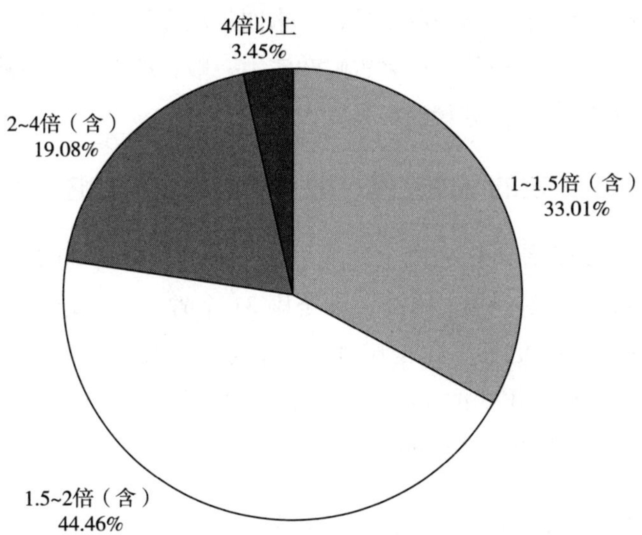

图 12　2022 年 1~9 月内蒙古新增项目收益专项债本息覆盖情况

数据来源：内蒙古地方政府新增专项债信息披露文件，中诚信国际整理计算。

领域，包括新建张家口至呼和浩特铁路项目和集宁至通辽铁路电气化改造工程项目等，部分专项债资金全部用作项目资本金，未来收入主要来源于铁路运输收入（含客运和货运及其他收入）等。

（四）内蒙古专项债作为资本金的撬动效应有待提升

专项债作为落实积极财政政策的重要抓手，可有效满足地方基础设施建设资金需求。考虑到专项债作为资本金的撬动效应，2022 年 1~9 月内蒙古专项债作为资本金的撬动杠杆为 2.98 倍；考虑到专项债未用作资本金而是作为配套融资的情况，专项债作为配套融资的撬动杠杆为 1.51 倍，撬动效应有待提升。综合来看，2022 年 1~9 月内蒙古专项债理论上对基建投资的撬动规模可达 359.88 亿元①，结合内蒙古专项债资金投向，将有效推进交通基础设施、市政和产业园区基础设施等领域的投资建设。

三　内蒙古自治区偿债能力分析

内蒙古债务余额居全国中游水平，未来四年地方债面临集中偿还压力，其中绝大部分系到期的一般债。内蒙古财政实力一般，综合财力平衡对上级补助收入的依赖程度较高，债务管控压力较大。

（一）尚有一定的举债空间，地方债面临集中偿还压力

近年来，内蒙古债务限额及余额均呈增长态势，截至 2021 年，内蒙古债务限额为 9498.2 亿元②（见图 13），在全国 31 个省（区、市）中排第 19 位；债务余额为 8900.46 亿元，在全国 31 个省（区、市）中排第 16 位（见图 14）；债务余额占债务限额的 93.71%，尚有一定的举债空间。从存量结构看，内蒙古地方债中一般债占比逾 90%。从到期分布看，2022 年 10~12 月到期规

① 专项债撬动基建投资方法参见袁海霞、汪苑晖、卞欢《专项债兼顾扩容提效，助力基建托底稳增长——地方政府专项债 2019 年回顾与 2020 年展望》，《财政科学》2020 年第 1 期。

② 如无特别说明，本报告中引用的内蒙古地方政府债务限额、余额，一般公共预算收入、支出，财政平衡率，债务率、负债率等财政相关数据均来自内蒙古财政预算执行及决算报告，并由中诚信国际整理计算。

模为357.19亿元，需偿还规模尚可，但2023~2026年地方债到期规模均较大，内蒙古面临一定的集中偿付压力，其中绝大部分为一般债，专项债占比较小（见图15）。

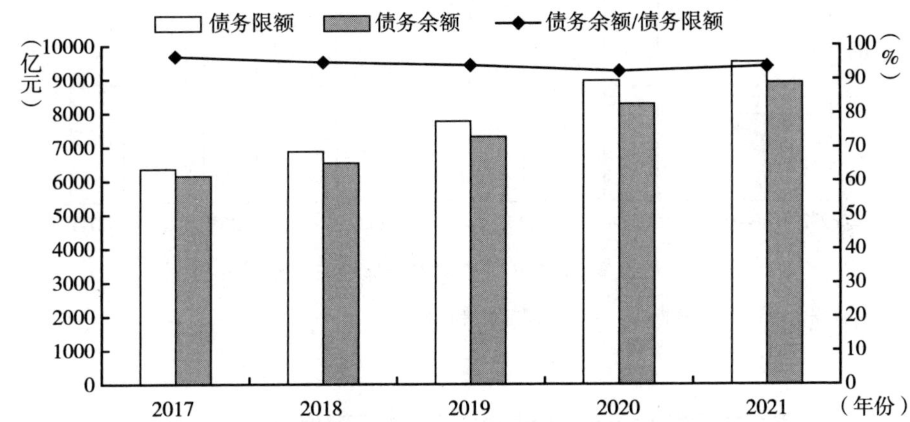

图13 2017~2021年内蒙古债务限额及余额

数据来源：2017~2021年内蒙古财政预算执行及决算报告，中诚信国际整理计算。

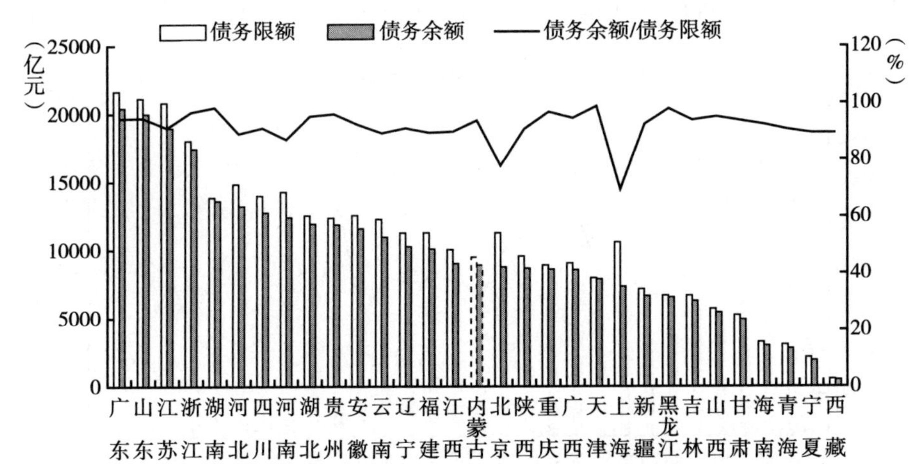

图14 2021年全国31个省（区、市）债务限额及余额

数据来源：全国31个省（区、市）财政预算执行及决算报告，中诚信国际整理计算。

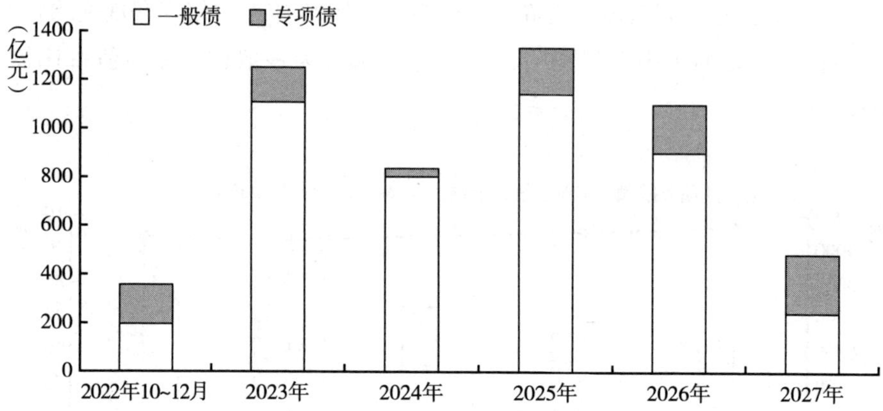

图 15　截至 2022 年 9 月内蒙古存量地方债到期分布

数据来源：Wind 数据库，中诚信国际整理计算。

（二）财政平衡对上级补助收入的依赖程度较高

内蒙古位于中国北部边疆，拥有丰富的矿产资源。2021 年，内蒙古实现一般公共预算收入 2349.95 亿元，在全国 31 个省（区、市）中位列第十八（见图 16），收入规模同比增长 14.6%；其中税收收入 1671.05 亿元，增长

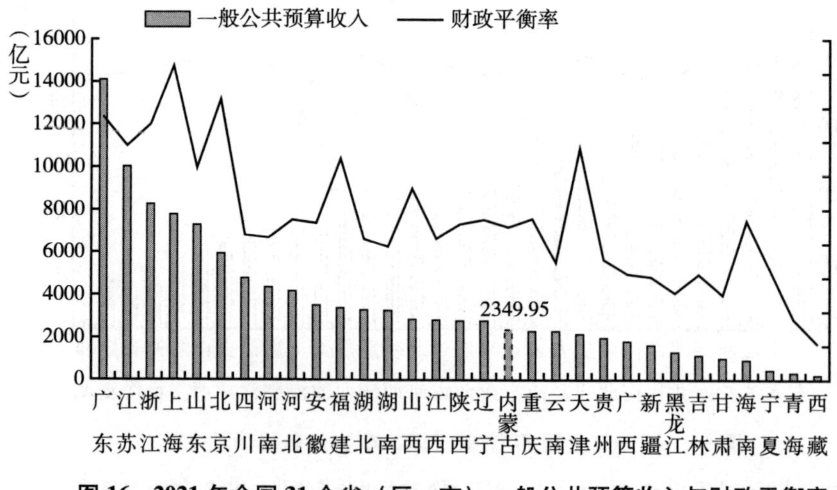

图 16　2021 年全国 31 个省（区、市）一般公共预算收入与财政平衡率

数据来源：全国 31 个省（区、市）财政预算执行及决算报告，中诚信国际整理计算。

14.63%；非税收入678.90亿元，增长14.4%。同期，内蒙古财政平衡率为44.85%，在全国31个省（区、市）排第16位。2021年内蒙古综合财力为5846.2亿元（见图17），其中上级补助收入占比50.69%，系财政收入的主要来源；政府性基金收入和国有资本经营收入占比分别为8.64%和0.48%，占比很小。总体来看，内蒙古综合财力对上级补助收入的依赖程度较高。

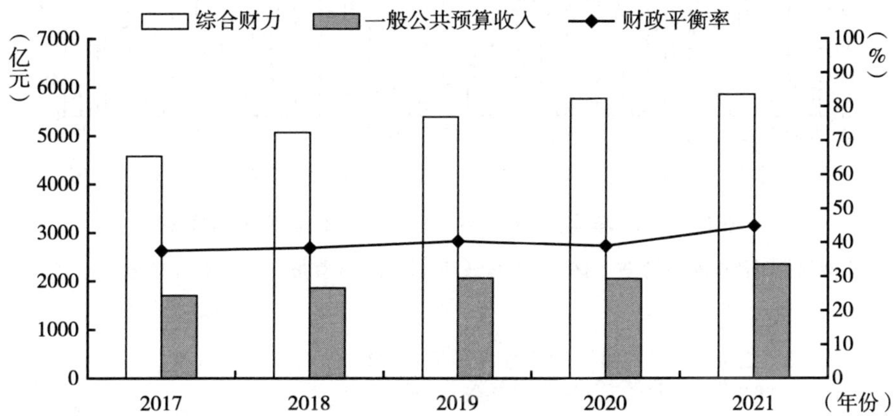

图17　2017~2021年内蒙古财政情况

数据来源：2017~2021年内蒙古财政预算执行及决算报告，中诚信国际整理计算。

（三）偿债指标整体较弱，债务偿付能力有所弱化

截至2021年，内蒙古债务率及负债率分别为152.24%和43.39%，债务率较上年上升8.78个百分点，负债率较上年下降4.24个百分点，债务率和负债率在全国31个省（区、市）中分别高居第3位和第8位（见图18），偿债能力整体较弱；2021年的债务余额为一般公共预算收入的379%（见图19），较上年有所下降，但偿债能力仍较弱，考虑到内蒙古存在较大财政平衡压力，未来地方政府债务管控压力较大。围绕政府债务管理，内蒙古自治区规范政府债务管理防范金融风险工作领导小组定期研究部署防范化解金融风险工作，重点从日常规范管理、政府债务限额管理、风险防控、有序处理存量债务及建立监督、考核、问责体系等方面落实各项工作，避免出现系统性债务风险。

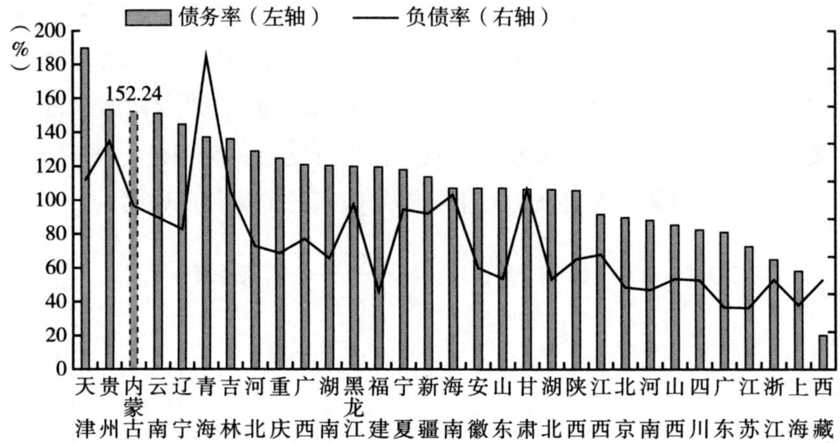

图 18　2021 年全国 31 个省（区、市）债务率及负债率

数据来源：全国 31 个省（区、市）财政预算执行及决算报告，中诚信国际整理计算。

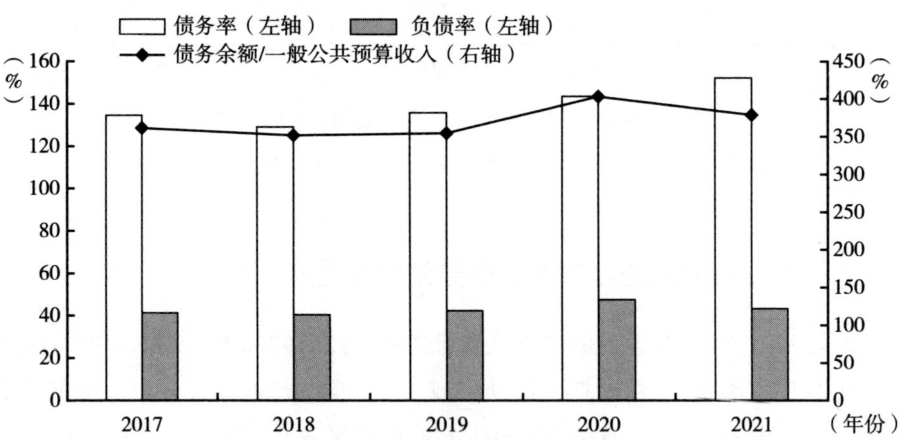

图 19　2017~2021 年内蒙古债务率及负债率

数据来源：2017~2021 年内蒙古财政预算执行及决算报告，中诚信国际整理计算。

四　小结

2022 年 1~9 月，内蒙古地方债发行规模同比有所下降，且月度发行规模呈波动态势。新发行地方债以新增一般债为主，债券期限以 5 年、10 年、15

年和 20 年为主。从发行成本看，整体发行成本有所下降，发行利差有所缩小，二级市场交易量同比显著上升，各期限债券到期收益率均呈下降趋势。从专项债情况看，内蒙古专项债发行节奏明显放缓，发行成本持续走低，内蒙古专项债作为资本金的撬动效应亦有待提升。

总体来看，内蒙古现阶段仍有一定的举债空间，但内蒙古综合财力对上级补助收入的依赖程度较高，整体债务率偏高。当前国内外环境依然复杂，经济修复基础不牢，针对内蒙古后续的债务管理提出以下几点建议：第一，强化债务风险监测预警，合理统筹安排财政资金以应对未来偿债高峰；第二，进一步优化地方债期限结构，推进高息债务置换，以缓释偿债压力；第三，确保专项债使用的科学性和合理性，充分发挥其对投资的撬动作用，以推动区域经济高质量发展。

B.17
2022年新疆维吾尔自治区地方政府债券分析报告

周 飞 李 攀 赵子贺*

摘 要： 新疆维吾尔自治区地方政府债券余额处于全国中下游水平；2022年1~9月，新发行地方债规模略有下降，成本有所下降，且新发行债券以专项债为主。项目收益专项债发行规模大幅增加，募投领域主要为市政和产业园区基础设施、民生服务等国计民生领域，用作项目资本金的规模较小。在疫情及疫情防控带来的影响边际弱化的背景下，新疆经济增速有所提高，但同时地方政府债务率水平明显上升，未来需合理控制地方债发行节奏、进一步提升债务水平与财力间的匹配度。

关键词： 地方债 专项债 新疆维吾尔自治区

一 新疆维吾尔自治区地方债运行情况分析

截至2022年9月，新疆地方债存量规模①为8778.90亿元，在全国31个省（区、市）中排第21位（见图1）；券种结构方面，新疆一般债与专项

* 周飞，中诚信国际政府公共评级一部高级分析师，主要研究领域为地方政府债券、基础设施投融资行业等；李攀，中诚信国际政府公共评级一部分析师，主要研究领域为地方政府债券、基础设施投融资行业等；赵子贺，中诚信国际政府公共评级一部分析师，主要研究领域为地方政府债券、基础设施投融资行业等。

① 如无特别说明，本报告中引用的地方债存量、发行量、发行利率、发行利差、交易量、到期收益率等债券相关数据均来自截至2022年9月的Wind数据库，并由中诚信国际整理计算。

债占比分别为 44.89% 和 55.11%；从债券期限结构看，新疆地方债发行期限以 7 年、10 年和 20 年为主，存量规模占比分别为 13.43%、45.27% 和 14.80%。

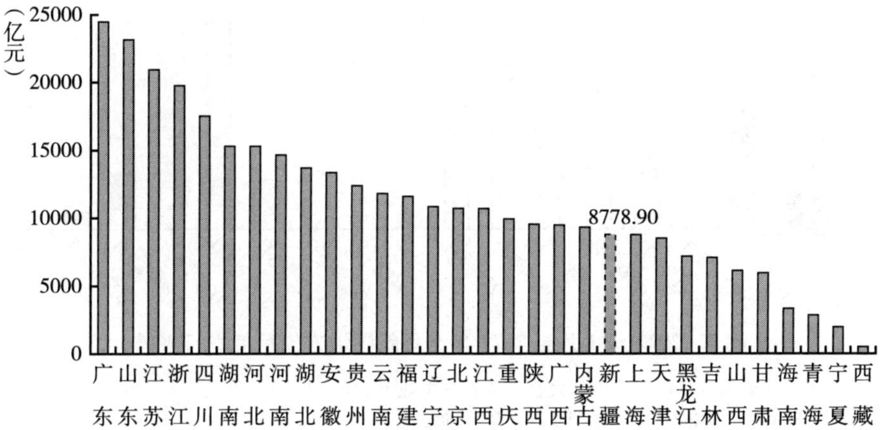

图 1　截至 2022 年 9 月全国 31 个省（区、市）地方债存量规模

数据来源：Wind 数据库，中诚信国际整理计算。

（一）发行规模略有下降，发行时间集中于第二季度

2022 年 1~9 月，新疆地方债共计发行 40 只，发行规模为 1725.20 亿元，较 2021 年同期下降 6.77%，在全国 31 个省（区、市）排第 18 位；从发行结构上看，新疆新增债券规模 1410.60 亿元，较 2021 年同期增长 19.24%，再融资债券规模为 314.60 亿元，较 2021 年同期大幅下降 52.86%；从时间趋势上看，受新增额度下发较晚、稳增长压力边际放缓及审核趋严影响，2022 年第一季度新疆地方债发行进度较为落后。地方债发行自 2022 年第二季度开始发力，单季度发行 1275.20 亿元。第三季度发行规模大幅回落，仅发行 202.60 亿元；从债券种类上看，新疆地方债发行券种存在期间性集中特征，如 2021 年 5~6 月及 2022 年 2~3 月均为新增地方债，2021 年 1~3 月、2021 年 10~11 月及 2022 年 9 月均为再融资地方债（见图 2）。

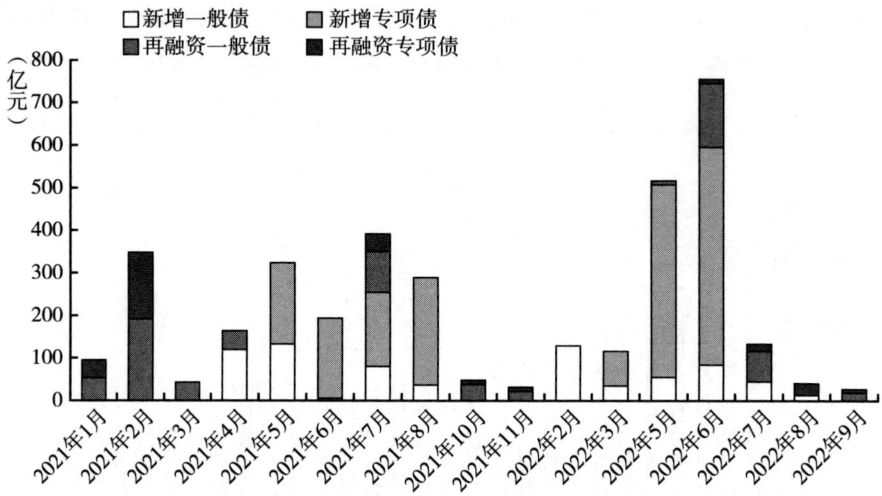

图 2　2021 年 1 月至 2022 年 9 月新疆地方债月度发行规模

注：新疆部分月份无地方债发行，未在图中显示。

数据来源：Wind 数据库，中诚信国际整理计算。

（二）新发行地方债以专项债为主，债券期限集中于10年、15年和7年

2022 年 1~9 月，新疆新增地方债发行规模为 1410. 60 亿元，再融资地方债发行规模为 314. 60 亿元；从债券性质来看，专项债占发行总规模的 64. 35%，专项债发行规模同比增长 6. 22%，一般债占发行总规模的 35. 66%，一般债发行规模同比降低 23. 62%（见图 3）。从发行期限来看，10 年期债券为新疆 2022 年 1~9 月地方债发行主力，规模为 946. 43 亿元，占比 54. 86%；其次为 15 年期、7 年期和 20 年期债券，分别占发行总规模的 24. 06%、11. 46%和 8. 33%；而 3 年期、5 年期和 30 年期地方债合计仅发行 22. 30 亿元，占发行总规模的比例不足 2%（见图 4）。可见，新疆地方债发行期限趋于长期化，与存量地方债总体期限分布较为一致。

（三）发行成本有所下降，发行利差仍处于较高水平

从年度变化看，2022 年 1~9 月新疆地方债发行利率①延续了 2019 年以来

① 如无特别说明，本报告中发行利率、利差为根据发行额计算的加权平均发行利率、利差，发行利差计算公式：债券发行利率-对应期限国债收益率。

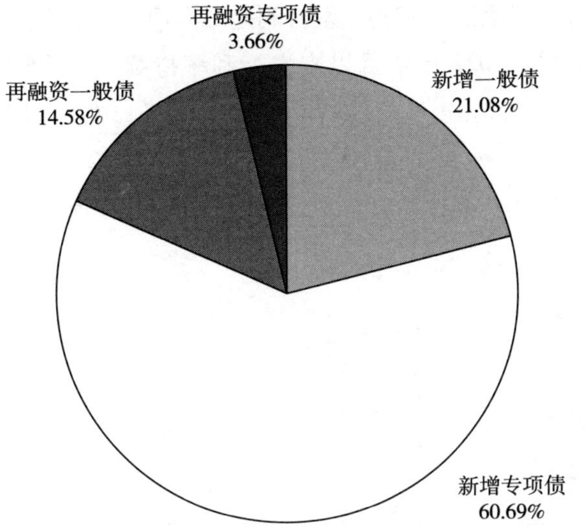

图 3　2022 年 1~9 月新疆新发行地方债券种结构

数据来源：Wind 数据库，中诚信国际整理计算。

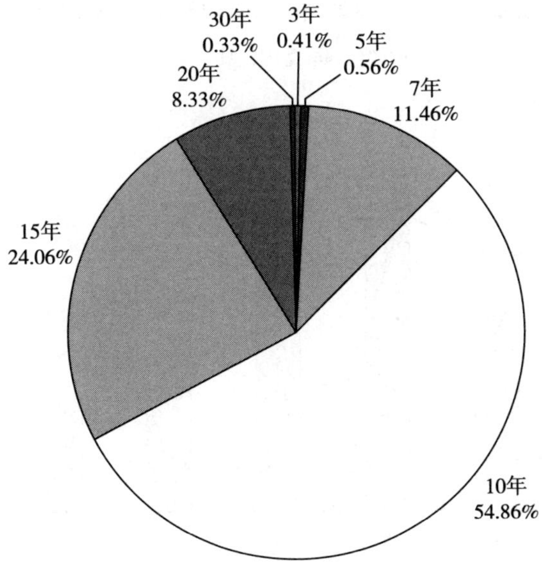

图 4　2022 年 1~9 月新疆新发行地方债期限结构

数据来源：Wind 数据库，中诚信国际整理计算。

持续回落的趋势，回落至 3. 12%，发行利差略有回升，上升至 26. 98BP（见图 5）；从月度分布看，2022 年 2 月以来发行利率持续上升，5 月达到年内高点 3. 64%，此后逐月下降，9 月的发行利率为 2. 86%；发行利差方面，2022 年 2～3 月、5～7 月有所波动但整体处于高位，2022 年 8 月大幅下降至 15. 97BP，2022 年 9 月有所回升（见图 6）；相较于其他省（区、市），新疆

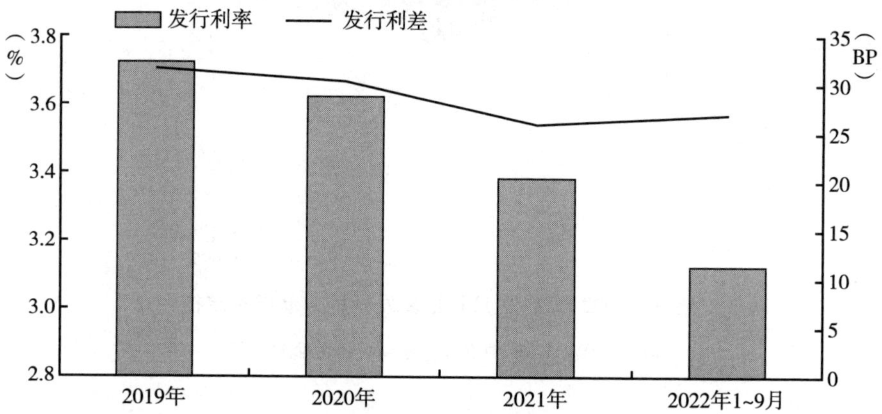

图 5　2019 年至 2022 年 1～9 月新疆地方债发行成本

数据来源：Wind 数据库，中诚信国际整理计算。

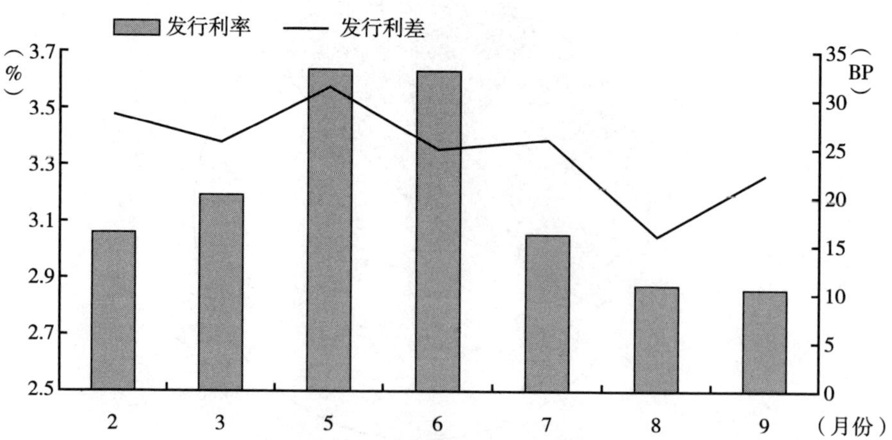

图 6　2022 年 1～9 月新疆地方债发行成本

注：新疆部分月份无地方债发行，未在图中显示。

数据来源：Wind 数据库，中诚信国际整理计算。

地方债发行利率在全国31个省（区、市）中排第6位，在西北5省(区）中居首位；发行利差在全国31个省（区、市）中居首位（见图7)。新疆地方债发行成本持续下降，但发行利差居全国首位，这表明地区信用风险水平较高。

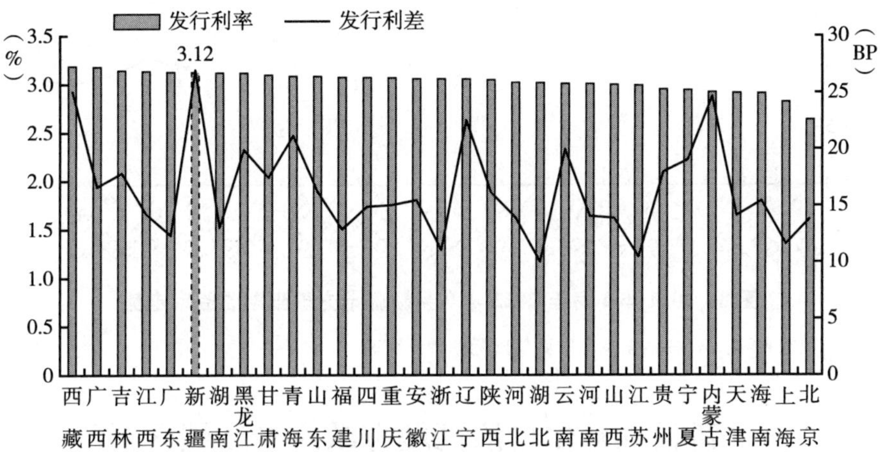

图7　2022年1~9月全国31个省（区、市）地方债发行成本

数据来源：Wind数据库，中诚信国际整理计算。

(四)二级市场交易活跃度上升，债券到期收益率[①]呈波动下降趋势

随着2022年疫情及疫情防控带来的影响逐步弱化，新疆地方债二级市场交易活跃度继续上升。2022年1~9月新疆地方债交易规模[②]为2615.43亿元，较2021年同期增长51.03%，为2021年全年交易规模的120.53%；相比于其他省（区、市)，新疆地方债交易规模排名由2021年同期的第20位上升至第17位。从到期收益率走势看，2021年以来，由于市场资金流动性相对充裕，新疆各期限地方债到期收益率均值全部处于下行通道(见图8)。

① 到处到期收益率均值采用的是算术平均值。

② 交易统计包含回购交易、现券交易等部分。

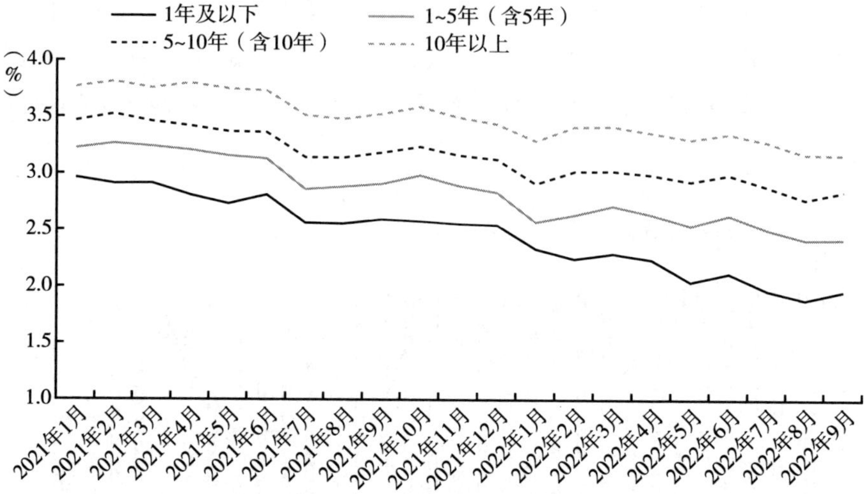

图 8　2021 年 1 月至 2022 年 9 月新疆地方债到期收益率走势

数据来源：Wind 数据库，中诚信国际整理计算。

二　新疆维吾尔自治区地方政府专项债分析①

截至 2022 年 9 月，新疆地方政府项目收益专项债存量规模为 4366.92 亿元；从期限结构看，债券剩余期限在 0~1 年（含 1 年）、1~5 年（含 5 年）、5~10 年（含 10 年）以及 10 年以上的余额分别为 145.21 亿元、311.80 亿元、1769.19 亿元和 2140.72 亿元，分别占存量规模的 3.33%、7.14%、40.51%和 49.02%（见图 9）。从资金投向上看，2022 年 1~9 月项目收益专项债资金重点用于市政和产业园区基础设施、民生服务和棚改等领域。

（一）发行规模同比大幅增长，发行成本呈下降趋势

2019~2021 年，新疆项目收益专项债发行规模分别为 414.00 亿元、864.70 亿元和 806.00 亿元，呈波动上升趋势（见图 10）；2022 年 1~9 月，新疆项目收益专项债发行规模为 1047.00 亿元，较 2021 年同期大幅增长 29.90%，

① 2020 年 7 月 29 日财政部《关于加快地方政府专项债券发行使用有关工作的通知》（财预〔2020〕94 号）明确 2020 年新增专项债必须保证融资规模与项目收益相平衡，因此 2020 年新增专项债均为项目收益专项债；本部分项目收益专项债的统计样本为 2019 年项目收益专项债与 2020 年至 2022 年 9 月的新增专项债。

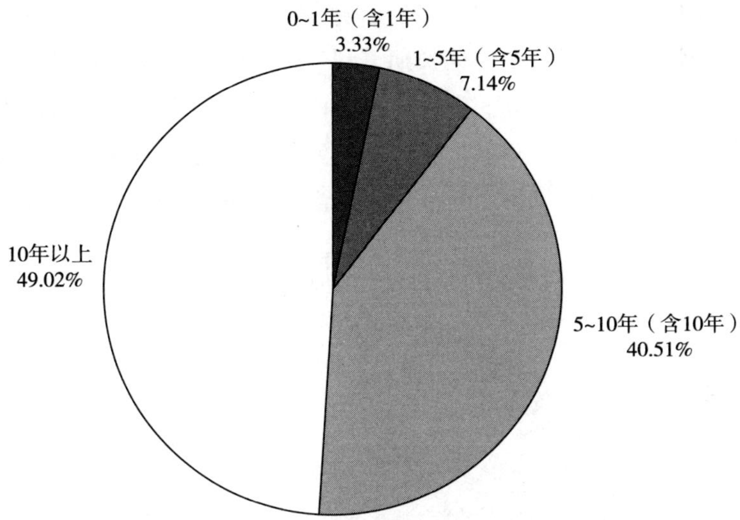

图 9　截至 2022 年 9 月新疆存量项目收益专项债期限结构

数据来源：Wind 数据库，中诚信国际整理计算。

发行规模在全国 31 个省（区、市）中排第 14 位。发行期限结构上，2022 年 1~9 月新增项目收益专项债中 10 年期专项债共计发行 521.62 亿元，占前三季度发行总额的 49.82%；其次为 15 年期与 20 年期项目收益专项债，占总发行量的比重分别为 34.48%和 13.73%；7 年期与 30 年期的项目收益专项债仅占发

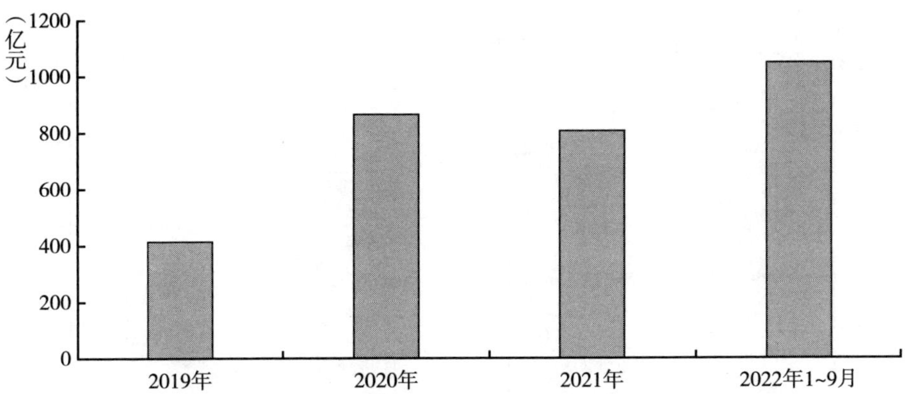

图 10　2019 年至 2022 年 9 月新疆项目收益专项债发行规模

数据来源：Wind 数据库，中诚信国际整理计算。

行总量的 1.42%和 0.54%（见图 11）。整体来看，2022 年 1~9 月新疆新增项目收益专项债发行期限结构偏长期，利于进一步巩固现有存量项目收益专项债期限分布的长期化趋势。发行成本方面，新疆项目收益专项债发行利率自 2019 年以来持续走低，2022 年 1~9 月发行利率为 3.19%，同期发行利差小幅回升至 27.81BP（见图 12）。分月度看，新疆集中于 5~6 月发行项目收

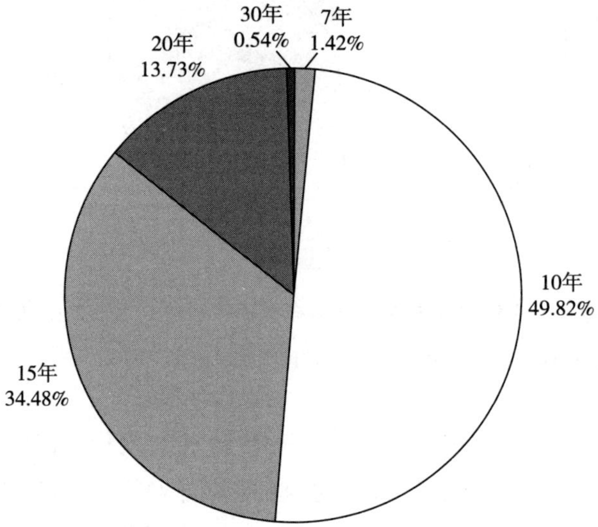

图 11　2022 年 1~9 月新疆项目收益专项债发行期限结构

数据来源：Wind 数据库，中诚信国际整理计算。

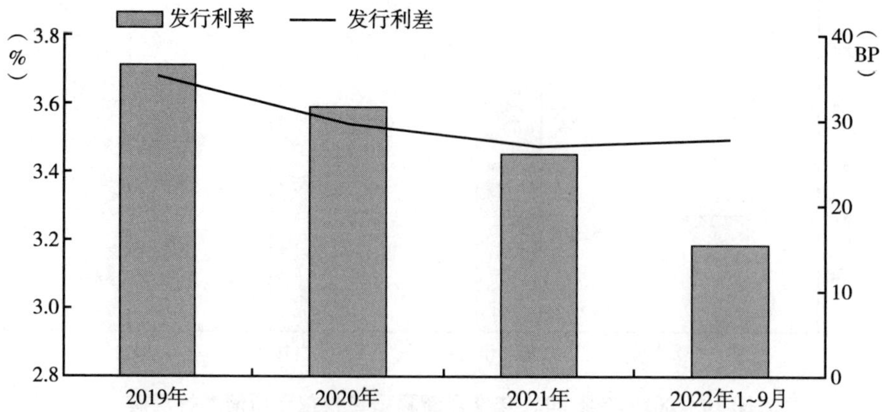

图 12　2019 年至 2022 年 9 月新疆项目收益专项债发行成本

数据来源：Wind 数据库，中诚信国际整理计算。

益专项债，发行利率呈先降后升趋势，发行利差走势为先升后降，2022 年 5 月发行利率为 3.18%，为年内低点，发行利差 31.36BP，为年内高点（见图 13）。

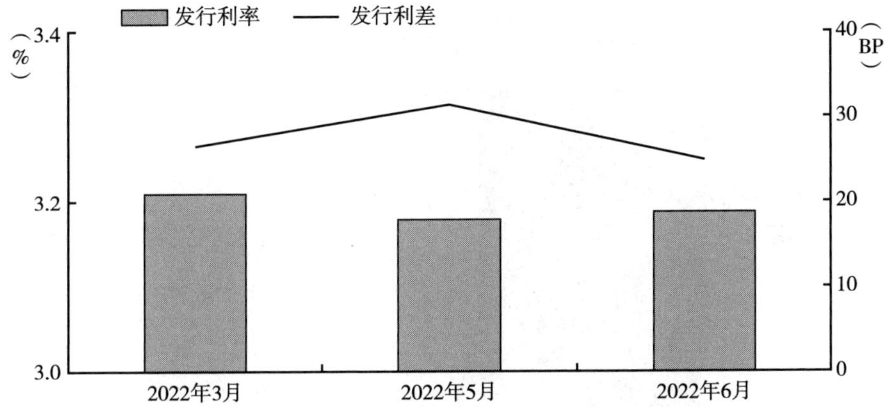

图 13　2022 年 1~9 月新疆项目收益专项债发行成本

注：新疆部分月份无项目收益专项债发行，发行成本未在图中显示。

数据来源：Wind 数据库，中诚信国际整理计算。

（二）募投领域多元化，市政和产业园区基础设施领域占比突出，募投项目资金自平衡情况良好

从募投项目投向来看，2022 年 1~9 月新疆发行的项目收益专项债投向的领域包括市政和产业园区基础设施、民生服务、棚改、文旅、交通基础设施、物流、生态环保、农林水利、旧改、城乡建设、能源及信息网络建设项目，共十二大类，其中投向市政和产业园区基础设施领域的专项债规模最大，达 482.08 亿元，占 1~9 月发行总规模的 46.04%；其次为民生服务和棚改领域，占比分别为 15.56%和 10.49%；其他领域占比均不足 10%（见图 14）。市政和产业园区基础设施领域可细分为产业园、给排水及水务、气热管网等，使用的专项债资金额度分别为 289.56 亿元、70.31 亿元和 56.88 亿元，剩余 65.33 亿元主要投向了其他市政、综合管廊和公园；民生服务领域可细分为医疗卫生、教育、养老、康养及福利院、文体设施建设、殡葬和其他民生服务等。发行的项目收益专项债主要投向地市级和区县级项目，其使用的资金额度分别为

112.22 亿元和 920.38 亿元，省级募投项目使用的资金额度为 14.40 亿元。此外，在全部 1512 个募投项目中，项目融资本息覆盖倍数最低为 1.02 倍，总体上募投项目资金自平衡情况较好。

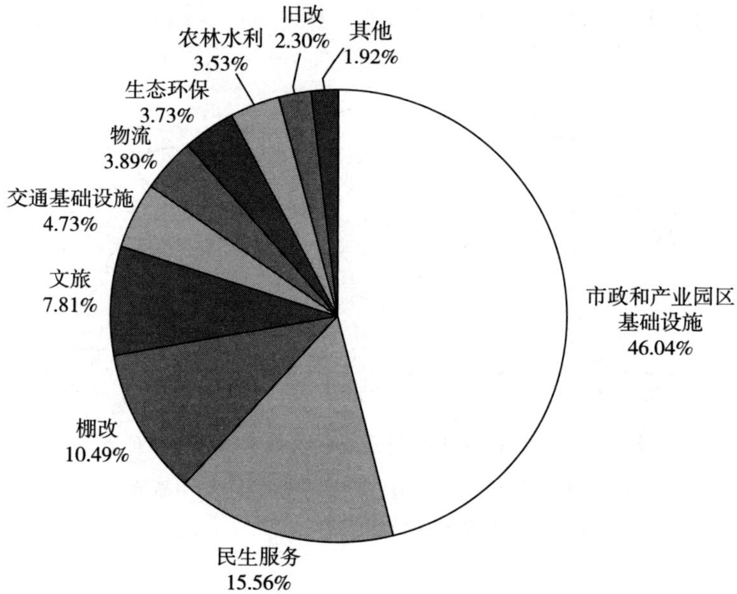

图 14　2022 年 1~9 月新疆新增项目收益专项债募投领域分布

数据来源：新疆地方政府新增专项债信息披露文件，中诚信国际整理计算。

（三）新发行专项债用作项目资本金的规模较小，项目行政层级以地市级为主

2022 年 1~9 月，新疆新发行项目收益专项债共投向 1512 个项目，其中 12 个募投项目将专项债用作项目资本金，使用的专项债资金额度共计 8.10 亿元，其中地市级募投项目使用额度为 5.30 亿元。从上述项目资金投向领域看，主要集中于交通基础设施、生态环保、民生服务及市政和产业园区基础设施领域。交通基础设施领域项目通过收取大宗商品货运运费、停车位费用、充电桩费用等实现收益，生态环保领域项目未来主要通过污水处理、供水收入等渠道实现收益。

（四）项目收益专项债对基建投资的撬动效应有待加强

专项债作为重要的财政政策工具，可有效加快地方基础设施建设；考虑专项债用作资本金的撬动效应，2022 年 1～9 月，新疆新发行项目收益专项债资本金撬动杠杆①为 3.84 倍，在全国 31 个省（区、市）中居于前列；专项债作为配套融资的撬动杠杆为 1.47 倍，在全国 31 个省（区、市）中排名较靠后。由于 2022 年 1～9 月发行项目收益专项债中用作项目资本金的规模较小，其撬动基建投资规模仅 23.61 亿元；同期用作配套融资的专项债撬动基建投资 1522.37 亿元。综合来看，2022 年 1～9 月新疆项目收益专项债对基建投资的撬动规模达 1545.98 亿元，在全国 31 个省（区、市）中排第 17 位，落后于其同期新增项目收益专项债规模全国排名（第 14 位），可见新疆尚未充分运用项目收益专项债的撬动杠杆，对投资活动的撬动效应仍有待加强。

三　新疆维吾尔自治区偿债能力分析

截至 2022 年 9 月，新疆存续地方债规模为 8778.90 亿元，从到期分布看，2023 年地方债到期规模为未来 5 年的高点；新疆自有财政实力较弱，对中央政府转移支付依赖程度较高，且近年来地方政府债务增长较快，债务规模与地方经济财政实力匹配度欠佳。

（一）地方政府债务增长较快但债务存量仍居全国下游，2023年为未来5年地方债到期高峰

截至 2021 年，新疆地方政府债务余额②为 6627.10 亿元，较 2020 年增长 7.31%，距债务限额仍有 540.76 亿元的未使用空间，债务存量在全国 31 个省（区、市）中位列第二十三（见图 15）。截至 2022 年 9 月，新疆存续地方债合

① 专项债撬动基建投资方法参见袁海霞、汪苑晖、卞欢《专项债兼顾扩容提效，助力基建托底稳增长——地方政府专项债 2019 年回顾与 2020 年展望》，《财政科学》2020 年第 1 期。

② 如无特别说明，本报告中引用的新疆维吾尔自治区政府债务限额、余额，一般公共预算收入、支出，财政平衡率，债务率、负债率等财政相关数据均来自新疆维吾尔自治区财政预算执行及决算报告，并由中诚信国际整理计算。

计 8778.90 亿元，未来 5 年的地方债到期规模分别为 641.00 亿元、414.64 亿元、180.90 亿元、377.30 亿元和 347.51 亿元，占存续地方债总规模的 22.34%，2023 年地方债到期规模为未来 5 年高点；从券种看，到期债务中一般债占比均在 65%以上（见图 16）。

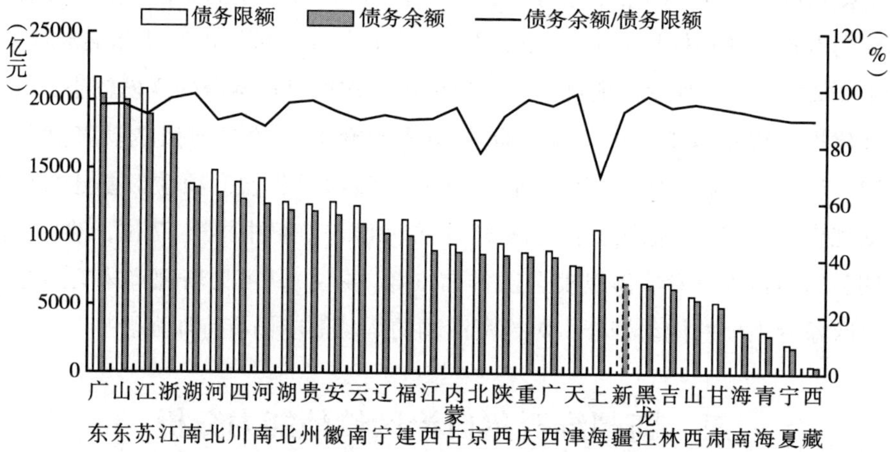

图 15　2021 年全国 31 个省（区、市）地方政府债务限额及余额

数据来源：全国 31 个省（区、市）财政预算执行及决算报告，中诚信国际整理计算。

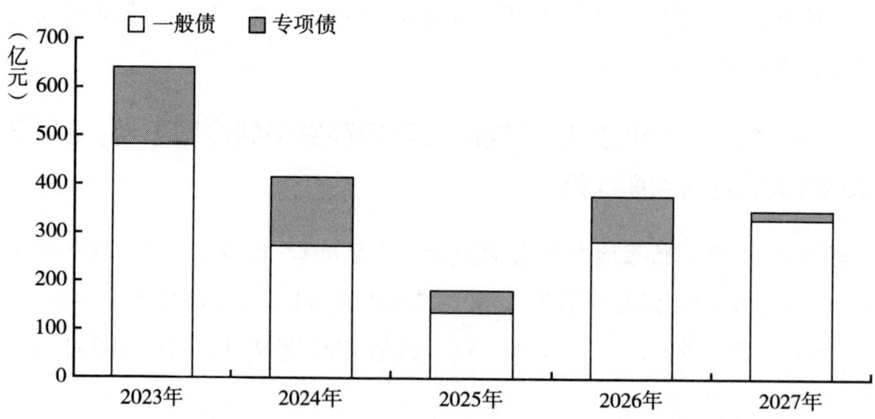

图 16　截至 2022 年 9 月新疆存量地方债到期分布

数据来源：新疆财政预算执行及决算报告，中诚信国际整理计算。

（二）经济增速加快但自有财政实力较弱，对中央政府转移支付的依赖程度较高

新疆经济总量在全国居于中下游，在西北五省（区）中仅次于陕西省居第2位；2021年，新疆实现地区生产总值15983.65亿元，按可比价格计算同比增长7.0%，增速相较2020年提高3.6个百分点。新疆石油、天然气、有色金属等矿产资源品类丰富，蕴藏量大，支撑其形成了以石油，天然气开采，燃料加工业，电力、热力生产和供应，化学原料和化学制品制造业为主的能源化工支柱产业。近年来，新疆经济增长由主要依靠第二产业转变为二、三产业双核驱动。产业结构上，2021年新疆三次产业增加值分别为2356.06亿元、5967.36亿元和7660.23亿元，同比分别增长7.9%、6.7%和6.9%，三次产业结构调整为14.7∶37.3∶47.9。2021年新疆旅游业逐步恢复，第三产业中旅游业收入为1415.69亿元，较2020年大幅上升42.7%。“十三五”期间，新疆把基础设施建设作为补短板、强弱项的重点，持续加大有效投资，建设了一大批交通、水利、能源等重大基础设施项目，5年累计完成固定资产投资4.1万亿元，为“十二五”时期的1.29倍。2021年固定资产投资（不含农户）同比增长15.0%，增速保持较高水平，固定资产投资持续向好。①

新疆自有财政实力较弱，2021年财政平衡率仅30.10%；一般公共预算收入1618.61亿元，较2020年上升9.6%（见图17）。其中税收收入占比为67.54%，从全国平均水平来看，一般公共预算收入水平低于全国平均水平；政府性基金收入为606.12亿元，较2020年增长2.49%。中央政府为确保新疆经济平稳发展，对新疆支持力度较大，2021年对新疆转移支付合计3589.13亿元，占其综合财力的61.59%，有效补充了新疆自有财力的不足。

（三）债务率有所提升，偿债压力增大

近年来，新疆地方政府债务增长较快，截至2021年，地方政府负债率和债务率分别为41.46%和113.73%（见图18），其中负债率受GDP增速较快影

① 《新疆维吾尔自治区2021年国民经济和社会发展统计公报》，新疆维吾尔自治区政府网，2022年3月29日，http://www.xinjiang.gov.cn/xinjiang/tjgb/202203/2325b36ee55d4c649313e764078a17e4.shtml。

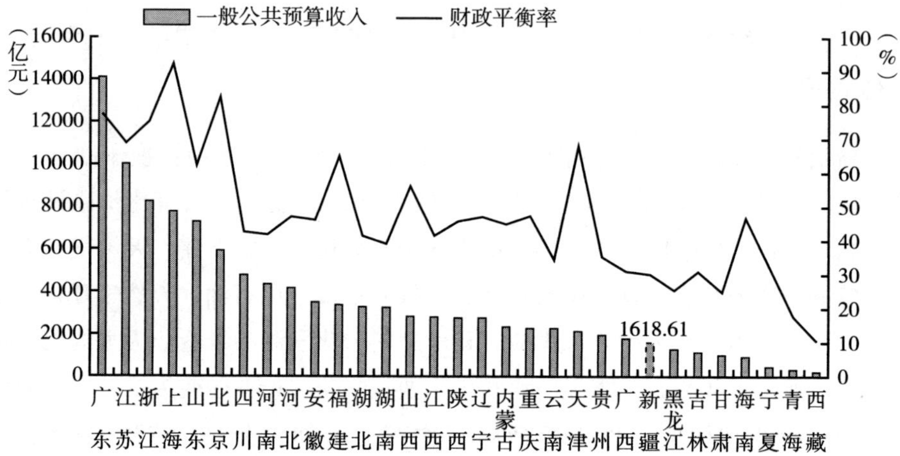

图 17　2021 年全国 31 个省（区、市）一般公共预算收入与财政平衡率

数据来源：全国 31 个省（区、市）财政预算执行及决算报告，中诚信国际整理计算。

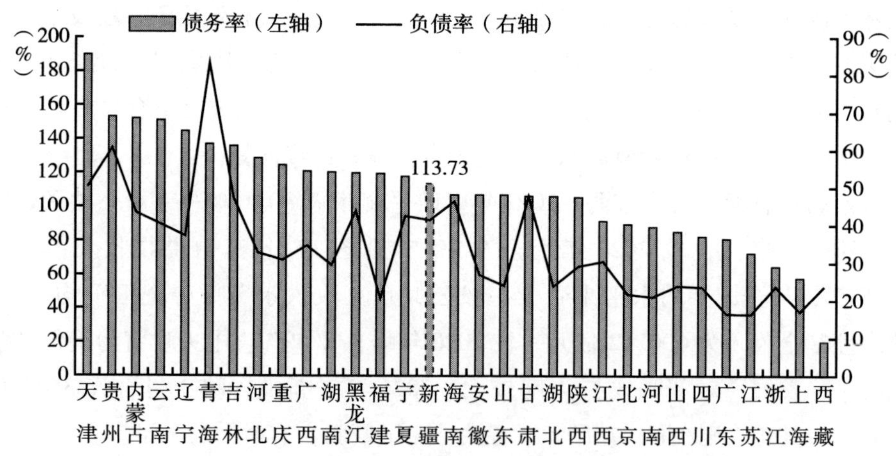

图 18　2021 年全国 31 个省（区、市）债务率及负债率

数据来源：全国 31 个省（区、市）财政预算执行及决算报告，中诚信国际整理计算。

响，较 2020 年下降 3.30 个百分点，债务率较 2020 年提升 6.04 个百分点，债务率已超过国际通行警戒值。横向比较，2021 年新疆债务率高于全国平均值 4.00 个百分点，与地方经济财政实力匹配度欠佳，债务水平偏高。2019 年以来，新疆加大了对地方债务的管控力度，防止新增地方政府隐性债务，防范金融债务风险，主动化解存量债务问题。但新冠肺炎疫情致使经济不确定性增加，在地方政府财力有所收紧的前提下，新疆仍需实施积极财政政策以抵御经济下行压力，债务率水平上升明显。当前，新疆债务率增长较快，新增债务期限结构较长，这为未来存量债务化解提供了相对充足的时间，地方政府需合理控制地方债发行节奏。

四　小结

2021年国内经济下行压力进一步加大，但在疫情及疫情防控带来的影响边际弱化的背景下，新疆地区经济增速有所提高。2022年1~9月，新疆地方债发行规模略有下降，以新增专项债为主，债券期限集中于10年、15年和7年，发行成本有所下降。项目收益专项债方面，新疆项目收益专项债发行节奏明显加快，发行成本延续下行趋势，但用作项目资本金的项目收益专项债规模较小且投资撬动效应仍有待强化。同时，新疆地方政府债务增长较快，与地方经济财政实力匹配度欠佳。因此，建议新疆在后续债务管理过程中注意：第一，合理控制地方债发行节奏，提升自身经济财政实力与债务规模的匹配程度；第二，充分利用专项债可用作项目资本金的政策优势，扩大专项债作为项目资本金的规模，进一步发挥专项债的投资撬动效应；第三，健全债务风险防控监管体系，落实地方债偿债高峰期的资金来源。

B.18
2022年陕西省地方政府债券分析报告

桂兰杰　陈　诚　唐天豪*

摘　要： 陕西省存量地方债在全国处于中等水平，债券期限以中长期为主。2022年1~9月，陕西省新发行地方债规模同比下降，大规模发行集中于6月，且较上年同期发行集中月份略有提前，发行结构以新增专项债为主，长期债券占比较高，发行成本有所降低。陕西省项目收益专项债持续扩容，募集资金主要投向市政和产业园区基础设施、民生服务等领域，但主要用作配套投资。此外，考虑专项债募投项目以区县级为主，未来的资金平衡情况值得关注。总体来看，陕西省经济与财政实力在全国处于中游水平，债务水平虽有所上升，仍与经济发展水平较匹配，债务风险相对可控，但面对2023年地方债偿债高峰期的来临，仍需不断强化债务管理。

关键词： 地方债　专项债　陕西省

一　陕西省地方债运行情况分析

陕西省存量地方债在全国31个省（区、市）中处于中等水平，2022年9月

---

* 桂兰杰，中诚信国际政府公共评级一部助理总监，主要研究领域为地方政府债券、基础设施投融资平台等；陈诚，中诚信国际政府公共评级一部分析师，主要研究领域为地方政府债券、基础设施投融资平台等；唐天豪，中诚信国际政府公共评级一部助理分析师，主要研究领域为地方政府债券、基础设施投融资平台等。

规模为 9535. 89 亿元（见图 1）。券种结构方面，存量专项债规模[①]为 4996. 54 亿元，占全部存量地方债的 52. 40%（见图 2）；从发行期限来看，存量地方债

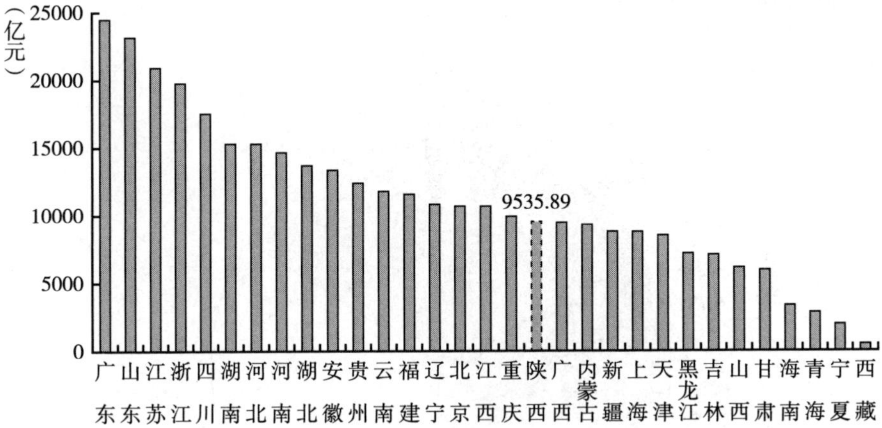

图 1　截至 2022 年 9 月全国 31 个省（区、市）地方债存量规模

数据来源：Wind 数据库，中诚信国际整理计算。

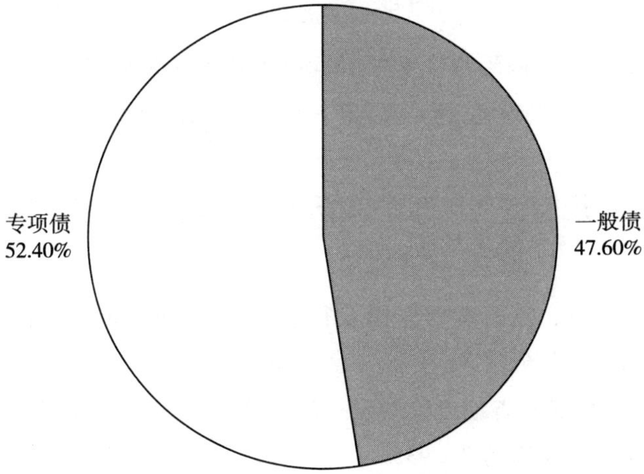

图 2　截至 2022 年 9 月陕西省存量地方债种类

数据来源：Wind 数据库，中诚信国际整理计算。

① 如无特别说明，本报告中引用的地方债存量、发行量、发行利率、发行利差、交易量、到期收益率等债券相关数据均来自截至 2022 年 9 月的 Wind 数据库，并由中诚信国际整理计算。

发行期限以 5 年、7 年和 10 年为主，发行规模分别为 1399. 24 亿元、3111. 63 亿元以及 2656. 93 亿元，占比分别为 14. 67%、32. 63%以及 27. 86%；无 1 年以内的短期债券（见图 3）。

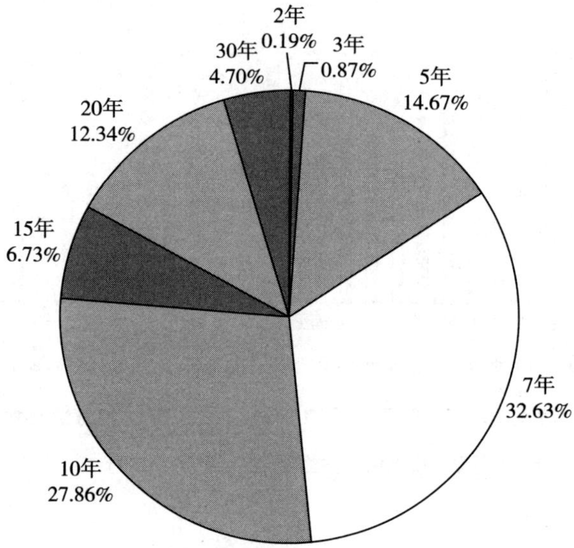

图 3　截至 2022 年 9 月陕西省存量地方债期限分布

数据来源：Wind 数据库，中诚信国际整理计算。

（一）发行规模较往年同期有所减少，发行集中度较高且节奏略有提前

2022 年 1~9 月，陕西省地方债发行总规模为 1602. 04 亿元，较上年同期减少 216. 17 亿元，在全国 31 个省（区、市）中排第 20 位。发行规模走势方面，2022 年 6 月为陕西省地方债的发行高峰期，单月发行规模达 591. 47 亿元，约为 2021 年发行总规模的 26. 93%（见图 4）。从月度发行规模来看，陕西省地方债发行集中度较高且 2022 年发行节奏较 2021 年略有提前，更利于平滑发债节奏，保障重点项目资金需求。

（二）2022年1~9月，陕西省新发行地方债主要为新增专项债，期限结构以长期为主

2022 年 1~9 月，陕西省新增债券规模达 1058. 71 亿元，占新发行地方债

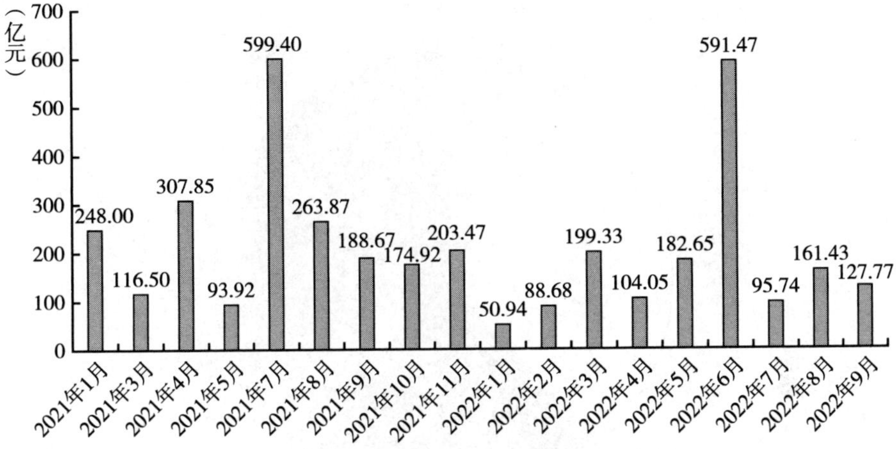

图 4　2021 年 1 月至 2022 年 9 月陕西省地方债月度发行规模

注：陕西省部分月份无地方债发行，发行规模未在图中显示。

数据来源：Wind 数据库，中诚信国际整理计算。

的 66.09%，高于再融资债券发行规模，且新增专项债为主要券种（见图 5）。期限结构方面，2022 年 1~9 月陕西省新发行地方债以长期为主，10 年及以上期限债券占比达到 60.68%，其中 20 年期债券规模为 441.50 亿元，占比为 27.56%（见图 6）。

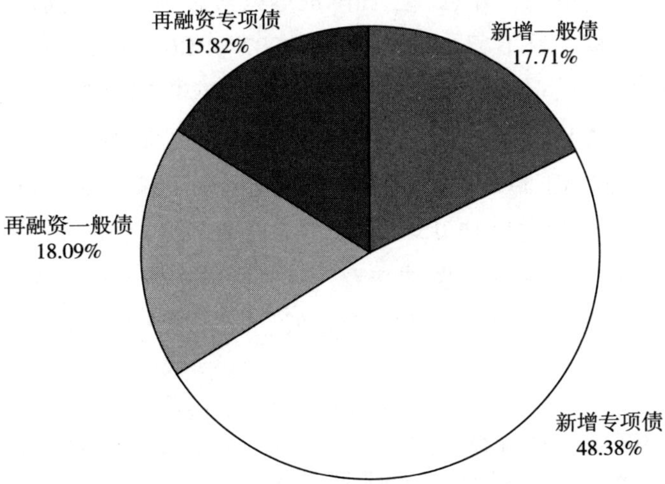

图 5　2022 年 1~9 月陕西省新发行地方债券种结构

数据来源：Wind 数据库，中诚信国际整理计算。

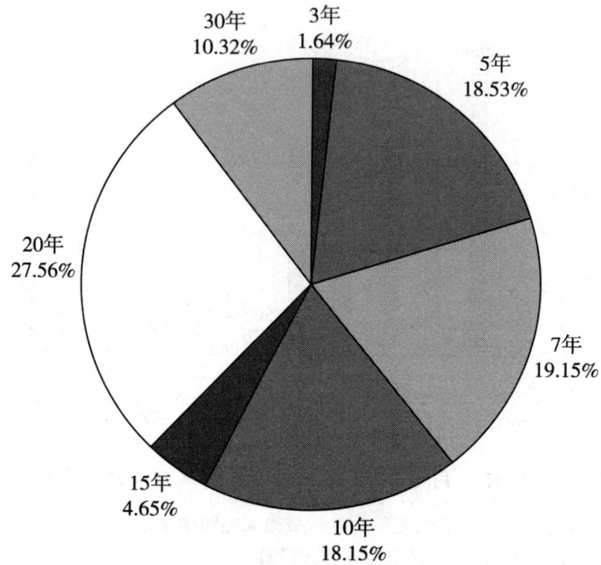

图 6　2022 年 1~9 月陕西省新发行地方债期限结构

数据来源：Wind 数据库，中诚信国际整理计算。

（三）发行成本较上年同期有所下降，在全国处于中等水平

2022 年以来，受央行降息、全面降准等因素影响，银行间流动性较为宽松，资金利率中枢逐季下行。1~9 月，DR007 和 R007 中枢分别为 1.77%和 1.92%，分别较上年同期下行 40.31BP 和 39.14BP。① 2022 年 1~9 月，陕西省地方债发行成本较上年同期有所下降，具体来看，陕西省地方债发行利率②为 3.05%，较上年同期下降 0.29 个百分点，在全国 31 个省（区、市）中排第 18 位（见图 7）；发行利差为 16.15BP，较上年同期下降 11.47BP，在全国 31 个省（区、市）中排第 14 位。整体来看，陕西省地方债发行利率呈下降趋势，发行利差有所波动，二者均在 9 月降至最低点，分别为 2.60%和 13.12BP（见

① 《“总量+结构”工具持续发力，收益率或围绕 2.75%中枢波动——货币政策及利率债 2022 年前三季度回顾与下阶段展望》，中诚信国际研究院，2022 年 10 月 14 日，https://www.ccxi.com.cn/coreditResearch/detail/9423?type=1。

② 如无特别说明，本报告中发行利率、利差为根据发行额计算的加权平均发行利率、利差，发行利差计算公式：债券发行利率-对应期限国债收益率。

图 8)，主要系 9 月仅发行 2 只 5 年期再融资债券，其发行利率、利差均较低所致。

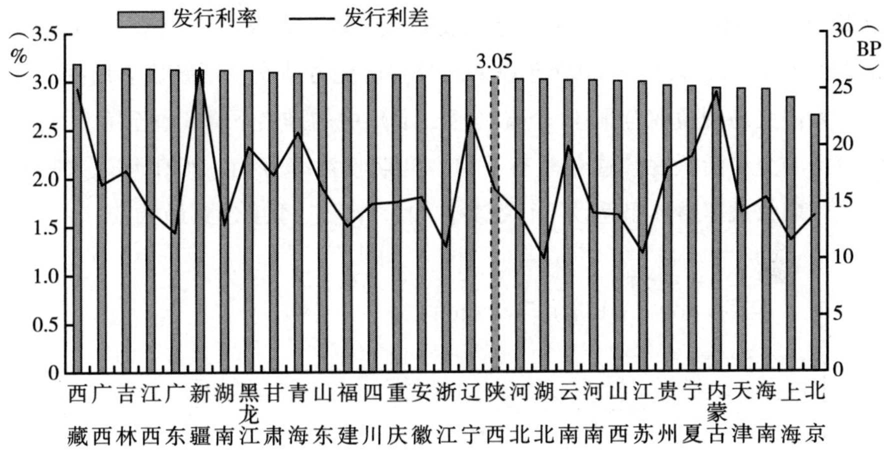

图 7　2022 年 1~9 月全国 31 个省（区、市）地方债发行成本

数据来源：Wind 数据库，中诚信国际整理计算。

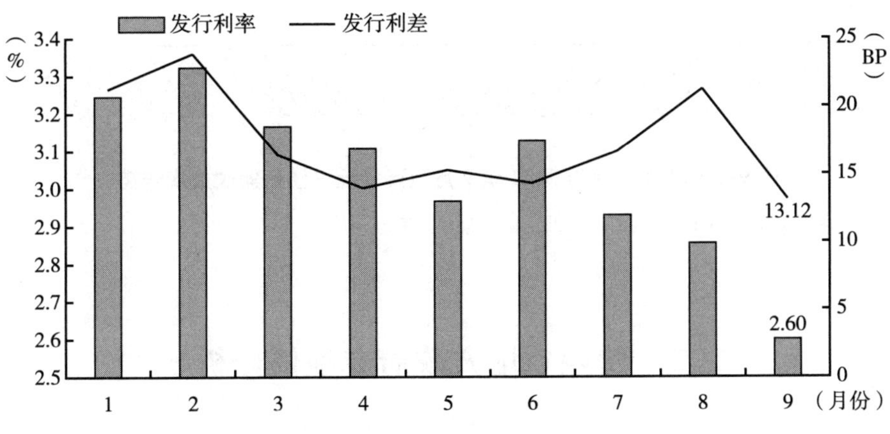

图 8　2022 年 1~9 月陕西省地方债月度发行成本

数据来源：Wind 数据库，中诚信国际整理计算。

（四）2022年1~9月陕西省地方债在二级市场的交易活跃度较往年略有下滑，到期收益率[①]自2021年以来整体呈持续下行趋势

2022 年 1~9 月，陕西省地方债交易规模[②]共计 2228.96 亿元，较上年同期减少 151.27 亿元，且由于 2022 年以来部分省份地方债交易活跃度有所提升，陕西省地方债交易规模在全国 31 个省（区、市）中的排名下降 8 位至第 21 位，在二级市场的交易活跃度较往年略有下滑。到期收益率方面，2021 年以来陕西省地方债到期收益率整体呈持续下行态势，2022 年第三季度达到最低点。

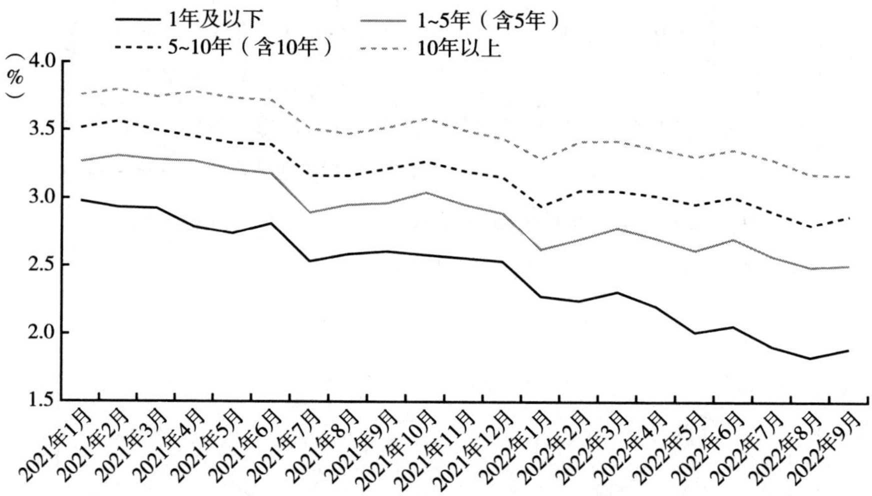

图 9　2021 年 1 月至 2022 年 9 月陕西省地方债到期收益率走势

数据来源：Wind 数据库，中诚信国际整理计算。

二　陕西省地方政府专项债分析

2022 年 9 月，陕西省地方政府存量专项债余额在全国 31 个省（区、市）中排第 19 位，规模达到 4996.54 亿元，其投向领域以市政和产业园区基础设

① 此处到期收益率均值采用的是算术平均值。

② 交易统计包含回购交易、现券交易等部分。

施、民生服务等为主。从剩余期限来看，1 年以内、1～5 年（含 5 年）、5～10 年（含 10 年）以及 10 年以上的专项债余额分别为 632.70 亿元、1241.55 亿元、1243.37 亿元和 1878.92 亿元，分别占存量总规模的 12.66%、24.85%、24.88%和 37.60%（见图 10）。

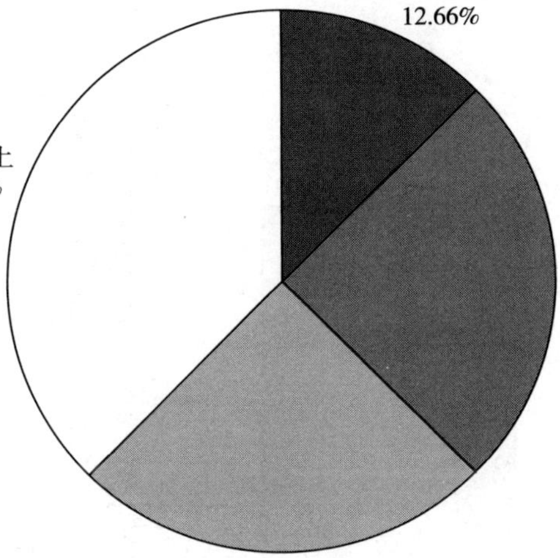

图 10　截至 2022 年 9 月陕西省地方政府存量专项债余额剩余期限结构

数据来源：Wind 数据库，中诚信国际整理计算。

（一）项目收益专项债[①]发行规模逐年增长，2022年1~9月发行成本显著降低

2018～2021 年及 2022 年 1～9 月，陕西省项目收益专项债发行规模共计 2989 亿元，且专项债募投领域不断扩大。从发行规模看，陕西省 2018～2021 年分别发行项目收益专项债 258 亿元、453 亿元、668 亿元和 834 亿元，呈逐

① 2020年7月29日财政部《关于加快地方政府专项债券发行使用有关工作的通知》（财预〔2020〕94号）明确2020年新增专项债必须保证融资规模与项目收益相平衡，因此2020年新增专项债均为项目收益专项债；本部分项目收益专项债的统计样本为2018～2019年项目收益专项债与2020年至2022年9月的新增专项债。

年增长态势，2022 年 1~9 月发行规模亦达到 776.36 亿元（见图 11）。从发行成本看，近年来陕西省项目收益专项债发行利率及发行利差均呈波动下降趋势，2022 年 1~9 月分别降至 3.27% 和 15.49BP（见图 12）。从发行期限看，2022 年 1~9 月，陕西省 20 年期和 30 年期的项目收益专项债发行规模占当期总发行规模的比重分别为 56.97% 和 21.33%（见图 13），发行期限以长期为主。

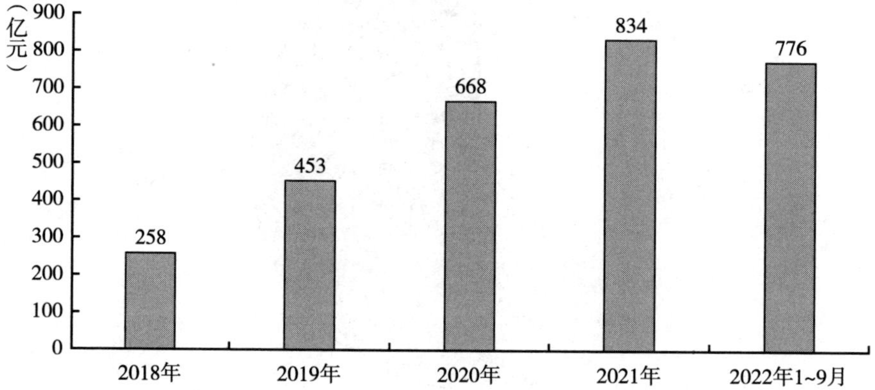

图 11　2018 年至 2022 年 9 月陕西省项目收益专项债发行规模

数据来源：Wind 数据库，中诚信国际整理计算。

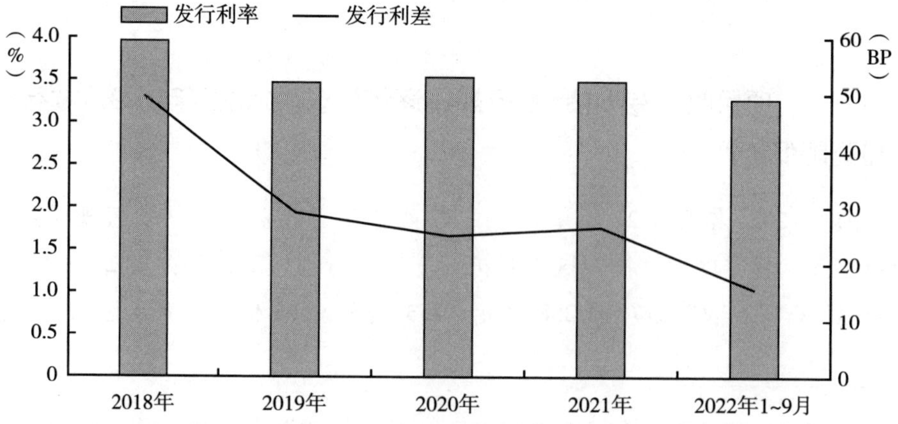

图 12　2018 年至 2022 年 9 月陕西省项目收益专项债发行成本

数据来源：Wind 数据库，中诚信国际整理计算。

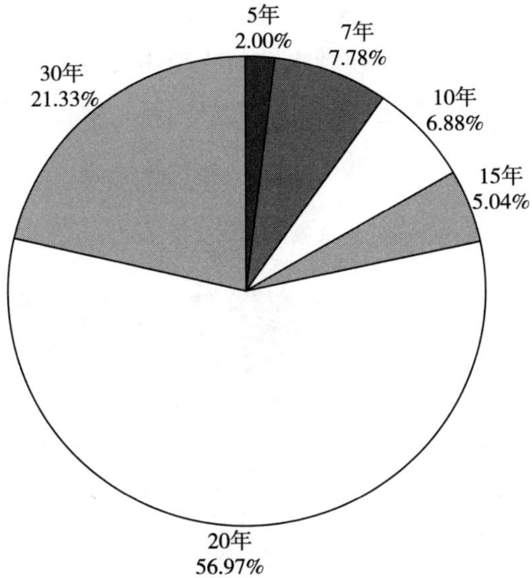

图 13　2022 年 1~9 月陕西省项目收益专项债发行期限结构

数据来源：Wind 数据库，中诚信国际整理计算。

（二）募投项目涉及范围较广，主要分布在区县级，项目未来的资金平衡情况值得关注

从募投项目投向来看，2022 年 1~9 月陕西省政府发行的项目收益专项债投向的领域包括市政和产业园区基础设施、民生服务、交通基础设施、棚改、农林水利、文旅、生态环保、物流、旧改及能源，其中市政和产业园区基础设施领域、民生服务领域、交通基础设施领域以及棚改领域使用的项目收益专项债资金额度相对较大，占比分别为 32. 70%、19. 80%、18. 43%和 16. 95%，农林水利、文旅及生态环保等其他募投领域使用的资金额度占比均低于 5%（见图 14）。市政和产业园区基础设施领域资金规模为 253. 87 亿元，主要系产业园建设、气热管网、综合管廊、给排水与水务及其他市政等项目，使用的专项债资金额度分别为 169. 90 亿元、23. 54 亿元、10. 04 亿元、9. 35 亿元和 41. 04 亿元。从项目行政层级分布来看，2022 年 1~9 月陕西省发行的项目收益专项债募投项目以区县级项目为主，使用的资金额度为 412. 08 亿元，省级和地市级分别为 122. 98 亿元和 241. 30 亿元。此外，募投项目融资本息覆盖倍数均大

于1，募投项目资金自平衡情况较好；但考虑到大部分募投项目集中在区县级且区县级项目中约19%的项目还款来源与土地出让收入挂钩，由于区县级项目盈利和土地出让情况不确定性较大，后续区县级项目的资金平衡情况值得关注。

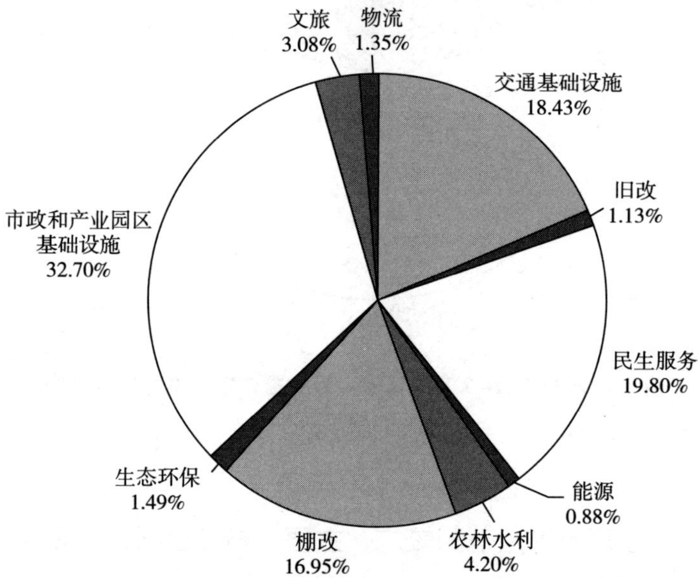

图14　2022年1~9月陕西省新增项目收益专项债募投领域分布

数据来源：Wind数据库，中诚信国际整理计算。

（三）用作资本金的募投项目数量较少，项目收益专项债仍主要通过用作配套投资对基建投资规模起到一定撬动作用

2022年1~9月，陕西省新发行项目收益专项债共投向了608个项目，主要通过用作配套投资来对基建投资规模起到一定撬动作用，仅2个募投项目将专项债用作项目资本金，分别为东庄水利枢纽工程和陕西省引汉济渭二期工程，预计将14.50亿元的专项债用于项目资本金。其中东庄水利枢纽工程系陕西省省级项目，属于水利工程项目，项目收入主要来源于供水供电收入；陕西省引汉济渭二期工程亦为陕西省省级水利工程项目，未来主要通过供水实现收益。

（四）募投领域以市政和产业园区基础设施、民生服务等为主，能够对投资产生一定的拉动效应

地方政府专项债资金能有效推动地方基础设施建设，2022 年 1~9 月，陕西省固定资产投资同比增长 9.8%①。目前，陕西省仅少量专项债用作项目资本金，专项债对基建投资的撬动更多以项目配套融资的形式体现。在专项债作资本金的项目中，项目资本金比例均值为 0.55，对应撬动杠杆约 1.82 倍，理论上约能撬动基建投资 26.38 亿元②；专项债不用作项目资本金时，项目配套融资比例均值、对应撬动杠杆和理论撬动基建投资金额分别为 0.52%、1.91 倍和 1415.08 亿元。综合来看，陕西省在市政和产业园区基础设施、民生服务等领域的专项债资金投放可产生一定的投资拉动效应。

三　陕西省偿债能力分析

陕西省地方政府债务规模在全国位列中游，一般债和专项债到期规模基本相当，2023 年迎来到期高峰。近年来，陕西省经济财政实力稳步增长，财政平衡能力在全国处于中等水平，债务水平虽有所上升，但与经济发展水平较匹配，债务风险保持在可控区间。

（一）债务余额同比继续增长，债务空间有所收窄，整体债务规模处于全国中等水平；到期债务分布方面，2023年相对集中

2021 年，陕西省地方政府债务余额为 8687.60 亿元③，同比增长 16.83%（见图 15），整体债务规模仍处于全国中等水平。同期，陕西省未使用地方政府债务限额为 890.50 亿元，下降 12.59%，举债空间有所收缩。

---

① 如无特别说明，本报告中引用的宏观经济数据均来自《陕西省国民经济和社会发展统计公报》，并由中诚信国际整理计算。

② 专项债撬动基建投资方法参见袁海霞、汪苑晖、卞欢《专项债兼顾扩容提效，助力基建托底稳增长——地方政府专项债 2019 年回顾与 2020 年展望》，《财政科学》2020 年第 1 期。

③ 如无特别说明，本报告中引用的陕西省政府债务限额、余额，一般公共预算收入、支出，财政平衡率，债务率、负债率等财政相关数据均来自陕西省财政预算执行及决算报告，并由中诚信国际整理计算。

从到期地方政府债券结构来看，陕西省一般债和专项债到期规模无明显差异，到期债务结构分布较为均衡。2023 年为债务集中偿还期，需偿还 1072.18 亿元；2024 年到期债务规模回落；2024～2026 年，到期债务规模呈逐年增长趋势（见图 16）。

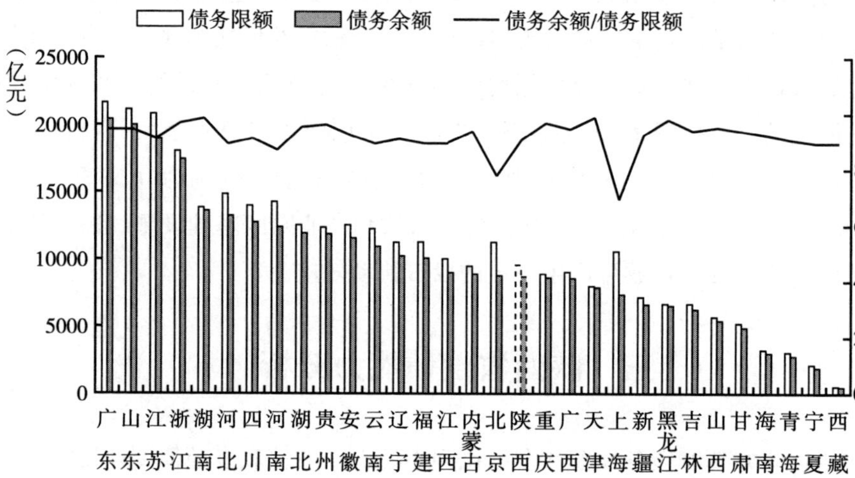

图 15　截至 2021 年全国 31 个省（区、市）债务限额及余额

数据来源：全国 31 个省（区、市）财政预算执行及决算报告，中诚信国际整理计算。

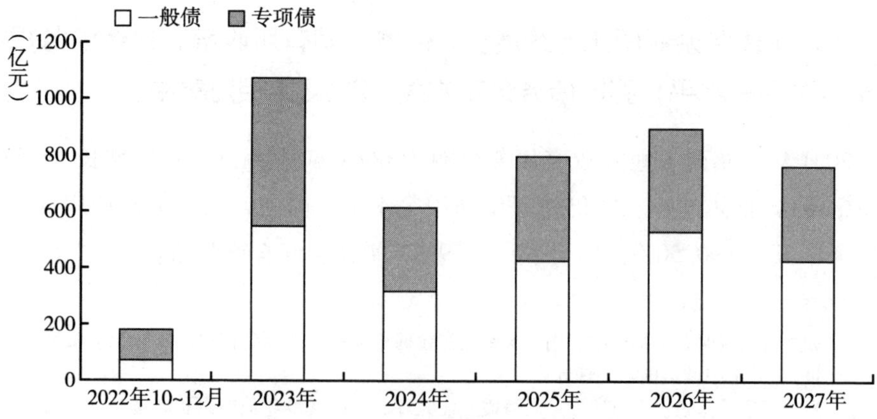

图 16　截至 2022 年 9 月陕西省存量地方债到期分布

数据来源：Wind 数据库，中诚信国际整理计算。

（二）经济和财政实力稳步增强，财政平衡能力在全国处于中等水平

陕西省为我国重要的对外开放门户，“一带一路”建设亦使其成为向西开放的前沿。2021 年，陕西省经济增长态势良好，GDP 实现 29800.98 亿元，同比增长 6.5%，增速较 2020 年提升 4.3 个百分点。富集的能源资源对陕西省经济发展起到重要支撑作用，其高端能源化工、装备制造、航空航天等产业实力雄厚。同时，陕西省财政实力稳步增强。2021 年，其一般公共预算收入为 2775.40 亿元，同比增长 22.9%（见图 17），其中税收收入占比 80.60%；一般公共预算支出为 6069.20 亿元，财政平衡率为 45.73%，在全国处于中等水平。同年，其政府性基金收入实现 2385.30 亿元，增速为 13.4%，其中土地出让收入占比 80.33%。

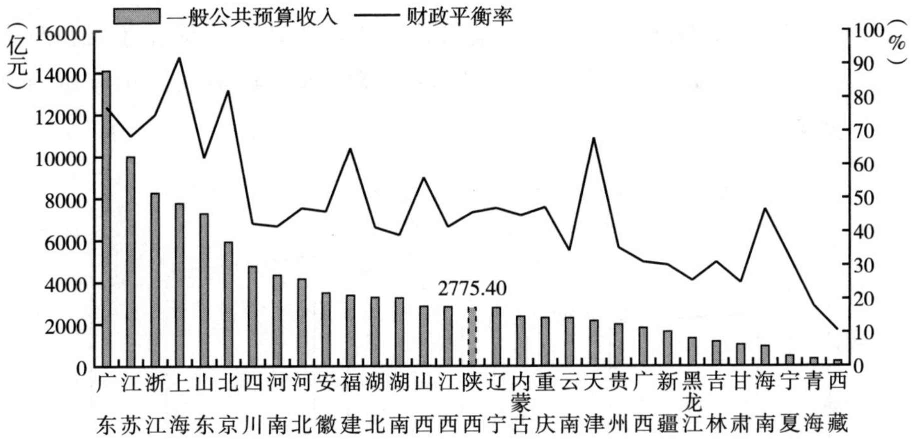

图 17　2021 年全国 31 个省（区、市）一般公共预算收入与财政平衡率

数据来源：全国 31 个省（区、市）财政预算执行及决算报告，中诚信国际整理计算。

（三）债务规模与经济发展水平较匹配，债务风险相对可控

目前，陕西省债务水平与经济发展水平较匹配，债务风险保持在可控区间。截至 2021 年，陕西省债务率和负债率分别为 105.68%和 29.15%，较上年小幅上升，在全国范围内仍处于中等水平（见图 18）。

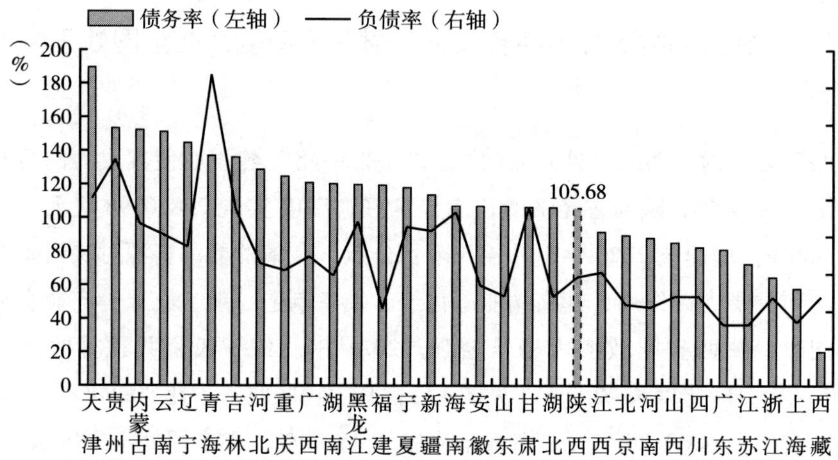

图 18　2021 年全国 31 个省（区、市）债务率及负债率

数据来源：全国 31 个省（区、市）财政预算执行及决算报告，中诚信国际整理计算。

2018 年以来，陕西省债务水平呈增长态势。2021 年，受益于财税收入的显著增长，陕西省债务余额/一般公共预算收入指标值较上年有所回落（见图 19）。

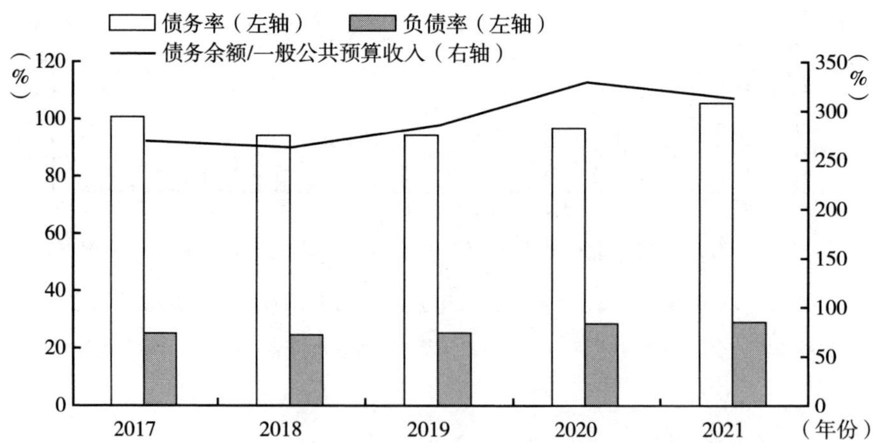

图 19　2017~2021 年陕西省债务率及负债率

数据来源：2017~2021 年陕西省财政预算执行及决算报告，中诚信国际整理计算。

四　小结

2022 年 1~9 月陕西省地方债发行规模较上年同期有所下降，发行成本较上年略有收窄，二级市场交易活跃度以及到期收益率均有所回落。陕西省项目收益专项债方面，近年来发行规模逐年增长，2022 年 1~9 月发行成本显著降低，专项债投放于市政和产业园区基础设施、民生服务、交通基础设施等领域，可产生一定的投资拉动效应；但专项债资金用作资本金的项目数量很少，仍主要通过用作配套投资来对基建投资规模起到一定的撬动作用。

近年来陕西省经济财政实力稳步增强，债务规模与经济发展水平较匹配，债务风险相对可控，但 2023 年即将迎来地方债到期高峰，叠加当前内外经济形势依然复杂，仍需持续关注宏观经济的不确定性，加强债务管理。可重点关注以下几点：第一，充分发挥专项债用作项目资本金“四两拨千斤”的作用，引导社会资金投向、撬动更多基建投资；第二，强化债务风险监控，落实地方债偿债高峰期的资金来源，适度拉长地方债期限，缓释偿债压力。

B.19
2022年山西省地方政府债券分析报告

杨羽明*

摘　要： 2022年以来，山西省地方债发行规模小幅攀升，发行成本持续回落，二级市场活跃度仍在国内处于较低水平；专项债发行规模持续增加，以市政和产业园区基础设施、民生服务和交通基础设施为主要投向领域，但当前专项债以资本金形式撬动投资规模较小，撬动效应有待进一步释放。近年来山西省债务率明显升高，财政收入较依赖上级补助，整体债务风险有所加大，未来应注重政府债务风险防范与有效利用地方债拉动投资增长的动态平衡，促进区域转型升级。

关键词： 地方债　专项债　山西省

一　山西省地方债运行情况分析

从全国来看，山西省地方债存量规模相对较低，其中专项债存量规模略高于一般债，长期债券占比较高。从规模看，截至2022年9月，山西省地方债存量规模为6125.14亿元①，占全国规模的1.77%，在全国31个省（区、市）中排第26位（见图1）。从结构看，存量地方债中一般债余额占比47.62%，专项债余额占比52.38%，规模占比相近。从期限看，山西省存量地方债中10年期规模占比最高，为34.71%；7年期次之，占比23.81%。

---

* 杨羽明，中诚信国际政府公共评级一部高级分析师，主要研究领域为地方政府债券、基础设施投融资行业等。

① 如无特别说明，本报告中引用的地方债存量、发行量、发行利率、发行利差、交易量、到期收益率等债券相关数据均来自截至2022年9月的Wind数据库，并由中诚信国际整理计算。

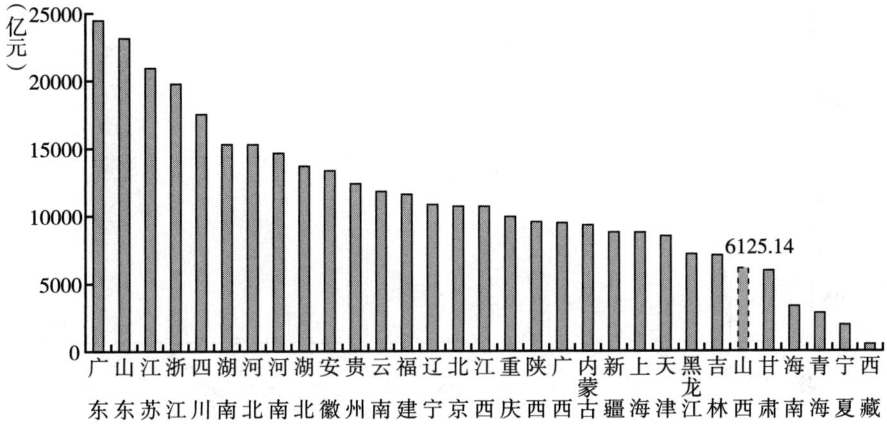

图1　截至2022年9月全国31个省（区、市）地方债存量规模

数据来源：Wind数据库，中诚信国际整理计算。

（一）发行规模呈小幅上升态势，发行节奏与政策要求相符合

山西省是煤炭大省，受煤炭及相关产业价格2021年抬升等积极因素影响，近年来山西省经济财政水平保持较好态势，但当前仍面临较大的产业转型压力和区域内企业债务偿还压力。近年来，山西省地方债发行规模呈小幅攀升态势，主要出于通过政府发债替代隐性债务融资、进一步规范政府举债机制，以及降低发债融资成本、平滑偿债压力、支撑转型发展等的考量。2022年1~9月发行地方债1127.10亿元，占2021年发行总额的98.39%。从月度发行规模看，2022年山西省地方债集中于6月发行，该月发行规模达618.20亿元（见图2），与2021年相对平缓的发行节奏相比有所变化，主要系山西省响应财政部6月基本发完专项债全年限额的政策要求所致。上述要求旨在通过专项债发行带动扩大有效投资，从而起到稳定宏观经济大盘的作用。

（二）山西省发行地方债中新增专项债占比略高，期限仍以长期为主，但期限分布较上年有所差异

2022年1~9月，山西省发行地方债中过半比例为新增专项债，10年及以

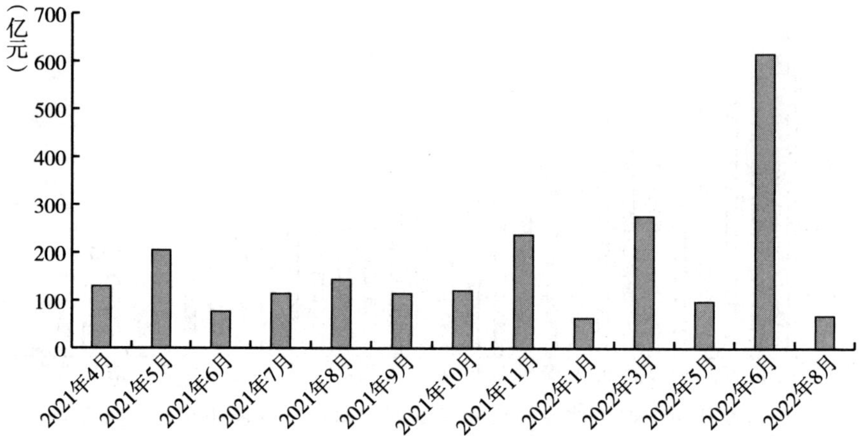

图 2　2021 年 1 月至 2022 年 9 月山西省地方债月度发行规模

注：山西省部分月份无地方债发行，未在图中显示。

数据来源：Wind 数据库，中诚信国际整理计算。

上长期限地方债仍为发行主流，但比重有所降低。从券种结构看，新增专项债、再融资专项债、新增一般债和再融资一般债发行规模分别为 591.00 亿元、206.42 亿元、192.05 亿元和 137.63 亿元，占比分别为 52.44%、18.31%、17.04%和 12.21%。从期限结构看，期限品种较 2021 年无变化，但期限分布占比与 2021 年相比有所不同，7 年期、10 年期和 20 年期占比分别为 23.69%、19.12%和 19.81%。10 年及以上期限所占比例为 56.54%（见图 3），较 2021 年下降 4.27 个百分点。

（三）发行成本呈持续走低态势，发行利率全国排名第九

2022 年 1~9 月，山西省地方债发行利率①继续下降，降至 3.00%，发行利差进一步收窄至 13.88BP（见图 4）。从 2022 年月度分布看，发行利率在 8 月到达低点 2.75%，发行利差在 6 月到达低点 10.76BP（见图 5）。从期限分布看，与 2021 年对应期限的地方债相比，发行利率进一步走低，3 年期及 5 年

① 如无特别说明，本报告中发行利率、利差为根据发行额计算的加权平均发行利率、利差，发行利差计算公式：债券发行利率-对应期限国债收益率。

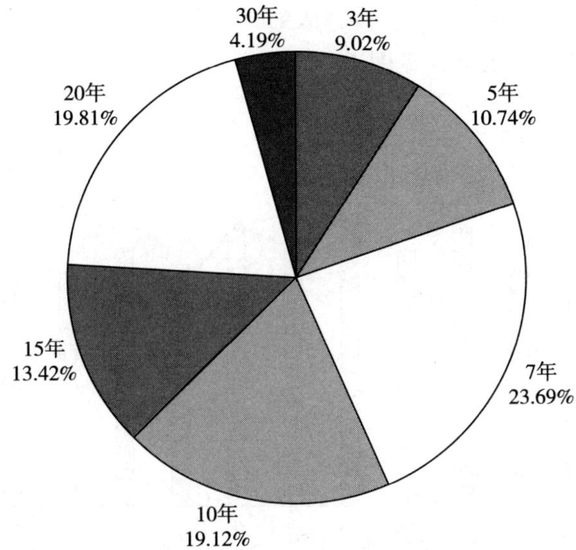

图 3　2022 年 1~9 月山西省新发行地方债期限结构

数据来源：Wind 数据库，中诚信国际整理计算。

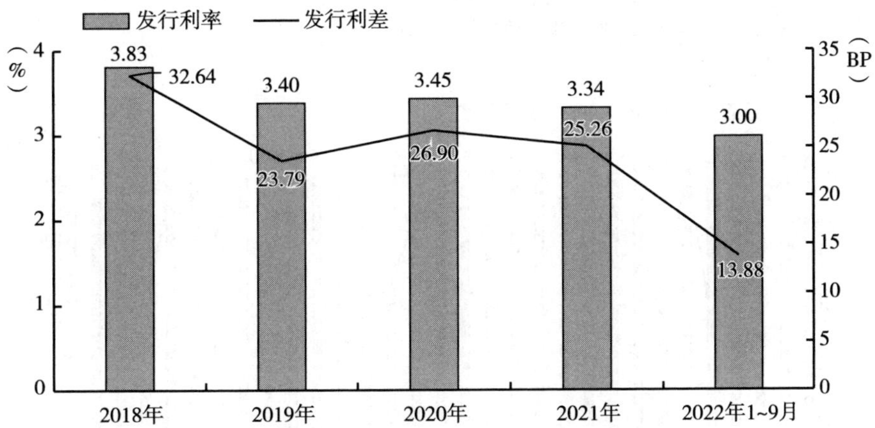

图 4　2018 年至 2022 年 9 月山西省地方债发行成本

数据来源：Wind 数据库，中诚信国际整理计算。

期下降幅度较大，分别下降 45BP 和 48BP；发行利差亦整体收窄，5 年期发行利差收窄幅度最大，为 14. 62BP。从券种分布看，与 2021 年相比，一般债和专项债发行利率分别下降至 2. 68%和 3. 13%，发行利差分别回落至 13. 11BP

和 14. 20BP，发行成本进一步降低。从全国来看，山西省发行利率在全国排第 23 位，整体处于较低水平（见图 6）。

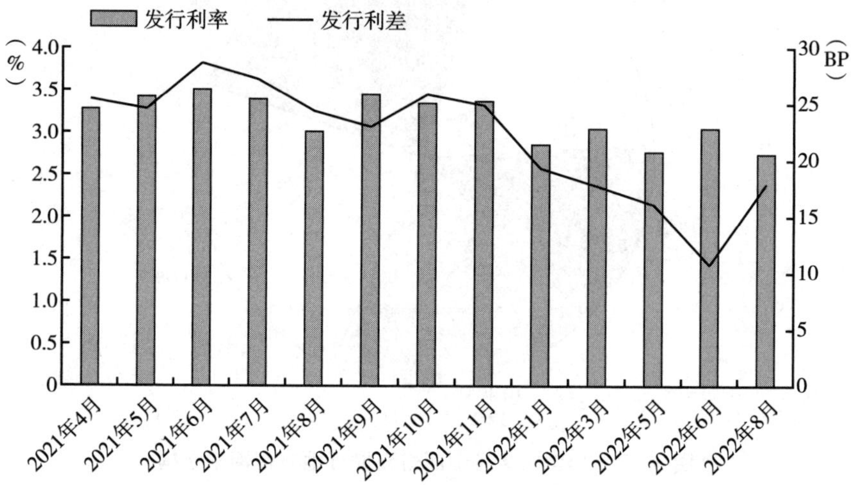

图 5　2021 年 1 月至 2022 年 9 月山西省地方债月度发行成本

注：山西省部分月份无地方债发行，未在图中显示。

数据来源：Wind 数据库，中诚信国际整理计算。

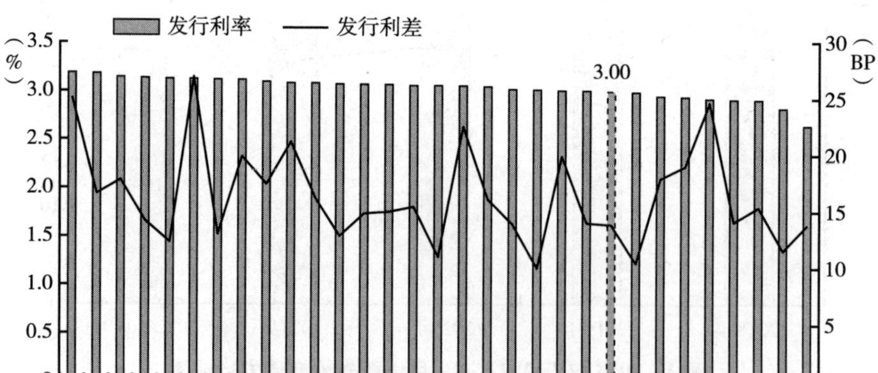

图 6　2022 年 1~9 月全国 31 个省（区、市）地方债发行成本

数据来源：Wind 数据库，中诚信国际整理计算。

（四）交易规模[1]总体呈小幅下降态势，到期收益率[2]亦呈现波动下降态势

从二级市场交易规模看，2022 年 1～9 月山西省地方债交易规模 1355.42 亿元，较上年同期小幅下降，交易量排名较上年同期下降 1 位至第 25 位，低于 2021 年的排名（第 20 位），二级市场流动性在全国 31 个省（区、市）中处于较低水平。从到期收益率走势看，2021 年 1 月至 2022 年 9 月山西省各期限地方债到期收益率呈现波动下降态势，其中 1～5 年（含 5 年）期在 2022 年 1 月处于最低点，5～10 年（含 10 年）和 10 年以上期限地方债在 2022 年 8 月处于最低点（见图 7）。

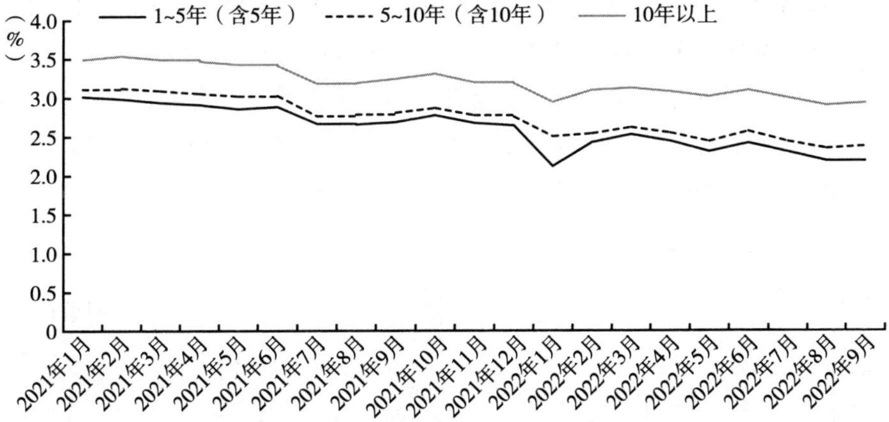

图 7　2021 年 1 月至 2022 年 9 月山西省地方债到期收益率走势

数据来源：wind 数据库，中诚信国际整理计算。

二　山西省地方政府专项债分析[3]

从全国来看，山西省专项债存量规模不高，截至 2022 年 9 月，存量专项

① 交易统计包含回购交易、现券交易等部分。

② 此处到期收益率均值采用的是算术平均值。

③ 2020 年 7 月 29 日财政部《关于加快地方政府专项债券发行使用有关工作的通知》（财预〔2020〕94 号）明确 2020 年新增专项债必须保证融资规模与项目收益相平衡，因此 2020 年新增专项债均为项目收益专项债；本部分项目收益专项债的统计样本为 2018～2019 年项目收益专项债与 2020 年至 2022 年 9 月的新增专项债。

债规模为 3208.07 亿元；从存量专项债期限结构来看，10 年期及以上占比较高，专项债期限结构与项目期限较匹配；从投向领域来看，2022 年 1~9 月山西省发行的新增专项债重点投向市政和产业园区基础设施、民生服务及交通基础设施等领域；当前山西省专项债以资本金形式进行投资的规模较小，理论上或能撬动基建投资 1039.44 亿元。

（一）专项债发行规模呈上升趋势，2022年发行利差收窄

2022 年以来，山西省专项债发行规模呈上升态势，2022 年 1~9 月发行 797.42 亿元，已超过 2021 年全年专项债发行总和（见图 8）；从期限结构来看，2022 年 1~9 月发行的专项债中 20 年期占比为 28.00%，占比较上年同期大幅上升，其次为 10 年期、7 年期和 15 年期品种（见图 9）。从发行成本来看，近年来山西省专项债发行利率及发行利差呈波动下降态势，其中 2020 年发行成本有所回升，2021 年发行成本再次走低，相较于 2018 年，2022 年 1~9 月山西省发行利差收窄 22.73BP，降幅较大（见图 10）。

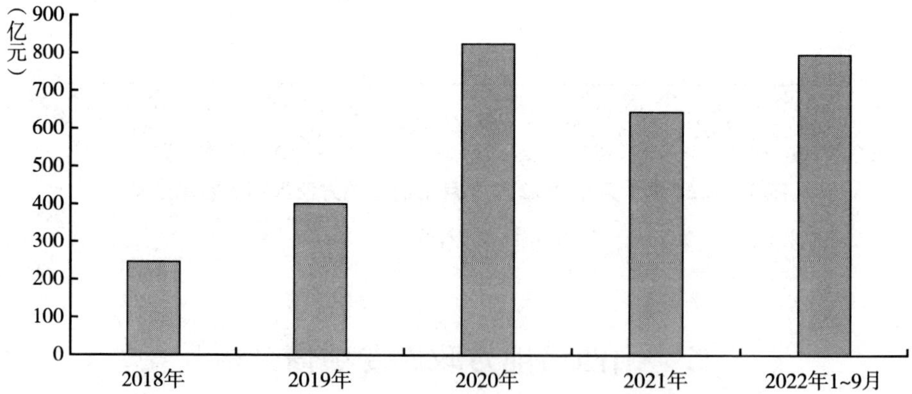

图 8　2018 年至 2022 年 9 月山西省项目收益专项债发行规模

数据来源：Wind 数据库，中诚信国际整理计算。

（二）新增专项债当前以市政和产业园区基础设施、民生服务及交通基础设施等为主要投向领域，区县级项目占比较高，整体偿债风险可控

2022 年 1~9 月，山西省新增专项债资金以传统基建领域为主要投向，并

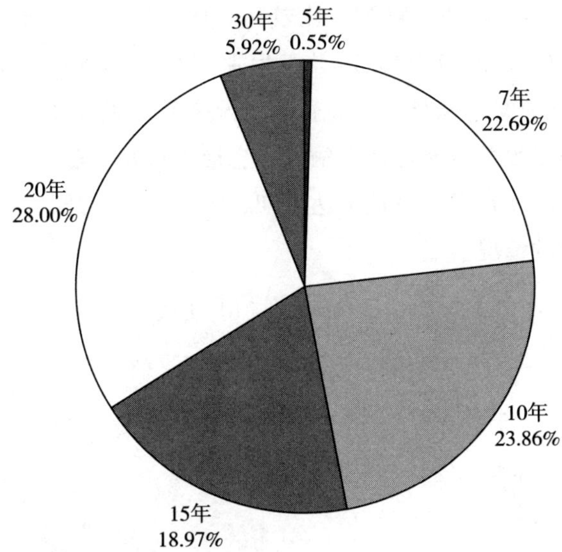

图 9　截至 2022 年 9 月山西省项目收益专项债发行期限结构

数据来源：Wind 数据库，中诚信国际整理计算。

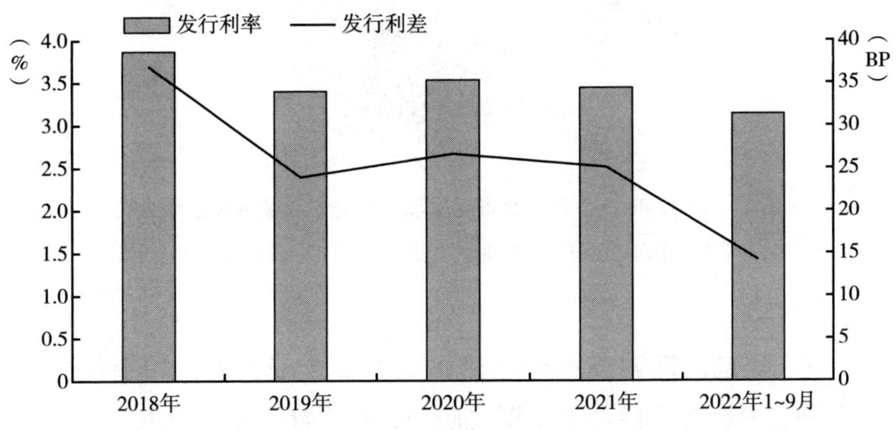

图 10　2018 年至 2022 年 9 月山西省项目收益专项债发行成本

数据来源：Wind 数据库，中诚信国际整理计算。

重点用于市政和产业园区基础设施、民生服务、交通基础设施、棚改（见图11）；具体来看，投向市政和产业园区基础设施领域的专项债占比 31.09%，以产业园建设、气热管网及水务为主；投向交通基础设施领域的专项债占比

17.10%，一般铁路、收费公路等占比较高。从项目行政层级看，2022 年 1~9 月，山西省发行的专项债项目以区县级为主，占比 66.86%；省级项目占比相对较少，仅为 13.90%。从项目本息覆盖情况来看，2022 年 1~9 月，山西省新增专项债募投项目收益均能对债券融资本息形成有效覆盖，项目整体偿债风险可控，但仍需关注项目经营收益不达预期、经营成本上升，导致实际覆盖能力与测算结果不符的情况。

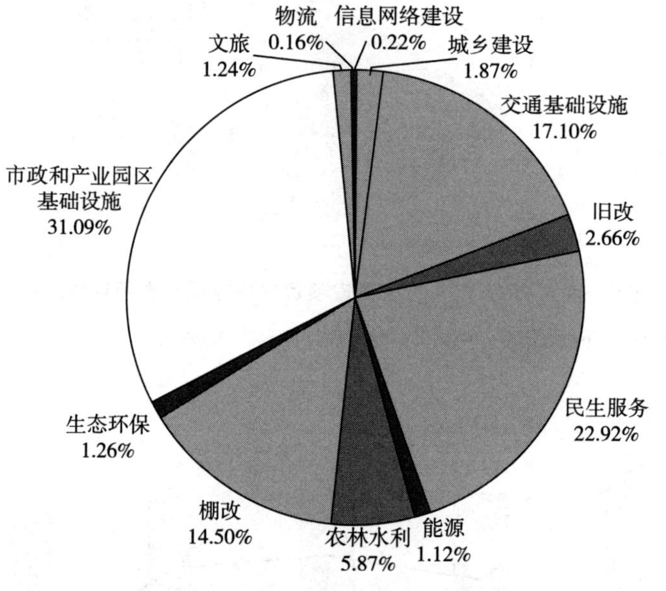

图 11　2022 年 1~9 月山西省新增项目收益专项债募投领域分布

数据来源：山西省政府新增专项债信息披露文件，中诚信国际整理计算。

（三）当前山西省新增专项债中以资本金形式进行投资的规模较小，可适当考虑专项债资本金形式应用，吸引社会资本投入

2019 年 6 月，中共中央办公厅、国务院办公厅下发《关于做好地方政府专项债券发行及项目配套融资工作的通知》，允许将专项债作为符合条件的重大项目资本金，资金用途的放宽有利于缓解政府资金压力。2021 年 2 月，财政部办公厅、国家发展和改革委员会办公厅下发《关于梳理 2021 年新增专项债券项目资金需求的通知》，该通知从新增专项债的项目安排、投向领域、资

本金比例等方面做了具体要求，并要求各省（区、市）在 2021 年 2 月 21 日前上报 2021 年新增专项债项目资金需求。2022 年 1~9 月，山西省将新增专项债募集资金用作项目资本金的数额为 4.10 亿元，主要投向领域为收费公路和一般铁路。当前，在山西省新增专项债中，以资本金形式进行投资的规模较小，在稳增长背景下可合理推进资本金应用，进一步带动社会资本投入短板项目以放大其对基建投资的拉动效果。

（四）理论上可撬动基建投资规模约1039.44亿元，投资撬动效应尚有释放空间

2022 年 1~7 月，山西省固定资产投资同比增长 5.8%，根据测算，2022 年 1~9 月，山西省新增专项债中用作资本金和配套融资的专项债规模对应的专项债资本金和专项债配套融资撬动杠杆分别为 7.34 倍和 1.73 倍，理论上约能撬动基建投资 1039.44 亿元①。整体来看，专项债的发行对投资起到了一定的拉动作用，但专项债以资本金形式进行投资的规模较小，其撬动效应强于配套融资，若适当增加资本金应用比例，未来专项债对投资的撬动效应可进一步释放。

三　山西省偿债能力分析

从全国来看，山西省地方政府债务余额处于下游，但整体呈现上升态势，未来几年到期债券规模保持相对平稳，且以一般债为主。山西省财政收入对上级补助依赖较大，财政实力和财政自给能力一般，且近年来山西省债务率大幅升高，债务风险有所加大。

（一）地方政府债务规模持续增长，未使用债务空间较小，未来几年偿债规模较为平稳

山西省地方政府债务余额整体呈上升态势，且债务余额距离债务限额较近，

① 专项债撬动基建投资方法参考袁海霞、汪苑晖、卞欢《专项债兼顾扩容提效，助力基建托底稳增长——地方政府专项债 2019 年回顾与 2020 年展望》，《财政科学》2020 年第 1 期。

融资空间相对有限。截至 2021 年，山西省地方政府债务限额为 5692.04 亿元（见图 12），较 2020 年增长 17.77%，债务余额为 5413.66 亿元，同比增长 17.38%，规模在全国 31 个省（区、市）中排第 26 位（见图 13）。从地方债存量结构看，山西省债务主要以债券形式构成，非政府债券形式债务占比不大。从到期情况看，2022 年 10~12 月剩余到期规模 88.21 亿元，未来几年到期债券规模较为平均，且以一般债为主，专项债到期规模相对较小（见图 14）。

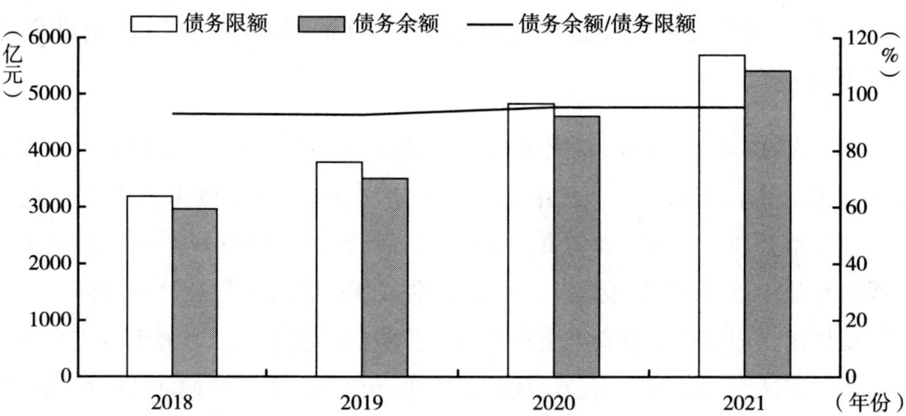

图 12　2018~2021 年山西省债务限额及余额

数据来源：山西省财政预算执行及决算报告，中诚信国际整理计算。

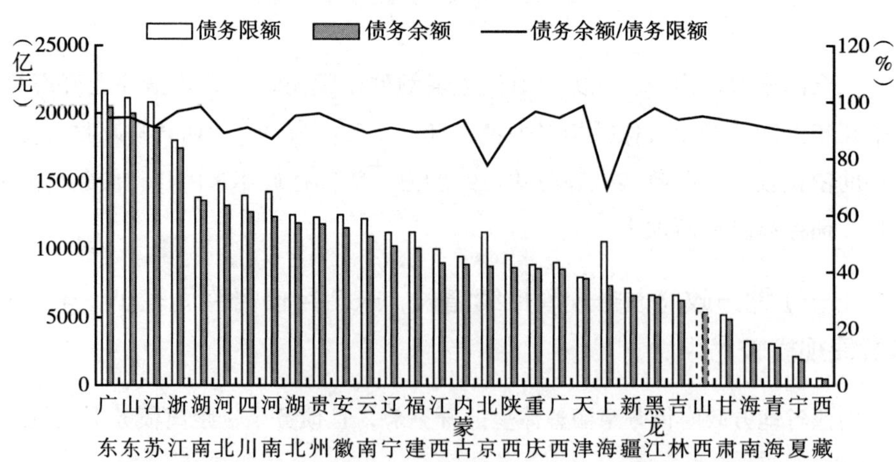

图 13　截至 2021 年全国 31 个省（区、市）债务限额及余额

数据来源：全国 31 个省（区、市）财政预算执行及决算报告，中诚信国际整理计算。

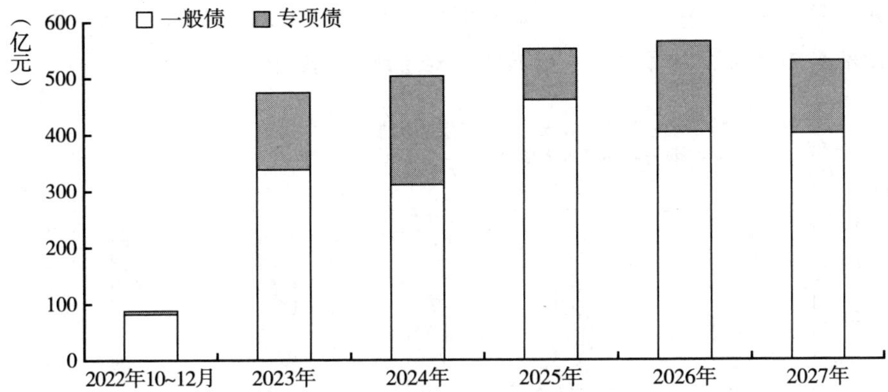

图 14　截至 2022 年 9 月山西省存量地方债到期分布

数据来源：Wind 数据库，中诚信国际整理计算。

（二）山西省财政自给能力一般，财政收入较依赖上级补助

山西省财政实力位于全国中游，但财政自给能力一般，较依赖上级补助，且受疫情、减税降费等因素影响，一般公共预算收入有所波动，2021年山西省财政收入呈疫后恢复态势，叠加煤炭相关产业上行，实现一般公共预算收入 2834.61 亿元，在全国 31 个省（区、市）中位列第十四（见图15），同比增长 23.40%。综合财力方面，2021 年山西省综合财力为5986.09

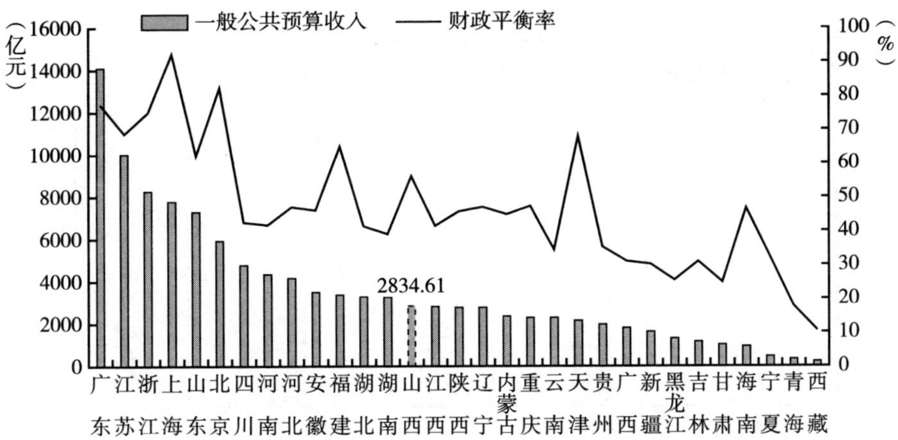

图 15　2021 年全国 31 个省（区、市）一般公共预算收入和财政平衡率

数据来源：全国 31 个省（区、市）财政预算执行及决算报告，中诚信国际整理计算。

亿元（见图 16），其中，政府性基金预算收入占比约为 16.4%，上级补助收入占比约为 34.7%，总体来看，财政收入对上级补助较依赖。

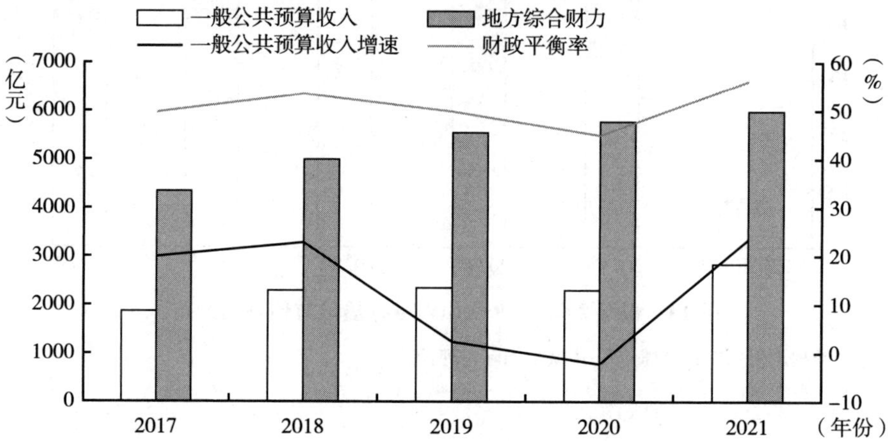

图 16　2017~2021 年山西省财政情况

数据来源：山西省财政预算执行及决算报告，中诚信国际整理计算。

（三）山西省债务率同比大幅升高，债务风险需高度重视

截至 2021 年，山西省地方政府债务率和负债率同比均有所升高，分别为 85.20%和 23.96%（见图 17），其中债务率增幅较大，较上年提升 10.59 个百

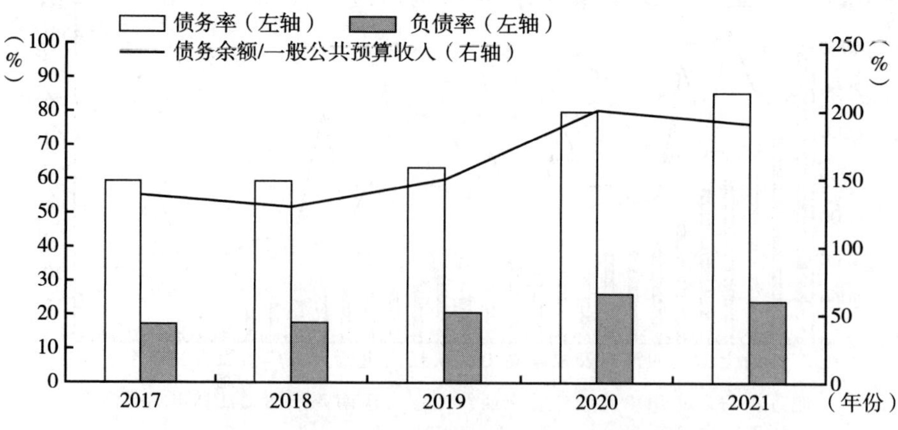

图 17　2017~2021 年山西省债务率及负债率

数据来源：2017~2021 年山西省财政预算执行及决算报告，中诚信国际整理计算。

分点，债务风险有所加大，但债务率在全国31个省（区、市）处于较低水平（见图18）。随着国家对地方债务监管的日益趋严，山西省高度重视政府性债务管理工作，坚决树牢底线思维，防范化解财政金融风险。

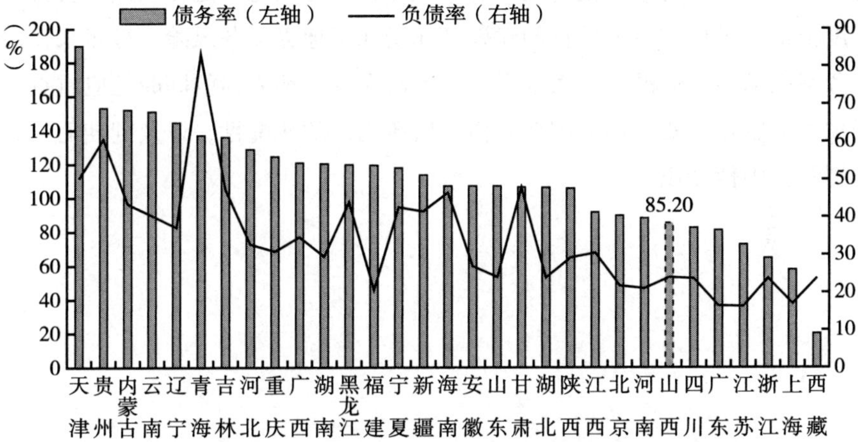

图18　2021年全国31个省（区、市）债务率及负债率

数据来源：全国31个省（区、市）财政预算执行及决算报告，中诚信国际整理计算。

四　小结

2022年1~9月，山西省地方债发行规模继续小幅攀升。新发行地方债中以新增专项债为主，期限以7年、10年、20年为主；发行成本持续回落，处于全国较低水平，各期限到期收益率呈波动下行趋势，但二级市场交易规模仍处于较低水平。从专项债情况看，近年来山西省专项债发行规模呈上升趋势，投向仍以市政和产业园区基础设施、民生服务和交通基础设施为主，专项债用作项目资本金的规模仍较小，对投资的拉动效果仍可进一步释放。偿债能力方面，山西省现阶段整体财政实力一般，且融资空间相对有限，2021年随地方债务余额规模增长，债务率明显升高，整体债务风险有所加大，需高度关注。

受煤炭及相关行业上行影响，2021年山西省财政收入大幅上升，但仍需注意到当前山西省各地市普遍属于资源型城市，对煤炭及相关行业景气度依赖较高，在行业下行周期或将面临较大财政压力，财政增收基础不稳，随着碳中和、碳达峰等政策的逐步推进，山西省产业转型升级任务颇重。在此情况下，山西省应高效利用融资成本较低和期限时间长的地方债资金，充分发挥地方债资金对项目投资的撬动作用，同时需聚焦优质项目建设，并提高项目和资金的匹配度，推动山西省高质量转型发展。此外，地方债尤其是专项债的发行在一定程度上推进了地方重大项目的建设，亦增加了地方债务风险。近年来，山西省债务率已随地方债的发行大幅提升，因此在发行地方债的同时还应重点关注投资项目的收益、资金回流周期与债务偿还周期的匹配性，以及到期的债务规模，缓解集中偿债压力。

B.20

2022年甘肃省地方政府债券分析报告

王少强　王佳慧　王怡涛*

摘　要： 2022年1~9月，甘肃省地方债发行总量处于全国下游水平，且以新增专项债券为主，中长期限债券占比有所上升，发行成本有所下降。其中，项目收益专项债发行规模逐年攀升，募集资金更倾向于民生服务领域，用作项目资本金的比重较小，且对基建项目投资的实际撬动效果依然受到诸多因素限制。截至2022年9月，甘肃省存量地方债规模居全国下游，2023年将进入偿债高峰期，甘肃省财政实力较弱，财政平衡率居全国下游，面临较大的偿债压力。面对甘肃省地方债的偿债形势，甘肃省政府需制定一揽子具有针对性的偿债安排及计划并充分利用信息化手段加强债务风险预测、分析债务风险状况，并建立债务风险资金池，完善省市资金池联动机制。

关键词： 地方债　专项债　甘肃省

一　甘肃省地方债运行情况分析

截至2022年9月，甘肃省地方债存量规模低于全国平均水平且以专项债

---

* 王少强，中诚信国际信用评级有限责任公司政府公共评级一部分析师、项目经理，主要研究领域为地方政府债券、基础设施投融资行业等；王佳慧，中诚信国际信用评级有限责任公司政府公共评级一部分析师，主要研究领域为地方政府债券、基础设施投融资行业等；王怡涛，中诚信国际信用评级有限责任公司政府公共评级一部助理分析师，主要研究领域为地方政府债券、基础设施投融资行业等。

为主，存量地方债以7~20年期为主。从债券规模来看，截至2022年9月甘肃省存续地方债共159只，地方债存量规模为5948.14亿元①，在全国31个省（区、市）中排第27位（见图1）。从结构来看，存量地方债中60.43%为专项债，专项债规模为3594.66亿元。债券期限方面，甘肃省存量地方债期限主要为7~20年，其占全省存量地方债总规模的80.87%。

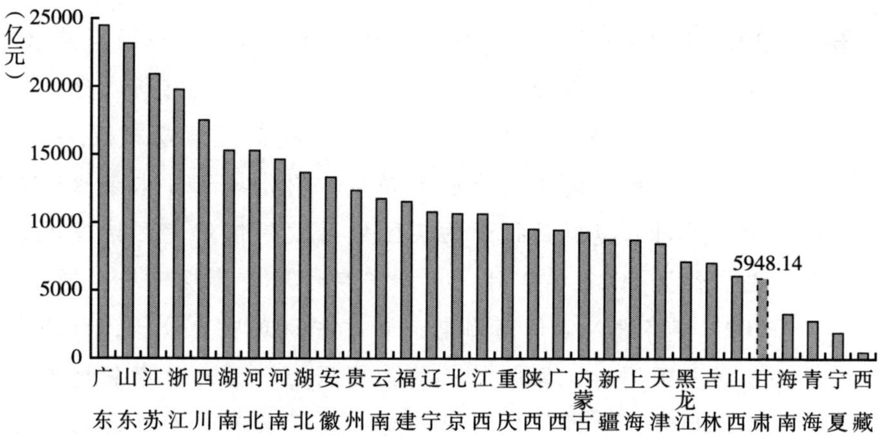

图1　2022年9月全国31个省（区、市）地方债存量规模

数据来源：Wind数据库，中诚信国际整理计算。

（一）2022年2~6月甘肃省地方债发行节奏加快，其中6月为地方债发行小高峰

在疫情形势依然存在不确定性及经济呈现下行趋势的背景下，甘肃省政府实施了更加积极的财政政策，地方债发行规模有所增长。2022年1~9月甘肃省地方债的发行规模共计1362.25亿元，占上年同期地方债发行总额的126.50%。从月度发行情况来看，2022年2~6月发行节奏明显加快，其中6月发行规模较大，当月发行地方债597.62亿元（见图2）。

① 如无特别说明，本报告中引用的地方债存量、发行量、发行利率、发行利差、交易量、到期收益率等债券相关数据均来自截至2022年9月的Wind数据库，并由中诚信国际整理计算。

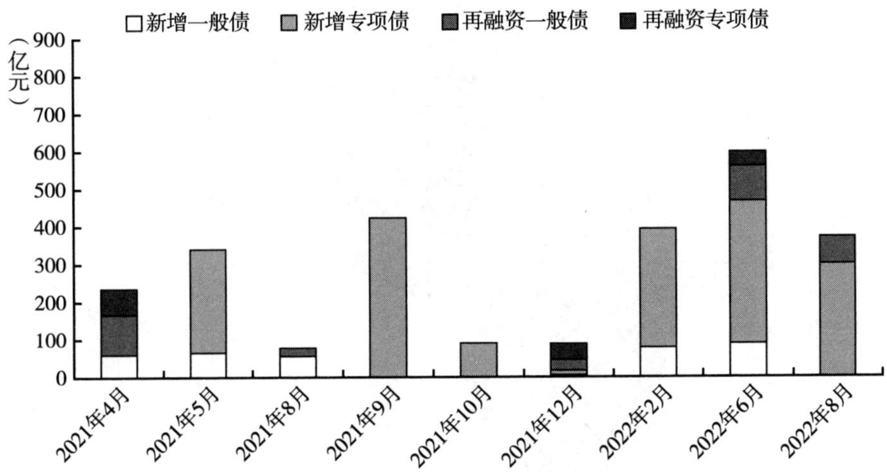

图2　2021年1月至2022年9月甘肃省地方债月度发行规模

注：甘肃省部分月份无地方债发行，未在图中显示。

数据来源：Wind数据库，中诚信国际整理计算。

（二）2022年以来，甘肃省发行地方债主要为新增专项债，期限多为10年

2022年1~9月，甘肃省发行的地方债主要为新增专项债，期限以10年和20年为主。债券结构方面，甘肃省新增专项债的占比有所提升，2022年1~9月新增专项债的发行规模为993.00亿元，其占比增至72.89%。同时，甘肃省发行新增一般债的规模为167.28亿元、再融资一般债的规模为164.51亿元、再融资专项债的规模为37.46亿元。债券期限方面，甘肃省新增地方债的期限多为10年，其占比为38.97%，较2021年上升0.08个百分点，其次是20年期和7年期，占比分别为36.76%和16.73%（见图3）。

（三）甘肃省地方债的发行成本有所降低，月度发行利差呈波动趋势

2022年1~9月，甘肃省地方债发行利率[①]持续回落，发行利率下降至

① 如无特别说明，本报告中发行利率、利差为根据发行额计算的加权平均发行利率、利差，发行利差计算公式：债券发行利率-对应期限国债收益率。

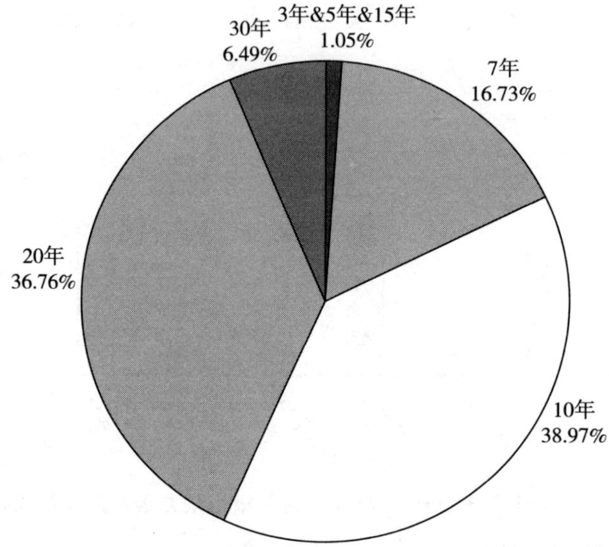

图 3　2022 年 1~9 月甘肃省新发行地方债期限结构

数据来源：Wind 数据库，中诚信国际整理计算。

3.10%，较 2020 年（发行利率为 3.44%）下降 0.34 个百分点，发行利差为 17.47BP，较 2021 年降低 8.68BP（见图 4）。从月度分布看，发行利差在 2021 年 4 月达到最高位，为 30.00BP，此后呈波动回落态势，2022 年 6 月到达最低

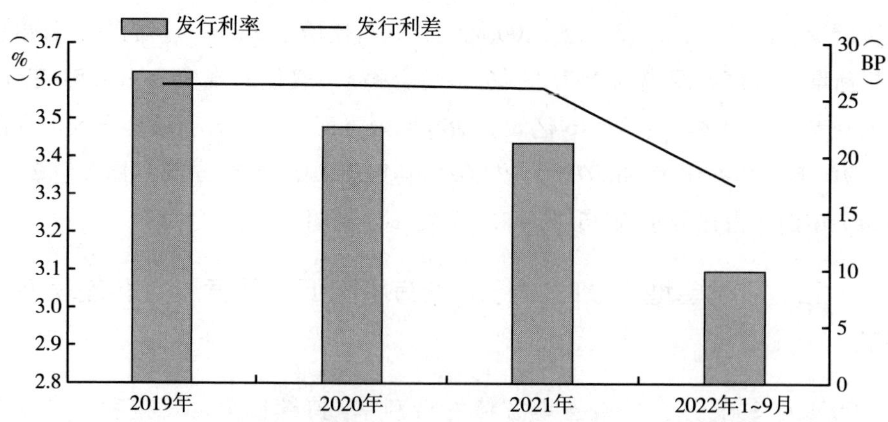

图 4　2019 年至 2022 年 9 月甘肃省新发行地方债成本

数据来源：Wind 数据库，中诚信国际整理计算。

点 12.88BP，2022 年 8 月回升至 24.38BP。发行利率呈波动趋势，2021 年 5 月处于相对高位；2022 年以来，甘肃省地方债发行利率呈下降趋势（见图 5）。与其他省（区、市）相比，甘肃省发行利率和发行利差较高，在全国分别排第 9 位和第 11 位（见图 6）。

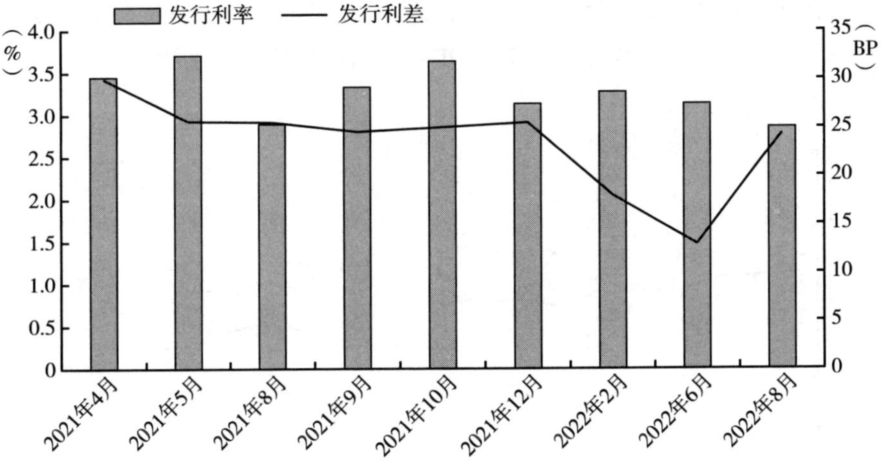

图 5　2021 年 1 月至 2022 年 9 月甘肃省地方债月度发行成本

注：甘肃省部分月份无地方债发行，未在图中显示。
数据来源：Wind 数据库，中诚信国际整理计算。

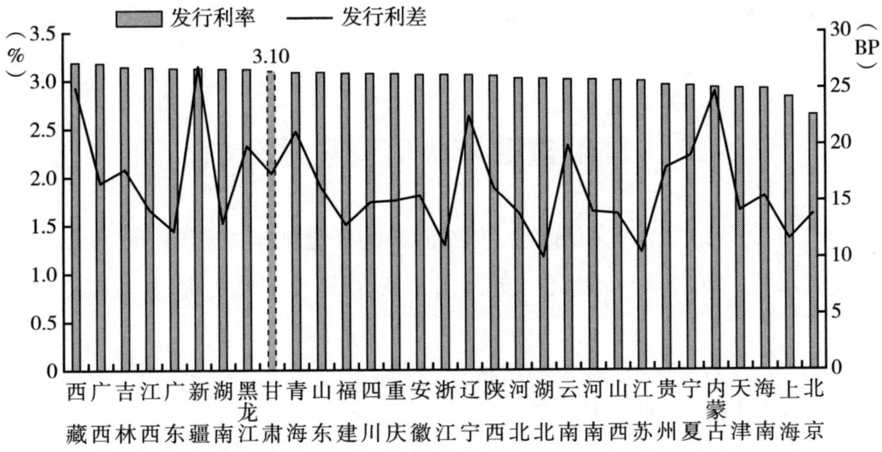

图 6　2022 年 1~9 月全国 31 个省（区、市）地方债发行成本

数据来源：Wind 数据库，中诚信国际整理计算。

（四）甘肃省地方债交易规模[①]有所减少，到期收益率[②]整体呈波动下行态势

从二级市场交易规模看，2022 年 1~9 月甘肃省地方债的交易规模下降至 731.75 亿元，在全国排第 28 位。从到期收益率走势看，甘肃省各期限地方债到期收益率呈现波动下降状态，在 2022 年 8 月到达最低点（见图 7）。

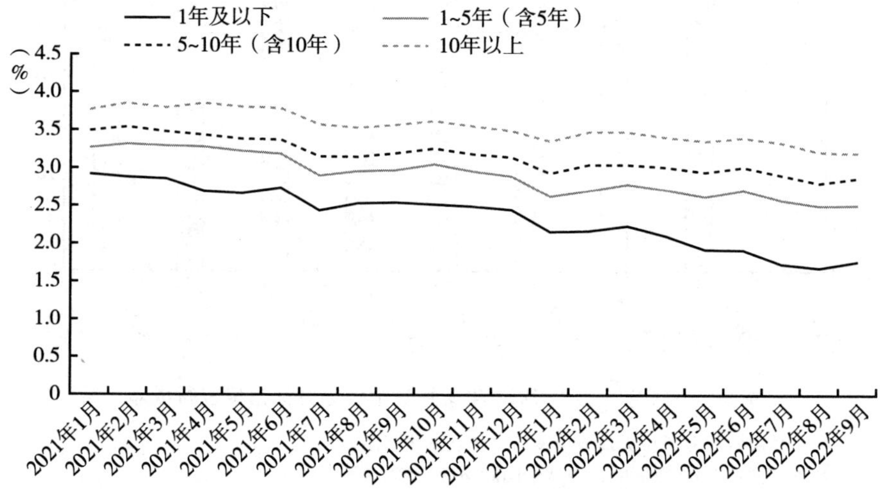

图 7　2021 年 1 月至 2022 年 9 月甘肃省地方债到期收益率走势

数据来源：Wind 数据库，中诚信国际整理计算。

二　甘肃省地方政府专项债分析[③]

2022 年 9 月，甘肃省项目收益专项债券的存量规模为 3594.66 亿元，处于全国下游水平；2022 年募集资金更倾向于民生服务领域；存量的项目收益专

① 交易统计包含回购交易、现券交易等部分。

② 此处到期收益率均值采用的是算术平均值。

③ 2020 年 7 月 29 日财政部《关于加快地方政府专项债券发行使用有关工作的通知》（财预〔2020〕94 号）明确 2020 年新增专项债必须保证融资规模与项目收益相平衡，因此 2020 年新增专项债均为项目收益专项债；本部分项目收益专项债的统计样本为 2017~2019 年项目收益专项债与 2020 年至 2022 年 9 月的新增专项债。

项债主要为 7 年期、10 年期和 20 年期；项目融资本息覆盖倍数整体较好。此外，甘肃省新增项目收益专项债对基建项目投资的实际撬动效果依然受到诸多因素限制。

（一）甘肃省项目收益专项债的发行规模持续增长，债券主要为10年期和20年期

近年来，甘肃省地方政府项目收益专项债的发行规模持续增长，2017~2021 年，发行规模分别为 80 亿元、169 亿元、348 亿元、614 亿元和 800 亿元；2022 年 1~9 月，甘肃省发行新增专项债的规模为 993 亿元，在抗击疫情及稳定经济增长的背景下专项债的发行规模延续增长趋势。

截至 2022 年 9 月，甘肃省存量项目收益专项债规模为 3594. 66 亿元，居全国第 23 位。债券期限方面，甘肃省存量项目收益专项债的期限相对较长，其中 7 年期、10 年期和 20 年期债券的占比较高，分别占存量总规模的 19. 12%、23. 33%和 41. 28%（见图 8）。

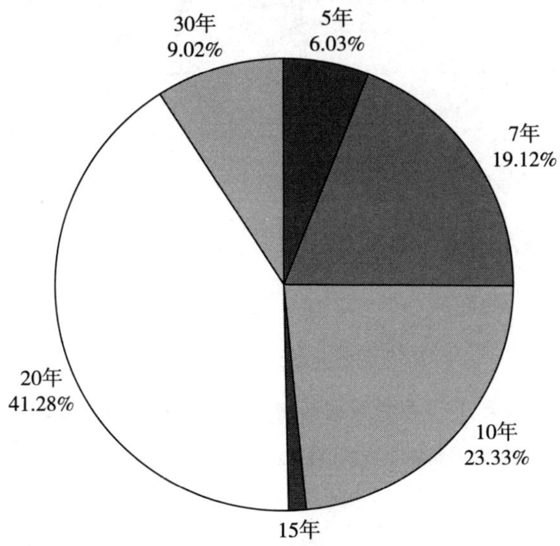

图 8　截至 2021 年 9 月甘肃省存量项目收益专项债发行期限结构

数据来源：Wind 数据库，中诚信国际整理计算。

（二）募投领域向民生服务领域倾斜，项目行政层级以区县级为主

2022 年 1~9 月，甘肃省发行新增专项债 993.00 亿元，从募投项目领域来看，主要投向为民生服务及交通基础设施项目，占比分别为 40.31% 和 23.44%；其次为市政和产业园区基础设施和棚改项目，占比分别为 16.71% 和 7.94%；还有部分投向农林水利、文旅、生态环保等领域，规模占比均较小（见图 9）。从项目行政层级来看，甘肃省专项债项目以区县级为主，占比为 42.74%，其次为地市级，占比为 37.41%，省级项目占比最少，仅为 19.84%（见图 10）。

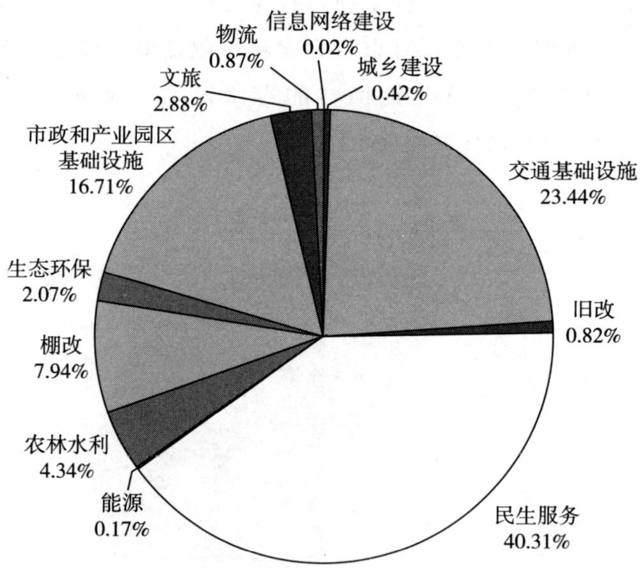

图 9　2022 年 1~9 月甘肃省新增项目收益专项债募投领域分布

数据来源：甘肃省政府新增专项债信息披露文件，中诚信国际整理计算。

（三）用作项目资本金的专项债比重较小，项目融资本息覆盖倍数整体较高

从资本金比例看，2022 年 1~9 月甘肃省新发行项目收益专项债资金中仅

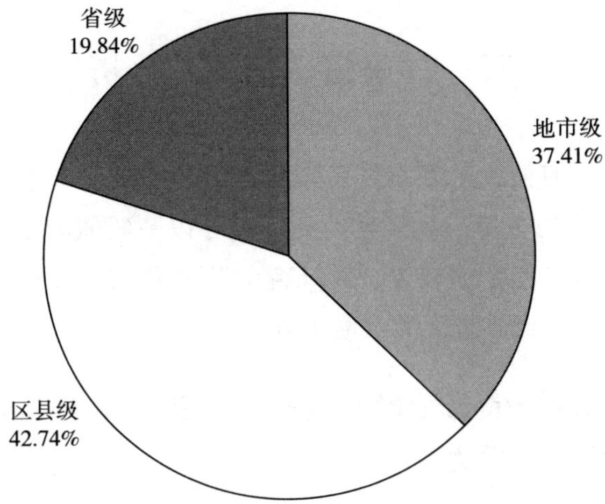

图 10　2022 年 1~9 月甘肃省新增项目收益专项债行政层级分布

数据来源：甘肃省政府新增专项债信息披露文件，中诚信国际整理计算。

4.34 亿元用作项目资本金，占新发行总规模比重为 0.44%，处于较低水平，或与专项债项目储备不足、整体发行规模不大有关。从项目偿债情况看，项目融资本息覆盖倍数均值为 1.91 倍，其中仅 3.3%的项目收入来源包括土地出让收入，覆盖倍数整体较高，偿债风险不大。

（四）甘肃省新增项目收益专项债对基建项目投资的实际撬动效果依然受到诸多因素限制

通过测算，2022 年 1~9 月，甘肃省新增项目收益专项债用于资本金和配套融资的撬动杠杆分别为 2.13 倍和 1.82 倍，该撬动倍数在全国范围内处于偏下水平，合计撬动基建投资规模为 1790.09 亿元，其中专项债作为资本金撬动基建投资 9.15 亿元，作为配套融资撬动基建投资 1780.94 亿元，[①] 但实际效果依然受到资金到位情况、项目建设进度、配套设施建设进度等诸多因素限制。

① 专项债撬动基建投资方法参见袁海霞、汪苑晖、卞欢《专项债兼顾扩容提效，助力基建托底稳增长——地方政府专项债 2019 年回顾与 2020 年展望》，《财政科学》2020 年第 1 期。

三　甘肃省偿债能力分析

甘肃省地方政府债务余额整体呈增长态势，存量债务余额在全国位列下游。2023 年将迎来地方债到期高峰，到期债券以一般债为主。由于甘肃省财政实力较弱，财政自给水平较差，2021 年甘肃省负债率及债务率水平边际均有所抬升，甘肃省将面临较大的偿债压力。

（一）地方政府债务限额空间较小，2023年将迎地方债到期高峰，到期债券以一般债为主

甘肃省地方政府债务余额逐年增长，债务限额的使用空间较为有限。甘肃省地方政府债务限额处于全国下游水平，截至 2021 年甘肃省债务限额为 5221. 80 亿元①（见图 11），同期甘肃省的债务余额为 4896. 10 亿元，较 2016 年

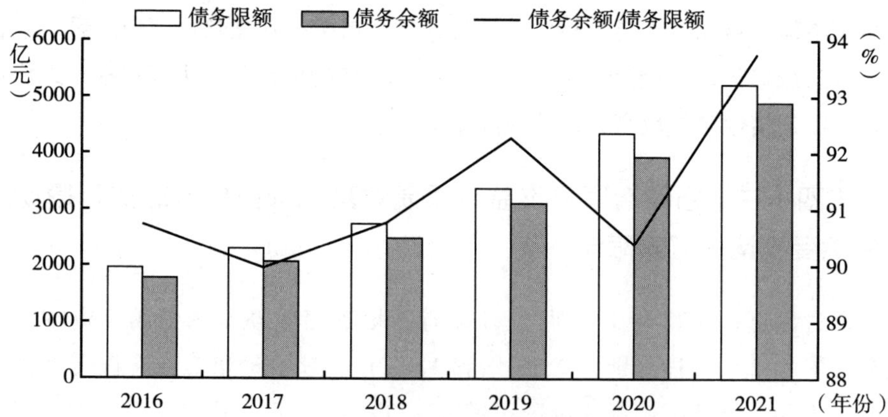

图 11　2016~2021 年甘肃省地方政府债务限额及余额

数据来源：甘肃省财政预算执行及决算报告，中诚信国际整理计算。

① 如无特别说明，本报告中引用的甘肃省政府债务限额、余额，一般公共预算收入、支出，财政平衡率，债务率、负债率等财政相关数据均来自甘肃省财政预算执行及决算报告，并由中诚信国际整理计算。

增长 175.30%，在全国位列第二十七（见图 12），未使用的债务限额为 325.70 亿元，未使用的额度较小。从地方债到期分布看，甘肃省地方债到期主要集中于 2023 年，到期债务规模为 597.94 亿元，其中，到期一般债的比重为 52.38%，到期专项债的比重为 47.62%（见图 13）。

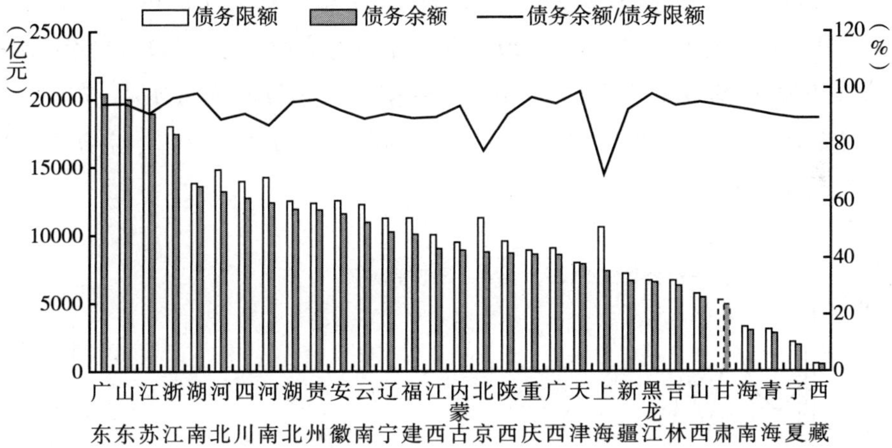

图 12　2021 年全国 31 个省（区、市）地方政府债务限额及余额

数据来源：全国 31 个省（区、市）财政预算执行及决算报告，中诚信国际整理计算。

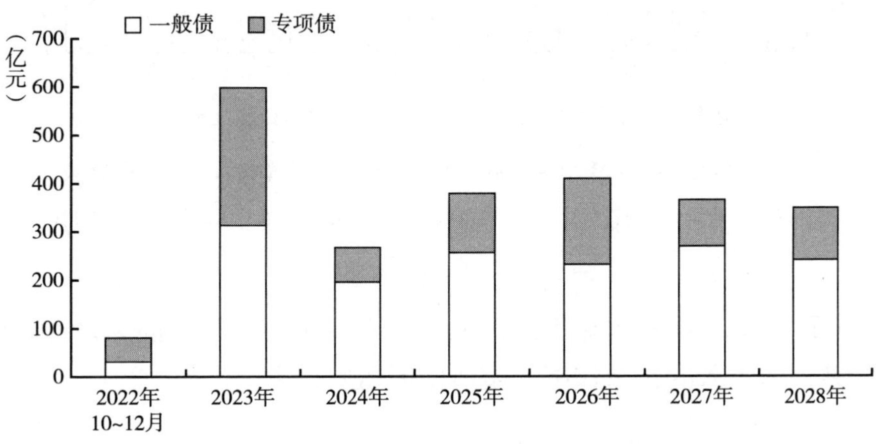

图 13　截至 2022 年 9 月甘肃省存量地方债到期分布

数据来源：Wind 数据库，中诚信国际整理计算。

（二）甘肃省的财政实力偏弱，财政平衡率居全国下游

甘肃省财政实力偏弱。2021 年甘肃省一般公共预算收入为 1001.86 亿元，在全国 31 个省（区、市）中居第 27 位，较 2020 年增长 14.60%，增速亦有所加快；财政平衡率为 24.84%，较 2020 年略有增加，在全国排第 29 位（见图 14）。综合财力方面，2021 年甘肃省综合财力为 4602.92 亿元，较 2020 年下降 1.98%（见图 15）。其中，一般公共预算收入占比 21.77%，政府性基金预算收入占比 12.94%，上级补助收入占比 63.72%，综合财力更多依赖上级补助。

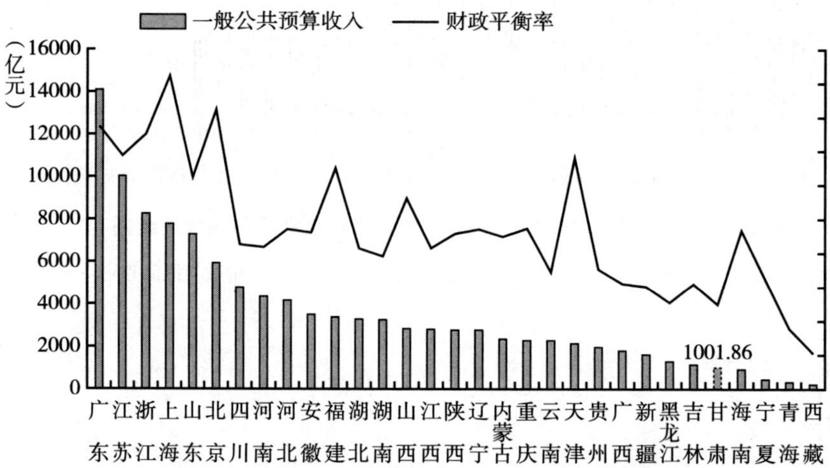

图 14　2021 年全国 31 个省（区、市）一般公共预算收入与财政平衡率

数据来源：全国 31 个省（区、市）财政预算执行及决算报告，中诚信国际整理计算。

（三）2021年甘肃省债务率及负债率均有所提升，债务余额占一般公共预算收入的比重较高，整体偿债压力较大

截至 2021 年，甘肃省债务率及负债率分别为 106.25%和 47.80%，分别较上年上升 22.47 个百分点和 4.18 个百分点。甘肃省债务率在全国 31 个省（区、市）中位列第十九，低于全国平均水平，而负债率处于全国第 4 位，负

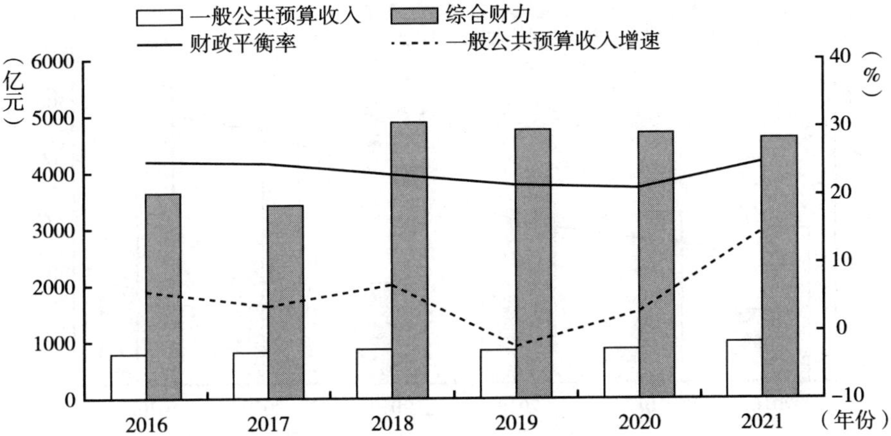

图 15　2016~2021 年甘肃省财政情况

数据来源：2016~2021 年甘肃省财政预算执行及决算报告，中诚信国际整理计算。

债率水平偏高（见图 16）；2021 年，甘肃省债务余额为一般公共预算收入的 488.70%，较上年上升 38.98 个百分点，在全国处于较高水平，整体偿债压力较大（见图 17）。

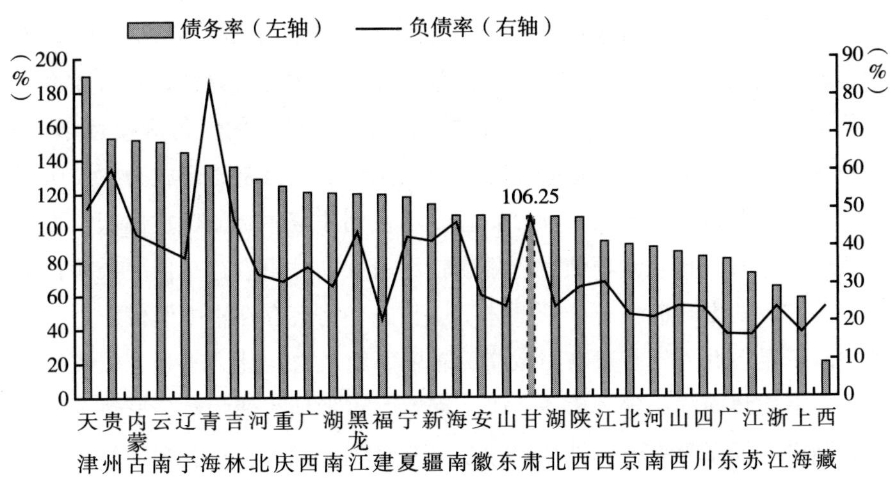

图 16　2021 年全国 31 个省（区、市）债务率及负债率

数据来源：全国 31 个省（区、市）财政预算执行及决算报告，中诚信国际整理计算。

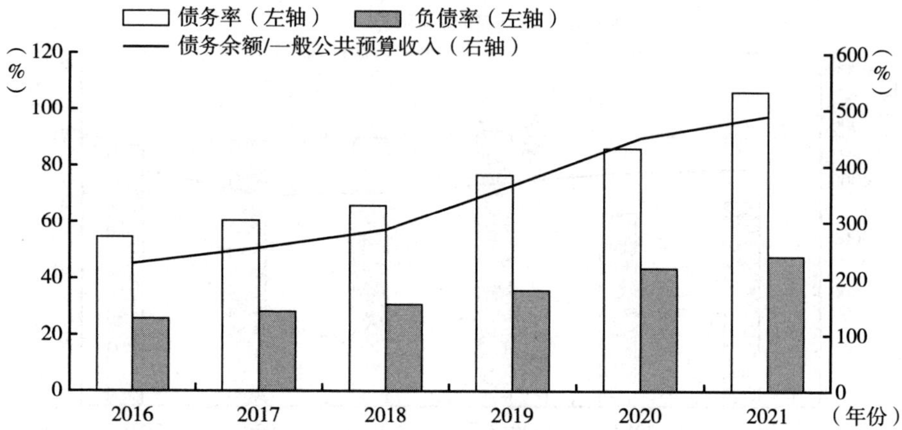

图 17　2016~2021 年甘肃省债务率及负债率

数据来源：2016~2021 年甘肃省财政预算执行及决算报告，中诚信国际整理计算。

四　小结

甘肃省存量地方债规模相对较小，低于全国平均水平，期限结构以中长期为主。2022 年 1~9 月，甘肃省地方债发行规模居全国下游，但 2022 年 2~6 月甘肃省地方债发行节奏明显加快，长期限地方债占比有所提升，发行成本及发行利差均呈下降趋势。近年来，甘肃省项目收益专项债的发行规模逐年上升，募投领域以民生服务、交通基础设施、市政和产业园区基础设施为主，所投项目的收益均能覆盖本息支出；项目收益专项债用作资本金的比重偏低，主要系专项债项目储备不足、专项债发行规模较小所致。甘肃省存量债务余额在全国位列下游，但地方政府债务余额整体呈增长态势，且存在集中偿付压力，可用债务空间不足。此外，甘肃省财政实力较弱，财政自给能力不强，较依赖上级补助，未来或将面临一定的债务风险。面对甘肃省地方债的偿债形势，甘肃省政府需制定一揽子具有针对性的偿债安排及计划；同时，充分利用信息化手段加强债务风险预测、分析债务风险状况，并建立债务风险资金池，逐步实现省市资金池联动。

B.21

2022年青海省地方政府债券分析报告

李 文　刘江南*

摘　要： 青海省地方债余额在全国排名靠后，2022年1~9月新发行地方债规模有所下降，成本有所下降，且新发行的地方债以一般债为主；青海省项目收益专项债发行规模较上年同期有所增长，募投领域主要为市政和产业园区基础设施、交通基础设施等；青海省经济与财政实力处于全国下游水平，债务率和负债率较高，偿债压力较大。本报告建议青海省加强债务风险的实时监测，进一步拉长地方政府债券期限，合理配置专项债投向，推动区域经济高质量发展。

关键词： 地方债　专项债　青海省

一　青海省地方债运行情况分析

截至2022年9月，青海省地方债存量规模①为2829.01亿元，在全国31个省（区、市）中排名靠后（见图1）。青海省地方债以一般债为主，截至2022年9月专项债与一般债规模占比分别为24.10%和75.90%。从债券期限

* 李文，中诚信国际政府公共评级部高级分析师，主要研究领域为地方政府债券、基础设施投融资行业等；刘江南，中诚信国际政府公共评级部分析师，主要研究领域为地方政府债券、基础设施投融资行业等。

① 如无特别说明，本报告中引用的地方债存量、发行量、发行利率、发行利差、交易量、到期收益率等债券相关数据均来自截至2022年9月的Wind数据库，并由中诚信国际整理计算。

结构来看，青海省地方债的发行期限以 10 年、7 年和 5 年为主，发行规模占比分别为 39. 82%、27. 66%和 18. 49%。

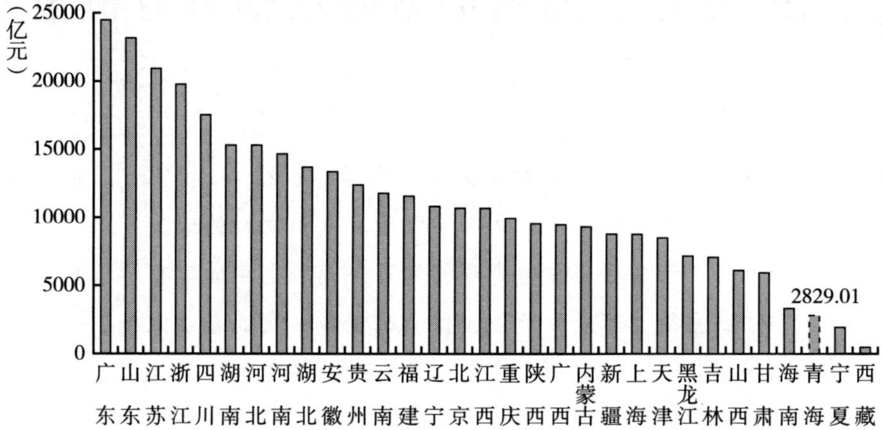

图 1 截至 2022 年 9 月全国 31 个省（区、市）地方债存量规模

数据来源：Wind 数据库，中诚信国际整理计算。

（一）发行规模有所下降，月度发行规模呈增长态势

在稳增长和地方财政支出压力较大的背景下，地方债依然是积极财政政策的重要着力点。同时，《政府工作报告》将 2022 年财政赤字率由上一年的 3. 2%下调至 2. 8%，青海省地方债发行节奏整体有所放缓。在此背景下，2022 年 1~9 月，青海省新增地方债规模为 249. 43 亿元，在全国 31 个省（区、市）中排名靠后，较 2021 年同期发行规模（399. 01 亿元）有所下滑。从月度发行情况来看，2022 年 1~9 月青海省地方债集中于 3 月、5 月和 6 月发行，发行规模呈增长态势（见图 2）。

（二）2022年1~9月青海省新发行地方债以一般债为主，长期限债券占比明显上升

2022 年 1~9 月，青海省新发行地方债以一般债为主，长期限债券占比明显上升。从券种结构来看，2022 年 1~9 月青海省新发行一般债规模为 177. 98 亿元，较 2021 年同期减少 39. 97%，占比由 74. 31%下降至 71. 36%。从债券种

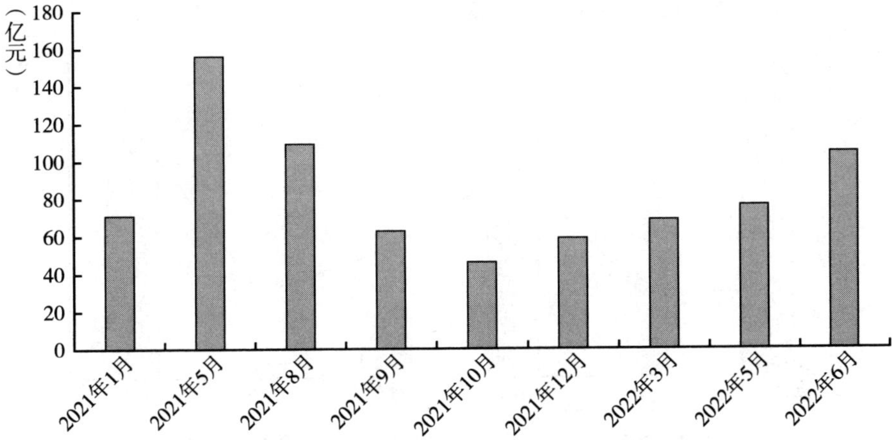

图 2　2021 年 1 月至 2022 年 9 月青海省地方债月度发行规模

注：青海省部分月份无地方债发行，未在图中显示。

数据来源：Wind 数据库，中诚信国际整理计算。

类来看，2022 年 1~9 月青海省新发行地方债主要系新增一般债，其规模为 102.00 亿元，占当期发行总规模的比重为 40.89%，其次为再融资一般债（75.98 亿元）、新增专项债（61.53 亿元）以及再融资专项债（9.92 亿元）。从发行期限来看，与 2021 年同期相比，2022 年 1~9 月青海省新发行的长期限债券占比明显上升。具体来看，发行期限为 5 年、7 年和 10 年的地方债规模合计为 173.30 亿元，占比为 69.48%，较 2021 年同期下降 25.90 个百分点；发行期限为 15 年、20 年和 30 年的地方债规模合计为 76.13 亿元，占比为 30.52%，较 2021 年同期上升 27.40 个百分点，主要系青海省新增 5 只 30 年期的专项债和 1 只 30 年期的一般债所致（见图 3）。

（三）2022年1~9月青海省地方债整体发行成本有所下降，发行利差有所收窄

2022 年 1~9 月，青海省地方债发行利率有所下降，发行利差同期亦有所下降。具体来看，2022 年 1~9 月青海省地方债发行利率[①]和发行利差分

① 如无特别说明，本报告中发行利率、利差为根据发行额计算的加权平均发行利率、利差，发行利差计算公式：债券发行利率-对应期限国债收益率。

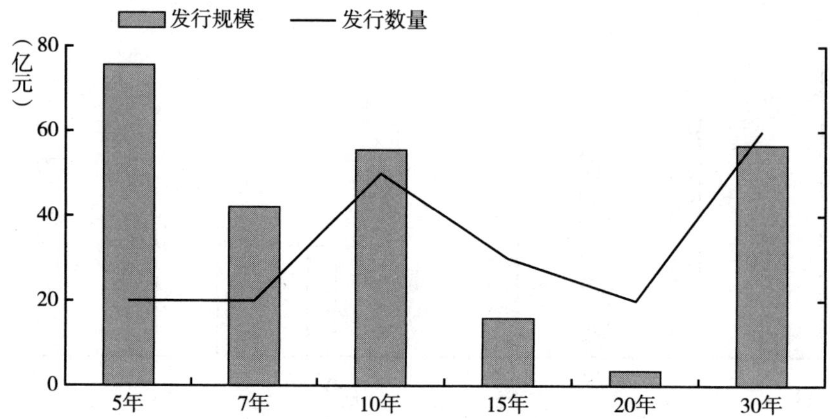

图 3　2022 年 1~9 月青海省新发行地方债期限分布

数据来源：Wind 数据库，中诚信国际整理计算。

别为 3.08%和 21.20BP，分别较上年同期下降 0.17 个百分点和 7.88BP。总体来看，发行成本在全国 31 个省（区、市）中排名靠前，处于上游水平（见图 4）。从发行成本来看，2022 年 1~9 月青海省地方债发行利率与发行利差均有所波动。其中，发行利率于 2022 年 5 月达到最低位，与最高值相

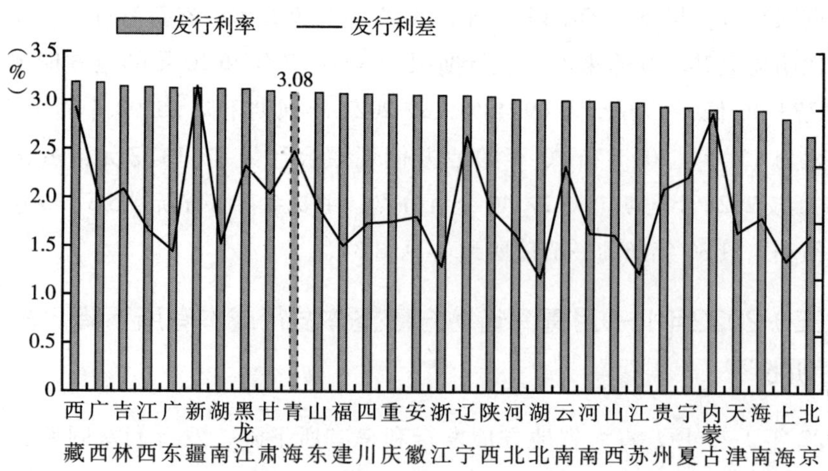

图 4　2022 年 1~9 月全国 31 个省（区、市）地方债发行成本

数据来源：Wind 数据库，中诚信国际整理计算。

差0.12个百分点；发行利差于2022年6月达到最低位，与最高值相差4.58BP（见图5）。

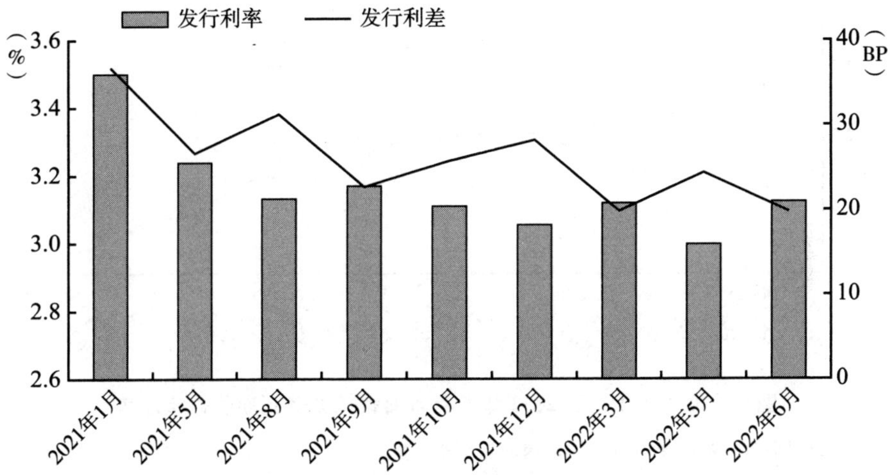

图5　2021年1月至2022年9月青海省地方债月度发行成本

注：青海省部分月份无地方债发行，发行成本未在图中显示。

数据来源：Wind数据库，中诚信国际整理计算。

（四）交易规模[①]与2021年同期基本持平，各期限地方债到期收益率[②]整体有所波动

2022年1~9月，青海省地方债市场交易量为498.19亿元，在全国31个省（区、市）中排第29位，交易量与2021年同期基本持平。从各期限到期收益率走势来看，青海省地方债到期收益率和剩余期限呈正相关关系，即剩余期限越长，到期收益率越高。从同一剩余期限地方债到期收益率走势来看，2021年1月至2022年9月，青海省各期限地方债到期收益率走势趋同，整体呈波动下降趋势，但下降幅度因期限不同有所差异（见图6）。

① 交易统计包含回购交易、现券交易等部分。

② 此处到期收益率均值采用的是算术平均值。

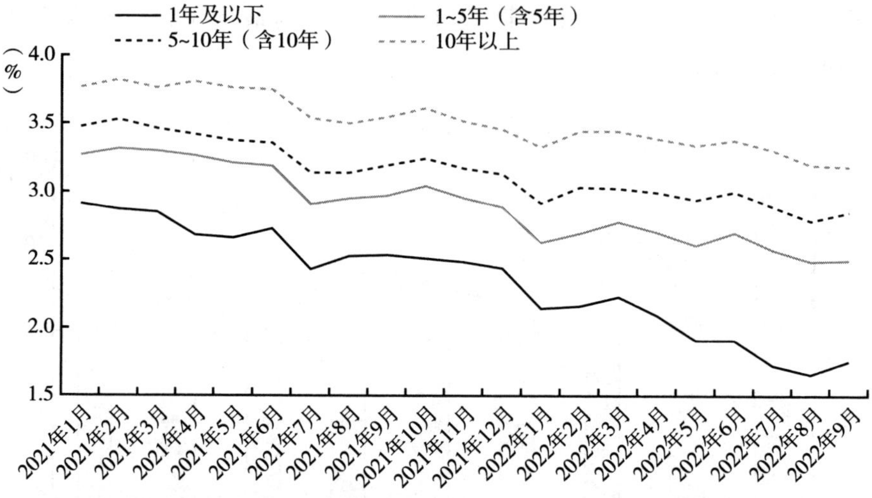

图 6　2021 年 1 月至 2022 年 9 月青海省地方债到期收益率走势

数据来源：Wind 数据库，中诚信国际整理计算。

二　青海省地方政府专项债分析①

截至 2022 年 9 月，青海省存量项目收益专项债共计 63 只，余额为 390.07 亿元，在全国 31 个省（区、市）中排名靠后。从项目种类来看，2022 年 1~9 月发行的青海省项目收益专项债资金投向领域以市政和产业园区基础设施、交通基础设施为主。从期限结构来看，剩余期限在 10 年及以上的债券占比较大（见图 7）。

（一）发行规模同比有所增长，发行利率有所抬升，发行利差有所下降

2022 年 1~9 月，青海省项目收益专项债发行规模较 2021 年同期有所增

① 2020 年 7 月 29 日财政部《关于加快地方政府专项债券发行使用有关工作的通知》（财预〔2020〕94 号）明确 2020 年新增专项债必须保证融资规模与项目收益相平衡，因此 2020 年新增专项债均为项目收益专项债；本部分项目收益专项债的统计样本为 2019 年项目收益专项债与 2020 年至 2022 年 9 月的新增专项债。

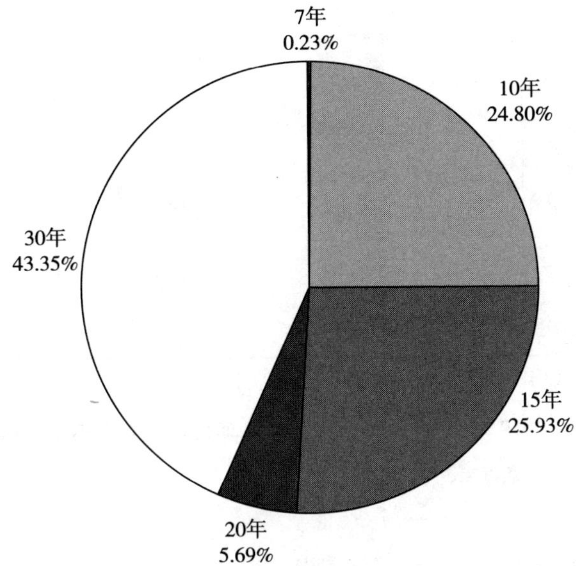

图7　2022 年 1~9 月青海省项目收益专项债发行期限结构

数据来源：Wind 数据库，中诚信国际整理计算。

长，发行利率有所抬升，发行利差有所下降。从发行规模看，在疫情冲击下，宏观政策加强逆周期调节，专项债作为积极财政政策的重要发力点，青海省项目收益专项债发行规模同比有所增长，后随着疫情稳定，项目收益专项债发行规模有所下降，2021 年发行规模较 2020 年减少 62. 46 亿元；2022 年 1~9 月，宏观经济持续面临“需求收缩、供给冲击、预期转弱”的三重压力，项目收益专项债发行规模较 2021 年同期小幅增长（见图 8）。从发行成本看，2019 年以来，发行利率呈先降后升趋势，同期发行利差呈先升后降趋势，其中 2022 年 1~9 月发行利率和发行利差分别较 2021 年同期增加 0. 15 个百分点和下降 2. 61BP（见图 9）。

（二）募投项目涉及范围较广，集合发行趋势明显，资金自平衡情况尚可

2022 年 1~9 月，青海省项目收益专项债的募集资金主要投向市政和产业园区基础设施、交通基础设施、民生服务等领域。具体来看，2022 年 1~9 月

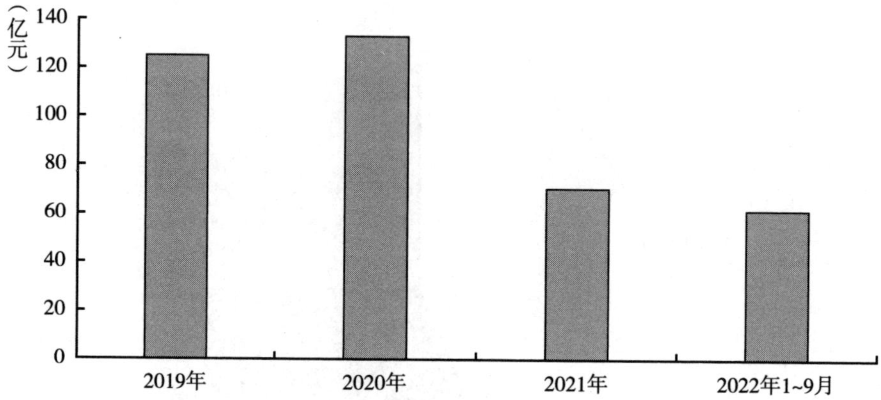

图 8　2019 年至 2022 年 9 月青海省项目收益专项债发行规模

数据来源：Wind 数据库，中诚信国际整理计算。

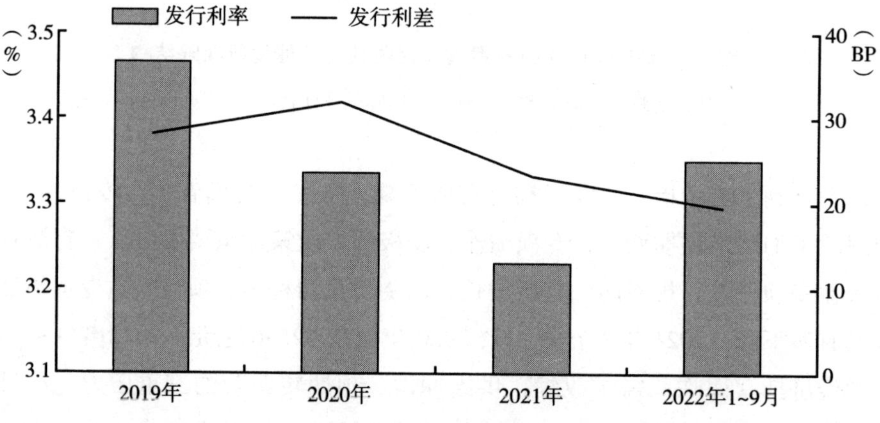

图 9　2019 年至 2022 年 9 月青海省项目收益专项债发行成本

数据来源：Wind 数据库，中诚信国际整理计算。

青海省项目收益专项债募集资金共计 61.53 亿元，其中投向市政和产业园区基础设施、交通基础设施、民生服务等领域的资金分别为 23.49 亿元、19.14 亿元和 10.46 亿元，合计占总募集资金的 86.28%（见图 10），且单只债券对应多个项目集合发行趋势明显。从项目行政层级分布情况看，以区县级和地市级项目为主，募集资金规模分别为 22.71 亿元和 21.68 亿元，占总募集资金规模的比重分别为 36.91%和 35.23%。从项目本息覆盖倍数来看，青海省项目收益专项债募投项目的覆盖能力因项目差异而有所不同，但募投项目融资本息覆盖倍数均大于1（见图11），募投项目资金自平衡能力尚可。

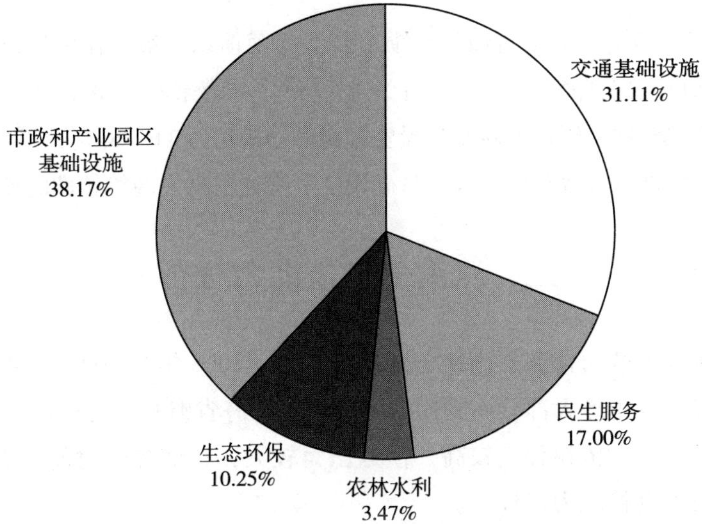

图10　2022年1~9月青海省新增项目收益专项债募投领域分布

数据来源：青海省地方政府新增专项债信息披露文件，中诚信国际整理计算。

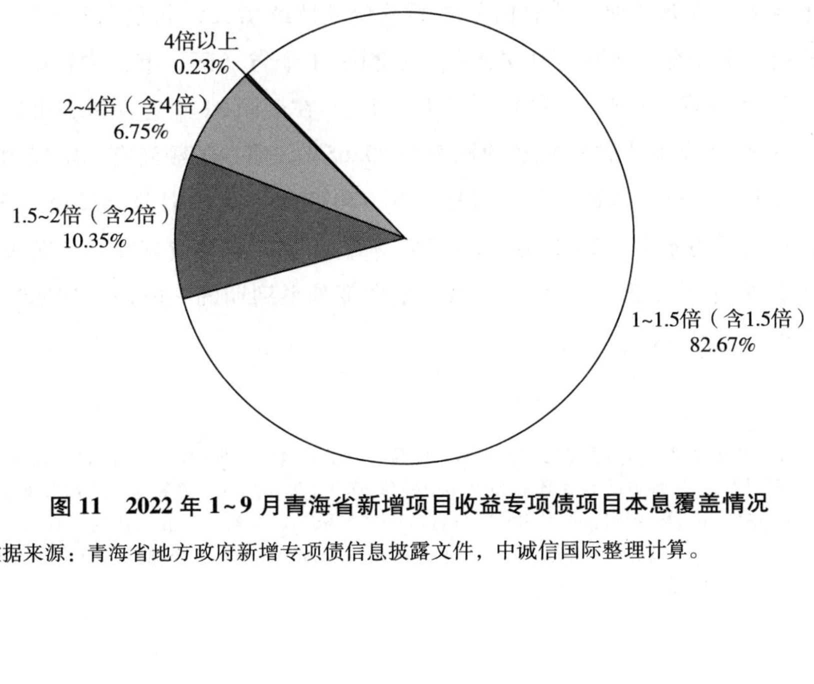

图11　2022年1~9月青海省新增项目收益专项债项目本息覆盖情况

数据来源：青海省地方政府新增专项债信息披露文件，中诚信国际整理计算。

（三）募投领域以市政和产业园区基础设施与交通基础设施为主，对投资有一定的拉动效应

2022 年 1~9 月，青海省新发行项目收益专项债均未被用作项目资本金，仅作为募投项目的配套融资，撬动杠杆为 1.79 倍。综合来看，2022 年 1~9 月，青海省项目收益专项债理论上对基建投资的撬动规模可达 110.26 亿元，① 结合资金投向，将有效推进市政和产业园区基础设施、交通基础设施等领域的投资建设。

三　青海省偿债能力分析

青海省地方政府债务余额在全国排名靠后，2026 年及 2027 年将迎来地方债到期高峰，其中绝大部分系到期的一般债。青海省财政实力较弱，财政平衡对上级补助收入的依赖程度较高，债务压力较大，且债务偿付能力有所弱化，地方政府债务管控压力仍较大。

（一）地方政府债务限额仍有一定空间，2026年及2027年为偿债高峰

近年来，青海省地方政府债务限额及余额持续增长，截至 2021 年青海省地方政府债务限额为 3074.70 亿元②，在全国 31 个省（区、市）中排第 29 位；债务余额为 2787.19 亿元，同比增长 13.56%，在全国 31 个省（区、市）中排第 29 位；债务余额占债务限额的比例为 90.65%，债务限额尚有一定使用空间（见图 12 和图 13）。从地方债到期分布看，2022 年 10~12 月到期规模为 59.66 亿元，到期压力不大。2026 年及 2027 年为未来 5 年的偿债高峰，到期规模分别为 373.24 亿元和 313.28 亿元，其中绝大部分系到期的一般债，到期专项债占比较小（见图 14）。

---

① 专项债撬动基建投资方法参见袁海霞、汪苑晖、卞欢《专项债兼顾扩容提效，助力基建托底稳增长——地方政府专项债 2019 年回顾与 2020 年展望》，《财政科学》2020 年第 1 期。

② 如无特别说明，本报告中引用的青海省政府债务限额、余额，一般公共预算收入、支出，财政平衡率，债务率、负债率等财政相关数据均来自青海省财政预算执行及决算报告，并由中诚信国际整理计算。

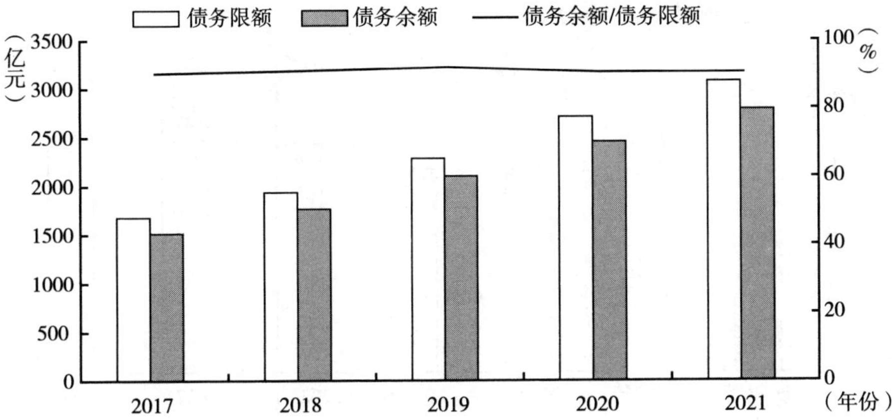

图 12 2017~2021 年青海省地方政府债务限额及余额

数据来源：青海省财政预算执行及决算报告，中诚信国际整理计算。

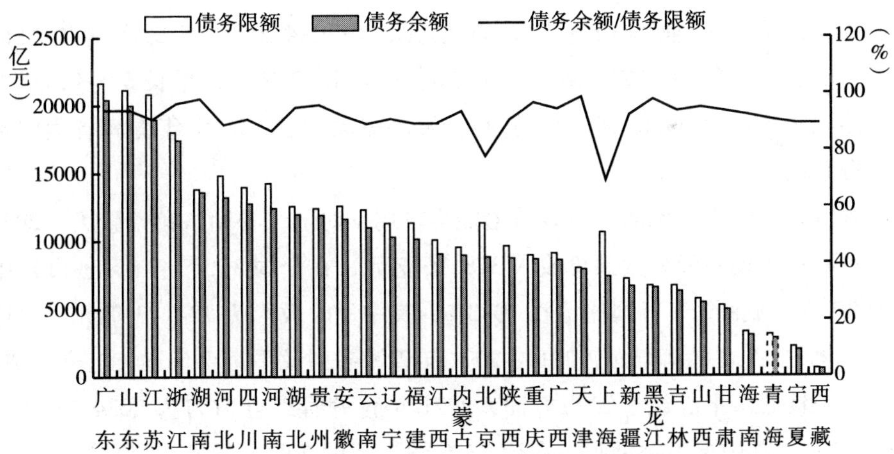

图 13 2021 年全国 31 个省（区、市）地方政府债务限额及余额

数据来源：全国 31 个省（区、市）财政预算执行及决算报告，中诚信国际整理计算。

（二）经济财政实力居全国下游，财政自给能力较弱，对上级补助依赖程度较高

青海省经济体量低于全国平均水平。2021 年，青海省实现地区生产总值 3346.63 亿元，在全国 31 个省（区、市）中居第 30 位，同比增长 5.7%。按

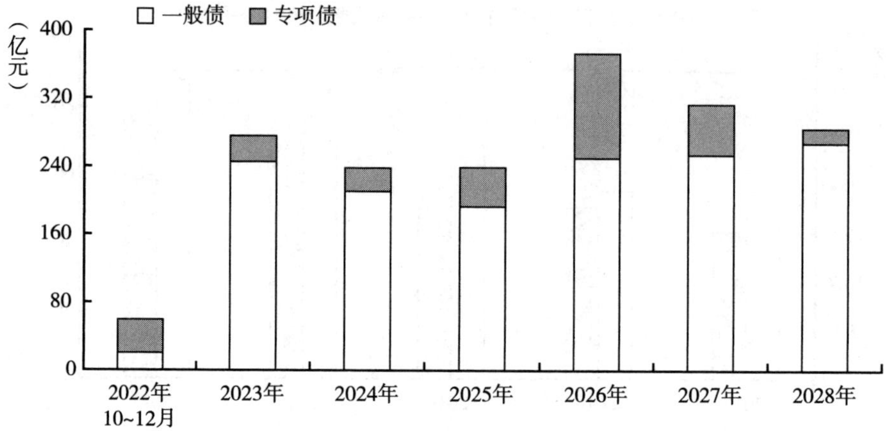

图 14 截至 2022 年 9 月青海省存量地方债到期分布

数据来源：Wind 数据库，中诚信国际整理计算。

产业划分，第一产业增加值 352.65 亿元，增长 4.5%；第二产业增加值 1332.61 亿元，增长 6.5%；第三产业增加值 1661.37 亿元，增长 5.4%；三次产业结构为 10.5∶39.8∶49.7。从经济发展驱动力看，2021 年青海省固定资产投资总额同比下滑 2.9%。

青海省财政实力偏弱，财政自给能力较弱，对上级补助依赖性较大。2021 年，青海省实现一般公共预算收入 328.76 亿元，在全国 31 个省（区、市）中排第 30 位（见图 15），同比增长 10.3%；其中税收收入为 234.73 亿元，占比为 71.40%。财政平衡方面，2019~2021 年青海省财政平衡率呈逐年上升趋势，但仍处于较低水平。综合财力方面，2021 年青海省综合财力为 2034.71 亿元（见图 16），其中上级补助收入占比 73.95%，系财政收入的最主要来源；政府性基金收入和国有资本经营收入占比分别为 9.79% 和 0.10%，占综合财力的比重较小。总体来看，青海省财政平衡对上级补助收入的依赖程度较高。

（三）债务压力较大，债务偿付能力有所弱化

青海省债务负担较重，债务压力较大。截至 2021 年，青海省债务率及负债率分别为 136.98% 和 83.28%，同比均有所升高，债务率及负债率在全国 31 个省（区、市）中分别高居第 6 位和第 1 位，整体债务负担较重，债务压力较大（见图 17）；债务余额为一般公共预算收入的 8.48 倍（见图 18），较 2020

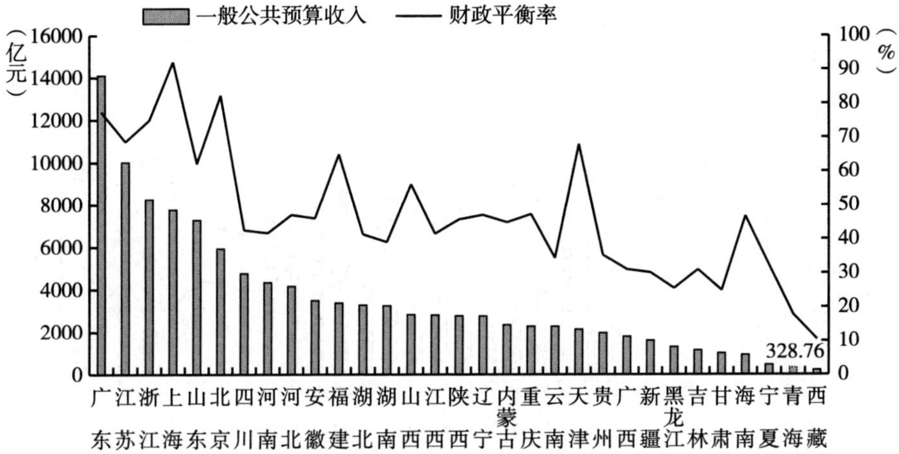

图 15 2021 年全国 31 个省（区、市）一般公共预算收入与财政平衡率

数据来源：全国 31 个省（区、市）财政预算执行及决算报告，中诚信国际整理计算。

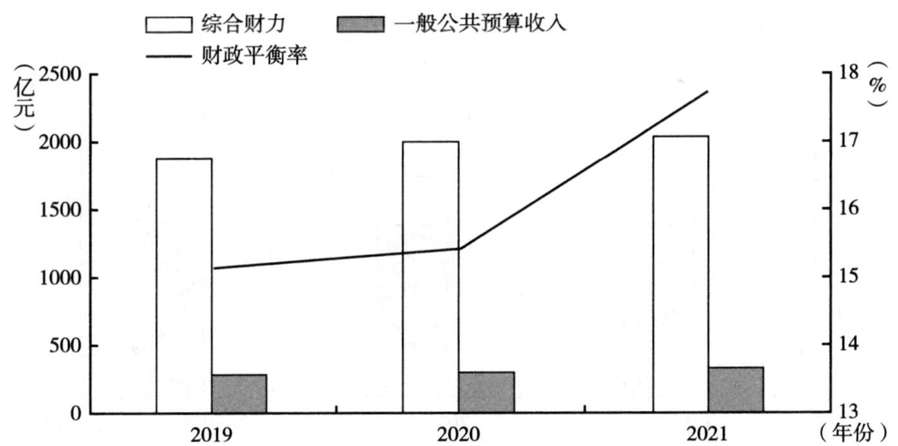

图 16 2019~2021 年青海省财政情况

数据来源：2019~2021 年青海省财政预算执行及决算报告，中诚信国际整理计算。

年进一步升高，偿债能力有所弱化，考虑到青海省存在较大财政平衡压力，未来地方政府债务管控压力仍较大。围绕政府债务管理，青海省应加强政府法定债务监管，严格落实债务限额管理，坚决遏制隐性债务增量，稳妥化解债务存量。

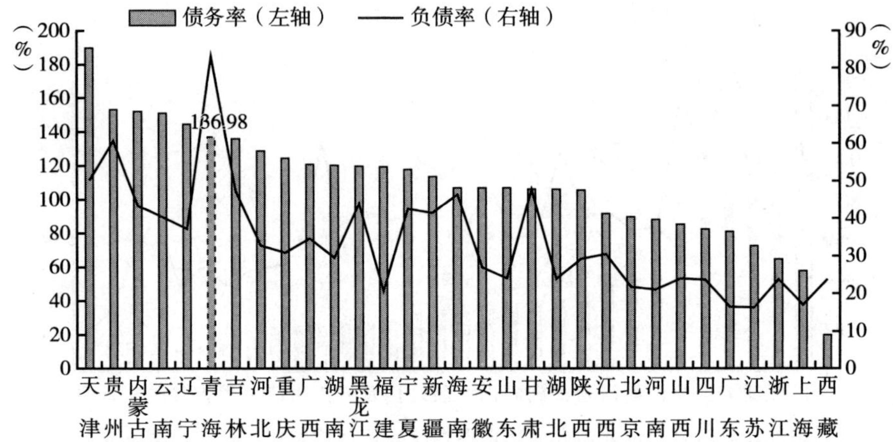

图 17　2021 年全国 31 个省（区、市）债务率及负债率

数据来源：全国 31 个省（区、市）财政预算执行及决算报告，中诚信国际整理计算。

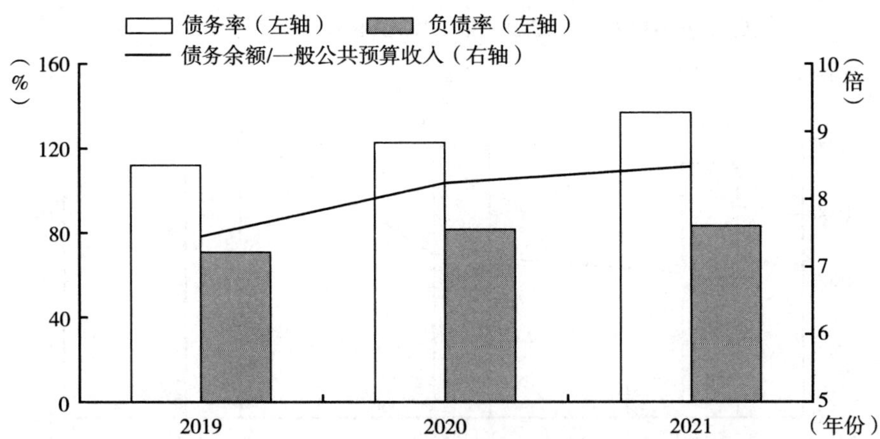

图 18　2019~2021 年青海省债务率及负债率

数据来源：2019~2021 年青海省财政预算执行及决算报告，中诚信国际整理计算。

四　小结

2022 年 1~9 月，青海省地方债发行规模有所下降，且月度发行规模呈增长态势。新发行地方债以一般债为主，发行期限呈现长期化趋势。从发行成本看，发行成本有所下降，发行利差有所收窄，交易规模较 2021 年同期基本持平，各期限地方债到期收益率整体有所波动。从项目收益专项债情况看，青海省项目收益专项债发行规模同比有所增长，发行利率有所抬升，发行利差有所下降，募投领域以市政和产业园区基础设施与交通基础设施为主，对投资有一定的拉动效应。

青海省现阶段债务限额尚有一定使用空间，但青海省整体财政自给能力较弱，财政平衡对上级补助收入的依赖程度较高，且面临债务率高等问题。叠加当前内外经济形势依然复杂，宏观经济仍存在一定不确定性，建议青海省在后续债务管理过程中注意以下几点：第一，加强债务风险的实时监测，落实地方债偿债高峰期的资金来源；第二，进一步拉长地方债期限，可通过置换、新增等方式缓释偿债压力；第三，合理配置专项债投向，充分发挥其对投资的撬动作用，从而推动区域经济高质量发展。

B.22 2022年宁夏回族自治区地方政府债券分析报告

李春辉　王雨晴*

摘　要： 宁夏存量地方债规模较小，在全国排名相对靠后。2022 年 1~9 月，在扩大有效投资和地方债强监管政策的双重背景下，宁夏地方债发行规模有所下降，但降速有所减缓，发行结构以再融资一般债为主，长期债券占比明显提升，发行成本整体有所下降。同期，宁夏新增项目收益专项债规模有所增加，但未用作项目资本金，对基建投资的撬动规模有限。整体来看，宁夏地方政府债务可用空间略显不足，经济财政实力较弱，财政缺口较为依赖上级补助，债务率和负债率居于全国中等水平，债务风险仍值得关注。

关键词： 地方债　专项债　宁夏回族自治区

一　宁夏回族自治区地方债运行情况分析

宁夏地方债存量规模较小，在全国排名靠后，且以一般债为主，发行期限集中于中长期。截至 2022 年 9 月，宁夏地方债存量规模为 1961.11 亿元，[①] 占全

* 李春辉，中诚信国际政府公共评级一部高级分析师，主要研究领域为地方政府债券、基础设施投融资行业等；王雨晴，中诚信国际政府公共评级一部分析师，主要研究领域为地方政府债券、基础设施投融资行业等。

① 如无特别说明，本报告中引用的地方债存量、发行量、发行利率、发行利差、交易量、到期收益率等债券相关数据均来自截至 2022 年 9 月的 Wind 数据库，并由中诚信国际整理计算。

国规模的0.57%，在全国31个省（区、市）中排名靠后，仅高于西藏（见图1）。从类型看，一般债与专项债规模分别为1441.95亿元和502.66亿元，除此以外还有16.50亿元未分类债券①。从期限结构看，5年期、7年期和10年期地方债存量规模排名前三，合计占比为82.43%，宁夏地方债的发行期限以中长期为主。

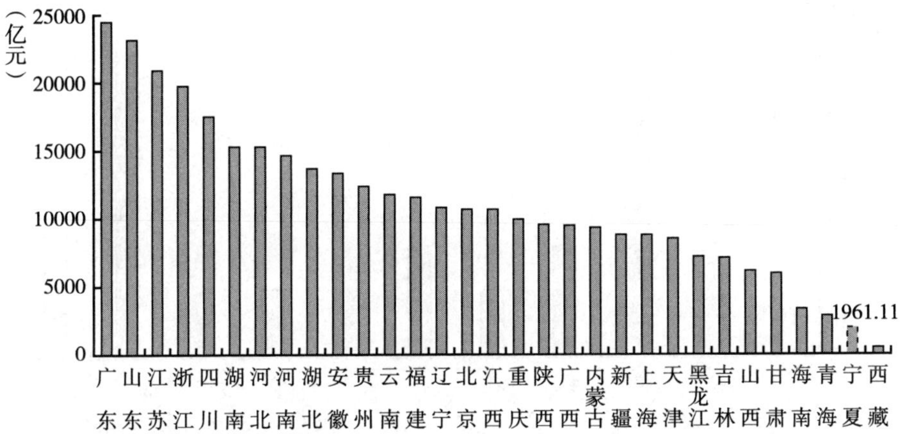

图1 截至2022年9月全国31个省（区、市）地方债存量规模

数据来源：Wind数据库，中诚信国际整理计算。

（一）发行规模相对较小，发行集中度不高

2022年1~9月，宁夏地方债发行规模低于全国平均水平，且同比有所下降，大部分月份无地方债发行，发行高峰在6月。2022年，面对经济下行压力，我国宏观调控以稳增长为主，同时兼顾防风险。政策方面，2022年3月《政府工作报告》②强调用好政府投资资金，带动扩大有效投资，并且重申“防范化解重大风险”，强调“做好经济金融领域风险防范和处置工作”。因此，在扩大有效投资和地方债强监管政策的双重背景下，2022年1~9月宁夏

① 2015年以前发行的地方债未区分一般债、专项债。

② 《政府工作报告》，中国政府网，2022年3月12日，http://www.gov.cn/premier/2022-03/12/content_5678750.htm。

地方债发行规模为 171. 39 亿元，在全国 31 个省（区、市）中排第 30 位，仅高于西藏；较 2021 年同期略有下降，增速为-4. 17%，远低于同期全国平均增速，但高于 2021 年同期增速。从月度发行规模走势来看，2022 年 1~9 月宁夏地方债发行规模波动较大，且超过一半的月份无债项发行，发行高峰在 6 月，与 2021 年同期相比，发行节奏变化不大（见图 2）。

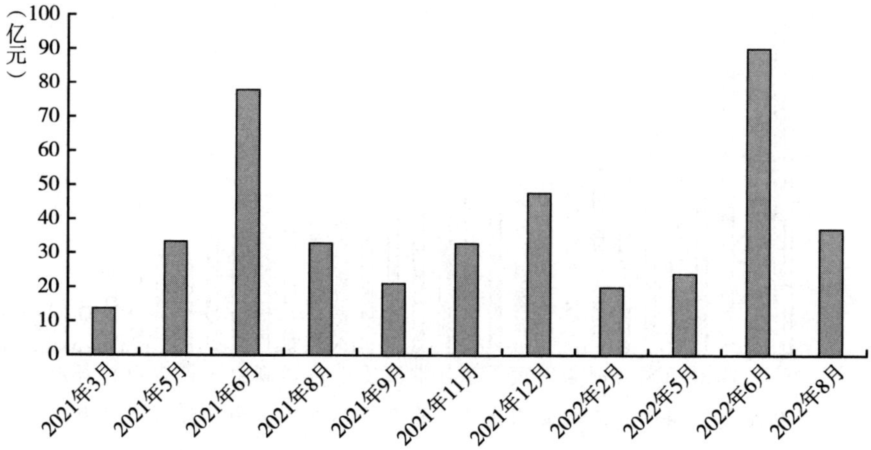

图 2　2021 年 1 月至 2022 年 9 月宁夏地方债月度发行规模

注：宁夏部分月份无地方债发行，未在图中显示。
数据来源：Wind 数据库，中诚信国际整理计算。

（二）发行结构以再融资一般债为主，长期限债券占比明显提升

2022 年 1~9 月，宁夏地方债发行以再融资一般债为主，中长期债项占比较 2021 年同期显著增长。从券种结构来看，2022 年 1~9 月一般债发行规模占比超过 85%，其中新增一般债和再融资一般债占比分别为 43. 26%和 44. 40%（见图 3）。同期，专项债发行规模为 23. 43 亿元，较 2021 年同期下降 9. 05%，但新增专项债规模为 8. 00 亿元，较 2021 年同期大幅增加。从期限结构来看，2022 年 1~9 月宁夏地方债加权平均发行期限为 9. 32 年，较 2021 年同期有所增加；其中，发行期限在 10 年及以上的地方债规模占比为 46. 19%（见图 4），较 2021 年同期增长 12. 11 个百分点。

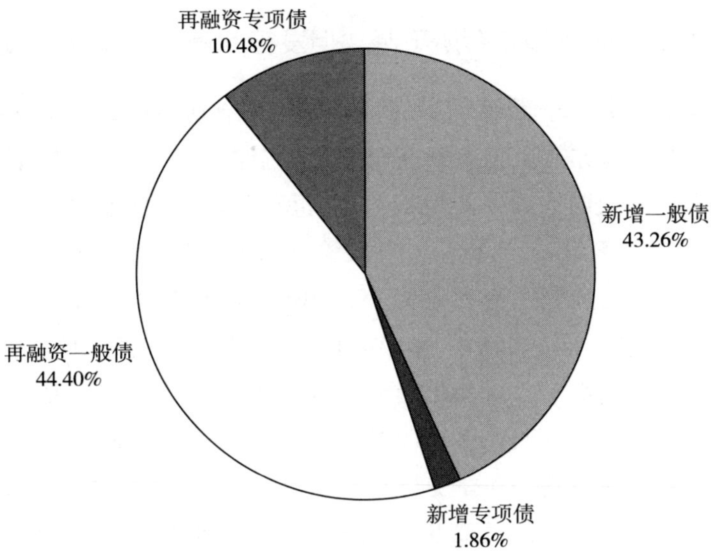

图 3　2022 年 1~9 月宁夏新发行地方债券种结构

数据来源：Wind 数据库，中诚信国际整理计算。

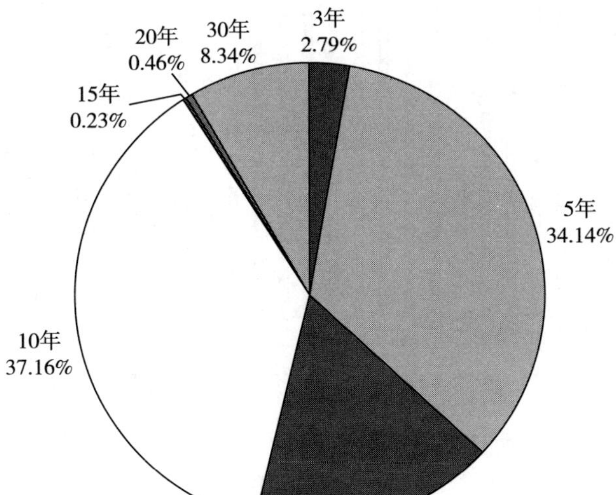

图 4　2022 年 1~9 月宁夏新发行地方债期限结构

数据来源：Wind 数据库，中诚信国际整理计算。

（三）发行成本整体有所下降，但发行利差在全国处于较高水平

2022年1~9月，宁夏地方债发行利率[①]整体有所下降，在全国排名较靠后，同期发行利差亦有所下降，在全国处于上游水平。具体来看，2022年1~9月，由于中短期地方债的发行成本有所下降，宁夏地方债发行利率为2.94%，同比下降0.25个百分点，在全国31个省（区、市）中排第26位；同期，宁夏地方债发行利差为19.02BP，虽较2021年同期有所下降，但在全国31个省（区、市）中排第8位（见图5），信用风险的补偿成本在全国仍处于较高水平。从变化趋势来看，2020年以来，宁夏地方债发行成本整体呈下降趋势（见图6）；2022年1~9月，宁夏地方债发行利率呈先升后降趋势，同期发行利差变化趋势基本一致。在此期间，2022年6月发行利率和利差均达到最高值，与最低值分别相差0.40个百分点和8.67BP（见图7）。

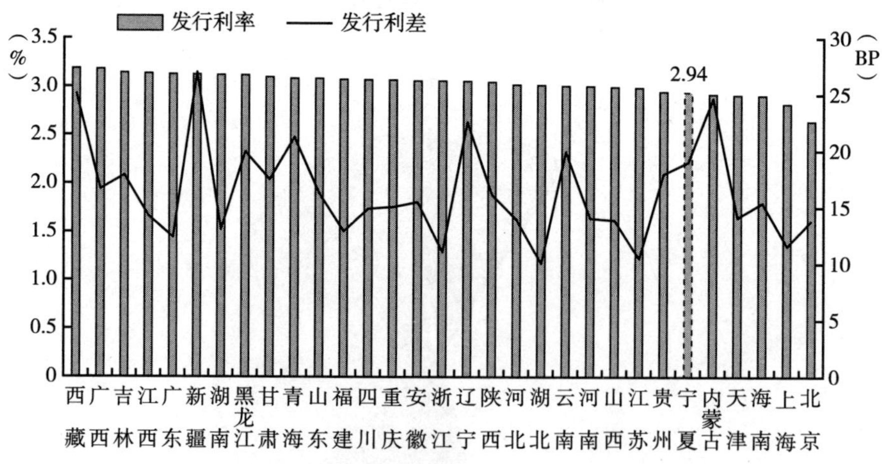

图5　2022年1~9月全国31个省（区、市）地方债发行成本

数据来源：Wind数据库，中诚信国际整理计算。

① 如无特别说明，本报告中发行利率、利差均为通过发行规模计算的加权平均发行利率和利差，其中发行利差计算公式：债券发行利率-对应期限的国债收益率。

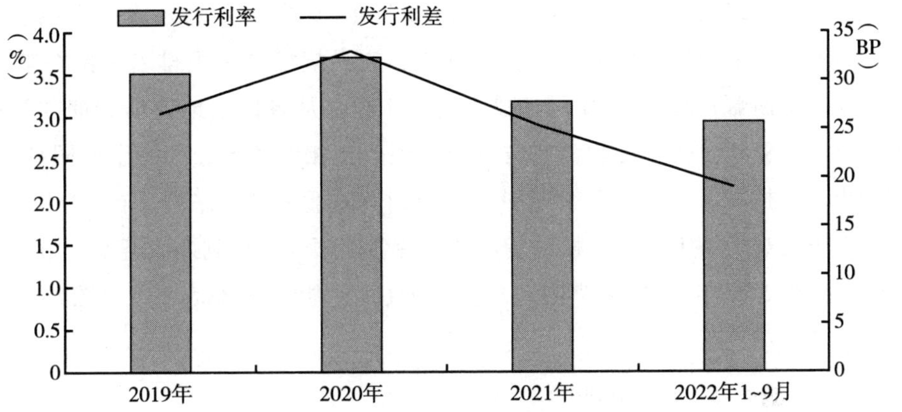

图 6　2019 年至 2022 年 9 月宁夏地方债发行成本

数据来源：Wind 数据库，中诚信国际整理计算。

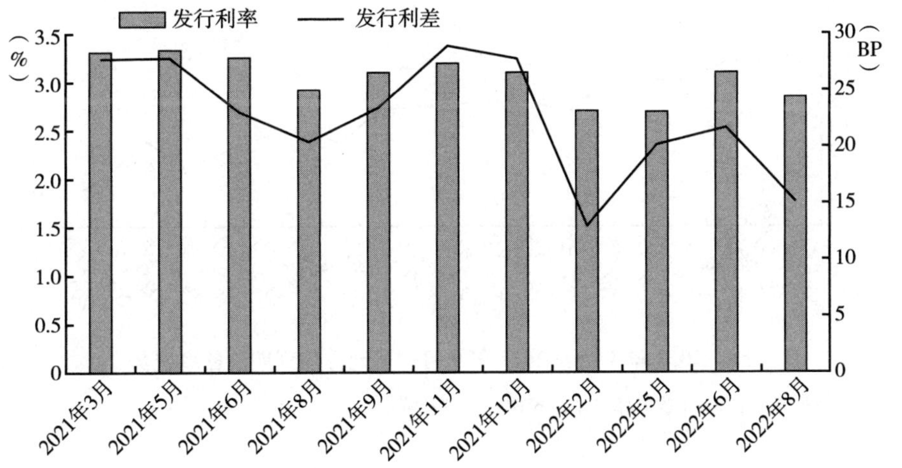

图 7　2021 年 1 月至 2022 年 9 月宁夏地方债月度发行成本

注：宁夏部分月份无地方债发行，未在图中显示。

数据来源：Wind 数据库，中诚信国际整理计算。

（四）交易规模①显著上升，到期收益率②波动下降

2022 年 1~9 月交易规模显著上升，但各期限地方债到期收益率呈波动下

① 交易统计包含回顾交易、现券交易等部分。

② 此处到期收益率均值采用的是算术平均值。

降趋势。从二级市场交易规模来看，2022 年 1~9 月宁夏地方债交易规模为 333.39 亿元，较 2021 年同期上升 60.00%，交易规模在全国排名保持在第 30 位，仅高于西藏，较 2021 年同期排名上升 1 位。从各期限地方债到期收益率走势看，宁夏地方债到期收益率与剩余期限呈正相关关系，即剩余期限越长，到期收益率越高。从同一剩余期限地方债到期收益率走势来看，自 2021 年以来，由于宏观经济下行，宽松的货币政策使各期限地方债到期收益率均呈下降趋势。截至 2022 年 9 月，各期限地方债到期收益率均处于较低水平（见图 8）。

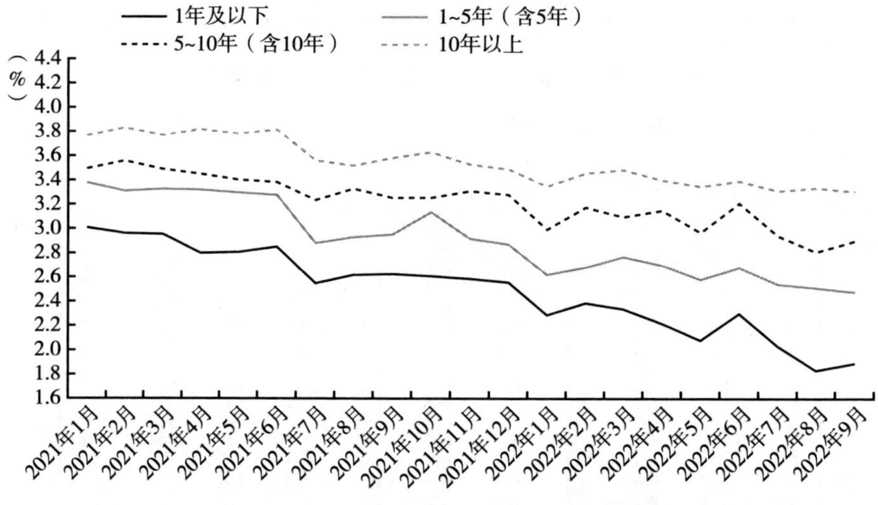

图 8　2021 年 1 月至 2022 年 9 月宁夏地方债到期收益率走势

数据来源：Wind 数据库，中诚信国际整理计算。

二　宁夏回族自治区地方政府专项债分析①

宁夏项目收益专项债规模较小，剩余期限在 10 年以下的占比超过八成。截

① 2020 年 7 月 29 日财政部《关于加快地方政府专项债券发行使用有关工作的通知》（财预〔2020〕94 号）明确 2020 年新增专项债必须保证融资规模与项目收益相平衡，因此 2020 年新增专项债均为项目收益专项债；本部分项目收益专项债的统计样本为 2019 年项目收益专项债与 2020 年至 2022 年 9 月的新增专项债。

至2022年9月，宁夏存量项目收益专项债共计38只，余额为190.00亿元，投向收费公路、土地储备、基础设施建设、棚改、医疗卫生和城乡发展等领域。从剩余期限来看，剩余期限在10年以下的债券占比高达84.61%（见图9）。

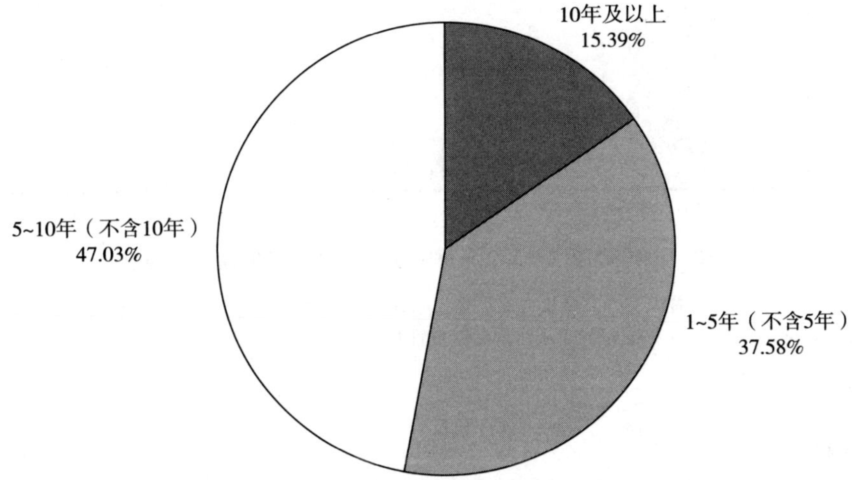

图9　截至2022年9月宁夏项目收益专项债发行期限结构

数据来源：Wind数据库，中诚信国际整理计算。

（一）发行规模同比有所上升，发行成本有所下降，发行期限以长期为主

2022年1~9月，宁夏项目收益专项债发行规模有所上升，发行利率和发行利差有所下降，发行期限中20年及以上期限占比超过八成。2021年，宁夏无新增项目收益专项债。2022年以来，宁夏宏观经济持续面临“需求收缩、供给冲击、预期转弱”的三重压力，专项债作为积极财政政策的重要发力点，发行规模有所增长。在此背景下，2022年1~9月宁夏新发行项目收益专项债8亿元（见图10），同比有所增长。从发行成本看，在不考虑2021年的情况下，2019年以来，发行利率呈小幅下降趋势；同期，发行利差亦呈下降趋势，但2022年1~9月下降幅度较大（见图11）。从期限结构看，2022年1~9月，宁夏新发行项目收益专项债20年及以上期限的占比为81.25%，发行期限以长期为主（见图12）。

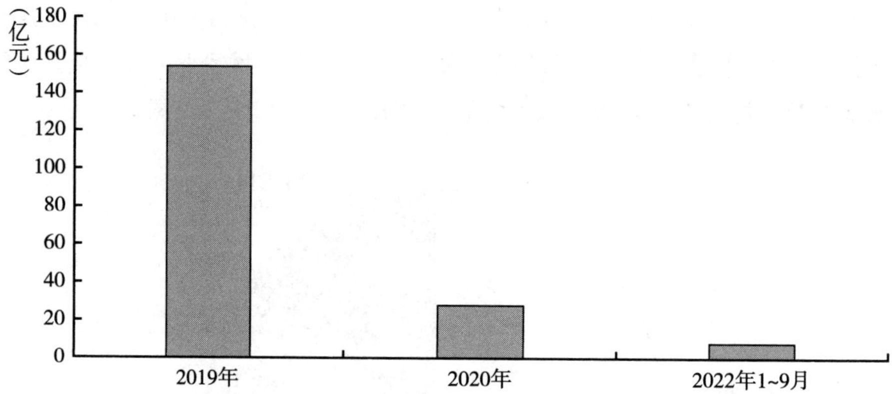

图 10　2019 年至 2022 年 9 月宁夏项目收益专项债发行规模

注：2021 年宁夏未发行项目收益专项债，未在图中显示。
数据来源：Wind 数据库，中诚信国际整理计算。

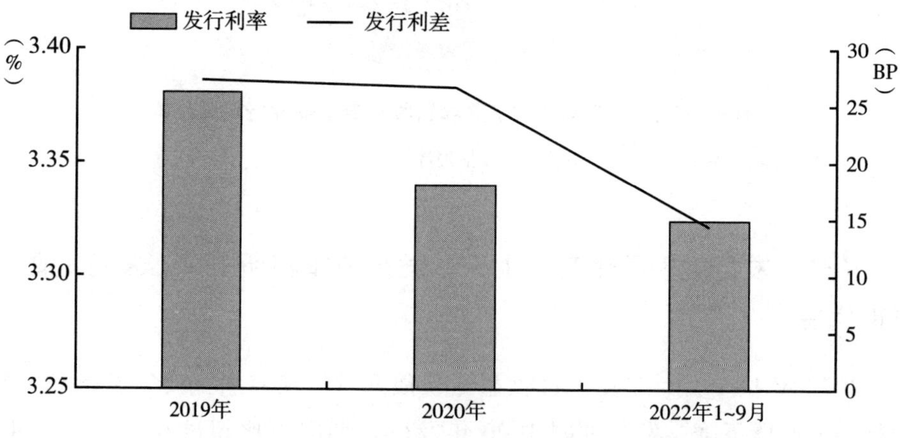

图 11　2019 年至 2022 年 9 月宁夏项目收益专项债发行成本

注：2021 年宁夏未发行项目收益专项债，未在图中显示。
数据来源：Wind 数据库，中诚信国际整理计算。

（二）募投领域以农林水利、交通基础设施和棚改为主，项目偿债保障有一定差异

2022 年 1~9 月，宁夏新增项目收益专项债的募集资金主要投向农林水利、交通基础设施和棚改等领域，多为省级项目，不同类型项目融资本息覆盖倍数

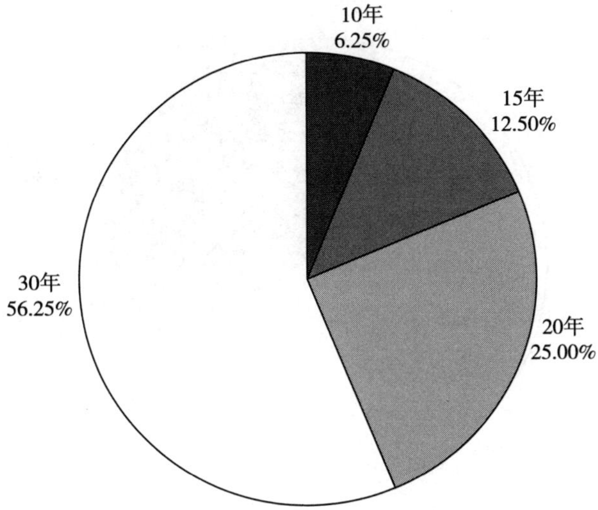

图 12　2022 年 1~9 月宁夏项目收益专项债发行期限结构

数据来源：Wind 数据库，中诚信国际整理计算。

有一定差异。2022 年 1~9 月，宁夏新发行的项目收益专项债主要投向农林水利、交通基础设施和棚改领域，占比分别为 68.75%、12.50%和 12.50%（见图 13）。从细分项目来看，2022 年 1~9 月，宁夏新增项目收益专项债主要投向水利工程、城际高速铁路和城际轨道交通等领域。整体来看，2022 年宁夏项目收益专项债持续聚焦在稳增长、补短板、惠民生板块。从项目行政层级来看，省级、地市级、区县级项目占比分别为 75.00%、12.50% 和 12.50%，以省级项目为主。从项目本息覆盖倍数看，新增项目收益专项债募投项目未来现金流入均可覆盖本息支出，但覆盖能力因项目差异而有所不同，其中棚改项目的平均融资本息覆盖倍数最高，达 2.54 倍，交通基础设施项目平均覆盖倍数最低，仅为 1.12 倍（见图 14），不同类型项目偿债保障有一定差异。

（三）暂未用作项目资本金，或与项目储备不足、资本金压力小有关

从资金用途来看，2022 年 1~9 月宁夏新增项目收益专项债均未用作项目资本金，而是用于配套融资，或与专项债项目储备不足、整体发行规模

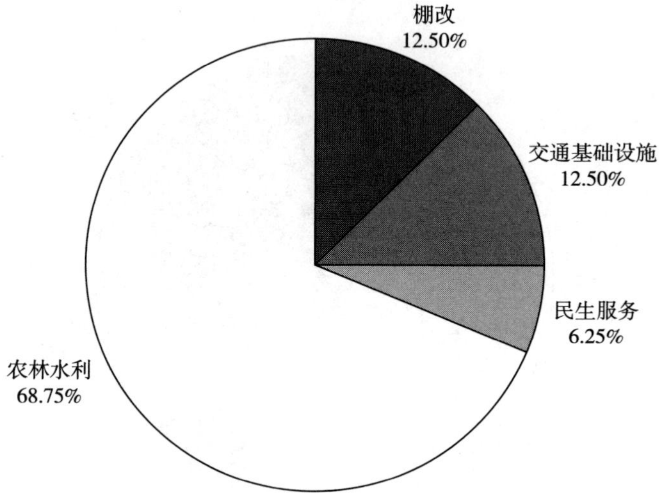

图 13　2022 年 1~9 月宁夏项目收益专项债募投领域分布

数据来源：宁夏地方政府新增专项债信息披露文件，中诚信国际整理计算。

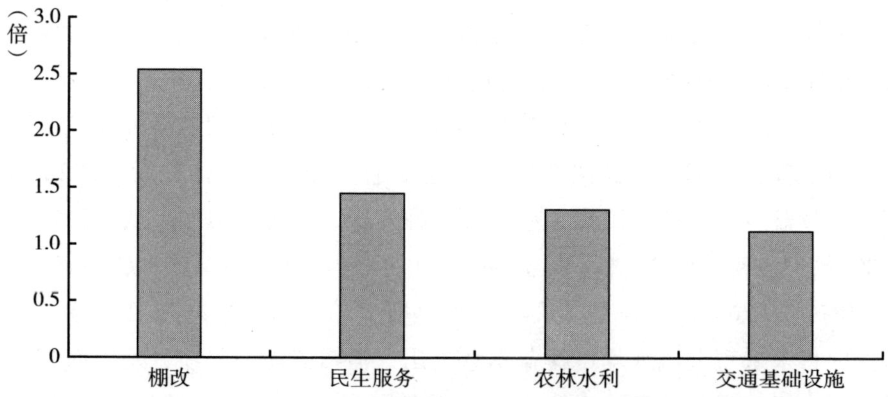

图 14　2022 年 1~9 月宁夏项目收益专项债投向领域的融资本息覆盖倍数

数据来源：宁夏地方政府新增专项债信息披露文件，中诚信国际整理计算。

不大有关。但考虑到专项债用作项目资本金的撬动作用强于用作配套融资，在稳增长背景下仍需合理推进资本金应用，以增强其对基建投资的拉动效果。

（四）用作项目配套融资可撬动一定资金，但整体对基建投资的拉动效果不显著

2022 年 1~9 月，宁夏新增项目收益专项债可撬动一定规模的基建投资，但撬动效果不显著。2022 年 1~9 月，由于宁夏暂无专项债用作项目资本金，专项债对基建投资的撬动以项目配套融资的形式体现，宁夏专项债项目配套融资对应撬动杠杆约为 1.88 倍，撬动基建投资规模约为 15.04 亿元①，在全国 31 个省（区、市）中排第 30 位，仅高于西藏。整体而言，宁夏项目收益专项债对基建投资的拉动效果不显著。

三　宁夏回族自治区偿债能力分析

宁夏存量债务规模较小，但到期债务规模较为集中，加之较弱的经济财政实力对债务的覆盖能力不足，仍存在一定的偿债压力。截至 2022 年 9 月，宁夏存量债务规模在全国居于下游水平，但未来 5 年均为偿债高峰期，其中 2023~2025 年，到期债务分别为 225.33 亿元、198.62 亿元和 210.44 亿元。经济财政实力方面，近年来，宁夏经济财政实力较弱，财政平衡对上级补助的依赖程度较高。偿债指标方面，近年来宁夏债务率波动上升，且一般公共预算收入对债务的覆盖能力波动下降，尚不足以覆盖同期债务规模。

（一）存量债务规模在全国居于下游水平，到期债务规模相对集中，可用债务空间略显不足

截至 2022 年 9 月，宁夏存量地方债余额 1961.11 亿元，规模居于全国下游水平，仅高于西藏，2022 年 10 月至 2027 年到期规模占存量总规模的 53.16%。从到期券种分布看，2022 年 10 月至 2027 年，一般债到期规模均超过专项债，且一般债偿债高峰期出现在 2023 年和 2025 年，到期规模分别为 167.35 亿元和 170.09 亿元。从到期时间来看，未来 5 年均为偿债高峰期，2023~2025 年到期债务均保持高位，分别为 225.33 亿元、198.62 亿元和 210.44 亿元（见图 15）。

---

① 专项债撬动基建投资方法参见袁海霞、汪苑晖、卞欢《专项债兼顾扩容提效，助力基建托底稳增长——地方政府专项债 2019 年回顾与 2020 年展望》，《财政科学》2020 年第 1 期。

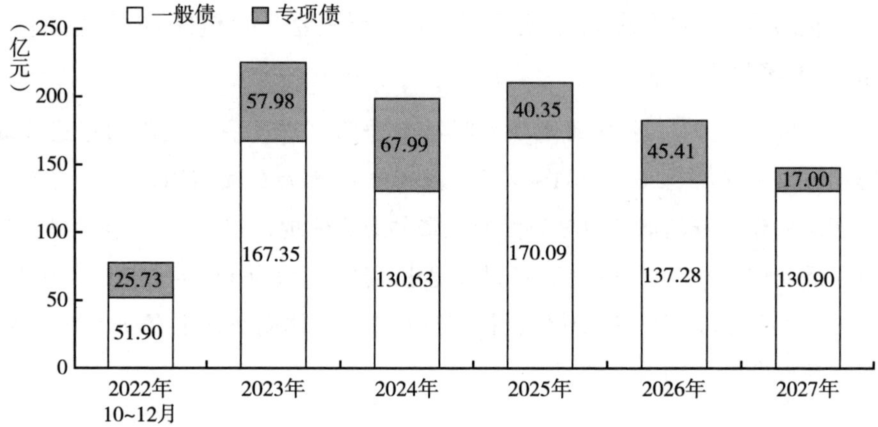

图 15　截至 2022 年 9 月宁夏存量地方债到期分布

数据来源：Wind 数据库，中诚信国际整理计算。

2019~2021 年，宁夏可用债务空间呈波动上升趋势，相对于到期债务规模，可用债务空间略显不足。截至 2021 年，宁夏地方政府债务余额为 1922.26 亿元，债务限额为 2148.90 亿元（见图 16），在全国 31 个省（区、市）中均居第 30 位（见图 17）。2019~2021 年，宁夏地方政府债务余额和限额逐年上升，两者之间的差额亦波动上升至 226.64 亿元。截至 2021 年，债务余额与债务限额的比重为 89.45%，债务空间相对不足。

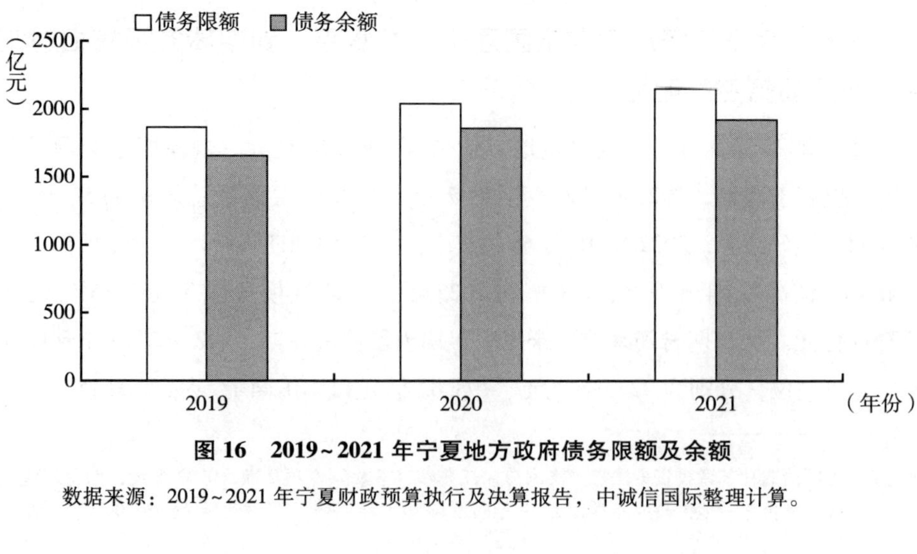

图 16　2019~2021 年宁夏地方政府债务限额及余额

数据来源：2019~2021 年宁夏财政预算执行及决算报告，中诚信国际整理计算。

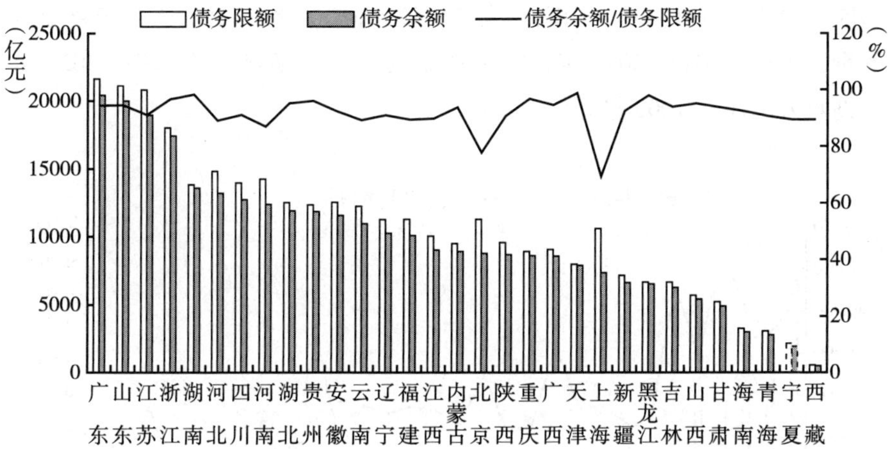

图 17　2021 年全国 31 个省（区、市）地方政府债务限额及余额

数据来源：全国 31 个省（区、市）财政预算执行及决算报告，中诚信国际整理计算。

（二）宁夏经济财政实力较弱，财政自给能力亦较弱，对政府补助依赖程度较高

经济实力方面，2021 年宁夏实现地区生产总值 4522.31 亿元，在全国 31 个省（区、市）中居第 29 位；增速达 6.7%，在全国 31 个省（区、市）中居第 21 位。按产业划分，第一产业增加值 364.48 亿元，增长 4.7%；第二产业增加值 2021.55 亿元，增长 6.6%；第三产业增加值 2136.28 亿元，增长 7.1%。产业结构方面，三次产业结构由 2020 年的 8.62∶41.04∶50.34 调整为 2021 年的 8.1∶44.7∶47.2，产业结构仍以第三产业为主，但第二产业的比重有所增加。

财政实力方面，宁夏整体财政实力较弱，财政平衡对上级补助的依赖程度较高。2019~2021 年，受增值税收入波动增长影响，宁夏一般公共预算收入波动增长。2021 年一般公共预算收入为 460.01 亿元（见图 18），较 2020 年同口径增长 9.7%，其中，税收收入为 300.74 亿元，占比为 65.38%，较 2020 年同期有所上升，但收入质量仍有待提高。此外，2019~2021 年宁夏政府性基金收入波动增长，2021 年政府性基金收入为 146.10 亿元。财政平衡率方面，2019~2021 年宁夏财政平衡率呈先降后升态势，但整体仍处于较低水平，财政

自给能力较弱（见图 19），财政收支缺口较大，故上级补助收入是宁夏地方财力的重要来源。2019~2021 年，上级补助收入保持逐年增长趋势，2021 年上级补助收入已超过 1000 亿元。

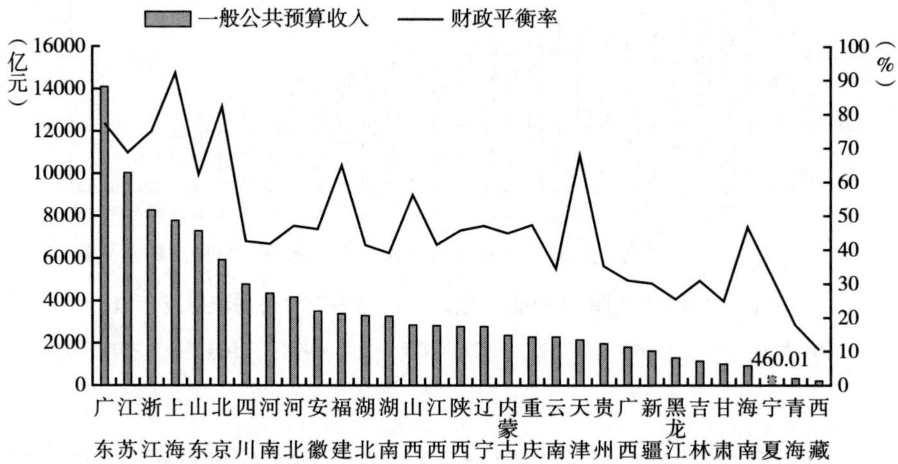

图 18　2021 年全国 31 个省（区、市）一般公共预算收入与财政平衡率

数据来源：全国 31 个省（区、市）财政预算执行及决算报告，中诚信国际整理计算。

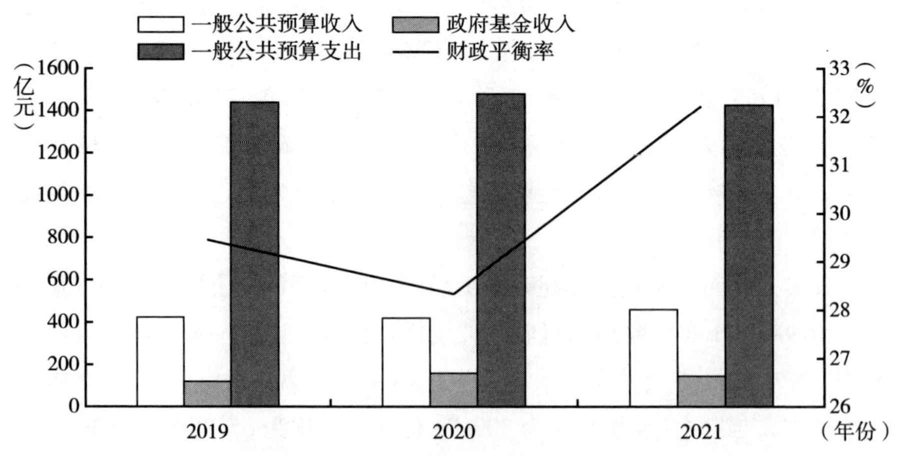

图 19　2019~2021 年宁夏财政情况

数据来源：2019~2021 年宁夏财政预算执行及决算报告，中诚信国际整理计算。

（三）债务率波动上升，财政收入无法覆盖债务，存在一定偿债压力

2019～2021年，宁夏负债率变化幅度不大，但债务率呈波动上升趋势，且债务率已超过国际警戒线标准（见图20）。2021年，宁夏债务率和负债率在全国31个省（区、市）中分别排第14位和第9位（见图21），在全国处于中

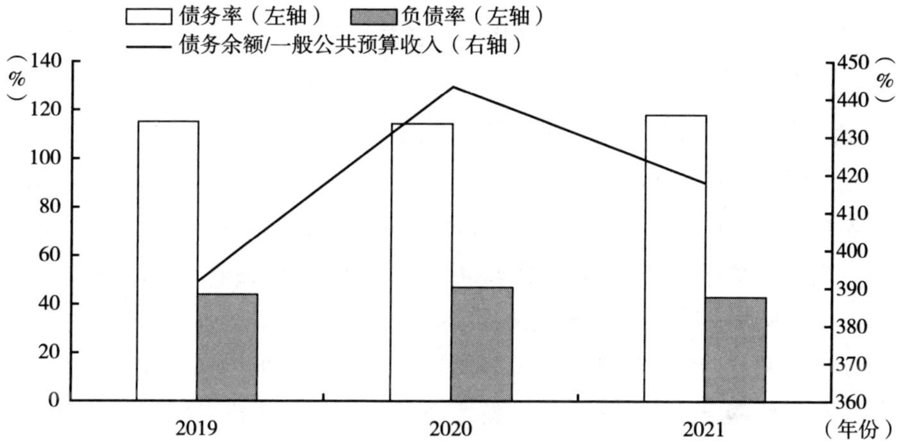

图20　2019～2021年宁夏债务率及负债率

数据来源：2019～2021年宁夏财政预算执行及决算报告，中诚信国际整理计算。

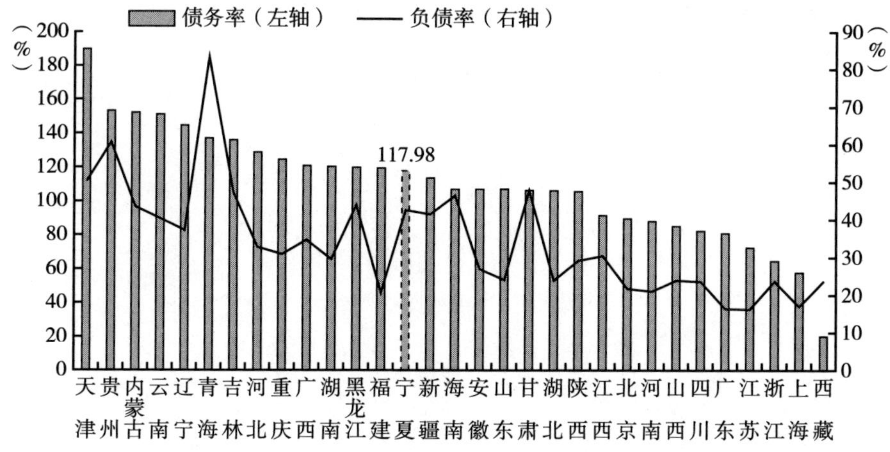

图21　2021年全国31个省（区、市）债务率及负债率

数据来源：全国31个省（区、市）财政预算执行及决算报告，中诚信国际整理计算。

上游水平，且债务率已超过国际警戒线100%的安全标准。2019~2021年，一般公共预算收入对债务的覆盖能力波动下降，且尚不足以覆盖同期债务规模。整体而言，宁夏整体偿债能力较弱，存在一定偿债压力。围绕政府债务管理，宁夏政府出台多项举措，包括加强债券资金全过程监管、加强政府投资的预算约束、加强债务预算管理等，坚决守住不发生区域性、系统性风险的底线。

四　小结

宁夏地方债务存量规模较小，低于全国平均水平，且以一般债为主，发行期限集中于中长期。2022年1~9月，发行规模整体相对较小，发行集中度不高，发行结构以再融资一般债为主，长期限债券占比明显提升，发行成本整体有所下降，但发行利差在全国处于较高水平，交易规模显著上升，到期收益率波动下降。同期，宁夏新增项目收益专项债发行规模同比有所上升，发行成本有所下降，发行期限以长期为主，募投领域以农林水利、交通基础设施和棚改为主，项目偿债保障有一定差异，新增项目收益专项债暂未用作项目资本金，用作项目配套融资可撬动一定资金，但整体对基建投资的拉动效果不显著。宁夏存量债务规模在全国处于下游水平，到期债务规模相对集中，可用债务空间略显不足。财政情况方面，宁夏经济财政实力较弱，财政自给能力亦较弱，对政府补助依赖程度较高。债务风险方面，近年来宁夏债务率波动上升，财政收入无法覆盖债务，存在一定偿债压力。

B.23 2022年河南省地方政府债券分析报告

刘春天　吴昱影　彭　喆*

摘　要： 河南省存量地方债规模在全国31个省（区、市）中处于上游水平，2022年1~9月，河南省新发行地方债规模同比保持增长，发行成本下降，发行期限以中长期为主；河南省项目收益专项债持续扩容，用于配套融资规模大，对投资的撬动效应较好，但用作资本金规模较小；河南省经济与财政实力整体较强，债务率和负债率不高，债务风险整体可控。本报告建议河南省未来可进一步拉长地方债期限，继续加大地方债资金在公共领域的投入力度，并加强债务风险监测。

关键词： 地方债　专项债　河南省

一　河南省地方债运行情况分析

河南省地方债整体存量规模在全国31个省（区、市）中居第8位，构成方面以专项债为主，发行期限集中于5~10年期。截至2022年9月，河南省地方债存量规模为14653.42亿元①，占全国总规模的4.24%，在全国31个省（区、市）中排名第8（见图1）。从券种结构看，一般债与专项债规模分别为

* 刘春天，中诚信国际政府公共评级一部高级分析师，主要研究领域为地方政府债券、基础设施投融资行业等；吴昱影，中诚信国际政府公共评级一部分析师，主要研究领域为地方政府债券、基础设施投融资行业等；彭喆，中诚信国际政府公共评级一部助理分析师，主要研究领域为地方政府债券、基础设施投融资行业等。

① 如无特别说明，本报告中引用的地方债存量、发行量、发行利率、发行利差、交易量、到期收益率等债券相关数据均来自截至2022年9月的Wind数据库，并由中诚信国际整理计算。

5686.80 亿元和 8966.62 亿元，较 2021 年同期均有小幅增长。期限结构方面，河南省 5 年期、7 年期、10 年期地方债为主要构成，合计占比达 73.67%，较 2021 年同期有所上升。

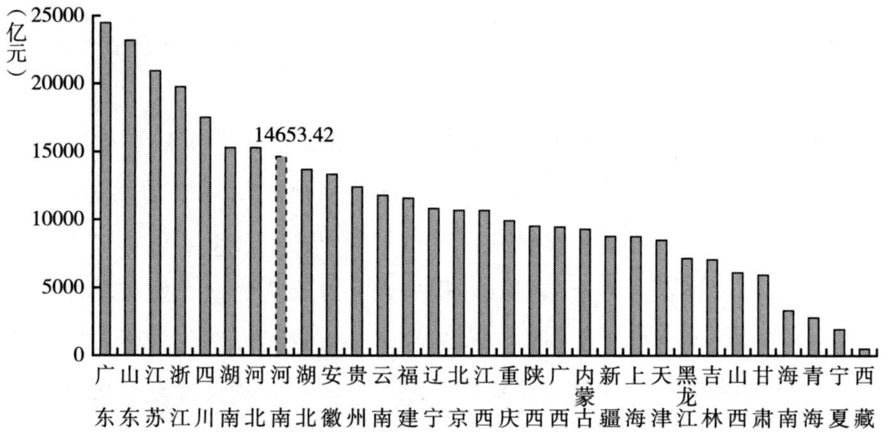

图 1　截至 2022 年 9 月全国 31 个省（区、市）地方债存量规模

数据来源：Wind 数据库，中诚信国际整理计算。

（一）发行规模不断扩大，发行相对较为集中

2022 年 1~9 月，河南省地方债发行规模居全国上游，且同比有所增长，但增速低于全国平均增速。受疫情冲击影响，我国宏观经济增速放缓，亟须财政政策施力发挥跨周期和逆周期调节作用，但地方财政收支缺口长期存在，尤其在一系列减税降费对冲政策实施后，地方可支配财力不足问题越发凸显，而地方债在经历连续数年大幅扩容后债务率已攀升至相对较高水平，可进一步增长的空间有限，财政政策更倾向于通过加大中央转移支付力度来保障地方的可支配财力。《关于 2021 年中央和地方预算执行情况与 2022 年中央和地方预算草案的报告》① 提出关于地方政府一般债限额 4.37 万亿元，新增一般债额度略有收缩，专项债新增限额与 2021 年基本持平。在此背景下，2022 年 1~9

① 《关于 2021 年中央和地方预算执行情况与 2022 年中央和地方预算草案的报告》，中国政府网，2022 年 3 月 13 日，http://www.gov.cn/xinwen/2022-03/13/content_5678838.htm。

月，河南省地方债发行规模为 3303.06 亿元，在全国 31 个省（区、市）中排第 6 位，较 2021 年同期全国排名下降 2 位；地方债发行规模较 2021 年同期增加 296.52 亿元，增速为 9.86%，增速有所放缓。从月度发行规模走势来看，河南省 2022 年 1~9 月发行规模呈波动态势，发行主要集中在 1 月、4 月、5 月、6 月（见图 2），发行规模合计为 2539.58 亿元，占比达 76.89%。

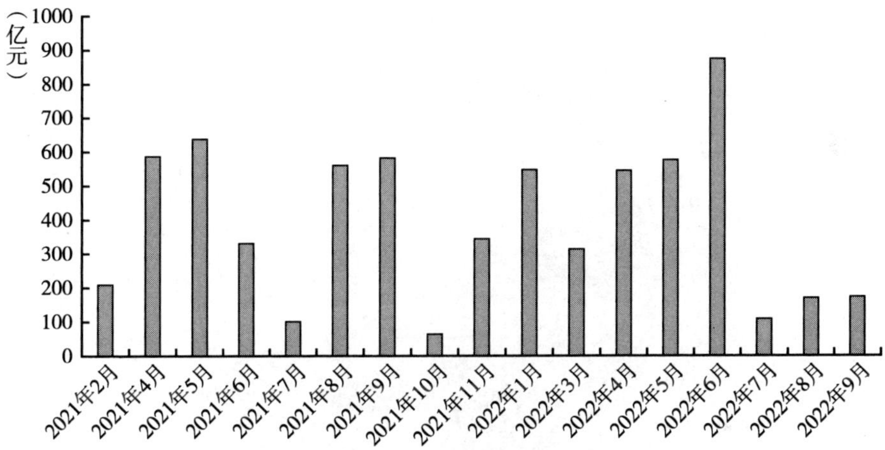

图 2　2021 年 1 月至 2022 年 9 月河南省地方债月度发行规模

注：河南省部分月份无地方债发行，故图中无显示。
数据来源：Wind 数据库，中诚信国际整理计算。

（二）发行新增债占比超七成，长期限地方债比重大幅上升

2022 年 1~9 月，河南省新发行地方债中新增债和专项债占比仍然较大，长期限地方债占比与上年同期相比明显提升。从债券类型看，2022 年 1~9 月，河南省专项债发行规模为 2449.28 亿元，较 2021 年同期上升 28.25%，占比由 63.32%上升至 74.15%；一般债发行规模为 853.78 亿元，占比 25.85%。2022 年 1~9 月，新增债发行规模为 2351.24 亿元，较 2021 年同期上升 18.84%，占比为 71.18%；再融资债发行规模为 951.82 亿元。其中，新增一般债和新增专项债分别为 265.24 亿元和 2086.00 亿元；再融资一般债和再融资专项债分别为 588.54 亿元和 363.28 亿元。从期限结构看，河南省新发行的长期限地方债占比较上年同期上升幅度较大。具体来看，5 年期、7 年期和 10 年期的地方债

发行规模合计为 1929.46 亿元，占比较 2021 年同期下降 17.57 个百分点至 58.41%，主要系 10 年期地方债发行规模较 2021 年同期下降 75.36%所致；15 年期和 30 年期的地方债发行规模合计为 1356.30 亿元，占比由 2021 年同期的 23.62%上升至 41.06%；同时，河南省新增一笔 20 年期的专项债，发行规模为 13.45 亿元，占比为 0.41%（见图 3）。

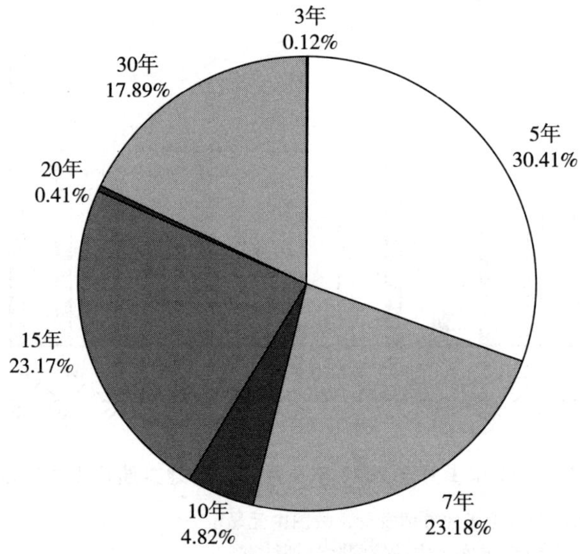

图 3　2022 年 1~9 月河南省新发行地方债期限结构

数据来源：Wind 数据库，中诚信国际整理计算。

（三）发行利率和发行利差[①]均同比降低，在全国处于中下游水平

2022 年 1~9 月，河南省地方债发行利率和发行利差较 2021 年同期均有所下降，且均处于全国中下游水平。具体来看，2022 年 1~9 月，河南省地方债发行利率为 3.00%，较 2021 年同期下降 0.35 个百分点，在全国 31 个省（区、市）中排第 22 位；发行利差为 14.05BP，较 2021 年同期下降 11.14BP，在全国 31 个省（区、市）中排第 21 位（见图 4）。从变化趋势来看，2022 年 1~9

① 如无特别说明，本报告中发行利率、利差为根据发行额计算的加权平均发行利率、利差，发行利差计算公式：债券发行利率-对应期限国债收益率。

月，河南省地方债发行利率呈波动趋势，于 2022 年 3 月达到最高位，与最低值相差 0. 65 个百分点；发行利差于 2022 年 1 月达到最高位，与最低值相差 13. 54BP。随后，发行利率和发行利差整体有所下降（见图 5）。

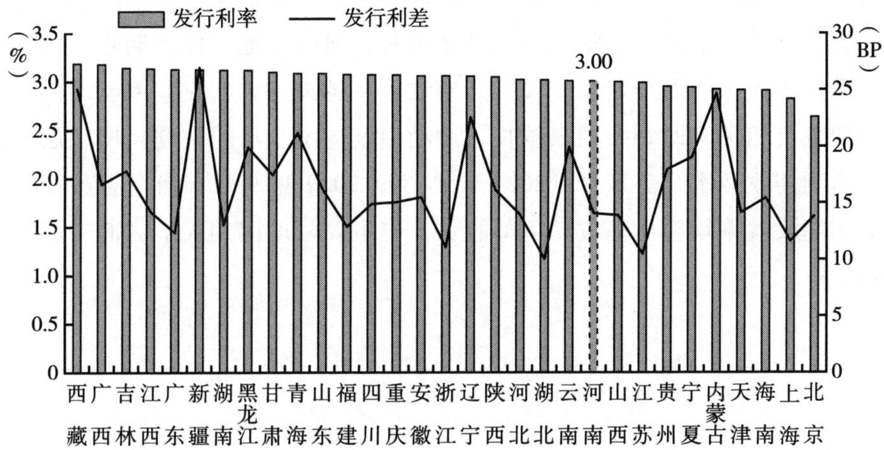

图 4　2022 年 1~9 月全国 31 个省（区、市）地方债发行成本

数据来源：Wind 数据库，中诚信国际整理计算。

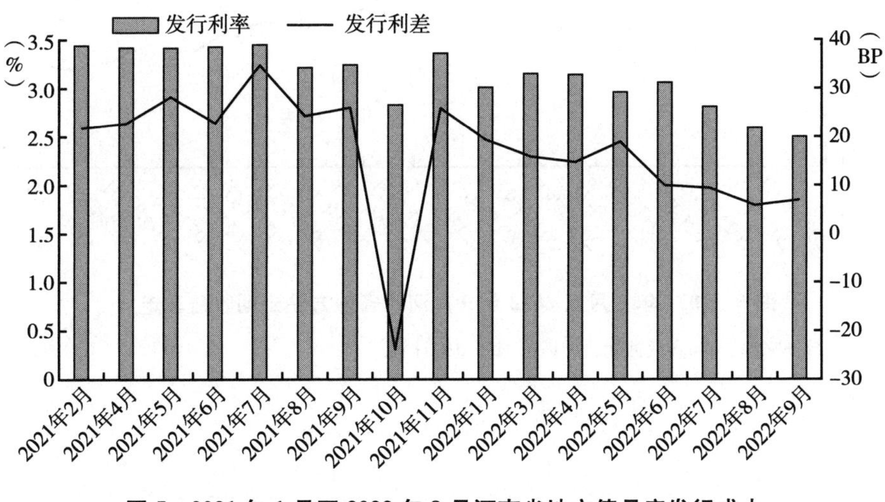

图 5　2021 年 1 月至 2022 年 9 月河南省地方债月度发行成本

注：河南省部分月份无地方债发行，故图中无显示。

数据来源：Wind 数据库，中诚信国际整理计算。

（四）交易规模[①]大幅增长，到期收益率[②]波动下降

二级市场交易规模方面，河南省 2022 年 1～9 月增幅较大，规模达 5105.32 亿元，较 2021 年同期增长 42.09%，但全国排名下降 1 位至第 7 位。到期收益率总体呈波动下降趋势。具体来看，河南省地方债到期收益率和剩余期限正相关，即剩余期限越长，到期收益率越高；到期收益率波动幅度与剩余期限负相关，即剩余期限越长，波动幅度越小。从同一剩余期限区间内地方债到期收益率走势来看，2021 年 1 月至 2022 年 9 月，河南省各期限地方债到期收益率均整体呈波动下降趋势，但下降幅度因期限不同而有所差异（见图 6）。

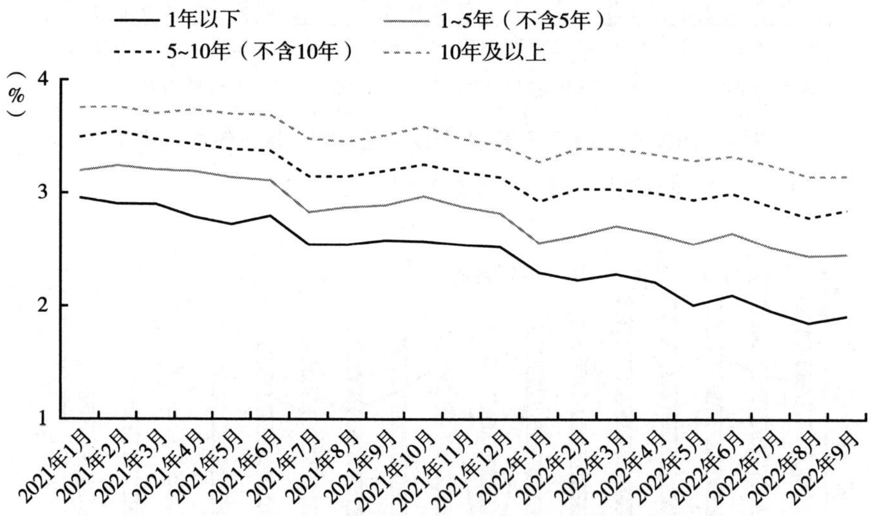

图 6　2021 年 1 月至 2022 年 9 月河南省地方债到期收益率走势

数据来源：Wind 数据库，中诚信国际整理计算。

① 交易统计包含回购交易、现券交易等部分。

② 此处到期收益率均值采用的是算术平均值。

二　河南省地方政府专项债分析①

河南省项目收益专项债存量规模在全国 31 个省（区、市）中居第 8 位，截至 2022 年 9 月，存量规模为 8966.62 亿元，河南省存续项目收益专项债共 241 只，其中剩余期限在 5 年以下的规模为 3947.71 亿元，占比为 44.03%（见图 7），未来几年到期规模较大。

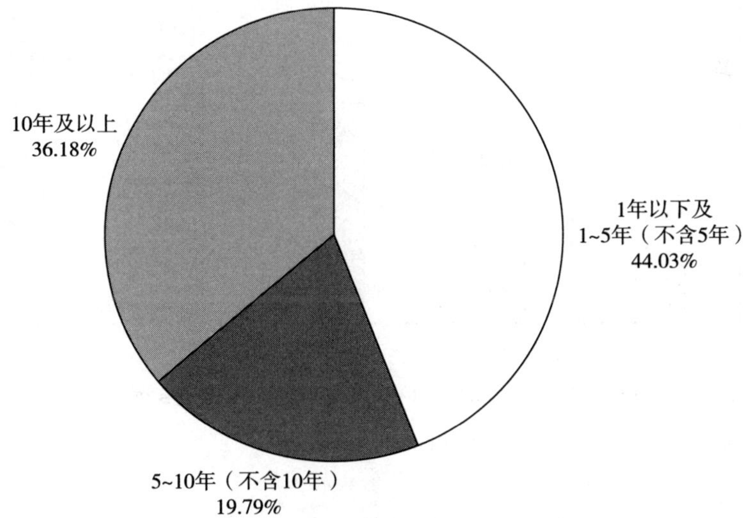

图 7　截至 2022 年 9 月河南省项目收益专项债剩余期限结构

数据来源：Wind 数据库，中诚信国际整理计算。

（一）发行规模有所扩大，发行成本下降，发行期限以中长期为主

2022 年 1～9 月，河南省项目收益专项债发行规模扩大，发行成本有所下降，发行期限以中长期为主。从发行规模来看，河南省地方政府项目收益专项债发行日趋活跃，发行规模持续增长（见图 8）。2022 年 1～9 月，河南省共计发行项目收

① 2020 年 7 月 29 日财政部《关于加快地方政府专项债券发行使用有关工作的通知》（财预〔2020〕94 号）明确 2020 年新增专项债必须保证融资规模与项目收益相平衡，因此 2020 年以来的新增专项债均为项目收益专项债。本部分项目收益专项债的统计样本为 2018～2019 年项目收益专项债与 2020 年至 2022 年 9 月的新增专项债。

益专项债 2086 亿元，较 2021 年同期增加 442 亿元。从发行利率及利差来看，2022 年 1~9 月，河南省项目收益专项债发行利率为 3.15%，较全国平均水平低 0.02 个百分点，较 2021 年同期下降 0.20 个百分点；发行利差为 15.15BP，较全国平均水平高 0.52BP，较 2021 年同期下降 10.75BP。从发行期限来看，2022 年 1~9 月，河南省项目收益专项债发行期限以中长期为主，其中发行期限在 10 年及以上的项目收益专项债规模为 1521.63 亿元，占比达 72.94%（见图 9）。

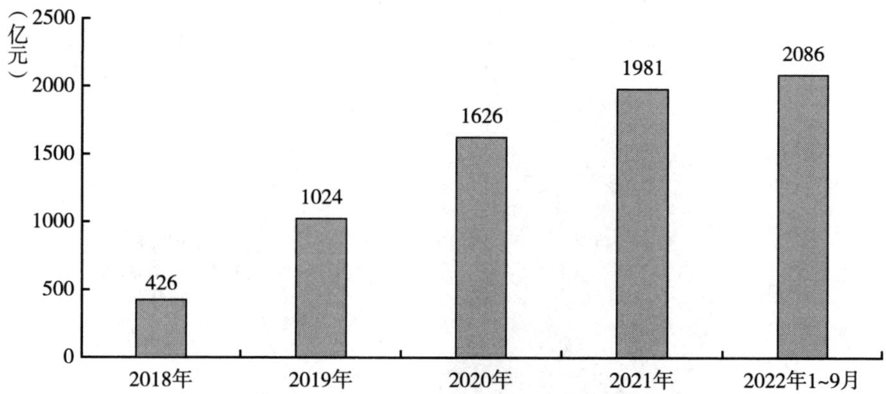

图 8　2018~2021 年及 2022 年 1~9 月河南省项目收益专项债发行规模

数据来源：Wind 数据库，中诚信国际整理计算。

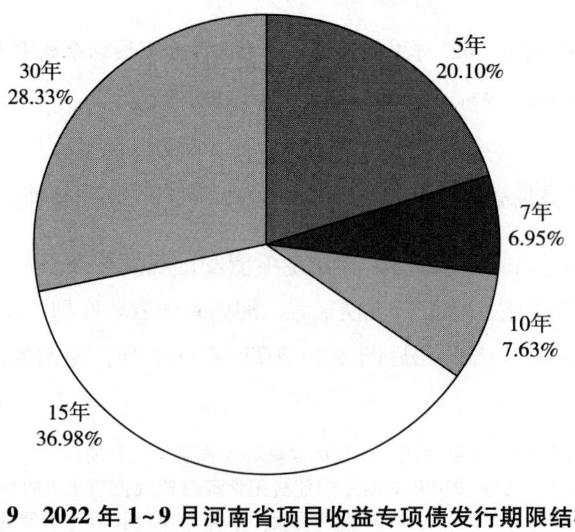

图 9　2022 年 1~9 月河南省项目收益专项债发行期限结构

数据来源：Wind 数据库，中诚信国际整理计算。

（二）募投项目主要投向市政和产业园区基础设施、棚改、民生服务等领域，项目覆盖能力有所不同

2022 年 1~9 月，河南省新增项目收益专项债的募集资金主要投向市政和产业园区基础设施、棚改、民生服务等领域，多分布于区县级，不同类型项目本息覆盖倍数有一定差异。2022 年 1~9 月，河南省新增项目收益专项债共募集资金 2079.70 亿元。从募投领域来看，投向市政和产业园区基础设施、棚改、民生服务的资金分别为 597.29 亿元、595.51 亿元和 471.73 亿元，合计占比达 80.03%（见图 10）。细分来看，民生服务的募集资金投入医疗卫生领域及教育领域的规模分别为 282.10 亿元和 99.93 亿元，二者合计占民生服务整体的比重超八成。市政和产业园区基础设施的募集资金则多数集中于产业园领域，资金规模达 439.59 亿元，占比超七成。从项目本息覆盖倍数来看，河南省项目收益专项债募投项目的覆盖能力因项目差异而有所不同，但绝大部分募投项目的未来现金流入可覆盖债券本息支出，但仍有部分项目本息覆盖倍数小

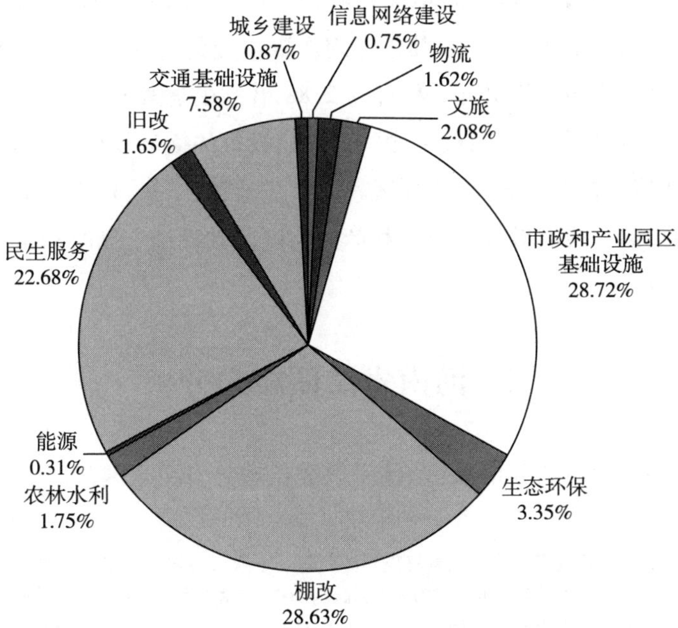

图 10　2022 年 1~9 月河南省项目收益专项债募投领域分布

数据来源：河南省地方政府新增专项债信息披露文件，中诚信国际整理计算。

于1倍，这些项目类型包括棚改、旧改、民生服务等，涉及募集资金合计为12.12亿元，占当期募集资金总规模的0.58%。

（三）河南省项目收益专项债用作项目资本金的规模较小，撬动社会资本有限，未来仍需推动资本金应用

2022年1~9月，河南省新发行的项目收益专项债可用作项目资本金的有2只，可用作资本金的规模为5.00亿元，占比仅为0.24%；涉及的项目为郑州市的郑开同城东部供水工程郑州东部原水干管工程（一期），类型为市政和产业园区基础设施，项目资本金占总投资比例为35%，目前撬动社会资本有限。在当前经济修复背景下，需要进一步合理推进资本金应用，强化对基础设施建设投资的带动作用。

（四）河南省项目收益专项债用于配套融资规模大，对投资的撬动效应较好

2022年1~9月，河南省新增项目收益专项债以2086.00亿元的规模撬动了3522.81亿元的基建投资①。其中，用作资本金的专项债规模为5.00亿元，撬动基建投资规模14.42亿元，杠杆为2.88倍，在全国31个省（区、市）中排第22位；专项债作为项目配套融资对基建投资的撬动规模为3508.39亿元，杠杆为1.69倍，在全国31个省（区、市）中排第4位。根据河南省项目收益专项债资金投向，应有效推进市政和产业园区基础设施、棚改和民生服务等领域的投资建设。

三　河南省偿债能力分析

河南省地方政府债务余额②整体呈现增长态势，在全国范围内位于上游水

① 专项债撬动基建投资方法参见袁海霞、汪苑晖、卞欢《专项债兼顾扩容提效，助力基建托底稳增长——地方政府专项债2019年回顾与2020年展望》，《财政科学》2020年第1期。

② 如无特别说明，本报告中引用的河南省政府债务限额、余额，一般公共预算收入、支出，财政平衡率，债务率、负债率等财政相关数据均来自河南省财政预算执行及决算报告，并由中诚信国际整理计算。

平，地方债中专项债占比较大，将在 2027 年迎来到期高峰。河南省财政实力较强，但财政自给能力较弱，对上级补助依赖较大。2021 年，河南省负债率及债务率在全国范围内处于较低水平，尽管较上年有所上升，但整体债务风险处于可控范围内。

（一）河南省地方政府债务仍有部分举债空间，2027年将迎来到期高峰

河南省地方政府债务余额整体呈上升趋势，仍有部分举债空间。截至 2021 年，河南省地方政府债务余额规模达到 12396.20 亿元，在全国 31 个省（区、市）中位列第 8，较 2020 年增长 26.30%；债务限额为 14258.99 亿元，未使用的债务限额达 1862.79 亿元，仍有部分举债空间（见图 11、图 12）。地方债存量结构方面，超过 90%为债券形式债务。地方债到期方面，截至 2022 年 9 月，河南省存续地方债规模为 14653.42 亿元，其中 2022 年内，河南省有 2 笔专项债和 3 笔一般债到期，共计 278.30 亿元；2027 年河南省地方债到期规模为 1523.40 亿元，到期一般债和到期专项债分别占 32.25%和 67.75%，该年为未来 5 年内到期高峰年（见图 13）。

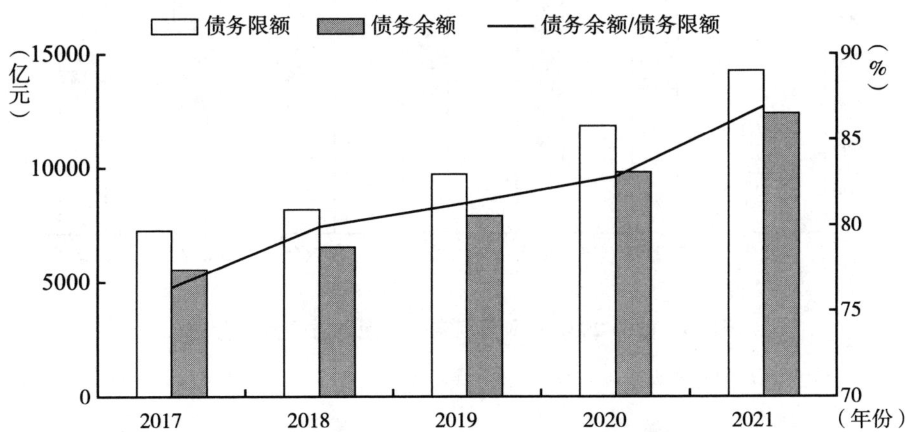

图 11　2017~2021 年河南省地方政府债务限额及余额

数据来源：河南省财政预算执行及决算报告，中诚信国际整理计算。

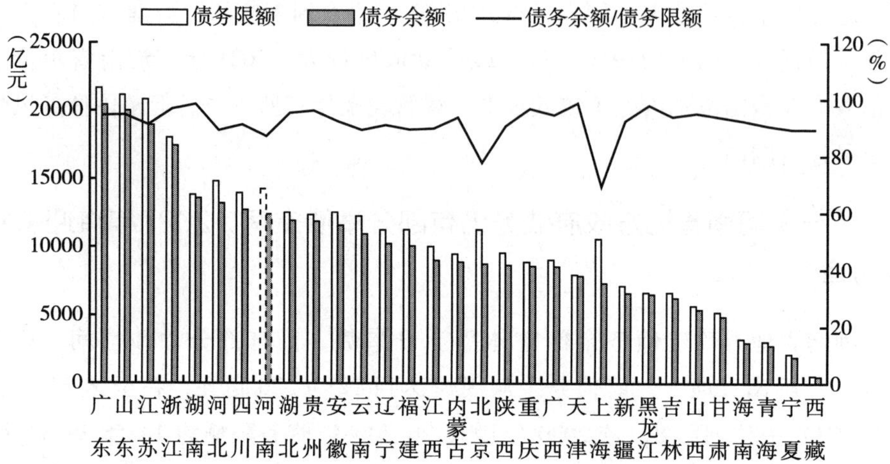

图 12　2021 年全国 31 个省（区、市）地方政府债务限额及余额

数据来源：全国 31 个省（区、市）财政预算执行及决算报告，中诚信国际整理计算。

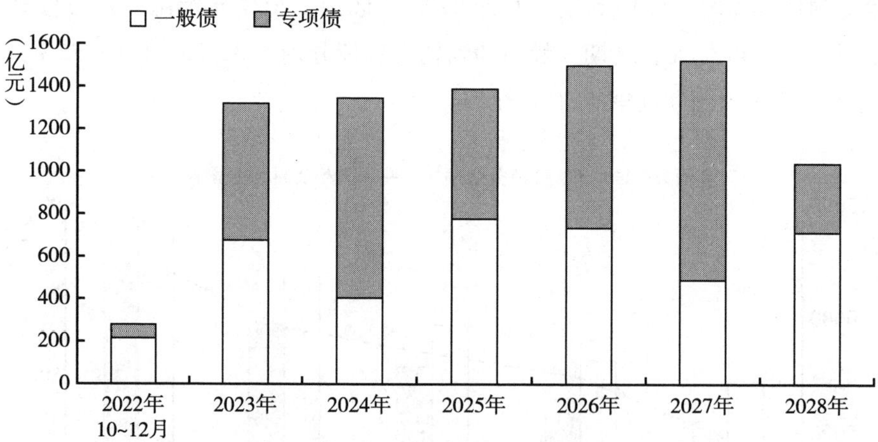

图 13　截至 2022 年 9 月河南省存量地方债到期分布

数据来源：Wind 数据库，中诚信国际整理计算。

（二）河南省财政实力处于全国中上游水平，但财政自给能力较弱

河南省财政实力处于全国中上游水平，但财政平衡率较低，财政自给能力较弱，资金缺口多依赖上级填补。2021 年，河南省一般公共预算收入在全国居

第8位，为4347.38亿元，较上年上升4.30%，增速上升1.20个百分点。财政平衡方面，河南省财政自给能力较弱，2021年财政平衡率为41.72%（见图14、图15），收支平衡对上级补助依赖较大。此外，河南省2021年政府性基金收入为3374.60亿元，受国有土地使用权出让收入下降较多以及河南省交通运输发展集团有限公司车辆通行费收入转为企业经营收入的影响，较2020年下降9.70%。

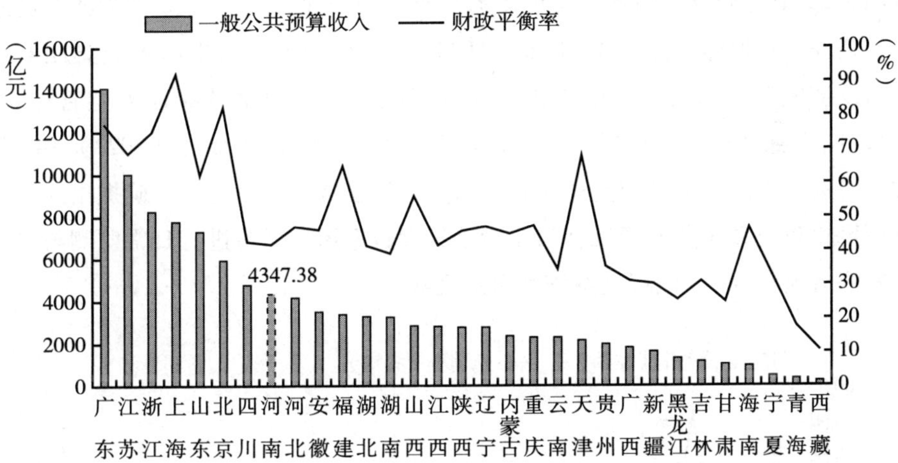

图14　2021年全国31个省（区、市）一般公共预算收入及财政平衡率

数据来源：全国31个省（区、市）财政预算执行及决算报告，中诚信国际整理计算。

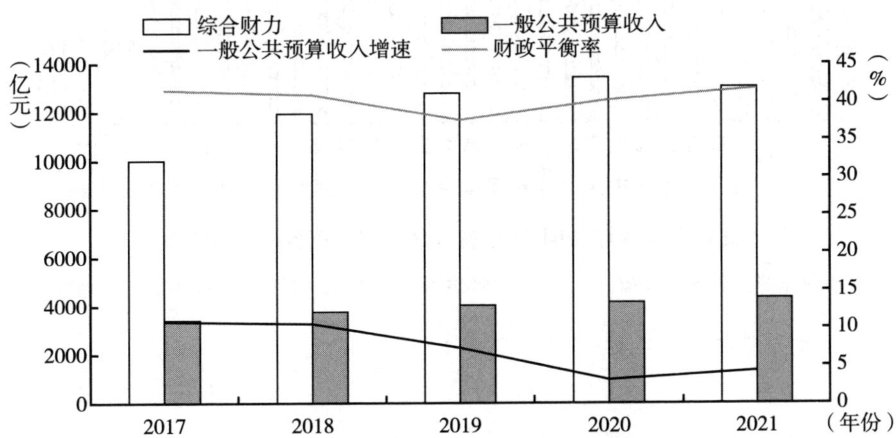

图15　2017~2021年河南省财政情况

数据来源：河南省财政预算执行及决算报告，中诚信国际整理计算。

（三）河南省债务率及负债率在全国范围内处于较低水平，债务压力一般

河南省债务率及负债率不高，债务风险整体可控。截至 2021 年，河南省债务率及负债率分别为 87.98%和 21.05%，分别较 2020 年上升 14.85 个百分点和 2.29 个百分点，债务率及负债率在全国 31 个省（区、市）中处于下游水平，债务风险整体可控（见图 16、图 17）。2020 年，永城煤电控股集团有限公司发生债券违约后，河南省出台多项举措，持续健全政府债务监管体系。2022 年，河南省地方金融监督管理局等 7 家单位发布豫金发〔2022〕145 号文，对进一步加快推进河南企业利用债券市场融资提出意见，明确提出建立地方债风险防控和应急处置机制与建设债券大数据风控平台进行日常监测与风险预警等措施①，严守区域性系统性风险底线。

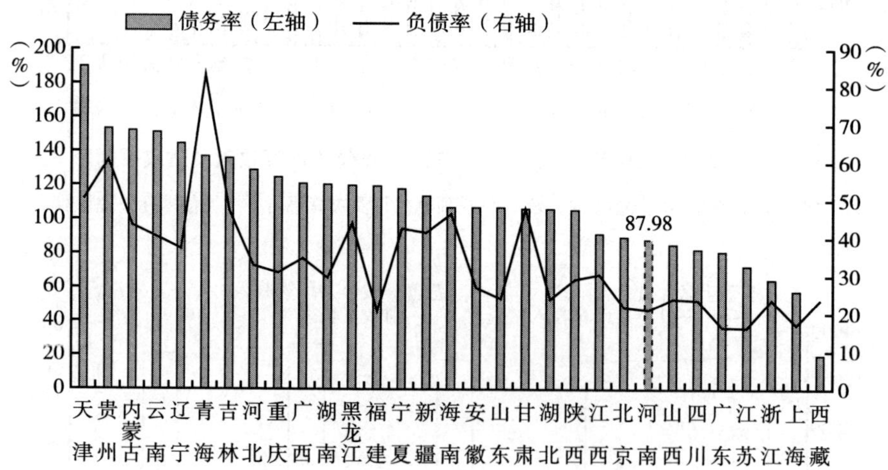

图 16　2021 年全国 31 个省（区、市）债务率及负债率

数据来源：全国 31 个省（区、市）财政预算执行及决算报告，中诚信国际整理计算。

① 《河南省地方金融监督管理局等 7 家单位关于进一步加快推进河南企业利用债券市场融资的意见》（豫金发〔2022〕145 号），河南省地方金融监督管理局网站，2022 年 8 月 16 日，https：//jr. henan. gov. cn/2022/08-16/2561729. html。

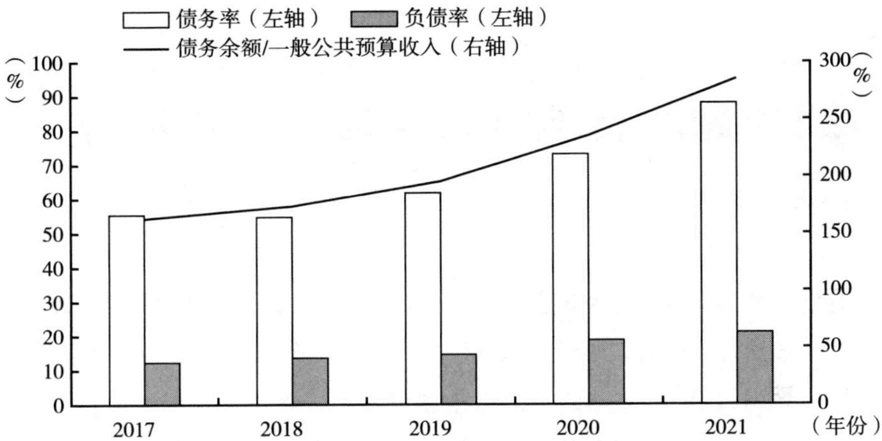

图 17　2017~2021 年河南省债务率及负债率

数据来源：河南省财政预算执行及决算报告，中诚信国际整理计算。

四　小结

河南省地方债存量规模在全国处于上游水平，期限以 5~10 年为主。2022 年 1~9 月，河南省地方债发行规模有所增长，债券品种仍以专项债为主，长期限占比明显上升。从发行成本来看，河南省地方债发行利率及利差均有所下降，且在全国范围内处于中下游水平。二级市场交易规模再创新高，到期收益率整体呈回落趋势。项目收益专项债方面，河南省项目收益专项债发行规模扩大，募投项目涉及范围广，用于配套融资规模大，对投资的撬动效应较好，但专项债作为资本金的撬动作用尚未充分体现。此外，河南省财政实力整体较强，债务水平不高，政府债务限额仍存在一定使用空间，债务风险整体在可控范围内。

据此，本报告建议：第一，进一步拉长地方债期限，在疫后复苏及政府部门降杠杆背景下，通过拉长期限，为债务风险化解留下空间；第二，继续加大地方债资金在公共领域的投入力度，引导资金投向，鼓励专项债作为资本金撬动更多基建投资；第三，加强债务风险监测，充分利用大数据等信息化技术对资金使用进行日常监测，严格控制债务风险。

B.24
2022年湖北省地方政府债券分析报告

全晓燕 *

摘　要： 湖北省地方债存量规模位于全国上游水平，地方债发行活跃度较高，发行规模持续扩大，发行成本呈下降态势，发行期限有所拉长。2022 年 1~9 月，湖北省地方债发行节奏有所前置且集中度提高，以新增专项债发行为主，发行期限明显拉长。新增项目收益专项债投向朝市政和产业园区基础设施领域倾斜，但用作项目资本金比例较小。整体看，湖北省地方政府债务限额仍有一定空间，但受增值税留抵退税影响，2022 年 1~9 月湖北省综合财力弱化，面临一定偿债压力。展望下一阶段，本报告建议湖北省地方政府重点关注省内再融资能力，做好债务风险防控，加强专项债全流程穿透式监管，合理安排债务限额、债券期限结构，进一步丰富募集资金投向。

关键词： 地方债　专项债　湖北省

一　湖北省地方债运行情况分析

湖北省地方债存量规模位于全国上游水平，以专项债为主，债券期限集中在 5~10 年期。从规模看，截至 2022 年 9 月，湖北省地方债存量规模为 13692.01 亿元①，占全国地方债余额的 3.96%，在全国 31 个省（区、市）

---

* 全晓燕，中诚信国际政府公共评级一部分析师，主要研究领域为地方政府债券、基础设施投融资行业等。

① 如无特别说明，本报告中引用的地方债存量、发行量、发行利率、发行利差、交易量、到期收益率等债券相关数据均来自截至 2022 年 9 月的 Wind 数据库，并由中诚信国际整理计算。

中排第9位（见图1）。从券种结构看，一般债余额为5320.68亿元，专项债余额为8371.32亿元，分别占湖北省存量地方债余额的38.86%和61.14%。分资金用途看，存量地方债以新增专项债为主，余额为6388.03亿元，占湖北省存量地方债余额的46.66%，其次为新增一般债和再融资一般债，占比分别为19.61%和19.25%。从期限结构看，湖北省存量地方债以中长期为主，其中5年期、7年期和10年期债券占比分别为18.98%、27.89%和25.11%。

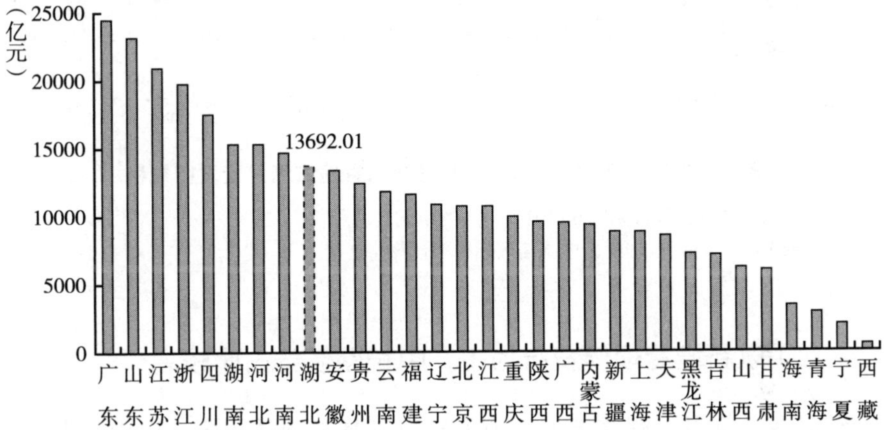

图1　截至2022年9月全国31个省（区、市）地方债存量规模

数据来源：Wind数据库，中诚信国际整理计算。

（一）发行节奏有所前置，发行时间较往年更为集中

从发行规模来看，2022年1~9月，湖北省地方债发行159只，发行规模为2588.52亿元，规模同比增长35.06%，占2021年发行规模的比重约为86.00%，发行规模持续扩大。从月度发行情况来看，2021年下半年以来，湖北省专项债发行节奏加快，2021年12月湖北省新增专项债规模大幅增至556.58亿元；2022年1~9月，湖北省地方债发行主要集中于3月和6月，以新增专项债为主，发行规模分别达到569.11亿元和861.45亿元；2022年第三季度，湖北省地方债发行额度同比大幅下降（见图2）。地方债发行节奏前置且发行时间较往年更为集中。

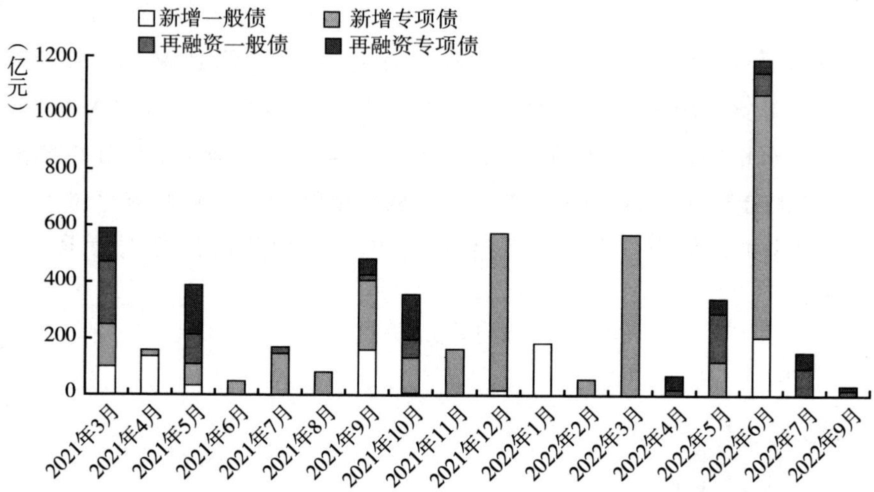

图 2　2021 年 1 月至 2022 年 9 月湖北省地方债月度发行规模

注：湖北省部分月份无地方债发行，故图中无显示。

数据来源：Wind 数据库，中诚信国际整理计算。

（二）以新增专项债发行为主，中长期债券占比较高

2022 年 1~9 月，湖北省地方债发行以新增专项债为主，以中长期为主。从发行券种结构来看，湖北省 2022 年 1~9 月以新增专项债发行为主，新增专项债、新增一般债、再融资一般债和再融资专项债发行规模分别为 1606.00 亿元、390.20 亿元、383.40 亿元和 208.91 亿元，占比分别为 62.04%、15.07%、14.81%和 8.07%；从期限分布来看，2022 年 1~9 月湖北省新发行债券期限以中长期为主，其中 20 年期、5 年期、7 年期、10 年期和 15 年期占比分别为 27.00%、18.84%、12.08%、12.44%和 13.18%（见图 3）。

（三）发行成本呈下降态势，发行利率[①]处于全国中游水平，发行利差为全国最低

2022 年 1~9 月，湖北省地方债发行利率延续下行趋势且降幅较大，为

① 如无特别说明，本报告中发行利率、利差为根据发行额计算的加权平均发行利率、利差，发行利差计算公式：债券发行利率-对应期限国债收益率。

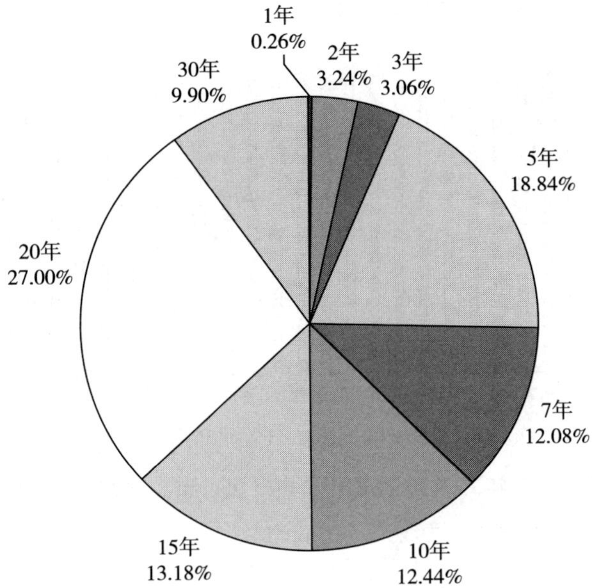

图3 2022年1~9月湖北省新发行地方债期限结构

数据来源：Wind 数据库，中诚信国际整理计算。

3.02%，在全国31个省（区、市）中排第20位；发行利差也继续缩小至10.03BP，为全国最低（见图4、图5）。从月度发行成本来看，湖北省地方债

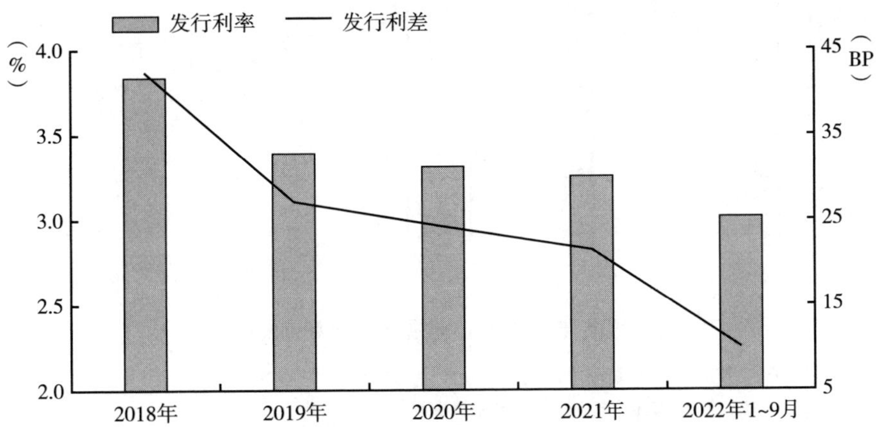

图4 2018~2021年及2022年1~9月湖北省地方债发行成本

数据来源：Wind 数据库，中诚信国际整理计算。

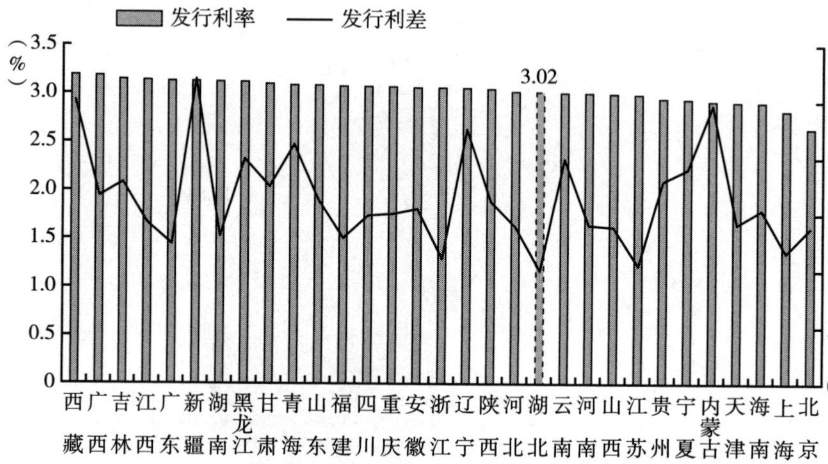

图 5　2022 年 1~9 月全国 31 个省（区、市）地方债发行成本

数据来源：Wind 数据库，中诚信国际整理计算。

2022 年 1~9 月各月度发行利率和利差整体呈震荡下行趋势，发行利率有所波动，处于 2.60%至 3.20%区间内，4 月发行利差处于低位（见图 6）。

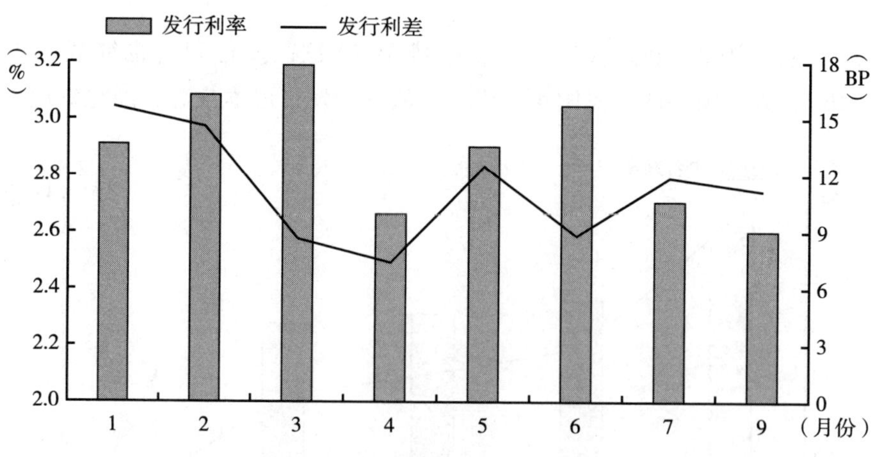

图 6　2022 年 1~9 月湖北省地方债月度发行成本

注：湖北省部分月份无地方债发行，故图中无显示。

数据来源：Wind 数据库，中诚信国际整理计算。

（四）交易规模[①]同比上升但增幅远低于全国平均水平，到期收益率[②]整体呈震荡下行趋势

湖北省地方债 2022 年 1~9 月交易规模为 3978.97 亿元，较 2021 年同期增加 19.22%，增幅远低于全国平均水平，因而交易规模排名有所下滑，从全国第 7 位下滑至第 11 位。从到期收益率走势看，2022 年 1~9 月，湖北省地方债各期限的到期收益率走势趋同，整体呈震荡下行趋势（见图 7）。

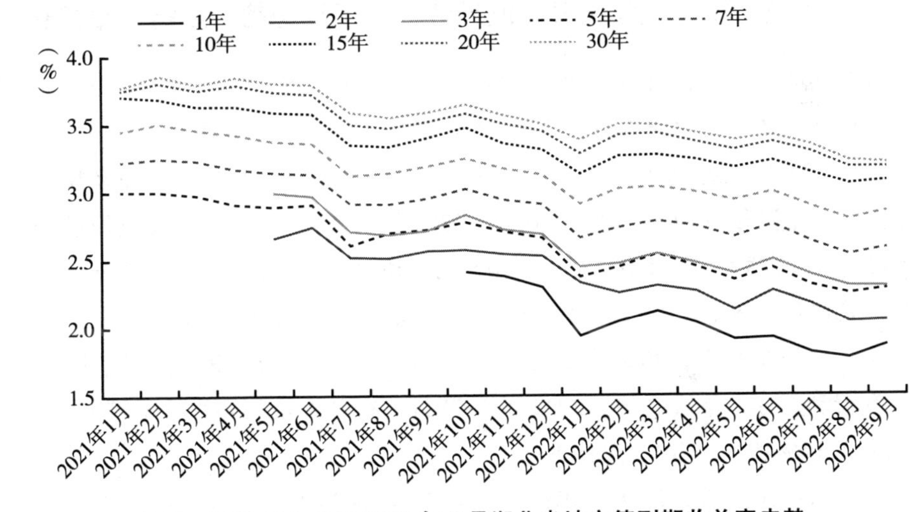

图 7　2021 年 1 月至 2022 年 9 月湖北省地方债到期收益率走势

注：截至 2022 年 9 月，湖北省无 1 年以下地方债发行，故图中无显示。

数据来源：Wind 数据库，中诚信国际整理计算。

二　湖北省地方政府专项债分析[③]

湖北省项目收益专项债存量规模在全国处于中游水平，截至 2022 年 9 月，

---

① 交易统计包含回购交易、现券交易等部分。

② 此处到期收益率均值采用的是算术平均值。

③ 2020 年 7 月 29 日财政部《关于加快地方政府专项债券发行使用有关工作的通知》（财预〔2020〕94 号）明确 2020 年新增专项债必须保证融资规模与项目收益相平衡，因此 2020 年以来的新增专项债均为项目收益专项债。本部分项目收益专项债的统计样本为 2018~2019 年项目收益专项债与 2020 年至 2022 年 9 月的新增专项债。

湖北省存量专项债483只，存量规模为8371.32亿元，占湖北省存量地方债余额的比重为61.14%。2022年1~9月，湖北省新增项目收益专项债投向领域向市政和产业园区基础设施倾斜，发行成本呈下降态势，期限结构偏长期，专项债项目行政层级趋于下沉。值得注意的是，2022年1~9月，湖北省新增专项债用作项目资本金比例较小，需合理推进资本金应用，理论上或能撬动基建投资2785.54亿元，但实际效果仍受多因素限制。

（一）发行规模逐年上升，发行成本呈下降态势，发行期限拉长

从发行规模来看，自2017年财政部发布《关于试点发展项目收益与融资自求平衡的地方政府专项债券品种的通知》[①] 以来，湖北省项目收益专项债持续扩容，2018~2021年及2022年1~9月，湖北省项目收益专项债发行数量及规模持续上升，发债数量分别为10只、30只、126只、145只和89只，发债规模分别为642亿元、975亿元、1530亿元、1615亿元和1606亿元，尤其是2020年在抗疫情、稳增长背景下，发行规模大幅增加，此后均保持较高发行量。

从发行成本来看，2020年以来，湖北省项目收益专项债发行利率持续下降，发行利差亦呈下降态势，2022年1~9月发行利率及利差均处于较低水平，分别为3.16%和9.33BP（见图8）。

从发行期限来看，2018~2019年以5~10年期为主，发行规模占当期发行总额的比重分别为86.89%和68.47%；2020~2021年以10年及以上期限为主，发行规模占当期发行总额的比重分别为70.78%和73.03%；2022年1~9月以15年及以上期限为主，发行规模占当期发行总额的比重为72.22%（见图9），债券发行期限逐步拉长，债券期限结构更加分散与合理。

（二）市政和产业园区基础设施项目收益专项债为发行重点，专项债项目行政层级趋于下沉

湖北省项目收益专项债募集资金投向了市政和产业园区基础设施、民生服务、交通基础设施、棚改、生态环保项目等多领域，覆盖范围较广。2022年1~

① 《关于试点发展项目收益与融资自求平衡的地方政府专项债券品种的通知》（财预〔2017〕89号），财政部网站，2017年7月24日，http：//yss. mof. gov. cn/zhuantilanmu/dfzgl/zcfg/201707/t20170724_ 2656632. htm。

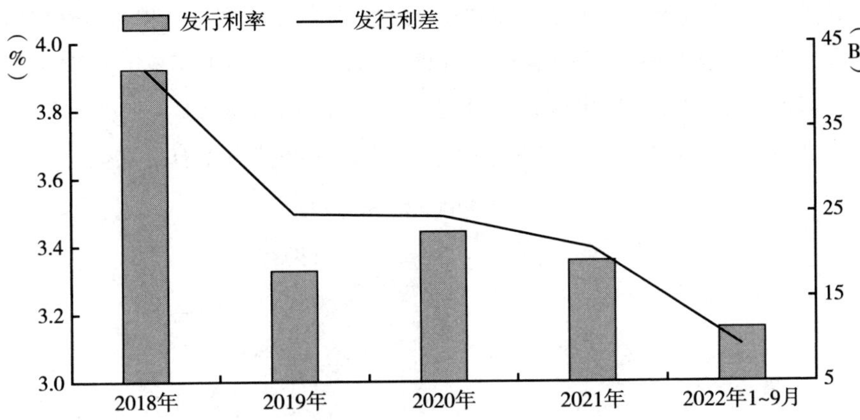

图 8　2018~2021 年及 2022 年 1~9 月湖北省项目收益专项债发行成本

数据来源：Wind 数据库，中诚信国际整理计算。

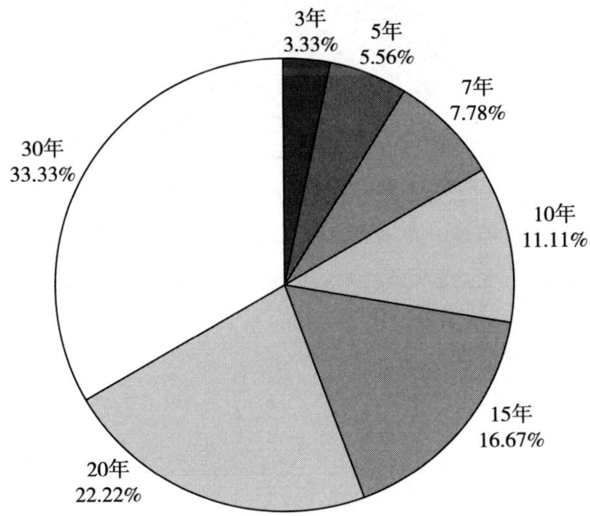

图 9　2022 年 1~9 月湖北省项目收益专项债发行期限结构

数据来源：Wind 数据库，中诚信国际整理计算。

9 月，从项目分类来看，湖北省项目收益专项债募集资金投向市政和产业园区基础设施项目的规模最大，占比为 28. 69%，其次为民生服务和交通基础设施项目，占比分别为 20. 20%和 18. 31%，投向棚改项目的资金占比收缩至 16. 31%（见图 10）。从项目所属行政层级分布来看，以区县级项目为主，其使用的募集资金占比达 70.70%，地市级项目仅占 27.73%，行政层级趋于下沉；从项目所在区域分布来看，项目收益专项债资金主要投向武汉市，占比达 44.32%，其次是襄阳市、宜昌市、荆州市和恩施州（见图 11），占比分别为 8.33%、6.53%、5.96%和 5.28%。专项债资金对省内经济落后地区扶持力度有待加大。

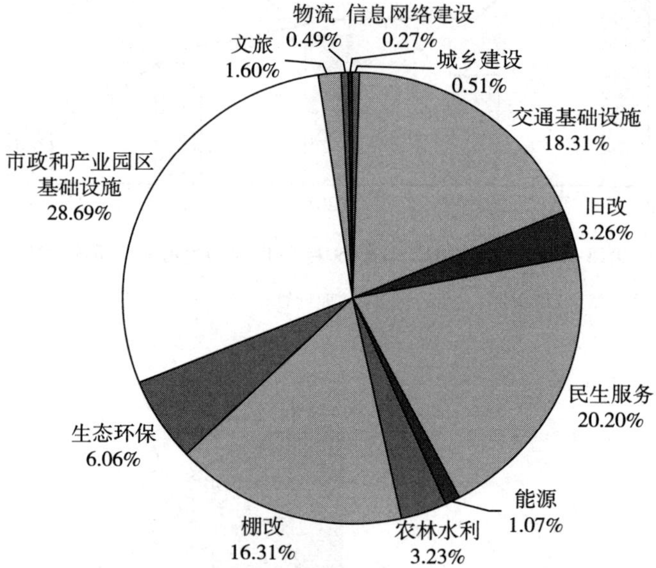

图 10　2022 年 1~9 月湖北省新增项目收益专项债募投领域分布

数据来源：湖北省地方政府新增专项债信息披露文件，中诚信国际整理计算。

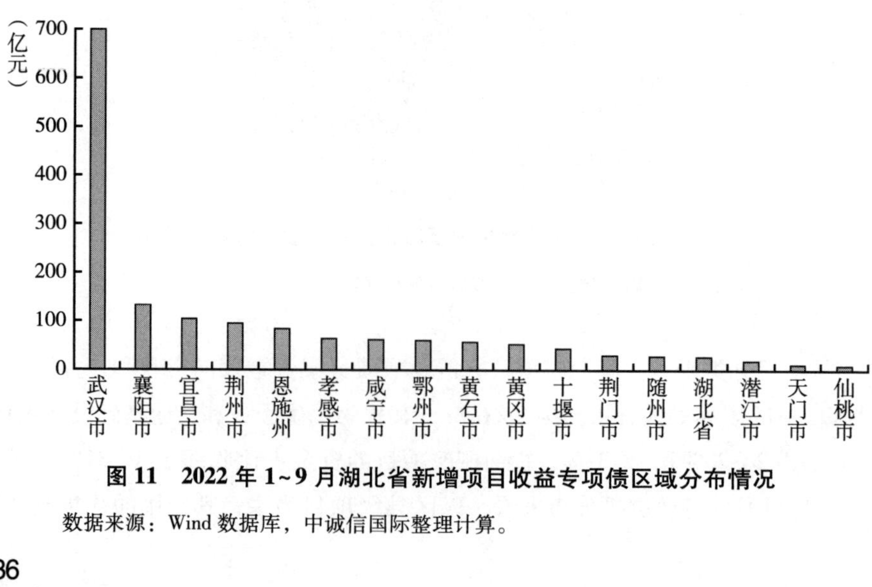

图 11　2022 年 1~9 月湖北省新增项目收益专项债区域分布情况

数据来源：Wind 数据库，中诚信国际整理计算。

（三）用作项目资本金比例较小，需合理推进资本金应用

湖北省新增专项债用作项目资本金的规模较小，对基建投资的撬动主要以项目配套融资的形式体现。2022 年 1~9 月，湖北省仅有 8 个项目将专项债作为项目资本金，用作项目资本金的数额仅占新增专项债总额的 2.89%；用作项目配套融资的数额占比达 97.11%。考虑到在对基建投资的撬动作用方面，专项债用作项目资本金强于用作项目配套融资，专项债作为积极财政政策的重要发力点，仍需合理推进其用于项目资本金以放大对基建投资的拉动效果。从项目资金平衡情况看，湖北省专项债项目的融资本息覆盖倍数均值为 1.47 倍，整体偿债风险不大，但也存在部分项目覆盖倍数较低，同时存在 1/5 的项目仅以土地出让收入为还款来源，考虑到目前土地市场不景气，土地出让存在较大不确定性，需关注对应项目偿还本息的潜在风险。

（四）新增项目收益专项债及其撬动基建投资①规模处于全国上游水平，但实际效果仍受多因素限制

2022 年 1~9 月，湖北省新增专项债规模（居全国第 8 位）及其撬动基建投资规模（居全国第 7 位）均处于全国上游水平，较上年同期位次有所上升。湖北省当期新增专项债的规模为 1606.00 亿元，专项债用于资本金和配套融资的撬动杠杆分别为 2.60 倍和 1.72 倍，理论上可撬动基建投资总规模为 2785.54 亿元，其中专项债作为资本金撬动基建投资规模 67.33 亿元，作为配套融资撬动基建投资规模 2718.21 亿元，但受资金到位情况、项目建设进度、配套设施建设情况等多种因素限制，实际效果可能不及预期。

三　湖北省偿债能力分析

湖北省地方债存量规模处于全国上游水平，整体规模持续增长，未来 5 年内到期债务规模较大。2021 年，随着经济的复苏，湖北省财政收入企稳，全

① 专项债撬动基建投资方法参见袁海霞、汪苑晖、卞欢《专项债兼顾扩容提效，助力基建托底稳增长——地方政府专项债 2019 年回顾与 2020 年展望》，《财政科学》2020 年第 1 期。

省财力基本恢复至2019年同期水平，财政自给能力有所提升，偿债能力也小幅增强，但仍面临一定偿债压力。2022年1~9月，受增值税留抵退税因素影响，全省一般公共预算收入有所下滑，后续需对债务水平保持关注。

（一）未来5年内到期债务规模较大，存在一定偿债压力

湖北省地方政府债务余额[①]较大且规模持续增长，未来5年内偿债压力较大。截至2021年，湖北省地方政府债务限额为12538.29亿元，2017年以来复合增长率为20.25%，在全国31个省（区、市）中位列第10；债务余额为11932.24亿元，2017年以来复合增长率为20.20%，在全国范围内位列第9（见图12、图13），剩余606.05亿元债务限额未使用，仍有一定融资空间。截至2022年9月，湖北省存量政府债券规模为13692.01亿元。从到期分布看，2022年第四季度中10月到期规模较大，达到188.30亿元，其中一般债和专项债规模分别为23.40亿元和164.90亿元；未来5年内湖北省偿债压力较大，年到期规模均超千亿元（见图14）；从到期券种看，2023~2027年一般债和专项债的到期规模占比分别为44.84%和55.16%。

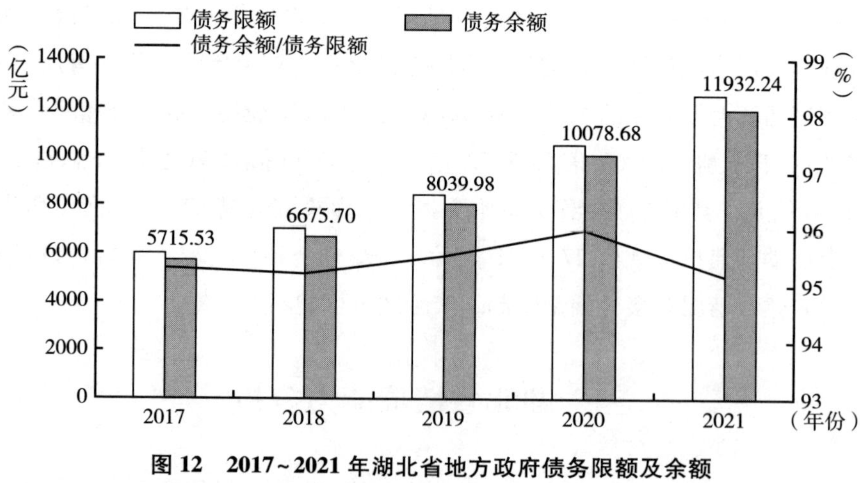

图12　2017~2021年湖北省地方政府债务限额及余额

数据来源：湖北省财政预算执行及决算报告，中诚信国际整理计算。

① 如无特别说明，本报告中引用的湖北省政府债务限额、余额，一般公共预算收入、支出，财政平衡率，债务率、负债率等财政相关数据均来自湖北省财政预算执行及决算报告，并由中诚信国际整理计算。

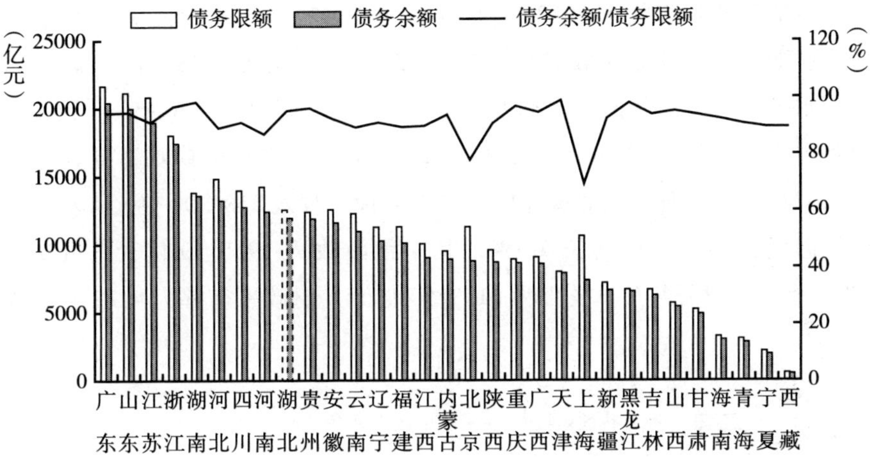

图 13　2021 年全国 31 个省（区、市）地方政府债务限额及余额

数据来源：全国 31 个省（区、市）财政预算执行及决算报告，中诚信国际整理计算。

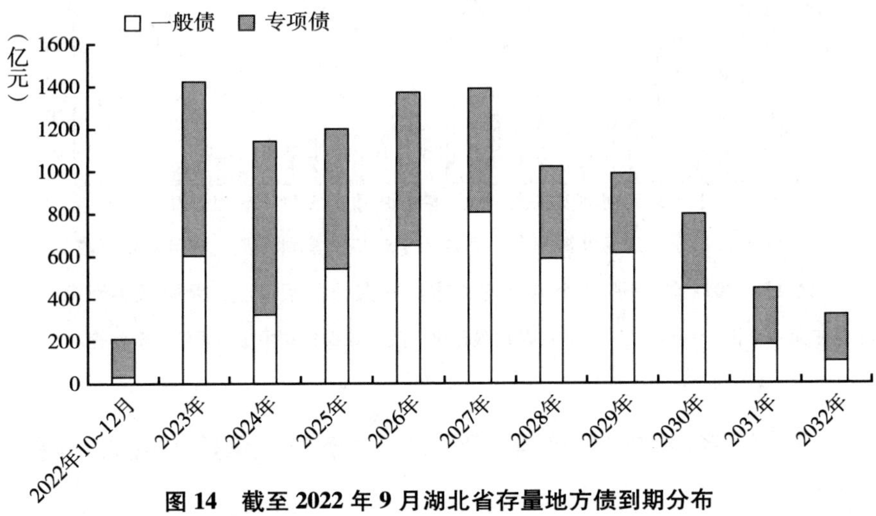

图 14　截至 2022 年 9 月湖北省存量地方债到期分布

数据来源：Wind 数据库，中诚信国际整理计算。

（二）2021年全省财力基本恢复至2019年同期水平，财政自给能力有所提升

从财政实力来看，2021 年，随着经济的复苏，湖北省财政收入企稳，完

成地方一般公共预算收入 3283. 30 亿元（见图 15），同比增长 30. 70%，接近 2019 年同期水平；实现税收收入 2559. 65 亿元，同比增长 33. 08%，超过 2019 年同期水平；一般公共预算支出为 7937. 28 亿元，同比下降 5. 95%；财政平衡率为 41. 37%，仍处于较低水平，但财政自给能力较上年有明显提升（见图 16）。2022 年 1~9 月，湖北省完成一般公共预算收入 2589. 09 亿元，剔除增值税留抵退税因素，可比增长 7. 1%，其中税收收入 1915. 70 亿元，可比增长 3. 9%；地方一般公共预算支出为 6198. 50 亿元；财政平衡率为 41. 77%，相对稳定。

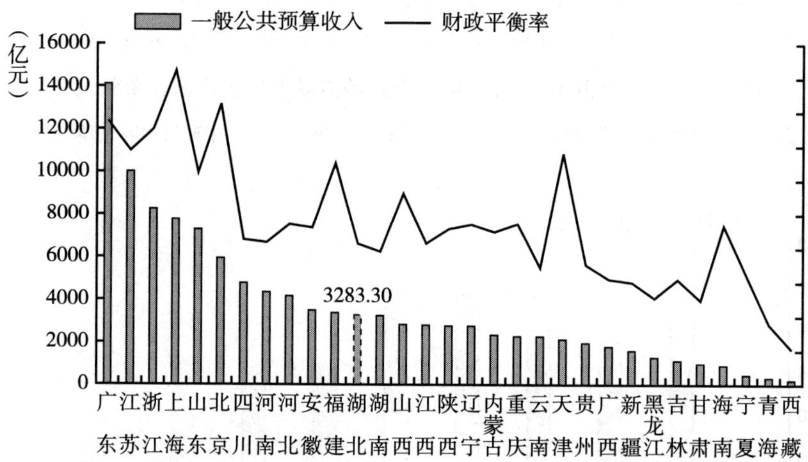

图 15　2021 年全国 31 个省（区、市）一般公共预算收入及财政平衡率

数据来源：全国 31 个省（区、市）财政预算执行及决算报告，中诚信国际整理计算。

（三）经济财政实力较强，2022年受增值税留抵退税影响财力有所下滑

湖北省一般公共预算收入处于全国中游水平，2020 年在新冠肺炎疫情的冲击下，湖北省财政收支矛盾凸显，财政自给能力大幅下降，但受益于当期转移性收入较高，湖北省地方综合财力相对 2017 年仍保持增长。2021 年，随着经济的复苏，湖北省财力基本恢复至 2019 年同期水平。截至 2021 年，湖北省政府债务余额为 11932. 24 亿元，整体债务规模在全国 31 个省（区、市）中处于上游水

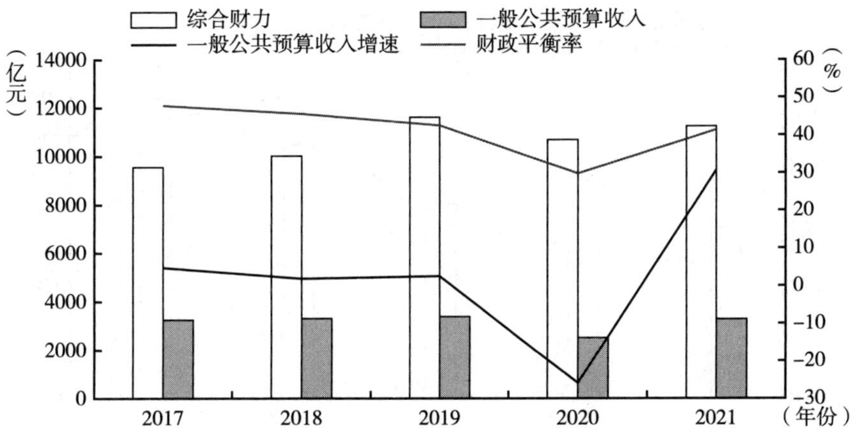

图16 2017~2021年湖北省财政情况

数据来源：湖北省财政预算执行及决算报告，中诚信国际整理计算。

平；湖北省债务率为106.10%，居全国第20位，负债率为23.85%，居全国第22位，在全国31个省（区、市）中处于较低水平（见图17、图18），但债务率已经突破国际100%警戒标准，后续需对债务水平保持关注。2022年1~9月，全省完成地方一般公共预算收入2589.09亿元，剔除增值税留抵退税因素，可比增长7.1%。考虑到增值税留抵退税影响，实际财力有所下滑。

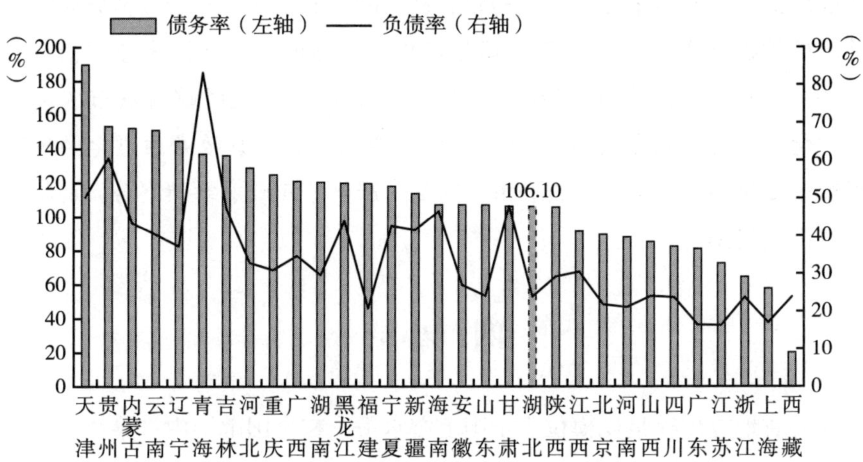

图17 2021年全国31个省（区、市）债务率及负债率

数据来源：全国31个省（区、市）财政预算执行及决算报告，中诚信国际整理计算。

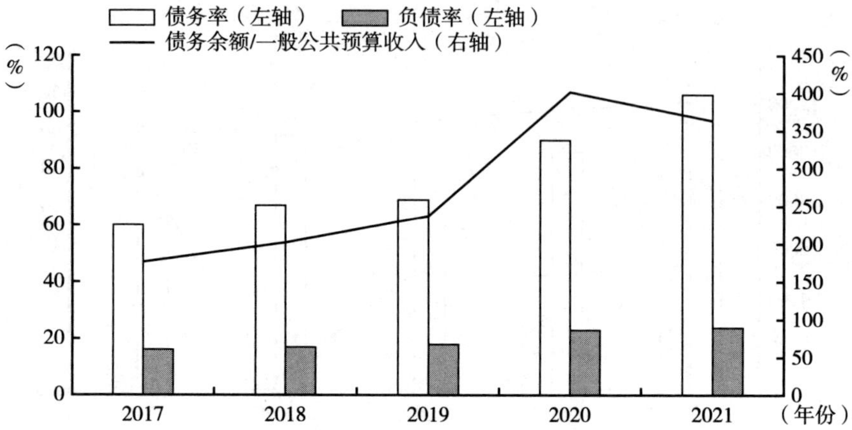

图 18　2017~2021 年湖北省债务率及负债率

数据来源：湖北省财政预算执行及决算报告，中诚信国际整理计算。

为化解地方政府债务风险，2017 年以来，国家在《国务院关于加强地方政府性债务管理的意见》[①] 等文件基础上，陆续出台一系列政策对地方政府各类违法违规举债融资行为“围追堵截”，并不断强调坚决遏制隐性债务增量，体现坚决打好防范地方债务风险攻坚战的决心。为全面落实国家对防范债务风险的要求，推进省内地方债务风险化解，湖北省逐步构建了有关债务风险的评估和预警机制，压实了地方国企和政府相关部门的责任，对防范债务风险起到了前瞻性的积极作用。2021 年，湖北省政府预算报告指出，债务“借—用—管—还”全过程管控体系初步构建；2022 年，湖北省人民政府发布《关于进一步深化预算管理制度改革的实施意见》，提出严禁市县政府通过金融机构违规融资或变相举债，加强督查和审计问责，严格落实政府举债终身问责制和债务问题倒查机制。

四　小结

湖北省地方债存量规模位于全国上游水平，在全国范围内排第 9 位，地方

① 《国务院关于加强地方政府性债务管理的意见》（国发〔2014〕43 号），中国政府网，2014 年 10 月 2 日，http：//www. gov. cn/zhengce/content/2014-10/02/content_ 9111. htm。

债发行活跃度较高，发行规模持续扩大，发行成本呈下降态势，发行期限有所拉长，债券期限结构更加分散。2022 年 1~9 月，湖北省地方债发行规模约为 2021 年发行总规模的 86.00%，发行节奏有所前置且集中度提高，主要集中在 3 月和 6 月发行，以新增专项债发行为主，发行期限明显拉长。从发行成本看，湖北省地方债发行利率和利差延续下行趋势，二级市场交易规模同比上升但增幅远低于全国平均水平，在全国 31 个省（区、市）中排名下滑至第 11 位。就募投项目来看，湖北省募投领域向市政和产业园区基础设施项目倾斜，对投资的拉动具有一定效果，但专项债用作项目资本金比例较小，需合理推进资本金应用；专项债募集资金主要投向武汉市，对省内经济落后地区扶持力度有待加大。

2021 年，随着疫后经济的复苏，湖北省财政收入企稳，全省财力基本恢复至 2019 年同期水平，财政自给能力有所提升；2022 年 1~9 月，受增值税留抵退税影响，地方综合财力对上级转移支付较为依赖。全省地方债偿债高峰集中在 2023~2027 年，债务均超千亿元，需重点关注省内再融资能力，做好债务风险防控，加强专项债全流程穿透式监管，合理安排债务限额、债券期限结构，进一步丰富募集资金投向。

B.25
2022年湖南省地方政府债券分析报告

鄢　红*

摘　要： 湖南省存量地方债规模较大，截至2022年9月，达到15298.38亿元。2022年，宏观经济持续面临“需求收缩、供给冲击、预期转弱”的三重压力，地方债尤其是专项债仍是积极财政政策的重要发力点，湖南省地方政府债券发行规模持续扩大，发行期限进一步拉长。本报告对湖南省地方政府债券的存量和发行情况进行阐述，并详细分析项目收益专项债的资金使用状况及其对湖南省投资的拉动效果，并针对湖南省地方债务的整体情况及财政表现对区域债务风险进行剖析。

关键词： 地方债　专项债　湖南省

一　湖南省地方债运行情况分析

湖南省政府债券的存量规模很大，规模上以专项债为主，债券期限以7年期、10年期和15年期为主要构成。从规模来看，截至2022年9月，湖南省地方债存量规模达到15298.38亿元①，占全国31个省（区、市）地方债存量总规模的4.43%，在全国31个省（区、市）中位列第6（见图1）。券种结构方面，湖南省存量地方债以专项债为主，其规模为8115.11亿元，占

* 鄢红，中诚信国际政府公共评级一部副总监，主要研究领域为地方债与城投行业。

① 如无特别说明，本报告中引用的地方债存量、发行量、发行利率、发行利差、交易量、到期收益率等债券相关数据均来自截至2022年9月的Wind数据库，并由中诚信国际整理计算。

地方债存量规模的53.05%，一般债规模为7183.27亿元，占地方债存量规模的46.95%；从期限看，存量地方债主要为7~15年期，占地方债存量规模的62.65%。

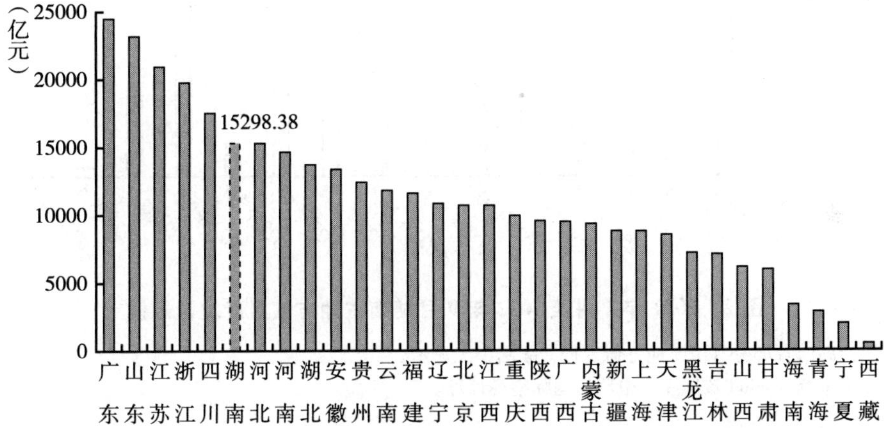

图1　截至2022年9月全国31个省（区、市）地方债存量规模

数据来源：Wind数据库，中诚信国际整理计算。

（一）近年来发行规模持续扩大，各期发行集中度有所提高且单月发行规模创新高

2022年，宏观经济持续面临“需求收缩、供给冲击、预期转弱”的三重压力，地方债尤其是专项债仍是积极财政政策的重要发力点。从湖南省2022年1~9月地方债发行情况来看，发行节奏前置且规模创新高。2022年1~9月，湖南省发行地方债共计2246.39亿元，同比增长18.70%，为2021年全年发行规模的74.97%。从月度发行规模来看，由于2021年新增地方地方债务限额提前额度下达较晚，2021年第一季度湖南省地方债的发行规模较小，受此低基数的影响，2022年第一季度湖南省地方债发行规模同比大幅增长；第二季度发行提速，且发行集中度很高，6月单月发行规模达1031.56亿元（见图2）。

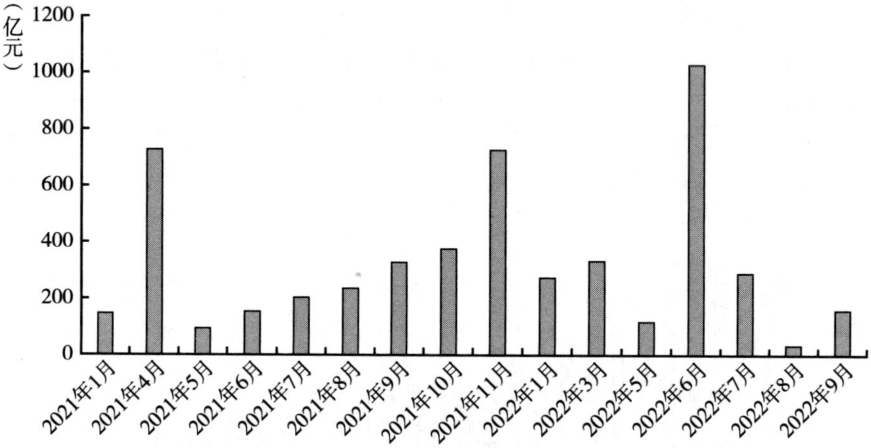

图2　2021年1月至2022年9月湖南省地方债月度发行规模

注：湖南省部分月份无地方债发行，故图中无显示。

数据来源：Wind数据库，中诚信国际整理计算。

（二）债券发行结构以新增专项债为主，发行期限进一步拉长

2022年1~9月，湖南省发行的地方政府债券以新增专项债为主，期限以10年期及以上为主。券种结构方面，新增专项债发行规模为1410.99亿元，占比高达62.81%，较2021年全年增加45.44个百分点；另外发行了再融资一般债（361.97亿元）、新增一般债（313.43亿元）和再融资专项债（160.00亿元）。从期限结构看，2022年1~9月，湖南省共计发行地方债134只，其中10年期及以上的长期债券发行数量为122只，发行规模为2101.59亿元，占当期债券发行总规模的93.56%（见图3），10年期及以上债券的发行规模占比较2021年全年增长5.16个百分点，债券期限进一步拉长。

（三）发行成本有所下降，发行利率[①]在全国处于上游水平

湖南省地方债发行成本持续下降，2022年1~9月，湖南省地方债发行利率及利差分别为3.12%和13.05BP，较2021年的3.43%和23.41BP下降明显

① 如无特别说明，本报告中发行利率、利差为根据发行额计算的加权平均发行利率、利差，发行利差计算公式：债券发行利率-对应期限国债收益率。

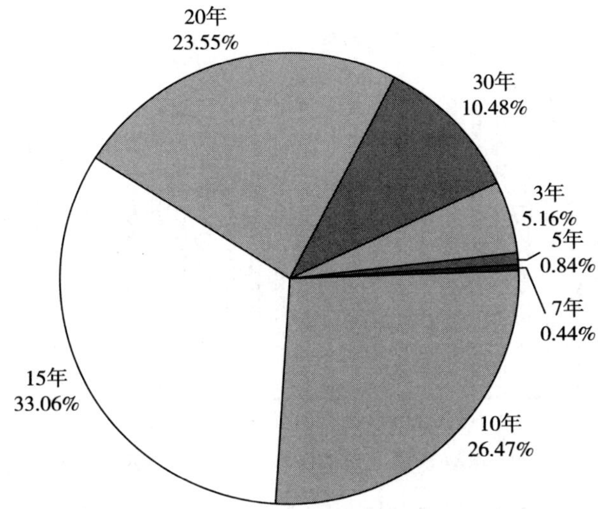

图 3　2022 年 1~9 月湖南省新发行地方债期限结构

数据来源：Wind 数据库，中诚信国际整理计算。

（见图 4），发行利率在全国 31 个省（区、市）中处于上游水平（见图 5）。从月度走势情况看，发行利率整体呈现波动态势，在 2022 年 8 月到达低点 2.68%，9 月又显著回升；发行利差整体呈波动下降态势，2022 年 6 月下降至 9.79BP，较 2021 年最低水平（17.25BP）低 7.46BP（见图 6）。

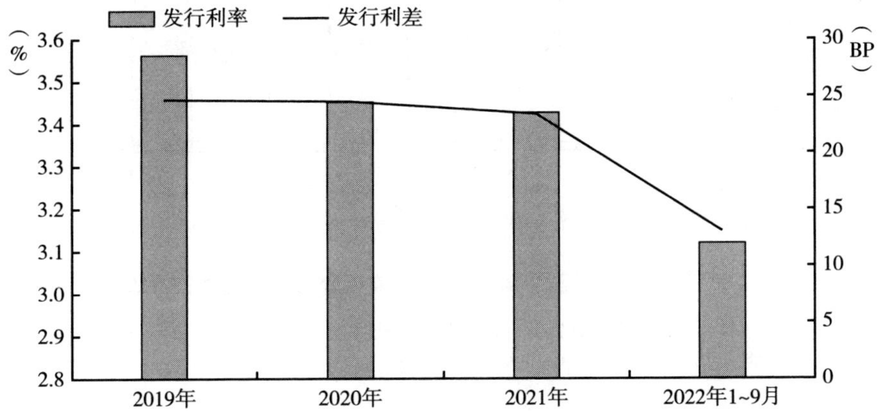

图 4　2019~2021 年及 2022 年 1~9 月湖南省地方债发行成本

数据来源：Wind 数据库，中诚信国际整理计算。

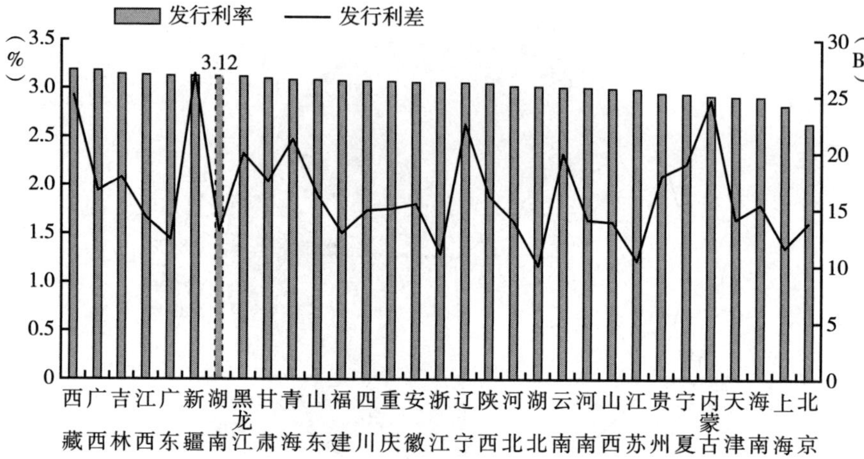

图 5　2022 年 1~9 月全国 31 个省（区、市）地方债发行成本

数据来源：Wind 数据库，中诚信国际整理计算。

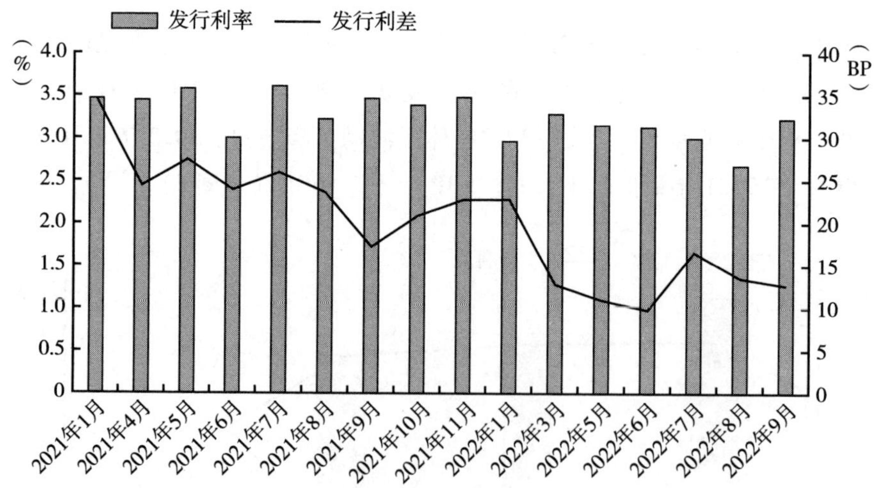

图 6　2021 年 1 月至 2022 年 9 月湖南省地方债月度发行成本

注：湖南省部分月份无地方债发行，故图中无显示。

数据来源：Wind 数据库，中诚信国际整理计算。

（四）二级市场交易规模[①]大幅增长，近年来到期收益率[②]呈震荡下行的态势

从二级市场交易规模看，地方债二级市场交易规模同比大幅增长，2022年1~9月全国31个省（区、市）累计完成交易规模10.63万亿元，与2021年全年交易规模基本持平。其中，湖南省地方政府债券二级市场的交易规模共计3300.41亿元，在全国31个省（区、市）中的排名较2021年全年交易量排名基本无变化，保持在第13位。

从到期收益率走势看，2021年开始，湖南省各期限的地方政府债券到期收益率均表现为震荡下行的态势，并在2022年8月下降至低点（见图7）。

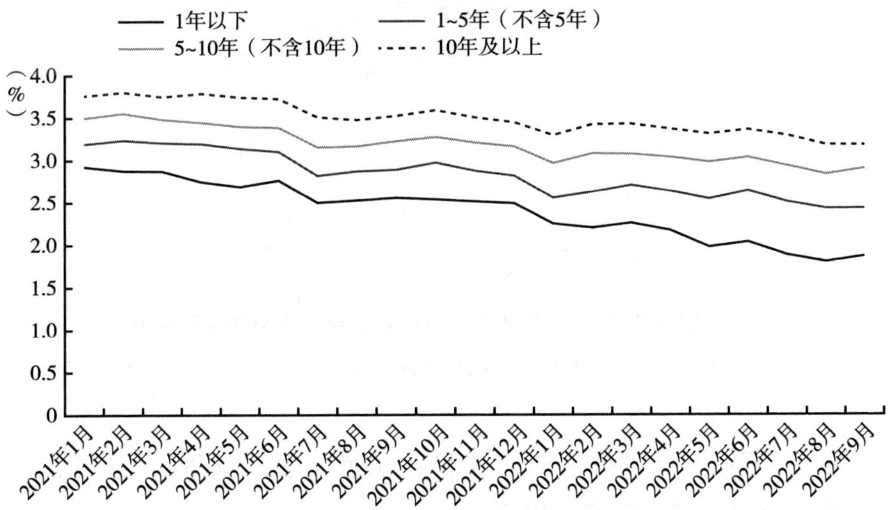

图7　2021年1月至2022年9月湖南省地方债到期收益率走势

数据来源：Wind数据库，中诚信国际整理计算。

① 交易统计包含回购交易、现券交易等部分。

② 此处到期收益率均值采用的是算术平均值。

二　湖南省地方政府专项债分析[①]

湖南省地方政府专项债的存量规模在全国31个省（区、市）中处于中游水平，截至2022年9月，湖南省项目收益专项债的存续规模为8115.11亿元。2022年1~9月，湖南省新增专项债主要投向市政和产业园区基础设施等领域。存量债券的发行期限方面，湖南省存量项目收益专项债以中长期为主，10~20年期债券余额4766.07亿元，占存量规模的58.73%（见图8）。

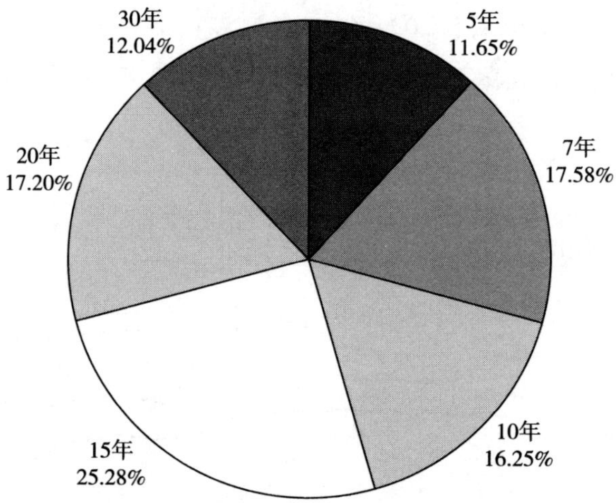

图8　截至2022年9月湖南省项目收益专项债剩余期限结构

数据来源：Wind数据库，中诚信国际整理计算。

（一）近年来专项债发行规模持续扩大，发行期限以15~20年的长期债券为主，发行成本不断下行

近年来，湖南省地方政府专项债在发行规模与数量方面均大幅增长，2021年，湖南省共发行专项债131只，发行规模1830.00亿元，呈增长趋势。6月

① 2020年7月29日财政部《关于加快地方政府专项债券发行使用有关工作的通知》（财预〔2020〕94号）明确2020年新增专项债必须保证融资规模与项目收益相平衡，因此2020年以来的新增专项债均为项目收益专项债。本部分项目收益专项债的统计样本为2018~2019年项目收益专项债与2020年至2022年9月的新增专项债。

系 2022 年 1~9 月专项债的发行高点，2022 年 1~9 月发行规模与 2021 年同期相比呈增长趋势，湖南省共发行专项债 127 只，合计发行规模为 1571. 00 亿元（见图 9），为 2021 年全年专项债发行规模的 85. 85%。

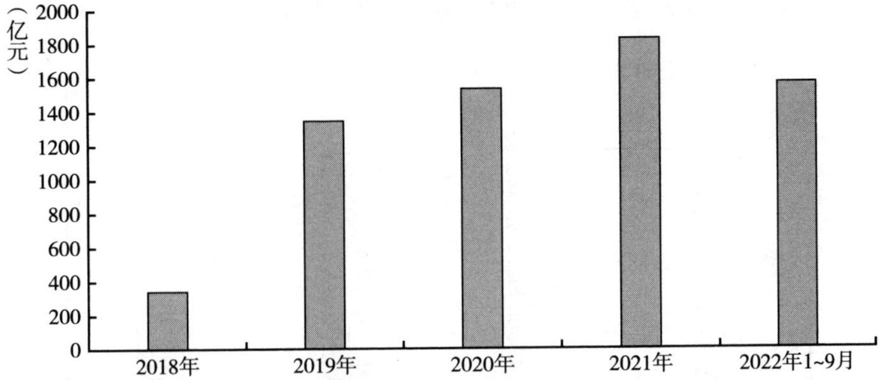

图 9　2018~2021 年及 2022 年 1~9 月湖南省项目收益专项债发行规模

数据来源：Wind 数据库，中诚信国际整理计算。

从债券期限看，湖南省专项债的发行期限较长，以 15~20 年期为主。2022 年 1~9 月，湖南省发行的 15 年期专项债共 742. 61 亿元，发行的 20 年期专项债共 528. 96 亿元，分别占同期专项债发行总量的 47. 27% 和 33. 67%，其次为 30 年期，规模和占比分别为 197. 46 亿元和 12. 57%（见图 10）。

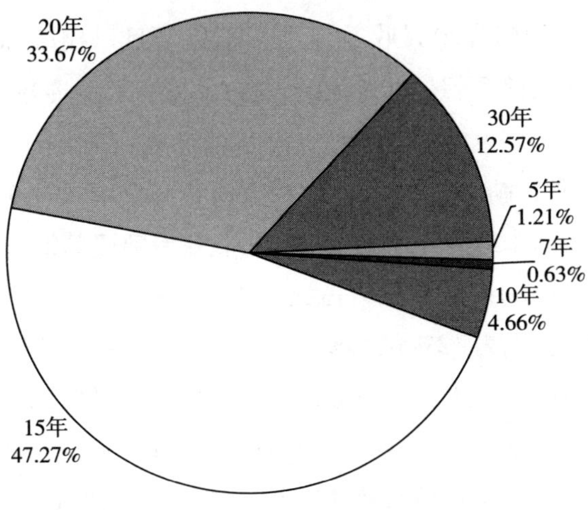

图 10　2022 年 1~9 月湖南省项目收益专项债发行期限结构

数据来源：Wind 数据库，中诚信国际整理计算。

发行成本方面，自 2019 年以来，湖南省专项债的发行利率不断走低，发行利差在 2020 年小幅上行之后亦有明显下降。2022 年 1~9 月，湖南省专项债发行成本下行明显，发行利率和发行利差分别为 3.22%和 11.67BP，分别较 2021 年全年下降 0.26 个百分点和 10.58BP（见图 11）。

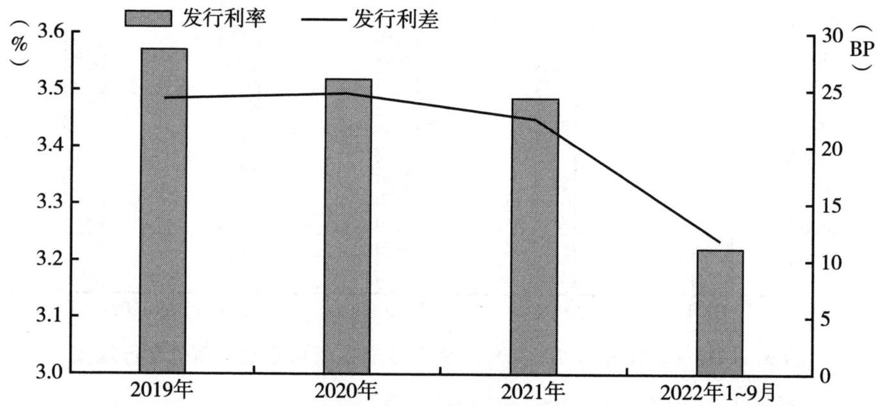

图 11　2019~2021 年及 2022 年 1~9 月湖南省项目收益专项债发行成本

数据来源：Wind 数据库，中诚信国际整理计算。

（二）湖南省项目收益专项债主要投向市政和产业园区基础设施领域

2020 年以前，湖南省项目收益专项债募投项目以棚改和土储项目为主，同时涉及少量收费公路项目，2020 年起发行的项目收益专项债募投项目重点向市政和产业园区基础设施、旧改等方面倾斜。

2022 年 1~9 月，湖南省项目收益专项债募集资金投向项目合计 964 个。从募集资金项目投向来看，使用湖南省项目收益专项债募集资金最多的是市政和产业园区基础设施和旧改领域，占比分别为 50%和 18%；其次为物流和民生服务领域，占比分别为 12%和 10%（见图 12）。从募投项目数量来看，市政和产业园区基础设施和民生服务的募投项目最多，分别为 364 个和 245 个，分别占同期募投项目总数的 37.76%和 25.41%。市政和产业园区基础设施领域中，以园区建设为主，涉及项目约 187 个，使用专项债资金 535.11 亿元；民生服务领域中，以医疗卫生为主，涉及项目约 135 个，使用专项债资金 113.76

亿元。从项目行政层级分布情况来看，以区县级项目为主，区县级和地市级项目数量分别为740个和214个，占同期项目总数比重分别为76.76%和22.20%（见图13）。从项目偿债情况来看，964个募投项目的融资本息覆盖倍数均大于1倍，均值为3.66倍，募投项目整体偿债指标表现较好。

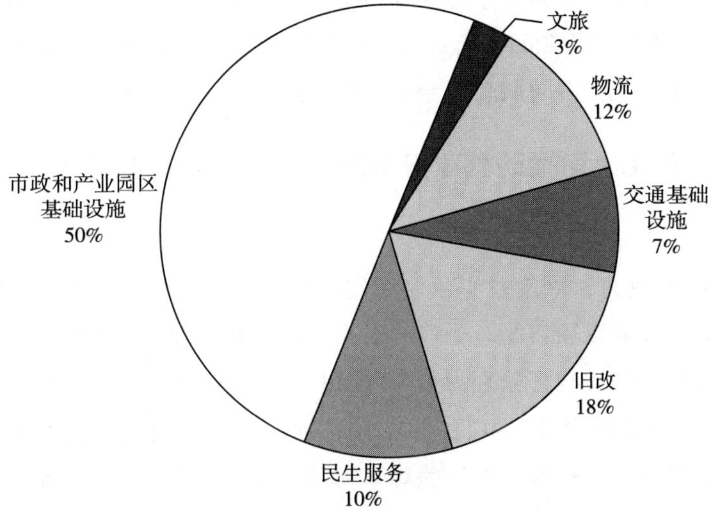

图12　2022年1~9月湖南省项目收益专项债募投领域分布

数据来源：湖南省地方政府新增专项债信息披露文件，中诚信国际整理计算。

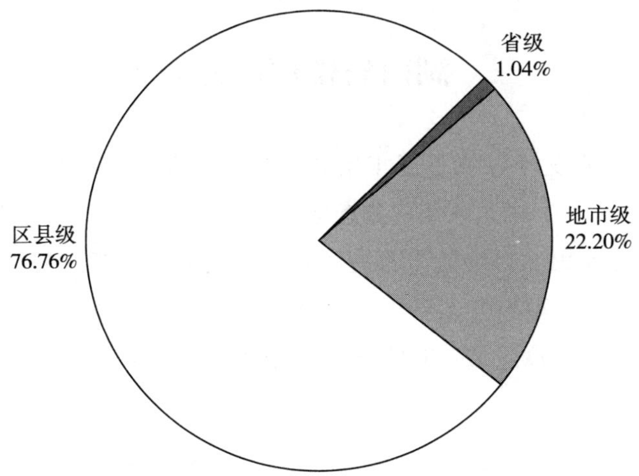

图13　2022年1~9月湖南省项目收益专项债募投行政层级分布

数据来源：湖南省地方政府新增专项债信息披露文件，中诚信国际整理计算。

（三）仅有少量专项债资金用作项目资本金

2022 年 1~9 月，湖南省项目收益专项债用作项目资本金的规模较上年有所增长，但仍较小。使用专项债作为资本金的项目有湖南省涔天河水库扩建工程灌区项目和祁东归阳至常宁蓬塘项目等共计 4 个项目，其中 3 个为收费公路项目，1 个为水利工程项目，合计占同期募投项目总数的比重为 0.41%；使用规模为 12.95 亿元，占同期政府专项债发行总额的比重较小。

（四）理论上可撬动基建投资2568.28亿元，但实质上仍受多重因素掣肘

2022 年 1~9 月，湖南省专项债用作项目资本金的规模较小，专项债对基建投资的撬动主要以项目配套融资的形式体现，湖南省新增专项债中用于配套融资和资本金的撬动杠杆分别为 1.82 倍和 1.38 倍，理论上分别可撬动基建投资规模 2550.48 亿元和 17.80 亿元①。整体而言，由于湖南省仅有少量政府专项债用作募投项目资本金，专项债对基础设施投资的拉动作用主要以项目配套融资的形式体现，从理论上讲，2022 年 1~9 月湖南省专项债以资本金和配套融资的方式能拉动投资 2568.28 亿元，但实际拉动效果仍受诸多现实因素的掣肘，例如资金到位及时性和项目建设进度不如预期等因素。

三　湖南省偿债能力分析

湖南省地方债发行规模呈逐年增长趋势，其存量规模处于全国 31 个省（区、市）上游水平，未来 4 年内到期债务规模较大。湖南省财政实力居全国中游水平，近年来财政自给能力有所回升但仍较弱。截至 2021 年，湖南省负债率为 29.54%，较 2020 年上升 1.26 个百分点；债务率为 120.32%，较 2020 年上升 12.22 个百分点，全省的债务压力仍相对较大。

① 专项债撬动基建投资方法参见袁海霞、汪苑晖、卞欢《专项债兼顾扩容提效，助力基建托底稳增长——地方政府专项债 2019 年回顾与 2020 年展望》，《财政科学》2020 年第 1 期。

（一）近年来，政府债务规模不断增长，逼近债务限额①，2023年开始将进入地方债偿债高峰期

截至 2021 年，湖南省政府债务余额为 13605.43 亿元，存量规模在全国 31 个省（区、市）中位列第 5（见图 14），同比增长 15.15%，债务压力进一步加大。

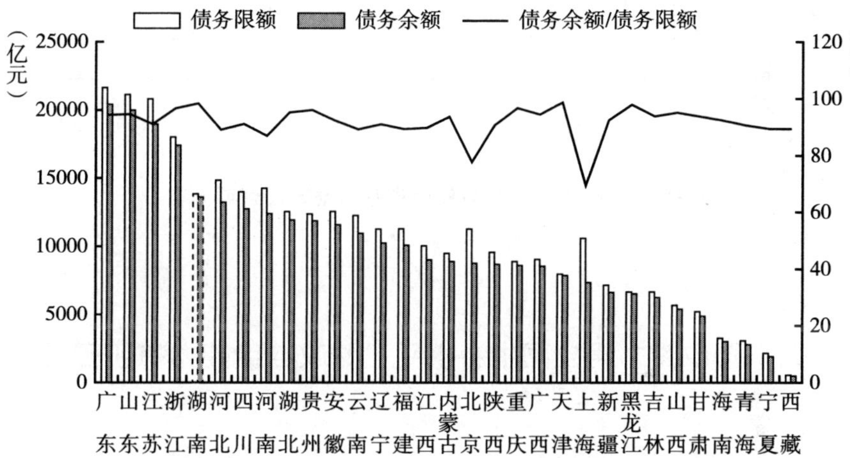

图 14　2021 年全国 31 个省（区、市）地方政府债务限额及余额

数据来源：全国 31 个省（区、市）财政预算执行及决算报告，中诚信国际整理计算。

截至 2022 年 9 月，湖南省存量地方债规模为 15298.38 亿元，位列全国 31 个省（区、市）第 6。债券种类方面，专项债规模最大、占比最高，其规模为 8115.11 亿元，占地方债存量规模的 53.05%，一般债规模为 7183.27 亿元，占地方债存量规模的 46.95%。从到期情况看，2023 年湖南省将进入地方债偿债高峰期，未来 4 年到期规模均超千亿元，其中 2023 年规模最大，当年到期金额近 1900 亿元（见图 15）。

① 如无特别说明，本报告中引用的湖南省政府债务限额、余额，一般公共预算收入、支出，财政平衡率，债务率、负债率等财政相关数据均来自湖南省财政预算执行及决算报告，并由中诚信国际整理计算。

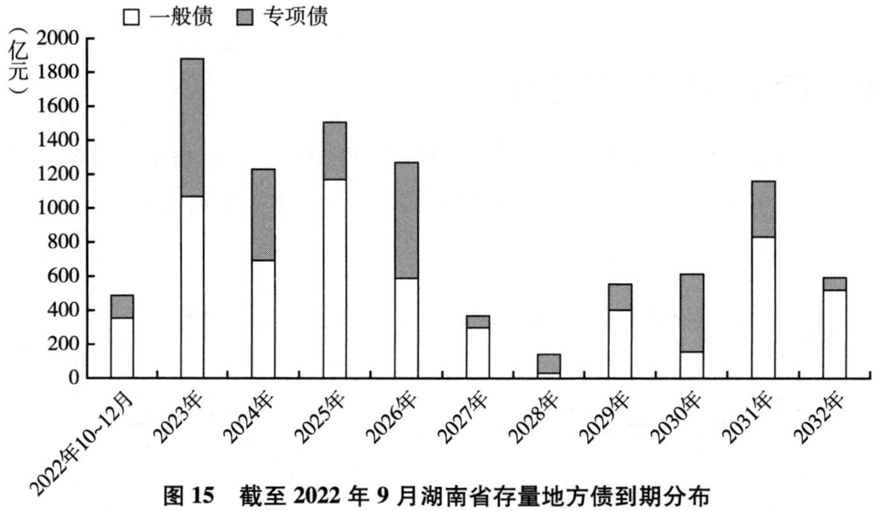

图 15　截至 2022 年 9 月湖南省存量地方债到期分布

数据来源：Wind 数据库，中诚信国际整理计算。

（二）财政实力居全国中游水平，财政自给能力有所回升但仍较弱

2021 年湖南省实现一般公共预算收入 3250.70 亿元，在全国 31 个省（区、市）中排第 13 位（见图 16），同比增长 8.04%，增速有所回升，其中税收收入同比上升 9.14% 至 2240.00 亿元，占一般公共预算收入的近七成，与 2020 年基本持平。财政平衡方面，2021 年湖南省财政平衡率为 38.86%，财政自给能力较 2020 年有所回升但仍较弱（见图 17），资金缺口较大，收支平衡依赖上级补助。综合财力①方面，2021 年湖南省综合财力为 1.13 万亿元，较 2019 年增长 3.35%，其中，政府性基金收入占比达 33.68%，较 2020 年占比（30.68%）小幅上升；上级补助收入占比为 36.29%，较 2020 年小幅上升 1.97 个百分点。

① 地方综合财力=一般公共预算收入+政府性基金收入+国有资本经营收入+上级补助收入，其中上级补助收入=一般性转移支付收入+专项转移支付收入+返还性收入，含政府性基金和国有资本经营中的补助收入。

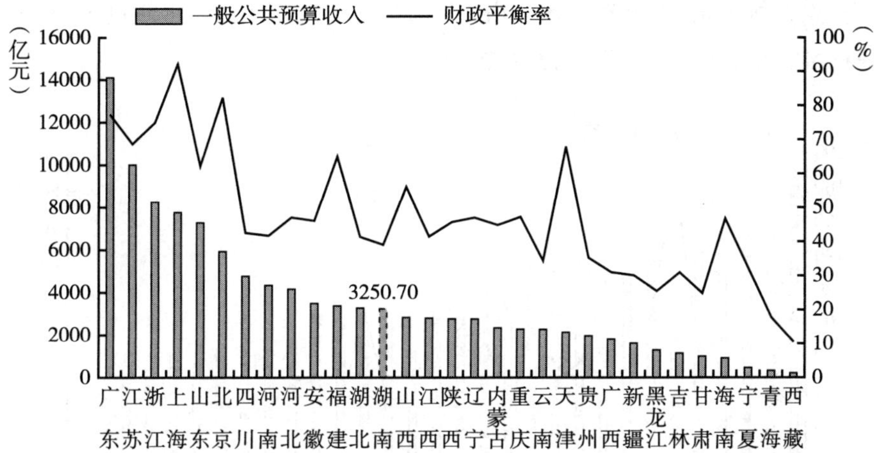

图 16　2021 年全国 31 个省（区、市）一般公共预算收入和财政平衡率

数据来源：全国 31 个省（区、市）财政预算执行及决算报告，中诚信国际整理计算。

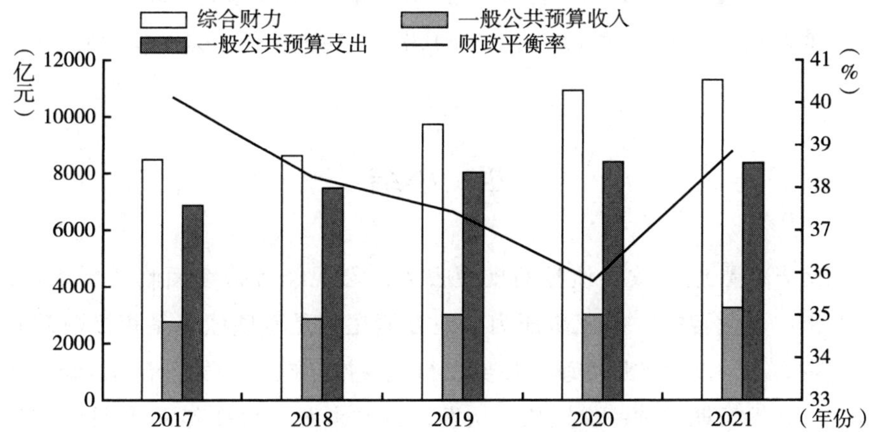

图 17　2017～2021 年湖南省财政情况

数据来源：湖南省财政预算执行及决算报告，中诚信国际整理计算。

（三）湖南省债务率较高，面临一定的偿债压力

截至 2021 年，湖南省负债率为 29.54%，较 2020 年上升 1.26 个百分点，居全国 31 个省（区、市）第 17 位；债务率为 120.32%，较 2020 年上升 12.22

个百分点，居全国 31 个省（区、市）第 11 位（见图 18），且超过 100%国际警戒标准，全省的债务压力仍相对较大。

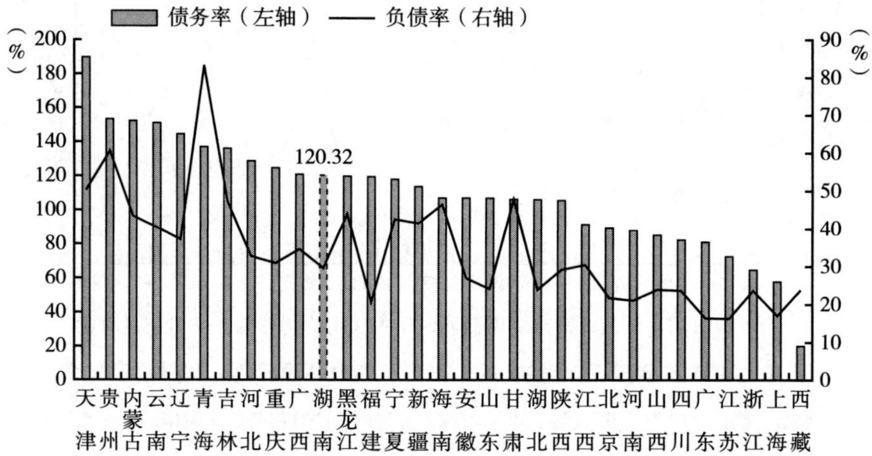

图 18 2021 年全国 31 个省（区、市）债务率及负债率

数据来源：全国 31 个省（区、市）财政预算执行及决算报告，中诚信国际整理计算。

四 小结

湖南省存量地方政府债券的规模很大，宏观经济持续面临“需求收缩、供给冲击、预期转弱”的三重压力，地方债尤其是专项债仍是积极财政政策的重要发力点，湖南省地方政府债券发行规模持续提升，发行结构以新增专项债为主，且发行期限进一步拉长。从发行成本来看，2022 年 1~9 月湖南省新发行成本整体下降，但仍处于较高水平，地方政府债券的二级交易维持活跃状态，各期限地方债的到期收益率呈现下行趋势。项目收益专项债方面，2022 年 1~9 月，湖南省项目收益专项债发行期限以 15~20 年期为主，发行利率不断下降，专项债募投项目主要为市政和产业园区基础设施和民生服务项目，对湖南省的基建投资有一定的撬动作用。总体来看，湖南省自身财政实力有待提升，财政平衡较为依赖上级补助，债务压力相对较大。同时，自 2023 年起，湖南省进入偿债高峰期，需关注其偿债压力的变化。

B.26

2022年广西壮族自治区地方政府债券分析报告

黄　伟*

摘　要： 2022 年 1~9 月，广西地方债发行规模同比增长，发行结构以新增专项债为主，发行期限仍以长期为主，发行成本同比下降但仍较高。其中，专项债发行规模逐年攀升，募投领域进一步向基建倾斜。截至 2022 年 9 月，广西存量地方债规模居全国中游，2023 年进入偿债高峰期；广西财政实力较弱，财政平衡率偏低，对上级政府补助的依赖性较强，面临较大的偿债压力。

关键词： 地方债　专项债　广西壮族自治区

一　广西壮族自治区地方债运行情况分析

截至 2022 年 9 月，广西壮族自治区存续地方债共 216 只，存量规模 9469.11 亿元①，占全国地方债存量总规模的 2.74%，低于全国平均水平，在全国 31 个省（区、市）中居第 19 位（见图 1），与陕西、内蒙古存量规模相近。从结构来看，存量地方债中 51.86% 为专项债，规模为 4910.93 亿元。从期限来看，广西存量地方债 5~10 年期占比最大，约占全自治区存量地方债总规模的 66.99%。

---

* 黄伟，中诚信国际政府公共评级一部高级分析师，主要研究领域为地方政府债券、基础设施投融资行业等。

① 如无特别说明，本报告中引用的地方债存量、发行量、发行利率、发行利差、交易量、到期收益率等债券相关数据均来自截至 2022 年 9 月的 Wind 数据库，并由中诚信国际整理计算。

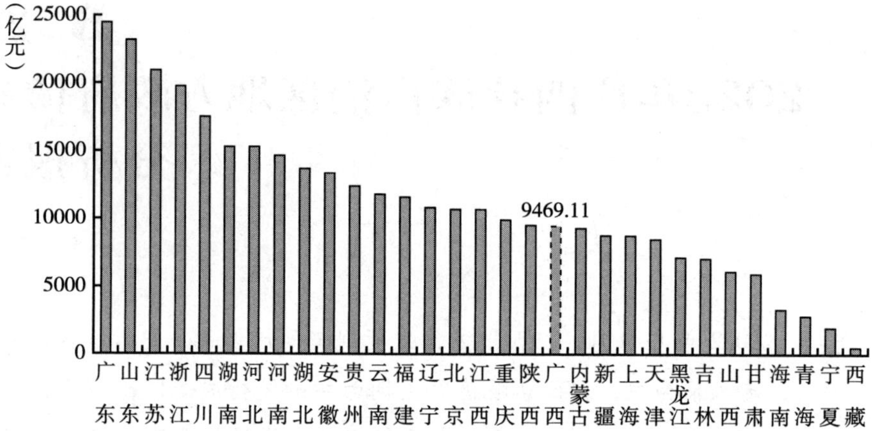

图1　截至2022年9月全国31个省（区、市）地方债存量规模

数据来源：Wind数据库，中诚信国际整理计算。

（一）广西地方债发行规模同比增长，2022年5月份为发行小高峰

在疫情影响及经济面临下行压力的背景下，2022年政府财政政策相对积极，地方债发行规模有所增长。2022年1~9月，广西地方债发行规模为1801.78亿元，较2021年同期增长21.45%，其中新增专项债为主要券种。从月度发行规模来看，2022年2~6月发行进度较快，其中5月份发行规模最大，达到560.60亿元（见图2）。

（二）新增专项债发行占比最大，期限以长期为主

从券种结构来看，2022年1~9月，广西发行的地方债以新增专项债和再融资一般债为主，比重分别为42.46%和29.79%。从期限分布来看，2022年1~9月广西地方债发行期限仍以长期为主，当期共计发行42只。其中，10年期及以上的长期债券发行数量为36只，发行规模占当期债券发行总规模的98.62%；10年期的发行规模占比最大，占总规模的比重达到45.63%（见图3）。

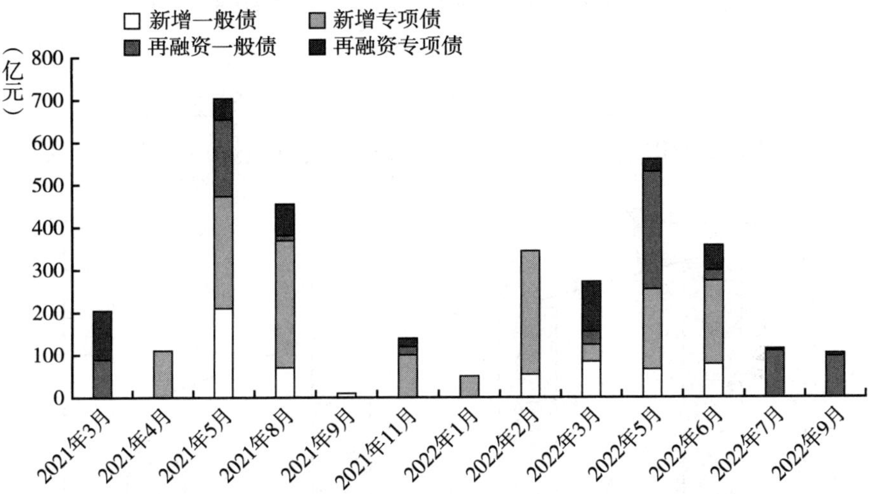

图 2　2021 年 1 月至 2022 年 9 月广西地方债月度发行规模

注：广西部分月份无地方债发行，故图中无显示。

数据来源：Wind 数据库，中诚信国际整理计算。

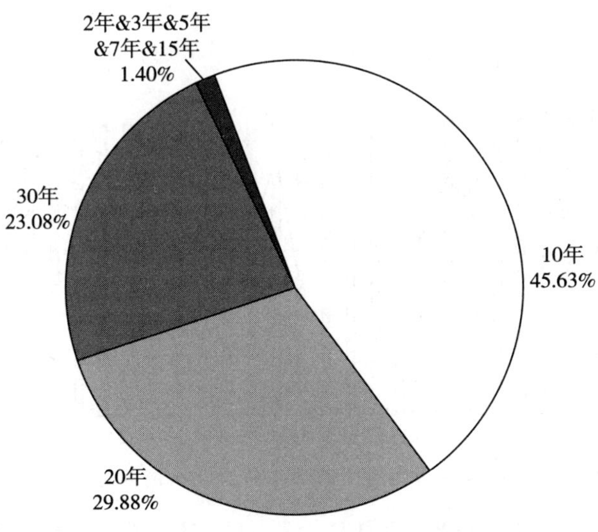

图 3　2022 年 1~9 月广西新发行地方债期限结构

数据来源：Wind 数据库，中诚信国际整理计算。

（三）发行成本有所下降，但发行利率[①]仍高居全国第二，发行利差居中

2022 年 1~9 月，广西地方债发行利率和发行利差均较上年回落，分别回落至 3. 18%和 16. 63BP（见图 4）。但从全国 31 个省（区、市）来看（见图 5），

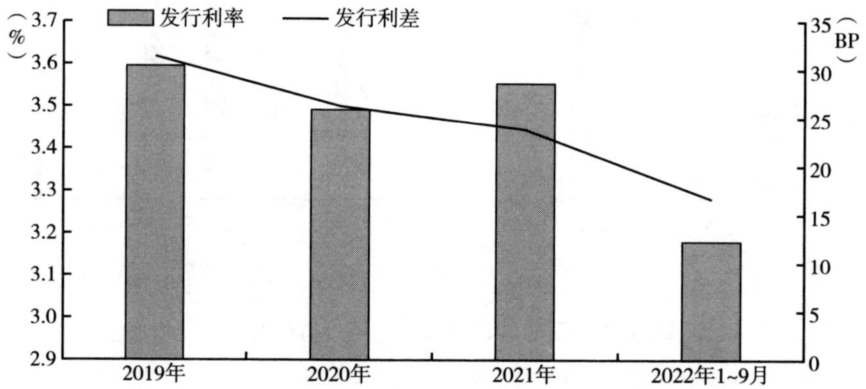

图 4　2019~2021 年及 2022 年 1~9 月广西地方债发行成本

数据来源：Wind 数据库，中诚信国际整理计算。

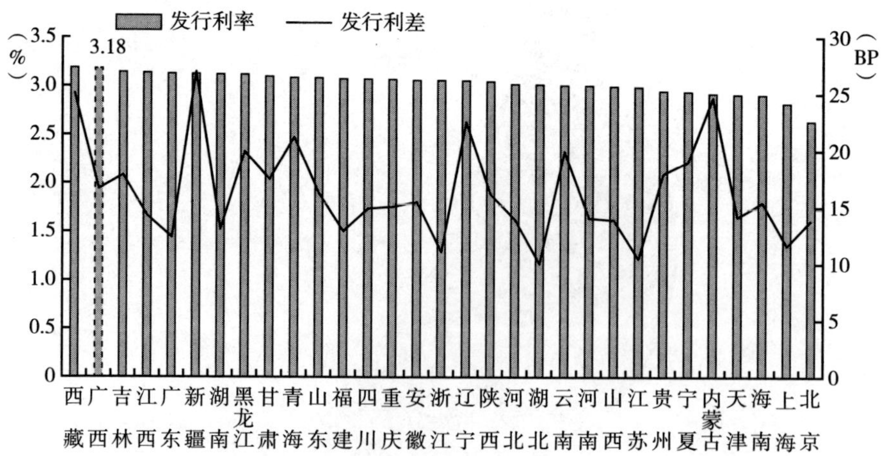

图 5　2022 年 1~9 月全国 31 个省（区、市）地方债发行成本

数据来源：Wind 数据库，中诚信国际整理计算。

① 如无特别说明，本报告中发行利率、利差为根据发行额计算的加权发行利率、利差，发行利差计算公式：债券发行利率-对应期限国债收益率。

广西的发行利率仍然高居第2位，或与发行期限以长期为主相关；发行利差在全国居于中游水平。从月度分布来看（见图6），2022年1~5月广西地方债发行利率呈持续下行趋势，6月有所回升，但后续又有所回落。发行利差波动较大，2022年2月达到最低12.20BP后开始波动上行。

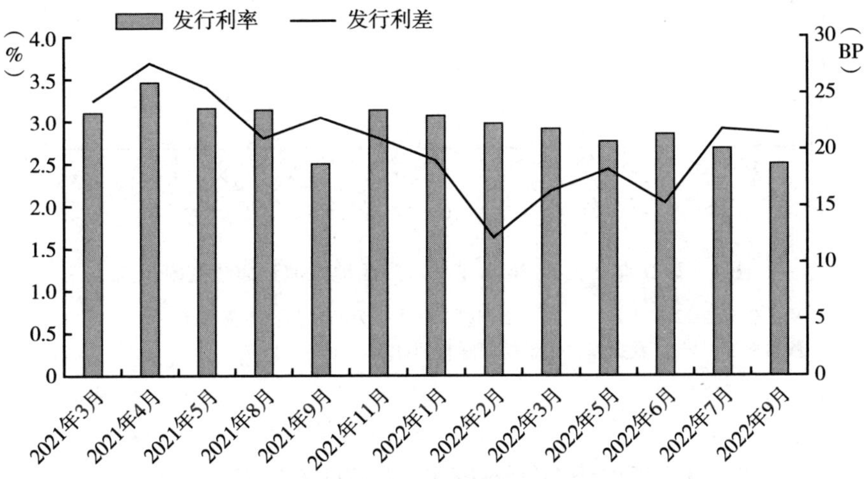

图6　2021年1月至2022年9月广西地方债月度发行成本

注：广西部分月份无地方债发行，故图中无显示。

数据来源：Wind数据库，中诚信国际整理计算。

（四）交易规模[①]同比下降，地方债到期收益率[②]整体呈波动下行趋势

从二级市场交易规模看，2022年1~9月，广西地方债交易规模同比回落22.08%至1518.07亿元，在全国排第23位，排名较2021年全年交易量排名下降4位。从到期收益率走势看，广西各期限地方债到期收益率整体呈波动下行趋势（见图7）。

① 交易统计包含回购交易、现券交易等部分。

② 此处到期收益率均值采用的是算术平均值。

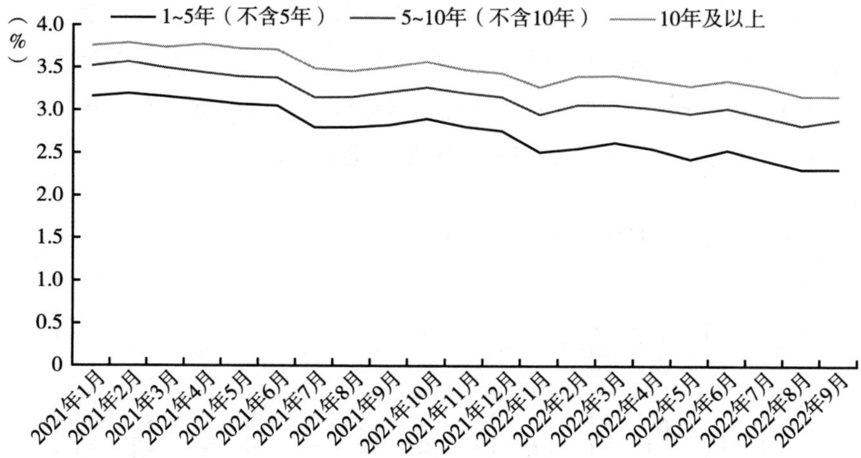

图 7　2021 年 1 月至 2022 年 9 月广西地方债到期收益率走势

注：截至 2022 年 9 月，广西无 1 年以下地方债发行，故图中无显示。
数据来源：Wind 数据库，中诚信国际整理计算。

二　广西壮族自治区地方政府专项债分析①

广西存量地方政府专项债规模在全国范围内处于中游水平，截至 2022 年 9 月，存量规模为 4910.93 亿元。总体期限结构以中长期为主，10 年及以上期限合计占比达 74.71%，其中 30 年期占比最大，为 27.59%。募集资金主要投向市政和产业园区基础设施、交通基础设施和民生服务等。从目前用作项目资本金和配套融资看，理论上或能撬动基建投资 1547.90 亿元，但实际效果可能受众多因素限制，稳增长背景下需进一步发挥专项债用作资本金的杠杆优势。

（一）2022年1~9月发行规模已近上年全年规模，存量期限以中长期为主

自广西启动地方政府项目收益专项债发行以来，发行规模快速增长。

① 2020 年 7 月 29 日财政部《关于加快地方政府专项债券发行使用有关工作的通知》（财预〔2020〕94 号）明确 2020 年新增专项债必须保证融资规模与项目收益相平衡，因此 2020 年以来的新增专项债均为项目收益专项债。本部分项目收益专项债的统计样本为 2018~2019 年项目收益专项债与 2020 年至 2022 年 9 月的新增专项债。

2018~2021年，发行规模分别为314亿元、526亿元、953亿元和772亿元，其中2020年交通基础设施类项目多且投资规模大，项目收益专项债发行规模较大；2022年1~9月，共发行新增专项债765亿元，已接近2021年全年规模。

从存量情况看，截至2022年9月，广西存量地方政府项目收益专项债规模共计4910.93亿元，居全国中游。从债券期限看，广西存量项目收益专项债以中长期为主，其中30年期占比最大，为27.59%；10年及以上期限合计占比达74.71%（见图8）。

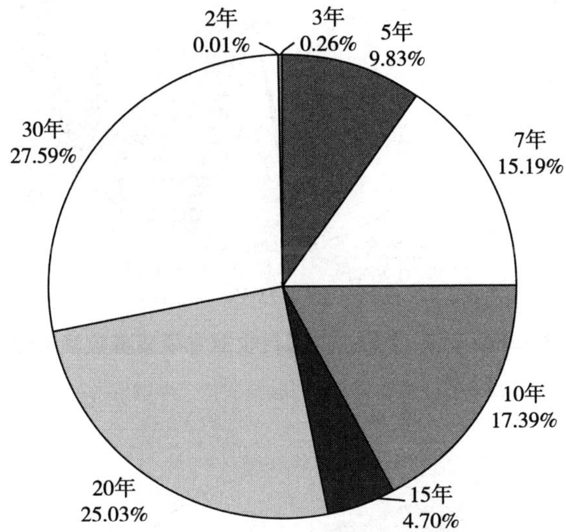

图8　2022年1~9月广西项目收益专项债发行期限结构

数据来源：Wind数据库，中诚信国际整理计算。

（二）募集资金向市政和产业园区基础设施领域倾斜，地市级项目占比最大

2022年1~9月，广西新增项目收益专项债发行规模为765亿元，从募投项目领域看，市政和产业园区基础设施领域占比最高，达到44.66%；其次为交通基础设施领域，占比为28.52%，以一般铁路项目为主；再次为民生服务领域，占比为15.01%，以医疗卫生和教育项目为主。前三大募投领域合计占比达88.19%，广西新增项目收益专项债投向较为集中（见图9）。从项目行政

层级看，广西专项债项目以地市级为主，占比为 45.63%；其次为自治区级，占比为 28.59%；区县级项目占比较少，为 25.78%（见图 10）。

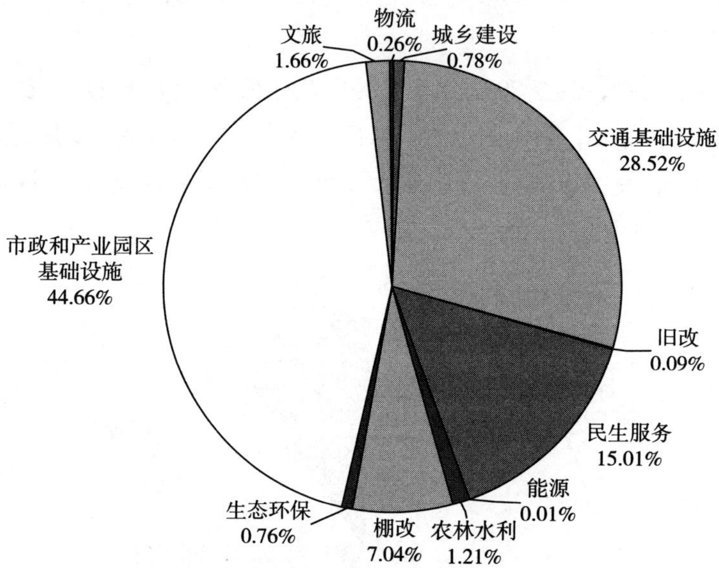

图 9　2022 年 1~9 月广西项目收益专项债募投领域分布

数据来源：广西地方政府新增专项债信息披露文件，中诚信国际整理计算。

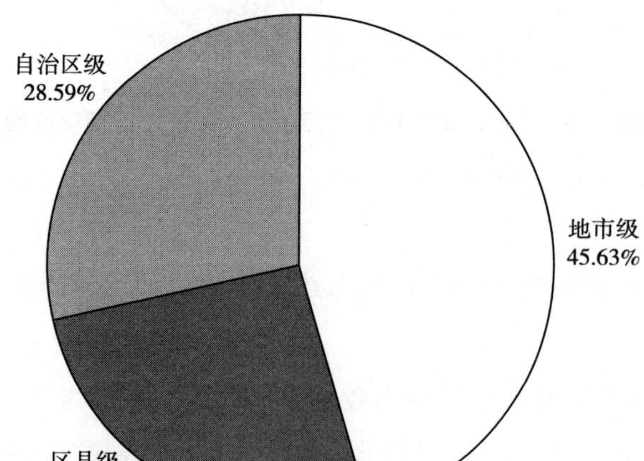

图 10　2022 年 1~9 月广西项目收益专项债募投行政层级分布（按发行规模统计）

数据来源：广西地方政府新增专项债信息披露文件，中诚信国际整理计算。

（三）专项债资金用作资本金比例较上年有所增加，以一般铁路项目为主

从资本金比例看，2022 年 1~9 月广西新发行专项债中 120.66 亿元用作项目资本金，占发行总规模的 15.77%，较上年同期有所增加；涉及的项目以一般铁路项目为主，行政层级以自治区级为主，收入来源主要为通行费收入和铁路运输收入。

（四）专项债用作资本金撬动杠杆较大，撬动基建投资[①]规模整体在全国处于中下游水平

通过测算，2022 年 1~9 月，广西新增专项债用于资本金和配套融资的撬动杠杆分别为 3.74 倍和 1.79 倍，撬动倍数在全国范围内处于上游水平，合计撬动基建投资规模为 1547.90 亿元，其中专项债作为资本金撬动基建投资规模为 451.64 亿元，作为配套融资撬动基建投资规模为 1096.25 亿元，撬动基建投资规模整体在全国处于中下游水平，且实际效果可能会受到资金到位情况、项目建设进度、配套设施建设情况等因素的影响。

三　广西壮族自治区偿债能力分析

广西地方政府债务余额年度规模整体呈增长态势，存量债务余额在全国位居中等偏下水平。2023 年广西将迎来债券到期高峰，到期债券以一般债为主。广西由于财政实力较弱，财政自给能力较差，面临较大的偿债压力。广西的债务率与负债率已处于较高水平，需对债务规模及债务水平保持关注。

（一）地方政府债务余额居全国中等偏下水平，2023年为偿债高峰

广西地方政府债务余额年度规模整体呈增长态势，债务限额使用空间较小（见图 11）。截至 2021 年，广西地方政府债务限额为 9057.25 亿元[②]，较 2017

① 专项债撬动基建投资方法参见袁海霞、汪苑晖、卞欢《专项债兼顾扩容提效，助力基建托底稳增长——地方政府专项债 2019 年回顾与 2020 年展望》，《财政科学》2020 年第 1 期。

② 如无特别说明，本报告中引用的广西政府债务限额、余额，一般公共预算收入、支出，财政平衡率，债务率、负债率等财政相关数据均来自广西财政预算执行及决算报告，并由中诚信国际整理计算。

年增长 70.48%；债务余额为 8561.15 亿元，较 2017 年增长 77.00%，债务余额在全国排第 20 位（见图 12）；未使用的债务限额为 496.10 亿元，未使用额度不大。截至 2022 年 9 月，广西存量地方政府债务余额为 9469.11 亿元，从近几年的到期情况来看，2023 年为地方债到期高峰，到期规模达到 1383.42 亿元，面临较大偿债压力；此外，到期压力集中于 2028 年及以后，需偿还规模达到 5212.73 亿元（见图 13）。

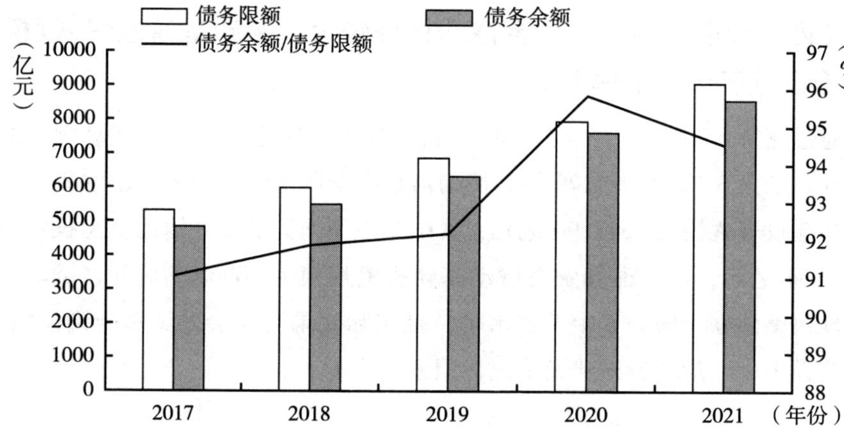

图 11　2017~2021 年广西地方政府债务限额及余额

数据来源：广西财政预算执行及决算报告，中诚信国际整理计算。

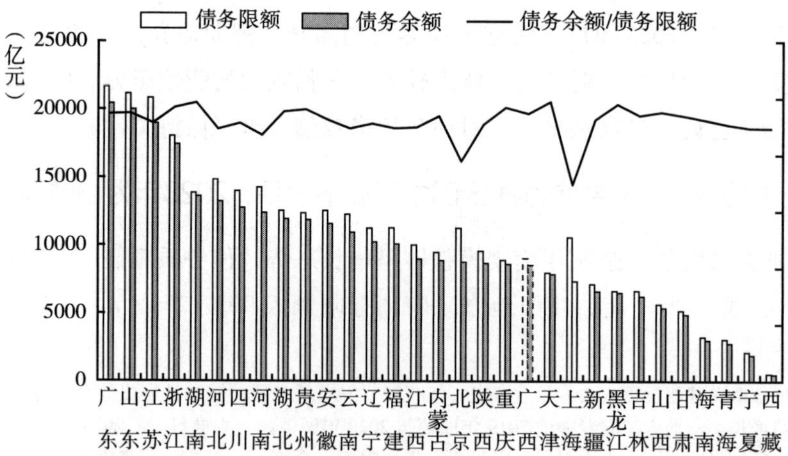

图 12　2021 年全国 31 个省（区、市）地方政府债务限额及余额

数据来源：全国 31 个省（区、市）财政预算执行及决算报告，中诚信国际整理计算。

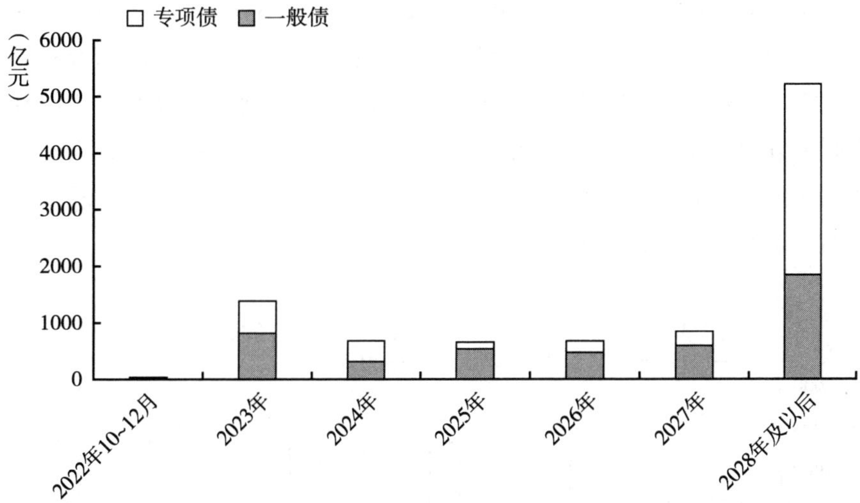

图 13　截至 2022 年 9 月广西存量地方债到期分布

数据来源：Wind 数据库，中诚信国际整理计算。

（二）财政实力较弱，财政平衡率较低且对上级补助依赖性较强

2021 年，广西实现一般公共预算收入 1800.15 亿元，排全国第 23 位（见图 14），排名较为靠后；增速方面，同比增长 4.80%。2021 年，广西实现税收

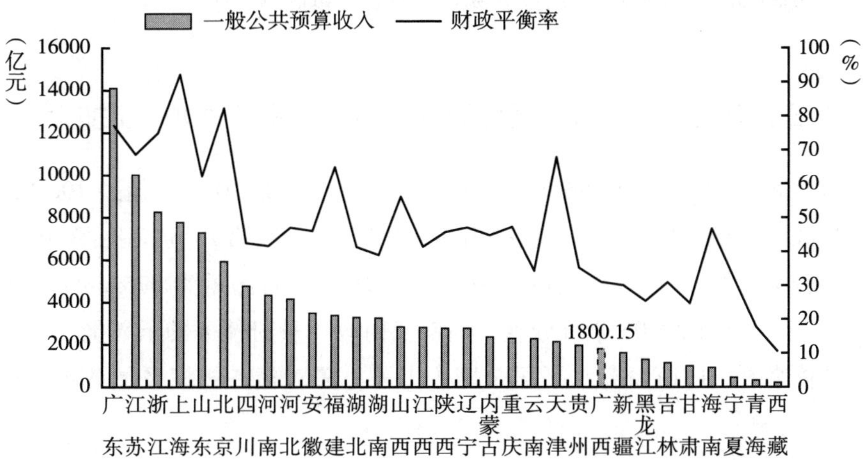

图 14　2021 年全国 31 个省（区、市）一般公共预算收入及财政平衡率

数据来源：全国 31 个省（区、市）财政预算执行及决算报告，中诚信国际整理计算。

收入1191.09亿元，占一般公共预算收入的比重为66.17%，税收收入占比低于全国平均水平。同期，广西一般公共预算支出为5806.54亿元，财政平衡率为31.00%，财政平衡能力较弱，资金缺口较大，收支平衡较为依赖上级补助。综合财力方面，2021年广西实现综合财力7080.97亿元（见图15），受上级补助收入较上年下降影响，综合财力较2020年小幅下降2.02%，上级补助收入为广西综合财力的最大来源。

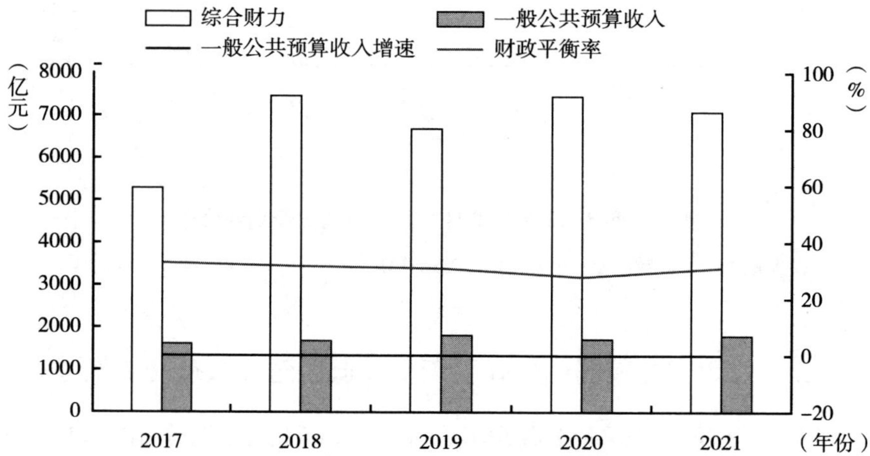

图15　2017~2021年广西财政情况

数据来源：广西财政预算执行及决算报告，中诚信国际整理计算。

（三）负债率和债务率居全国中上游，偿债压力进一步加大

截至2021年，广西债务率为120.90%，居全国第10位，超过100%国际警戒标准，处于较高水平；负债率为34.60%，居全国第13位（见图16），债务压力较大；同期债务余额占一般公共预算收入的比重为475.58%（见图17），较上年上升32.05个百分点，经济及财政体量对债务的承载能力有所下滑。整体来看，广西债务水平居全国中上游，需对债务规模及债务水平保持关注。

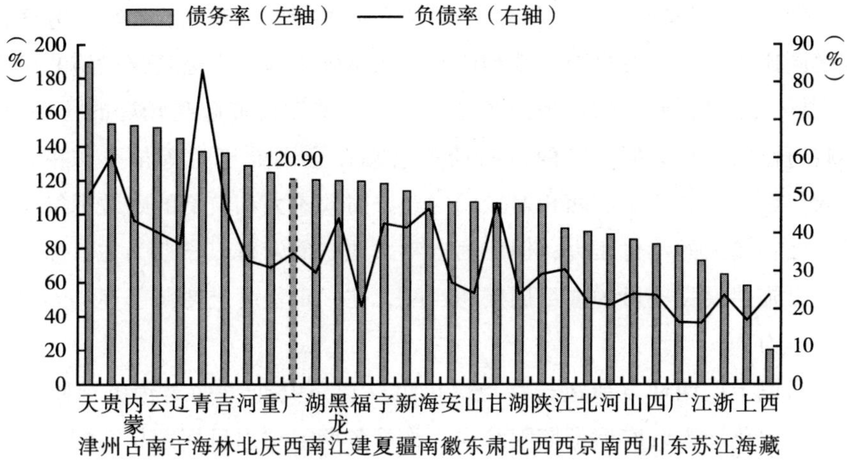

图 16　2021 年全国 31 个省（区、市）债务率及负债率

数据来源：全国 31 个省（区、市）财政预算执行及决算报告，中诚信国际整理计算。

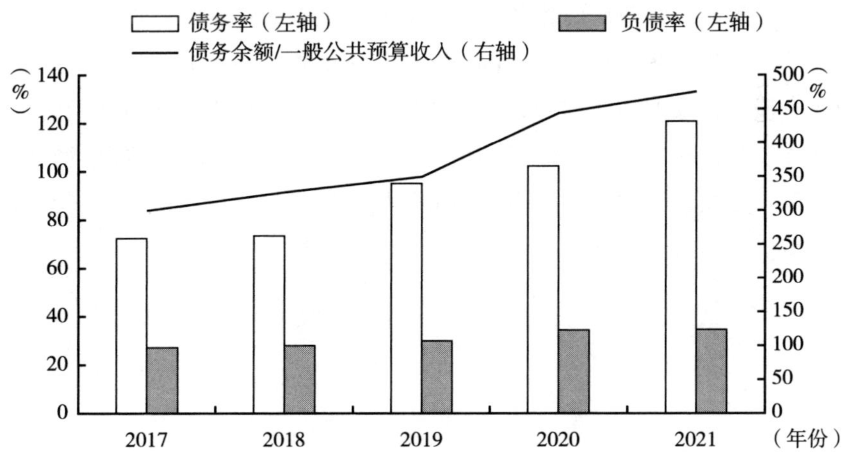

图 17　2017~2021 年广西债务率及负债率

数据来源：广西财政预算执行及决算报告，中诚信国际整理计算。

四　小结

2022 年 1~9 月，广西地方债发行规模同比增长，债券发行期限仍以长期为主。受债券期限较长因素影响，广西地方债发行成本较高。专项债方面，发行规模同比增长，主要投向市政和产业园区基础设施、交通基础设施和民生服务等领域；同时，专项债作为配套融资对地方基建投资起到较好的拉动效果。地方政府偿债压力方面，广西政府债务余额在全国处于中等偏下水平，2023年进入偿债高峰，鉴于广西相对较弱的经济财政实力和较低的财政平衡率，未来其将面临较大的偿付压力；但广西近年来地方债发行以长期为主，债务期限与基础设施建设类项目的项目周期相匹配，在一定程度上摊薄了逐年到期的债务偿还压力。

针对以上广西地方债运行特点，仍可从以下几个方面对债务风险进行防控。一是优化地方政府债券期限结构，将债务期限与项目周期相匹配，优化债务到期分布，但同时也要兼顾发行成本，加强对融资成本的管控；二是目前专项债募集资金投向区县级项目的较少，且区县级项目相比自治区级和地市级项目通常要承担更高的融资成本，新增地方政府债券可考虑向区县级项目进行适当倾斜，缓解区县级政府的债务压力，对于区县级政府较难把握项目储备申报标准的情况，进一步发挥省市县部门联动机制的作用，同时也应注意加强对区县级政府债务风险的实时监管；三是在发挥地方政府债券扩大有效投资和促进经济社会发展作用的同时，需提高资金使用效率，进一步丰富募集资金投向，提升项目收益质量，并且关注政府债务规模快速攀升等因素带来系统性风险上升的情况。

B.27

2022年西藏自治区地方政府债券分析报告

袁 野　黄应裴*

摘　要： 2022年以来，西藏地方债的发行速度放缓，虽然发行成本有所下降，但发行利率和利差高于全国平均水平，专项债对投资的拉动效果有限。西藏地方政府债务规模总体较小，整体偿债压力较小，但西藏地方财政对上级依赖很大。值得注意的是，近年来西藏政府债务余额快速攀升。此外，西藏项目收益专项债未用于资本金，对投资的撬动效应相对较弱。

关键词： 地方债　专项债　西藏自治区

一　西藏自治区地方债运行情况分析

截至2022年9月，西藏自治区地方债存量规模为507.99亿元①，仅占全国总规模的0.15%，列全国31个省（区、市）第31位（见图1）。从券种结构来看，西藏地方债以一般债为主，存量规模为344.67亿元，占比达67.85%；专项债规模为163.32亿元，占比为32.15%。从期限来看，西藏目前存续的所有地方债中，以长期债券（期限在10年及以上）为主，其规模达

* 袁野，中诚信国际政府公共评级一部助理总监，主要研究领域为地方政府债券、基础设施投融资行业等；黄应裴，中诚信国际政府公共评级一部高级分析师，主要研究领域为地方政府债券、基础设施投融资行业等。

① 如无特别说明，本报告中引用的地方债存量、发行量、发行利率、发行利差、交易量、到期收益率等债券相关数据均来自截至2022年9月的Wind数据库，并由中诚信国际整理计算。

324.82 亿元，占比 63.94%；中期债券（期限在 1 年及以上、10 年以下）的规模为 183.17 亿元，占比 36.06%；无短期债券。

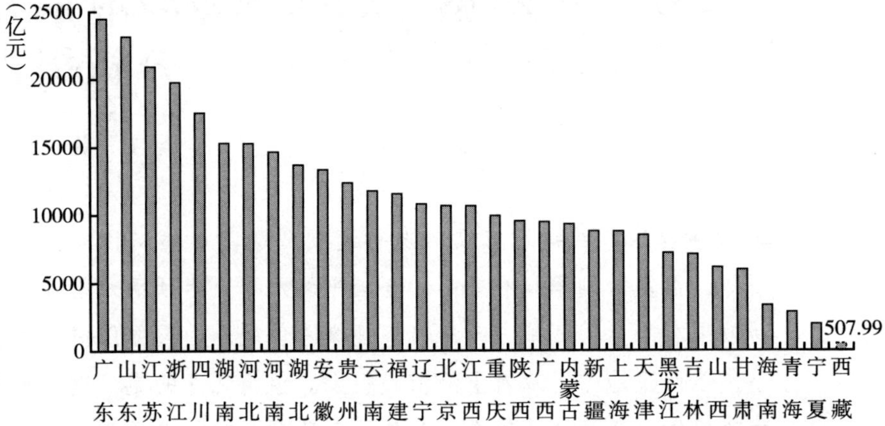

图 1　截至 2022 年 9 月全国 31 个省（区、市）地方债存量规模

数据来源：Wind 数据库，中诚信国际整理计算。

（一）发行规模下降，集中发行时间有所提前

2022 年 1~9 月，西藏地方债发行规模下降至 68.41 亿元，在全国 31 个省（区、市）中排名靠后，同比下降 26.12%。从月度发行规模来看，2021 年，西藏地方债发行集中于 6 月和 12 月，发行规模分别为 43.00 亿元和 55.09 亿元，合计占比达 60.43%，发行较为集中；剩余债券则于 3 月、8 月、9 月和 11 月发行，发行规模合计为 64.22 亿元，占比为 39.57%。2022 年 1~9 月，西藏地方债仅于 4 月和 6 月发行，发行规模分别为 24.90 亿元和 43.51 亿元，集中发行时间有所提前（见图 2）。

（二）新发行地方债主要为一般债，长期限占比有所上升

2022 年 1~9 月，西藏新发行的地方债中，新增一般债规模为 51.00 亿元，占比达 74.55%，新增专项债规模为 17.41 亿元，未发行再融资债券。从债券发行期限来看，2022 年 1~9 月，西藏地方债以长期债券为主，发行期限整体有所延长。具体来看，2022 年 1~9 月，西藏地方债发行期限在 10 年及以上的

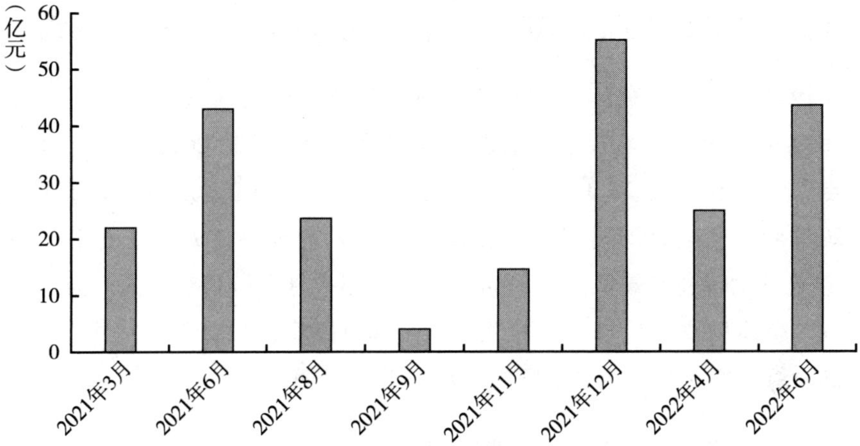

图 2　2021 年 1 月至 2022 年 9 月西藏地方债月度发行规模

注：西藏部分月份无地方债发行，故图中无显示。

数据来源：Wind 数据库，中诚信国际整理计算。

规模占比为 76.03%，较 2021 年同期上升 18.16 个百分点；中期债券占比由 2021 年同期的 42.13%下降至 23.97%（见图 3）。

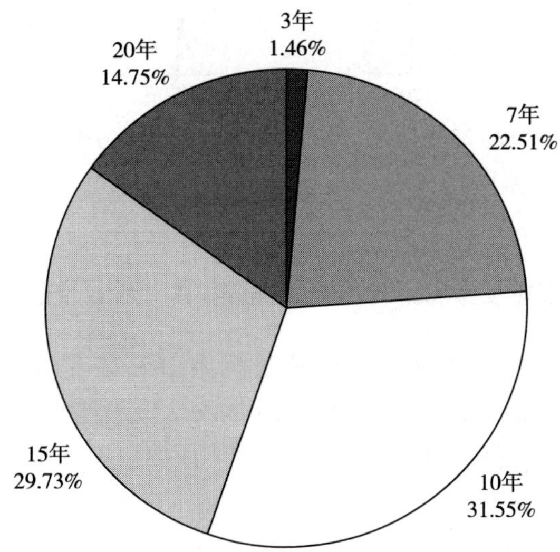

图 3　2022 年 1~9 月西藏新发行地方债期限结构

数据来源：Wind 数据库，中诚信国际整理计算。

（三）发行成本同比回落，但发行利率及利差[①]均高于国内平均水平

2019 年以来，西藏地方债发行利率及利差整体有所波动（见图 4）。其中，2022 年 1~9 月，西藏地方债发行利率为 3.19%，较 2021 年下降 0.14 个百分点；发行利差为 25.14BP，较 2021 年降低 1.42BP。从月度发行情况来看，2021 年 1 月至 2022 年 9 月，西藏地方债发行利率整体呈波动下降趋势，2021 年 6 月发行利率最高，为 3.54%，2022 年 4 月发行利率最低，为 3.07%；发行利差整体呈波动态势（见图 5）。从全国范围看，2022 年 1~9 月，西藏地方债的发行利率与利差均高于国内平均水平（见图 6）。

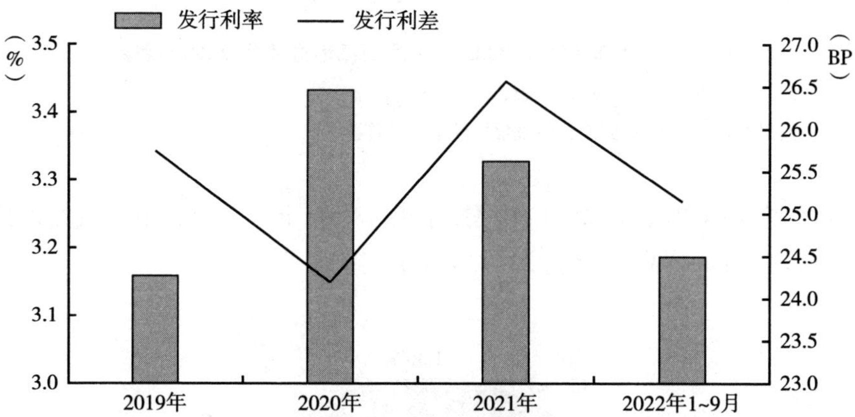

图 4　2019~2021 年及 2022 年 1~9 月西藏地方债发行成本

数据来源：Wind 数据库，中诚信国际整理计算。

（四）二级市场交易规模[②]同比大幅缩小，到期收益率[③]呈下降趋势

2022 年 1~9 月，西藏地方债交易规模为 163.26 亿元，在全国 31 个省（区、市）中排名靠后，规模同比下降 28.64%。从到期收益率来看，西藏地方债到期收益率与剩余期限呈现正相关关系。从同一剩余期限的地方债到期收

① 如无特别说明，本报告中发行利率、利差为根据发行额计算的加权平均发行利率、利差，发行利差计算公式：债券发行利率-对应期限国债收益率。

② 交易统计包含回购交易、现券交易等部分。

③ 此处到期收益率均值采用的是算术平均值。

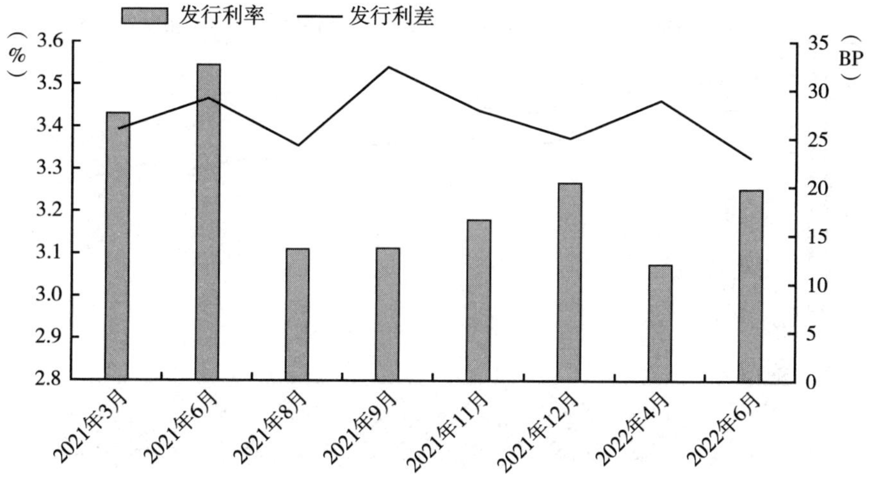

图 5　2021 年 1 月至 2022 年 9 月西藏地方债月度发行成本

注：西藏部分月份无地方债发行，故图中无显示。

数据来源：Wind 数据库，中诚信国际整理计算。

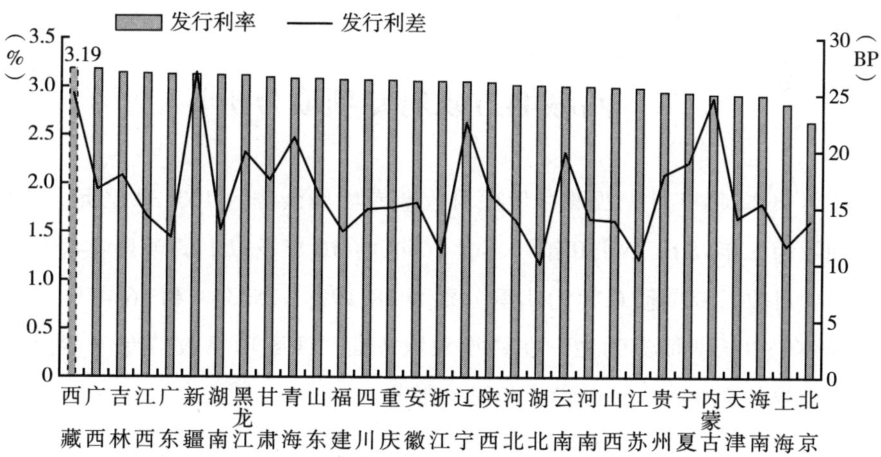

图 6　2022 年 1~9 月全国 31 个省（区、市）地方债发行成本

数据来源：Wind 数据库，中诚信国际整理计算。

益率走势来看，2021 年，西藏各期限地方债到期收益率均整体呈下降趋势；2022 年 1~9 月，西藏各期限地方债到期收益率均整体保持缓慢下降趋势（见图 7）。

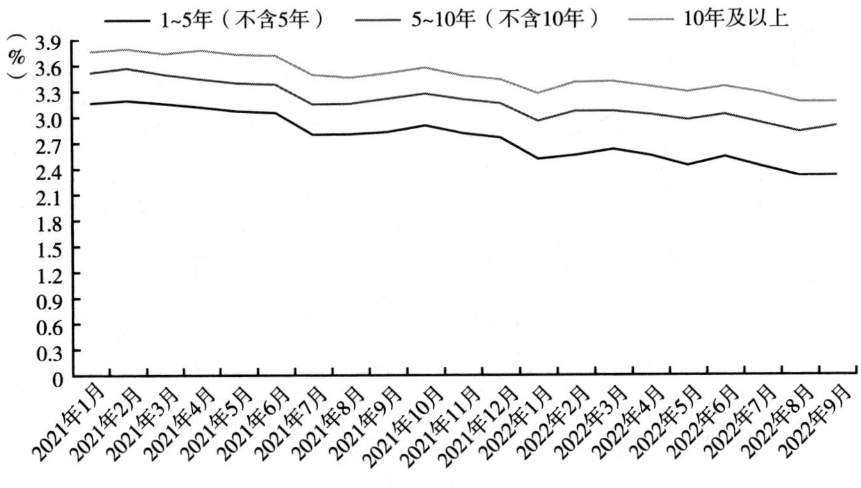

图7　2021年1月至2022年9月西藏地方债到期收益率走势

注：截至2022年9月，西藏无1年以下地方债发行，故图中无显示。
数据来源：Wind数据库，中诚信国际整理计算。

二　西藏地方政府专项债分析[①]

截至2022年9月，西藏存量项目收益专项债余额为163.32亿元。其中，剩余期限为5年以下、5~10年（不含10年）、10年及以上的项目收益专项债余额占项目收益专项债总额的比重分别为18.19%、25.34%和56.47%（见图8），整体仍以长期债券为主。在募投领域方面，西藏项目收益专项债投向的领域为市政和产业园区基础设施和民生服务。

（一）发行规模同比显著下降，发行成本有所下降，期限均为长期

自2017年财政部发布《关于试点发展项目收益与融资自求平衡的地方政

① 2020年7月29日财政部《关于加快地方政府专项债券发行使用有关工作的通知》（财预〔2020〕94号）明确2020年新增专项债必须保证融资规模与项目收益相平衡，因此2020年以来的新增专项债均为项目收益专项债。本部分项目收益专项债的统计样本为2017~2019年项目收益专项债以及2020年至2022年9月的新增专项债。

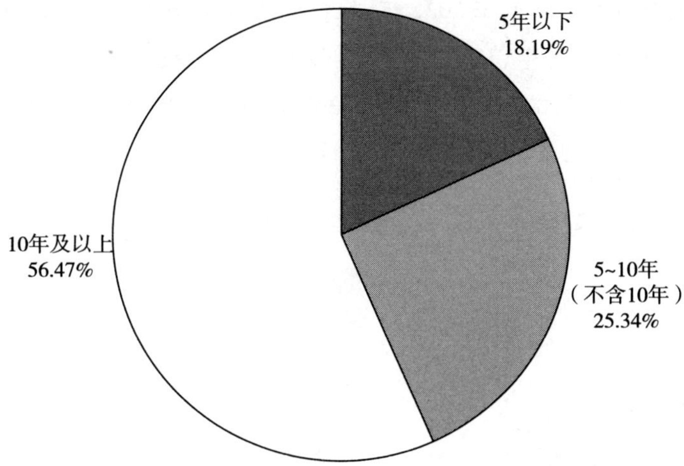

图 8　截至 2022 年 9 月西藏项目收益专项债剩余期限结构

数据来源：Wind 数据库，中诚信国际整理计算。

府专项债券品种的通知》（财预〔2017〕89 号）以来，西藏共发行项目收益专项债 172.41 亿元。2022 年 1~9 月，西藏项目收益专项债发行规模为 17.41 亿元（见图 9），在全国 31 个省（区、市）中排名靠后。从发行成本来看，2022年 1~9 月，西藏项目收益专项债发行利率和发行利差分别为 3.36%和

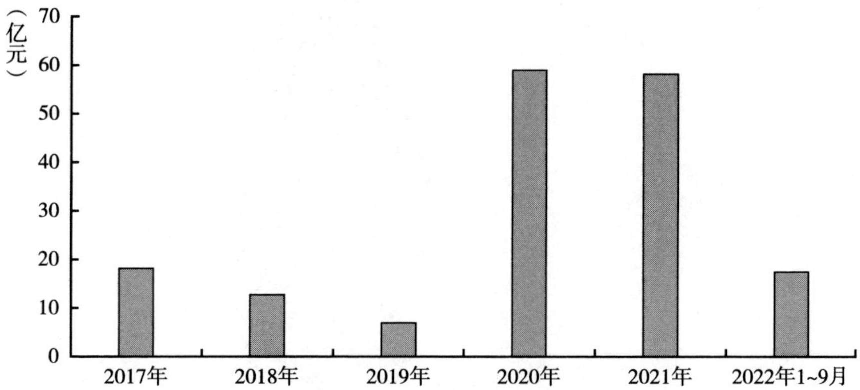

图 9　2017~2021 年及 2022 年 1~9 月西藏项目收益专项债发行规模

数据来源：Wind 数据库，中诚信国际整理计算。

23.66BP（见图10），均低于2021年同期。从期限结构来看，2022年1~9月，发行期限为20年、15年、10年的项目收益专项债规模分别为10.09亿元、6.06亿元和1.26亿元，占项目收益专项债总规模的比重分别为57.96%、34.81%和7.24%，均为长期债券（见图11）。

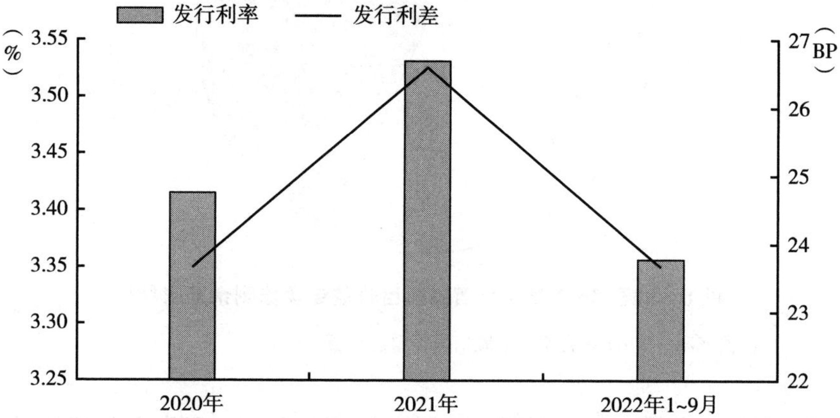

图10　2020~2021年及2022年1~9月西藏项目收益专项债发行成本

数据来源：Wind数据库，中诚信国际整理计算。

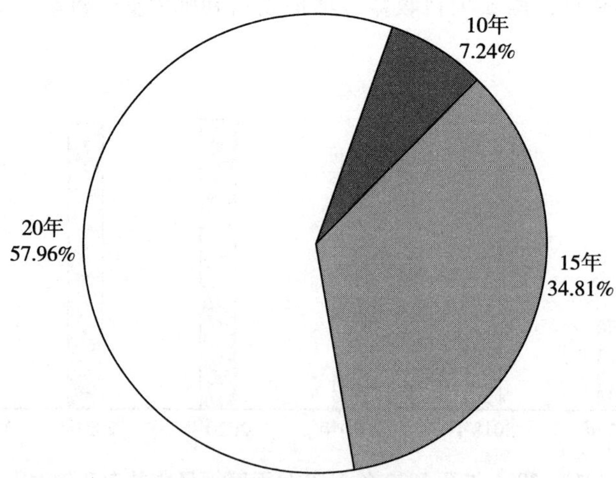

图11　2022年1~9月西藏项目收益专项债发行期限结构

数据来源：Wind数据库，中诚信国际整理计算。

（二）投向市政和产业园区基础设施及民生服务领域，项目偿债能力整体较强

在募投项目领域方面，2022 年 1～9 月，西藏发行的项目收益专项债投向为市政和产业园区基础设施及民生服务领域，投入资金规模占比分别为 79.31%及 20.69%①（见图 12）。细分来看，市政和产业园区基础设施领域分别投向产业园建设和气热管网；民生服务领域系医疗卫生项目。

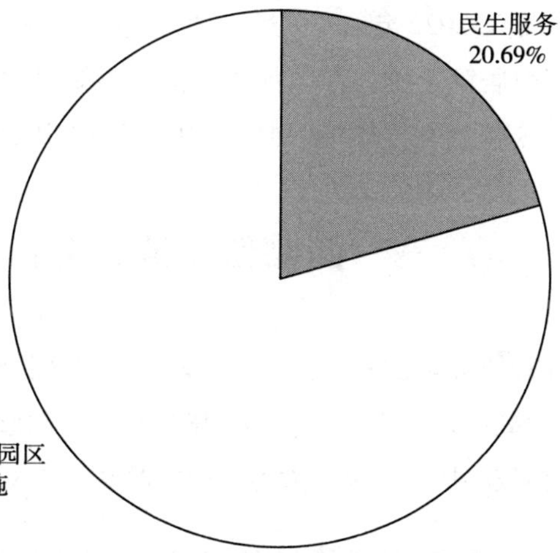

图 12　2022 年 1～9 月西藏项目收益专项债募投领域分布

数据来源：西藏地方政府新增专项债信息披露文件，中诚信国际整理计算。

从项目行政层级分布来看，募投项目分为地市级和区县级两类，暂无自治区级项目。在项目融资本息覆盖倍数方面，倍数均大于 1 倍，募投项目的偿债来源较有保障。

---

① 如无特别说明，本报告中引用的专项债募投项目的相关数据均来自地方政府新增专项债信息披露文件，并由中诚信国际整理计算。由于数据的获取问题，数据可能来自不同募投项目文件、项目实施方案、项目披露模板等，可能导致数据分析出现一定偏差，但不会对分析结论产生实质上的影响。

（三）暂无专项债用作项目资本金，项目储备或不足

截至 2022 年 9 月，西藏暂无专项债用作项目资本金，或与专项债项目储备不足、整体发行规模不大有关。在此情况下需合理安排资本金应用，以期突出推动基建投资的成果。

（四）受发行规模限制，专项债对投资的拉动效果有限

因专项债未用作项目资本金，故 2022 年 1~9 月西藏项目收益专项债资本金撬动杠杆为 0 倍。2022 年 1~9 月，西藏专项债配套融资撬动杠杆为 1.98 倍，在全国范围内居第 7 位；专项债作为配套融资撬动基建投资①规模超 34 亿元，受项目收益专项债发行规模限制，实际撬动作用比较有限。

三　西藏偿债能力分析

西藏地方政府债务余额②在全国排名靠后，但增长较快，2024 年将迎来地方债到期小高峰。西藏地方经济总量较小且增速放缓，财政平衡主要依赖中央补助，由于债务规模总体较小加之中央的大力支持，西藏债务风险整体可控。

（一）地方政府债务规模总体较小但增速较快，2023年地方债到期规模不大，2024年和2028年到期规模相对较大

截至 2021 年，西藏地方政府债务余额 495.7 亿元，较 2020 年增长 32.19%，低于债务限额（554.3 亿元），且两者规模均在全国 31 个省（区、市）中排名靠后（见图 13）。以西藏截至 2022 年 9 月的存量地方债为样本进行分析，2022 年 10~12 月无到期的地方政府债券，2023~2029 年的地方债到期规模分别为 21.89 亿元、40.55 亿元、15.39 亿元、35.28 亿元、19.86 亿元、57.01

① 专项债撬动基建投资方法参见袁海霞、汪苑晖、卞欢《专项债兼顾扩容提效，助力基建托底稳增长——地方政府专项债 2019 年回顾与 2020 年展望》，《财政科学》2020 年第 1 期。

② 如无特别说明，本报告中引用的西藏自治区政府债务限额、余额，一般公共预算收入、支出，财政平衡率，债务率、负债率等财政相关数据均来自西藏自治区财政预算执行及决算报告，并由中诚信国际整理计算。

亿元和 22.40 亿元，其中 2024 年和 2028 年到期债务规模较大。从到期券种分布来看，2026 年和 2029 年到期的券种全部为一般债，2023~2025 年、2027~2028 年到期的债券中一般债超过 50%（见图 14）。

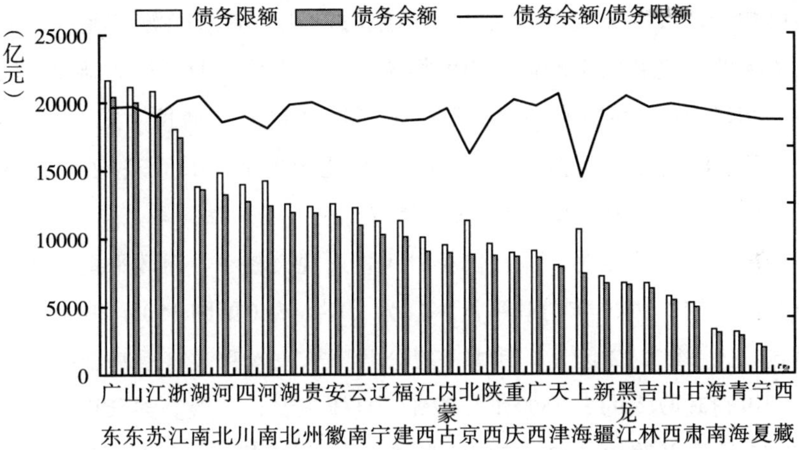

图 13　2021 年全国 31 个省（区、市）地方政府债务限额及余额

数据来源：全国 31 个省（区、市）财政预算执行及决算报告，中诚信国际整理计算。

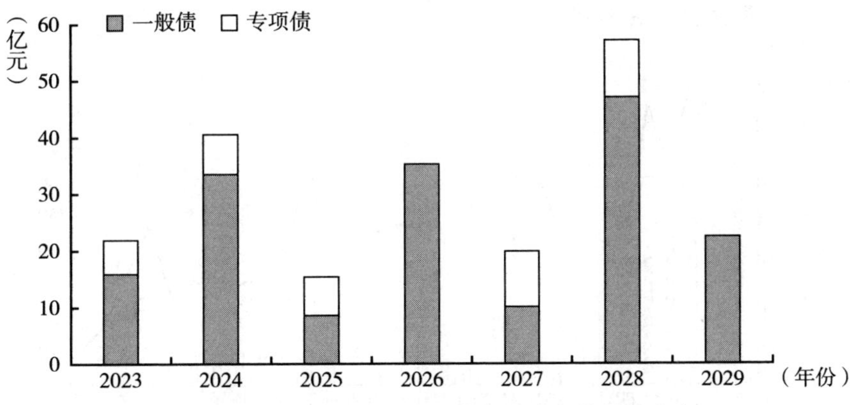

图 14　截至 2022 年 9 月西藏存量地方债到期分布

数据来源：Wind 数据库，中诚信国际整理计算。

（二）经济总量较小且增速放缓，财政平衡主要依赖中央补助

西藏经济总量在全国 31 个省（区、市）中排名靠后，但得益于政策支持

及自身资源优势，经济快速增长。2021 年，西藏实现地区生产总值[①] 2080.17 亿元，按可比价格计算，同比增长 6.7%，较全国平均水平低 1.0 个百分点。西藏拥有独具特色的矿产、能源、旅游、生物等多种资源，依托丰富的自然资源，西藏已初步形成高原生物产业、文化旅游产业、清洁能源产业、绿色工业、现代服务业、高新数字产业、边贸物流业七大支柱产业，产业结构以第三产业为主。2021 年，西藏第一产业增加值 164.12 亿元，增长 7.3%；第二产业增加值 757.28 亿元，下降 0.9%；第三产业增加值 1158.77 亿元，增长 11.8%；三次产业结构为 7.89∶36.40∶55.71。

西藏经济发展水平相对较低，自身财政收入规模较小，财政平衡基本依赖中央政府补助支持，2021 年财政平衡率仅为 10.46%（见图 15）。2021 年，西藏实现财政收入 2463.22 亿元，其中一般公共预算收入和政府性基金收入占比很小，分别占财政收入的 8.75%和 1.87%。具体来看，一般公共预算收入规模为 215.62 亿元，下降 3.60%；政府性基金收入规模为 46.10 亿元，下降 47.61%。财政收入基本依靠转移性收入支撑，2021 年西藏收到上级补助收入 2146.70 亿元，占财政收入的比重达到 87.15%。

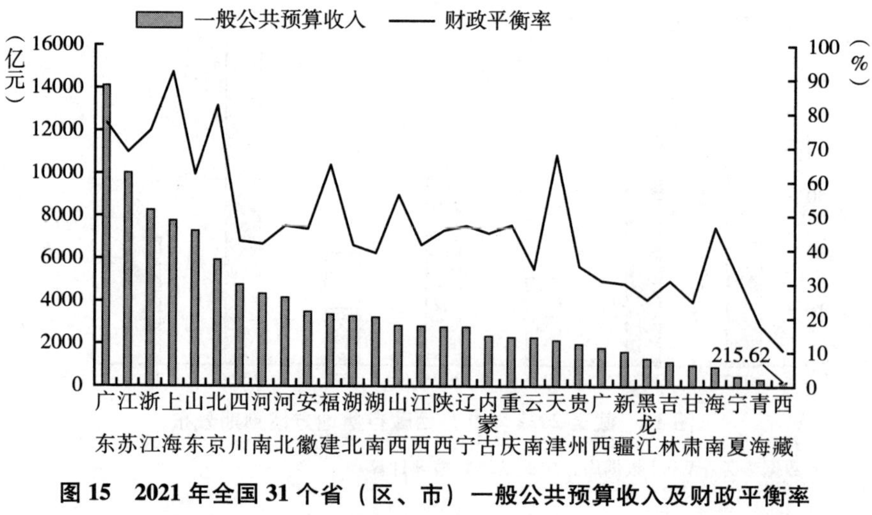

图 15　2021 年全国 31 个省（区、市）一般公共预算收入及财政平衡率

数据来源：全国 31 个省（区、市）财政预算执行及决算报告，中诚信国际整理计算。

① 如无特别说明，本报告引用的宏观经济数据均来自历年《西藏自治区国民经济和社会发展统计公报》，由中诚信国际整理计算。

2022 年 1~6 月，西藏实现 GDP 973. 24 亿元，同比增长 4. 80%；同期，西藏实现一般公共预算收入 76. 00 亿元，同比下降 24. 20%。

（三）地方债务以一般债务为主，整体债务压力较小

2021 年，西藏地方债务余额为 495. 7 元，其中一般债务余额为 340. 7 亿元，专项债务余额为 155. 0 亿元。截至 2021 年，西藏负债率和债务率分别为 23. 83%与 20. 12%（见图 16），在全国范围内处于较低水平，地方政府债务压力较小。

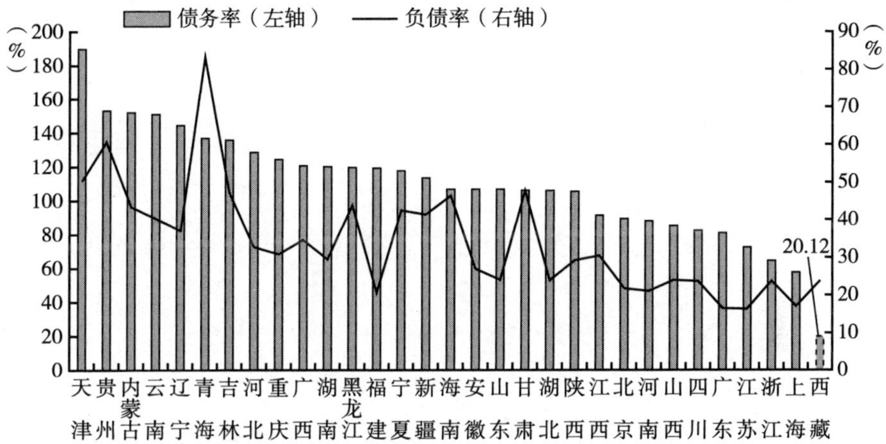

图 16　2021 年全国 31 个省（区、市）债务率及负债率

数据来源：全国 31 个省（区、市）财政预算执行及决算报告，中诚信国际整理计算。

四　小结

2022 年以来，西藏地方债的发行速度放缓，虽发行成本有所下降，但发行利率和利差仍高于全国平均水平。从专项债方面来看，发行规模和成本下降，主要投向市政和产业园区基础设施，专项债未用于资本金，对投资的撬动效应相对较弱；西藏地方政府债务规模总体较小，整体偿债压力较小。就 2022 年的情况来看，西藏地方财政运行过度依赖上级补助收入，地方政府自身造血能力较弱。值得注意的是，近年来西藏政府债务余额增长速度较快，但

一般公共预算收入略有下降。

西藏地方政府在后续债务管理上应注意以下几点：第一，利用独特的政策和区位优势，依据自身发展实际继续推进地方经济发展，努力提高自身造血能力；第二，加强对政府债券资金流向的监督，提升债券资金配置效率并增加使用效益，确保募投项目的配套融资和资本金能够及时到位；第三，合理安排债券期限，适当增加债券种类，丰富债券发行结构；第四，充分利用专项债用作项目资本金等优惠政策，发挥资金撬动作用，丰富资金投向，同时减轻财政压力。

B.28

2022年云南省地方政府债券分析报告

王靖允　黄应裴*

摘　要： 2022年1~9月云南省地方债的发行规模保持增长，债务风险加大，债务风险管控重要性进一步体现。本报告先对云南省地方债2022年以来的运行情况进行梳理展示，随后分析专项债资金的使用情况和对区域投资的拉动效果，最后结合云南省整体债务和财政表现情况对区域债务风险进行分析，并提出了云南省基建未来应当继续加大专项债的利用力度，同时继续深化改革，严格管控债务，完善债务风险化解通道的观点。

关键词： 地方债　专项债　云南省

一　云南省地方债运行情况分析

截至2022年9月，云南省地方债存量规模为11787.38亿元[①]，占全国总规模的3.41%，列全国31个省（区、市）第12位（见图1）。从券种结构来看，一般债和专项债分别占存量地方债的48.59%和51.41%，规模分别为5727.15亿元和6060.24亿元。从期限来看，云南省目前所有的存量地方债以中期债券（期限在1年及以上、10年以下）为主，其存量规模达6828.19亿

* 王靖允，中诚信国际政府公共评级一部助理总监，主要研究领域为地方政府债券、基础设施投融资行业等；黄应裴，中诚信国际政府公共评级一部高级分析师，主要研究领域为地方政府债券、基础设施投融资行业等。

① 如无特别说明，本报告中引用的地方债存量、发行量、发行利率、发行利差、交易量、到期收益率等债券相关数据均来自截至2022年9月的Wind数据库，并由中诚信国际整理计算。

元，占比 57.93%；长期债券（期限在 10 年及以上）的剩余规模为 4959.20 亿元，占比 42.07%；无短期债券。

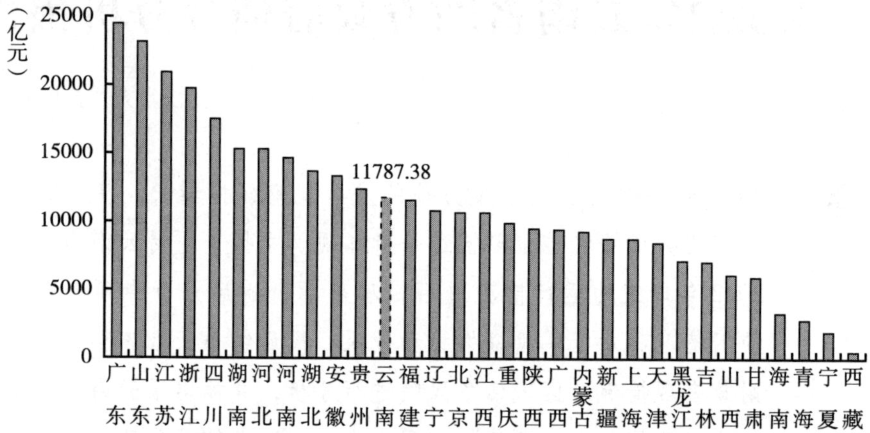

图 1　截至 2022 年 9 月全国 31 个省（区、市）地方债存量规模

数据来源：Wind 数据库，中诚信国际整理计算。

（一）2022年1~9月发行规模同比增长，7年期及10年期占比较高，再融资债券同比增长较多

2021 年云南省共发行地方债 2282.29 亿元，较 2020 年微降；2022 年 1~9 月，云南省共发行 35 只地方债，发行规模合计 1900.34 亿元，较 2021 年同期上升 9.16%。从期限结构来看，2022 年 1~9 月，云南省新发行的地方债以中长期为主，其中 7 年期、10 年期和 5 年期分别占发行总量的 39.69%、26.65% 和 15.83%（见图 2），发行期限较上年同期有所拉长，但对比全国发行期限来看，云南省新发行地方债期限仍偏短。按债券种类来看，2022 年 1~9 月，新发行的地方债以专项债为主，占发行总量的 53.14%。

2022 年 1~9 月，云南省发行新增地方债合计 1010.67 亿元，占比达 53.18%，其中新增专项债 808.00 亿元，占当期新增地方债发行总量的 79.95%，新增地方债规模较上年小幅下降。2022 年 1~9 月，云南省发行再融资地方债 889.67 亿元，较上年同期增长 40.36%；其中再融资一般债 687.93 亿元，再融资专项债 201.75 亿元（见图 3）。

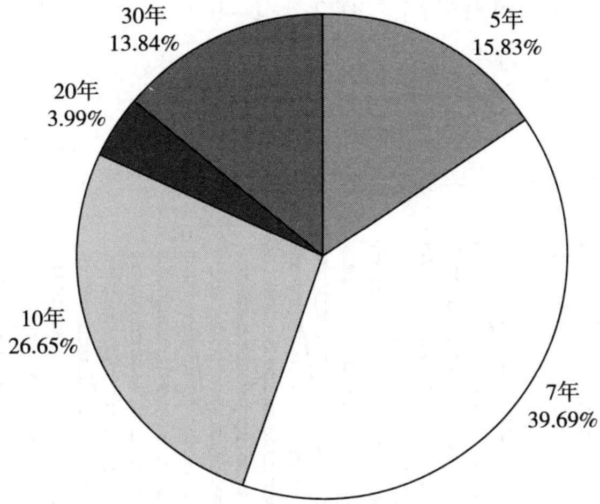

图 2　2022 年 1~9 月云南省新发行地方债期限结构

数据来源：Wind 数据库，中诚信国际整理计算。

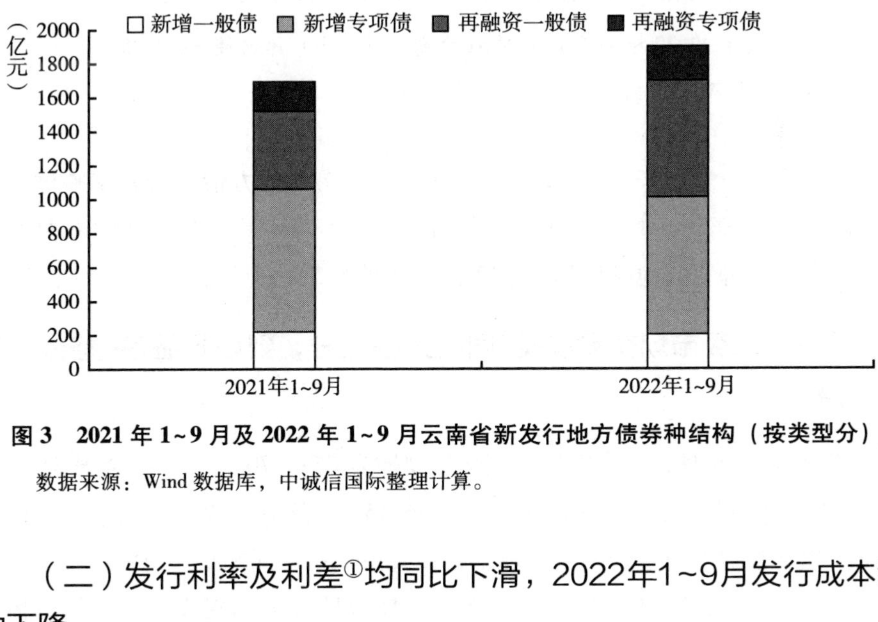

图 3　2021 年 1~9 月及 2022 年 1~9 月云南省新发行地方债券种结构（按类型分）

数据来源：Wind 数据库，中诚信国际整理计算。

（二）发行利率及利差①均同比下滑，2022年1~9月发行成本波动下降

2022 年 1~9 月，云南省地方债发行利率在全国 31 个省（区、市）中处于

① 如无特别说明，本报告中发行利率、利差为根据发行额计算的加权发行利率、利差，发行利差计算公式：债券发行利率-对应期限国债收益率。

下游水平，但发行利差相对较高。2022 年 1~9 月，云南省发行利率 3.01%，较 2021 年下降 0.28 个百分点；发行利差 19.94BP（见图 4），较 2021 年降低 4.22BP。

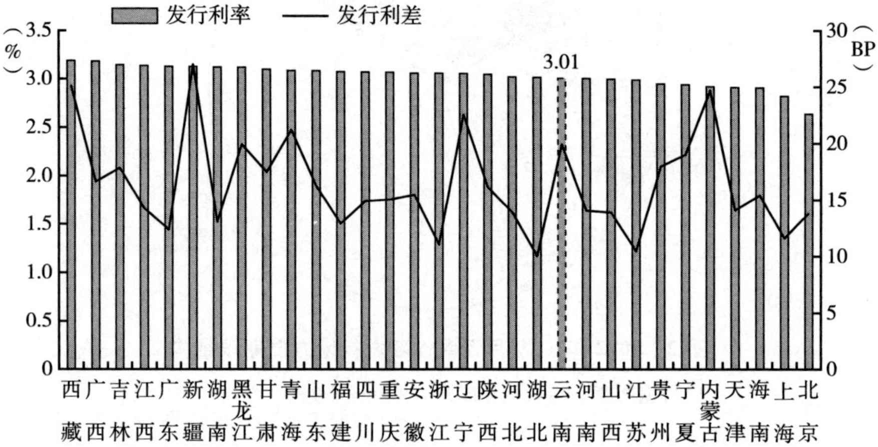

图 4　2022 年 1~9 月全国 31 个省（区、市）地方债发行成本

数据来源：Wind 数据库，中诚信国际整理计算。

从月度发行情况来看，2022 年 1~9 月，云南省地方债发行利率整体呈波动下降趋势，2022 年 1 月发行利率最高，为 3.18%。具体来看，除 6 月发行利率有所抬升外，其他月份均呈下降态势（见图 5）。

（三）二级市场交易规模[①]同比大幅上升，到期收益率[②]整体呈下降趋势

2022 年 1~9 月，云南省地方债交易规模为 6572.70 亿元，在全国 31 个省（区、市）中排第 5 位，规模同比上升 186.15%。从到期收益率来看，云南省地方债到期收益率与剩余期限呈现正相关关系。从相同剩余期限的地方债到期收益率走势来看，2021 年以来，云南省各期限地方债到期收益率均值整体呈下降趋势，2022 年 1~9 月则更为明显（见图 6）。

① 交易统计包含回购交易、现券交易等部分。

② 此处到期收益率均值采用的是算术平均值。

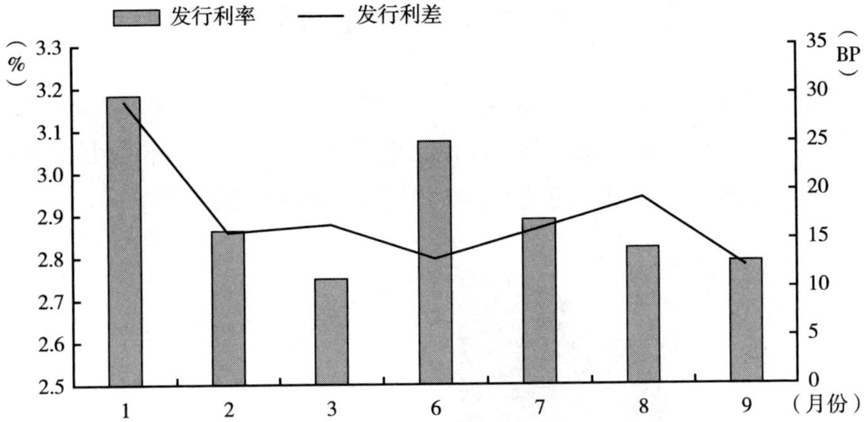

图5　2022年1~9月云南省地方债月度发行成本

注：云南省部分月份无地方债发行，故图中无显示。

数据来源：Wind数据库，中诚信国际整理计算。

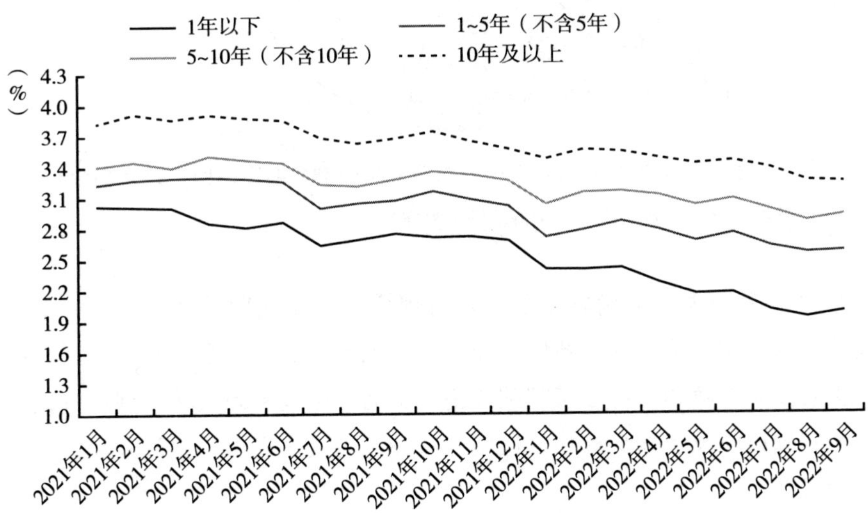

图6　2021年1月至2022年9月云南省地方债到期收益率走势

数据来源：Wind数据库，中诚信国际整理计算。

二　云南省地方政府专项债分析[①]

根据公开数据，截至2022年9月，云南省存续的地方政府专项债共有140只，余额合计6060.24亿元，存量规模在全国31个省（区、市）中处于中游水平，剩余期限在5年以下的债券存量规模占比最高（见图7）。

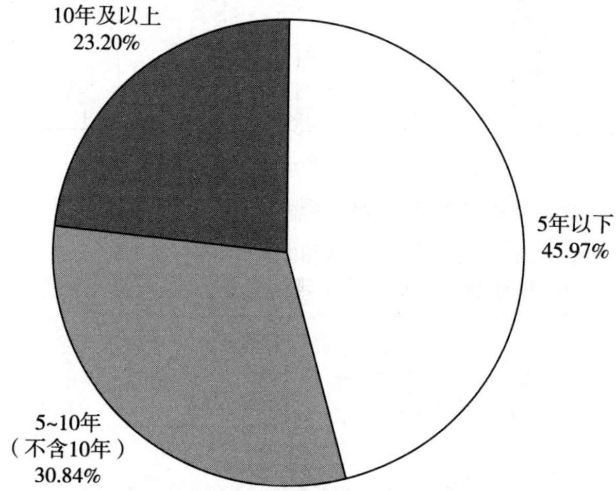

图7　截至2022年9月云南省项目收益专项债剩余期限结构（按余额分）

数据来源：Wind数据库，中诚信国际整理计算。

2022年1~9月，云南省专项债发行规模超上年同期水平，发行利率及利差高于全国平均水平，多为新增专项债。长期债券比重上升，资金下沉力度较大，主要投向市政和产业园区基础设施、交通基础设施和农林水利等方向，其中交通基础设施及农林水利项目运用专项债作为资本金出资比例较大，对项目投资的撬动作用明显。

① 2020年7月29日财政部《关于加快地方政府专项债券发行使用有关工作的通知》（财预〔2020〕94号）明确2020年新增专项债必须保证融资规模与项目收益相平衡，因此2020年以来的新增专项债均为项目收益专项债。本部分项目收益专项债的统计样本为2019年项目收益专项债与2020年至2022年9月的新增专项债。

（一）发行规模波动，2022年1~9月的发行利率及利差均超全国平均水平，类型以新增专项债为主

2019~2021 年及 2022 年 1~9 月，云南省专项债发行规模呈波动趋势，2020 年为近年来的峰值，占全国发行总量的比重亦呈现同步波动趋势（见图 8），发行利率及利差呈波动下降趋势，云南省 2019~2021 年发行利率和发行利差与全国平均水平趋近，2022 年 1~9 月发行利率及利差均超过全国平均水平。从类型来看，云南省 2022 年 1~9 月新发行专项债以新增专项债为主，占总发行量的 80.02%，略低于 80.31%的全国平均水平，再融资专项债发行量占总发行量的 19.98%。

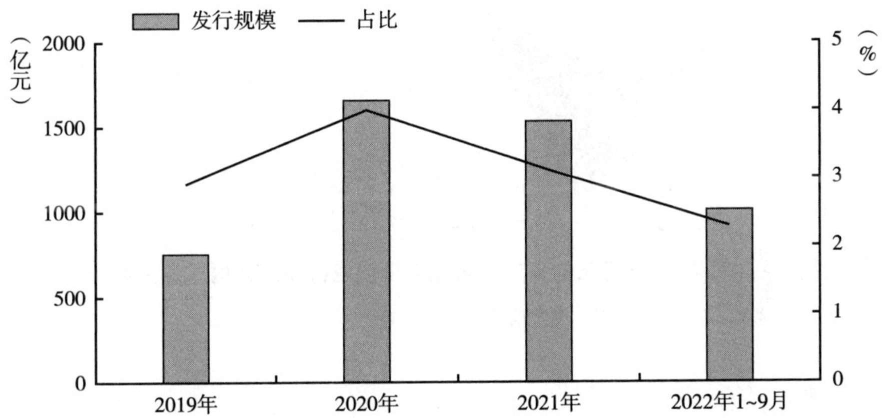

图 8 2019~2021 年及 2022 年 1~9 月云南省项目收益专项债发行规模及其占比

数据来源：Wind 数据库，中诚信国际整理计算。

（二）期限以10年期和30年期为主，多投向市政和产业园区基础设施、交通基础设施和农林水利等，资金下沉力度较大

2022 年 1~9 月，云南省发行 17 只新增专项债，合计 808.00 亿元，与上年同期基本持平，10 年期发行金额占比最高，为 54.38%，30 年期次之，占发行总规模的 32.54%（见图 9），新增专项债募投项目涉及十大领域，共计 305 个，其中新开工项目占总数的 43.61%，第五、第六、第十、第十三、第十四期债券投向了多个领域，剩余各期债券均投向单一领域，本息的覆盖倍数在

1.05 倍到 7.12 倍之间，2 倍以下的项目合计占比超过 99%。从金额来看，2022 年 1~9 月，云南省新增专项债资金主要用于市政和产业园区基础设施、交通基础设施和农林水利等领域（见图 10），上述三大领域募投项目使用债券

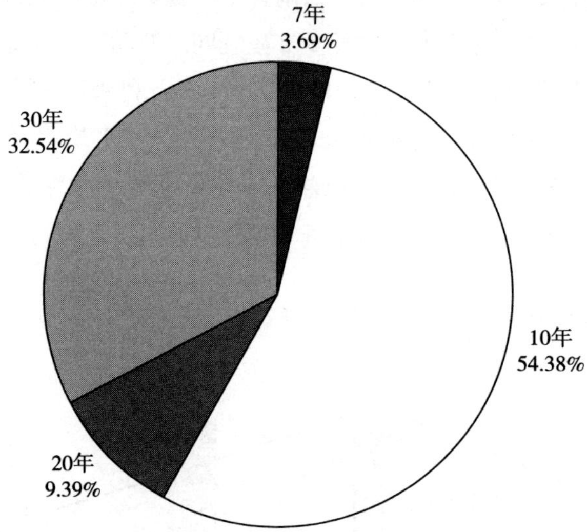

图 9　2022 年 1~9 月云南省项目收益专项债发行期限结构（按金额分）

数据来源：Wind 数据库，中诚信国际整理计算。

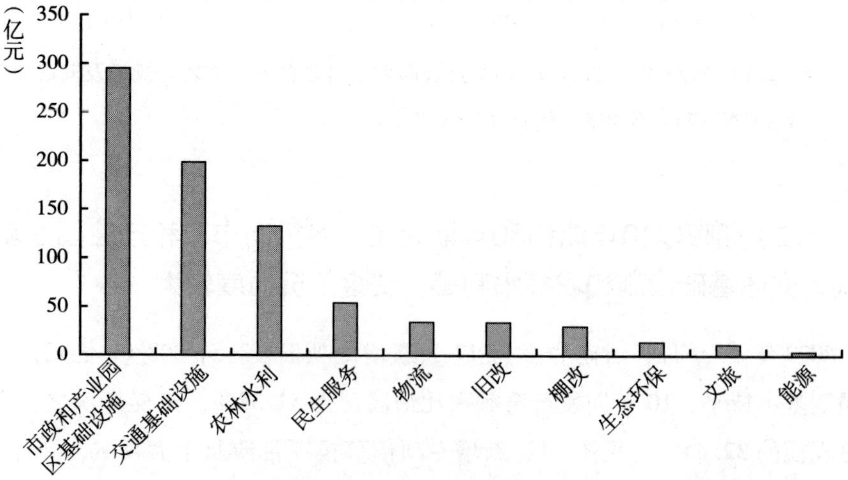

图 10　2022 年 1~9 月云南省项目收益专项债募投领域分布（按一级分类）

数据来源：云南省地方政府新增专项债信息披露文件，中诚信国际整理计算。

金额合计 626.18 亿元，占债券拟投向募投项目总额度的 77.50%，其中市政和产业园区基础设施项目使用的债券资金比例最大，占发行总量的 36.51%，交通基础设施项目和农林水利项目次之，分别占总量的 24.57%和 16.41%，剩余领域使用比重均低于 10%，涉及城市建设、城市运营、社会事业、园区开发等，暂未涉及消费基建、新基建、新能源等领域，专项债资金使用在少量重点领域内较为集中。

从投资领域的二级分类来看，用于产业园（其他）、收费公路和水利工程等领域的专项债规模最大，使用债券资金规模均超过 100 亿元，合计 473.88 亿元，占总发行规模的 58.65%（见图 11），投向的 150 个项目涉及总投资 5305.79 亿元，对应的项目资本金合计 2842.58 亿元，其中：产业园（其他）项目收入主要来源为厂房、场地等项目建设形成资产的出租与出售收入，对融资本息覆盖倍数为 1.11~2.13 倍；收费公路项目收入主要来源为通行费收入和沿线设施运营收入等，对融资本息覆盖倍数为 1.10~2.62 倍；水利工程项目收入主要来源为灌溉、供水收入等，对融资本息覆盖倍数为 1.14~3.07 倍。

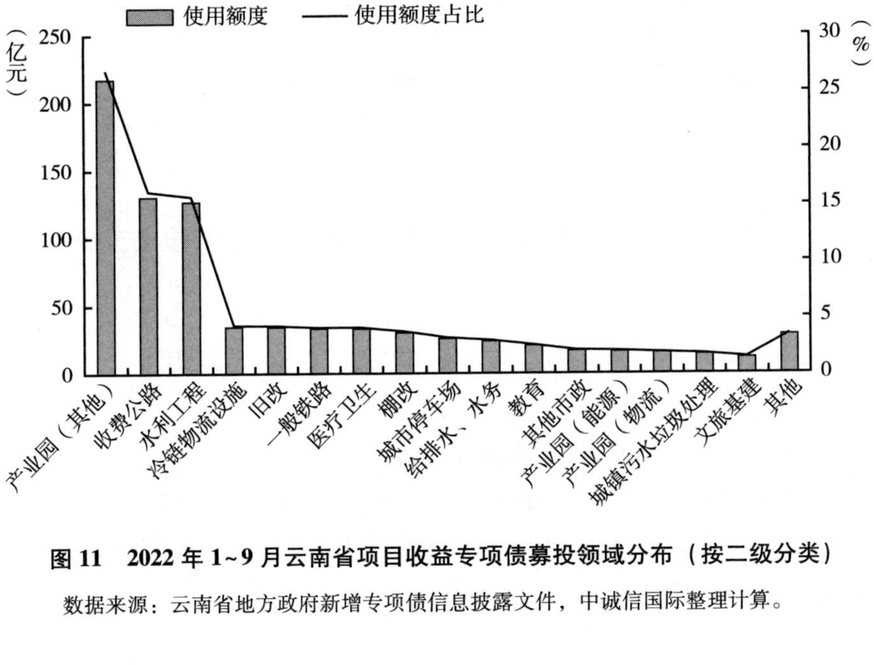

图 11　2022 年 1~9 月云南省项目收益专项债募投领域分布（按二级分类）

数据来源：云南省地方政府新增专项债信息披露文件，中诚信国际整理计算。

从行政层级分布来看，云南省 2022 年 1~9 月新增专项债资金继续保持较大幅度的下沉，其中：区县级项目获得 479.66 亿元的资金支持，占发行总额的 59.36%；地市级项目获得 253.34 亿元的资金支持，占发行总额的 31.35%（见图 12）。省级项目主要集中在农林水利和交通基础设施两大领域，地市级项目主要为交通基础设施项目与市政和产业园区基础设施项目，区县级项目在地市级项目基础上更进一步，农林水利、棚改、旧改和物流项目的投入有所增加。

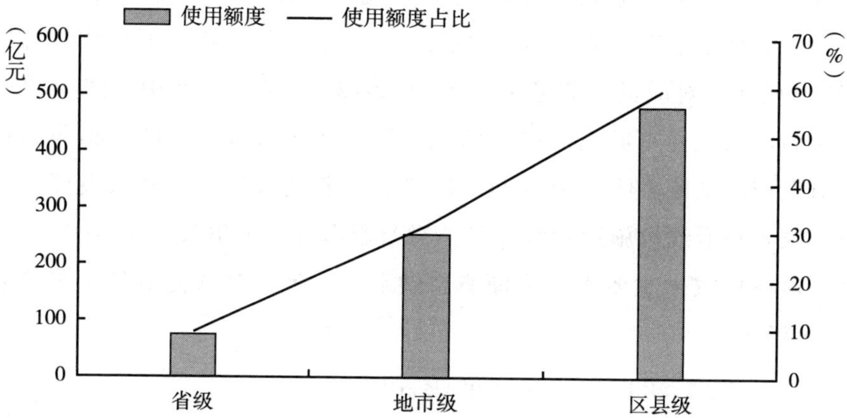

图 12　2022 年 1~9 月云南省项目收益专项债募投行政层级分布

数据来源：云南省地方政府新增专项债信息披露文件，中诚信国际整理计算。

（三）用作项目资本金的新增专项债比例高，主要投向交通基础设施和农林水利领域

2022 年 1~9 月，云南省新增专项债中共有 150.61 亿元用作 26 个募投项目的资本金，占当期全部新增专项债的 18.64%，比重在各省（区、市）中排首位，募投项目涵盖交通基础设施和农林水利 2 个领域（见图 13），对应项目总投资额合计 2896.12 亿元，用作项目资本金部分的新增专项债中，13.41%用于农林水利项目，86.59%用于交通基础设施项目，其中 84.67%用作收费公路项目资本金（见图 14）。

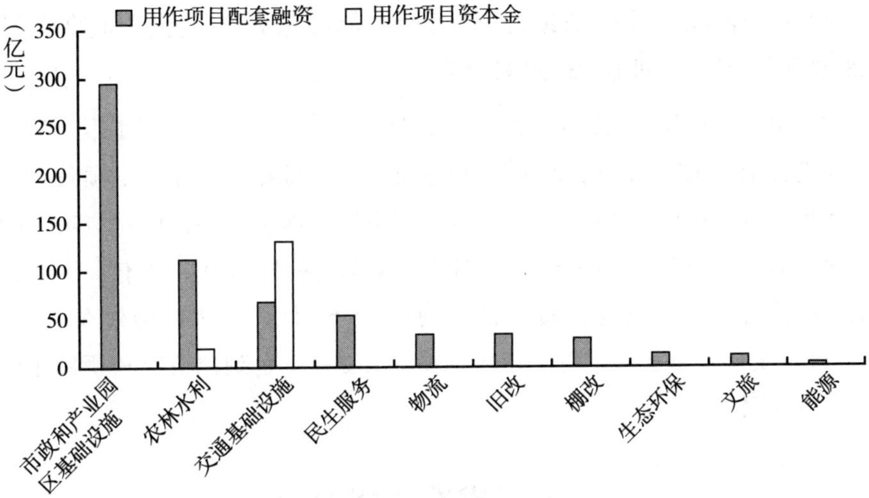

图 13　2022 年 1~9 月云南省项目收益专项债用作项目资本金和用作项目配套融资情况

数据来源：云南省地方政府新增专项债信息披露文件，中诚信国际整理计算。

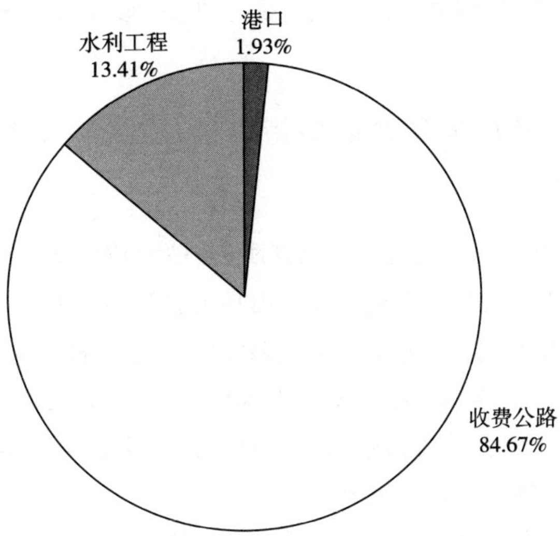

图 14　2022 年 1~9 月云南省项目收益专项债用作项目资本金的分布（按二级分类）

数据来源：云南省地方政府新增专项债信息披露文件，中诚信国际整理计算。

（四）理论上可撬动超1700亿元的基建投资①，但实际效果仍视资本金到位情况及项目建设进度而定

2022 年 1~9 月，云南省发行的新增专项债资金用作项目资本金及配套融资的规模分别为 150.61 亿元和 657.39 亿元，专项债用作资本金的项目中对应项目平均资本金比例为 46.60%，专项债不用作资本金的项目中对应项目配套融资比例的平均值为 46.61%，估算对应可撬动的杠杆均为 2.15 倍，因此，理论上专项债可撬动的基建投资规模达到 1707.57 亿元，这一指标在 31 个省（区、市）中排中游水平，但实际撬动效果仍受资本金到位情况和项目建设进度等多方面因素限制。

三　云南省偿债能力分析

云南省地方政府债务规模保持增长，债务余额②居全国中游水平，未来 5 年到期政府债务均较多。同时，云南省经济财政实力相对较弱，近年来区域土地市场不景气致使可用财力下滑，债务压力加大，政府对区域整体债务风险的管控趋紧。

（一）地方政府债务余额保持增长，2023~2027年到期规模均较大

截至 2022 年 9 月，云南省存量地方债余额为 11787.38 亿元，从到期分布来看，2023~2027 年到期的规模较大，占地方债存续总量的 57.77%，2023~2027 年均为偿债高峰期，每年的债务到期规模均在 1000 亿元以上，2026 年偿债规模最大，为 1585.47 亿元。从到期券种分布来看，2022 年 10~12 月至 2029 年到期的债券既有一般债也有专项债，但超半数为一般债；2030~2032 年到期偿还的债券则以专项债为主（见图 15）。

---

① 专项债撬动基建投资方法参见袁海霞、汪苑晖、卞欢《专项债兼顾扩容提效，助力基建托底稳增长——地方政府专项债 2019 年回顾与 2020 年展望》，《财政科学》2020 年第 1 期。

② 如无特别说明，本报告中引用的云南省政府债务限额、余额，一般公共预算收入、支出，财政平衡率，债务率、负债率等财政相关数据均来自云南省财政预算执行及决算报告，并由中诚信国际整理计算。

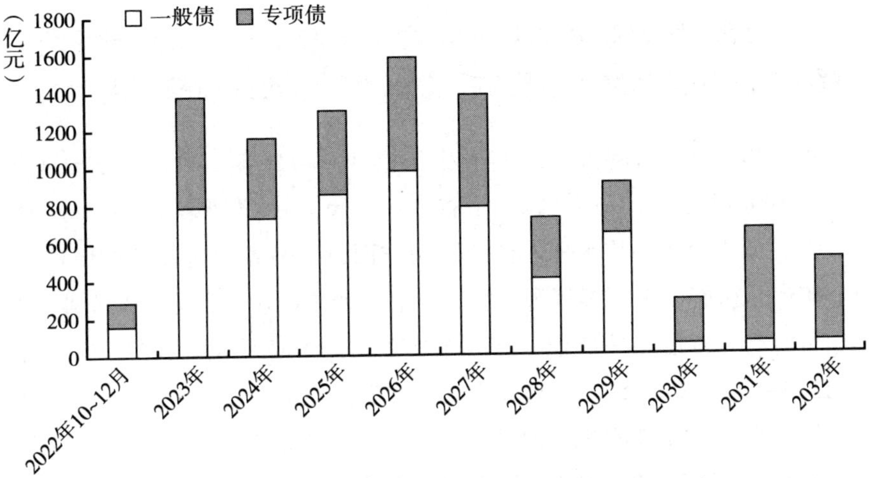

图15　截至2022年9月云南省存量地方债到期分布

数据来源：Wind数据库，中诚信国际整理计算。

近年来，云南省地方政府债务余额呈上升趋势，截至2021年，云南省地方政府债务余额为10951.70亿元，较2020年增加14.18%，同期的政府债务限额为12266.05亿元，债务余额及限额在全国31个省（区、市）中均排第12位（见图16），债务压力相对较大。2019~2021年，云南省政府债务限额与债务余额均呈增长趋势。

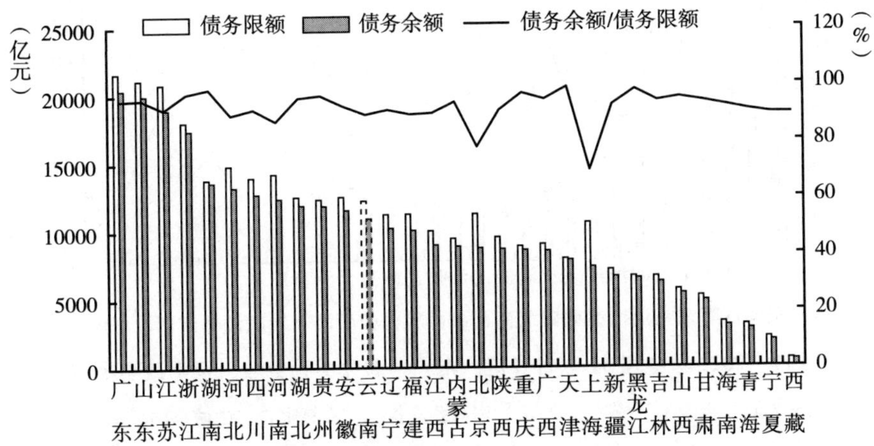

图16　2021年全国31个省（区、市）地方政府债务限额及余额

数据来源：全国31个省（区、市）财政预算执行及决算报告，中诚信国际整理计算。

（二）经济和财政实力处于全国中下游水平，财政自给能力较弱，受土地市场景气度下降影响，政府性基金收入规模下降

2019～2021 年，云南省经济实力稳步提升。2021 年，云南省实现地区生产总值 27146.76 亿元，在全国 31 个省（区、市）中位列第 18；同口径增速为 7.30%，低于全国平均水平。产业结构方面，云南省拥有独特的区位优势，旅游、矿产、风能、医药等资源丰富，形成了能源产业、文化旅游产业、高原农业、房地产等特色支柱产业，产业结构以第三产业为主，2021 年的三次产业结构为 14.3∶35.3∶50.4。财政方面，云南省经济发展水平不高，自身财政收入规模较小，2021 年实现一般公共预算收入 2278.20 亿元，在全国 31 个省（区、市）中排第 20 位（见图 17），同比增长 7.60%，低于全国平均水平。受经济下行及土地市场景气度下降影响，2021 年云南省政府性基金收入为 1087.00 亿元，同比下降超 20%。受刚性支出增速较高的影响，2021 年云南省财政平衡率仅为 34.34%，财政自给能力较弱，在全国 31 个省（区、市）中排第 23 位，财政平衡较为依赖转移支付收入。

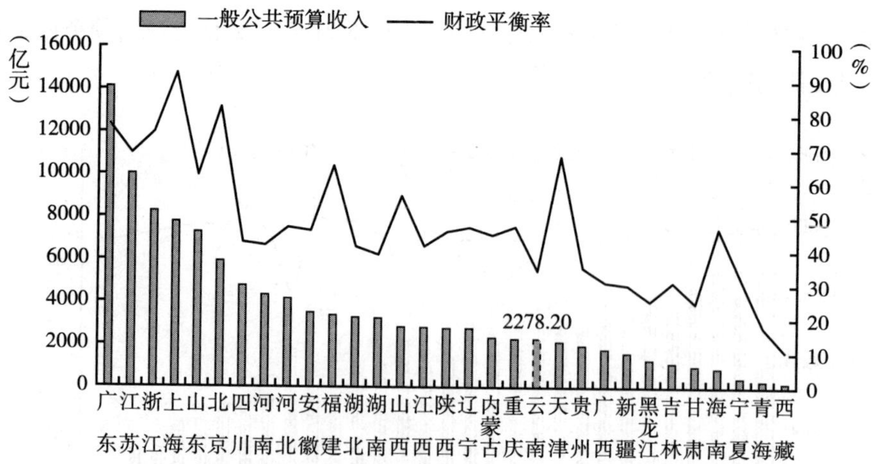

图 17　2021 年全国 31 个省（区、市）一般公共预算收入及财政平衡率

数据来源：全国 31 个省（区、市）财政预算执行及决算报告，中诚信国际整理计算。

（三）区域债务压力加大，地方政府对区域债务风险的管理趋严

截至2021年，云南省政府债务余额/一般公共预算收入为5.08倍，仅低于青海、贵州两省，区域债务压力较大。截至2021年，云南省的债务率和负债率在全国31个省（区、市）中均处于较高水平（见图18），且较上年进一步增加，当期债务率仍超过100%的国际警戒水平。考虑到云南省土地市场不景气造成了政府性基金收入的连续下滑，2022年以来区域可支配财力继续下降，债务压力有所加大。

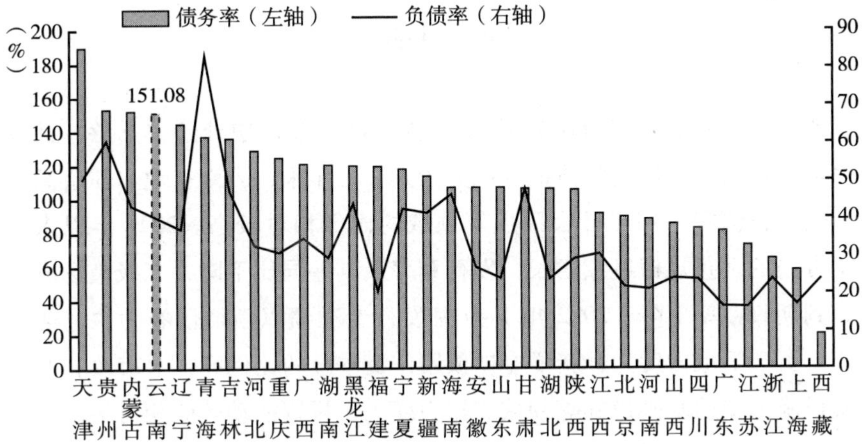

图18　2021年全国31个省（区、市）债务率及负债率

数据来源：全国31个省（区、市）财政预算执行及决算报告，中诚信国际整理计算。

针对高企的区域债务规模，云南省政府对债务的管控日益趋严。2020年6月，云南省国资委印发《关于印发省领导重要批示抄清的通知》，强调云南省所有省属国企均必须严控新增债务，所有利率高于6.5%的债务必须置换并严禁新增类似债务，所有信托、资管类债务必须全部置换，国企之间严禁互相借款、担保，严禁向私营企业借款并为其担保。2021年7月21~23日，昆明市国资委召开"昆明市属国有企业2021年上半年工作通报暨银政企座谈会"，要求市属企业要守住防范系统性债务风险的底线，着力构建完善的"1+4+N"债务风险防范制度体系，昆明市国资委与市属监管企业主要领导签订了确保到期债务"零违约"的目标责任书，明确各市属监管企业作为债务风险防控的

第一责任主体，确保到期债务100%偿还。2021年10月18日，云南省人民政府发布《关于完善省以下财政体制深化预算管理制度改革的意见》，强调要坚持底线思维，加强政府债务和中长期支出事项管理，推动财政更可持续，牢牢守住不发生系统性风险的底线，提出健全地方政府依法适度举债机制、防范化解地方政府隐性债务风险、防范化解财政运行风险隐患等三项措施要求。此外，要清理规范地方融资平台公司，剥离其政府融资职能，对失去清偿能力的要依法实施破产重整或清算。健全市场化、法治化债务违约处置机制，坚决防止风险累积形成系统性风险。

四　小结

云南省经济和财政实力在全国31个省（区、市）中处于中下游，且政府债务余额相对较高，区域整体债务压力较大。近年来，云南省地方债余额逐年增长，新发行债券中用于社会民生等领域的比重相对较高。2021年以来，云南省地方债的发行规模继续增长，发行利率及利差同比下降，二级市场成交量上升，到期收益率下降，2022年1~9月发行专项债以新增债券为主，期限整体较长，资金下沉力度大，新增专项债用作资本金的比例高，对市政和产业园区基础设施及交通基础设施等领域支持力度大，投资撬动效应相对突出。云南省区域财政实力仍较弱，债务负担重，2021年以来土地市场不景气缩减了区域可用财力，在防风险和基建补短板并举的基调下，云南省继续遏制隐性债务的增长，健全债务风险防范机制和化解机制。

综合来看，近年来云南省地方债的发行规模保持增长，新增专项债扩量发行保障市政和产业园区基础设施等领域的建设资金需求，下沉力度较大。2022年以来，云南省继续增加专项债用作资本金的重大项目的储备，发挥专项债对地方基建投资的撬动作用，但区域政府债务保持增长，财政收入保障能力下滑，整体债务压力加大，如何继续加强对区域债务风险的管控成为需要省政府牵头解决的问题。

B.29

2022年贵州省地方政府债券分析报告

陈 涛　陈小鹏　章 毅*

摘　要： 贵州省存量地方债规模在全国31个省（区、市）中处于中上游水平，但财政经济实力偏弱，近年来负债率和债务率高企，债务风险不容小觑。本报告通过对贵州省地方债运行情况、专项债投向及撬动能力以及贵州省整体经济财政和债务状况等进行分析，以进一步剖析贵州省区域债务风险情况，并就贵州省后续债务风险防范与化解提出建议。

关键词： 地方债　专项债　贵州省

一　贵州省地方债运行情况分析

贵州省地方债存量规模较大，在全国处于中上游水平，且一般债和专项债占比趋于对等，存量债券发行期限以中期为主。截至2022年9月，贵州省地方债存量规模为12391.92亿元①，占全国总规模的3.59%，在全国31个省（区、市）中排第11位（见图1）。从券种结构看，一般债与专项债规模分别为6544.67亿元和5847.24亿元，较2021年同期均有小幅增长，且两者占比更加趋于平衡。从期限结构看，中期限地方债占比最高，其中5年期、7年期

* 陈涛，中诚信国际政府公共评级部分析师，主要研究领域为地方政府债券、基础设施投融资行业等；陈小鹏，中诚信国际政府公共评级部分析师，主要研究领域为地方政府债券、基础设施投融资行业等；章毅，中诚信国际政府公共评级部助理分析师，主要研究领域为地方政府债券、基础设施投融资行业等。

① 如无特别说明，本报告中引用的地方债存量、发行量、发行利率、发行利差、交易量、到期收益率等债券相关数据均来自截至2022年9月的Wind数据库，并由中诚信国际整理计算。

和10年期地方债存量规模排名前三，合计占比为67.60%，但占比较2021年同期有所下降。

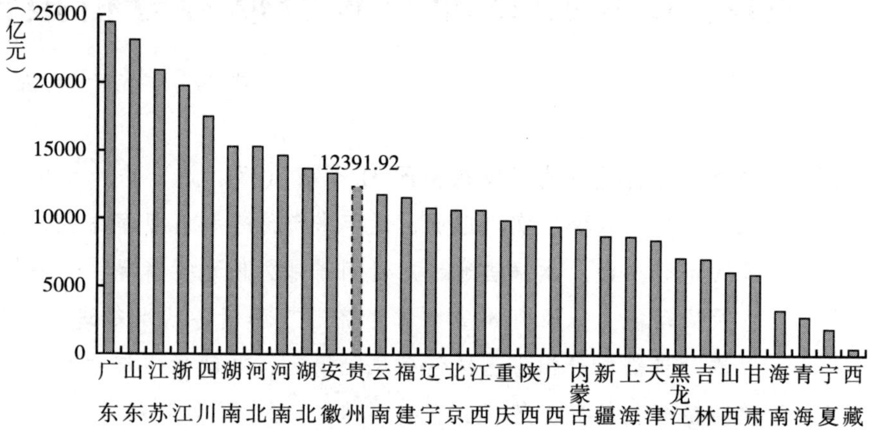

图1　截至2022年9月全国31个省（区、市）地方债存量规模

数据来源：Wind数据库，中诚信国际整理计算。

（一）发行规模同比明显下降，主要集中于5~7月发行

2022年1~9月，贵州省地方债发行规模居全国中下游水平，同比明显下降，发行高峰主要集中在5~7月。2022年以来，我国宏观经济持续面临“需求收缩、供给冲击、预期转弱”的三重压力，经济增速放缓，亟须财政政策施力发挥跨周期和逆周期调节作用，同时地方财政收支缺口长期存在，尤其在一系列减税降费对冲政策实施以及房地产行业景气度下降后，地方可支配财力不足问题越发凸显，而地方债在经历连续数年大幅扩容后债务率已攀升至相对较高水平，可进一步增长空间有限，财政政策更倾向于通过加大中央转移支付力度来保障地方政府的可支配财力。《省人民政府关于提请审议2022年省本级财政预算调整方案（草案）的议案的说明》① 显示，2022年贵州省新增地方政府债务限额587亿元，延续下降趋势。在此背景下，2022年1~9月，贵州

① 《省人民政府关于提请审议2022年省本级财政预算调整方案（草案）的议案的说明》，贵州省财政厅网站，2022年10月20日，http：//czt.guizhou.gov.cn/ztzl/gzsczzjxxgkzl/gzssbjczysjsgjf/202210/t20221020_ 76785974.html。

省地方债发行规模为 1650. 15 亿元，在全国 31 个省（区、市）中排第 19 位，较 2021 年同期排名下降 8 位；地方债发行规模较 2021 年同期减少 386. 04 亿元，增速为-18. 96%，由正转负，呈明显收缩态势。从月度发行规模走势来看，2022 年 1~9 月贵州省地方债发行规模波动幅度较大，发行高峰主要集中在 5~7 月，与 2021 年同期相比发行时间更为集中（见图 2）。

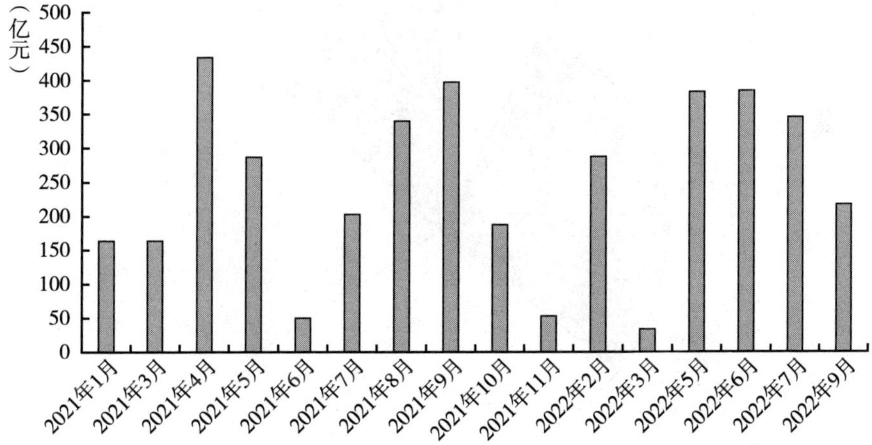

图 2　2021 年 1 月至 2022 年 9 月贵州省地方债月度发行规模

注：贵州省部分月份无地方债发行，故图中无显示。

数据来源：Wind 数据库，中诚信国际整理计算。

（二）发行结构以一般债为主，发行期限明显下移

2022 年 1~9 月，贵州省新增地方债以一般债为主，中期限地方债占比进一步上升，发行期限明显下移。从券种结构看，2022 年 1~9 月贵州省新发行一般债与专项债之比为 60. 22 ∶ 39. 78，以一般债为主。其中，专项债发行规模为 656. 44 亿元，新增规模较 2021 年同期下降 36. 26%，占比亦由 50. 58%下降至 39. 78%。从债券类型看，2022 年 1~9 月贵州省新发行地方债以再融资债为主，再融资债规模为 1053. 53 亿元，较 2021 年同期下降 26. 09%，占比为 63. 84%，剩余债券为新增债，无置换债发行。其中，再融资一般债和再融资专项债分别为 847. 09 亿元和 206. 44 亿元，新增一般债和新增专项债分别为 146. 62 亿元和 450. 00 亿元。从期限结构看，2022 年 1~9 月贵州省新增地方债

加权平均期限为 9.86 年，较 2021 年同期有所下降。其中，发行期限在 10 年及以下的地方债规模占比同比增长 12.45 个百分点至 70.95%，中期限地方债占比进一步上升，且主要为 5 年期和 7 年期；但与此同时，长期限地方债占比下降 12.45 个百分点至 29.06%（见图 3）。

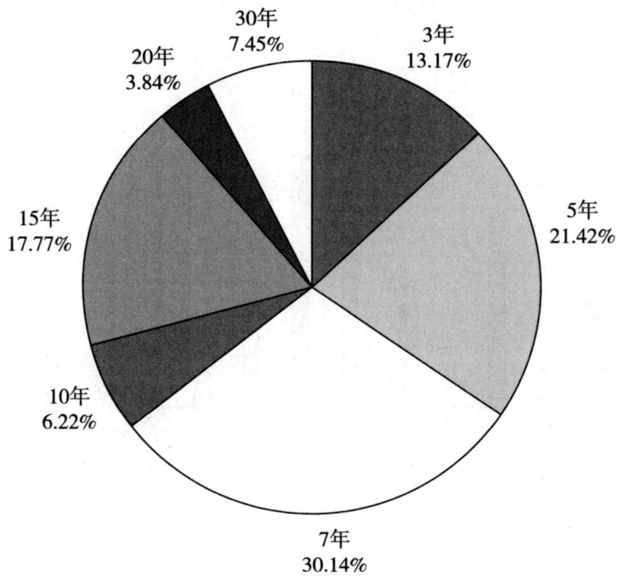

图 3　2022 年 1~9 月贵州省新发行地方债期限结构

数据来源：Wind 数据库，中诚信国际整理计算。

（三）发行利率和发行利差[①]均有所下降，资金成本有所降低

2022 年 1~9 月，贵州省地方债发行利率和发行利差较 2021 年同期均有所下降，资金成本有所降低。具体来看，2022 年 1~9 月贵州省地方债发行利率为 2.95%，较 2021 年同期下降 0.46 个百分点，在全国 31 个省（区、市）中排第 25 位（降序排列）；发行利差为 17.96BP，较 2021 年同期下降 7.15BP，在全国 31 个省（区、市）中排第 9 位（降序排列）（见图 4）。从变化趋势来

① 如无特别说明，本报告中发行利率、利差为根据发行额计算的加权平均发行利率、利差，发行利差计算公式：债券发行利率-对应期限国债收益率。

看，2022 年 1~9 月贵州省地方债发行利率及发行利差均整体呈波动下降趋势。在此期间，3 月发行利率和利差均达到最高值，与最低值分别相差 1.06 个百分点和 12.77BP（见图 5）。从券种分布看，2022 年 1~9 月一般债和专项债发行利率分别为 2.86%和 3.11%，发行利差分别为 15.43BP 和 14.74BP。

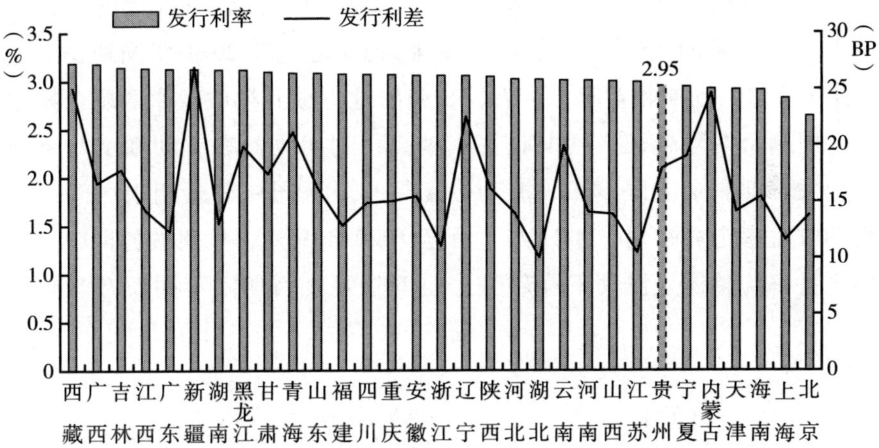

图 4　2022 年 1~9 月全国 31 个省（区、市）地方债发行成本

数据来源：Wind 数据库，中诚信国际整理计算。

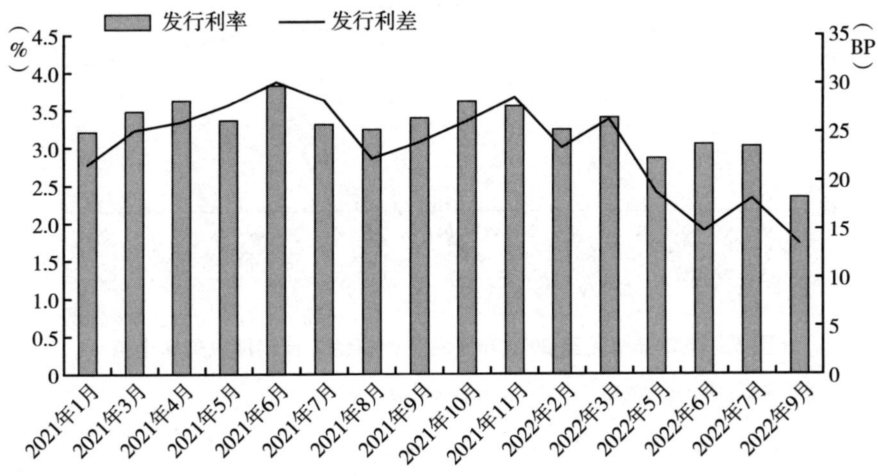

图 5　2021 年 1 月至 2022 年 9 月贵州省地方债月度发行成本

注：贵州省部分月份无地方债发行，故图中无显示。

数据来源：Wind 数据库，中诚信国际整理计算。

（四）交易规模[①]同比增长，到期收益率[②]波动下降

2022 年 1~9 月，贵州省地方债二级市场交易规模同比增长，到期收益率波动下降。从二级市场交易规模看，2022 年 1~9 月贵州省 204 只存续债券中有交易额的为 185 只，交易规模达 2279.36 亿元，同比增长 8.15%；交易规模在全国 31 个省（区、市）中排第 20 位，较 2021 年同期排名下降 4 位。从各期限到期收益率走势看，贵州省地方债到期收益率和剩余期限正相关，即剩余期限越长，到期收益率越高；到期收益率波动幅度与剩余期限负相关，即剩余期限越长，波动幅度越小。从同一剩余期限区间内地方债到期收益率走势来看，2021 年 1 月至 2022 年 9 月，贵州省各期限地方债到期收益率均整体呈波动下降趋势，但下降幅度因期限不同而有差异（见图 6）。

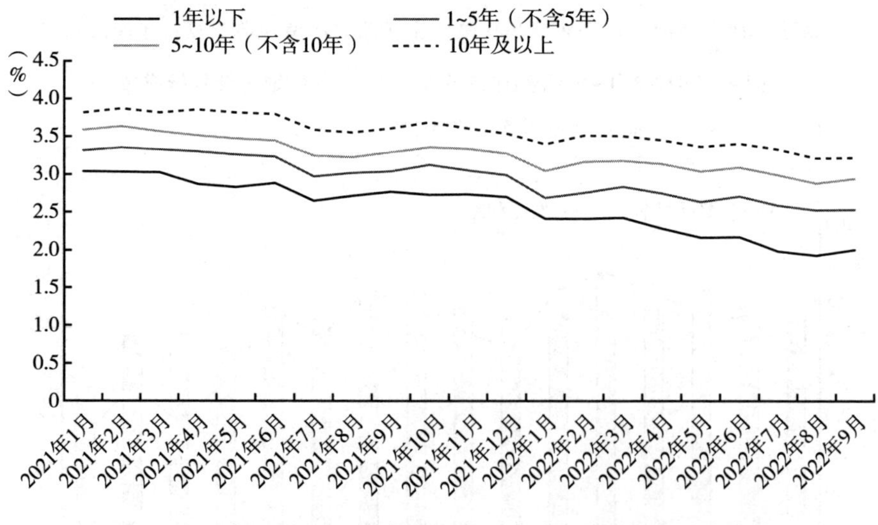

图 6　2021 年 1 月至 2022 年 9 月贵州省地方债到期收益率走势

数据来源：Wind 数据库，中诚信国际整理计算。

① 交易统计包含回购交易、现券交易等部分。

② 此处到期收益率均值采用的是算术平均值。

二　贵州省地方政府专项债分析[①]

截至2022年9月，贵州省现有存续专项债164只，存续规模为5847.24亿元。从期限结构看，剩余期限在10年以下的债券占比为54.36%；此外，贵州省存续专项债期限为10年及以上的占比为45.64%（见图7）。2022年1~9月，贵州省专项债发行规模为656.44亿元，其中新增专项债规模450.00亿元，占比为68.55%，新增专项债期限结构以长期为主。

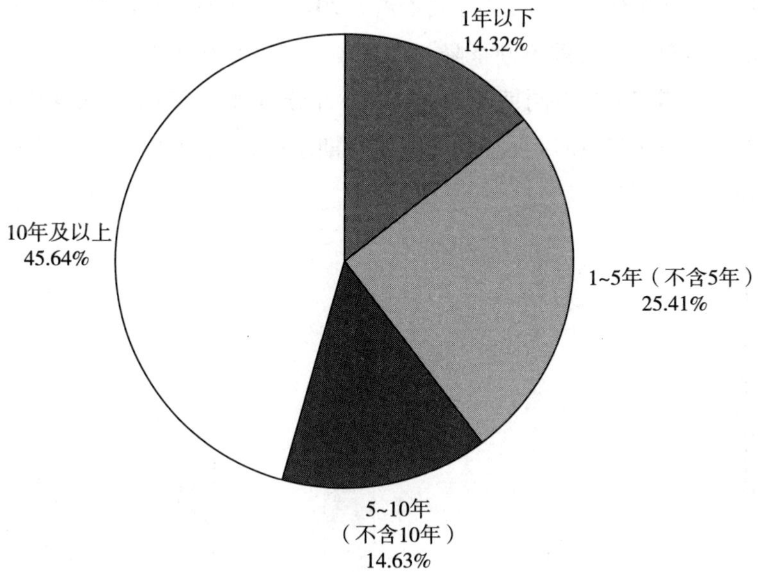

图7　截至2022年9月贵州省项目收益专项债剩余期限结构

数据来源：Wind数据库，中诚信国际整理计算。

① 2020年7月29日财政部《关于加快地方政府专项债券发行使用有关工作的通知》（财预〔2020〕94号）明确2020年新增专项债必须保证融资规模与项目收益相平衡，因此2020年以来的新增专项债均为项目收益专项债。本部分项目收益专项债的统计样本为2018~2019年项目收益专项债与2020年至2022年9月的新增专项债。

（一）发行规模同比基本持平，发行成本有所下降，长期限发行占比超九成

2022 年 1~9 月，贵州省项目收益专项债发行规模同比基本持平，发行成本有所下降，发行期限以长期为主。从发行规模看，在 2020 年新冠肺炎疫情冲击下，宏观政策加强逆周期调节，贵州省响应中央政府积极财政政策要求，项目收益专项债发行规模呈爆发式增长，后随着疫情稳定，发行规模明显下降，2021 年同比减少 451.00 亿元；2022 年 1~9 月，在稳增长压力及存量项目资金接续需求下，项目收益专项债发行规模仍保持高位，发行规模与 2021 年同期基本持平（见图 8）。从发行成本看，2019 年以来，发行利率整体呈波动下降趋势，同期发行利差不断下降（见图 9），其中 2022 年 1~9 月发行利率和发行利差分别较 2021 年同期下降 0.19 个百分点和 4.77BP。从期限结构看，2022 年 1~9 月贵州省项目收益专项债发行期限以长期为主，其中 15 年及以上占比为 93.20%（见图 10）。

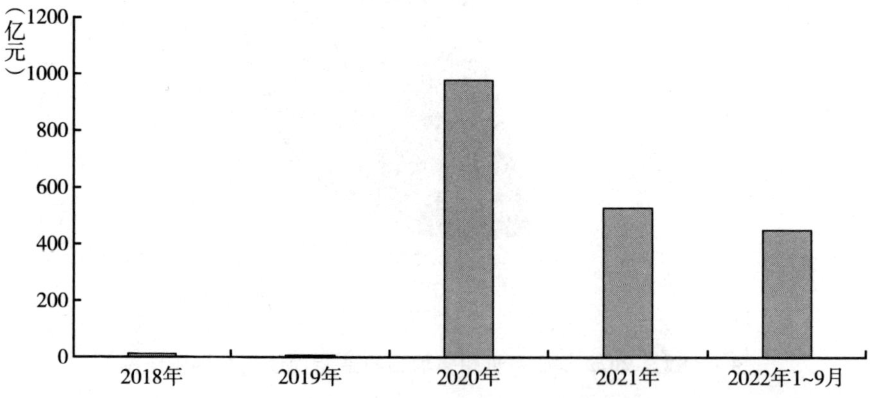

图 8　2018~2021 年及 2022 年 1~9 月贵州省项目收益专项债发行规模

数据来源：Wind 数据库，中诚信国际整理计算。

（二）募投项目以农林水利、市政和产业园区基础设施、民生服务、交通基础设施、棚改为主，项目偿债保障有一定差异

2022 年 1~9 月，贵州省新增专项债的募集资金主要投向农林水利、市政

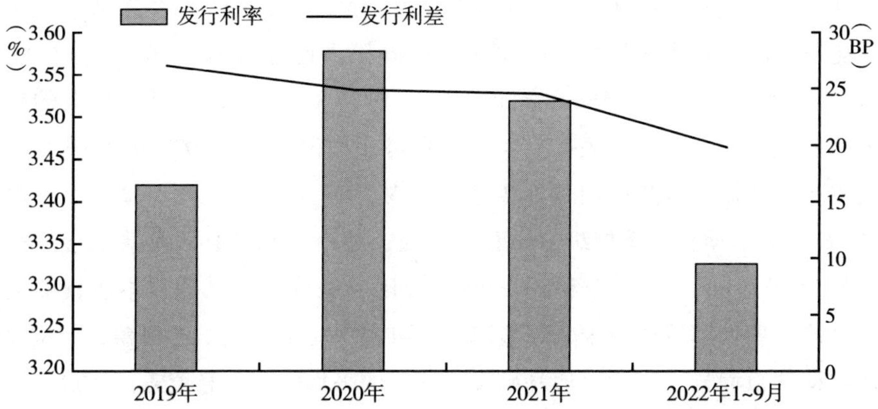

图 9　2019~2021 年及 2022 年 1~9 月贵州省项目收益专项债发行成本

数据来源：Wind 数据库，中诚信国际整理计算。

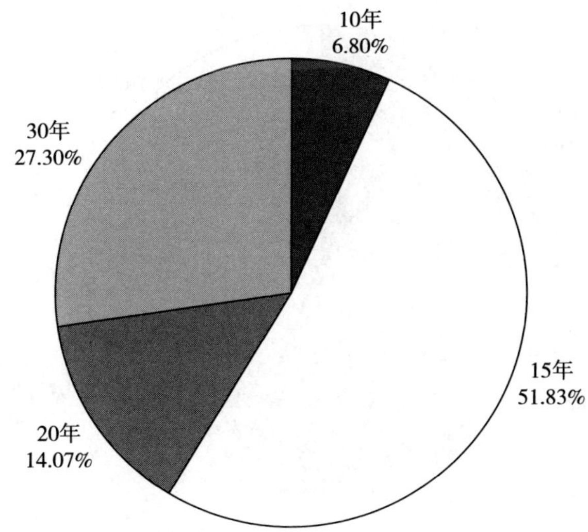

图 10　2022 年 1~9 月贵州省项目收益专项债发行期限结构

数据来源：Wind 数据库，中诚信国际整理计算。

和产业园区基础设施、民生服务、交通基础设施、棚改等领域，多分布于区县级，不同类型项目本息覆盖倍数有一定差异。2022 年 1~9 月，贵州省新增专项债 32 只，共募集资金 450.00 亿元，用于项目建设的资金额度为 450.00 亿元。从募投领域看，农林水利、市政和产业园区基础设施、民生服务、交通基础设施及棚改领域为主要投向，募集资金规模占比分别为 24.03%、19.90%、17.16%、16.03%和 12.71%，合计占比 89.83%（见图 11），其中投向的具体领域主要包括水利工程、医疗卫生、产业园（其他）等。2022 年 1~9 月，贵州省发行专项债对应募投项目 643 个，其中 2022 年新开工项目 224 个，占比为 34.84%。从项目行政层级分布看，省级、地市级和区县级募集资金规模占比分别为 19.14%、18.87%和 61.99%，以区县级为主。从项目本息覆盖倍数看，新增专项债募投项目未来现金流入均可实现对本息支出的覆盖，但覆盖能力因具体项目而异，其中交通基础设施项目的平均融资本息覆盖倍数最高，达到 1.89 倍①，信息网络建设项目平均融资本息覆盖倍数最低，为 1.38 倍，不同类型项目偿债保障有一定差异（见图 12）。

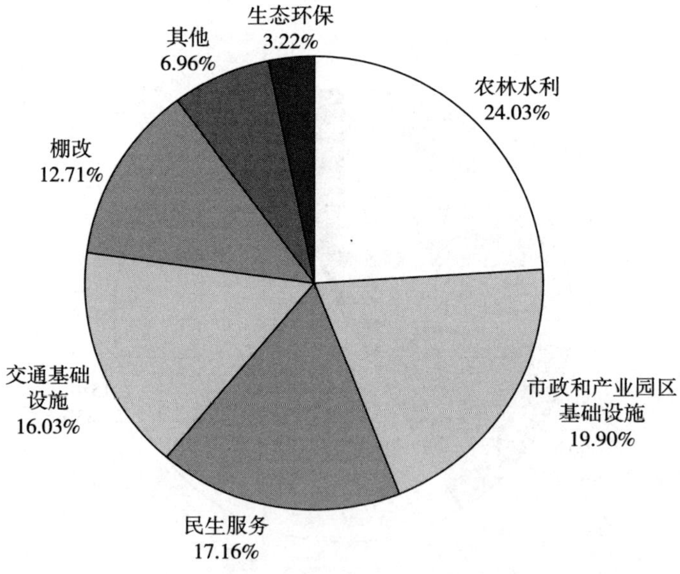

图 11　2022 年 1~9 月贵州省项目收益专项债募投领域分布

数据来源：贵州省地方政府新增专项债信息披露文件，中诚信国际整理计算。

① 项目本息覆盖倍数采用加权平均值。

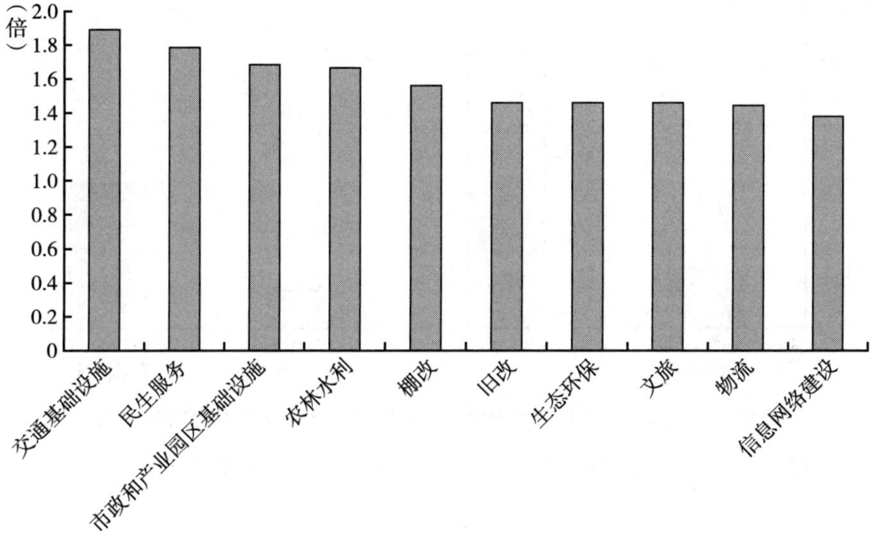

图 12　2022 年 1~9 月贵州省项目收益专项债投向领域的融资本息覆盖倍数

数据来源：贵州省地方政府新增专项债信息披露文件，中诚信国际整理计算。

（三）专项债用作资本金的比例较低，主要投向交通基础设施和农林水利等领域

2022 年 1~9 月，贵州省新发行的专项债中，资金用作资本金的比例较低。具体来看，2022 年 1~9 月，贵州省新增专项债中共有 13 只用作项目资本金，发行时间主要集中于 2 月和 6 月，可用于资本金的规模为 61.48 亿元，对应募投项目 113 个，占总项目数的 17.57%，对应项目总投资额和项目资本金分别为 852.26 亿元和 373.63 亿元，用作项目资本金的专项债资金占资本金总额的比例为 16.45%，专项债资金用作资本金的比例较低。从项目投向看，专项债用作资本金的项目主要投向交通基础设施和农林水利等领域（见图 13）。其中，交通基础设施项目的收入来源主要为客运服务收入和停车收入等，农林水利项目的收入来源主要为供水收入和灌溉收入等。

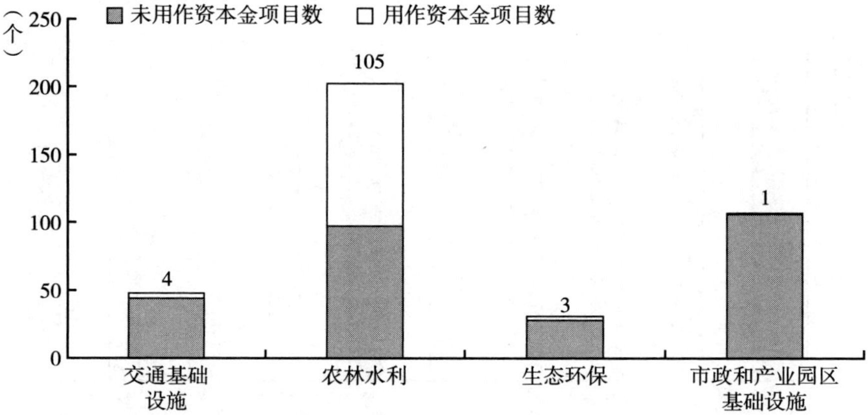

图 13　2022 年 1~9 月贵州省项目收益专项债用作资本金所投领域

数据来源：贵州省地方政府新增专项债信息披露文件，中诚信国际整理计算。

（四）专项债用作资本金的撬动能力弱于用作配套融资，且整体对基建投资的拉动效果不显著

2022 年 1~9 月，贵州省新增专项债可撬动一定规模的基建投资①，但撬动效果不显著。具体来看，2022 年 1~9 月，贵州省新增专项债以 450.00 亿元的规模撬动了 699.70 亿元的基建投资。其中，用作资本金的专项债规模为 61.48 亿元，对应专项债资本金撬动杠杆和对基建投资的撬动规模分别为 1.25 倍和 76.73 亿元，在全国 31 个省（区、市）中排第 25 位；专项债作为项目配套融资的撬动杠杆和对基建投资的撬动规模分别为 1.64 倍和 622.97 亿元，在全国 31 个省（区、市）中排第 20 位。同时，专项债资金实际对基建投资的拉动效果可能受到多种因素限制，如项目建设进度、资金实际到位情况、配套设施建设情况等。整体而言，贵州省专项债整体对基建投资的拉动效果不显著。

三　贵州省偿债能力分析

贵州省存量地方债规模较大，到期债务偿付集中于 2023~2025 年，且以

① 专项债撬动基建投资方法参见袁海霞、汪苑晖、卞欢《专项债兼顾扩容提效，助力基建托底稳增长——地方政府专项债 2019 年回顾与 2020 年展望》，《财政科学》2020 年第 1 期。

一般债为主；同时，地方政府债务限额[①]新增额度持续下降，债务限额增长边际效应减弱，可用债务空间不足。近年来贵州省经济财政情况有所改善，但整体实力仍偏弱，对上级补助依赖性较强，且偿债指标表现欠佳，区域债务风险不容小觑。

（一）存量地方债规模较大且集中偿付压力较大，债务限额增长边际效应减弱，可用债务空间相对不足

贵州省存量地方债规模较大且集中偿付压力较大。截至 2022 年 9 月，贵州省存量地方债余额为 12391.92 亿元，2022 年 10 月至 2027 年到期规模占存量总规模的 51.30%。其中，2023～2025 年为偿债高峰期，到期债务规模均超过 1100 亿元，偿债压力较大；2026～2027 年到期债务规模有所下降，但各期仍超过 900 亿元，债务压力凸显。从到期券种分布看，除 2022 年 10～12 月专项债到期规模大于一般债外，2023～2027 年一般债到期规模均超过专项债，且偿债高峰期出现在 2023～2025 年，每年一般债到期规模均超过 800 亿元，而后两年到期规模有所下降，但仍均超过 500 亿元（见图 14）。

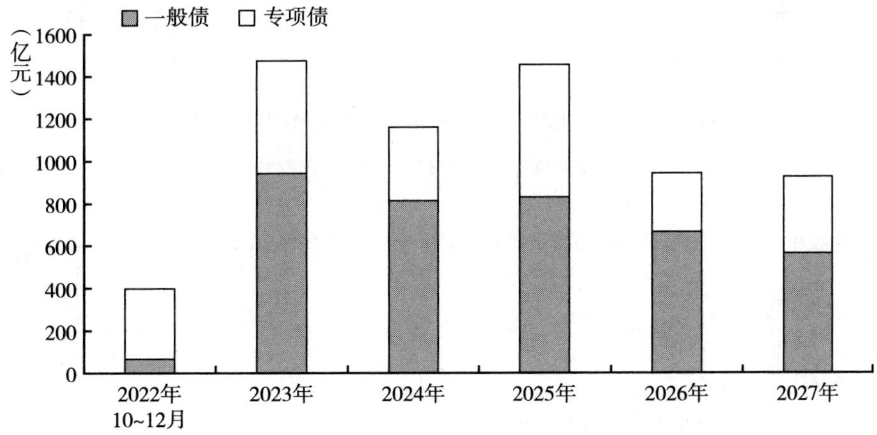

图 14　截至 2022 年 9 月贵州省存量地方债到期分布

数据来源：Wind 数据库，中诚信国际整理计算。

① 如无特别说明，本报告中引用的贵州省政府债务限额、余额，一般公共预算收入、支出，财政平衡率，债务率、负债率等财政相关数据均来自贵州省财政预算执行及决算报告，并由中诚信国际整理计算。

2019~2021 年，贵州省可用债务空间有所波动，但相对于规模较大的存续债而言，可用债务空间不足。截至 2021 年，贵州省地方政府债务余额为 11872.29 亿元，债务限额为 12365.35 亿元（见图 15），在全国 31 个省（区、市）中分别居第 10 位和第 11 位，排名较为靠前（见图 16）。2019~2021 年，贵州省地方政府债务余额和限额逐年增长，但债务限额新增额度持续下降，债务限额增长边际效应减弱；截至 2021 年，贵州省债务余额与债务限额之间差额为 493.06 亿元，较 2020 年下降 26.16%，可用债务空间有所缩小；同时，2019~2021 年债务余额/债务限额整体略有抬升，截至 2021 年，为 96.01%，可用债务空间不足。

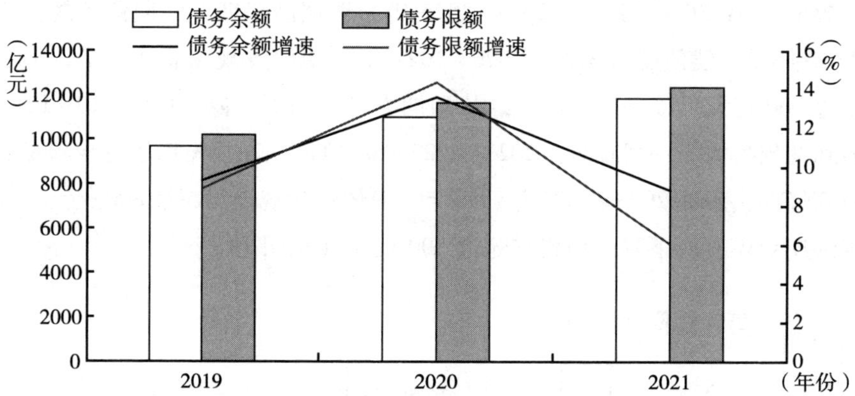

图 15　2019~2021 年贵州省地方政府债务限额及余额

数据来源：贵州省财政预算执行及决算报告，中诚信国际整理计算。

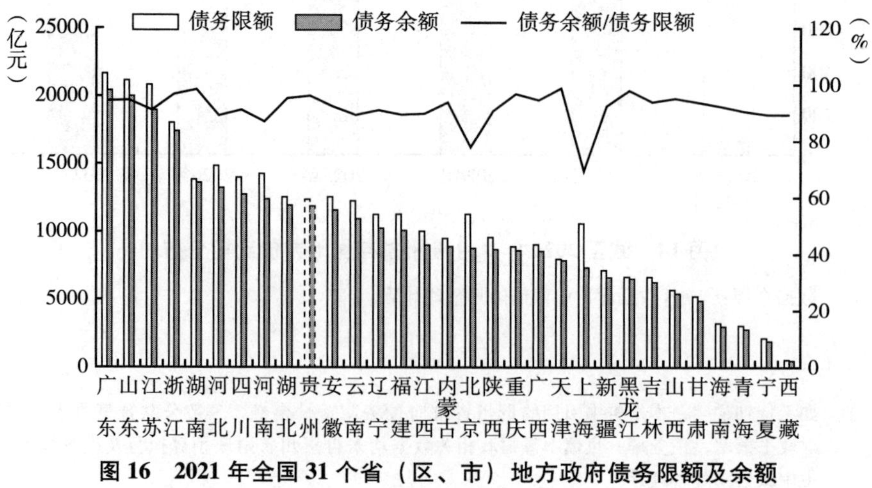

图 16　2021 年全国 31 个省（区、市）地方政府债务限额及余额

数据来源：全国 31 个省（区、市）财政预算执行及决算报告，中诚信国际整理计算。

（二）经济财政实力居全国中等偏下水平，财政自给能力较弱，对上级补助依赖性较强

贵州省经济体量处于全国中等偏下水平，但经济增速较快。2021 年，贵州省实现地区生产总值 19586.42 亿元，在全国 31 个省（区、市）中居第 22 位；增速达 8.1%，在全国 31 个省（区、市）中居第 11 位；2012~2021 年，贵州省 GDP 增速整体呈下降趋势，但基本高于全国增速。按产业划分，2021 年贵州省第一产业增加值 2730.92 亿元，增长 7.7%；第二产业增加值 6984.70 亿元，增长 9.4%；第三产业增加值 9870.80 亿元，增长 7.3%；三次产业结构为 13.9 : 35.7 : 50.4，呈现“三二一”特征。贵州省产业结构特征与省内煤、电、烟、酒四大支柱产业的布局结构特征基本一致，2021 年四大支柱产业增加值合计同比增长 18.1%。从经济发展驱动力看，2021 年贵州省全年固定资产投资总额较 2020 年下降 3.1%，但其中工业投资增长 19.7%。

贵州省财政实力偏弱，2021 年一般公共预算收入增速有所加快，财政收支平衡较为依赖上级补助。具体来看，2021 年贵州省实现一般公共预算收入 1969.39 亿元，在全国 31 个省（区、市）中排第 22 位（见图 17），同比增长 10.2%，增速较 2020 年上升 9.1 个百分点，主要系 2021 年随着经济和企业生

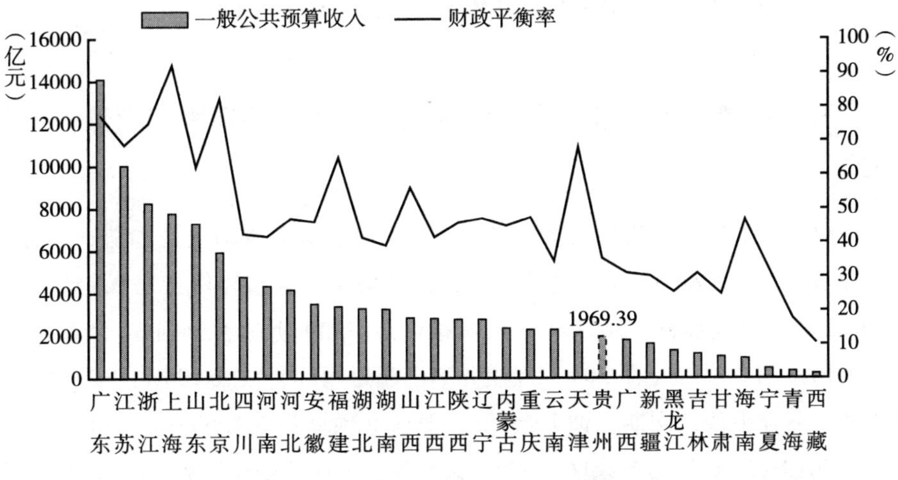

图 17　2021 年全国 31 个省（区、市）一般公共预算收入及财政平衡率

数据来源：全国 31 个省（区、市）财政预算执行及决算报告，中诚信国际整理计算。

产经营持续稳定恢复，税收收入保持较快增长，同时省属国有企业按规定缴纳的利润增加所致。其中，税收收入为1177.15亿元，占比59.8%，较2020年下降1.0个百分点。财政平衡方面，2019~2021年，贵州省财政平衡率呈逐年上升趋势，但仍处于较低水平，对上级补助依赖性较强。同期，贵州省政府性基金收入持续增长，其中2021年为2380.70亿元（见图18），对政府综合财力的补充作用较大。

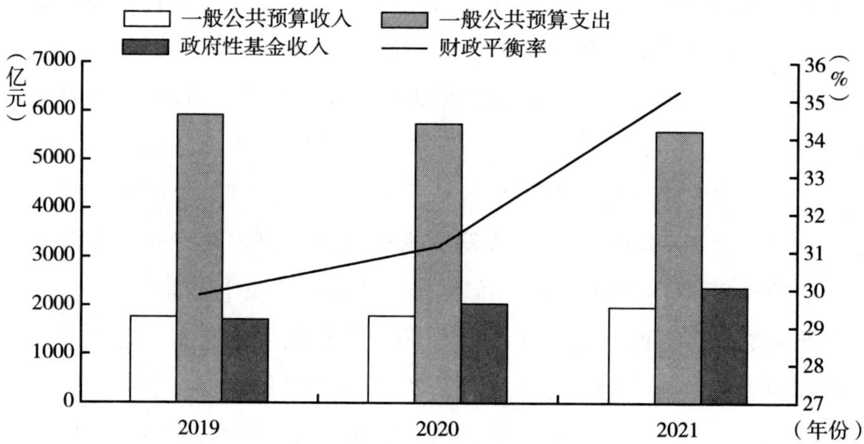

图18　2019~2021年贵州省财政情况

数据来源：贵州省财政预算执行及决算报告，中诚信国际整理计算。

（三）负债率和债务率均居全国第二，偿债指标表现欠佳，债务风险不容小觑

2019~2021年，贵州省负债率及债务率[①]均整体呈波动上升趋势，债务率已超过国际警戒线标准，债务余额/一般公共预算收入整体保持增长趋势（见图19），债务风险加剧。2021年，贵州省负债率和债务率在全国31个省（区、市）中均排第2位（见图20），且债务率已超过国际警戒线100%的安全标准，债务风险不容小觑；同期，债务余额/一般公共预算收入为603%，同比有所下降，但2019~2020年债务余额/一般公共预算收入保持增长趋势，偿债指标表现

① 负债率=地方政府债务余额/GDP；债务率=地方政府债务余额/地方政府综合财力。

欠佳。债务化解方面，贵州省政府高度重视政府性债务管理工作。近年来，贵州省出台了一系列政府文件防范与化解地方政府债务风险（见表1）。通过加强对政府性债务的存量化解和新增管理，贵州省严格把控债务风险，但考虑到贵州省2023~2025年到期债务规模较大、财政自给能力较弱以及偿债指标呈走低态势等因素，贵州省偿债指标表现欠佳，债务风险不容小觑。

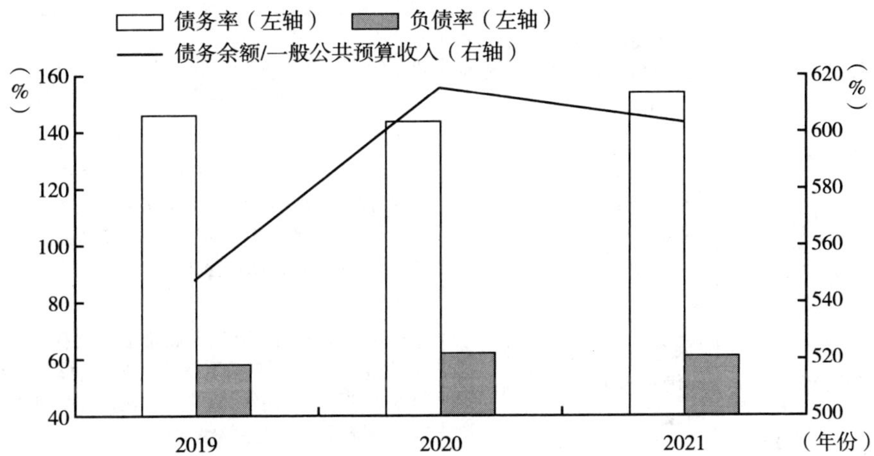

图19　2019~2021年贵州省债务率及负债率

数据来源：贵州省财政预算执行及决算报告，中诚信国际整理计算。

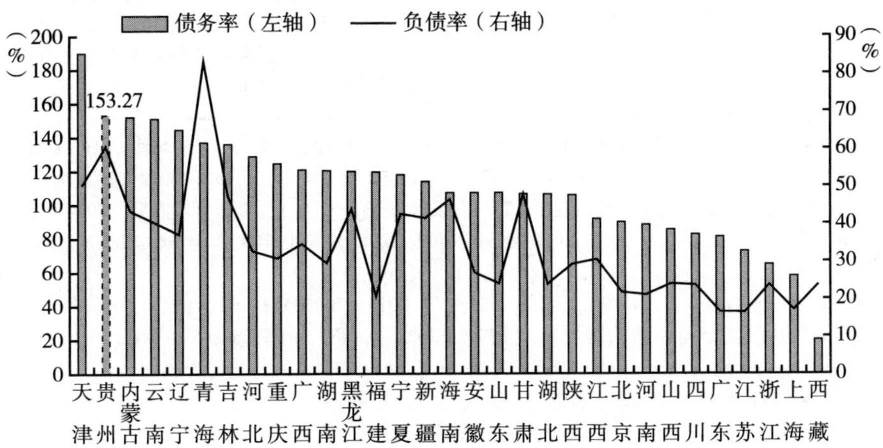

图20　2021年全国31个省（区、市）债务率及负债率

数据来源：全国31个省（区、市）财政预算执行及决算报告，中诚信国际整理计算。

表 1　近年来贵州省防范与化解地方政府债务风险相关文件

时间	文件	主要内容
2017 年 5 月	《贵州省政府性债务风险应急处置预案》	高风险地区要通过从控制项目规模、处置存量资产、债务重评估、压缩公用经费等方面着手，丰富筹集资金偿还债务的渠道，努力避免债务风险
2020 年 1 月	《省人民政府办公厅关于促进贵州资本市场健康发展的意见》	促进地区债转股业务的发展，积极培育省内地方资产管理公司，并引导各类基金参与债转股
2021 年 9 月	《贵州省政府投资项目管理办法》	明确划分国有企业与政府的关系，取消国有企业的政府性融资职能，国有企业在举债融资时需主动声明不承担政府性融资职能、所举债务是企业债务且政府不承担偿债责任
2022 年 1 月	《国务院关于支持贵州在新时代西部大开发上闯新路的意见》	落实地方政府偿债责任，不新增地方政府隐性债务，与金融机构协商采取适当的展期、债务重组等方式维持资金周转；研究支持在部分高风险地区开展降低债务风险等级试点
2022 年 9 月	《支持贵州加快提升财政治理能力奋力闯出高质量发展新路的实施方案》	积极推进财政资源统筹，盘活存量资金资产，落实债务风险考核；在确保债务风险可控的前提下，科学分配新增地方政府债务限额，积极支持贵州符合条件的政府投资项目建设，严格落实专项债券负面清单管理要求；在与金融机构协商的基础上采取适当展期、债务重组等方式维持资金周转，降低债务利息成本

资料来源：《贵州省政府性债务风险应急处置预案》，贵州省政府网，2017 年 5 月 24 日，https：//www. guizhou. gov. cn/zwgk/zcfg/szfwj/qfbh/201709/t20170925_ 70474671. html；《省人民政府办公厅关于促进贵州资本市场健康发展的意见》（黔府办发〔2019〕32 号），贵州省政府网，2020 年 1 月 9 日，https：//www. guizhou. gov. cn/zwgk/zcfg/szfwj/qfbf/202001/t20200109_ 70473688. html；《贵州省政府投资项目管理办法》，贵州省发展和改革委员会网站，2021 年 9 月 13 日，http：//fgw. guizhou. gov. cn/zwgk/xxgkml/zcfg/flfg/202109/t20210913_ 70060513. html；《国务院关于支持贵州在新时代西部大开发上闯新路的意见》（国发〔2022〕2 号），中国政府网，2022 年 1 月 26 日，http：//www. gov. cn/zhengce/content/2022-01/26/content_ 5670527. htm；《支持贵州加快提升财政治理能力奋力闯出高质量发展新路的实施方案》，财政部网站，2022 年 9 月 29 日，http：//nb. mof. gov. cn/czjg/tongzhitonggao/202209/t20220929_ 3843687. htm。

四　小结

贵州省地方债存量规模较大，期限结构以中期为主。2022 年 1～9 月，贵州省地方债发行规模同比明显下降，发行高峰主要集中于 5～7 月，债券品种以一般债为主，发行期限明显下移，发行利率及发行利差均有所下降，同时交易规模同比增长，到期收益率波动下降。同期，贵州省专项债发行规模同比基本持平，发行成本有所下降，长期限发行占比超九成；募投项目以农林水利、市政和产业园区基础设施、民生服务、交通基础设施、棚改为主，所投项目的收益均能覆盖本息支出，但项目偿债保障因项目差异而有所不同；专项债用作资本金的比例较低，主要投向交通基础设施和农林水利等领域，用作资本金的撬动能力弱于用作配套融资，且整体对基建投资的拉动效果不显著。贵州省地方政府债务余额在全国排名靠前，且存在集中偿付压力，债务限额增长边际效应减弱，可用债务空间有所缩小且不足。经济财政情况方面，贵州省经济财政实力处于全国中等偏下水平，财政自给能力较弱，对上级补助依赖性较强，偿债指标表现欠佳，未来债务风险不容小觑。

对此，本报告提出以下建议。第一，贵州省政府需出台一揽子具有针对性的偿债安排及计划，通过对部分债务的置换，为地方政府消化债务留足时间；同时，以此推进债务期限结构的优化，通过以长换短、用时间换空间等途径减轻债务集中偿还压力。第二，建立债务风险应急处置机制，充分利用信息化手段加强债务风险预测、分析债务风险状况；同时，建立债务风险资金池，推动省内各市州比照省级建立债务风险资金池，完善省市资金池联动机制。第三，通过项目收益专项债资金更加精准的投放发挥更大的撬动作用，资金投放在政策允许的范围内需考虑地方实际发展需求，同时尽量将项目收益专项债资金向重大项目倾斜。第四，充分发挥“四化”基金引导作用，引导金融和社会资本精准投向重点产业或相关项目，推进贵州省整体经济高质量发展。

B.30
2022年广东省地方政府债券分析报告

李 颖*

摘 要： 广东省地方债存量规模居全国首位，2022年1~9月发行规模已超上年同期，但发行节奏明显放缓。其中，新增专项债占主导，长期限债券占比有所提升。广东省专项债发行成本整体下行，募投领域向市政和产业园区基础设施、交通基础设施等倾斜，专项债用作项目资本金比例很低，对基建投资的实际撬动效果不及理论水平。广东省地方政府债务空间进一步压缩，其经济财政实力全国领先，对债务偿付保障能力较强，债务风险整体可控。建议未来拓展专项债资金的投向领域，释放专项债用作资本金的撬动效应。

关键词： 地方债　专项债　广东省

一　广东省地方债运行情况分析

广东省地方债存量规模位居全国第一，专项债占比较高。从规模看，截至2022年9月，广东省地方债存量规模为24479.55亿元[①]，占全国规模的7.09%，在全国31个省（区、市）中排第1位（见图1）。从结构看，专项债规模达17295.48亿元，占存量地方债的比例为70.65%；从期限看，5~15年期限存量债占比最高，约占全省地方债总规模的80.99%。

---

* 李颖，中诚信国际政府公共评级部助理总监，主要研究领域为地方债与城投行业。

① 如无特别说明，本报告中引用的地方债存量、发行量、发行利率、发行利差、交易量、到期收益率等债券相关数据均来自截至2022年9月的Wind数据库，并由中诚信国际整理计算。

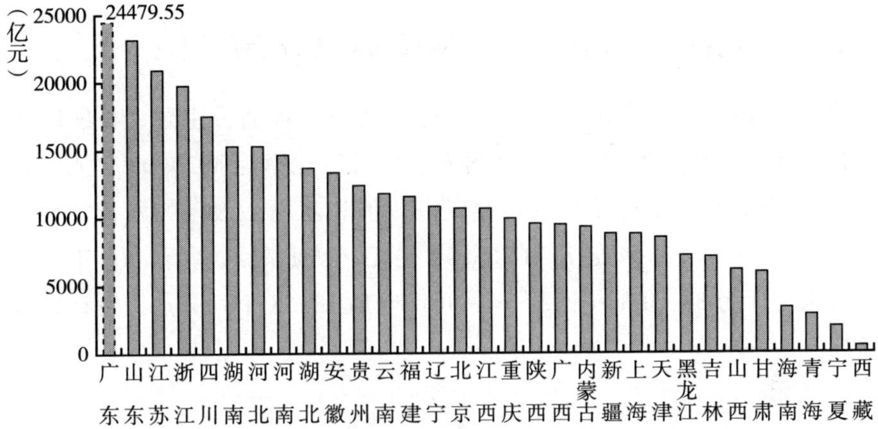

图1　截至2022年9月全国31个省（区、市）地方债存量规模

数据来源：Wind数据库，中诚信国际整理计算。

（一）发行规模超上年同期，发行节奏放缓

受经济下行、疫情点状发生以及俄乌冲突等超预期事件的影响，2022年1~9月广东省发行地方债共计5412.05亿元，已超上年同期。其中5月发行地方债1824.92亿元，系前三季度单月发行规模最大值。第三季度地方债发行695.49亿元，较第二季度减少超2000亿元，发行节奏明显放缓（见图2）。

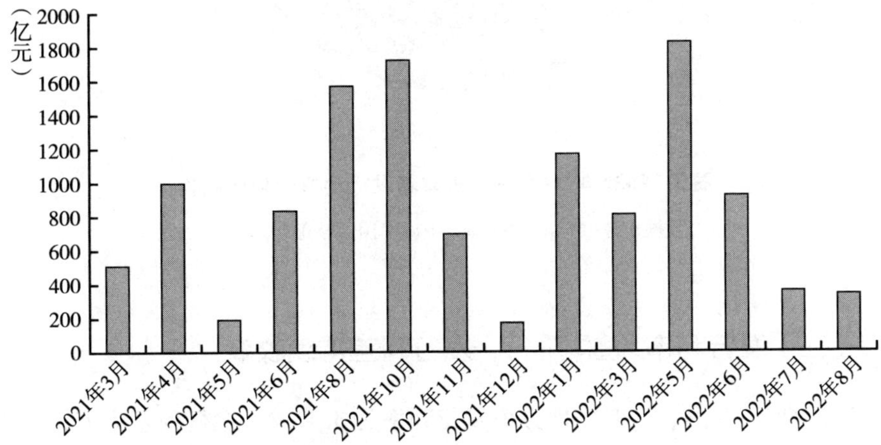

图2　2021年1月至2022年9月广东省地方债月度发行规模

注：广东省部分月份无地方债发行，故图中无显示。

数据来源：Wind数据库，中诚信国际整理计算。

（二）新增专项债占主导，长期限债券占比有所提升

2022 年 1~9 月，广东省地方债发行中新增专项债占主导，长期限债券占比有所提升。从券种结构看，新增专项债发行规模为 4025. 00 亿元，占比高达 74. 37%，再融资专项债、再融资一般债和新增一般债的发行规模分别为 566. 97 亿元、453. 44 亿元和 366. 64 亿元；从期限结构看，10 年及以上期限占比合计为 84. 01%（见图 3），同比增加 13. 58 个百分点，发行期限有所延长。

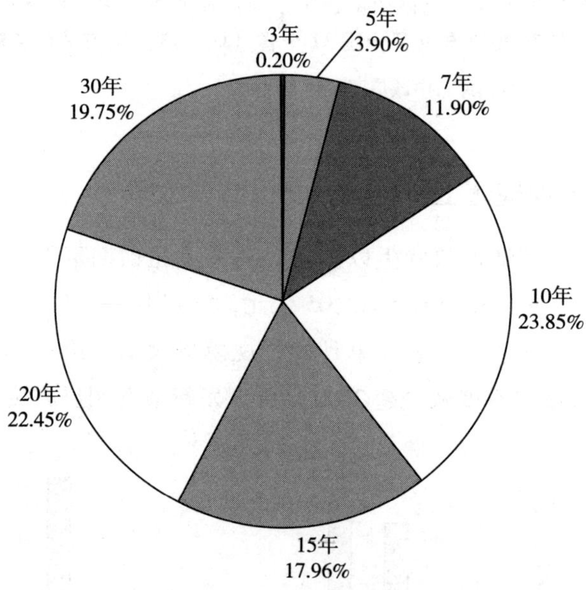

图 3　2022 年 1~9 月广东省新发行地方债期限结构

数据来源：Wind 数据库，中诚信国际整理计算。

（三）发行利率[①]整体下行，发行利差持续收窄

2022 年 1~9 月，广东省地方债发行利率为 3. 13%，发行利差为 12. 36BP，

① 如无特别说明，本报告中发行利率、利差为根据发行额计算的加权平均发行利率、利差，发行利差计算公式：债券发行利率-对应期限国债收益率。

发行成本较 2021 年明显下行（见图 4）。从月度分布看，发行利率在 3 月到达当年高点 3.20%，5 月以来整体开始回落，8 月到达低点 2.74%（见图 5）。从期限分布看，各期限发行成本同比均有不同程度的下降，其中，10 年期发行利率

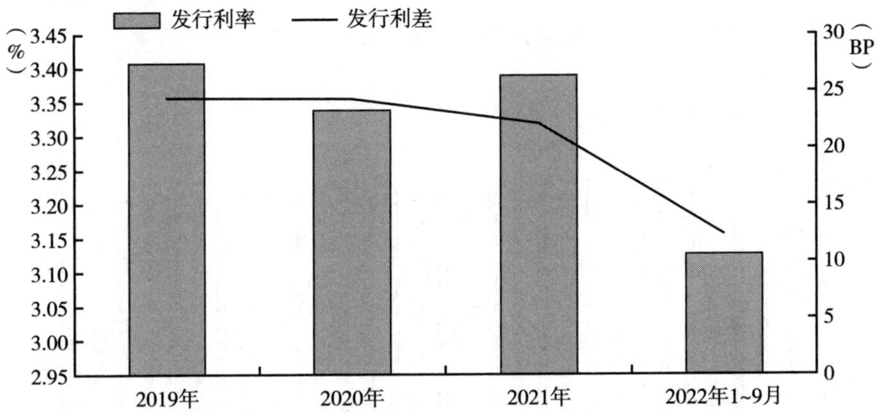

图 4　2019~2021 年及 2022 年 1~9 月广东省地方债发行成本

数据来源：Wind 数据库，中诚信国际整理计算。

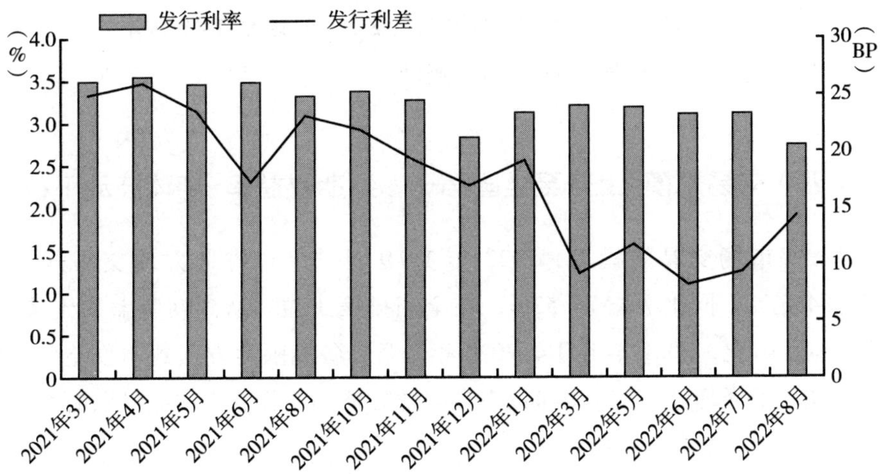

图 5　2021 年 1 月至 2022 年 9 月广东省地方债月度发行成本

注：广东省部分月份无地方债发行，故图中无显示。

数据来源：Wind 数据库，中诚信国际整理计算。

同比下降 0.44 个百分点至 2.89%，降幅最大；3 年期发行利差同比下降 16.88BP 至 1.36BP，收窄幅度最大。从券种分布看，一般债、专项债发行利率同比分别下降 0.33 个百分点和 0.28 个百分点，发行利差同比分别收窄 9.27BP 和 10.09BP。与其他省（区、市）相比，广东省发行利率在全国排第 5 位，但发行利差较低，在全国排第 27 位（见图 6）。

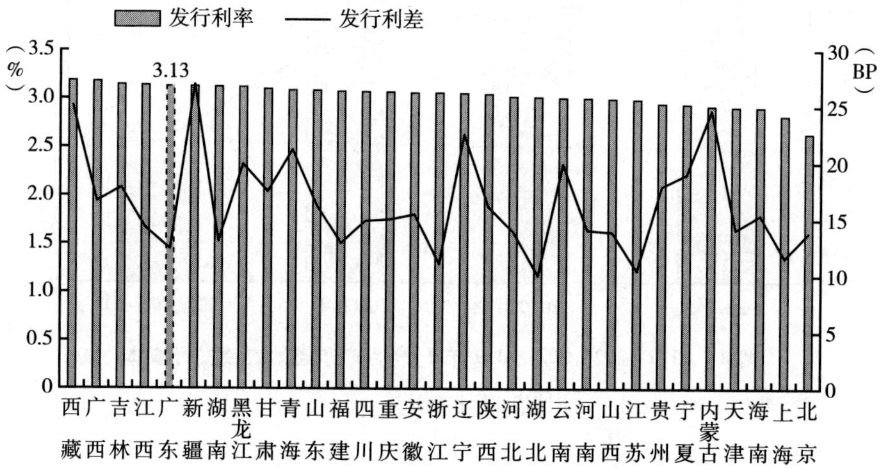

图 6　2022 年 1~9 月全国 31 个省（区、市）地方债发行成本

数据来源：Wind 数据库，中诚信国际整理计算。

（四）交易规模①上升至全国第一，到期收益率②整体波动下行

从二级市场交易规模看，2022 年 1~9 月，广东省地方债交易规模为 11268.84 亿元，同比增长 76.52%，在全国排第 1 位。从到期收益率走势看，呈现结构性分化，2021 年 1 月至 2022 年 9 月，各期限地方债到期收益率均值整体呈波动下降趋势，其中 1 年以下期限地方债到期收益率均值降幅最大（见图 7）。

---

① 交易统计包含回购交易、现券交易等部分。

② 此处到期收益率均值采用的是算术平均值。

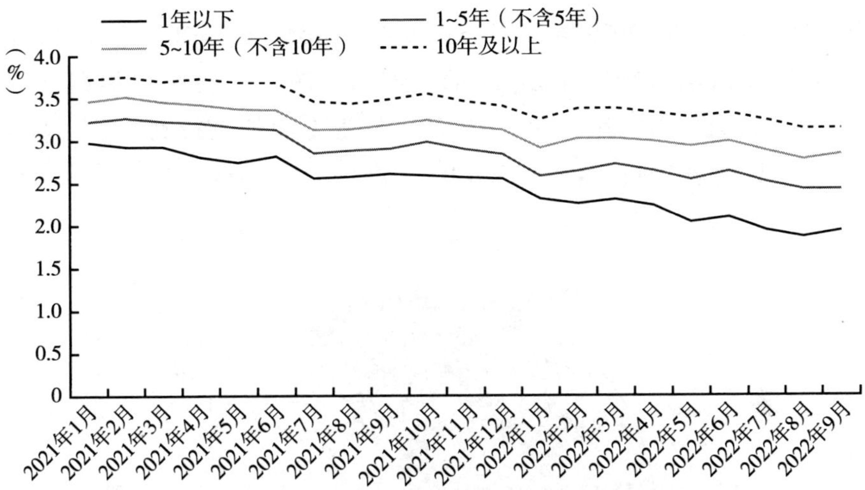

图 7　2021 年 1 月至 2022 年 9 月广东省地方债到期收益率走势

数据来源：Wind 数据库，中诚信国际整理计算。

二　广东省地方政府专项债分析①

截至 2022 年 9 月，广东省地方政府专项债存量规模全国第一；投向领域向市政和产业园区基础设施、交通基础设施、民生服务和生态环保倾斜；期限结构以 10 年期为主，15 年及以上超长期占比已超过四成。值得注意的是，广东省专项债资本金模式应用规模仍较小，专项债以项目资本金形式和项目配套融资形式撬动基建投资规模远不及理论水平，未来可进一步增强专项债用作资本金的杠杆效应。

（一）专项债发行成本整体下行，15年及以上超长期占比已超过四成

在疫情防控和稳增长压力较大的背景下，地方债尤其是专项债作为积极财政政策的重要抓手，近年来加速扩容。截至 2022 年 9 月，专项债存量规模已超 17000 亿元。从债券期限看，广东省存量专项债以 10 年期为主，2019 年首

① 2020 年 7 月 29 日财政部《关于加快地方政府专项债券发行使用有关工作的通知》（财预〔2020〕94 号）明确 2020 年新增专项债必须保证融资规模与项目收益相平衡，因此 2020 年以来的新增专项债均为项目收益专项债。本部分项目收益专项债的统计样本为 2018～2019 年项目收益专项债与 2020 年至 2022 年 9 月的新增专项债。

次出现 20 年期品种，2020 年首次出现 30 年期品种，截至 2022 年 9 月，超长期（15 年及以上）专项债占比已达 41.38%（见图 8），与专项债项目期限相匹配。从发行成本看，2022 年 1～9 月广东省专项债发行利率进一步降至 3.17%，发行利差持续回落至 12.49BP。

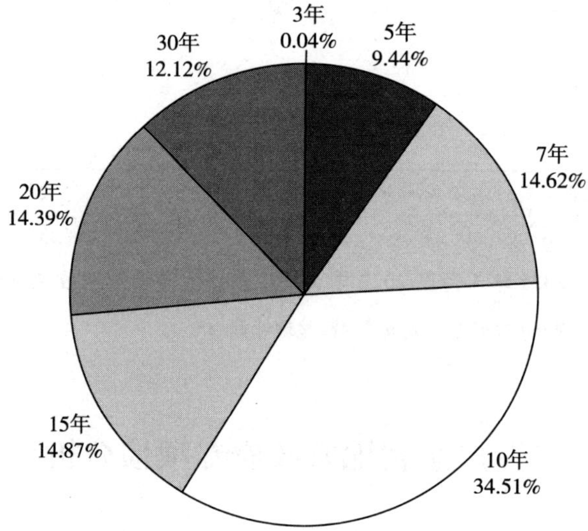

图 8　截至 2022 年 9 月广东省项目收益专项债剩余期限结构

数据来源：Wind 数据库，中诚信国际整理计算。

（二）募投领域向市政和产业园区基础设施、交通基础设施等倾斜，项目融资本息覆盖情况较好

2022 年 9 月，广东省财政厅提出尽快下达新增专项债额度，指导做好额度分配工作，加快组织债券发行，优化债券资金投向使用，加快债券支出使用，形成实物工作量①。从募投领域看，投向市政和产业园区基础设施领域的占比最高，为 42.33%；其次是投向交通基础设施领域的，以轨道交通、城际铁路/轨道和一般铁路建设为主，占比为 23.34%；投向农林水利领域的规模最小，占比不足 5%（见图 9）。从行政层级看，区县级项目资金额度占比为

① 2022 年 9 月 28 日，广东省财政厅在广东省第十三届人民代表大会常务委员会第四十六次会议上发表了《关于 2022 年省级财政第二次预算调整方案的报告》。

69.70%，个数占比为82.17%，占绝对主导地位；省级项目占比很小，其资金额度占比为6.84%，个数占比为2.06%。从募投项目资本金比例看，省级、地市级、区县级项目资本金比例均值分别为40.07%、52.15%和47.52%，财政资金对地市级项目倾斜度更高。此外，受益于偿债来源多元化，项目融资本息覆盖情况较好，平均覆盖倍数为2.78倍。

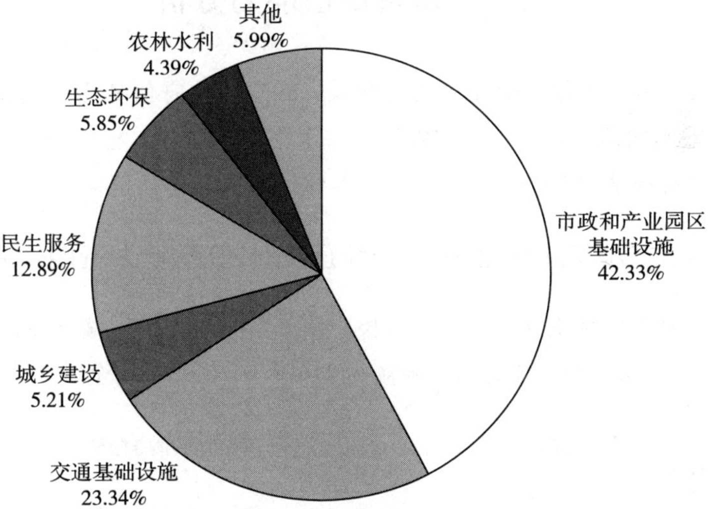

图9　2022年1~9月广东省项目收益专项债募投领域分布

数据来源：广东省地方政府新增专项债信息披露文件，中诚信国际整理计算。

（三）专项债用作资本金比例很低，投向领域较为集中

2022年1~9月，广东省新发行专项债的募投项目中，接近80%的项目资本金构成全部为财政资金，有119个项目使用专项债用作项目资本金，仅占项目总数的3%，其中101个募投项目领域为交通基础设施，投向领域较为集中。

（四）专项债实际可撬动基建投资规模[①]不及理论水平

2022年1~9月，广东省新增专项债发行规模4025.00亿元，其中将

---

① 专项债撬动基建投资方法参见袁海霞、汪苑晖、卞欢《专项债兼顾扩容提效，助力基建托底稳增长——地方政府专项债2019年回顾与2020年展望》，《财政科学》2020年第1期。

3465.07 亿元专项债用作项目配套融资，将 559.93 亿元专项债用作项目资本金，对应撬动杠杆分别为 1.91 倍和 1.95 倍。理论上专项债以上述两种形式能撬动基建投资规模约 7688 亿元，但受用作项目资本金的比例、资金到位情况、项目建设进度等多种因素影响，实际效果不及理论水平。

三 广东省偿债能力分析

广东省地方政府债务余额①快速增长，99%的政府债务为政府债券形式，2023 年为近期偿债小高峰。广东省债务率水平上升较快，偿债压力有所加重，但鉴于广东省经济财政实力全国领先，整体债务风险仍然可控。

（一）地方政府债务空间进一步压缩，2023年为近期偿债小高峰

广东省地方政府债务余额迅速增长，债务空间进一步压缩（见图 10）。截至 2021 年，广东省地方政府债务限额为 21645.07 亿元，在全国 31 个省（区、

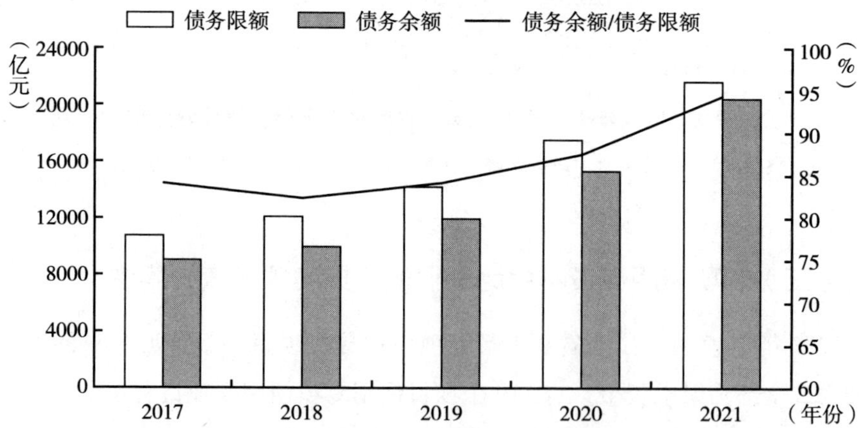

图 10 2017~2021 年广东省地方政府债务限额及余额

数据来源：广东省财政预算执行及决算报告，中诚信国际整理计算。

① 如无特别说明，本报告中引用的广东省政府债务限额、余额，一般公共预算收入、支出，财政平衡率，债务率、负债率等财政相关数据均来自广东省财政预算执行及决算报告，并由中诚信国际整理计算。

市）中位列第 1，债务余额为 20414.84 亿元，位列全国第 1（见图 11），仍有一定的债务空间。从地方债存量结构和到期分布来看，99%的政府债务为政府债券形式，2023 年为近期偿债小高峰，到期规模达 1991.46 亿元，当年到期一般债占比 44.52%，到期专项债占比 55.48%（见图 12）。

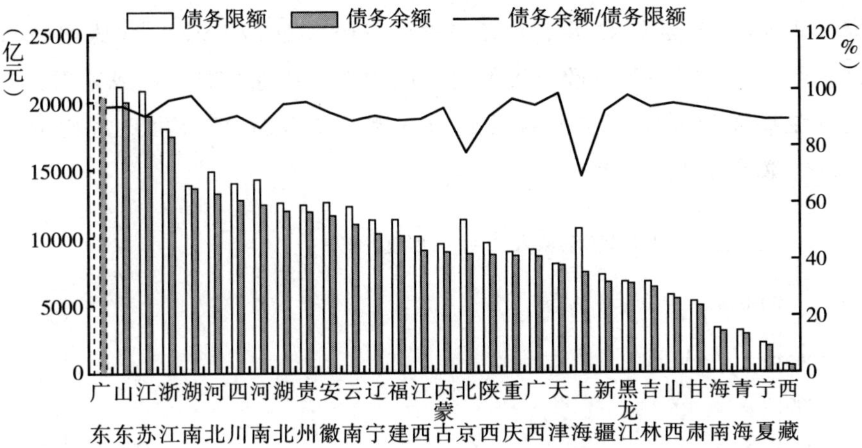

图 11　2021 年全国 31 个省（区、市）地方政府债务限额及余额

数据来源：全国 31 个省（区、市）财政预算执行及决算报告，中诚信国际整理计算。

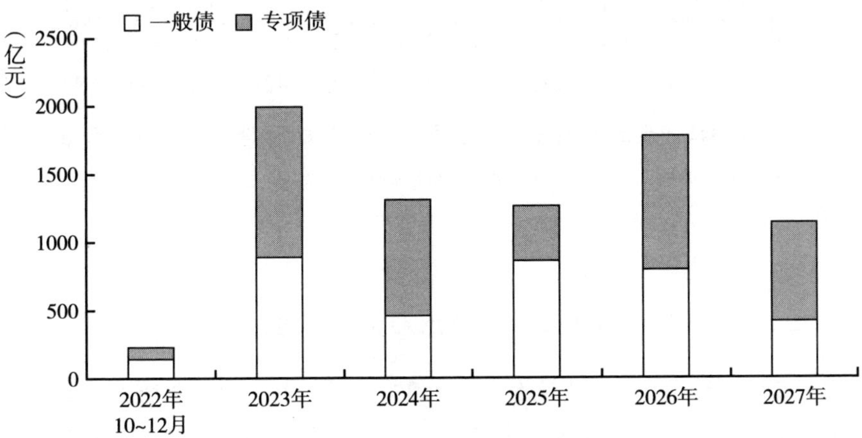

图 12　截至 2022 年 9 月广东省存量地方债到期分布

数据来源：Wind 数据库，中诚信国际整理计算。

（二）经济发展水平很高，财政实力全国领先

广东省为中央财政净上缴的经济大省，整体经济发展水平很高，财政实力持续增强。2021 年，广东省一般公共预算收入同比增长 9.1%，达到 14103.43 亿元（见图 13、图 14），其中主体税种收入受益于经济稳步恢复而增长 9.1%。截至 2021 年，广东省财政平衡率为 77.39%，同比增加 3.48 个百分点，财政实力和财政自给能力全国领先。从综合财力构成来看，2021 年政府性基金预算收入、上级补助收入和国有资本经营收入占比分别为 33.72%、8.97%和 1.30%。

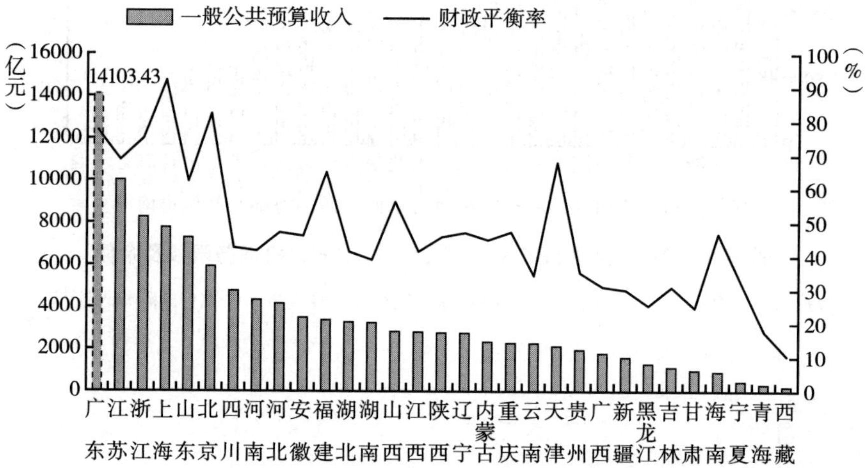

图 13　2021 年全国 31 个省（区、市）一般公共预算收入及财政平衡率

数据来源：全国 31 个省（区、市）财政预算执行及决算报告，中诚信国际整理计算。

（三）债务率上升较快，偿债压力有所加重

截至 2021 年，广东省债务率为 81.08%，同比上升 18.89 个百分点，负债率为 16.41%，同比上升 2.58 个百分点，债务率及负债率排名靠后（见图 15），债务风险较小；债务余额/一般公共预算收入为 145%，同比上升 26.21 个百分点（见图 16），偿债压力有所加重。经国务院批准，广东省于 2021 年

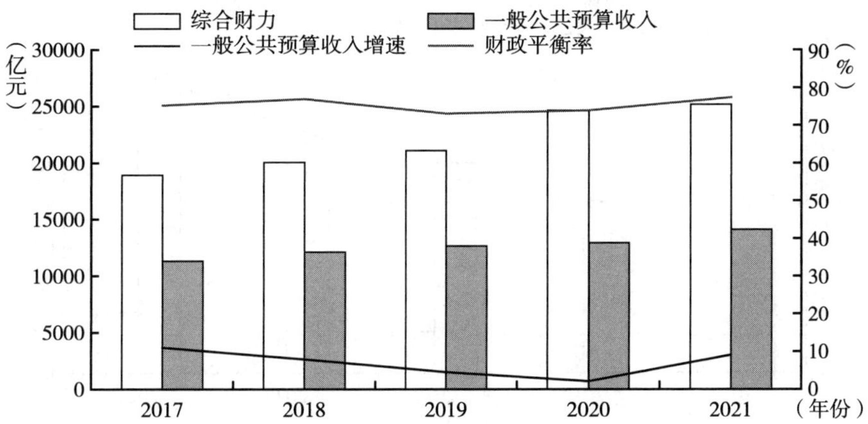

图 14　2017~2021 年广东省财政情况

数据来源：广东省财政预算执行及决算报告，中诚信国际整理计算。

10 月正式启动全域无隐性债务试点工作，此后 3 个月，广东省累计发行超 1000 亿元再融资债来置换隐性债务。2022 年 1 月，广东省宣布已如期实现隐性债务“清零”目标。

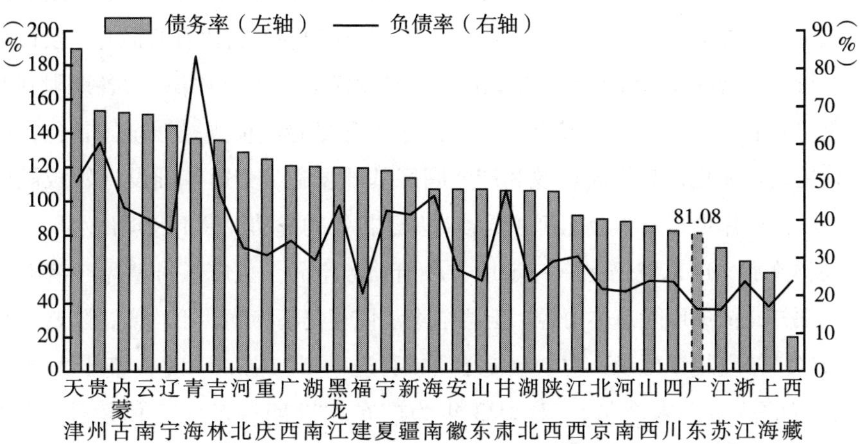

图 15　2021 年全国 31 个省（区、市）债务率及负债率

数据来源：全国 31 个省（区、市）财政预算执行及决算报告，中诚信国际整理计算。

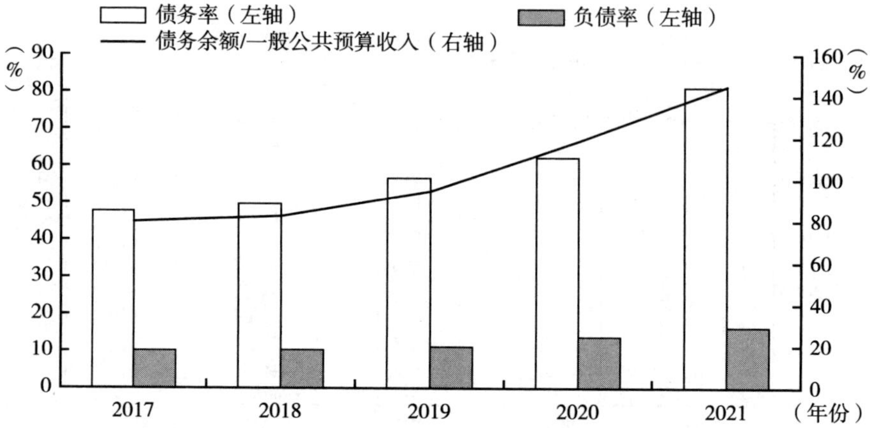

图 16　2017~2021 年广东省债务率及负债率

数据来源：广东省财政预算执行及决算报告，中诚信国际整理计算。

四　小结

2022 年 1~9 月，广东省地方债发行规模已超上年同期，但第三季度以来发行节奏放缓。地方债发行中新增专项债占主导，长期限债券占比有所提升。发行利率整体下行，发行利差持续收窄；二级市场交易规模上升至全国第一，各期限到期收益率走势明显分化。截至 2022 年 9 月，广东省存量专项债规模居全国首位，存量专项债更趋长期化，其投向市政和产业园区基础设施、交通基础设施领域规模较大，专项债用作项目资本金比例较低，对基建投资的撬动规模不及理论水平。

总体来看，广东省仍保有一定地方政府债务空间，且广东省整体经济财政实力全国领先，债务风险总体可控。但当前经济恢复仍不稳固、不均衡，随着基数走高以及经济修复趋缓延续，财政收支矛盾或将进一步加剧。同时，鉴于大湾区对基建投资的战略需求增加，且 2023 年为广东省近期存量地方债偿债小高峰，建议：一是合理利用债务剩余空间，合理规划地方债的期限结构；二是扩大专项债用作资本金的规模和范围，放大基建投资的撬动效应，将地方债的投资拉动作用主要发挥在有重大投资项目的领域；三是尽快建立政府专项债全流程管理机制，积极探索专项债偿债备付金制度，提前做好债务风险防控。

B.31
2022年江西省地方政府债券分析报告

邱学友*

摘　要： 江西省地方债发行规模不断增长，截至2022年9月累计发行规模超12000亿元。2022年发行维持增长趋势，地方债已成为实施积极财政政策的重要举措；新发行地方债以新增专项债为主，且长期限债券占比提升。江西省专项债持续扩容，募投领域向市政和产业园区基础设施类倾斜，受各类因素影响，江西省专项债很少用作项目资本金，对区域项目建设投入的实际拉动效果有限。整体看，江西省经济财政实力居全国中游水平，政府债务限额空间有限，整体债务风险可控。本报告建议江西省地方政府进一步优化专项债资金投向、简化专项债资金用作项目资本金的审批手续，以提升专项债资金使用效率、发挥专项债资金对项目投资的拉动作用。

关键词： 地方债　专项债　江西省

一　江西省地方债运行情况分析

从全国地方债存量规模来看，江西省处于全国中游水平，种类以新增专项债为主，期限以5~10年为主。从规模看，截至2022年9月，江西省地方债存

* 邱学友，中诚信国际政府公共评级一部高级分析师，主要研究领域为地方债与城投行业、债券市场等。

量规模为 10683.08 亿元①，占全国总规模的 3.09%，在全国 31 个省（区、市）中排名第 16（见图 1）。从券种结构看，存量地方债中专项债占比超 60%，规模达到 6689.84 亿元，在全国排名第 14。从期限来看，存量地方债的期限主要为 5~10 年，占全省地方债总规模的比重超 70%。

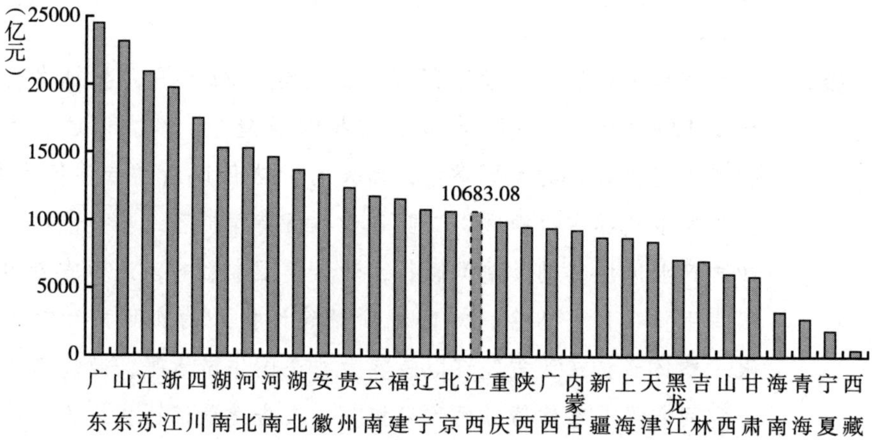

图 1　截至 2022 年 9 月全国 31 个省（区、市）地方债存量规模

数据来源：Wind 数据库，中诚信国际整理计算。

（一）发行规模维持增长趋势，发行集中度提高

我国经济发展面临“需求收缩、供给冲击、预期转弱”三重压力，地方债作为积极财政政策的着力点，发行节奏明显前置且大幅提速。2022 年 1~9 月，江西省共发行地方债 2222.91 亿元，为 2021 年总发行规模的 97.04%。从发行月度来看，发行集中度提高，发行时间主要分布于 1 月、5 月和 6 月，较 2021 年集中于 10 月、11 月明显提前（见图 2）。

① 如无特别说明，本报告中引用的地方债存量、发行量、发行利率、发行期限、发行利差、交易量、到期收益率等债券相关数据均来自截至 2022 年 9 月的 Wind 数据库，并由中诚信国际整理计算。

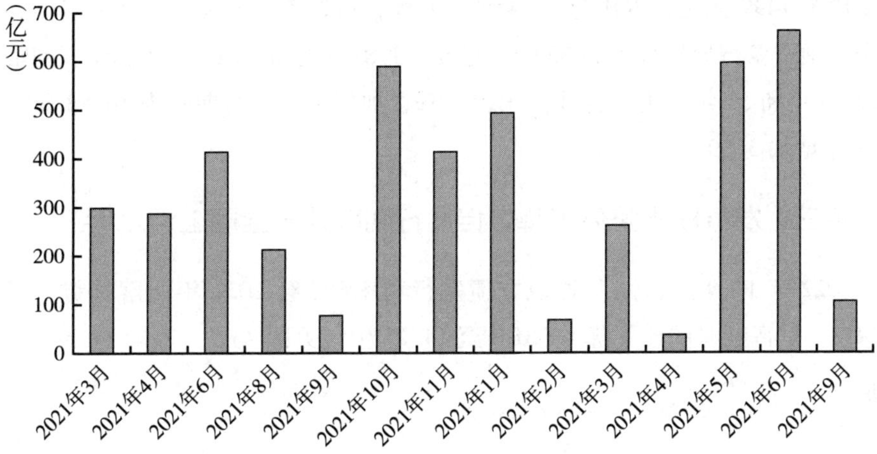

图 2　2021 年 1 月至 2022 年 9 月江西省地方债月度发行规模

注：江西省部分月份无地方债发行，故图中无显示。

数据来源：Wind 数据库，中诚信国际整理计算。

（二）发行新增专项债约占2/3，发行期限明显延长

2022 年 1~9 月，江西省发行的地方债仍以新增专项债为主，期限以 10 年和 30 年为主（见图 3）。从券种结构看，新增专项债占比仍处在较高水平，发

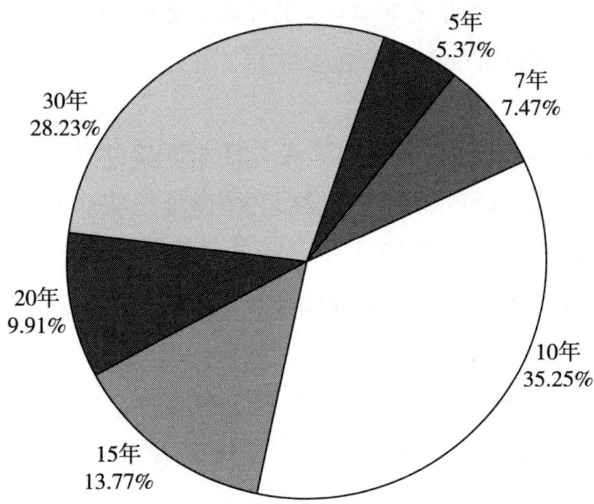

图 3　2022 年 1~9 月江西省新发行地方债期限结构

数据来源：Wind 数据库，中诚信国际整理计算。

行规模为 1499 亿元，占比为 67. 43%。此外，再融资一般债、新增一般债和再融资专项债发行规模分别为 334. 61 亿元、278. 41 亿元和 110. 89 亿元；期限结构以 10 年和 30 年为主，合计占比超 60%，加权平均发行期限为 16. 83 年，较 2021 年增加 3. 59 年。

（三）发行成本整体下降，但发行利率处于全国上游水平

2022 年 1~9 月，江西省地方债发行利率[①]延续 2021 年回落趋势，降至 3. 14%，发行利差同比下降 8. 73BP 至 14. 25BP（见图 4）。

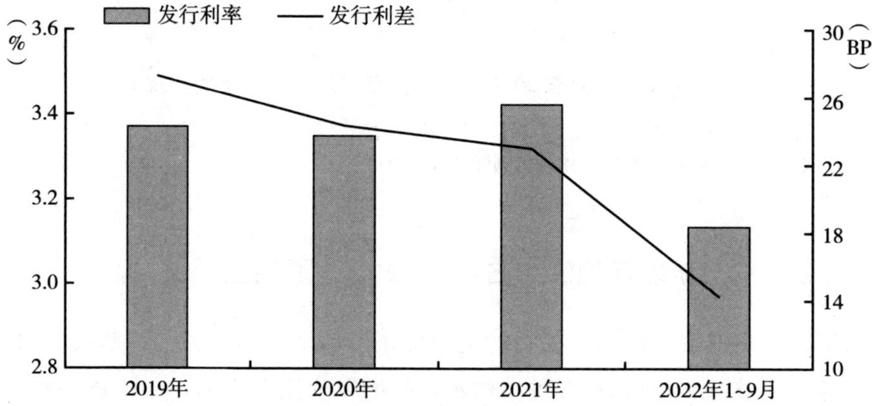

图 4　2019 年至 2022 年 9 月江西省地方债发行成本

数据来源：Wind 数据库，中诚信国际整理计算。

从月度分布看，2021 年 8 月、2022 年 1 月和 2022 年 9 月发行利率相对较低，且在 2022 年 9 月到达最低点 2. 90%，发行利率整体呈波动下行态势（见图 5）。

从期限分布看，与江西省 2021 年发行的地方债相比，2022 年对应期限地方债发行利率明显回落；同期限地方债发行利差呈收窄走势，7 年期地方债发行利差收窄幅度最大，为 11. 12BP。从发行券种结构看，一般债和专项债发行利率均较 2021 年有所回落，分别回落至 2. 91% 和 3. 22%；发行利差亦整体收窄，分别下降至 14. 64BP 和 14. 10BP。与其他省（区、市）相比，江西省

① 如无特别说明，本报告中发行利率、利差为根据发行额计算的加权平均发行利率、利差，发行利差计算公式：债券发行利率-对应期限国债收益率。

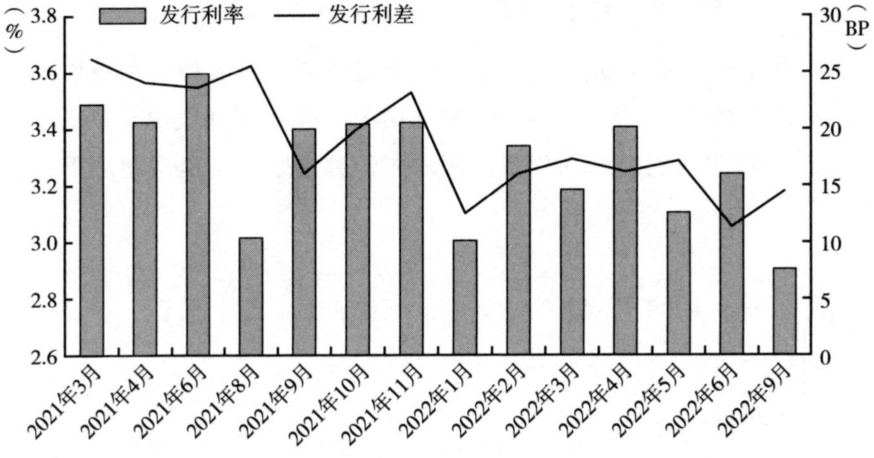

图 5　2021 年 1 月至 2022 年 9 月江西省地方债月度发行成本

注：江西省部分月份无地方债发行，未在图中显示。

数据来源：Wind 数据库，中诚信国际整理计算。

2022 年 1~9 月地方债发行利率较高，居全国第 4 位，但发行利差尚可，居全国第 19 位（见图 6）。

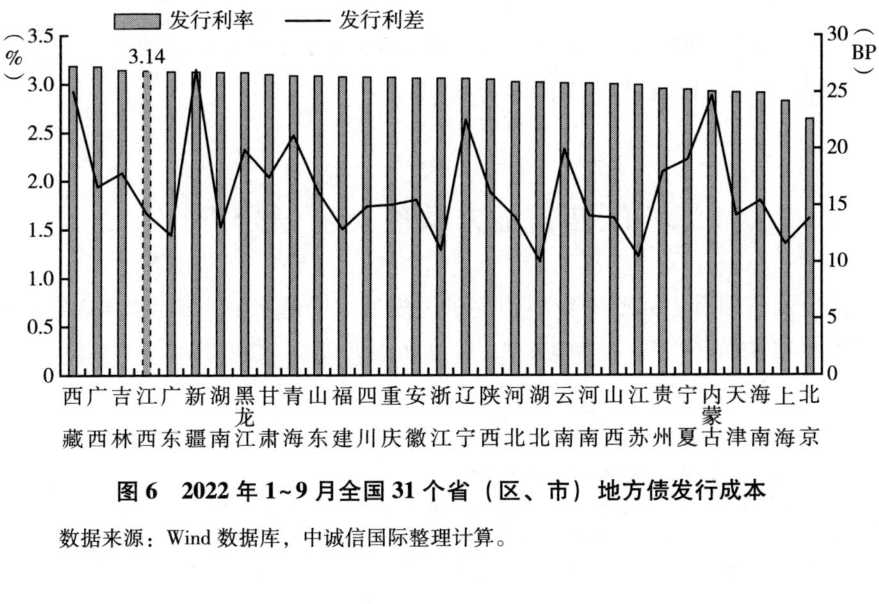

图 6　2022 年 1~9 月全国 31 个省（区、市）地方债发行成本

数据来源：Wind 数据库，中诚信国际整理计算。

（四）交易规模[①]高于2021年同期，到期收益率[②]回落

从二级市场交易规模看，2022 年 1～9 月江西省地方债交易规模同比增长 22.74%至 2535.57 亿元，在全国排名第 19。从到期收益率走势看，2021 年 1 月至 2022 年 9 月，江西省各期限地方债到期收益率呈现整体下行态势（见图 7）。

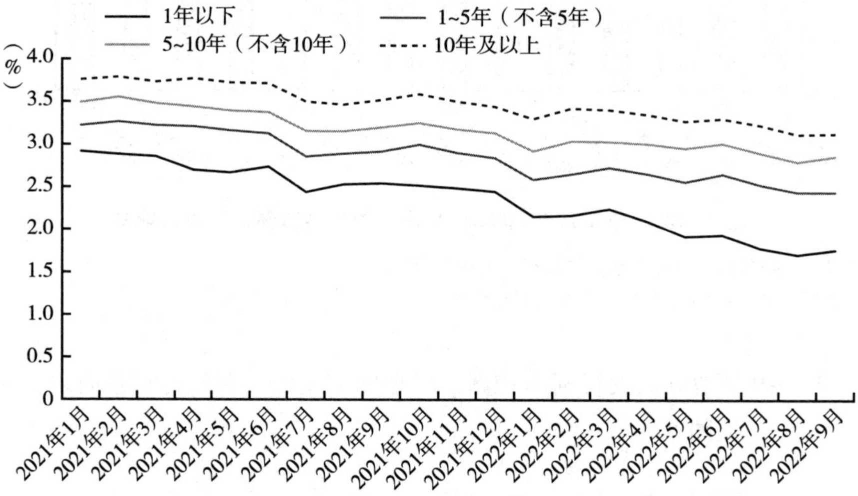

图 7　2021 年 1 月至 2022 年 9 月江西省地方债到期收益率走势

数据来源：Wind 数据库，中诚信国际整理计算。

二　江西省地方政府专项债分析[③]

从全国范围看，江西省专项债存量规模处于中游水平，截至 2022 年 9 月，存量规模超 6600 亿元；投向领域以市政和产业园区基础设施为主，民生服务

---

① 交易统计包含回购交易、现券交易等部分。

② 此处到期收益率均值采用的是算术平均值。

③ 2020 年 7 月 29 日财政部《关于加快地方政府专项债券发行使用有关工作的通知》（财预〔2020〕94 号）明确 2020 年新增专项债必须保证融资规模与项目收益相平衡，因此 2020 年以来的新增专项债均为项目收益专项债。本部分项目收益专项债的统计样本为 2017～2019 年项目收益专项债与 2020 年至 2022 年 9 月的新增专项债。

领域占比亦较高，两者合计占比超过50%；总体期限偏长，30年期占比最高，15年期及以上合计占比近80%，与专项债项目期限匹配程度较好。值得注意的是，目前江西省专项债用作项目资本金较少，仅45亿元。从目前专项债用作项目资本金和项目配套融资看，理论上能够撬动基建投资约2508亿元，投资撬动效应尚有释放空间。

（一）发行规模维持高位，以5年期、市政和产业园区基础设施类为主

江西省于2017年发行专项债100亿元后，专项债发行规模不断攀升；自2019年起，受世界经济增速下滑影响，经济下行压力持续显现，江西省为扩大有效投资，专项债快速扩容，当年专项债发行规模达669亿元，2020年受新冠疫情影响，发行规模大幅增长至1521亿元；2022年1~9月，共发行新增专项债1499亿元，已基本达到2021年全年发行规模。在推动区域高质量发展且公共预算财力侧重兜底兜牢“三保”背景下，江西省专项债发行维持在较大规模。从债券期限看，江西省存量专项债以5年期、15年期为主（见图8），与专项债投向项目期限具有一定匹配度。从投向领域看，近几年江西省专项

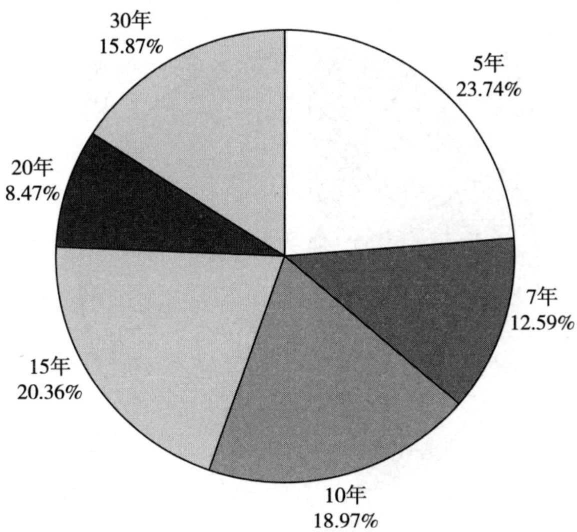

图8　截至2022年9月江西省项目收益专项债发行期限结构

数据来源：Wind数据库，中诚信国际整理计算。

债募投领域多样化，包括市政和产业园区基础设施、民生服务、棚改及交通基础设施等，近年来逐渐向交通基建领域倾斜，更多投向市政和产业园基础设施类项目，棚改和土地储备类项目规模占比下滑较快。从发行成本看，2019~2021 年江西省专项债发行成本小幅上升，2022 年 1~9 月发行利率及利差分别为 3.24%和 13.87BP，较 2021 年有所回落。

（二）募投领域以市政和产业园区基础设施、民生服务为主，区县级项目占比较高，整体偿债保障可控

从专项债募投领域看，江西省新增专项债主要向市政和产业园区基础设施、民生服务等领域倾斜，较此前集中于土储、棚改等领域有所调整（见图9）。具体看，投向市政和产业园区基础设施领域 463.25 亿元，其中产业园占比较高；投向民生服务领域 336.65 亿元，以医疗卫生和教育为主；投向棚改领域资金占比为 14.70%。从项目行政层级看，江西省专项债项目仍以区县级为主，省级项目和地市级项目合计占比仅为 12%左右；从专项债项目资本金比例看，省级、地市级和区县级项目资本金比例均值分别为 34%、38%和 38%，与地市级和区县级项目相比，省级项目资金保障更为充分，对财政资金

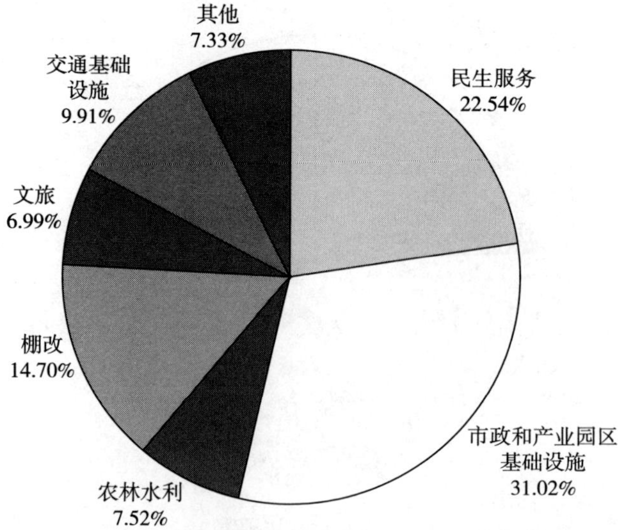

图 9　2022 年 1~9 月江西省新增项目收益专项债募投领域分布

数据来源：江西省政府新增专项债信息披露文件，中诚信国际整理计算。

的需求相对更低；从专项债项目本息覆盖情况看，江西省专项债项目融资本息覆盖倍数均值为1.62倍，偿债风险不大，项目收入来源主要包括停车费收入、土地出让收入、门票收入、门诊收入、厂房出租收入、供水收入等，收入来源较为多元。

（三）用作项目资本金规模很小，可考虑加大重大基础设施项目资本金支持力度，带动社会资本投入

截至2022年9月，江西省专项债用作项目资本金仅有45亿元，项目为收费公路建设，专项债用作项目资本金比例距25%上限空间很大。江西省专项债用作项目资本金规模很小，一方面可能是符合条件的重大项目储备不足，另一方面可能与区域专项债用作项目资本金审批手续相对繁杂，跨部门协调难度大有关。但考虑到专项债用作项目资本金存在的较强撬动作用，在稳增长及财政收支压力增大背景下，可合理推进专项债用作项目资本金，进一步带动社会资本加大对重大项目的投入力度，以放大对基建投资的拉动效果。

（四）理论上可撬动基建投资约2508亿元，投资撬动效应尚有释放空间

2022年1~9月，为夯实稳增长底盘，江西省加大投资力度，1~9月全省固定资产投资同比增长8.6%①，工业投资和基础设施建设投资同比分别增长8.8%和18.7%。在当前适度加大财政政策扩张力度背景下，专项债是落实积极财政政策的重要抓手，预期地方政府专项债规模将持续扩大，对基建投资持续形成拉动效果。由于江西省专项债用作项目资本金的规模仅有45亿元，专项债对基建投资的撬动作用主要以项目配套融资的形式体现。其中，江西省专项债项目资本金比例中位数为29.59%，对应撬动杠杆约为3.38倍；江西省专项债项目配套融资比例中位数为61.47%，对应撬动杠杆约为1.63倍，理论上

① 如无特别说明，本报告中引用的宏观经济数据均来自《江西省国民经济和社会发展统计公报》，并由中诚信国际整理计算。

专项债资金能够撬动基建投资约 2508 亿元[①]，但投资拉动实际效果仍受多种因素限制，包括项目资金到位情况、项目实际建设进度及调整变化、相关配套设施建设情况等。

三　江西省偿债能力分析

江西省地方政府债务余额在全国位于中游水平，且规模整体呈现增长态势，地方债中专项债占比近七成，2024 年到期债务相对集中。江西省财政实力居全国中游水平，对上级补助依赖较强，财政实力和财政自给能力一般。随着江西省稳增长和投资支出加大，江西省债务规模不断攀升，负债率和债务率水平不断抬升，但在全国范围内仍处于中游水平且未超过国际警戒线标准，债务风险可控。

（一）地方政府债务规模居全国中游水平，2024年将迎地方债到期高峰

江西省地方政府债务余额整体呈逐年增长态势，债务限额尚有一定使用空间。截至 2021 年，江西省地方政府债务限额超过万亿元至 10041.44 亿元[②]（见图 10），较 2018 年增长 82.86%，在全国 31 个省（区、市）中位列第 17，居中游水平；截至 2021 年，债务余额为 9013.34 亿元，较 2018 年增长 88.59%，在全国位列第 15（见图 11）；未使用的债务限额 1028.10 亿元，债务仍有一定新增空间。从地方债存量结构看，债券形式债务占江西省地方政府债务的比重超过 99%，非政府债券形式债务规模很小。

从地方债到期情况看，2022 年 10～12 月中 10 月到期规模较大，达到 250.02 亿元。未来 6 年中，2024 年为地方债集中到期高峰（见图 12），到期规模达 1077.57 亿元，其中到期一般债占比为 31.99%、到期专项债占比为 68.01%。

---

① 专项债撬动基建投资方法参见袁海霞、汪苑晖、卞欢《专项债兼顾扩容提效，助力基建托底稳增长——地方政府专项债 2019 年回顾与 2020 年展望》，《财政科学》2020 年第 1 期。

② 如无特别说明，本报告中引用的江西省政府债务限额、余额，一般公共预算收入、支出，财政平衡率，债务率、负债率等财政相关数据均来自江西省财政预算执行及决算报告，并由中诚信国际整理计算。

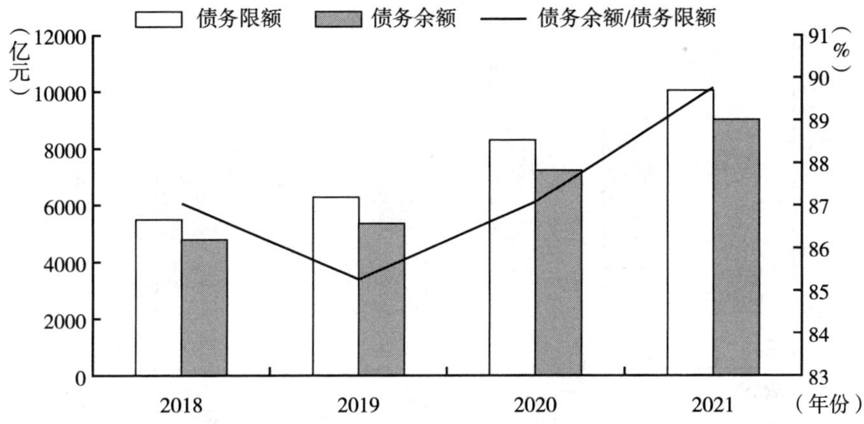

图 10　2018~2021 年江西省地方政府债务限额及余额

数据来源：江西省财政预算执行及决算报告，中诚信国际整理计算。

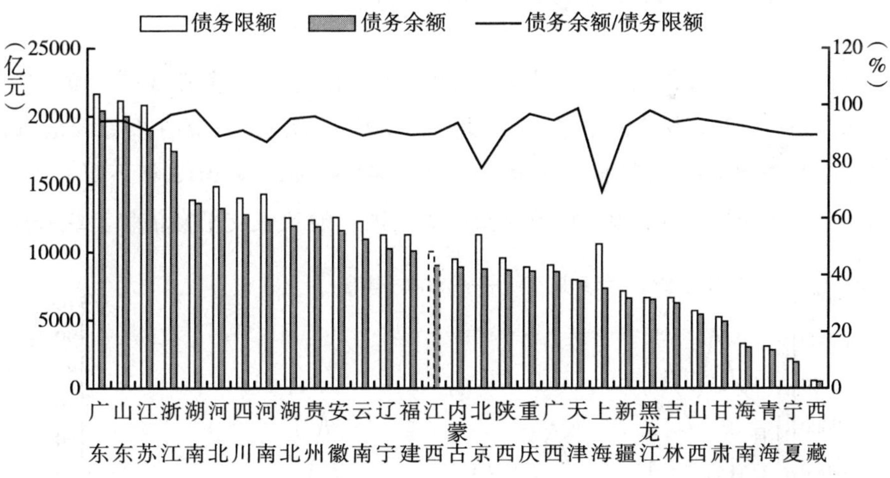

图 11　2021 年全国 31 个省（区、市）地方政府债务限额及余额

数据来源：全国 31 个省（区、市）财政预算执行及决算报告，中诚信国际整理计算。

（二）江西省财政实力居全国中游水平，但对上级补助依赖较强，财政自给能力一般

从全国范围看，江西省财政实力处于中游水平，但财政自给能力一般。2021

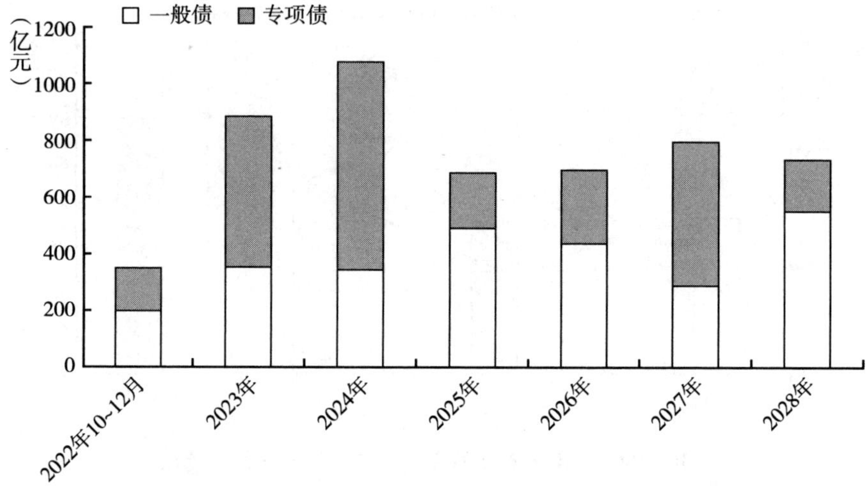

图 12　截至 2022 年 9 月江西省存量地方债到期分布

数据来源：Wind 数据库，中诚信国际整理计算。

年，江西省实现一般公共预算收入 2812.30 亿元，在全国 31 个省（区、市）中位列第 15（见图 13），居中游水平，同比增长 12.20%，增幅较大的主要原因是 2020 年受新冠疫情影响基数较低；财政平衡率为 41.49%，较 2018 年下降 0.35 个百分点，在全国位列第 19，财政自给能力一般，财政收支平衡依赖上级补助。

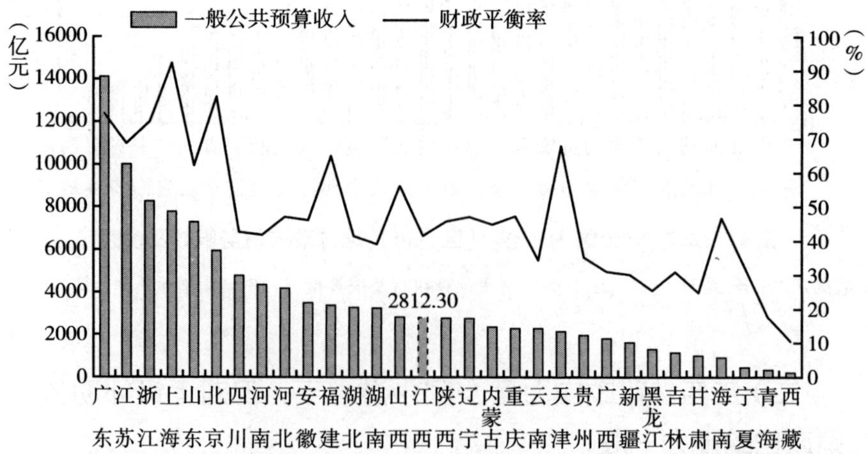

图 13　2021 年全国 31 个省（区、市）一般公共预算收入及财政平衡率

数据来源：全国 31 个省（区、市）财政预算执行及决算报告，中诚信国际整理计算。

在综合财力方面，2021 年江西省综合财力为 9847.2 亿元（见图 14），较 2020 年微增 0.08%。其中，政府性基金预算收入占比为 30.18%，较 2020 年回落 1.34 个百分点，政府性基金收入仍是江西省综合财力的重要补充，但随着房地产市场景气度下滑，需关注政府性基金收入下滑对江西省综合财力带来的不利影响；国有资本经营收入占比仅为 0.98%，对综合财力的贡献有限。

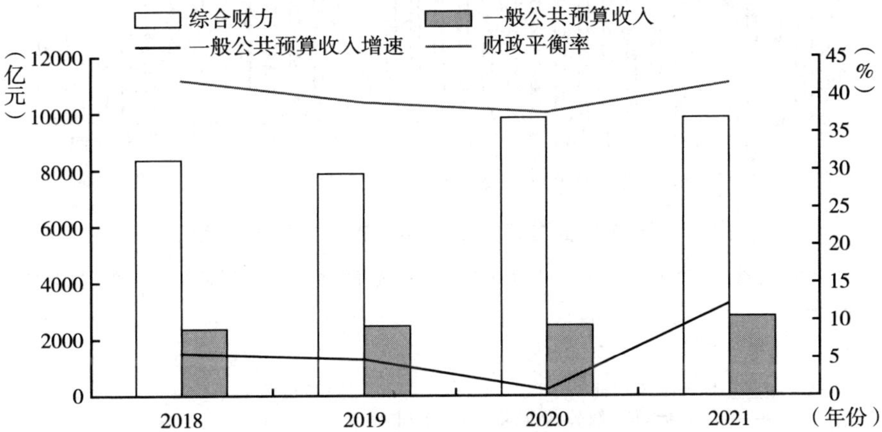

图 14　2018~2021 年江西省财政情况

数据来源：2018~2021 年江西省财政预算执行及决算报告，中诚信国际整理计算。

（三）债务风险有所提升但整体可控，债务率和负债率均未超过警戒线标准

截至 2021 年，江西省负债率和债务率分别为 30.43%和 91.53%，受政府债务规模攀升影响，债务率增长幅度明显（见图 15），债务率及负债率在全国 31 个省（区、市）中分别排第 22 位和第 16 位，处于全国中游水平，债务率未超过国际 100%的警戒线标准，整体债务压力相对可控。

2021 年，江西省政府债务余额占一般公共预算收入的比重为 320%，同比上升 32.28 个百分点（见图 16），偿债能力较 2020 年有所弱化。随着国家对地方债务监管的日益严格，江西省对政府性债务管理工作亦高度重视，坚决树牢底线思维，防范化解财政金融风险。

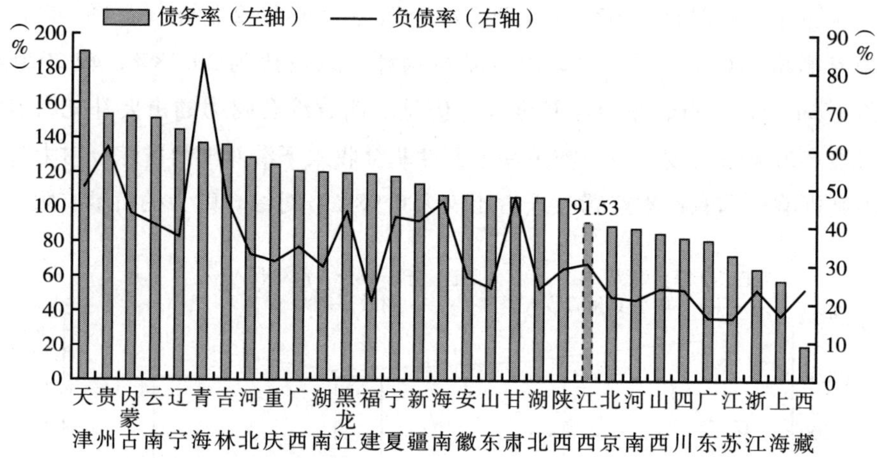

图 15　2021 年全国 31 个省（区、市）债务率及负债率

数据来源：2021 年全国 31 个省（区、市）财政预算执行及决算报告，中诚信国际整理计算。

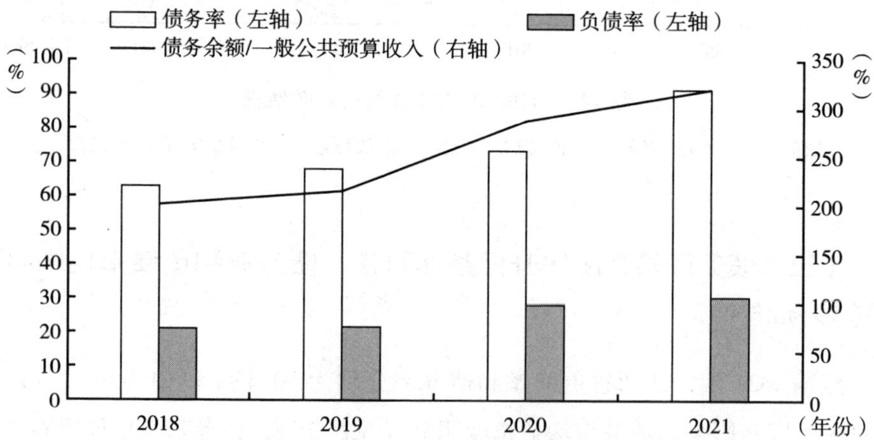

图 16　2018~2021 年江西省债务率及负债率

数据来源：2018~2021 年江西省财政预算执行及决算报告，中诚信国际整理计算。

四　小结

2022 年 1~9 月，江西省地方债发行规模保持增长态势，且发行集中于上半年，发行节奏有所提前。新发行地方债以新增专项债为主，10 年和 30 年中长期债券发行规模占比明显上升。从发行成本看，发行利率持续回落，发行利差持续收窄，二级市场交易规模保持稳定，各期限债券到期收益率整体回落，且短端到期收益率回落幅度较大。从专项债发行和投向情况看，江西省专项债发行规模维持高位，存量投向较为多元，以市政和产业园区基础设施建设为主，对投资的拉动效果尚未充分体现。

从政府债务情况看，江西省债务规模持续增长，处于全国中游水平，现阶段债务限额尚有一定使用空间。在财政实力方面，江西省整体财政实力居全国中游水平，财政自给能力一般，对上级补助依赖较强。债务率和负债率均未超过国际警戒线标准，债务风险整体可控。但在经济复苏基础不牢、房地产市场景气度不足对政府性基金收入仍有拖累背景下，财政收支形势仍较严峻，下一阶段江西省应充分结合产业转型升级和经济高质量发展要求，用好地方政府债务限额空间，提高资金使用效能，提升区域经济财政实力，做好区域债务风险管控。

建议江西省地方债资金使用管理在以下几个方面优化完善：第一，推动重大政策落地落实，保持经济社会平稳健康发展，落实惠企纾困帮扶政策，大力实施民生工程；第二，强化政府债券项目全生命周期管理，加快债券资金使用进度，高效统筹发展与安全，防范化解风险隐患；第三，更好发挥专项债资金拉动作用，适当提升专项债用作项目资本金比例，扩大应用范围，增加符合条件的项目储备，优化专项债用作项目资本金审批手续，减轻财政压力。

B.32
2022年江苏省地方政府债券分析报告

曹梅芳*

摘　要： 2009年至今，江苏省地方债累计发行规模已逾20000亿元，存量规模位居全国前列。2022年新冠疫情多点散发、宏观经济继续面临下行压力，地方债的发行成为实施积极财政政策的重要举措，2022年1~9月江苏省地方债发行额继续增长，且发行节奏加快、发行规模达到历史新高，项目收益专项债仍为主要发行构成，债券期限结构呈现短期化。江苏省项目收益专项债主要投向以交通基础设施为代表的基建领域，其中专项债用作项目资本金的比例较低，同时对基建投资的实际撬动作用存在不确定性。综合而言，江苏省拥有突出的经济基础和综合财力，债务风险整体可控。展望下一阶段，本报告建议在加快发行进度的同时，江苏省可持续丰富项目储备，优化专项债投向和结构，进一步发挥地方债资金聚力增效的作用，并多举措规范专项债使用、强化专项债绩效管理。

关键词： 地方债　专项债　江苏省

一　江苏省地方债运行情况分析

江苏省地方债存量规模位于全国靠前水平，以专项债为主，期限主要为

* 曹梅芳，中诚信国际政府公共评级二部副总监，主要研究领域为地方政府债券、基础设施投融资行业等。

5~10 年。在规模方面，截至 2022 年 9 月，江苏省地方债存量规模为 20927.17 亿元①，占全国总规模的 6.06%，在全国 31 个省（区、市）中排名第 3（见图 1）。从结构看，一般债和专项债余额分别为 7666.99 亿元和 13207.98 亿元，占江苏省存量地方债比重分别为 36.64%和 63.11%，专项债规模在全国排名第 3。从期限看，5 年、7 年、10 年为江苏省地方债的主要发行期限结构，此类期限结构可对债务管理形成一定助益。

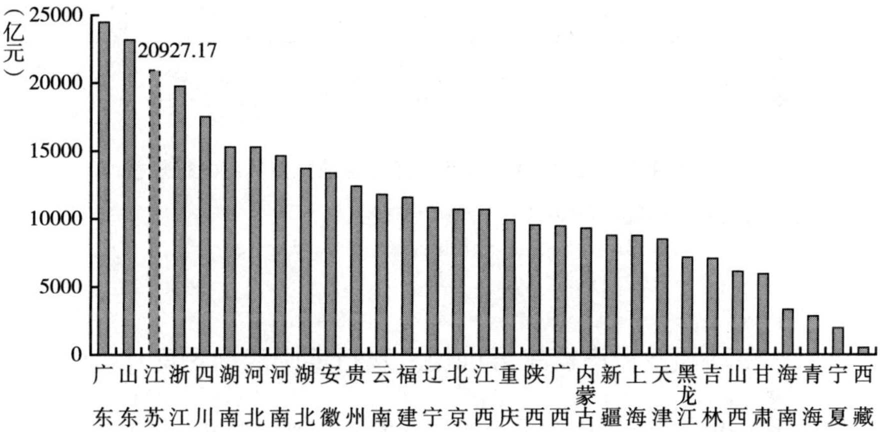

图 1　截至 2022 年 9 月全国 31 个省（区、市）地方债存量规模

数据来源：Wind 数据库，中诚信国际整理计算。

（一）地方债发行规模同比增幅较大，发行进度前置明显

2022 年以来，宏观经济持续面临“需求收缩、供给冲击、预期转弱”的三重压力，地方债作为积极财政政策的重要发力点，发行规模创历史新高且发行节奏有所提前。2022 年 1~9 月，江苏省累计发行 30 期地方债 3598.63 亿元，同比增长 19.52%，已占上年总发行额的 97.21%。分月度情况来看，2022 年 1~9 月发行时间集中于 6 月，相较上年 6 月已然前置(见图 2)。

① 如无特别说明，本报告中引用的地方债存量、发行量、发行利率、发行利差、交易量、到期收益率等债券相关数据均来自截至 2022 年 9 月的 Wind 数据库，并由中诚信国际整理计算。

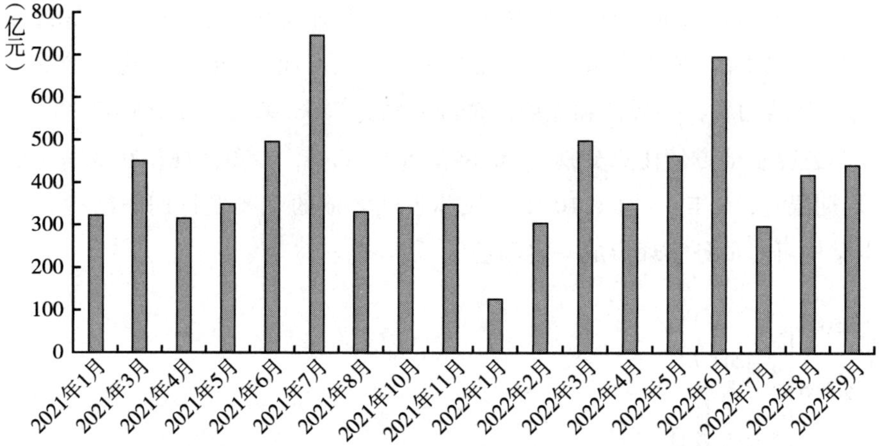

图 2　2021 年 1 月至 2022 年 9 月江苏省地方债月度发行规模

注：江苏省部分月份无地方债发行，故图中无显示。
数据来源：Wind 数据库，中诚信国际整理计算。

（二）专项债发行占据主导地位，发行期限略显短期化

2022 年 1~9 月，江苏省新发行的地方债以专项债为主，新发行专项债规模为 2245.37 亿元，占比为 62.40%。从资金用途来看，2022 年 1~9 月，新增和再融资地方债分别发行 1807 亿元和 1791.63 亿元，其中新增债占比同比上升 13.80 个百分点，新增债以专项债为主，占比为 85.50%；再融资债以一般债为主，占比为 60.91%。从期限结构看，2022 年 1~9 月新发行地方债以 7 年期、10 年期和 15 年期为主（见图 3），7 年及以上期限所占比例为 86.51%，较 2021 年全年下降 10.48 个百分点。2022 年 1~9 月地方债发行期限呈短期化，主要是新增发行两笔规模相对较大的短期限再融资专项债所致。

（三）发行利率呈波动下行趋势，利差收窄较明显

2022 年 1~9 月，受利率中枢波动下行、发行期限缩短等因素影响，江苏省地方债发行利率①延续 2021 年回落态势，小幅下降 0.38 个百分点至 2.99%，

① 如无特别说明，本报告中发行利率、利差为根据发行额计算的加权平均发行利率、利差，发行利差计算公式：债券发行利率-对应期限国债收益率。

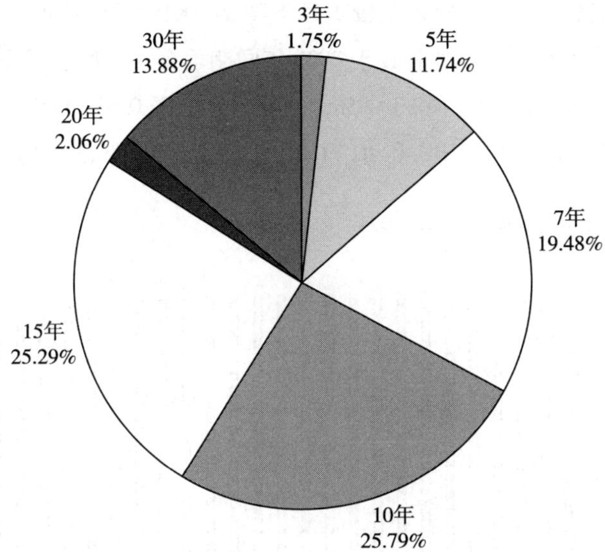

图 3　2022 年 1~9 月江苏省新发行地方债期限结构

数据来源：Wind 数据库，中诚信国际整理计算。

发行利差同比收窄 13.82BP 至 10.47BP（见图 4），江苏省的发行利率和发行利差在全国排名分别为第 24 和第 31（见图 5），均属于较低水平。从月度分布看，发行利率呈现波动下行走势，在 9 月到达低点 2.74%（见图 6）；发行利差

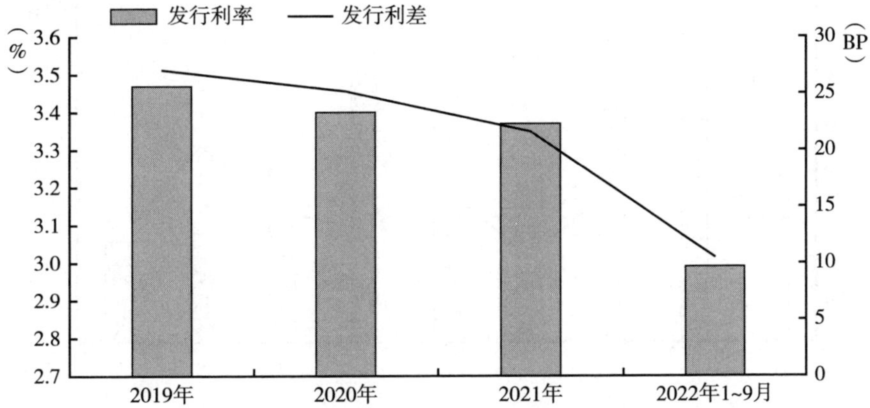

图 4　2019 年至 2022 年 9 月江苏省地方债发行成本

数据来源：Wind 数据库，中诚信国际整理计算。

呈现波动收窄趋势，9 月发行利差较 1 月下降 14.09BP。从券种分布看，不同品种债券的发行成本和发行利差相较于 2021 年同期均有一定程度下降，一般债和专项债的发行利率分别为 2.81%和 3.09%，同比分别下降 0.53 个百分点和 0.32 个百分点；发行利差分别为 10.05BP 和 10.71BP，同比分别下降 13.60BP 和 12.35BP。

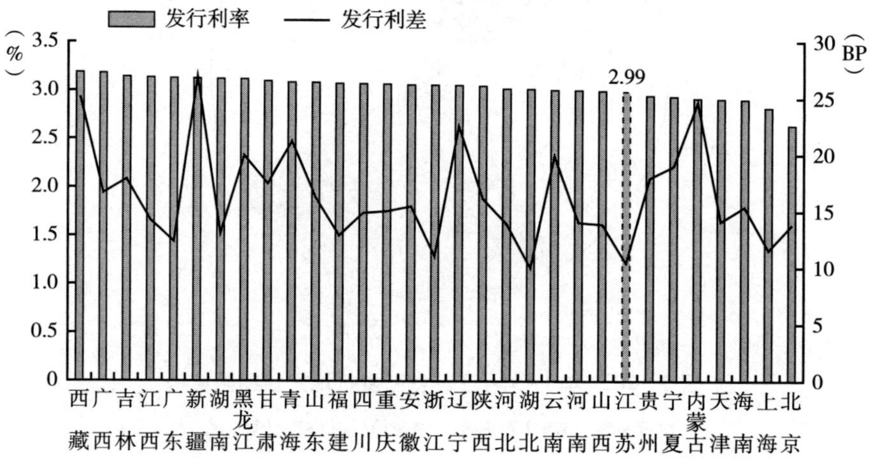

图 5　2022 年 1~9 月全国 31 个省（区、市）地方债发行成本

数据来源：Wind 数据库，中诚信国际整理计算。

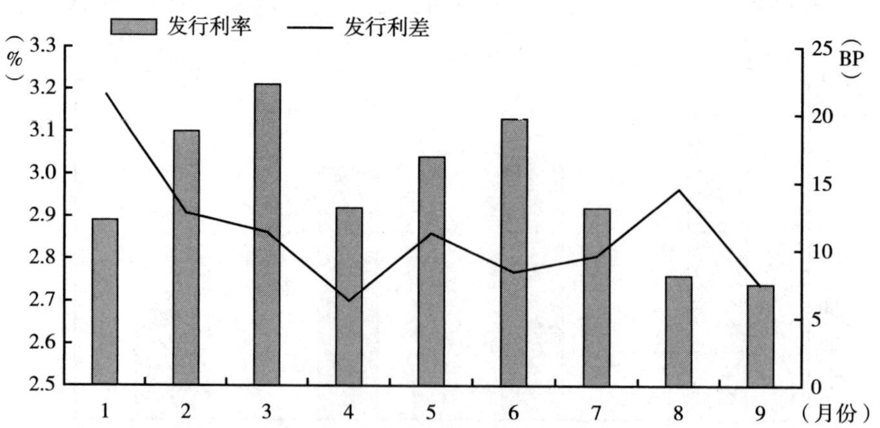

图 6　2022 年 1~9 月江苏省地方债发行成本

数据来源：Wind 数据库，中诚信国际整理计算。

（四）交易活跃度略有提升，到期收益率呈波动下行走势

从二级市场交易规模①看，2022 年 1～9 月江苏省地方债交易规模为 6166.25 亿元，较上年同期增加 346.94 亿元，交易活跃度略有提升，在全国地方债交易规模排名中居第 6 位。从到期收益率②走势看，2021 年 1 月至 2022 年 9 月，江苏省各期限地方债到期收益率均呈现波动下行走势（见图 7）。

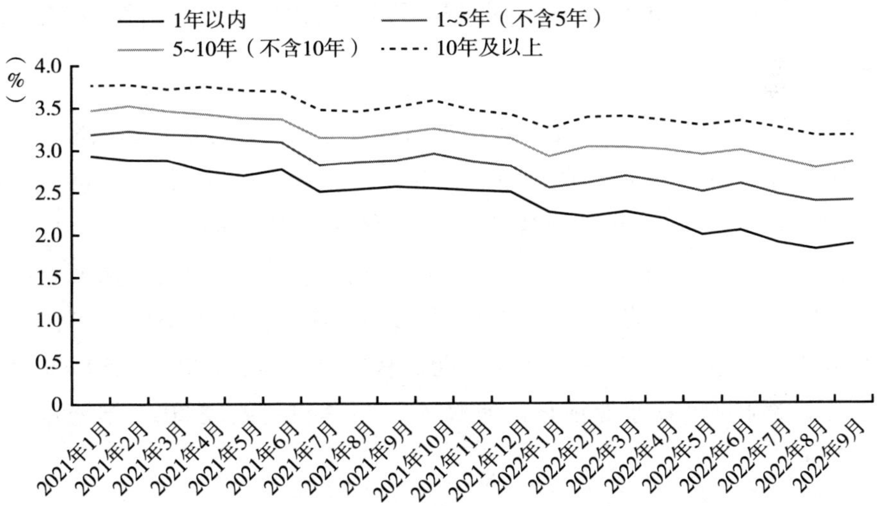

图 7　2021 年 1 月至 2022 年 9 月江苏省地方债到期收益率走势

数据来源：Wind 数据库，中诚信国际整理计算。

二　江苏省地方政府专项债分析③

截至 2022 年 9 月，江苏省地方政府项目收益专项债余额同比增长 34.71%

① 交易统计包含回购交易、现券交易等部分。

② 此处到期收益率均值采用的是算术平均值。

③ 2020 年 7 月 29 日财政部《关于加快地方政府专项债券发行使用有关工作的通知》（财预〔2020〕94 号）明确 2020 年新增专项债必须保证融资规模与项目收益相平衡，因此 2020 年以来的新增专项债均为项目收益专项债。本部分项目收益专项债的统计样本为 2017～2019 年项目收益专项债与 2020 年至 2022 年 9 月的新增专项债。

至8400.80亿元，呈进一步扩容态势，且发行节奏有所加快；投向领域聚焦大基建，具体包括交通基础设施建设、民生服务、棚改、市政和产业园区基础设施等领域。从期限结构看，期限为5年以上（不含5年）的专项债占比近85%，与专项债项目期限匹配程度尚可。目前，专项债仅用作项目配套融资或能撬动基建投资约2605.30亿元，但实际撬动效果受多种因素影响仍有待观察。

（一）发行节奏前置，期限结构仍以长期为主，发行利率和利差双降

2017~2021年，江苏省地方政府项目收益专项债发行量呈现先增后减态势，其中2021年发行量有所回落，当年发行规模为1498亿元，同比下降32.31%；2022年1~9月发行规模为1545亿元，占全国的4.36%，发行规模排名全国第9，已超2021年全年水平，发行进度有所前置。从发行期限看，2022年1~9月江苏省地方政府项目收益专项债发行期限以7年、10年和15年为主，较2021年未有明显变化。从发行成本看，2022年1~9月江苏省地方政府项目收益专项债的整体发行利率和利差较2021年全年下行（见图8）。

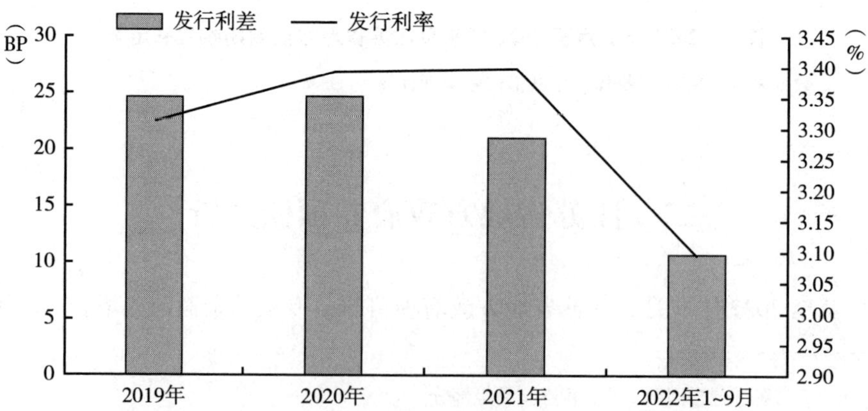

图8　2019年至2022年9月江苏省项目收益专项债发行成本

数据来源：Wind数据库，中诚信国际整理计算。

（二）地市级为主导发行层级，投向领域趋于更高集中度，融资规模与项目收益基本实现平衡

2022 年 1~9 月，江苏省共计发行 14 期项目收益专项债，投向领域日益丰富（见图 9）。具体看，前五大领域分别为交通基础设施（650.96 亿元）、民生服务（334.15 亿元）、棚改（322.55 亿元）、市政和产业园区基础设施（180.40 亿元）以及旧改（88.04 亿元），发行额占比分别为 37.34%、19.16%、18.50%、10.35%和 5.05%，前五大领域合计占比为 90.40%，其中前三大领域的金额合计占比同比提升 13.16 个百分点，集中度趋高。项目行政层级可分为省级、地市级和区县级，发行额占比较大的为地市级项目（52.78%），其次为区县级项目（33.73%）和省级项目（13.49%）；项目数占比方面，地市级项目、区县级项目占大头，分别为 57.81%和 40.96%，省级项目仅占 1.23%，地市级项目的发行额和发行数目均占据相对优势。此外，不同

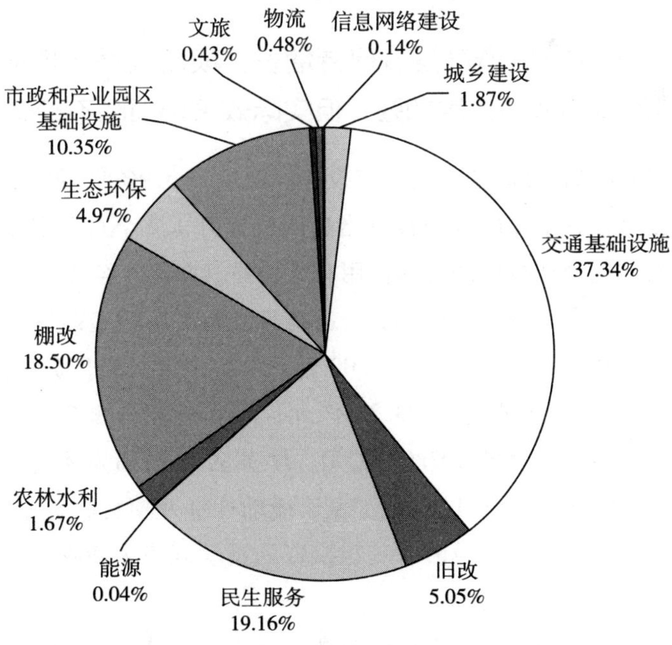

图 9　2022 年 1~9 月江苏省项目收益专项债资金投向领域

数据来源：Wind 数据库，中诚信国际整理计算。

行政层级的项目资本金比例均值亦有所差异，从高至低分别为省级（49%）、区县级（46%）和地级市（40%）。项目偿债方面，项目融资与收益基本匹配，当期项目融资本息覆盖倍数均值为 3.19 倍。

（三）专项债较少用作项目资本金，涉及交通基础设施领域的项目较多，且收入来源多元化

2022 年 1~9 月，江苏省地方政府项目收益专项债数量合计 979 只，专项债用作资本金的项目较少，占比为 8.99%；用作项目资本金的总额度占当期发行规模的 11.42%，为 176.43 亿元，集中投向交通基础设施领域（占比为 92.38%，同比下降 5.51 个百分点），集中度仍较高，细分领域依然为收费公路、城际铁路和轨道交通。此外，民生服务以及市政和产业园区基础设施领域项目的占比较小，分别为 2.91% 和 1.76%。从项目收入来源看，专项债用作资本金的项目收入来源主要是车辆通行费收入、油品经营收入、运营收入、广告收入和政府性基金收入，收入来源较广泛。

（四）江苏省固定资产投资保持增长，项目收益专项债发行进度前置，基建投资的撬动作用加强，但实际效果仍面临不确定性因素

2022 年 1~9 月，江苏省固定资产投资同比增长 5.9%①，同比增速略微下降 0.8 个百分点，其中基础设施投资增速同比提升 1.2 个百分点至 8.6%，基建投资托底对固定资产投资的支撑作用有所加强。在国内经济下行压力进一步加大的背景下，专项债发行规模创历史新高且发行节奏明显前置，2022 年 1~9 月江苏省发行项目收益专项债 1545.00 亿元，其中用作项目资本金的规模为 176.43 亿元，较上年同期减少 23.39 亿元；专项债用作配套融资总规模为 1368.57 亿元，较上年增加 203.99 亿元。江苏省专项债资本金撬动杠杆为 2.35 倍，专项债配套融资为 1.62 倍。鉴于撬动杠杆及项目收益专项债整体规模的提升，理论上江苏省专项债对基建投资的撬动规模为 2605.30 亿元②，较

① 如无特别说明，本报告中引用的宏观经济数据均来自全国各省（区、市）国民经济与社会发展统计公报，并由中诚信国际整理计算。

② 专项债撬动基建投资方法参见袁海霞、汪苑晖、卞欢《专项债兼顾扩容提效，助力基建托底稳增长——地方政府专项债 2019 年回顾与 2020 年展望》，《财政科学》2020 年第 1 期。

上年同期增长 90.95%，但实际效果还受诸多因素限制，包括资金到位情况、项目建设进度以及配套设施建设等。

三　江苏省偿债能力分析

江苏省地方政府债务规模逐步扩大，居于全国较高水平，且 2023 年的到期规模相对较大，但债务水平仍相对较低。同时，近年来江苏省经济和财政实力稳步增强，财政平衡能力提高，债务管理规范性较高，有利于整体债务风险的把控。

（一）江苏省政府债务余额逐步增长，2023年的到期规模相对较大，需关注可能存在的集中到期支付压力

近年来，江苏省地方政府债务余额呈逐年增长态势，2021 年债务限额为 20823.14 亿元[①]（见图 10），较 2020 年增加 1816 亿元。截至 2021 年，江苏省地方政府债务余额为 18963.76 亿元，同比增长 10.08%，债务余额位列全国第 3（见图 11），但相较债务限额而言，尚存在一定的债务融资空间。政府债务余额结构以地方政府债券为主。2022 年 1～9 月，江苏省新增发行地方债 3598.63

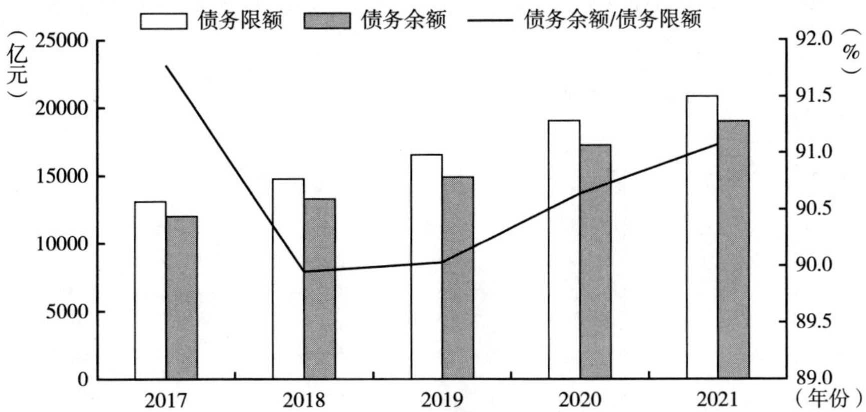

图 10　2017～2021 年江苏省地方政府债务限额及余额

数据来源：江苏省财政预算执行及决算报告，中诚信国际整理计算。

① 如无特别说明，本报告中引用的宏观经济数据均来自《江苏省国民经济和社会发展统计公报》，并由中诚信国际整理计算。

亿元，同比增长 19.52%，当期末存量规模为 20927.17 亿元。从债务到期分布看，江苏省地方债于 2022 年 10～12 月及未来 5 年到期金额分别为 463.82 亿元、2535.49 亿元、1658.34 亿元、1691.49 亿元、1456.77 亿元和 1590.66 亿元，其中 2023 年的到期金额最大，2024～2027 年的到期分布较为均衡，需关注 2023 年可能面临的集中偿付压力（见图 12）。

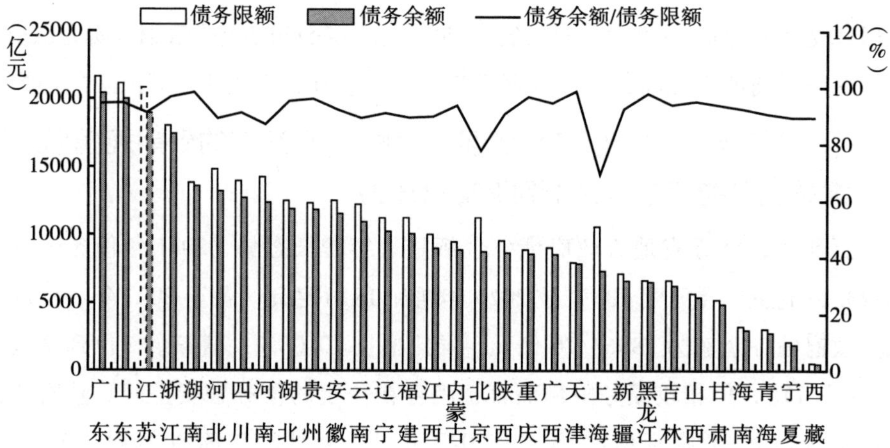

图 11　2021 年全国 31 个省（区、市）债务限额及余额

数据来源：全国 31 个省（区、市）财政预算执行及决算报告，中诚信国际整理计算。

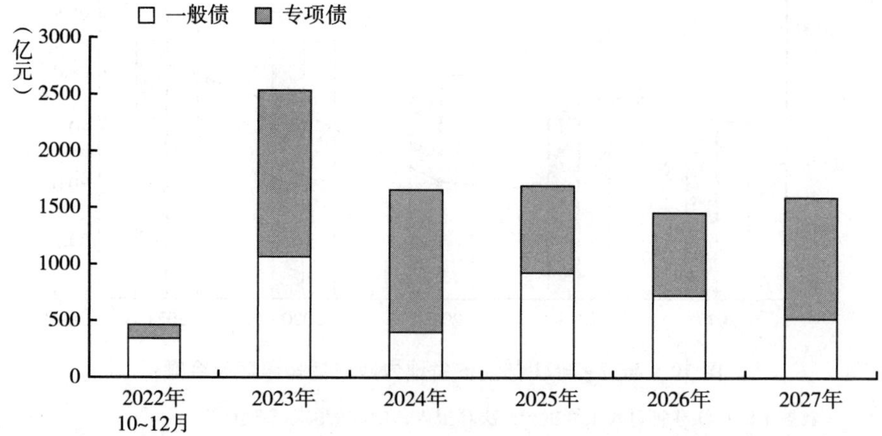

图 12　截至 2022 年 9 月江苏省存量地方债到期分布

数据来源：Wind 数据库，中诚信国际整理计算。

（二）江苏省综合财力保持增长，财政自给能力强

2021 年，江苏省实现地区生产总值 116364 亿元，迈上 11 万亿元新台阶，同比增长 8.6%，增速较 2020 年回升 4.9 个百分点，且高于全国 0.2 个百分点。2021 年江苏省的三次产业结构为 4.1∶44.5∶51.4，最终消费对经济增长的贡献率较高，保持很强的区域经济稳定性。未来，江苏省将继续紧扣“强富美高”总目标，积极发掘培育新的增长点，深入实施三大国家战略，持续推动经济健康发展。

2021 年，江苏省综合财力为 26121.81 亿元（见图 13），位列全国第 2。2021 年，江苏省实现一般公共预算收入 10015.16 亿元（见图 14），增速较 2020 年提高 7.68 个百分点；江苏省产业呈现多元化布局，贡献丰富税源，且税收质量和稳定性均较高，2021 年税收占比为 81.59%。同时，江苏省房地产市场发展较好，为土地使用权出让收入奠定良好基础，2021 年全省实现政府性基金收入 13532.95 亿元，但仍需关注区域土地市场存在的分化现象。未来，江苏省显著的人口聚集效应、扎实的产业布局以及强劲的经济增长潜力，将为其中长期的综合财力提供较有力的保障。

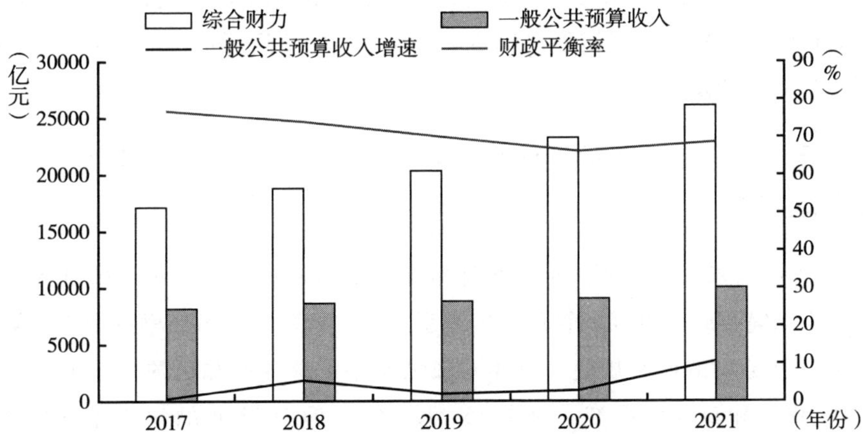

图 13　2017~2021 年江苏省财政情况

数据来源：2017~2021 年江苏省财政预算执行及决算报告，中诚信国际整理计算。

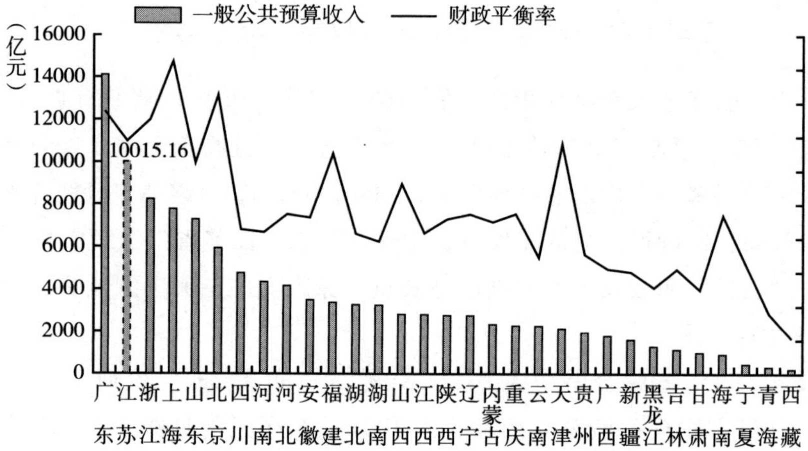

图 14　2021 年全国 31 个省（区、市）一般公共预算收入及财政平衡率

数据来源：全国 31 个省（区、市）财政预算执行及决算报告，中诚信国际整理计算。

2022 年 1～9 月，在国内新冠疫情多点散发及经济下行压力加大的背景下，江苏省实现地区生产总值 88652.7 亿元，同比增长 2.3%，增速同比回落 7.9 个百分点；1～9 月，江苏省一般公共预算收入为 6940.73 亿元，同比下降 11.15%。当前国内、国际形势仍然复杂严峻，经济恢复基础仍待进一步巩固，但随着稳经济一揽子政策措施深化落实，江苏省经济运行加快回归常态，有望实现回稳向上的发展态势。

（三）江苏省债务管理体系日趋完善，债务水平相对较低，整体债务风险可控

2018 年以来，江苏省对债务限额的管理力度有所加大，举债机制逐步细化，并不断完善政府性债务管理制度体系，切实规范政府举债融资行为。截至 2021 年，江苏省的债务规模尚处相对较低水平，债务率和负债率均未超国际警戒线 100%和 60%的标准（见图 15、图 16），但 2023 年的到期规模相对较大，或面临一定的集中到期偿付压力。江苏省地方债投向领域包括基础设施建设以及民生服务等，相应形成大量资产，并能够带来较多经营性收入，对于相关债务偿还形成一定保障。同时，江苏省各级政府控制数十家上市公司，拥有大量的优质资产，亦能为政府债务偿还提供流动性支持。未来，在债务管理制

度逐步深化落实的前提下，江苏省债务管理将获得更为显著的成效，有利于区域总体债务风险的控制。

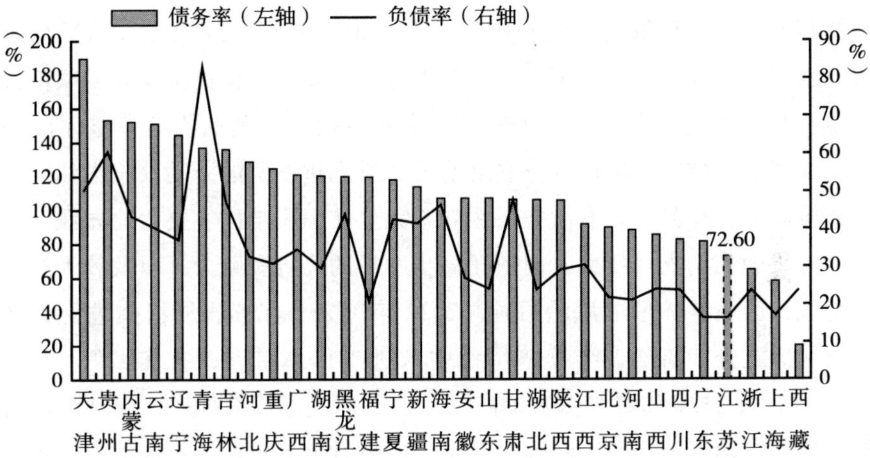

图 15　截至 2021 年全国 31 个省（区、市）债务率及负债率

数据来源：全国 31 个省（区、市）财政预算执行及决算报告，中诚信国际整理计算。

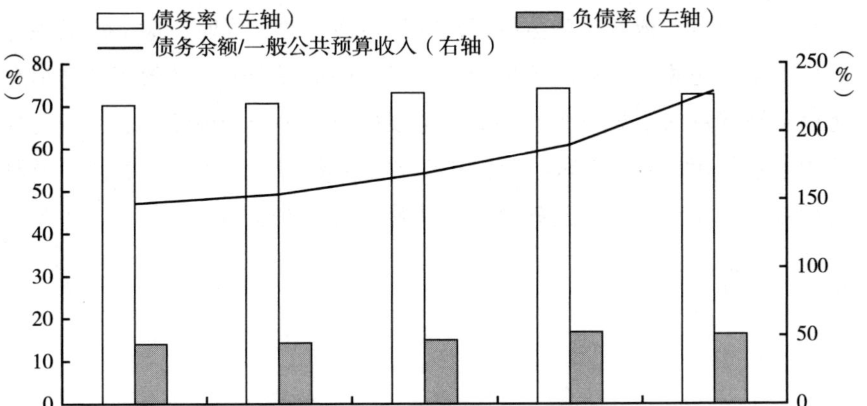

图 16　2017~2021 年江苏省债务率及负债率

数据来源：2017~2021 年江苏省财政预算执行及决算报告，中诚信国际整理计算。

四 小结

江苏省地方债存量余额处于较高水平，2022 年以来新增地方债发行进度前置，发行规模同比增幅显著，发行期限有所缩短，结构仍主要为专项债，发行成本和利差均呈下降走势，交易活跃度略有提升，到期收益率整体波动下行。江苏省地方政府专项债发行进度前置，对基建投资的撬动效应增强。

整体而言，江苏省政府债务限额尚未完全使用，结构主要为地方债，虽面临一定的集中到期支付压力，但依托稳步增长的经济和财力，以及较为规范的债务管理，区域整体债务风险可控。2022 年以来，江苏省加快推进稳经济一揽子政策措施全面落地，继续坚持稳中求进工作总基调，扎实做好“六稳”“六保”工作，未来随着“强富美高”新江苏建设的持续推进，区域经济将保持健康发展。建议下一阶段江苏省继续用好地方债务限额，保证地方债务新增限额与区域政府性债务化解进度相匹配，在加快发行进度的同时，持续丰富项目储备，优化专项债结构，制定科学的专项债发行计划，合理安排专项债的期限结构，并拓展专项债资金的投向领域，鼓励符合条件的专项债用作项目资本金，让专项债更有效地撬动基金投资，降低财政压力；同时，应多举措规范专项债使用，不断完善专项债发行机制，加强专项债资金使用绩效管理与信息披露，将信息披露评估结果与专项债绩效考核挂钩。对于专项债，需充分发挥其资金聚力增效作用，同时合理统筹安排财政预算资金，并加大债务风险监测力度，持续规范细化地方政府债务管理，妥善应对地方债到期偿还，以防范地方政府债务风险。

B.33

2022年浙江省地方政府债券分析报告

李龙泉　秦羽璇　吴江珊　马蕙桐*

摘　要： 浙江省作为全国经济财政实力较强的省份，地方债存量规模位列全国第4，发行结构以新增专项债为主，发行进度明显前置，发行成本持续回落。浙江省大部分专项债资金投入市政和产业园区基础设施、民生服务项目，在一定程度上促进了浙江省基建投资规模的扩大以及产业经济的发展。总的来看，浙江省地方债在稳经济、稳增长中发挥了重要作用，本报告建议继续充分发挥政府投资优势，利用专项债作为项目资本金的撬动作用，降低财政压力，同时可进一步丰富资金投向。

关键词： 地方债　专项债　浙江省

一　浙江省地方债运行情况分析

从规模看，截至2022年9月，浙江省地方债存量规模为19756.79亿元①，占全国总规模的5.72%，在全国31个省（区、市）中排第4位（见图1），远超全国平均水平。从券种结构看，存量地方债以专项债为主，占比达62%，规

---

* 李龙泉，中诚信国际政府公共评级二部高级分析师，主要研究领域为地方政府债券、基础设施投融资行业等；秦羽璇，中诚信国际政府公共评级二部高级分析师，主要研究领域为地方政府债券、基础设施投融资行业等；吴江珊，中诚信国际政府公共评级二部高级分析师，主要研究领域为地方政府债券、基础设施投融资行业等；马蕙桐，中诚信国际政府公共评级二部高级分析师，主要研究领域为地方政府债券、基础设施投融资行业等。

① 如无特别说明，本报告中引用的地方债存量、发行量、发行利率、发行利差、交易量、到期收益率等债券相关数据均来自截至2022年9月的Wind数据库，并由中诚信国际整理计算。

模达12391.10亿元，排在全国第4位。从期限看，存量地方债期限以5~10年为主，占浙江省地方债总额的70%以上。

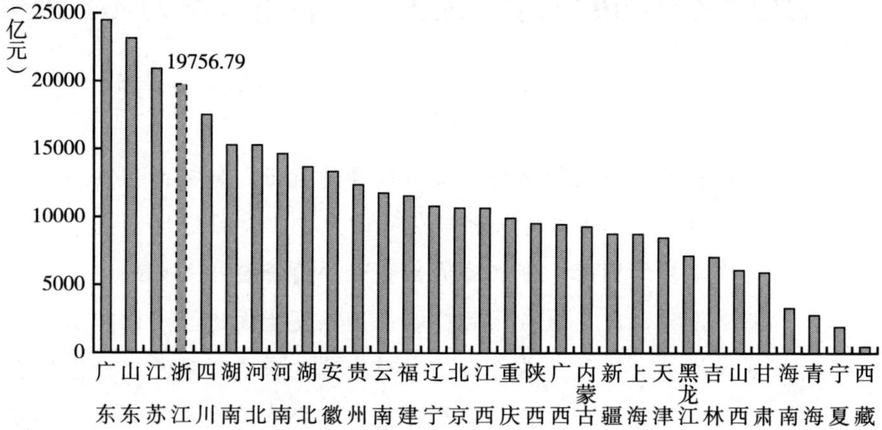

图1 截至2022年9月全国31个省（区、市）地方债存量规模

数据来源：Wind数据库，中诚信国际整理计算。

（一）发行规模有所上升且进度前置

受稳增长压力有所增加、财政政策靠前发力等影响，2022年1~9月浙江省地方债发行规模有所上升，发行进度明显前置。2022年1~9月，浙江省发行地方债3538.25亿元，较2021年同期增加798.37亿元。从月度发行规模看，2022年1~9月发行时间集中于6月，节奏相对靠前（见图2）。

（二）新增专项债为主要发行品种，发行期限趋于长期化

2022年1~9月，新增专项债为浙江省地方债最主要的发行品种，且发行期限趋于长期化。从券种结构看，2022年1~9月浙江省以发行新增专项债为主导，发行规模为2357亿元，占比为66.61%，占比较上年同期上升近20个百分点，另外发行了再融资一般债（446.25亿元）、再融资专项债（384亿元）以及新增一般债（351亿元）；期限结构以10年为主，占比为34.83%。由于期限相对较长的新增专项债规模及占比均较上年同期大幅增加，10年及以上期限所占比例为88.96%（见图3），占比较上年同期上升超过12个百分点。

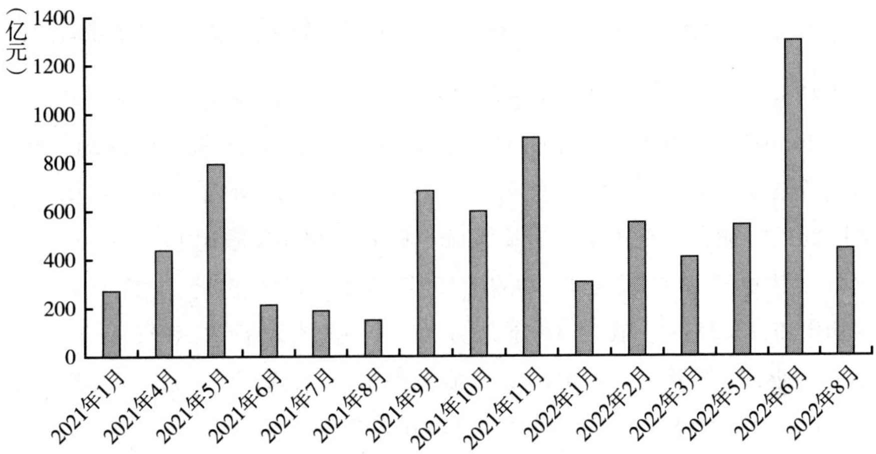

图 2　2021 年 1 月至 2022 年 9 月浙江省地方债月度发行规模

注：浙江省部分月份无地方债发行，未在图中显示。

数据来源：Wind 数据库，中诚信国际整理计算。

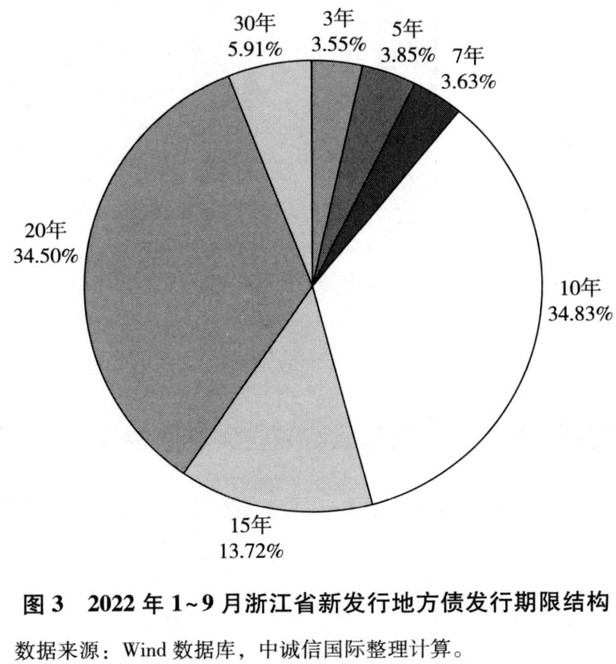

图 3　2022 年 1~9 月浙江省新发行地方债发行期限结构

数据来源：Wind 数据库，中诚信国际整理计算。

（三）发行成本保持下降趋势，中长期发行利率回落幅度较大

2022 年 1~9 月，浙江省地方债发行利率[①]继续回落至 3.06%，发行利差收窄至 11.07BP（见图 4）。在月度分布方面，发行利率呈现一定波动，3 月到达高点后波动下降，8 月到达低点（见图 5）。在期限分布方面，对比上年对应期限的地方债，发行成本均有所下降；同时，相同期限地方债的发行利差大幅收窄，其中，收窄幅度最大的为 5 年期和 10 年期地方债，分别收窄 13.45BP 和 13.35BP。在券种分布方面，一般债发行利率较上年回落至 2.88%，利差回落至 10.61BP；专项债发行利率回落至 3.11%，利差回落至 11.20BP。浙江省地方债发行利率在全国排名中等（见图 6）。

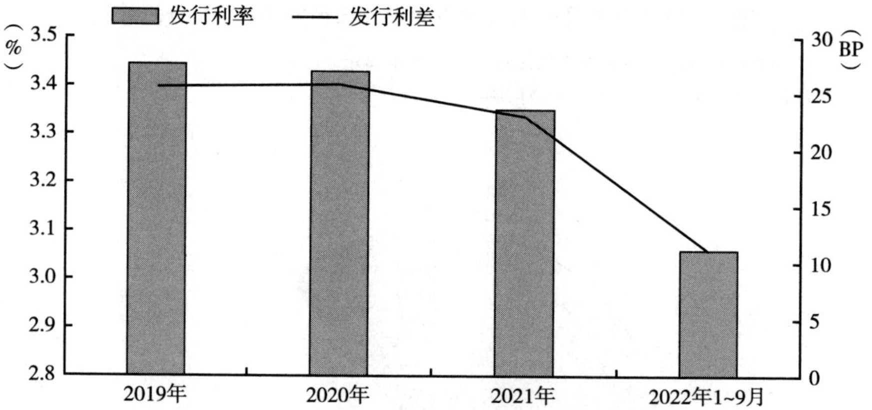

图 4　2019 年至 2022 年 9 月浙江省地方债发行成本

数据来源：Wind 数据库，中诚信国际整理计算。

（四）交易规模[②]同比增长近50%，到期收益率[③]呈波动下降态势

从二级市场交易规模看，2022 年 1~9 月，浙江省地方债交易规模达 6795.39

① 如无特别说明，本报告中发行利率、利差为根据发行额计算的加权平均发行利率、利差，发行利差计算公式：债券发行利率-对应期限国债收益率。

② 交易统计包含回购交易、现券交易等部分。

③ 此处到期收益率均值采用的是算术平均值。

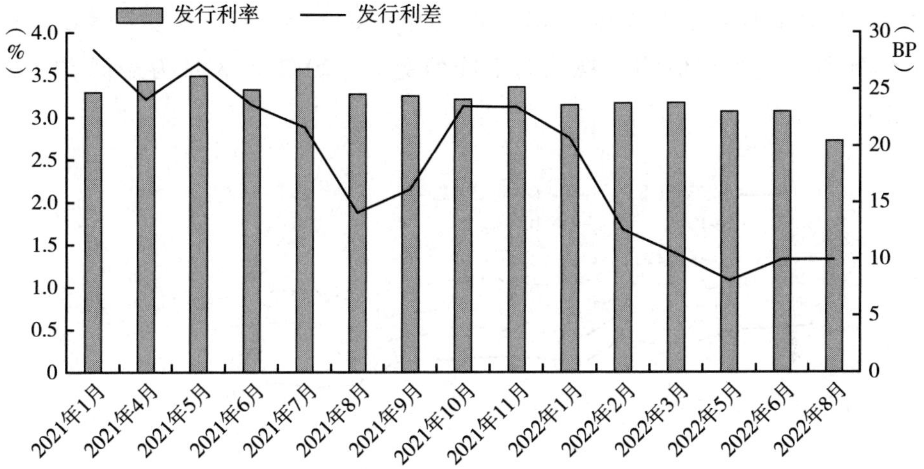

图 5　2021 年 1 月至 2022 年 9 月浙江省地方债月度发行成本

注：浙江省部分月份无地方债发行，未在图中显示。

数据来源：Wind 数据库，中诚信国际整理计算。

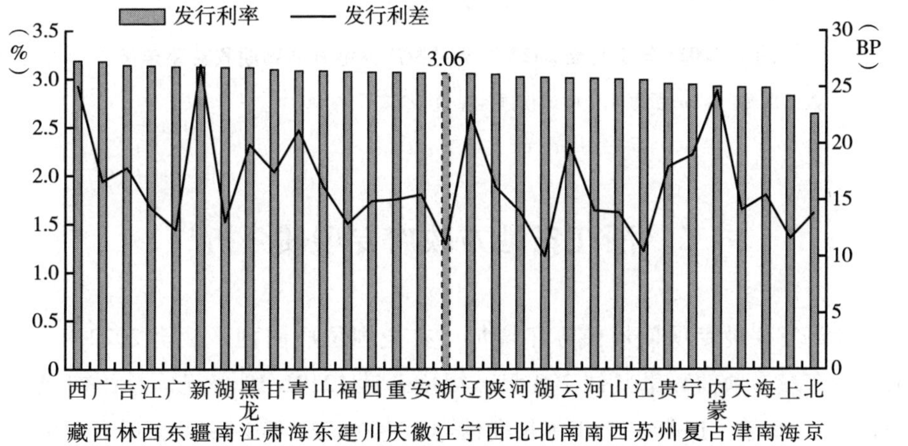

图 6　2022 年 1~9 月全国 31 个省（区、市）地方债发行成本

数据来源：Wind 数据库，中诚信国际整理计算。

亿元，同比增长46.76%，但因存量地方债体量较大，交易规模仍在全国排名第4。从到期收益率走势看，2021年1月至2022年9月，浙江省各期限地方债到期收益率均值均呈现波动下降的走势，2022年8月为最低点（见图7）。

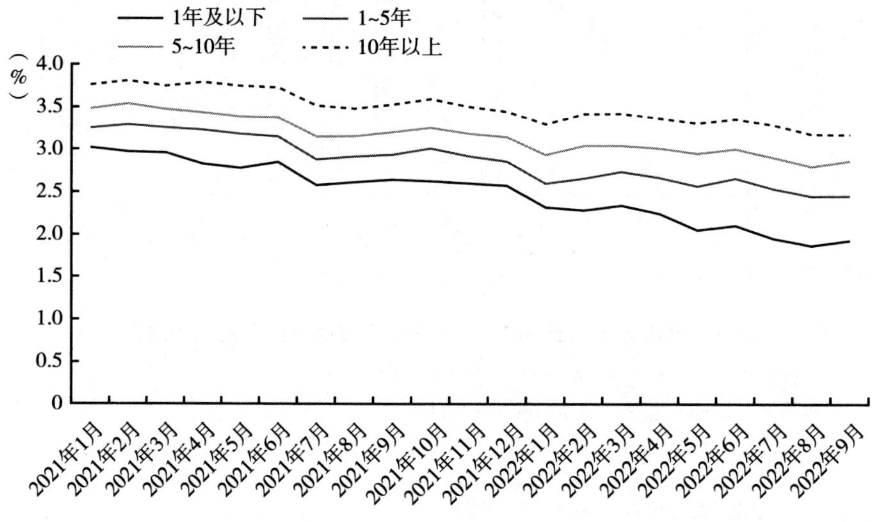

图7　2021年1月至2022年9月浙江省地方债到期收益率走势

数据来源：Wind数据库，中诚信国际整理计算。

二　浙江省地方政府专项债分析①

浙江省存量专项债规模逐年增加，在全国位居前列，截至2022年9月，浙江省存量专项债数量共计300只，规模合计12391.10亿元，总体期限结构趋长，以10年、15年和7年等长期债券为主；2022年1~9月新增专项债的投向领域以市政和产业园区基础设施、民生服务为主。

① 2020年7月29日财政部《关于加快地方政府专项债券发行使用有关工作的通知》（财预〔2020〕94号）明确2020年新增专项债必须保证融资规模与项目收益相平衡，因此2020年以来的新增专项债均为项目收益专项债。本部分项目收益专项债的统计样本为2019年项目收益专项债与2020年至2022年9月的新增专项债。

（一）发行规模逐年上升，目前存续的专项债以10年期、15年期和7年期为主

2017年财政部发布《关于试点发展项目收益与融资自求平衡的地方政府专项债券品种的通知》（财预〔2017〕89号）以来，全国启动项目收益专项债的发行，近年来浙江省发行的项目收益专项债规模呈现逐年增长的趋势，2019年1月至2022年9月，浙江省共计发行项目收益专项债234只，规模为9374.24亿元，其中2022年1~9月发行70只，共计2741.00亿元（见图8）。

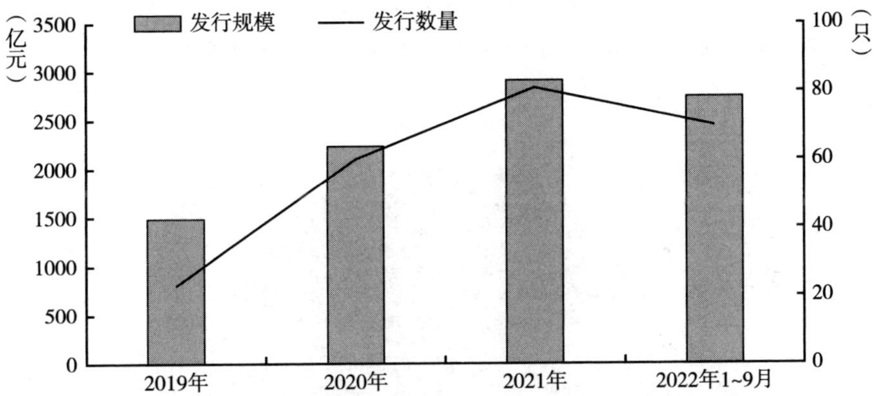

图8　2019年至2022年9月浙江省项目收益专项债发行规模

数据来源：浙江省地方政府新增专项债信息披露文件，中诚信国际整理计算。

从发行成本来看，近年来浙江省项目收益专项债的发行利率呈现波动下降的态势，其中2020年利率有所上升，2021年利率有所下降，2022年利率下降明显。利差则呈现逐年下降的趋势，且2022年下降明显，2022年1~9月发行利率和利差分别为3.11%和11.20BP（见图9）。

从发行期限来看，2022年1~9月浙江省共发行70只项目收益专项债。从券种结构来看，新增专项债规模为2357.00亿元，占发行总额的86.00%；从期限结构来看，发行的项目收益专项债主要为10年期和15年期，其次为7年期和5年期。总体来看，截至2022年9月存续的专项债以10年期、15年期和7年期为主（见图10），2021年以来发行的专项债整体期限有所延长。

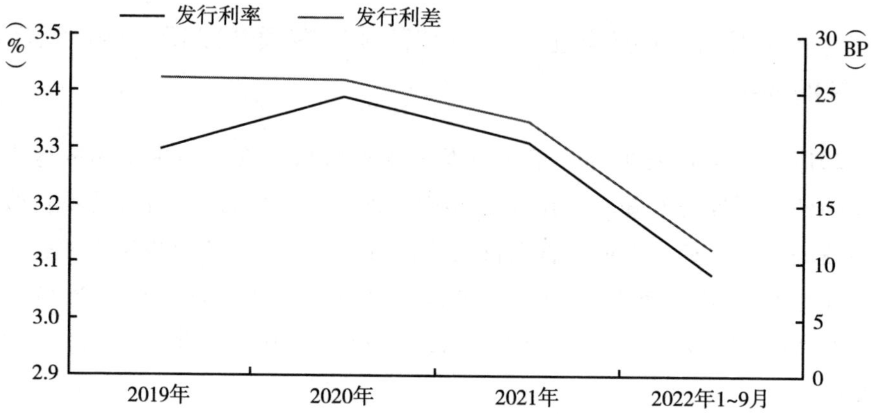

图 9　2019 年至 2022 年 9 月浙江省项目收益专项债发行成本

数据来源：浙江省地方政府新增专项债信息披露文件，中诚信国际整理计算。

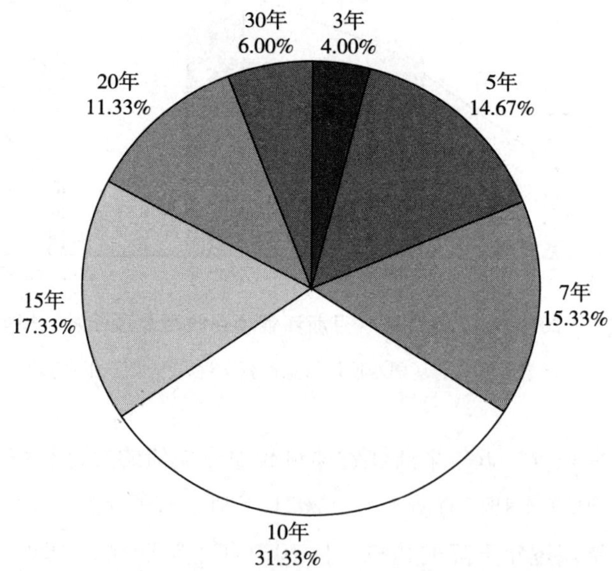

图 10　截至 2022 年 9 月浙江省项目收益专项债期限结构

数据来源：浙江省地方政府新增专项债信息披露文件，中诚信国际整理计算。

（二）新增专项债募投项目领域以市政和产业园区基础设施、民生服务为主，项目预期现金流均可覆盖债券本息

2022 年 1~9 月，浙江省共发行 70 只项目收益专项债，募集资金 2741.00

亿元，其中新增专项债 61 只，募集资金 2357.00 亿元。从新增专项债募集资金投向来看，37.62%的资金投向市政和产业园区基础设施领域，16.96%的资金投向民生服务领域，16.85%的资金投向交通基础设施领域。二级细分投向方面，投向市政和产业园区基础设施下的产业园（其他）的资金最多，占比为 18.86%；其次为民生服务下的医疗卫生、市政和产业园区基础设施下的其他市政和文旅下的文旅基建，占比分别为 8.37%、7.60%和 5.39%，其余资金投向占比均小于 5%（见图 11）。值得注意的是，在专项债募投范围拓宽背景下，2022 年浙江省发行了少量城际高速铁路和城际轨道交通等新基建领域专项债（占比为 4.17%）。

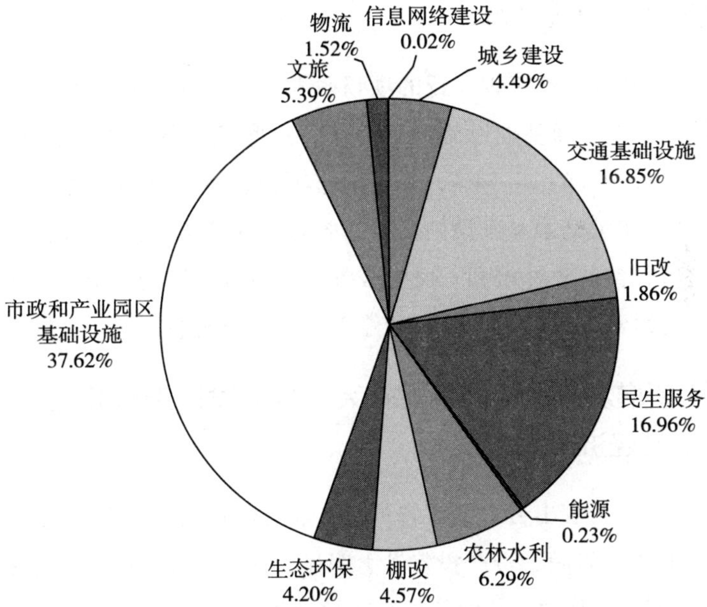

图 11　2022 年 1~9 月浙江省新增项目收益专项债资金投向领域

数据来源：浙江省地方政府新增专项债信息披露文件，中诚信国际整理计算。

募投项目行政层次以地市级为主，2022 年 1~9 月发行的新增专项债资金中，3.52%投向省级项目，78.95%投向地市级项目，17.53%投向区县级项目。其中，省级投资主要投向交通基础设施领域，地市级投资领域主要为交通基础设施、市政和产业园区基础设施，区县级项目投资最多的领域则为市政和产业园区基础设施、民生服务。这或许表明在浙江省交通强省建设中，省和地级市承担了更多的责任，而区县则更为注重地方经济发展。

项目本息覆盖倍数方面，所有募投项目的收入均能覆盖项目融资本息。其中，本息覆盖倍数为1~2倍的项目最多，占比达到71.62%；本息覆盖倍数为2~3倍的项目占比为15.79%；本息覆盖倍数在3倍以上的项目仅占12.59%。资金来源方面，募投项目资金多来源于项目本身产生的现金流和部分财政支持资金（包括补助以及基金收入等），综合考虑项目本身良好的本息覆盖倍数以及浙江省强劲的财政实力，浙江省专项债整体偿债风险可控。

（三）浙江省专项债用作项目资本金规模较小，用作资本金项目集中于交通基础设施领域

2022年1~9月，浙江省发行的项目收益专项债中用作项目资本金规模共计53.10亿元，以交通基础设施项目为主。这些项目的资本金合计314.94亿元，占项目总投资额的34.54%，其中用作项目资本金的专项债资金占总资本金的16.86%。相关交通基础设施项目的收益来源主要为交通设施运营收入和沿线土地增值收益，农林水利、民生服务、文旅等领域用作资本金项目的收益来源包括医院运营收入、水务收入和停车场及充电桩收入等。

（四）新增发行专项债规模较大，能够发挥乘数效应撬动有效投资，支持地方经济高质量发展

在2021年12月底出台《浙江省扩大有效投资政策二十条》的有利背景下，2022年1~9月浙江省固定资产投资发力明显，同比增长10.0%，在东部沿海经济强省中排名第1。其中，专项债扩容对拉动固定资产投资起到了一定的作用，2022年1~9月浙江省共发行新增项目收益专项债2357.00亿元，理论上可撬动基建投资3969.03亿元①。其中，专项债用作项目资本金的规模为53.10亿元，专项债用作资本金项目中资本金比例均值为33.10%，撬动杠杆约为3.02倍，专项债作为资本金理论上能够撬动基建投资约160.43亿元；专项债不作为资本金

① 专项债撬动基建投资方法参见袁海霞、汪苑晖、卞欢《专项债兼顾扩容提效，助力基建托底稳增长——地方政府专项债2019年回顾与2020年展望》，《财政科学》2020年第1期。

项目中，专项债用作配套融资的规模为2301.80亿元，项目配套融资比例均值为60.99%，专项债配套融资撬动杠杆约为1.65倍，理论上能够撬动基建投资约3808.60亿元。整体来看，专项债能够发挥乘数效应拉动投资，但实际效果仍受较多因素限制，如资金到位情况、项目建设进度、配套设施建设情况等。

三　浙江省偿债能力分析

浙江省地方政府债务余额处于全国前列，且近年来规模持续增长，其中专项债占比超一半，2023年和2026年将迎来偿债高峰。由于浙江省财政实力较强，整体财政平衡能力较强，债务压力不大，2021年浙江省地方综合财力增长势头强劲，债务率水平边际有所下降，在全国范围内处于较低水平，债务风险可控。

（一）债务规模较大，未使用债务限额空间不大，到期债务多集中于2023年和2026年

浙江省地方政府债务余额逐年增长，债务限额可使用空间较为一般。截至2021年，浙江省地方政府债务限额为18033.35亿元，在全国31个省（区、市）中位列第4，债务余额为17426.77亿元，在全国位列第4，未使用的债务限额为606.58亿元，可使用空间一般（见图12、图13）。

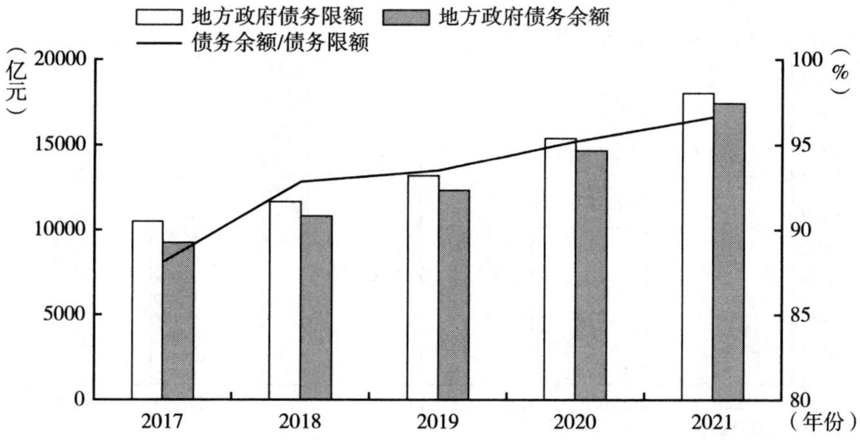

图12　2017～2021年浙江省地方政府债务限额及余额

数据来源：浙江省财政预算执行及决算报告，中诚信国际整理计算。

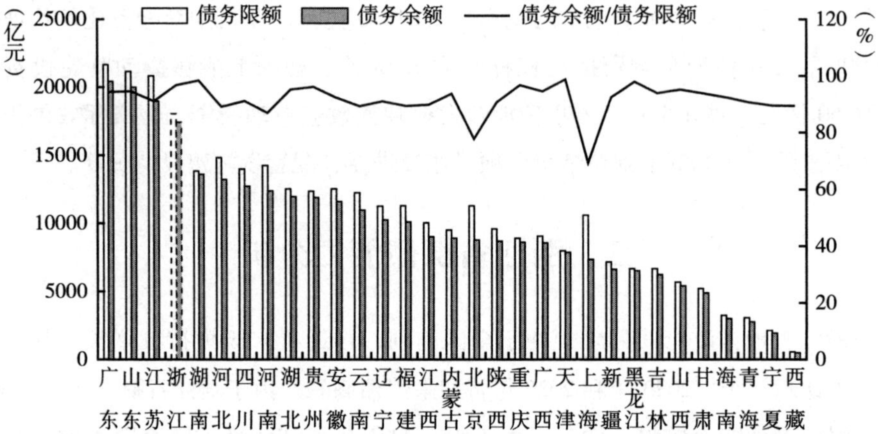

图 13　2021 年全国 31 个省（区、市）地方政府债务限额及余额

数据来源：全国 31 个省（区、市）财政预算执行及决算报告，中诚信国际整理计算。

债务到期分布方面，截至 2022 年 9 月浙江省地方债债务余额为 19756.79 亿元，其中一般债余额为 7365.69 亿元、专项债余额为 12391.10 亿元。2022 年 10~12 月，浙江省到期债务规模为 335.17 亿元，2023~2028 年到期债务规模分别为 1829.92 亿元、1243.01 亿元、1352.10 亿元、1893.60 亿元、985.60 亿元和 1272.55 亿元，2023 年和 2026 年为地方债集中到期高峰（见图 14），其中 2026 年到期地方债中专项债占比为 55.66%。

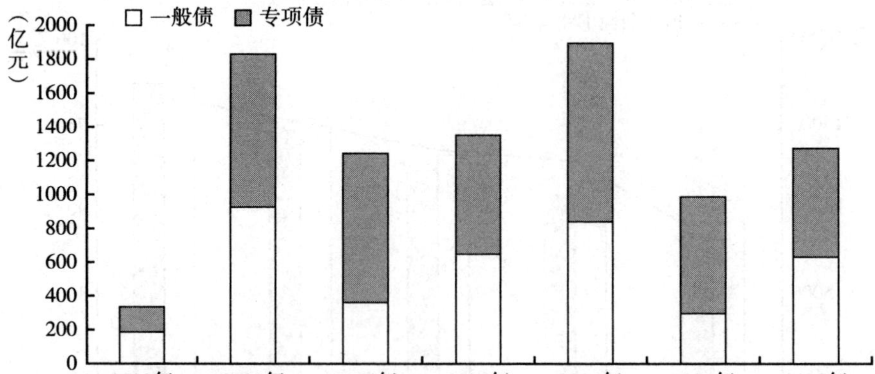

图 14　截至 2022 年 9 月浙江省存量地方债到期分布

数据来源：Wind 数据库，中诚信国际整理计算。

（二）财政实力较强，财政自给能力较强

浙江省财政实力较强，财政自给能力较强，且在新冠疫情影响下，财政实力增长势头依然强劲。2021 年，浙江省一般公共预算收入为 8262.64 亿元，在全国排名第 3（见图 15），同比增长 14%，增速较 2020 年上升 11.2 个百分点。其中，税收收入为 7171.97 亿元，占比为 86.80%；一般公共预算支出为 11014.59 亿元。浙江省财政平衡能力较好，2021 年浙江省财政平衡率（一般公共预算收入/一般公共预算支出）为 75.02%，较上年增加 3.13 个百分点（见图 16）。2021 年浙江省综合财力为 2.70 万亿元，其中政府性基金预算收入占比达 43.20%、上级补助收入占比为 25.68%、国有资本经营收入占比为 0.46%。

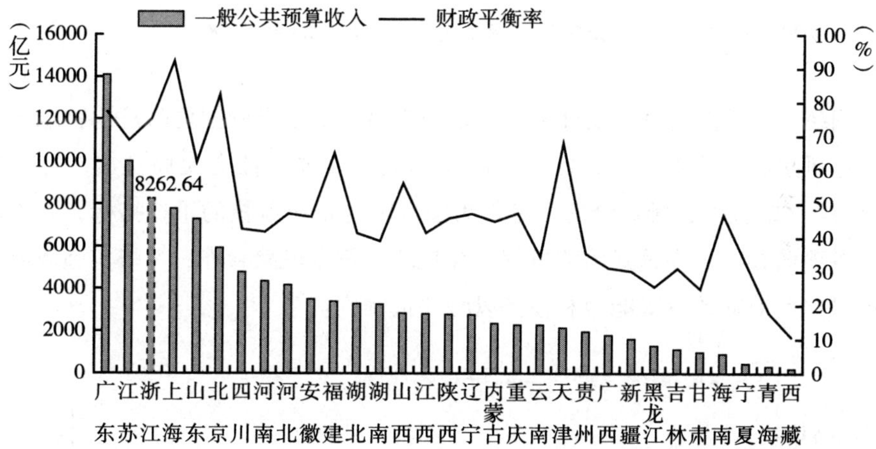

图 15　2021 年全国 31 个省（区、市）一般公共预算收入及财政平衡率

数据来源：全国 31 个省（区、市）财政预算执行及决算报告，中诚信国际整理计算。

（三）债务风险较小，债务偿付能力较强

虽然浙江省的地方债务规模较大，但受益于较强的经济和财政实力，负债率和债务率仍处于较低水平。截至 2021 年，浙江省债务率及负债率分别为 64.64%和 23.70%，其中债务率在全国 31 个省（区、市）中位列第 29（见图 17），整体债务风险较小；2021 年，债务余额占一般公共预算收入的比重为 210.90%，较上年增加 8.91 个百分点（见图 18），偿债能力较 2020 年略有弱

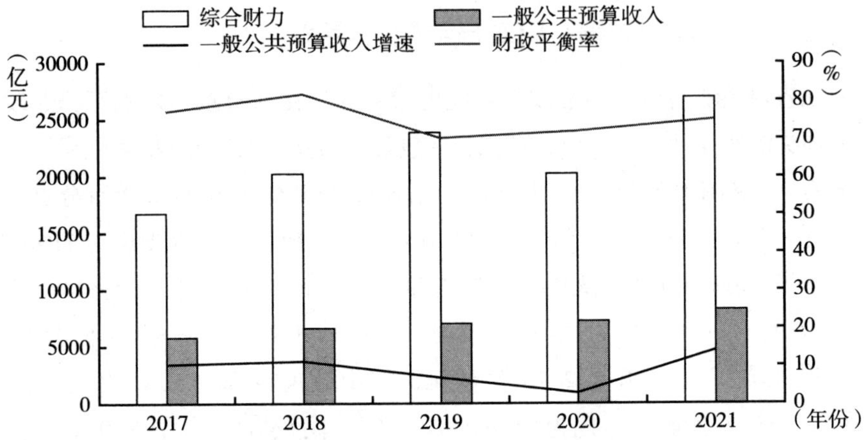

图 16　2017～2021 年浙江省财政情况

数据来源：浙江省财政预算执行及决算报告，中诚信国际整理计算。

化。围绕地方债务管理，浙江省出台多项举措，要求准确把握防范化解地方政府债务风险的重要着力点，保持经济持续健康发展和社会大局稳定，将“隐债化解”“融资平台融资管理”等作为国资国有企业考核的重要指标，并逐步建立专项债券项目穿透式监测机制，强化政府债务风险管控，严格实施政府投资项目立项前财政承受能力和债务风险评估制度。

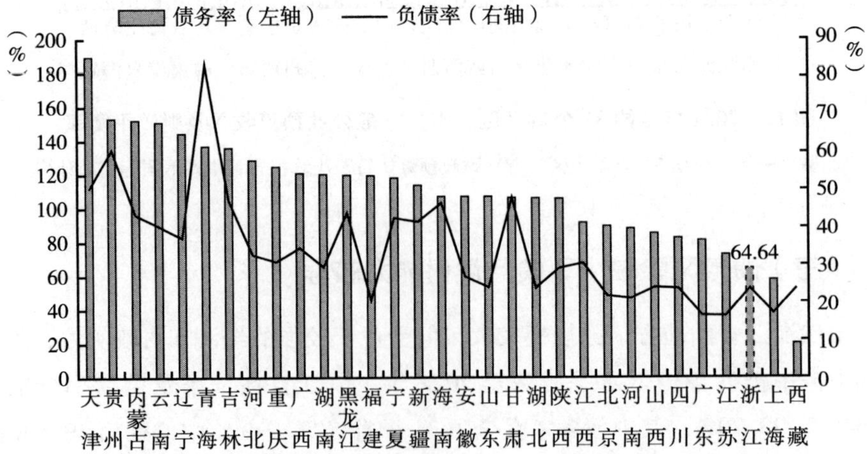

图 17　2021 年全国 31 个省（区、市）债务率及负债率

数据来源：全国 31 个省（区、市）财政预算执行及决算报告，中诚信国际整理计算。

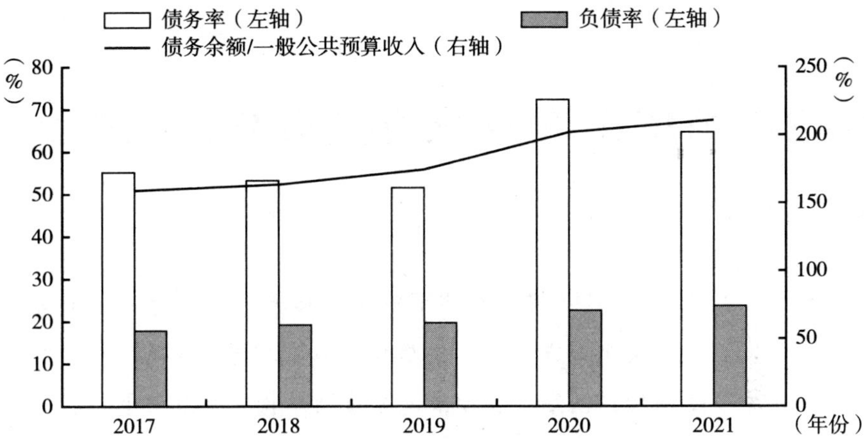

图 18　2017~2021 年浙江省债务率及负债率

数据来源：浙江省财政预算执行及决算报告，中诚信国际整理计算。

四　小结

2022 年，浙江省地方债发行进度有所前置，且发行规模持续扩大，其中新增专项债占比较大。从期限结构看，整体呈长期化趋势，期限结构不断优化。在新冠疫情等影响下，为促进浙江省产业经济发展以及保障民生，大部分专项债资金投入市政和产业园区基础设施、民生服务项目。

总体来看，浙江省财政实力较强，地方债存量规模虽处于全国前列，但整体债务压力较小，浙江省将于 2023 年和 2026 年迎来偿债高峰，建议充分利用地方政府预算及债务限额，丰富投资走向。随着专项债发行规模的扩大，需有效提升专项债撬动资本投资的效果，在优化民生保障的基础上，充分发挥政府投资优势，促进产业经济发展，减轻财政压力。同时，要严格监控专项债募投项目的情况，加强债务风险监测，保障到期偿还，防止债务风险的发生。

B.34
2022年重庆市地方政府债券分析报告

张逸菲　李昊*

摘　要： 2022年1~9月，伴随经济下行压力加大，积极财政政策进一步发力，重庆市地方债发行节奏有所加快，发行规模增长，发行成本有所降低；同期，各期限地方债到期收益率波动下行，二级市场交易规模有所上升。从专项债情况来看，重庆市地方政府专项债发行量增大、期限延长，募集资金多投向基础设施建设、民生服务、棚改及文旅项目，对基建投资的撬动杠杆倍数居全国前列，但用作项目资本金的比例较小，未来仍有较大释放空间。重庆市政府显性债务相对可控，债务率和负债率均位于全国中上游水平，但近年来举债空间不断收窄，财政收支平衡主要依赖上级补助，各区县偿债能力明显分化。

关键词： 地方债　专项债　重庆市

一　重庆市地方债运行情况分析

截至2022年9月，重庆市地方债存量规模为9923.57亿元，在全国31个省（区、市）中排名第17（见图1）。从债券种类来看，截至2022年9月，重庆市地方政府专项债余额为6801.21亿元，占比为68.54%；从期限结构来看，5~10年期（含10年）债券的存量规模最大，发行规模占比为52.46%。

* 张逸菲，中诚信国际政府公共评级部助理总监，主要研究领域为地方政府债券、基础设施投融资行业等；李昊，中诚信国际政府公共评级部高级分析师，主要研究领域为地方政府债券、基础设施投融资行业等。

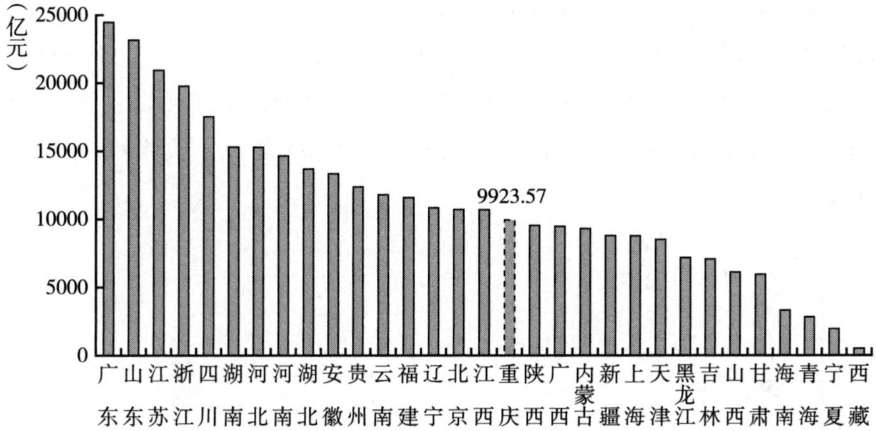

图 1　截至 2022 年 9 月全国 31 个省（区、市）地方债存量规模

数据来源：Wind 数据库，中诚信国际整理计算。

（一）重庆市地方债发行节奏有所加快，发行规模同比增长

2022 年 1~9 月，伴随经济下行压力加大，积极财政政策进一步发力，重庆市地方债发行节奏有所加快，1~9 月累计发行 43 只地方债，发行规模达 1902. 80 亿元，较上年同期增长 8. 17%，发行规模排名全国第 14（见图 2）。

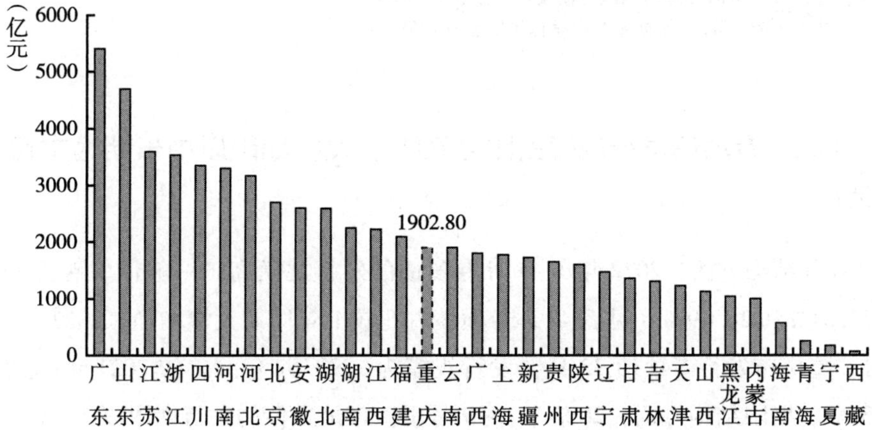

图 2　2022 年 1~9 月全国 31 个省（区、市）地方债发行规模

数据来源：Wind 数据库，中诚信国际整理计算。

具体来看，2022 年 1~3 月重庆市共发行 8 只地方债，全部为新增专项债，发行规模为 327.92 亿元；4~6 月共发行 22 只地方债，包括 3 只一般债和 19 只专项债，发行规模分别为 160.65 亿元和 844.20 亿元，主要集中在 6 月；7~9 月发行 13 只地方债，规模合计 570.03 亿元，较 4~6 月稍有下降（见图 3）。

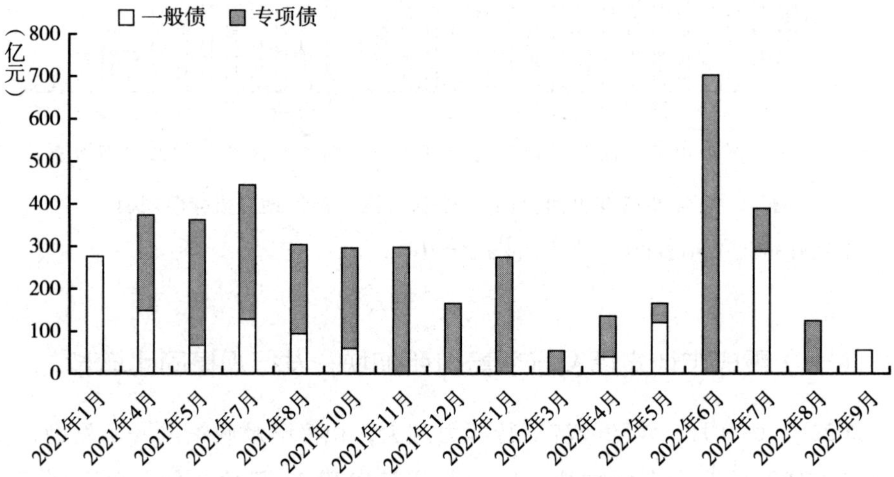

图 3　2021 年 1 月至 2022 年 9 月重庆市地方债单月发行情况

注：重庆市部分月份无地方债发行，未在图中显示。

数据来源：Wind 数据库，中诚信国际整理计算。

（二）专项债发行规模占比超70%，发行期限以中长期为主且有所延长

券种结构方面，2022 年 1~9 月专项债的发行规模高于一般债，占比分别为 73.51%和 26.49%（见图 4），专项债占比较上年同期大幅增加。2022 年 1~9 月，重庆市发行专项债 35 只，发行规模为 1398.67 亿元，较 2021 年同期增加 34%。期限结构方面，2022 年 1~9 月重庆市地方债的发行期限以 15 年、30 年、3 年和 5 年为主，占比分别为 28%、27%、16%和 15%（见图 4），与 2021 年同期相比发行期限整体有所延长。

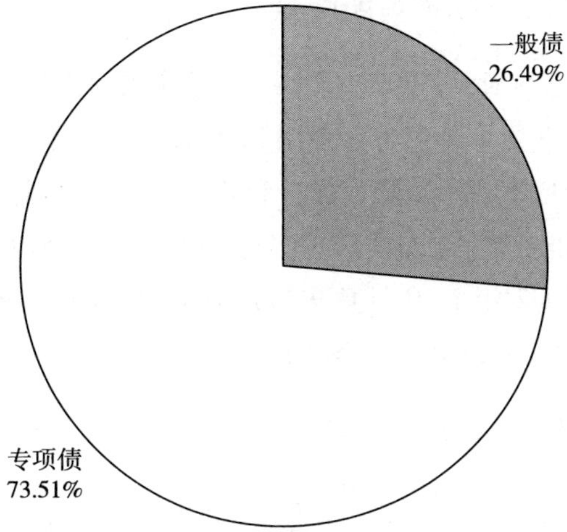

（a）券种结构

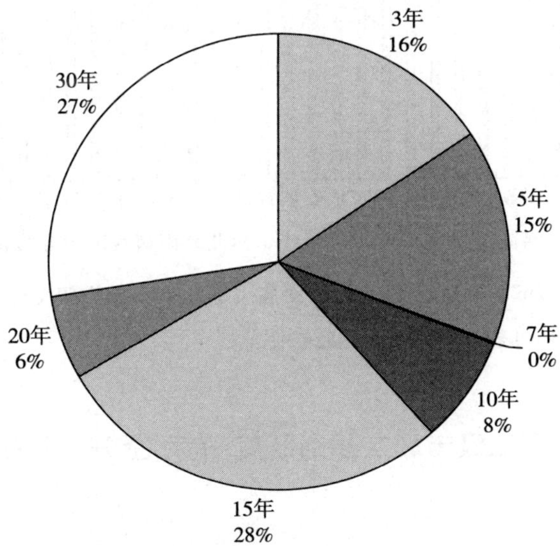

（b）期限结构

图 4　2022 年 1~9 月重庆市新发行地方债券种和期限结构

数据来源：Wind 数据库，中诚信国际整理计算。

（三）地方债发行成本有所降低

从地方债发行成本来看，2022 年 1~9 月重庆市地方债发行利率为 3.07%，较上年同期下降 0.39 个百分点，在全国 31 个省（区、市）的排名从第 3 位下降至第 14 位，融资成本有所下降；发行利差由 2021 年同期的 25.15BP 下降至 15.04BP，下降幅度较大，位列全国 31 个省（区、市）第 17（见图 5）。从单月走势情况来看，2022 年 1~9 月重庆市地方债发行利率[①]有所波动，发行利差于 8 月达到最高值 23.18BP（见图 6）。

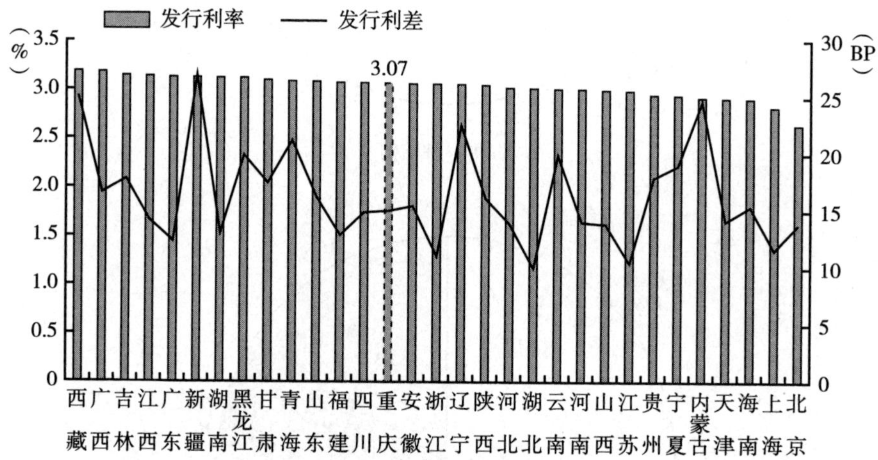

图 5　2022 年 1~9 月全国 31 个省（区、市）地方债发行成本

数据来源：Wind 数据库，中诚信国际整理计算。

（四）地方债二级市场交易活跃度[②]有所上升，到期收益率[③]波动下行

2022 年 1~9 月，重庆市地方债二级市场交易活跃度有所上升，1~9 月交易规模为 4517.23 亿元，较 2021 年同期增长 90.55%，在全国 31 个省（区、

① 如无特别说明，本报告中发行利率、利差为根据发行额计算的加权平均发行利率、利差，发行利差计算公式：债券发行利率-对应期限国债收益率。

② 交易统计包含回购交易、现券交易等部分。

③ 此处到期收益率均值采用的是算术平均值。

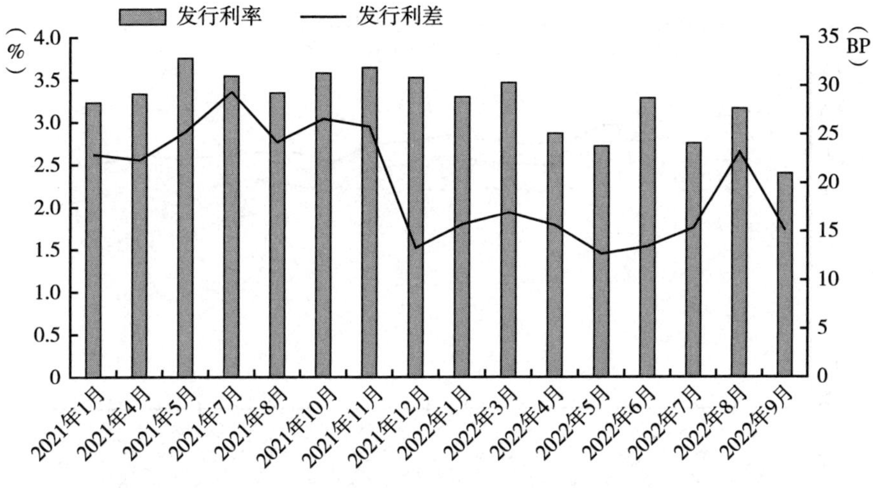

图6　2021年1月至2022年9月重庆市地方债月度发行成本

注：重庆市部分月份无地方债发行，未在图中显示。

数据来源：Wind数据库，中诚信国际整理计算。

市）的交易量排名中处于第9位（见图7）。从债券到期收益率走势来看，2022年1~9月，地方债与国债交易利差维持窄幅震荡趋势，重庆各期限地方债到期收益率均波动下行（见图8）。

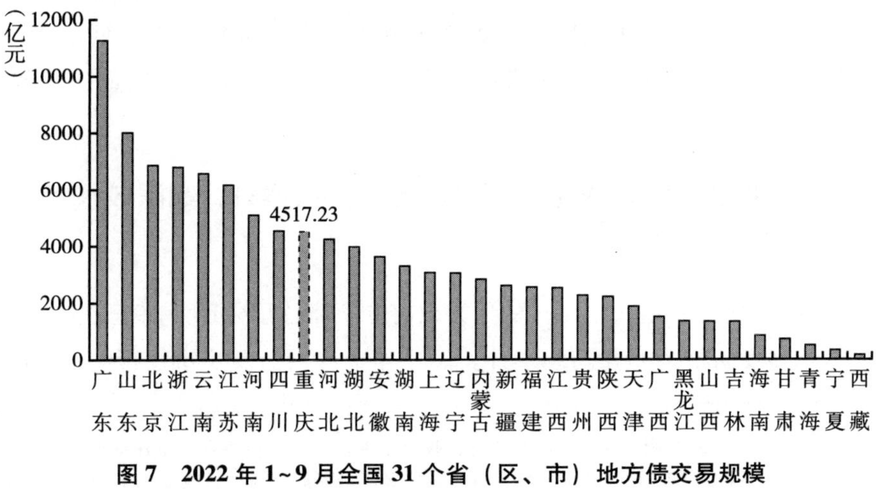

图7　2022年1~9月全国31个省（区、市）地方债交易规模

数据来源：Wind数据库，中诚信国际整理计算。

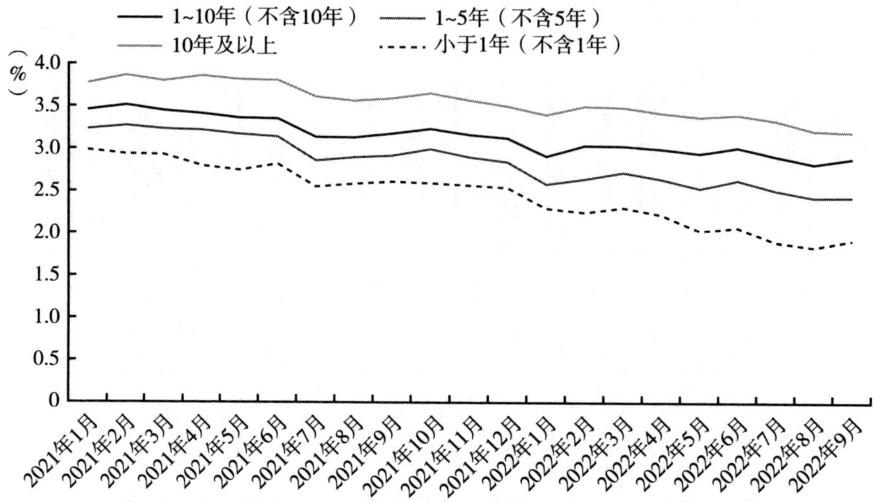

图 8　2021 年 1 月至 2022 年 9 月重庆市地方债到期收益率走势

数据来源：Wind 数据库，中诚信国际整理计算。

二　重庆市地方政府专项债分析①

截至 2022 年 9 月，重庆市地方政府专项债余额为 4596.00 亿元。从期限来看，存量地方政府专项债以 5 年期和 30 年期最多，其次为 10 年期。从到期情况来看，未来 5 年的偿债高峰主要在 2023 年和 2024 年，偿债压力整体可控。

（一）重庆市地方政府专项债发行量持续攀升，期限较长但发行成本仍处于高位

2019~2021 年，重庆市发行的地方政府专项债总量分别为 595 亿元、1054 亿元和 1215 亿元，发行量持续攀升。2022 年 1~9 月，重庆市发行的地方政府

① 2020 年 7 月 29 日财政部《关于加快地方政府专项债券发行使用有关工作的通知》（财预〔2020〕94 号）明确 2020 年新增专项债必须保证融资规模与项目收益相平衡，因此 2020 年以来的新增专项债均为项目收益专项债。本部分项目收益专项债的统计样本为 2019 年项目收益专项债与 2020 年至 2022 年 9 月的新增专项债。

专项债普遍期限偏长。2022 年 1~9 月发行的地方政府专项债中，期限为 15 年和 30 年的占比分别为 42.69%和 41.46%。从发行成本来看，2022 年 1~9 月重庆市发行的地方政府专项债发行利率达 3.28%，较 2021 年同期有所下降；发行利差为 15.10BP，较上年降幅较大。总体而言，2022 年 1~9 月重庆市地方政府专项债发行成本同比有所下降，但仍处于较高位。

（二）募集资金主要用于基础设施建设、民生服务、棚改和文旅等项目

2022 年 1~9 月，重庆市发行的地方政府专项债资金用于市政和产业园区基础设施项目、交通基础设施项目的额度分别为 606.96 亿元和 258.01 亿元，合计占发行总量的 68.81%；其余主要投资领域包含民生服务、棚改和文旅等；从所属行政层级来看，2022 年 1~9 月重庆市地方政府专项债募集资金投向省级和地市级项目占比有所下降，呈现向区县级项目倾斜趋势（见图 9）。

（三）募投项目所涉领域较多，项目收入以自身运营收益为主

2022 年 1~9 月，重庆市发行专项债涉及领域较多，32 期地方政府专项债中，除 4 期部分募得资金以项目资本金的形式投资高速铁路和重庆江北国际机场 T3B 航站楼及第四跑道工程项目以外，其他以配套融资的方式投资基础设施建设、民生服务及生态环保等领域。

从偿债资金来源看，2022 年 1~9 月地方政府新发行专项债的偿还主要依赖对应项目产生的运营收入，土地出让收入多为专项收入外的补助收入，收入来源广泛。从项目偿债情况来看，项目融资本息覆盖倍数均值为 3.55 倍，其中省级、地市级和区县级项目融资本息覆盖倍数均值分别为 7.67 倍、3.92 倍和 2.66 倍，重庆市地方政府专项债的本息偿付较有保障。

（四）地方政府专项债对基建投资的撬动杠杆倍数居全国前列，但用作项目资本金的比例较小，未来仍有较大释放空间

重庆市地方政府专项债主要以配套融资的方式进行项目投资。2022 年 1~9 月，重庆市发行地方政府专项债规模为 1257.00 亿元，其中仅 40.14 亿元用作项目资本金。

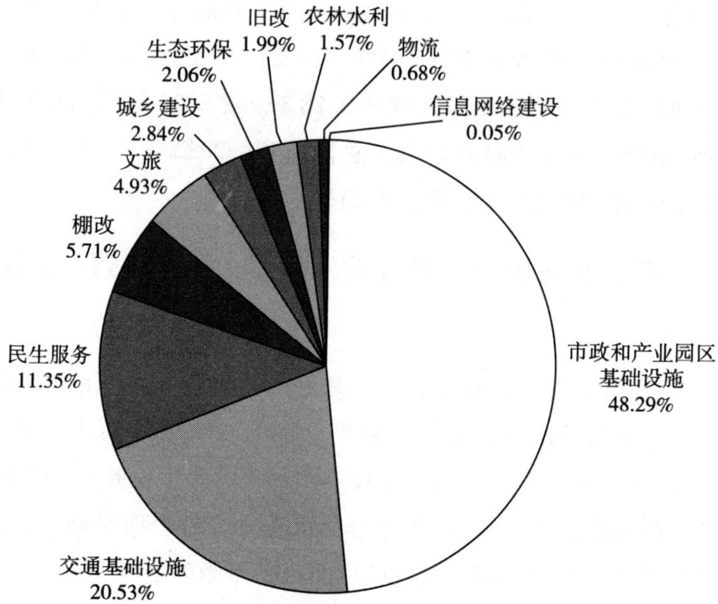

（a）募投领域分布

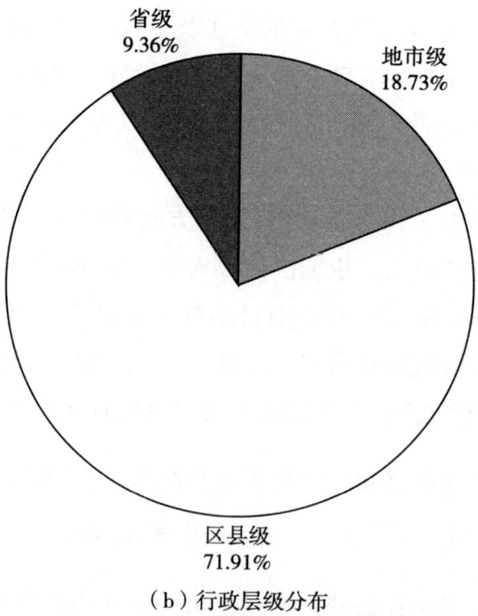

（b）行政层级分布

图 9　2022 年 1~9 月重庆市地方政府项目收益专项债募投领域和行政层级分布

数据来源：重庆市地方政府新增专项债信息披露文件，中诚信国际整理计算。

专项债作为项目资本金撬动基建投资达 103.43 亿元[1]，撬动杠杆为 2.58 倍；专项债作为配套融资共撬动基建投资 2580.14 亿元，撬动杠杆为 2.13 倍。虽然 2022 年 1~9 月重庆发债规模较小，但撬动杠杆倍数居全国前列，专项债对基建投资的总撬动规模达 2683.57 亿元。

三　重庆市偿债能力分析

重庆市地方政府债务余额在全国居中游偏下水平，2024 年重庆市将迎来偿债高峰，其中绝大部分为到期的专项债。重庆市综合经济实力较强，但受房地产市场景气度下降和产业转型升级持续推进影响，财政收支承压加大，显性债务相对可控，地区间偿债能力存在明显的分化。

（一）重庆市债务余额逐年增长，2024年将迎地方债到期高峰

重庆市地方政府债务余额逐年增长，且尚未使用债务限额规模较小。截至 2021 年，重庆市地方政府债务限额为 8903.00 亿元，在全国 31 个省（区、市）中位列第 21；债务余额为 8610.00 亿元，较上年增长 26.63%，存量规模在全国位列第 19（见图 10）。从存量结构看，重庆市地方债规模占债务总规模的比重逾 95%。截至 2022 年 9 月，重庆市地方债余额为 9923.57 亿元，其中 2022 年 10~12 月到期规模为 125.00 亿元，全部为专项债；2024 年为未来 5 年的偿债高峰，到期规模达 1148.92 亿元，其中专项债占 69.20%（见图 11）。

（二）重庆市综合经济实力较强，但受房地产市场景气度下降和产业转型升级持续推进影响，财政收支承压加大

从经济发展水平来看，2021 年重庆市完成地区生产总值（GDP）27894.02 亿元，在全国 31 个省（区、市）中居第 16 位，GDP 较上年增长 8.30%，增速较上年有所回升。从财政实力来看，2021 年重庆市一般公共

① 专项债撬动基建投资方法参见袁海霞、汪苑晖、卞欢《专项债兼顾扩容提效，助力基建托底稳增长——地方政府专项债 2019 年回顾与 2020 年展望》，《财政科学》2020 年第 1 期。

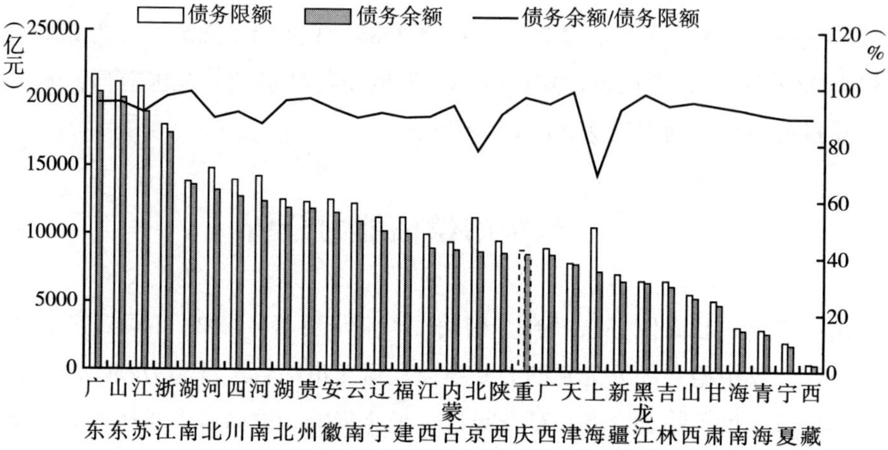

图 10　2021 年全国 31 个省（区、市）债务限额及余额

数据来源：全国 31 个省（区、市）财政预算执行及决算报告，中诚信国际整理计算。

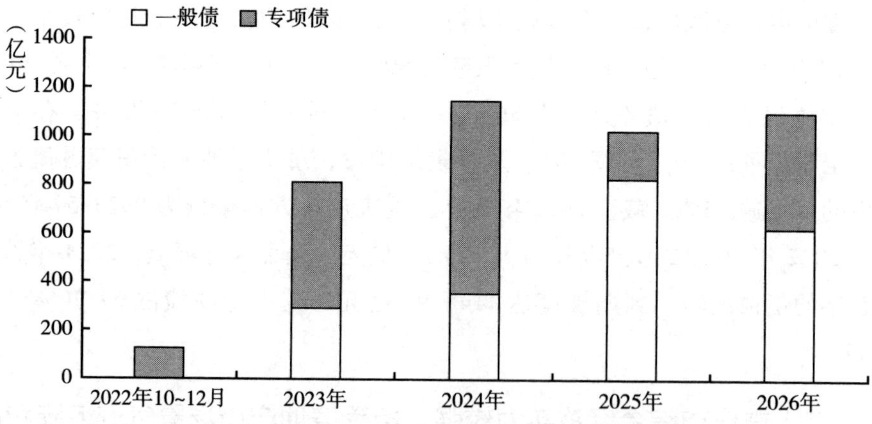

图 11　截至 2022 年 9 月重庆市存量地方债到期分布

数据来源：Wind 数据库，中诚信国际整理计算。

预算收入为 2585.45 亿元，在全国 31 个省（区、市）中位列第 19（见图 12），税收收入占比为 67.53%，财政收入结构较为稳健。2021 年重庆市财政平衡率为 47.27%，在全国位列第 10，财政自给能力相对较弱，财政平衡对政府补助依赖程度较高。2021 年，重庆市政府性基金预算收入为

2358.00亿元，但受房地产市场景气度显著下降影响，2022年上半年基金收入同比大幅下降50.4%。整体来看，重庆作为中西部地区唯一的直辖市，综合经济实力较强；近年来产业转型升级持续推进，全市经济延续复苏态势；国家推动成渝地区双城经济圈建设的战略部署，为重庆改革开放和高质量发展带来历史性机遇，预计未来的财政支出力度将进一步加大，对中央补助的依赖还将持续。

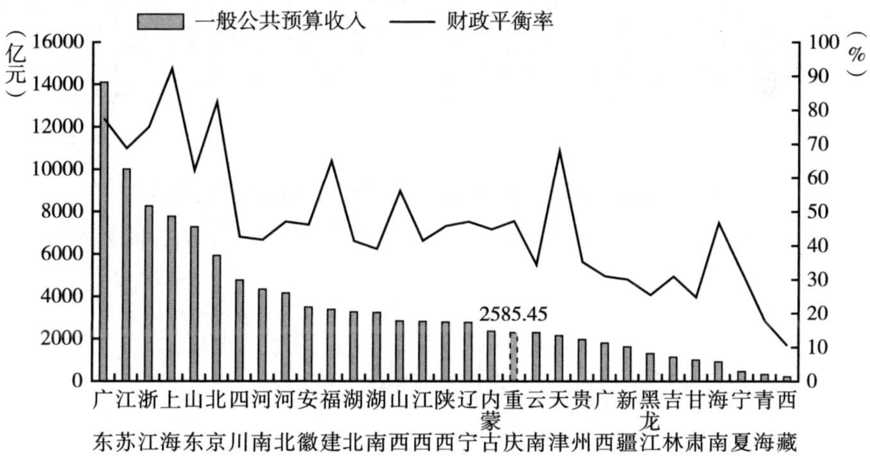

图12 2021年全国31个省（区、市）一般公共预算收入及财政平衡率

数据来源：全国31个省（区、市）财政预算执行及决算报告，中诚信国际整理计算。

（三）显性债务相对可控，各区县偿债能力存在明显的分化

重庆市地方政府显性债务相对可控，偿还地方债的高峰期在2024年，短期偿债压力相对可控。截至2021年，重庆市地方政府债务率和负债率分别为124.67%和30.87%，在全国31个省（区、市）中分别处于第9位和第15位（见图13）。具体来看，重庆市下辖各片区经济财政实力及政府债务负担存在明显的分化，主城区强于其他片区，而渝东北片区及渝东南片区则处于劣势地位。近年来，重庆市继续推进地方政府债务化解，以降低区域债务风险。

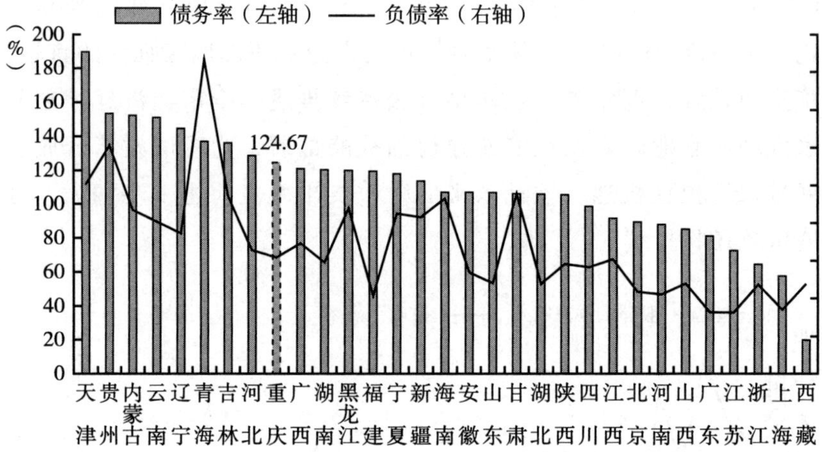

图 13　2021 年全国 31 个省（区、市）债务率及负债率

数据来源：全国 31 个省（区、市）财政预算执行及决算报告，中诚信国际整理计算。

四　小结

整体来看，2022 年 1~9 月，伴随经济下行压力加大，积极财政政策进一步发力，重庆市地方债发行节奏有所加快，发行规模增长。新发行地方债以新增专项债为主，较上年同期增幅较大。从发行成本来看，发行利率继续下降，但仍处于较高水平，各期限地方债到期收益率均波动下行，二级市场交易规模有所上升。从地方政府专项债情况看，重庆市地方政府专项债发行量持续攀升，期限延长但发行成本仍处于较高水平，募集资金主要用于基础设施建设、民生服务、棚改和文旅等项目，对基建投资的撬动杠杆倍数居全国前列，但用作项目资本金的比例较小，未来仍有较大释放空间。重庆市政府显性债务相对可控，债务率和负债率均位于全国中上游水平，但近年来举债空间不断收窄，2024 年将迎来偿债高峰，财政平衡对上级补助依赖度较高，各区县偿债能力存在明显的分化。

未来，在持续改善区域发展不平衡不充分的矛盾和建设成渝地区双城经济圈过程中，重庆市较大的融资需求将继续推动政府债务规模的增加，经济下行等外部环境的变化或将进一步加大重庆市财政收支压力，此外，即将到来的偿债高峰和局部地区的债务风险情况也需要保持关注。基于以上可能存在的压力及风险，提出建议如下：第一，科学合理使用专项债，加大对“两新一重”以及新型基础设施建设等项目的投资力度，充分发挥专项债作为项目资本金的撬动作用，同时进一步丰富资金投向和期限结构安排；第二，加强政府债务风险管理，在发挥地方债资金聚力增效作用的同时，应强化债务风险监测预警，有效前移风险防控关口，推进高息债务置换，并积极缓解债务集中兑付压力。

B.35
2022年安徽省地方政府债券分析报告

夏雪　李越*

摘　要： 安徽省地方债余额在全国处于上游水平；2022 年 1~9 月，地方债发行明显提速，发行券种结构以新增专项债为主，7 年期债券占比提升，发行成本有所下降；安徽省新增专项债多投向基建、交通和棚改等领域，但对投资的拉动能力有待提升。2023 年安徽省地方债进入偿债高峰期，但安徽省财政实力较强，地方政府债务风险整体可控。综上，本文建议安徽省进一步发挥专项债对基建投资的撬动作用，合理安排地方债期限结构，缓释偿债压力。

关键词： 地方债　专项债　安徽省

一　安徽省地方债运行情况分析

安徽省地方债存量规模略高于全国平均水平，截至 2022 年 9 月，安徽省地方债存量规模为 13353. 27 亿元①，占全国总规模的 3. 9%，在全国 31 个省（区、市）中排名第 10（见图 1）。从券种结构看，存量地方债中 68. 57%为专项债，存量规模达 9156. 30 亿元；从期限结构看，安徽省中长期地方债占主要地位，5 年期、7 年期、10 年期占比分别为 23. 96%、30. 31%和 22. 77%。

---

* 夏雪，中诚信国际政府公共评级部高级分析师，主要研究领域为地方政府债券、基础设施投融资行业等；李越，中诚信国际政府公共评级部助理分析师，主要研究领域为地方政府债券、基础设施投融资行业等。

① 如无特别说明，本报告中引用的地方债存量、发行量、发行利率、发行利差、交易量、到期收益率等债券相关数据均来自截至 2022 年 9 月的 Wind 数据库，并由中诚信国际整理计算。

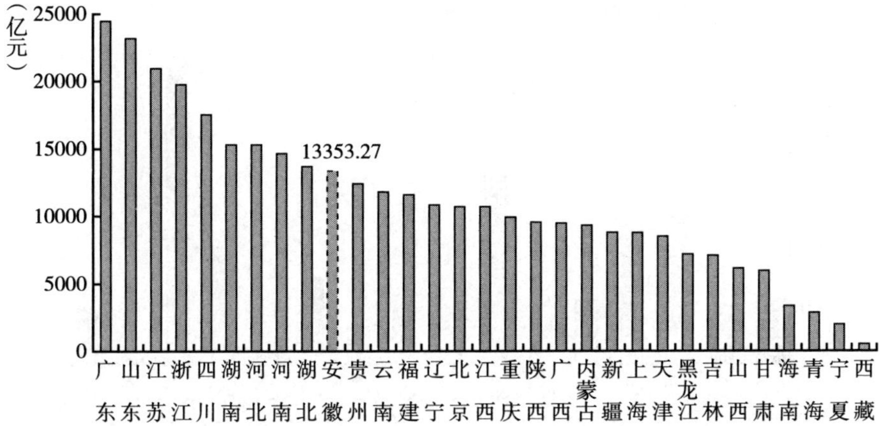

图 1　截至 2022 年 9 月全国 31 个省（区、市）地方债存量规模

数据来源：Wind 数据库，中诚信国际整理计算。

（一）2022年地方债发行明显提速，6月为发行高峰

2022 年 1~9 月，安徽省发行地方债 2596.65 亿元，约为 2021 年发行总规模的 92.24%，居全国 31 个省（区、市）第 9 位。从月度发行分布看，安徽省地方债发行主要集中于上半年，与上年相比发行节奏明显加快。其中，6 月为发行高峰，1~6 月新增专项债占比高，7~9 月无新增专项债（见图 2）。

（二）新增专项债发行占比超60%，7年期占比提升

2022 年 1~9 月，安徽省发行的地方债中新增专项债占比较大，期限以 7 年为主。从券种结构看，新增专项债为发行规模最大的品种，发行规模为 1643.00 亿元，占发行总额的比重提高至 63.27%，另外发行了再融资一般债（441.87 亿元）、再融资专项债（386.26 亿元）及新增一般债（125.52 亿元）。从期限结构看，安徽省发行的地方债以 7 年期为主，占比达 38.01%，较上年有所提升；其次是 15 年期、20 年期及 10 年期，占比分别为 17.68%、13.09% 和 12.34%（见图 3），发行期限趋于长期化。

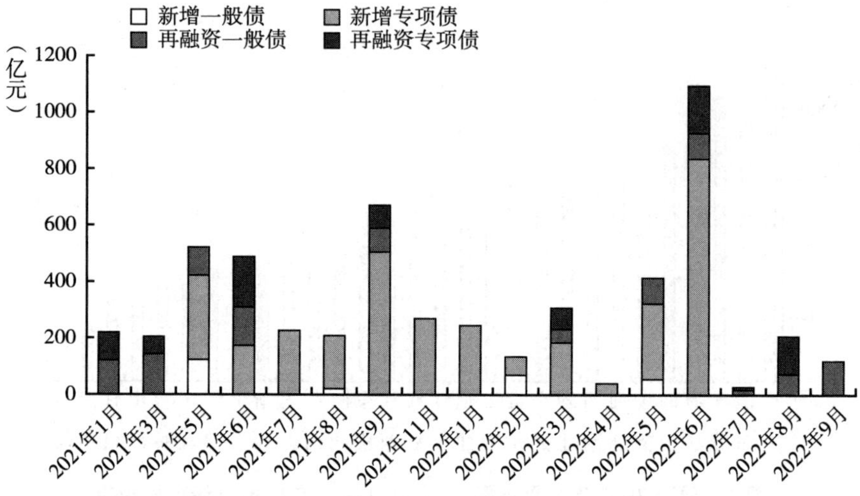

图 2　2021 年 1 月至 2022 年 9 月安徽省地方债月度发行规模

注：安徽省部分月份无地方债发行，未在图中显示。

数据来源：Wind 数据库，中诚信国际整理计算。

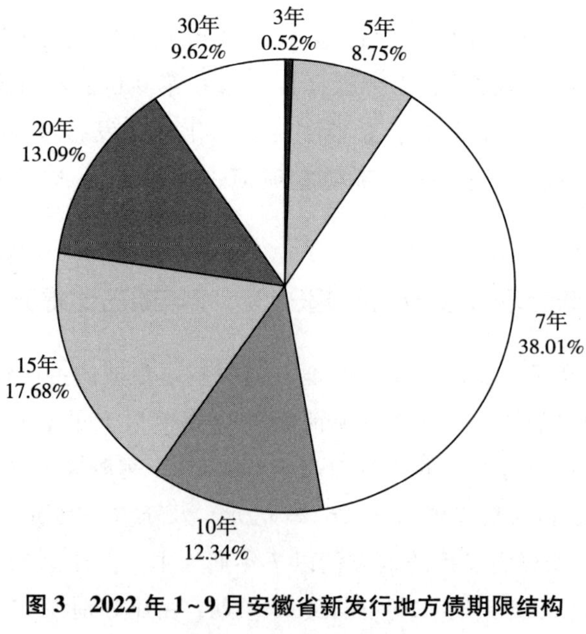

图 3　2022 年 1~9 月安徽省新发行地方债期限结构

数据来源：Wind 数据库，中诚信国际整理计算。

（三）发行利率整体下降，发行利差亦有所收窄

2022 年 1~9 月，安徽省地方债发行利率①较上年总体有所回落，发行成本区间为 2.51%~3.54%，平均发行利率为 3.06%，居全国 31 个省（区、市）第 15 位（见图 4）。从月度走势看，发行利率于 2022 年 4 月达到高点，为 3.33%；2022 年 5~9 月发行利率整体呈下降趋势，其中 8 月发行利率最低，为 2.80%。2022 年 1~9 月，安徽省地方债月度发行利差呈波动下降趋势，其中 9 月发行利差最低，收窄至 9.25BP（见图 5）。

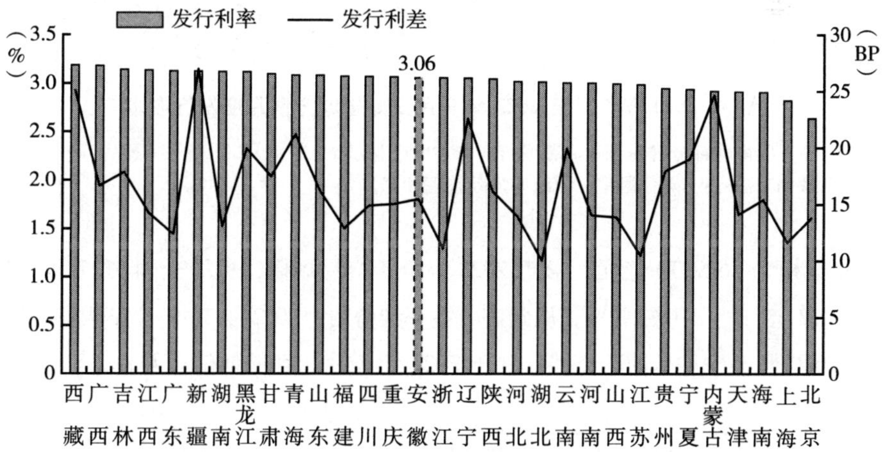

图 4　2022 年 1~9 月全国 31 个省（区、市）地方债发行成本

数据来源：Wind 数据库，中诚信国际整理计算。

（四）交易规模②同比提高，各期限地方债到期收益率③均回落

从二级市场交易规模看，2021 年安徽省地方债交易规模达 3640.71 亿元，在全国 31 个省（区、市）中居第 12 位；2022 年 1~9 月，安徽省地方债二级市

① 如无特别说明，本报告中发行利率、利差为根据发行额计算的加权平均发行利率、利差，发行利差计算公式：债券发行利率-对应期限国债收益率。

② 交易统计包含回购交易、现券交易等部分。

③ 到期收益率走势统计以 2022 年 9 月末安徽省存续地方债为样本，此处到期收益率均值采用的是算术平均值。

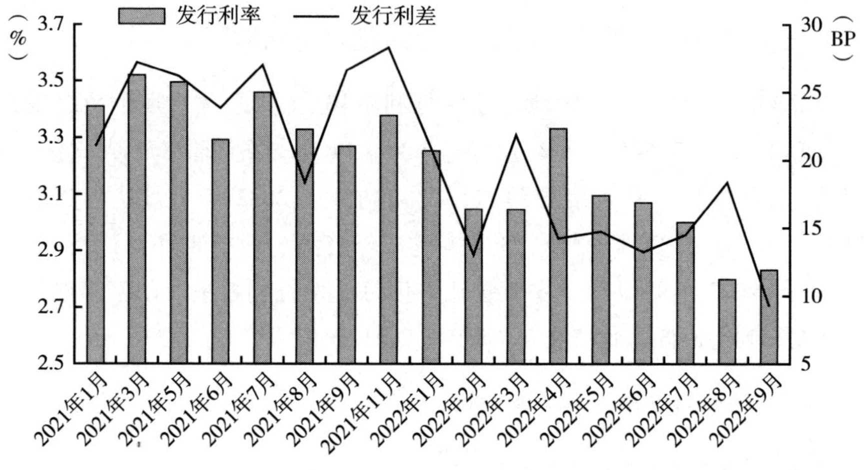

图 5　2021 年 1 月至 2022 年 9 月安徽省地方债月度发行成本

注：安徽省部分月份无地方债发行，未在图中显示。

数据来源：Wind 数据库，中诚信国际整理计算。

场交易规模为 3629.73 亿元，接近 2021 年全年交易规模，仍居全国 31 个省（区、市）第 12 位，处于中游水平。从到期收益率走势看，2022 年 1~9 月安徽省各期限地方债到期收益率均呈回落态势，并于 2022 年 8 月达到最低值（见图 6）。

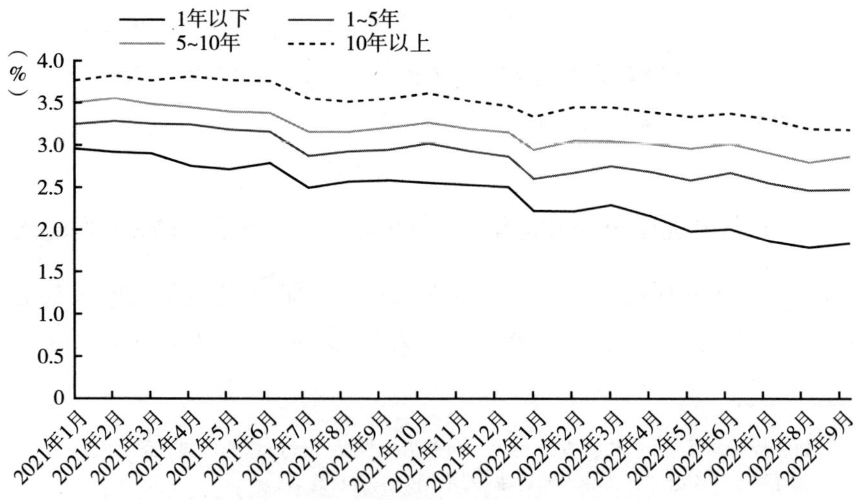

图 6　2021 年 1 月至 2022 年 9 月安徽省地方债到期收益率走势

数据来源：Wind 数据库，中诚信国际整理计算。

二　安徽省地方政府专项债分析[①]

安徽省专项债存量规模在全国位于上游水平，截至2022年9月，存量规模为9156.30亿元，居全国31个省（区、市）第6位；从期限看，5年期和7年期存量专项债占比较高。在专项债发行方面，2022年1~9月安徽省专项债发行规模为2029.26亿元，在全国排第9位。从发行品种结构看，新增专项债和再融资专项债发行规模分别为1643.00亿元和386.26亿元，新增专项债为安徽省专项债发行主力。新增专项债用作项目资本金比例较小，项目融资本息覆盖能力偏弱；此外，专项债用作项目资本金和配套融资理论上可撬动基建投资约2548.30亿元，但实际效果可能受多重因素限制。

（一）专项债发行规模持续攀升，发行期限以中长期为主，发行利率和发行利差显著下降

安徽省专项债发行规模持续攀升，2017~2021年发行规模分别为817.10亿元、1316.08亿元、1186.00亿元、1678.19亿元和2085.04亿元，年均增长率达26.39%；2022年1~9月安徽省专项债发行规模为2029.26亿元，在全国排第9位，已接近2021年全年发行规模。券种结构方面，2022年1~9月，安徽省发行的专项债包括新增专项债和再融资专项债，其中新增专项债发行规模为1643.00亿元，占总发行规模的80.97%。从债券期限看，2022年1~9月发行的专项债以7年期及以上为主（见图7）。发行成本方面，2022年以来，安徽省专项债发行成本明显下降，2022年1~9月发行利率和发行利差分别较2021年全年平均水平下降0.28个百分点和9.39BP（见图8）。

① 2020年7月29日财政部《关于加快地方政府专项债券发行使用有关工作的通知》（财预〔2020〕94号）明确2020年新增专项债必须保证融资规模与项目收益相平衡，因此2020年以来的新增专项债均为项目收益专项债。本部分项目收益专项债的统计样本为2019年项目收益专项债与2020年至2022年9月的新增专项债。

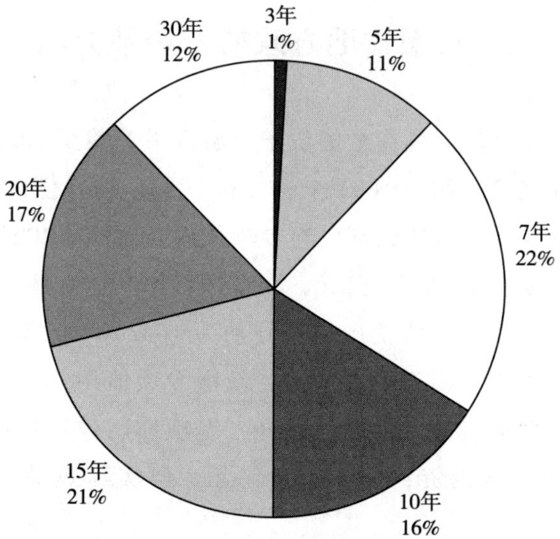

图7 2022年1~9月安徽省地方政府项目收益专项债发行期限结构

数据来源：Wind数据库，中诚信国际整理计算。

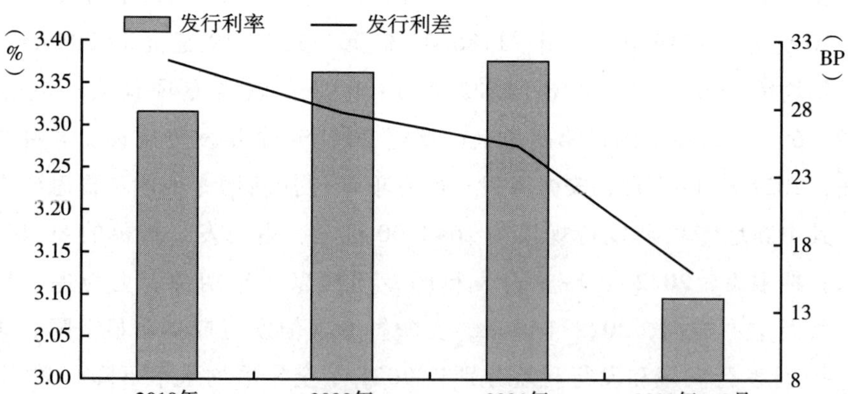

图8 2019年至2022年9月安徽省地方政府项目收益专项债发行成本

数据来源：Wind数据库，中诚信国际整理计算。

（二）新增专项债募投项目涉及领域较广，专项债项目行政层级趋于下沉，募投项目的资金平衡情况值得关注

2022 年 1~9 月，从新增专项债募投项目涉及领域来看，安徽省专项债主要投向市政和产业园区基础设施、交通基础设施及棚改领域，募集资金占比分别达 27. 36%、21. 86%和 20. 06%；其次为民生服务，占比为 14. 24%；还有一部分投向农林水利、城乡建设等领域，但发行规模占比均较小（见图 9）。

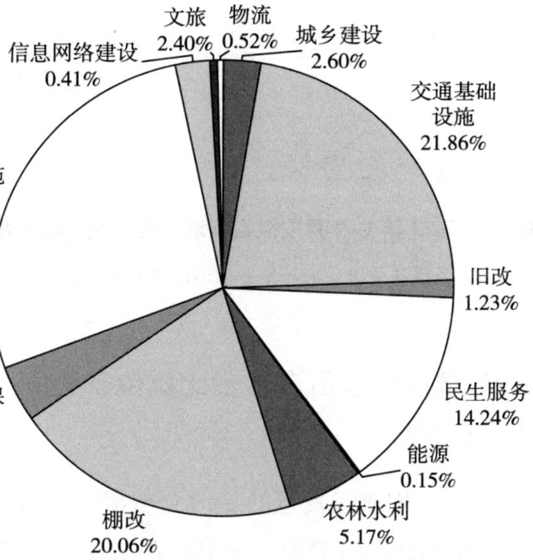

图 9　2022 年 1~9 月安徽省新增项目收益专项债募投领域分布

数据来源：安徽省地方政府新增专项债信息披露文件，中诚信国际整理计算。

安徽省新增专项债募投项目以区县级为主，2022 年 1~9 月区县级项目募集资金规模占比达 63. 25%；省级项目募集资金占比较小，仅占 5. 66%。从项目本息覆盖倍数来看，经测算安徽省新增专项债募投项目未来现金流入均能覆盖债券本息支出，但因项目存在差异，覆盖能力有所不同，项目本息覆盖倍数为 1~1. 5 倍（含 1. 5 倍）的专项债规模占比为 71. 17%（见图 10）。但约 21%的募投项目主要以土地出让收入作为债券还本付息来源，受当前土地市场降温影响，需关注募投项目收益不及预期的潜在风险。

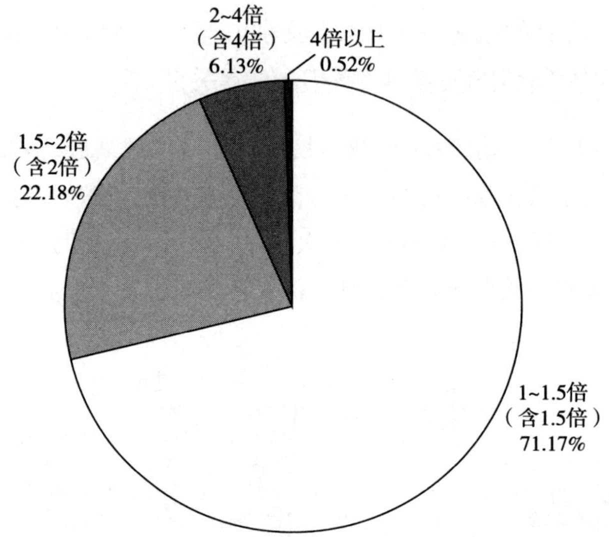

图 10　2022 年 1~9 月安徽省新增项目收益专项债本息覆盖情况

数据来源：安徽省地方政府新增专项债信息披露文件，中诚信国际整理计算。

（三）专项债用作项目资本金比例位于全国上游水平，主要集中于交通基础设施领域

2022 年 1~9 月，安徽省发行的新增专项债中资金可用作项目资本金的有 11 只，用作项目资本金的债券规模为 103.23 亿元，占比为 6.28%，在全国 31 个省（区、市）中位列第 8。具体来看，专项债用作资本金的 28 个项目中，27 个项目属于交通基础设施领域，涉及规模约占新增专项债用作项目资本金总规模的 99.03%；从项目行政层级来看，专项债用作资本金的募投项目主要为地市级项目（15 个），涉及债券规模占比约为 42.09%。

（四）安徽省新增专项债对投资的拉动能力有待提升

经测算，2022 年 1~9 月安徽省新增专项债用作项目资本金和配套融资的撬动杠杆分别为 1.83 倍和 1.54 倍，杠杆撬动倍数在全国处于偏下水平，合计撬动基建投资规模 2548.30 亿元，其中专项债用作项目资本金撬动基建投资

188.97亿元[①]、用作配套融资撬动基建投资2359.33亿元，但具体撬动效果可能受资金到位情况、项目建设进度等多重因素限制。

三　安徽省偿债能力分析

安徽省地方政府债务余额居全国中游水平，2023年迎来地方债到期高峰，其中绝大部分为专项债。安徽省财政实力较强，财政平衡率居全国中游水平，地方政府债务风险总体可控。

（一）安徽省地方政府债务余额居全国中游水平，2023年进入偿债高峰期，到期债券主要为专项债

截至2021年，安徽省地方政府债务限额为12547.99亿元[②]，较2017年增长89.49%（见图11），在全国31个省（区、市）中位列第9；同期债务余额

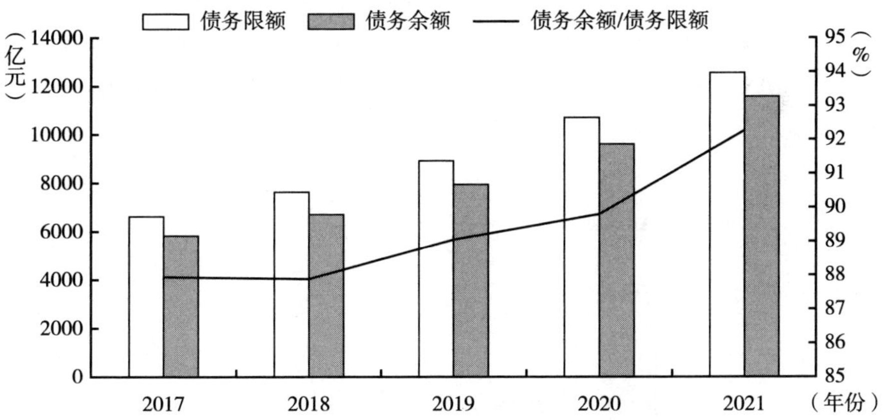

图11　2017~2021年安徽省地方政府债务限额及余额

数据来源：安徽省财政预算执行及决算报告，中诚信国际整理计算。

---

① 专项债撬动基建投资方法参见袁海霞、汪苑晖、卞欢《专项债兼顾扩容提效，助力基建托底稳增长——地方政府专项债2019年回顾与2020年展望》，《财政科学》2020年第1期。

② 如无特别说明，本报告中引用的安徽省政府债务限额、余额，一般公共预算收入、支出，财政平衡率，债务率、负债率等财政相关数据均来自安徽省财政预算执行及决算报告，并由中诚信国际整理计算。

为 11576. 29 亿元，较 2017 年增长 98. 79%，在全国位列第 11，未使用的债务限额为 971. 70 亿元（见图 12）。从截至 2022 年 9 月存量地方债到期分布看，未来 5 年内，安徽省地方债集中到期高峰为 2023 年，到期规模达 2078. 69 亿元，其中专项债占 67. 80%、一般债占 32. 20%；2024～2026 年到期地方债规模也较大，均在 1000 亿元以上（见图 13）。

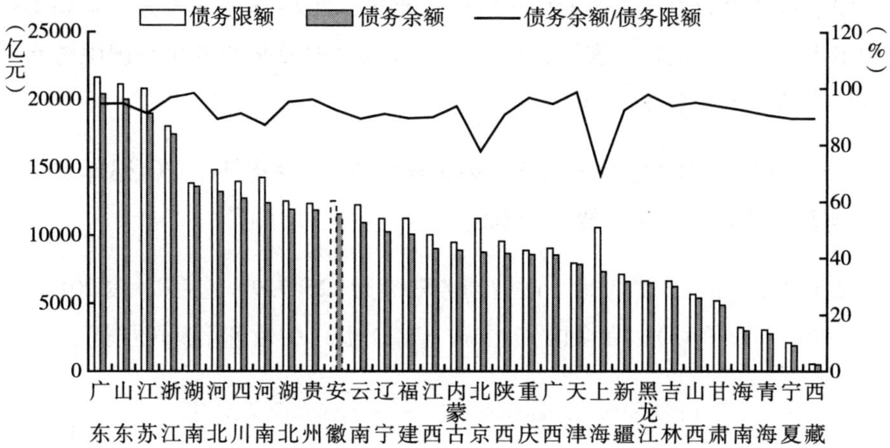

图 12　2021 年全国 31 个省（区、市）地方政府债务限额及余额

数据来源：全国 31 个省（区、市）财政预算执行及决算报告，中诚信国际整理计算。

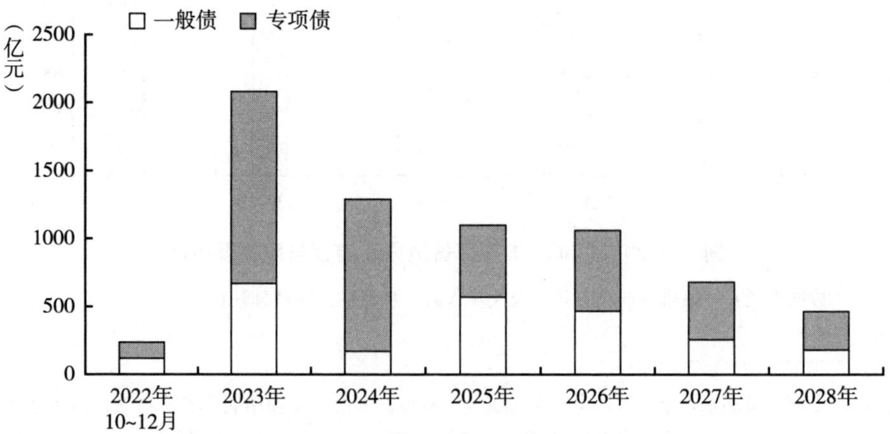

图 13　截至 2022 年 9 月安徽省存量地方债到期分布

数据来源：Wind 数据库，中诚信国际整理计算。

（二）财政实力较强，财政平衡率居全国中游水平

安徽省财政实力较强，2021 年安徽省一般公共预算收入为 3498. 20 亿元，在全国 31 个省（区、市）中位列第 10，同比增长 8. 77%；同期，财政平衡率为 46. 08%，较 2020 年小幅提高，在全国 31 个省（区、市）中位列第 14（见图 14）。2021 年安徽省综合财力为 10813. 60 亿元，较 2020 有所增加；其中，一般公共预算收入占 32. 35%（见图 15）、政府性基金预算收入占 32. 52%、上级补助收入占 34. 18%，均是安徽省综合财力的重要组成部分。

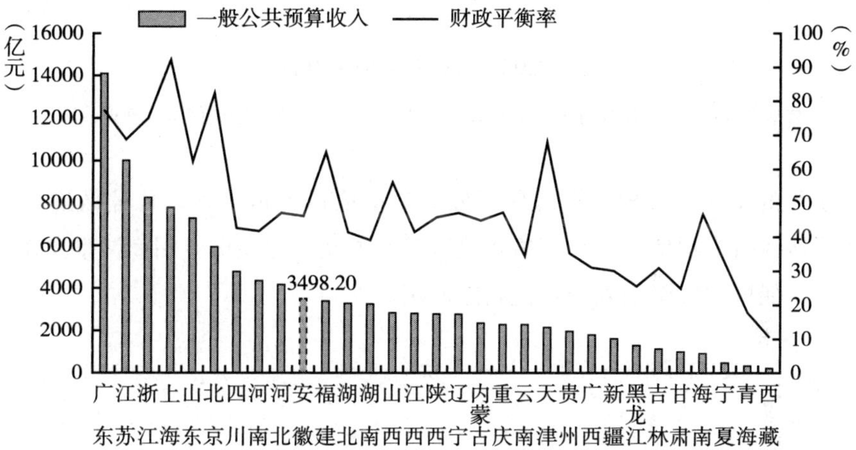

图 14　2021 年全国 31 个省（区、市）一般公共预算收入及财政平衡率

数据来源：全国 31 个省（区、市）财政预算执行及决算报告，中诚信国际整理计算。

（三）安徽省地方政府债务风险总体可控

安徽省地方政府债务规模与其经济发展水平较为匹配。截至 2021 年，安徽省债务率及负债率分别为 107. 05%和 26. 95%，分别较上年提高 15. 35 个和 2. 13 个百分点。安徽省债务率和负债率低于全国平均水平，分别在全国位列第 17 和第 19（见图 16），债务风险整体可控；债务余额占一般公共预算收入的比重为 331%，较前值进一步提高（见图 17），叠加地方财力增长承压，安徽省地方政府债务管控压力仍不容忽视。近年来，安徽省根据地方政府债务预算管理有关规定，主动接受人大监督、不断加强对地方政府债务“借、用、

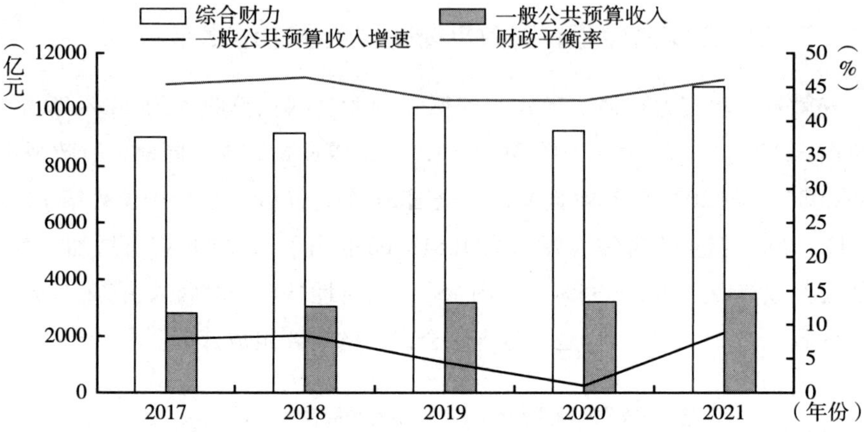

图 15　2017~2021 年安徽省财政情况

数据来源：2017~2021 年安徽省财政预算执行及决算报告，中诚信国际整理计算。

管、还”的全流程管理，常态化开展专项债项目评审工作、加速政府债券发行，严格执行专项债券项目穿透式监测工作方案、专项债券用途调整操作指引等制度，促进债券资金安全规范高效使用。

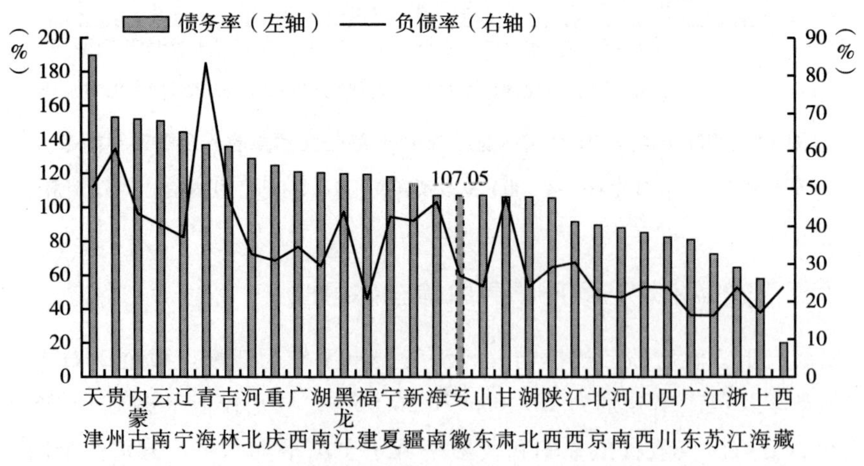

图 16　2021 年全国 31 个省（区、市）债务率及负债率

数据来源：全国 31 个省（区、市）财政预算执行及决算报告，中诚信国际整理计算。

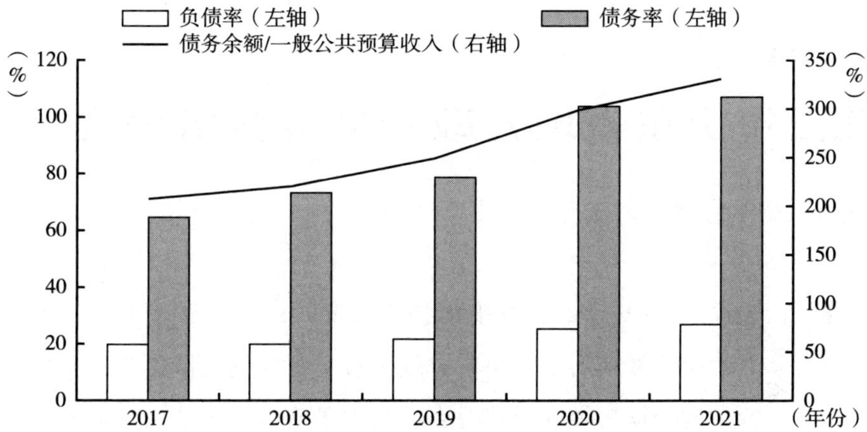

图 17　2017~2021 年安徽省债务率及负债率

数据来源：2017~2021 年安徽省财政预算执行及决算报告，中诚信国际整理计算。

四　小结

2022 年 1~9 月，安徽省地方债发行规模居全国前列，发行显著提速。新发行地方债中新增专项债占比超 60%，7 年期债券占比提升。发行成本方面，发行利率整体下降，发行利差有所收窄。二级市场交易规模同比提高，各期限地方债到期收益率均有所回落。地方政府专项债方面，专项债发行规模逐年攀升，新增专项债募投资金主要投向市政和产业园区基础设施、交通基础设施和棚改等领域，但对投资的拉动能力处于全国偏下游水平。

安徽省存量地方债规模居全国上游水平，2023 年进入偿债高峰期，但安徽省财政实力较强，财政平衡率较高，地方政府债务风险整体可控。鉴于当前国内国际经济形势依然复杂严峻，宏观经济仍存在一定不确定性，建议安徽省在后续债务管理过程中注意以下几点：第一，做好债务风险防控，加强对专项债全流程穿透式监管；第二，合理安排资金投向，适当提高专项债用作项目资本金的比例，完善募投项目监督管理机制，充分发挥专项债对基建投资的撬动作用，推动区域经济高质量发展；第三，合理安排地方债期限结构，缓释偿债压力。

B.36

2022年山东省地方政府债券分析报告

刘艳美　胡玲雅　成 铮　高翔云*

摘　要： 2022年1~9月，新冠疫情持续演变，经济仍面临下行压力，加之偿债高峰期到来，山东省地方债发行规模大幅提升；其中，发行结构仍以新增专项债为主，长期限债券占比进一步提升。专项债募投领域保持向基建倾斜，仍以传统基建投向为主，但用作项目资本金的比例较小，且对基建投资的实际撬动效果仍受到多种因素的限制。整体看，山东省地方债存量规模位居全国第2，较上年下降1个位次，债务率已超国际警戒线。基于上述情况，本报告建议继续用好地方债务限额，并充分发挥专项债用作项目资本金的撬动作用，继续发挥地方债聚力增效功能；同时，把握专项债支持范围进一步扩大的机遇，丰富资金投向，合理安排期限结构，以促进产业转型升级；此外，须加强地方政府债务管理及风险监测，强化专项债"借、用、管、还"全流程管理，保障项目收益专项债的首要还款来源，妥善应对下一阶段地方债到期高峰。

关键词： 地方债　专项债　山东省

* 刘艳美，中诚信国际政府公共评级二部高级分析师，主要研究领域为地方政府债券、基础设施投融资行业等；胡玲雅，中诚信国际政府公共评级二部高级分析师，主要研究领域为地方政府债券、基础设施投融资行业等；成铮，中诚信国际政府公共评级二部高级分析师，主要研究领域为地方政府债券、基础设施投融资行业等；高翔云，中诚信国际政府公共评级二部高级分析师，主要研究领域为地方政府债券、基础设施投融资行业等。

一　山东省地方债运行情况分析

山东省地方债存量规模位列全国第2，仅次于广东省，发行品种以新增专项债为主，期限以5~10年为主。规模方面，截至2022年9月，山东省地方债的存量规模为23162.61亿元[①]，占全国总规模的6.7%（见图1）。结构方面，存量地方债中专项债占比近70%，规模达15769.50亿元，在全国排名第2。期限方面，存量地方债期限主要为5~10年，占全省地方债总规模的超70%。

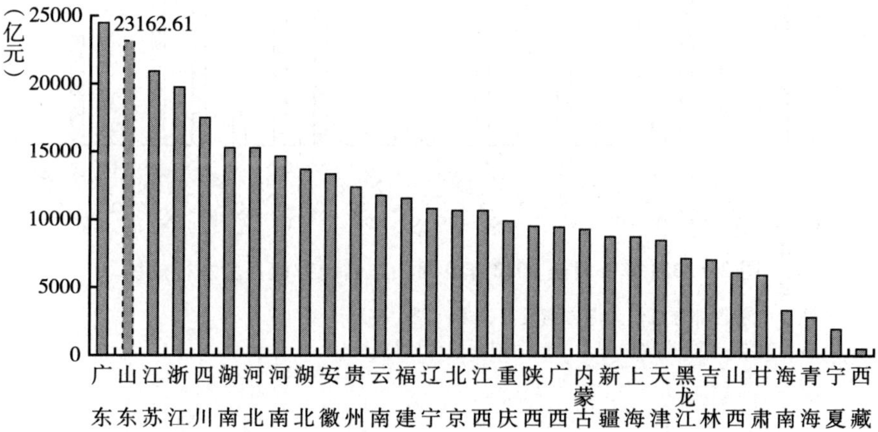

图1　截至2022年9月全国31个省（区、市）地方债存量规模

数据来源：Wind数据库，中诚信国际整理计算。

（一）发行规模较大，发行集中度较高，且发行节奏提前

2022年，在新冠疫情持续扰动、经济面临下行压力且土地出让市场遇冷的背景下，基建投资成为稳增长的主要抓手，地方债作为重大基建项目投资的主要资金来源，发行节奏明显加快。2022年5月，财政部发文要求进一步加

① 如无特别说明，本报告中引用的地方债存量、发行量、发行利率、发行利差、交易量、到期收益率等债券相关数据均来自截至2022年9月的Wind数据库，并由中诚信国际整理计算。

快新增专项债发行节奏，力争6月底前完成大部分新增专项债的发行工作，并于第三季度完成剩余额度的发行扫尾工作。2022年1~9月，山东省共发行地方债4699.78亿元，占2021年发行总规模的约83%。从月度发行规模看，地方债的发行时间较为集中且节奏加快，2022年1~9月的发行时间集中于1月、5月和6月，较2021年的4月和8月有所提前（见图2）。

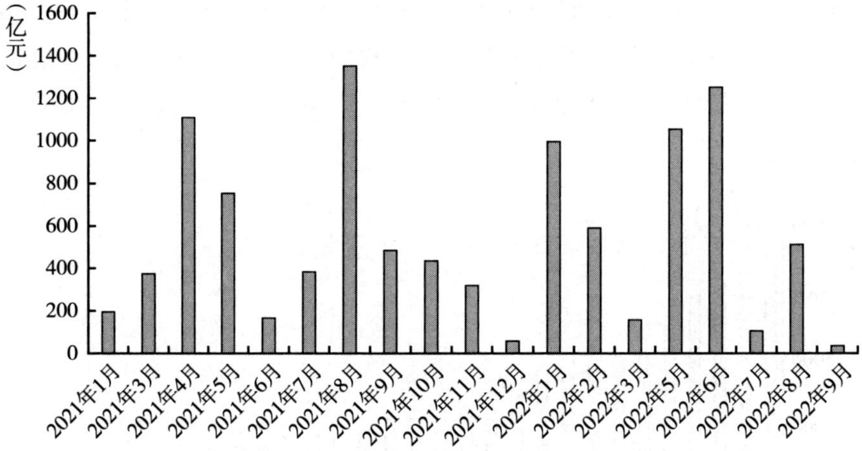

图2　2021年1月至2022年9月山东省地方债月度发行规模

注：山东省部分月份无地方债发行，未在图中显示。

数据来源：Wind数据库，中诚信国际整理计算。

（二）发行品种以新增专项债为主，同时长期限占比明显提升

2022年1~9月，山东省发行的地方债主要为新增专项债，期限以7年为主，同时长期限占比有所提升。券种结构方面，新增专项债的占比最高，且同比有所提升，发行规模为3069.00亿元，占比为65.30%；再融资债占比次之，再融资一般债和再融资专项债发行规模分别为816.76亿元和620.41亿元，占比分别为17.38%和13.20%；另外发行了新增一般债（193.61亿元）。期限结构方面，以7年期为主，占比达到38.98%，基本与2021年持平，15年及以上期限的占比为45.04%（见图3），较2021年增加约15个百分点。

（三）发行成本整体下降，且发行利差有所收窄

2022年1~9月，随着央行降息降准，资金面整体较为充裕，山东省地方

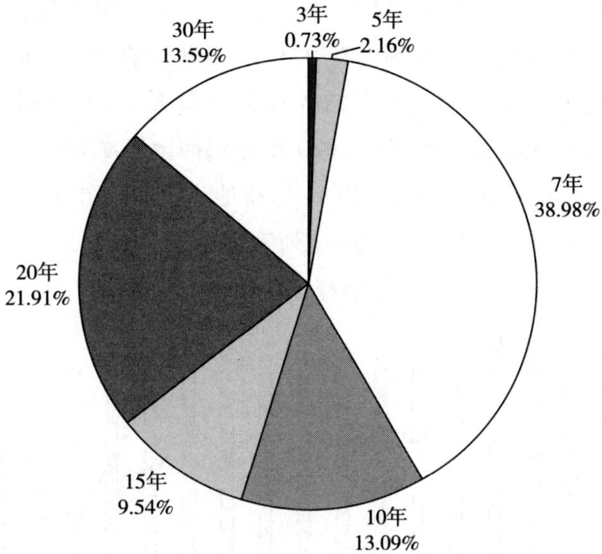

图 3　2022 年 1~9 月山东省新发行地方债发行期限结构

数据来源：Wind 数据库，中诚信国际整理计算。

债发行利率[①]呈现震荡下行态势，总体回落至 3.08%，发行利差收窄 7.06BP 至 16.24BP（见图 4）。从月度分布看，2022 年发行利率自 7 月开始持续下降，

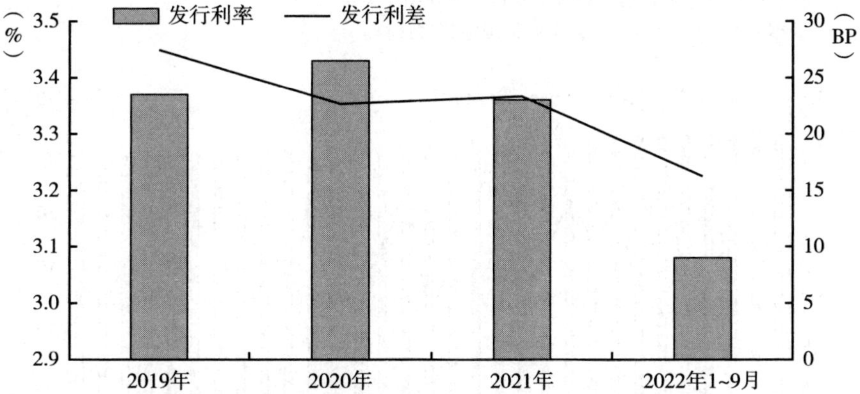

图 4　2019 年至 2022 年 9 月山东省地方债发行成本

数据来源：Wind 数据库，中诚信国际整理计算。

① 如无特别说明，本报告中发行利率、利差为根据发行额计算的加权平均发行利率、利差，发行利差计算公式：债券发行利率-对应期限国债收益率。

9月已降至2.75%（见图5）。从期限分布看，相较于2021年，各期限地方债的发行利率均有所回落，回落幅度在0.3个~0.4个百分点，同期限地方债的发行利差亦有所收窄，其中3年期的收窄幅度最大为14.81BP。从券种分布看，一般债和专项债的发行利率较2020年分别回落至2.86%和3.15%，发行利差分别收窄至15.37BP和16.48BP。与其他省（区、市）相比，山东省的发行利率位于中游偏上水平，在全国位列第11（见图6）。

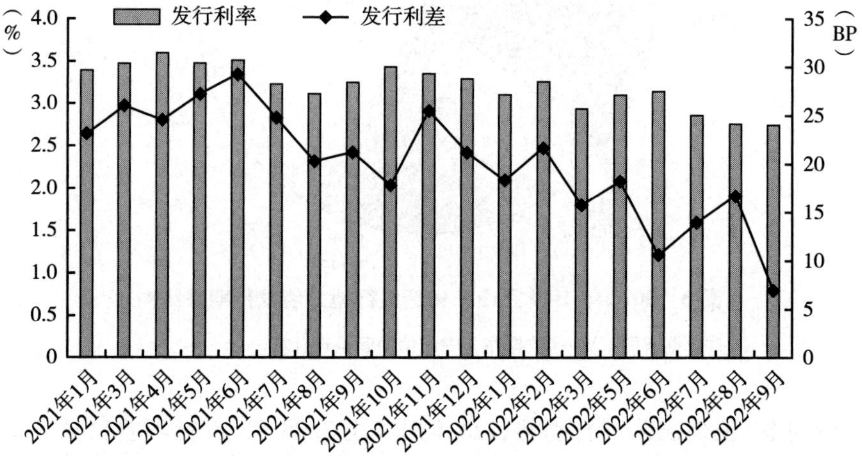

图5　2021年1月至2022年9月山东省地方债月度发行成本

注：山东省部分月份无地方债发行，未在图中显示。
数据来源：Wind数据库，中诚信国际整理计算。

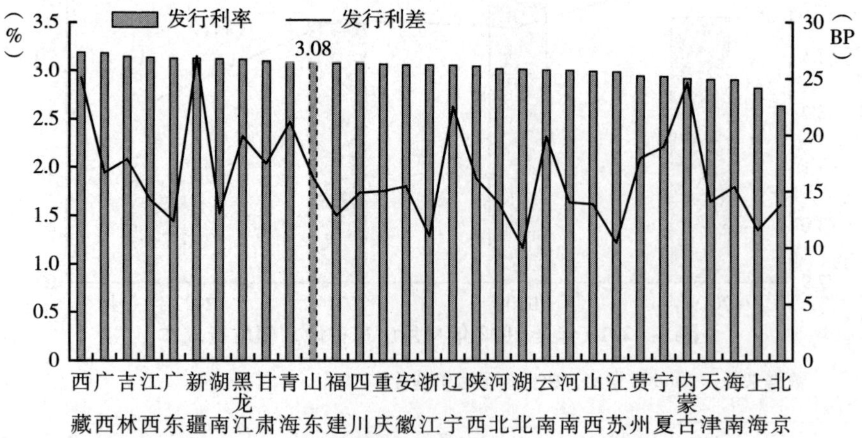

图6　2022年1~9月全国31个省（区、市）地方债发行成本

数据来源：Wind数据库，中诚信国际整理计算。

（四）交易规模[①]低于 2021 年同期，且到期收益率[②]整体下行

从二级市场的交易规模看，2022 年 1～9 月山东省地方债的二级市场交易规模同比下滑 10.98%至 8013.05 亿元，低于 2021 年同期，但仍在全国排名第 2。从到期收益率走势看，2021 年 1 月至 2022 年 9 月，山东省各期限地方债到期收益率均值整体呈现下行态势（见图 7）。

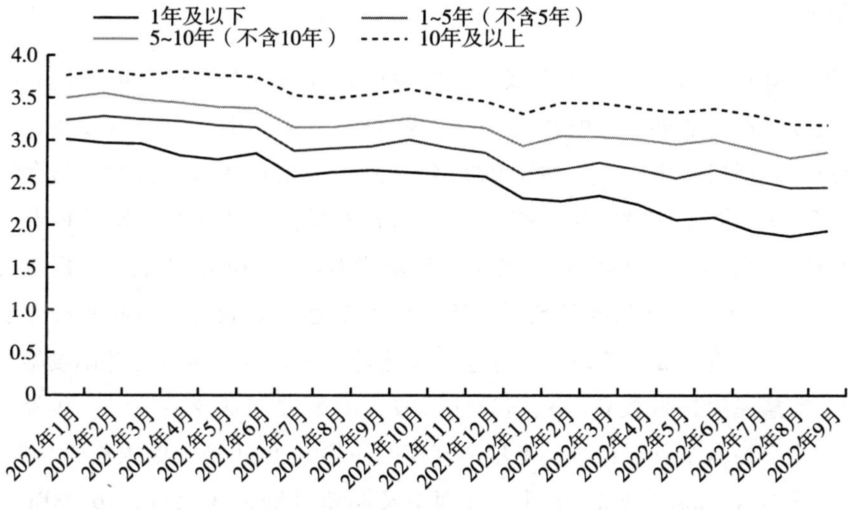

图 7　2021 年 1 月至 2022 年 9 月山东省地方债到期收益率走势

数据来源：Wind 数据库，中诚信国际整理计算。

二　山东省地方政府专项债分析[③]

山东省专项债存量规模持续增长，在全国位居前列，截至 2022 年 9 月，

① 交易统计包含回购交易、现券交易等部分。

② 此处到期收益率均值采用的是算术平均值。

③ 2020 年 7 月 29 日财政部《关于加快地方政府专项债券发行使用有关工作的通知》（财预〔2020〕94 号）明确 2020 年新增专项债必须保证融资规模与项目收益相平衡，因此 2020 年以来的新增专项债均为项目收益专项债。本部分项目收益专项债的统计样本为 2018～2019 年项目收益专项债与 2020 年至 2022 年 9 月的新增专项债。

专项债存量规模超 15000 亿元，期限结构趋于长期化，以 7 年期、10 年期为主；2022 年 1~9 月，山东省发行专项债 3689.41 亿元，以新增专项债为主，主要投向市政和产业园区基础设施、民生服务、棚改、交通基础设施等基建领域。此外，山东省发行的项目收益专项债用作资本金比例相对较小，仍需合理布局资本金应用，以放大其对基建投资的拉动效果。

（一）发行规模逐年上升，以7年期、10年期为主，主要投向基建领域

2017 年财政部发布《关于试点发展项目收益与融资自求平衡的地方政府专项债券品种的通知》（财预〔2017〕89 号）以来，山东省项目收益专项债发行数量和规模稳步提升，截至 2022 年 9 月，山东省项目收益专项债存量规模为 15769.5 亿元。2022 年 1~9 月，山东省专项债加快扩容，共发行专项债 3689.41 亿元，同比小幅增加，其中发行新增专项债 3069.00 亿元、再融资专项债 620.41 亿元。从投向领域看，近年来山东省专项债投向市政和产业园区基础设施、民生服务、棚改及交通基础设施等领域，进一步补齐基础设施建设短板，聚焦民生领域投资。从债券期限看，山东省存量专项债以 7 年期、10 年期为主，约占全省项目收益专项债规模的一半（见图 8），期限逐步长期化。从发行成本看，2022 年 1~9 月发行利率及利差分别为 3.15%、16.48BP，较上年同期略有下降。

（二）募投领域保持向基建倾斜，以传统投向为主，项目偿债保障有待完善

2022 年 6 月，山东省政府印发《基础设施“七网”建设行动计划》，聚焦综合立体交通、现代物流、能源保障、城市市政公用设施、现代水网、新型基础设施和农村基础设施等领域，新增专项债保持向基建倾斜，加强重点项目建设。具体来看，募投领域仍较为广泛，其中，市政和产业园区基础设施、民生服务、棚改、交通基础设施领域的募集资金占比分别为 34.29%、20.66%、13.73%和 11.38%（见图 9）。民生服务占比进一步升高，山东省为提高应对突发公共卫生事件的能力和水平，加大对医疗卫生领域重点项目支持力度，民生服务专项债中约 70%投向医疗卫生领域；市政和产业园区基础设施专项

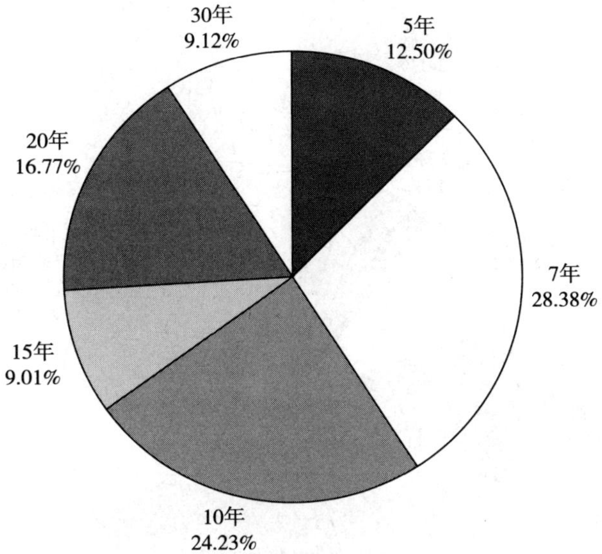

图 8　截至 2022 年 9 月山东省地方政府项目收益专项债发行期限结构

数据来源：Wind 数据库，中诚信国际整理计算。

债中约 6%投向能源和信息网络建设，符合国家支持新型基础设施、新能源项目政策导向。但整体来看，山东省专项债仍以传统投向为主。从项目行政层级来看，山东省新增专项债项目仍以区县级为主，占比为 72. 23%，较上年提升约 10 个百分点；从资本金比例来看，省级、地市级和区县级项目的资本金比例均值分别约为 55%、37%和 45%，财政资金对省级项目的保障进一步提高；从项目偿债情况来看，项目融资本息覆盖倍数均值约为 1. 56 倍，偿债风险整体不大。其中，约 1/3 的募投项目以租赁收入作为专项债还款来源之一，需关注产业园、办公楼等项目建设及运营情况；约 1/5 的募投项目以土地出让收入作为专项债还款来源之一，但土地出让进度易受区域整体开发计划影响，收入具有不确定性，需保持对土地出让情况及项目偿还本息潜在风险的关注。

（三）项目收益专项债资金用作资本金比例相对较小

2022 年 1~9 月，山东省发行的项目收益专项债中仅约 8%用作资本金，与上年同期变化不大，用作项目资本金的比例仍相对较小。但考虑到专项债作为

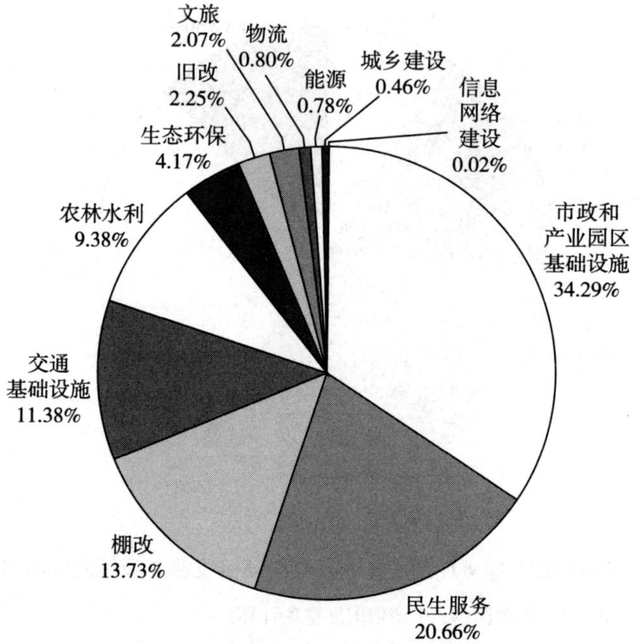

图9　2022 年 1~9 月山东省新增项目收益专项债募投领域分布

数据来源：山东省政府新增专项债信息披露文件，中诚信国际整理计算。

项目资本金对基建投资规模的撬动作用，在稳增长的背景下仍需合理布局资本金应用，进一步放大其对基建投资的拉动效果。

（四）理论上可撬动基建投资约5561.06亿元，实际效果仍受诸多因素限制

“十四五”时期，山东省将纵深推进重大规划、重大战略及重大工程，特别是重点实施补短板强弱项项目，以专项债作为落实积极财政政策的重要抓手，2022 年 1~9 月，山东省发行新增专项债 3069.00 亿元，理论上可撬动约 5561.06 亿元的基建投资①，撬动规模尚可。其中，专项债用作资本金项目资本金规模为 278.45 亿元，项目资本金比例均值约为 44%，专项债用作项目资

① 专项债撬动基建投资方法参见袁海霞、汪苑晖、卞欢《专项债兼顾扩容提效，助力基建托底稳增长——地方政府专项债 2019 年回顾与 2020 年展望》，《财政科学》2020 年第 1 期。

本金撬动杠杆约为 2.26 倍，专项债作为资本金理论上能够撬动基建投资约 629.14 亿元，但实际撬动效果仍受诸多因素限制，例如项目投资建设进度、资金到位情况、配套设施规划建设情况等；此外，专项债用于配套融资规模约为 2799.95 亿元，项目配套融资比例均值约为 56%，专项债配套融资撬动杠杆约为 1.77 倍，专项债作为配套融资理论上能够撬动基建投资 4931.92 亿元，整体来看专项债对基建投资具有一定拉动效果。

三　山东省偿债能力分析

山东省地方政府债务余额在全国位居前列，且近年来政府债务规模持续扩大，地方债中专项债占比超过 60%，将于 2023~2024 年迎来债务到期高峰。山东省整体财政实力较强，财政平衡率同比有所提升，政府性基金收入在综合财力中占比较高，负债率及债务率水平较上年均有所抬升，存在一定债务偿还压力。

（一）地方政府债务余额快速增长，2023~2024年将迎来地方债到期高峰

随着新增债发行规模的扩大，山东省地方政府债务存量规模持续扩大，债务余额/债务限额处于较高水平，融资空间相对较小。2021 年，山东省地方政府债务限额为 21143.60 亿元[①]（见图 10），较 2017 年增长了 88.50%；截至 2021 年债务余额为 19992.73 亿元，较 2017 年增长 96.07%。近年来，山东省债务限额及债务余额增长很快，债务限额及债务余额均在全国 31 个省（区、市）中位列第 2（见图 11）。2021 年，山东省债务余额占债务限额的比重达到 94.56%，未使用债务限额仅为 1150.87 亿元，融资空间较小。从地方债存量结构看，债券形式的债务占比超过 90%，非债券形式的债务规模较小。从地方债的到期分布看，2022 年 10~12 月，山东省地方债到期规模为 152.26 亿元，规模相对较小。未来 5 年中，2023 年和 2024 年为地方债集

① 如无特别说明，本报告中引用的山东省政府债务限额、余额，一般公共预算收入、支出，财政平衡率，债务率、负债率等财政相关数据均来自山东省财政预算执行及决算报告，并由中诚信国际整理计算。

中到期高峰，到期规模分别为 2379.41 亿元和 2171.23 亿元，其中到期一般债占比分别为 42.98%和 30.59%、到期专项债占比分别为 57.02%和 69.41%（见图 12）。

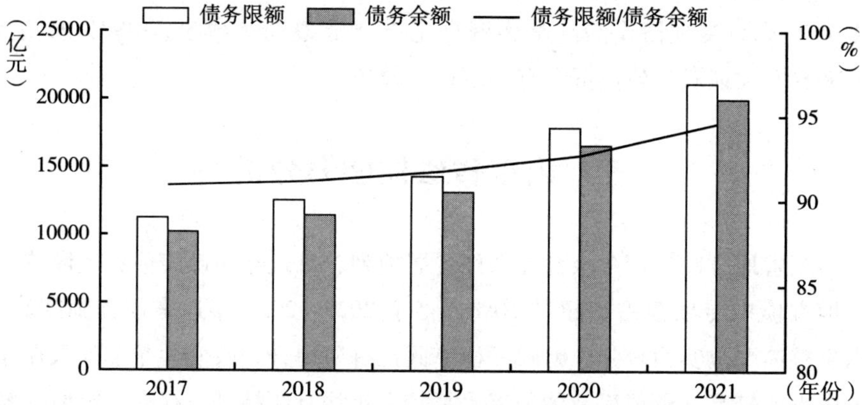

图 10　2017～2021 年山东省地方政府债务限额及余额

数据来源：2017～2021 年山东省财政预算执行及决算报告，中诚信国际整理计算。

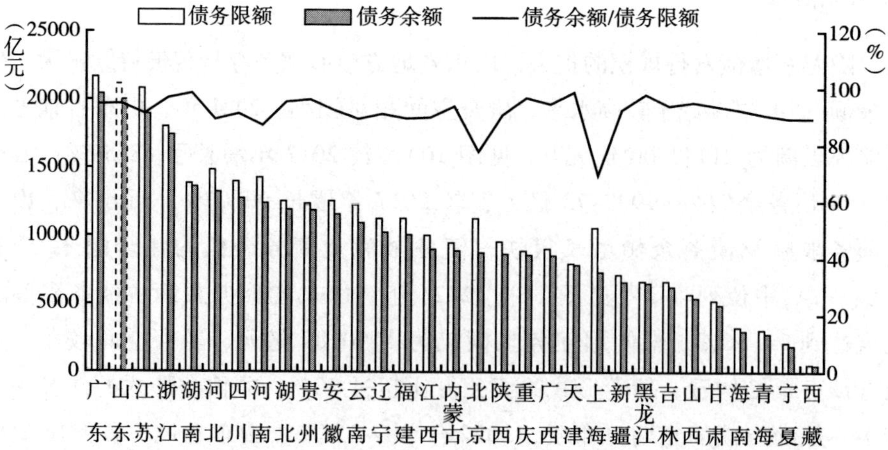

图 11　截至 2021 年全国 31 个省（区、市）地方政府债务限额及余额

数据来源：全国 31 个省（区、市）财政预算执行及决算报告，中诚信国际整理计算。

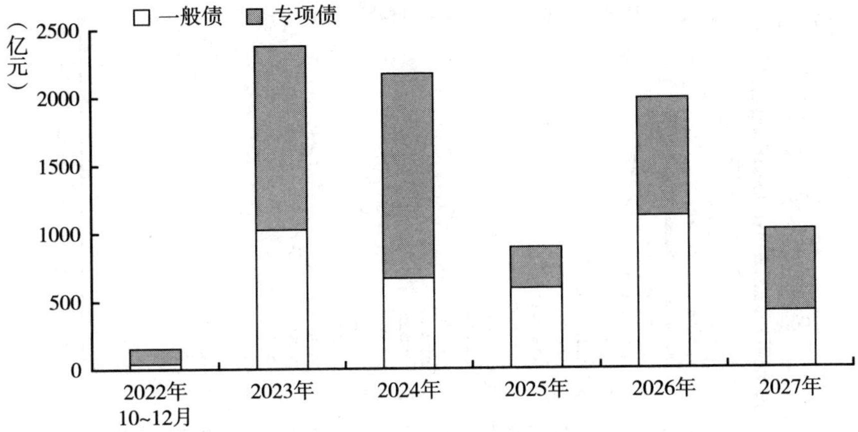

图 12　截至 2022 年 9 月山东省存量地方债到期分布

数据来源：Wind 数据库，中诚信国际整理计算。

（二）经济和财政实力较强，财政自给能力有所提升

山东省经济基础较好，目前经济体量位于全国 31 个省（区、市）前列，2021 年，山东省实现地区生产总值（GDP）83095.90 亿元，按可比价格计算，较 2020 年增长 8.3%，三次产业结构由 2020 年的 7.4：39.1：53.5 调整为 7.3：39.9：52.8。财政实力方面，2021 年山东省实现一般公共预算收入 7284.45 亿元，在全国 31 个省（区、市）中位列第 5（见图 13），较 2020 年增长 11.04%，增速较 2020 年有较大提升；2021 年山东省财政平衡率为 62.21%，较 2020 年增加 3.82 个百分点，位列全国第 6。综合财力方面，2021 年山东省综合财力为 1.87 万亿元（见图 14），同比增长 6.02%，综合财力增速良好。其中，政府性基金预算收入占比为 42.69%，收入规模较上年增加 9.59%；上级补助收入占比为 17.46%，收入规模较上年减少 10.19%；国有资本经营收入占比为 0.87%，收入规模较上年增加 5.21%。

（三）山东省债务率较高，存在一定偿债压力

截至 2021 年，山东省负债率为 24.06%，较 2020 年提升 1.37 个百分点，在全国 31 个省（区、市）中居第 20 位；山东省债务率为 106.99%，较 2020

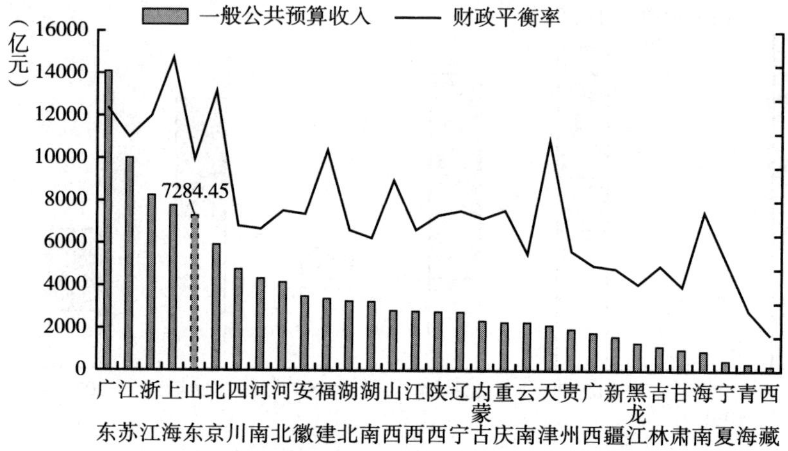

图 13　2021 年全国 31 个省（区、市）一般公共预算收入及财政平衡率

数据来源：全国 31 个省（区、市）财政预算执行及决算报告，中诚信国际整理计算。

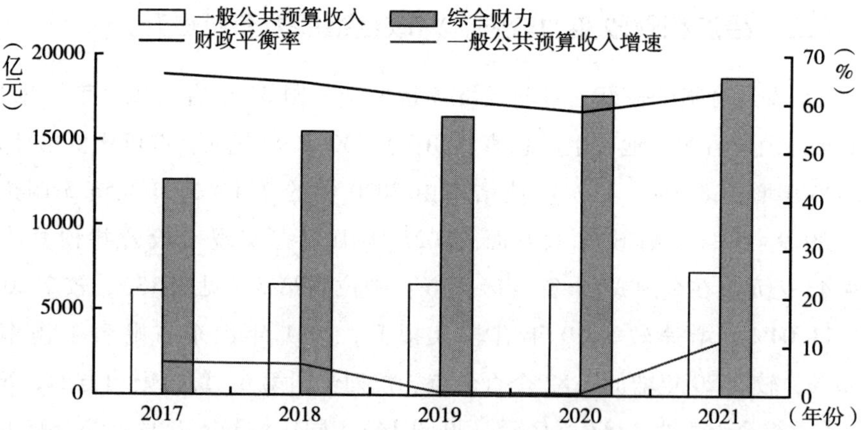

图 14　2017~2021 年山东省财政情况

数据来源：2017~2021 年山东省财政预算执行及决算报告，中诚信国际整理计算。

年提升 12.86 个百分点（见图 15），在全国 31 个省（区、市）中居第 18 位（见图 16），且超过 100%的国际警戒标准，处于较高水平。同期，山东省债务余额占一般公共预算收入的比重为 274.46%，较上年增加 21.53 个百分点，一般公共预算收入对债务余额覆盖能力较 2020 年有所弱化，存在一定偿债压力。

债务管理方面，近年来山东省持续加强政府性债务管理，加快推进政府融资平台公司市场化转型发展，从严规范融资平台公司融资行为，妥善处置融资平台公司存量债务，严控政府债务风险。

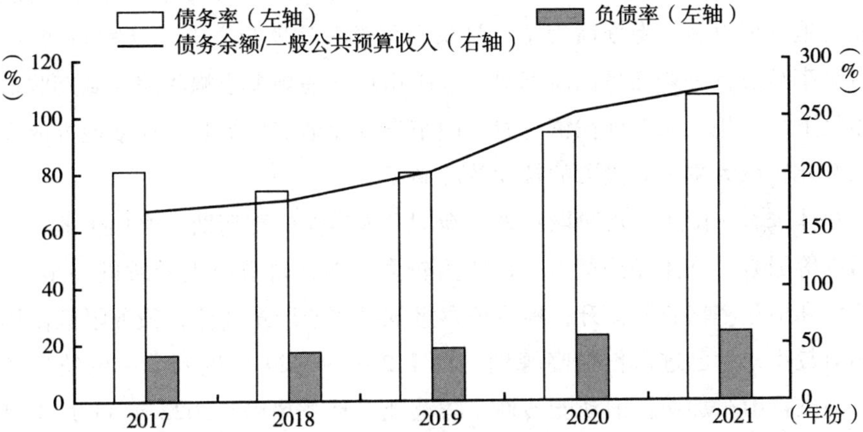

图 15　2017~2021 年山东省债务率及负债率

数据来源：2017~2021 年山东省财政预算执行及决算报告，中诚信国际整理计算。

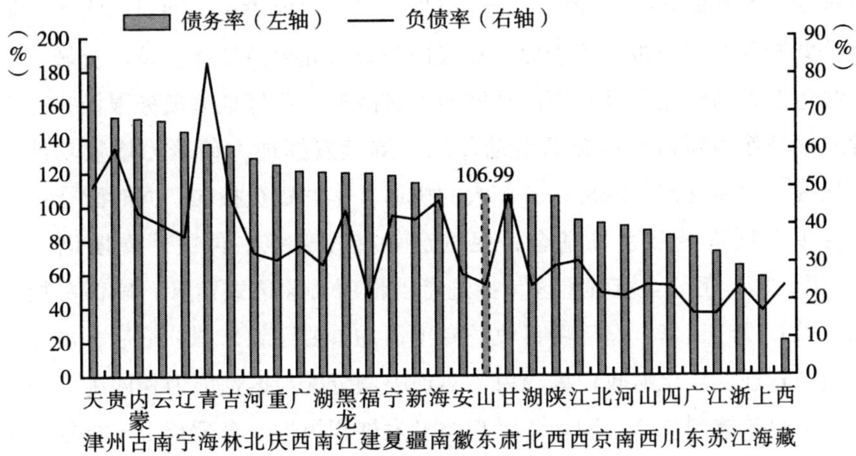

图 16　2021 年全国 31 个省（区、市）债务率及负债率

数据来源：全国 31 个省（区、市）财政预算执行及决算报告，中诚信国际整理计算。

四　小结

2022年，山东省地方债发行规模同比大幅增长，且发行节奏有所提前。新发行地方债以新增专项债为主，且长期债券占比明显上升。从发行成本看，发行利率与发行利差均呈回落态势，二级市场交易规模小幅收缩，到期收益率整体呈下行趋势。从专项债情况看，山东省专项债加快扩容，存量地方债投向仍以基建领域为主，对投资的拉动效应尚可。

总体来看，山东省现阶段正处于新旧动能转换的阵痛期，叠加土地出让市场遇冷等因素，整体经济财力下行压力较大，地方财政收支矛盾进一步加剧，负债率和债务率均有所提升，地方债存量规模居全国第2位，债务限额使用空间相对较小，且已进入偿债高峰期，将于2023~2024年进入下一轮偿债高峰期。为支持山东加快新旧动能转换、防范地方债务风险，2022年11月1日财政部预算司发布《关于贯彻落实〈国务院关于支持山东深化新旧动能转换推动绿色低碳高质量发展的意见〉的实施意见》（财预〔2022〕137号），财政部将通过中央有关转移支付资金、基建投资资金、引导基金等多种方式支持山东省推动新旧动能转换、绿色低碳高质量发展，以保障重点项目的实施，加快补齐公共服务领域短板。鉴于此，建议山东省首先要持续落实黄河流域生态保护、绿色低碳高质量发展和新旧动能转换等战略，用好地方债务限额，并充分发挥专项债作为项目资本金的撬动作用，继续发挥地方债聚力增效功能。其次，把握专项债支持范围进一步扩大的机遇，丰富资金投向，同时配合中央支持的各项专项资金和引导基金，促进产业转型升级。再次，要强化专项债“借、用、管、还”全流程管理，推进专项债项目穿透式监管，确保募投项目如期建设并投产运营，保障项目收益专项债的首要还款来源。最后，加强地方政府债务管理，强化财政预算约束，实现限额分配与偿债能力相匹配，同时加快省以下财政体制改革，调动各级高质量发展积极性，合理统筹安排预算资金和各类转移支付资金，妥善应对下一阶段地方债偿还高峰期。

B.37

2022年海南省地方政府债券分析报告

邱学友*

摘　要： 2022年1~9月，海南省地方债发行规模有所增长且6月发行规模占比最高；发行结构以新增专项债为主，5~10年期债券占比较高。海南省专项债发行规模不断增长，募投领域主要是市政和产业园区基础设施、民生服务，目前用作项目资本金规模很小，对基建投资的实际撬动效果仍受到多重因素限制。整体看，海南省地方政府债务限额空间有限，经济及财政实力居全国下游水平，债务风险整体可控。展望下一阶段，本报告建议海南省地方政府进一步丰富资金投向，优化专项债资金使用效率，利用信息化手段做好政府债务风险管控。

关键词： 地方债　专项债　海南省

一　海南省地方债运行情况分析

截至2022年9月，海南省地方债存量规模处于全国下游水平，为3338.51亿元[①]，占全国总规模的0.97%，在全国31个省（区、市）中排名第28（见图1），仅高于青海、宁夏和西藏。从券种结构看，存量地方债中专项债和一般债规模相当，规模分别为1687.61亿元和1650.90亿元；分资金用途看，存

* 邱学友，中诚信国际政府公共评级一部高级分析师，主要研究领域为地方债与城投行业、债券市场等。

① 如无特别说明，本报告中引用的地方债存量、发行量、发行利率、发行期限、发行利差、交易量、到期收益率等债券相关数据均来自截至2022年9月的Wind数据库，并由中诚信国际整理计算。

量地方债以专项债为主，规模超过千亿元，一般债规模为 811. 24 亿元。从期限看，存量地方债主要为 5 年、7 年和 10 年期限，合计占全省地方债总规模的 79. 70%。

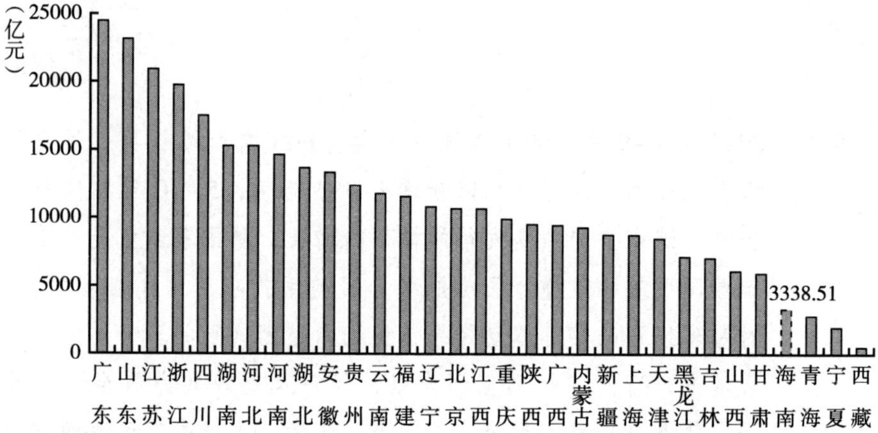

图 1　截至 2022 年 9 月全国 31 个省（区、市）地方债存量规模

数据来源：Wind 数据库，中诚信国际整理计算。

（一）发行规模同比保持增长，发行时间集中于6月

受新冠疫情叠加俄乌冲突等超预期事件影响，我国经济发展面临多重压力，地方债作为积极财政政策的着力点，发行节奏明显前置且大幅提速。2022 年 1～9 月，海南省发行地方债 574. 65 亿元，约为 2021 年发行总规模的 82. 62%，较 2021 年 1～9 月的 456. 58 亿元增长 25%左右。从不同月份发行规模看，2022 年 1～9 月地方债的发行时间集中于 6 月，较 2021 年集中于 8～11 月明显提前（见图 2）。

（二）新增专项债占比最高，发行期限以10年、5年和7年为主

2022 年 1～9 月，海南省发行的地方债以新增专项债为主，期限以 10 年、5 年和 7 年为主（见图 3）。从券种结构看，新增专项债占比维持在较高水平，发行规模为 301 亿元，占比超过一半达到 52. 38%，另外再融资一般债、新增一般债和再融资专项债发行规模分别为 111. 15 亿元、110 亿元和 52. 49 亿元；

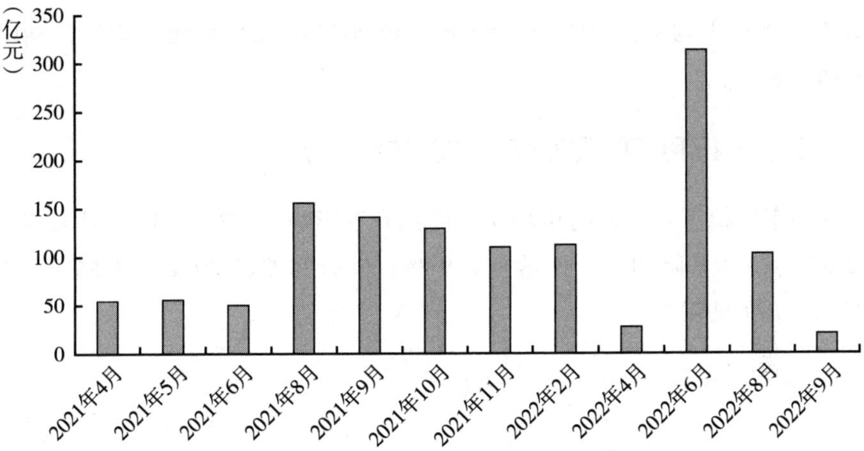

图 2　2021 年 1 月至 2022 年 9 月海南省地方债月度发行规模

注：海南省部分月份无地方债发行，未在图中显示。

数据来源：Wind 数据库，中诚信国际整理计算。

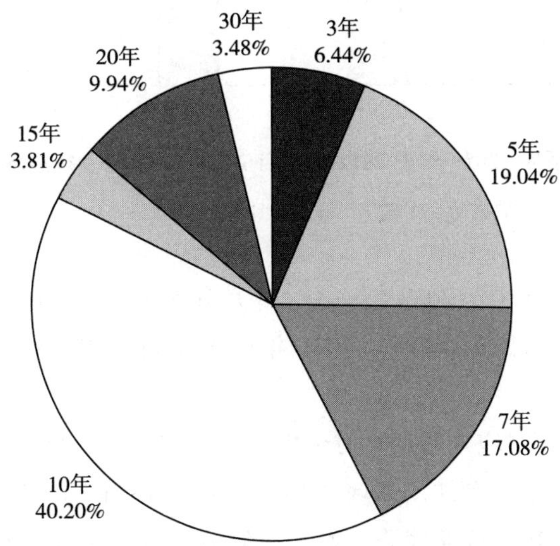

图 3　2022 年 1~9 月海南省新发行地方债发行期限结构

数据来源：Wind 数据库，中诚信国际整理计算。

从发行期限结构看，10 年期、5 年期和 7 年期占比较高，合计占比达到 76.32%，加权平均发行期限为 9.97 年，较 2020 年以来加权平均发行期限小幅增加 0.8 年。

（三）发行利率明显回落，利差持续收窄

受利率中枢下行及发行市场化程度提升等影响，2022 年 1~9 月海南省地方债发行利率[①]下降明显，回落至 2.91%，发行利差较 2021 年下降 10.81BP 至 15.42BP（见图 4）。

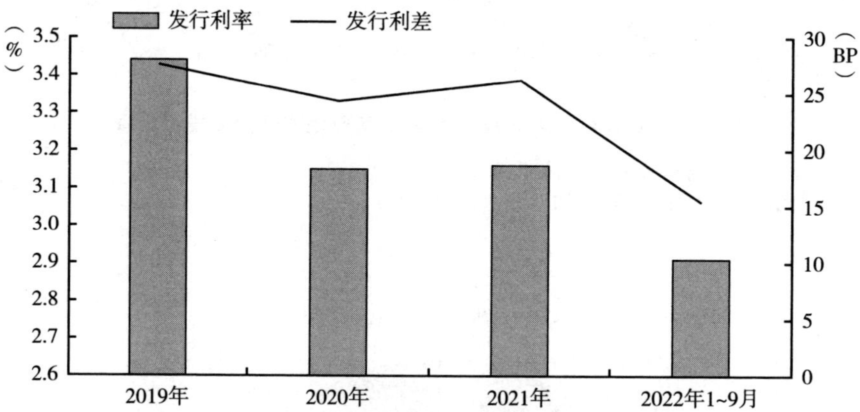

图 4　2019 年至 2022 年 9 月海南省地方债发行成本

数据来源：Wind 数据库，中诚信国际整理计算。

从月度发行成本看，2022 年 2 月、6 月和 8 月发行利率相对较低，且在 2022 年 8 月到达最低点 2.77%，2021 年以来发行利率整体呈波动下行态势（见图 5）。

与 2021 年同期对应期限的地方债发行利率相比，2022 年 1~9 月发行利率明显回落；同期限发行利差均呈收窄趋势，其中 15 年期发行利差收窄幅度最大，收窄至 13.40BP。从券种分布看，一般债发行利率和发行利差较 2021 年分别回落至 2.82%和 14.36BP，专项债发行利率和发行利差较 2021 年分别回

① 如无特别说明，本报告中发行利率、利差为根据发行额计算的加权平均发行利率、利差，发行利差计算公式：债券发行利率-对应期限国债收益率。

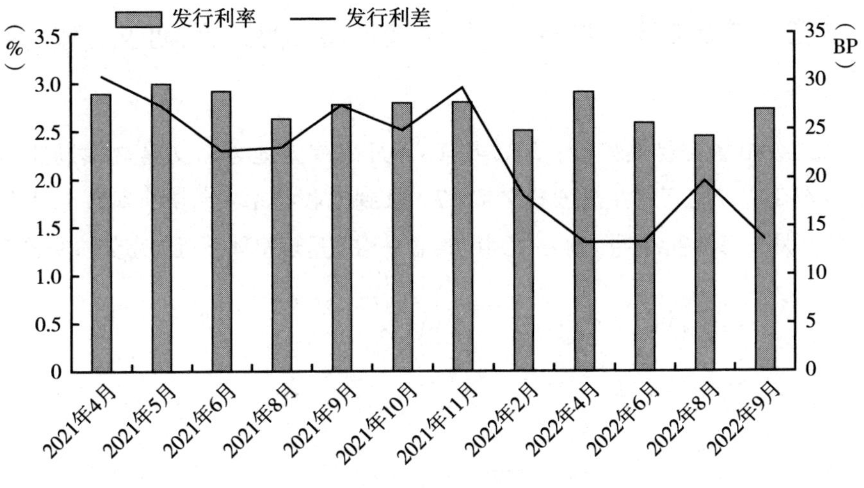

图 5　2021 年 1 月至 2022 年 9 月海南省地方债月度发行成本

注：海南省部分月份无地方债发行，未在图中显示。

数据来源：Wind 数据库，中诚信国际整理计算。

落至2.96%和16.08BP。与其他省（区、市）相比，因加权平均发行期限相对较短，海南省发行利率较低，居全国第29位，发行利差尚可，居全国第16位（见图6）。

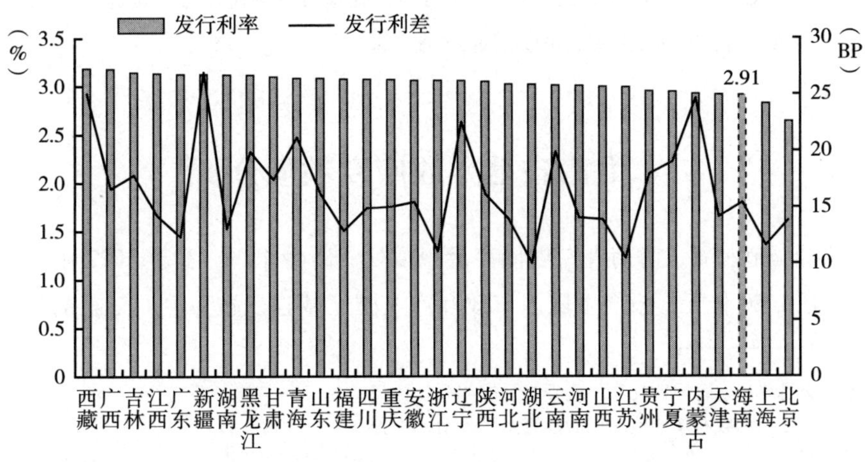

图 6　2022 年 1~9 月全国 31 个省（区、市）地方债发行成本

数据来源：Wind 数据库，中诚信国际整理计算。

（四）二级市场交易规模①同比增长超 20%，到期收益率②整体下行

从二级市场交易规模看，2022 年 1～9 月海南省地方债交易规模同比增长 22.52%至 855.17 亿元，在全国排名第 27。从到期收益率走势看，2021 年 1 月至 2022 年 9 月，海南省各期限地方债到期收益率均值呈现整体下行的态势（见图 7）。

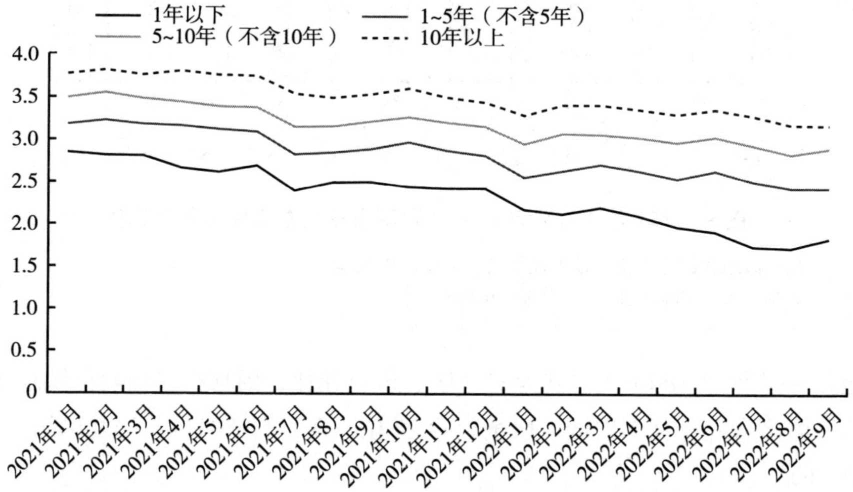

图 7　2021 年 1 月至 2022 年 9 月海南省地方债到期收益率走势

数据来源：Wind 数据库，中诚信国际整理计算。

二　海南省地方政府专项债分析③

从全国范围看，海南省专项债存量规模处于下游水平，截至 2022 年 9 月存量规模超 1680 亿元；投向领域以市政和产业园区基础设施为主，交通基础设施

① 交易统计包含回购交易、现券交易等部分。

② 此处到期收益率均值采用的是算术平均值。

③ 2020 年 7 月 29 日财政部《关于加快地方政府专项债券发行使用有关工作的通知》（财预〔2020〕94 号）明确 2020 年新增专项债必须保证融资规模与项目收益相平衡，因此 2020 年以来的新增专项债均为项目收益专项债。本部分项目收益专项债的统计样本为 2018～2019 年项目收益专项债与 2020 年至 2022 年 9 月的新增专项债。

领域占比亦较高，两者合计占比超过 80%；期限结构以 10 年占比最高，且 5~10 年期合计占比超 85%。值得注意的是，目前海南省专项债用作项目资本金的规模较小，仅 4.1 亿元，从专项债用作项目资本金或配套融资的综合拉动效果看，预期能够带动项目总投资约 714 亿元。当前，积极财政政策背景下，海南省可考虑进一步提高专项债发行规模，发挥专项债用作项目资本金的杠杆优势。

（一）发行规模已接近2021年全年水平，10年期占比最高、项目类型以基础设施类为主

2017 年海南省启动专项债发行以来，为扩大有效投资，海南省专项债持续扩容，2019 年专项债发行规模达 225.86 亿元；2020 年受新冠疫情影响，发行规模增长至 297.67 亿元；2022 年 1~9 月，共发行专项债 353.49 亿元，已基本达到 2021 年全年发行规模。随着海南自贸港建设推进，预期海南省专项债发行规模仍将维持在高位且有所扩容。从债券期限看，海南省存量专项债以 10 年期、5 年期和 7 年期为主（见图 8），发行规模占当期发行总额的比重分别为 50.65%、22.04%和 12.99%，债券期限仍有进一步拉长的空间。从投向领域看，近几年海南省专项债重点投向“两新一重”领域，包括市政和产业园区基础设施、交通基础设施等领域，2022 年 1~9 月合计占比达 81.49%。从发行成本看，2019~2021 年海南省专项债发行成本震荡下行至较低水平，2022 年 1~9 月发行利率及利差分别为 2.96%和 16.08BP，较 2021 年同期有所回落。

（二）市政和产业园区基础设施项目收益专项债为发行重点，专项债项目行政层级趋于下沉

海南省专项债募投项目覆盖市政和产业园区基础设施、民生服务、交通基础设施、棚改、生态环保等多个领域（见图 9），覆盖范围较广。具体看，2022 年 1~9 月，投向市政和产业园区基础设施 147.25 亿元，其中产业园占比较高；投向交通基础设施 98.04 亿元，以收费公路为主。从项目行政层级看，海南省专项债资金投向较为均衡，省级、地市级和区县级项目占比均在 30%~40%。从资本金比例看，省级项目、地市级项目和区县级项目资本金比例均值分别为 58%、68%和 65%，募投项目整体资本金比例较高。从项目融资本息覆盖情况看，海南省专项债全部募投项目融资本息覆盖倍数均超过 1.1 倍，融资本息覆

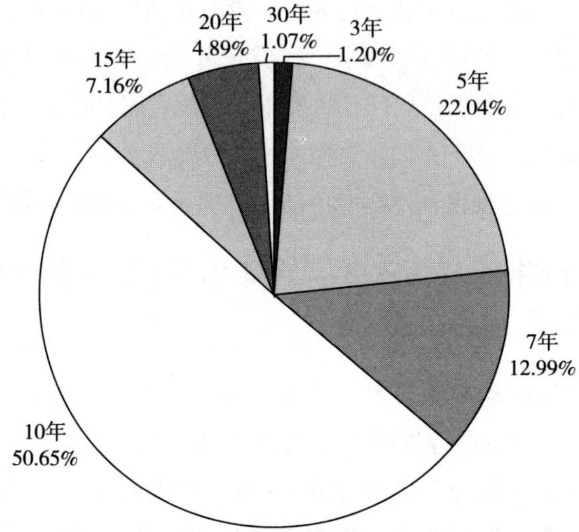

图 8　截至 2022 年 9 月海南省项目收益专项债发行期限结构

数据来源：Wind 数据库，中诚信国际整理计算。

盖倍数均值为 3.51 倍，项目偿债风险整体可控，但仍需关注部分募投项目预期总收入未考虑投资及运营成本，实际覆盖能力可能弱于指标值的情况。

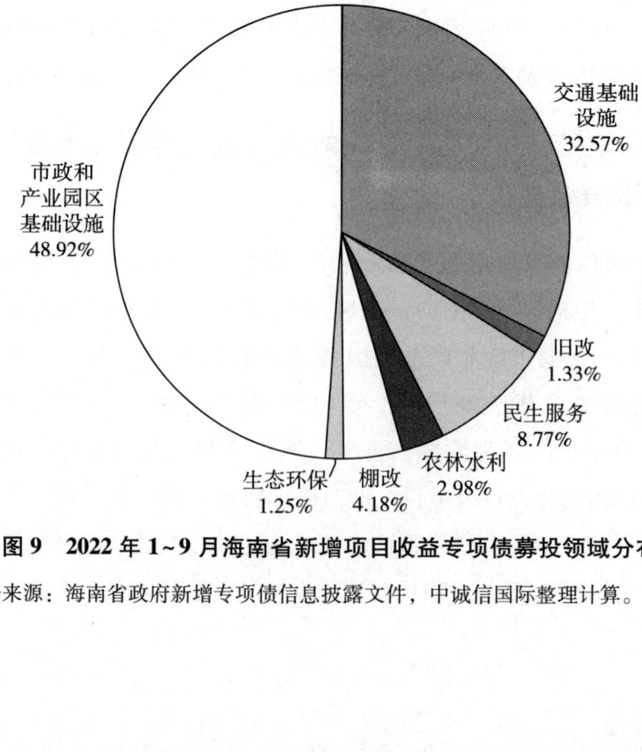

图 9　2022 年 1~9 月海南省新增项目收益专项债募投领域分布

数据来源：海南省政府新增专项债信息披露文件，中诚信国际整理计算。

（三）仅有4.1亿元用作项目资本金，可考虑增加符合条件项目储备，提升专项债用作项目资本金比例

截至2022年9月，海南省仅有4.1亿元专项债用作项目资本金，投向收费城际铁路建设和水利工程建设领域，项目的资本金占总投资的46%，目前撬动社会资本投入有限。海南省专项债用作项目资本金规模很小，一方面可能是符合条件的重大项目储备不足，另一方面可能与区域专项债用作项目资本金审批手续相对繁杂，跨部门协调难度大有关。考虑到专项债用作项目资本金存在的较强撬动作用，在稳增长及财政收支压力增大背景下，可合理推进专项债用作项目资本金，进一步带动社会资本加大对重大项目投入力度，以放大对基建投资的拉动效果。

（四）专项债资金投入预期可带动约714亿元项目投资，但实际拉动效果仍存有较大不确定性

2022年1~9月，海南省投资力度有所减弱，全省固定资产投资同比下滑1.0%,[①] 产业投资和基础设施建设投资同比分别增长1.5%和12.9%。在当前适度加大财政政策扩张力度背景下，专项债是落实积极财政政策的重要抓手，预期专项债规模将持续扩大，对基建投资形成持续拉动效果。由于海南省专项债用作项目资本金的规模仅有4.1亿元，专项债对基建投资的撬动主要以项目配套融资的形式体现。海南省专项债项目资本金比例均值为57.64%，对应撬动杠杆约为1.73倍；海南省专项债项目配套融资比例均值为42.03%，对应撬动杠杆约为2.38倍，理论上专项债资金合计能够撬动基建投资约714亿元[②]，但实际效果仍受较多因素限制，包括项目资金到位情况、项目实际建设进度及调整变化、相关配套设施建设情况等。

---

① 如无特别说明，本报告中引用的宏观经济数据均来自《海南省国民经济和社会发展统计公报》，并由中诚信国际整理计算。

② 专项债撬动基建投资方法参见袁海霞、汪苑晖、卞欢《专项债兼顾扩容提效，助力基建托底稳增长——地方政府专项债2019年回顾与2020年展望》，《财政科学》2020年第1期。

三　海南省偿债能力分析

从全国范围来看，海南省地方政府债务余额处于下游水平，债务规模呈不断增长态势，到期地方债中一般债占比超 60%，未来 5 年到期债务规模相对较为均衡。海南省财政实力居全国下游水平，财政平衡率一般，对上级补助依赖较大，财政自给水平有待提高。2021 年经济下行压力增大，海南省负债率水平边际有所抬升，在全国范围内处于上游水平，但债务风险可控。2022 年 1～9 月，受增值税留抵退税因素影响，海南省一般公共预算收入有所下滑，后续需要对债务水平保持关注。

（一）地方政府债务规模不断增长，未来5年到期地方债规模较为均衡

海南省地方政府债务余额整体呈增长态势，债务限额可使用空间一般。截至 2021 年，海南省地方政府债务限额为 3257.4 亿元①（见图 10），同比增长

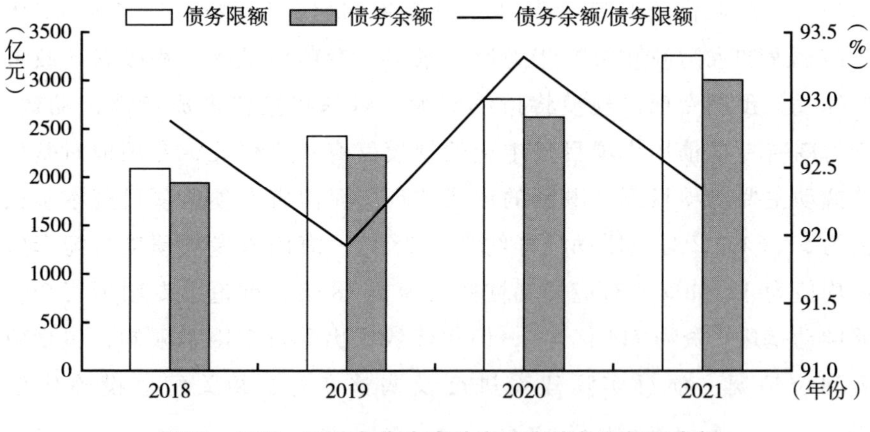

图 10　2018～2021 年海南省地方政府债务限额及余额

数据来源：海南省财政预算执行及决算报告，中诚信国际整理计算。

① 如无特别说明，本报告中引用的海南省政府债务限额、余额，一般公共预算收入、支出，财政平衡率，债务率、负债率等财政相关数据均来自海南省财政预算执行及决算报告，并由中诚信国际整理计算。

15.86%，在全国31个省（区、市）中位列第28；债务余额为3007.9亿元，同比增长14.65%，在全国位列第28（见图11）；未使用的债务限额为249.5亿元，仍剩余部分融资空间。从地方债存量结构看，债券形式债务占比超过98%，非政府债券形式债务规模很小。

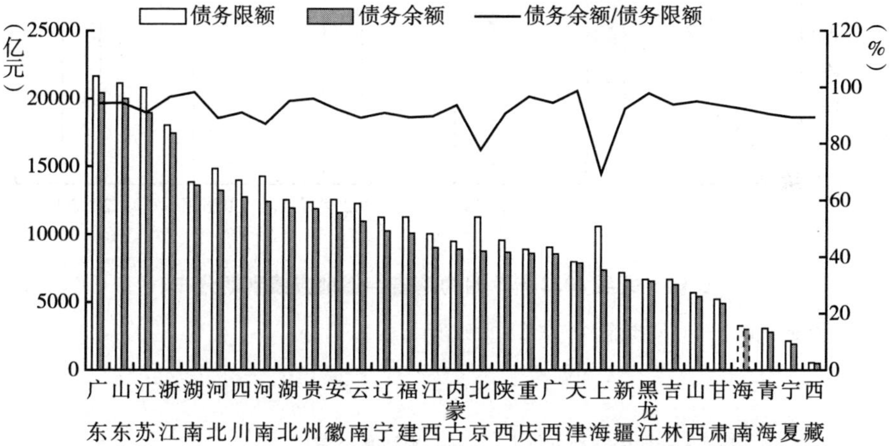

图11　2021年全国31个省（区、市）地方政府债务余额及限额

数据来源：全国31个省（区、市）财政预算执行及决算报告，中诚信国际整理计算。

从2022年10～12月地方债到期分布看，11月到期规模较大，达到75.18亿元。未来5年中，各年到期债务规模较为均衡（见图12），年平均到期规模为380亿元左右，其中到期一般债占60.99%、到期专项债占39.01%。

（二）综合财政实力居全国下游水平，对上级补助依赖较大，财政平衡率较低

海南省综合财政实力处于全国下游水平，财政自给能力一般。2021年，海南省一般公共预算收入为921.16亿元，在全国31个省（区、市）中位列第28（见图13），受益于经济稳步恢复，实现同比增长12.2%；财政平衡率为46.73%，较2020年增加5.36个百分点，财政平衡率在全国位列第13，财政自给能力一般，财政收支平衡依赖上级补助。

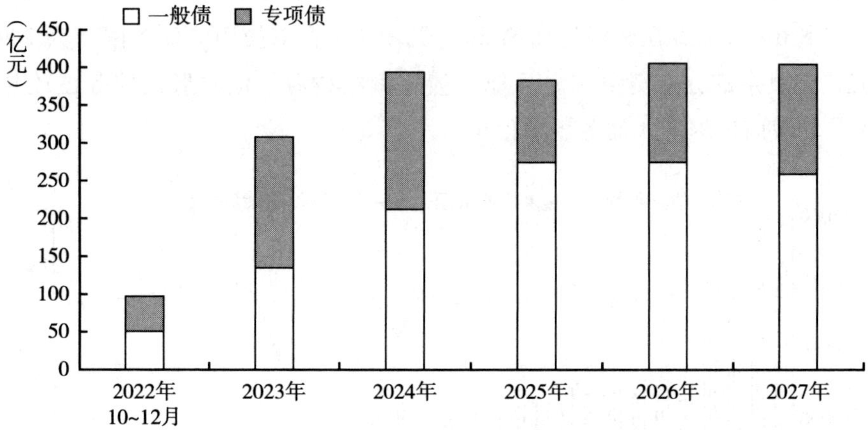

图 12　截至 2022 年 9 月海南省存量地方债到期分布

数据来源：Wind 数据库，中诚信国际整理计算。

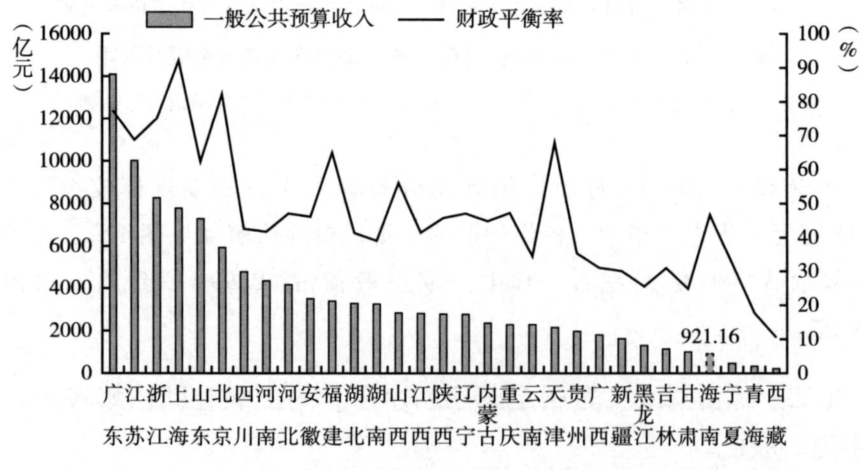

图 13　2021 年全国 31 个省（区、市）一般公共预算收入及财政平衡率

数据来源：全国 31 个省（区、市）财政预算执行及决算报告，中诚信国际整理计算。

2021 年，海南省综合财力为 2809. 58 亿元（见图 14），同比增长 12. 17%。其中，上级补助收入占比达 53%。此外，政府性基金收入占比为 14. 03%，较

2020 年回落 6.84 个百分点，政府性基金收入仍是海南省综合财力的重要补充。但随着房地产市场景气度下滑，需关注政府性基金收入下滑对海南省综合财力带来的不利影响。国有资本经营收入占比不足 1%，对综合财力的贡献有限。

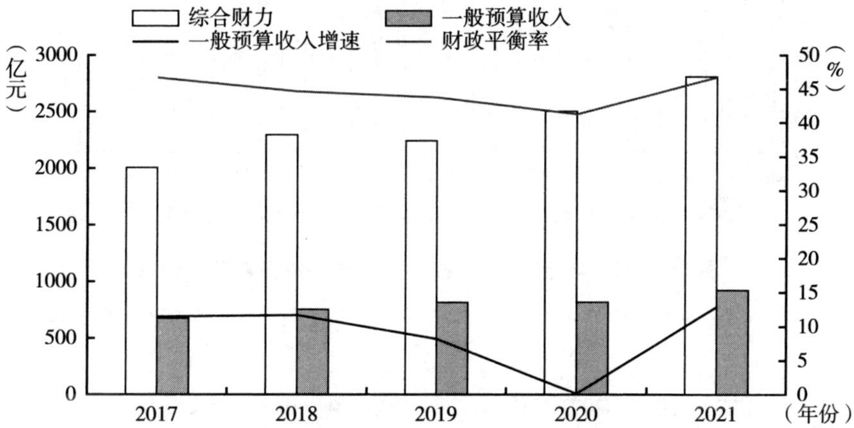

图 14　2017~2021 年海南省财政情况

数据来源：2017~2021 年海南省财政预算执行及决算报告，中诚信国际整理计算。

（三）债务风险整体可控，相关指标处于全国中游水平

截至 2021 年，海南省债务率为 107.06%，同比增加 2.32 个百分点，债务率超过 100%的国际警戒线标准，受政府债务规模攀升影响，海南省债务率持续增长，在全国 31 个省（区、市）中排第 16 位（见图 15）。截至 2021 年，海南省负债率为 46.45%，受经济总量增长影响，负债率同比下降 0.97 个百分点，处于全国第 6 位。整体来看，海南省债务风险相对可控，但部分风险指标处于全国中游水平。

2021 年，海南省债务余额占一般公共预算收入的比重为 326.53%，较前值上升 5.07 个百分点（见图 16），偿债能力较 2020 年有所弱化。随着国家对地方债务监管趋严，海南省地方政府对政府性债务管理工作高度重视，坚决树牢底线思维，防范化解财政金融风险。

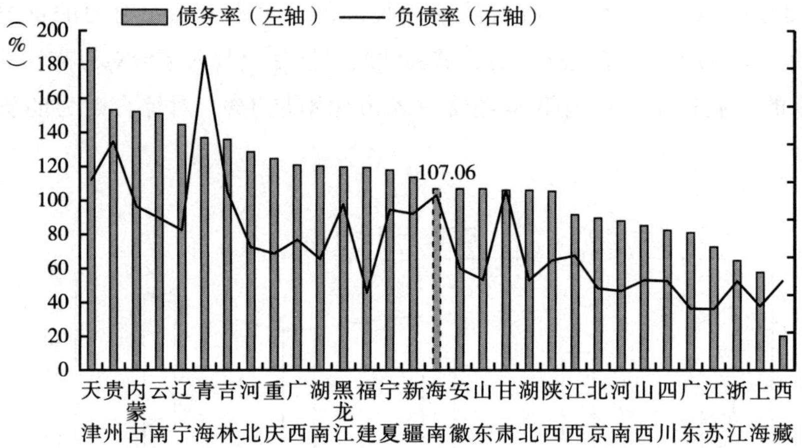

图 15　2021 年全国 31 个省（区、市）债务率及负债率

数据来源：全国 31 个省（区、市）财政预算执行及决算报告，中诚信国际整理计算。

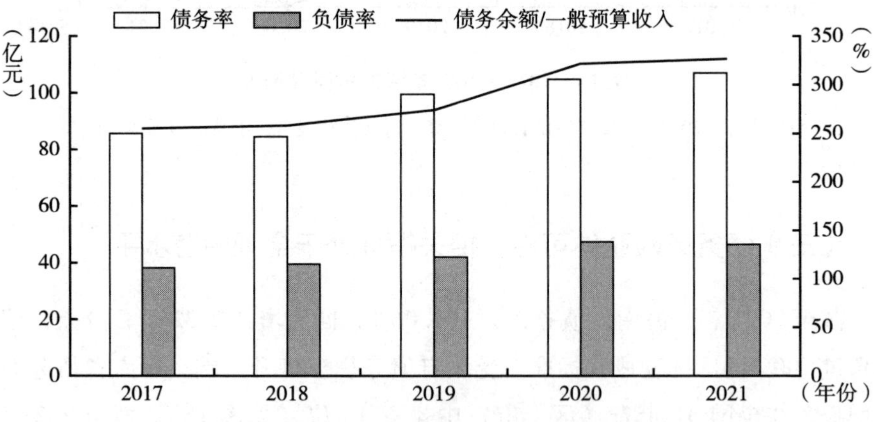

图 16　2017~2021 年海南省债务率及负债率

数据来源：2017~2021 年海南省财政预算执行及决算报告，中诚信国际整理计算。

四　小结

2022 年 1~9 月，海南省地方债发行规模同比有所增长，且发行主要集中在上半年。新发行地方债维持以新增专项债为主的结构，10 年期债券占比最高，债券发行期限仍有进一步拉长空间。从地方债发行成本看，发行利率持续回落至3%以下，发行利差亦持续减小，二级市场交易规模保持稳定，各期限债券到期收益率整体回落。从专项债情况看，海南省专项债发行规模维持高位，存量专项债投向较为多元，对投资具有一定拉动效果，但专项债用作项目资本金比例较小，需合理推进专项债用作项目资本金。

总体来看，海南省现阶段债务限额空间较小，整体财政实力和债务余额均居全国下游水平，债务风险相对可控。在经济复苏基础不牢、房地产市场景气度不足对政府性基金收入仍有拖累的背景下，财政收支压力将不断显现，下一阶段海南省应充分结合产业转型升级和海南自贸港建设要求，用好地方政府债务限额空间，提高资金使用效能，提升区域经济财政实力，做好区域债务风险管控。

建议下一阶段海南省地方债资金在以下几个方面优化完善：第一，在限额范围内，积极争取中央债券额度，缓解项目资金压力；第二，在资金用途方面，聚焦海南自由贸易港重大发展战略，加大对自由贸易港园区开发投入力度，与海南省旅游业、现代服务业、高新技术产业、热带特色高效农业四大主导产业形成合力，加快海南自由贸易港建设；第三，围绕海南省新发展理念，加大地方债资金在民生领域投入力度，补齐发展短板；第四，加强债务风险监测，充分利用大数据等信息化手段，对资金使用进行日常监测，严格控制债务风险。

B.38

2022年上海市地方政府债券分析报告

张 卡　宋丹丹　张子睿*

摘　要： 上海市经济发展水平及财政实力居全国前列，地方债发行情况良好，2022 年 1~9 月上海市共发行地方债 1776 亿元，基本完成全年发行任务。2022 年 1~9 月，上海市地方债发行规模增幅较大的是一般债，以再融资为主，新增专项债主要投向交通基础设施领域。2022 年，在外部环境趋严叠加新冠疫情影响下，上海市经济及财政实力仍保持在全国前列，同时，上海市整体负债率和债务率相对较低，区域债务风险较低。考虑到上海市债务融资空间较大、项目收益专项债未用作项目资本金等情况，建议上海市结合产业规划等方向，加大对地方政府债务额度的使用力度，并探索项目收益专项债在资本金方面的应用，以放大项目收益专项债对基建投资和经济增长的撬动作用。

关键词： 地方债　专项债　上海市

一　上海市地方债运行情况分析

2022 年，国际形势动荡、国内新冠疫情不断反复，为进一步稳住经济大

---

* 张卡，中诚信国际政府公共评级二部高级分析师，主要研究领域为地方政府债券、基础设施投融资行业等；宋丹丹，中诚信国际政府公共评级二部分析师，主要研究领域为地方政府债券、基础设施投融资行业等；张子睿，中诚信国际政府公共评级二部分析师，主要研究领域为地方政府债券、基础设施投融资行业等。

盘，财政政策不断发力，新增地方债规模创新高，助力经济稳增长。截至2022年9月，上海市地方债存量规模为8764.30亿元，较上年同期增长18.37%，占全国总规模的2.54%，在全国31个省（区、市）中排名第22，在直辖市中排名第3（见图1）。从券种结构看，存量地方债中有5044.7亿元专项债、3681.8亿元一般债和37.8亿元未分类债券①；从期限看，存量地方债发行期限主要为5~10年（5年、7年及10年），上述期限的债券规模占比为86.14%。

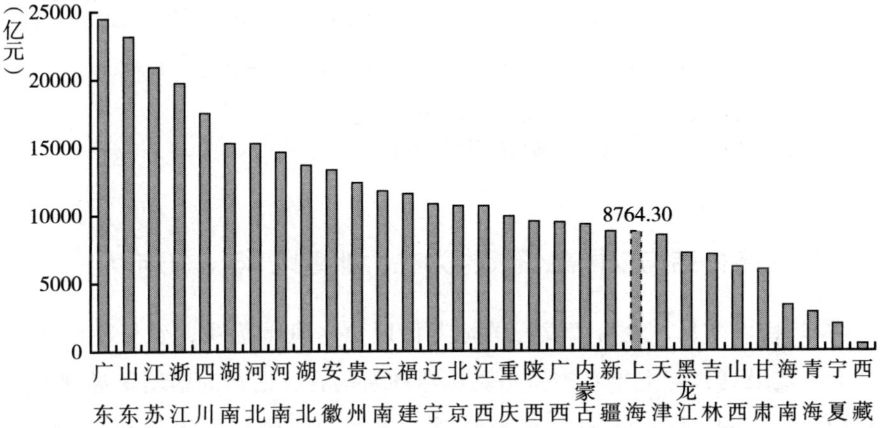

图1　截至2022年9月全国31个省（区、市）地方债存量规模

数据来源：Wind数据库，中诚信国际整理计算。

（一）专项债发行额度提前下达，地方债发行规模扩大且节奏加快

2021年，财政部提前下达上海市2022年“提前批”专项债，2022年6月正式下达地方债额度1793亿元。2022年1~9月，上海市基本完成全年地方债发行计划，共发行32只地方债，规模共计1776亿元，较2021年增长46.64%，发行时间主要集中在3月、5月、7月和9月，而2021年主要集中在7月和9月（见图2）。

① 2015年以前发行的地方债未区分一般债、专项债。

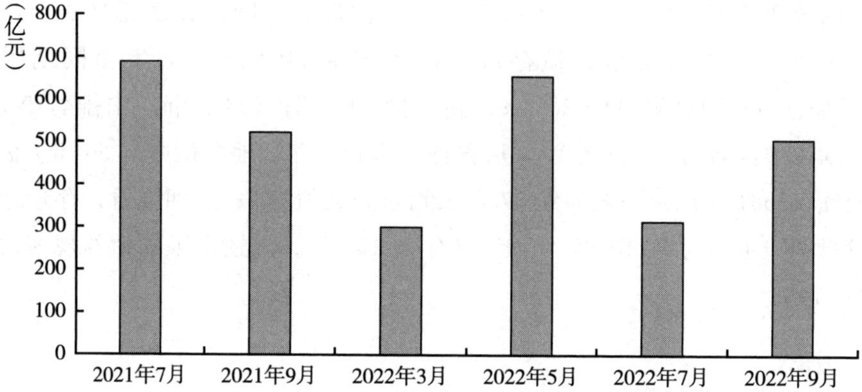

图 2 2021 年 1 月至 2022 年 9 月上海市地方债月度发行规模

注：上海市部分月份无地方债发行，未在图中显示。

数据来源：Wind 数据库，中诚信国际整理计算。

（二）券种结构以再融资债券为主，期限以7年、10年为主

2022 年 1~9 月，上海市发行的地方债以再融资债为主，发行期限为 7 年的债券占比最高，与上年基本持平。从券种结构看，发行的新增债券规模总计 754.9 亿元，占比为 42.51%，其中新增一般债和新增专项债分别为 234.0 亿元和 520.9 亿元；再融资债 1021.1 亿元，占比为 57.49%，其中再融资一般债和再融资专项债分别为 553.9 亿元和 467.2 亿元。发行期限以 7 年和 10 年为主，占比分别为 27.51%和 25.57%，其中 10 年期债券连续两年占比下降，较 2021 年下降 5.31 个百分点；10 年以上期限占比为 13.60%（见图 3），较 2021 年下降 0.80 个百分点。

（三）地方债发行成本下降，利差持续收窄

发行利率方面，2019 年至 2022 年 9 月上海市地方债发行利率①整体呈波动下降趋势，2019~2021 年及 2022 年 1~9 月发行利率分别为 3.28%、3.34%、3.05%和 2.82%，利差分别为 25.15BP、24.04BP、19.10BP 和 11.60BP（见

① 如无特别说明，本报告中发行利率、利差为根据发行额计算的加权平均发行利率、利差，发行利差计算公式：债券发行利率-对应期限国债收益率。

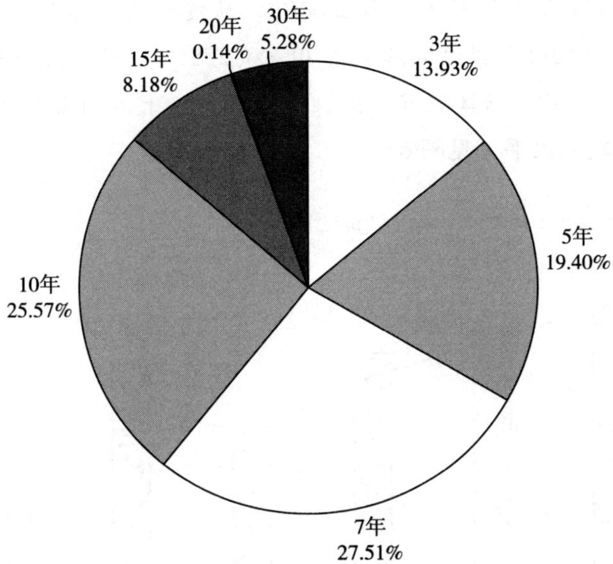

图 3　2022 年 1~9 月上海市新发行地方债期限结构

数据来源：Wind 数据库，中诚信国际整理计算。

图 4）。从发行月度分布情况看，2022 年 9 月的发行利率最低为 2.71%（见图 5）。从发行期限分布情况看，与 2021 年同期发行的同期限地方债相比，2022 年地方债发行利率明显回落；同期限债券发行利差大多呈收窄趋势，其中 7 年

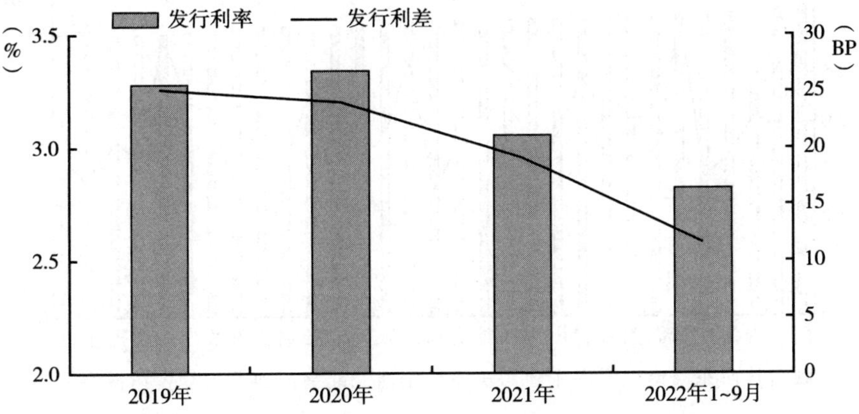

图 4　2019 年至 2022 年 9 月上海市地方债发行成本

数据来源：Wind 数据库，中诚信国际整理计算。

期债券发行利差收窄幅度最大，为 8. 60BP。从发行的券种来看，一般债、专项债发行利率较 2021 年继续回落至 2. 79%和 2. 85%，且发行利差分别回落至 11. 18BP 和 11. 94BP。与其他省（区、市）相比，上海市发行利率仅高于北京，处于全国较低水平（见图 6）。

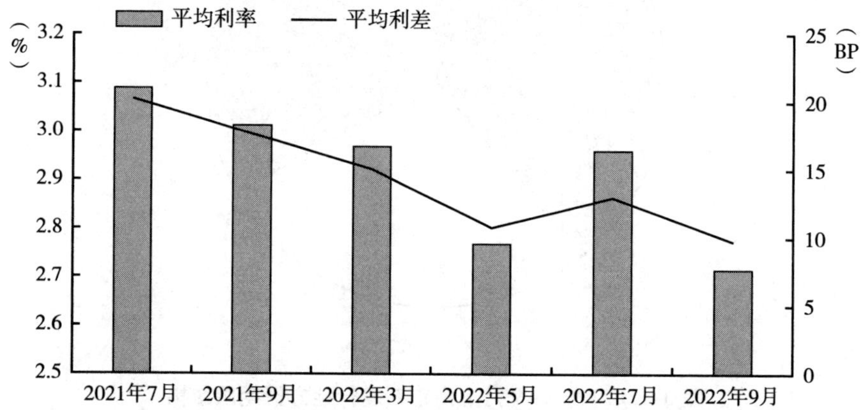

图 5　2021 年 1 月至 2022 年 9 月上海市地方债月度发行成本

注：上海市部分月份未发行地方债，因此未在图中显示。

数据来源：Wind 数据库，中诚信国际整理计算。

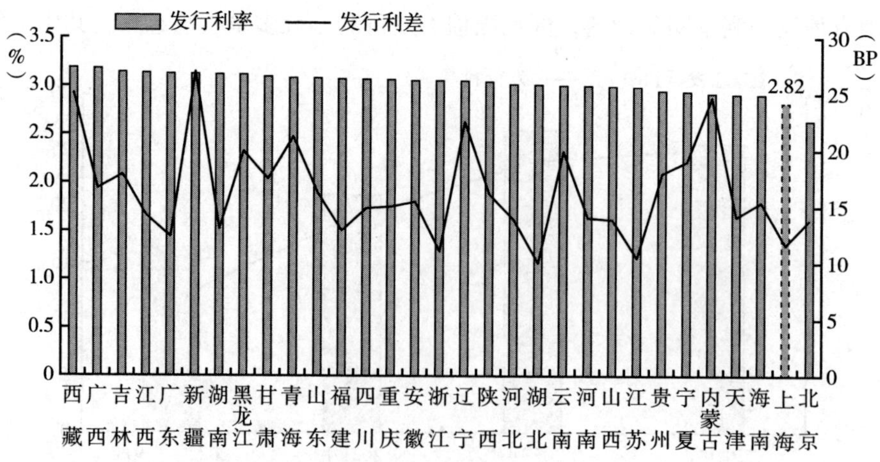

图 6　2022 年 1~9 月全国 31 个省（区、市）地方债发行成本

数据来源：Wind 数据库，中诚信国际整理计算。

（四）二级市场交易[①]规模大幅增长，到期收益率[②]呈持续下降趋势

从二级市场交易规模看，2022 年 1~9 月上海市地方债交易规模同比大幅增长 167.97%至 3074.46 亿元，在全国排名第 14。从到期收益率走势看，2021 年 1 月至 2022 年 9 月，除了部分月份到期收益率小幅提升外，上海各期限地方债到期收益率均值整体呈现下降态势（见图 7）。

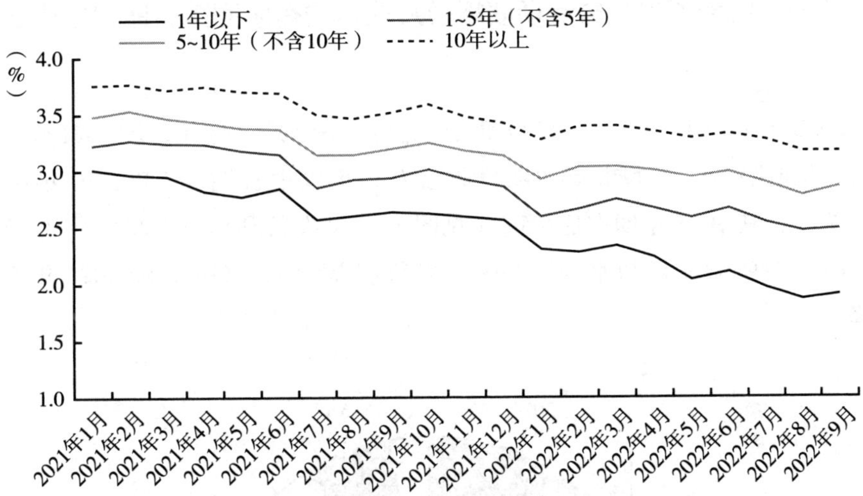

图 7　2021 年 1 月至 2022 年 9 月上海市地方债到期收益率走势

数据来源：Wind 数据库，中诚信国际整理计算。

二　上海市地方政府专项债分析[③]

截至 2022 年 9 月，上海市地方政府专项债存量规模为 5044.7 亿元，在全

① 交易统计包含回购交易、现券交易等部分。

② 此处到期收益率均值采用的是算术平均值。

③ 2020 年 7 月 29 日财政部《关于加快地方政府专项债券发行使用有关工作的通知》（财预〔2020〕94 号）明确 2020 年新增专项债必须保证融资规模与项目收益相平衡，因此 2020 年以来的新增专项债均为项目收益专项债。本部分项目收益专项债的统计样本为 2018~2019 年项目收益专项债与 2020 年至 2022 年 9 月的新增专项债。

国31个省（市、区）中居中游水平。其中，新增专项债4261.10亿元，再融资专项债783.60亿元，期限以5年、7年、10年为主。2022年1~9月，新发行的项目收益专项债投向领域以交通基础设施、棚改、民生服务等为主，期限以7年、10年、15年为主。此外，上海市发行的项目收益专项债暂未用作项目资本金，在稳增长的背景下，为更好地放大项目收益专项债对基建投资的拉动效果，仍需合理推进专项债用作项目资本金。

（一）新增项目收益专项债规模及成本均有所回落，期限以中长期为主

2022年1~9月，上海市新增项目收益专项债520.9亿元，较2021年有所回落。从期限看，上海市新增项目收益专项债以中长期（7年、10年和15年）为主，其中15年期占比最高（见图8）。从发行利率看，2022年1~9月项目收益专项债发行利率为2.99%、发行利差为12.66BP，较2021年有所下降。

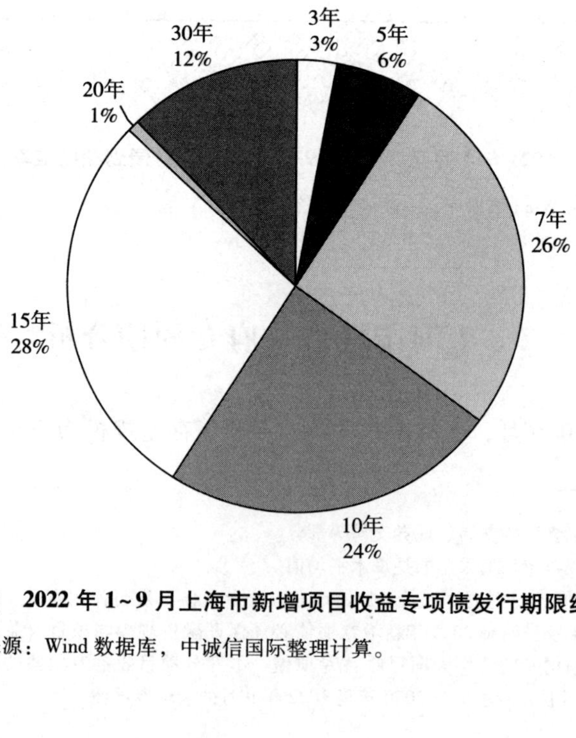

图8　2022年1~9月上海市新增项目收益专项债发行期限结构

数据来源：Wind数据库，中诚信国际整理计算。

（二）主要募投领域转向交通基础设施，以市级项目为主

2022 年 1~9 月，上海市新增项目收益专项债募投领域以交通基础设施为主，具体看，专项债投向交通基础设施领域 287. 38 亿元，金额占比为 55. 17%，以轨道交通为主；投向棚改领域 129. 90 亿元；投向民生服务领域 40. 57 亿元，以医疗和教育方面为主（见图 9）。从项目行政层级分布看，上海市项目收益专项债仍以市级项目为主，金额为 340. 10 亿元，占比为 65. 29%，较上年略有增长。区县级项目中，黄浦区专项债项目金额最大，为 92. 50 亿元，主要用于黄浦区棚户区改造。从项目偿债情况看，项目整体偿债风险较低，融资本息覆盖倍数平均值为 1. 54 倍，所有项目均能实现本息覆盖，但近 40%的项目仅以土地出让收入为还款来源，由于土地出让具有一定不稳定性，因此仍需关注项目对应土地出让进度及项目偿还本息的潜在风险。

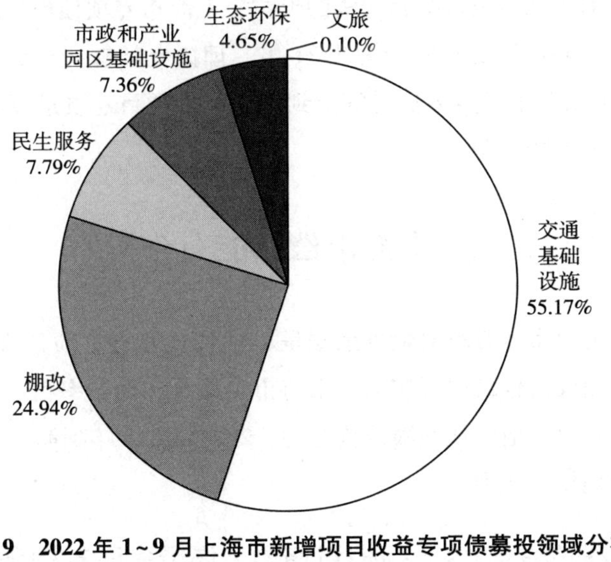

图 9　2022 年 1~9 月上海市新增项目收益专项债募投领域分布

数据来源：上海市政府新增专项债信息披露文件，中诚信国际整理计算。

（三）项目收益专项债暂未用作资本金，或与项目储备不足、资本金压力小有关

截至 2022 年 9 月，上海市项目收益专项债暂未用作资本金，在一定程

度上表明上海市财政实力很强、无项目资本金到位压力，在专项债不用作资本金的项目中，项目资本金比例均值达57%，在全国处于较好的水平。但考虑到项目收益专项债用作配套融资不及将其用作项目资本金对社会资本的撬动作用强，因此在稳增长的背景下，仍需合理推进项目收益专项债在资本金方面的应用，以放大对基建投资的拉动效果。

（四）专项债理论上可撬动约1203.18亿元基建投资，但实际撬动效果仍受多种因素限制

2022年1~9月，上海市全社会固定资产投资同比下降8.6%，三大领域中，城市基础设施投资同比下降23.3%，工业投资同比下降5.9%，房地产开发投资同比下降8.55%，专项债发行的回落及宏观经济下行在一定程度上对固定资产投资增速造成影响。由于上海市专项债暂未用作项目资本金，因此其对基建投资的撬动体现为项目配套融资的形式，上海市专项债项目配套融资比例平均值为43%，对应撬动杠杆约为2.31倍，理论上能够撬动约1203.18亿元基建投资①，但实际撬动效果仍受资金到位情况、项目建设进度、配套设施建设情况等较多因素的限制。

三　上海市偿债能力分析

近年来，上海市地方政府债务余额呈小幅增长态势，债务规模整体适度。考虑到上海市较强的经济财政实力，上海市负债率和债务率相对较低，整体债务压力较小。同时，地方债期限结构合理，2024~2025年到期债务较多，但整体债务集中到期偿付压力不大。

（一）政府债务期限分布相对均衡，债务余额规模适度，尚有一定的融资空间

政府债务规模方面，上海市地方政府债务余额规模整体呈逐年增长态势。

① 专项债撬动基建投资方法参见袁海霞、汪苑晖、卞欢《专项债兼顾扩容提效，助力基建托底稳增长——地方政府专项债2019年回顾与2020年展望》，《财政科学》2020年第1期。

截至2021年，上海市地方政府债务余额为7356.8亿元，较2020年增长465.3亿元，居全国31个省（区、市）第22位（见图10、图11）。截至2021年，上海市地方政府债务限额为10603.1亿元，剩余额度较多，主要是前期偿还的部分额度尚未投入使用。

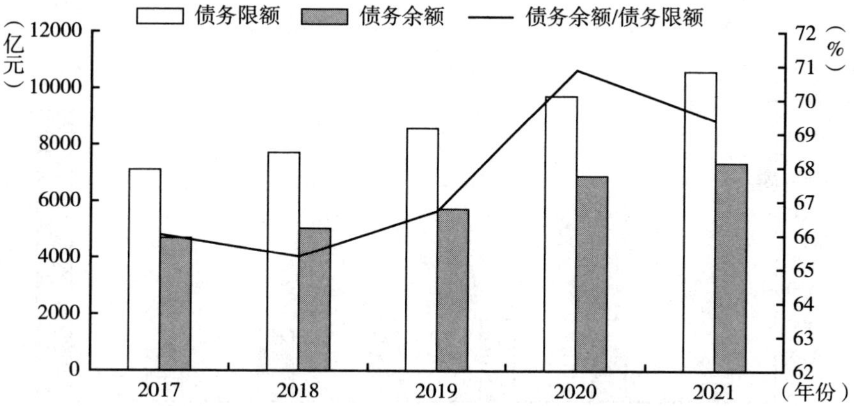

图10　2017~2021年上海市地方政府债务限额及余额

数据来源：上海市财政预算执行及决算报告，中诚信国际整理计算。

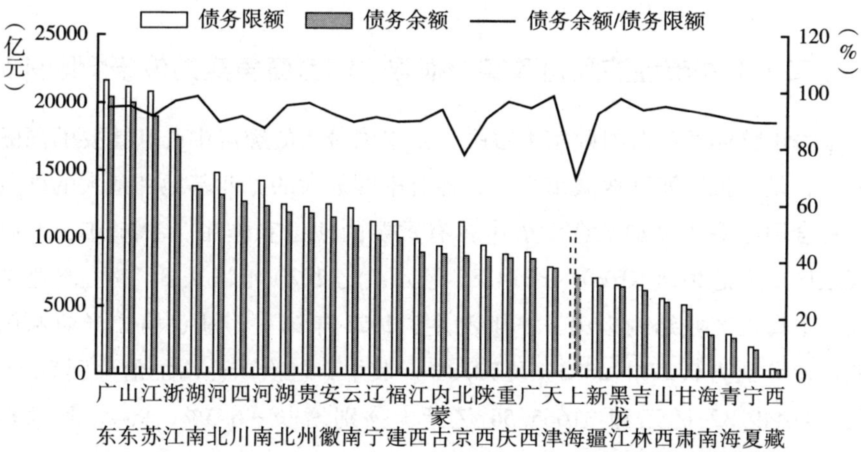

图11　截至2021年全国31个省（区、市）地方政府债务限额及余额

数据来源：全国31个省（区、市）财政预算执行及决算报告，中诚信国际整理计算。

地方债到期分布方面，截至2022年9月，上海市地方债余额为8764.30亿元。2022年内，上海市地方债到期规模为253.1亿元，2023~2027年到期规模分别为825.8亿元、1095.2亿元、1083.8亿元、952.5亿元和707.3亿元，其中2024年和2025年到期规模较大（见图12）。2024年和2025年到期地方债中一般债占比分别为31.00%和50.27%，专项债占比分别为65.55%和49.73%。

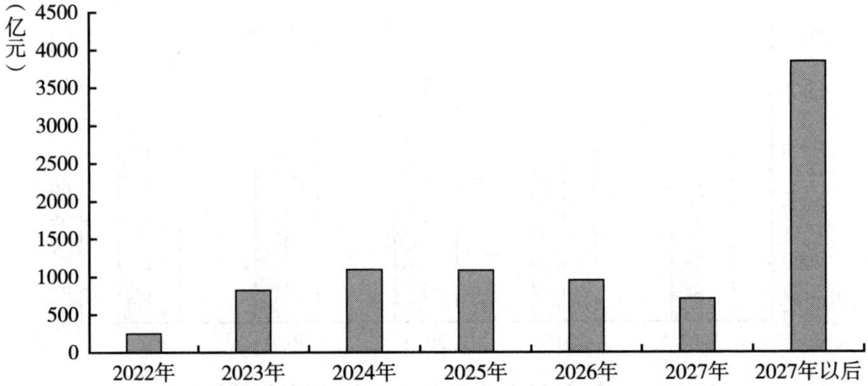

图12　截至2022年9月上海市存量地方债到期分布

数据来源：Wind数据库，中诚信国际整理计算。

（二）上海市经济及财政实力很强，综合竞争实力位于全国前列

上海市整体经济及财政实力很强，是中国最大的经济中心和重要的国际金融中心，是首批沿海开放城市之一，拥有中国最大的工业基地和最大的外贸港口，在全国经济建设和社会发展中具有重要的地位和作用。2021年，上海市实现地区生产总值（GDP）43214.85亿元，比2020年增长8.1%。产业结构方面，上海市产业结构以第三产业为主，2021年第一产业、第二产业和第三产业占比分别为0.2%、26.5%及73.3%。其中，三次产业增加值分别为99.97亿元、11449.32亿元和31665.56亿元，分别增长-6.5%、9.4%和7.6%。2022年上半年，上海市实现GDP 19349.31亿元，同比下降5.7%。

固定资产投资方面，2019~2021年上海市固定资产投资总额分别增长5.1%、10.3%和8.1%。其中，2021年第一产业、第二产业和第三产业投资额同比分别增长30.9%、8.2%和8.0%。

财政实力方面，2021 年上海市一般公共预算收入在 4 个直辖市中排名第 1，在全国 31 个省（区、市）中排名第 4，综合财政实力很强（见图 13）。2021 年，上海市实现一般公共预算收入 7771. 8 亿元，同比增长 10. 3%。其中，税收收入 6606. 7 亿元，占 85. 01%；同年，实现一般公共预算支出 8430. 9 亿元。财政平衡方面，2021 年上海市财政平衡率为 92. 18%，较 2020 年增长 5. 21 个百分点，财政平衡能力较强。2022 年上半年，上海市实现一般公共预算收入 3795. 00 亿元，同比下降 19. 80%；实现一般公共预算支出 3812. 68 亿元，同比小幅增长 0. 63%；财政平衡率为 99. 54%。

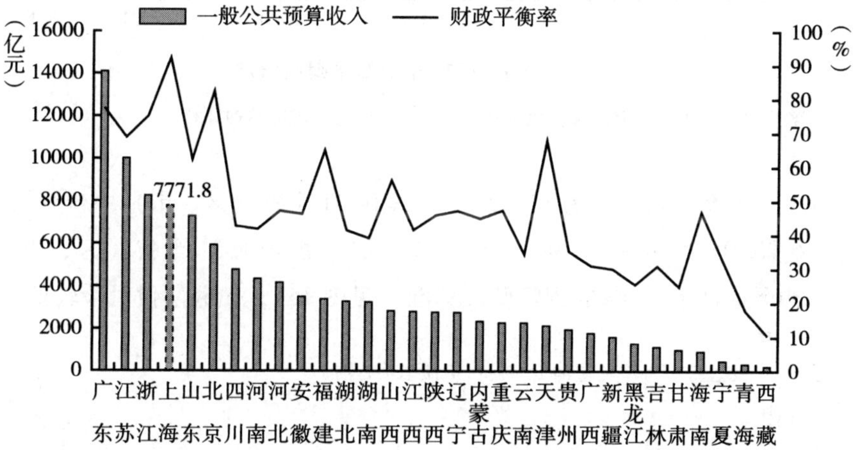

图 13　2021 年全国 31 个省（区、市）一般公共预算收入及财政平衡率

数据来源：全国 31 个省（区、市）财政预算执行及决算报告，中诚信国际整理计算。

政府性基金收支方面，2021 年上海市实现政府性基金收入 3769 亿元，占全国政府性基金收入的比重为 4. 01%，同年实现政府性基金支出 3568. 5 亿元（见图 14）。整体来看，近年来上海市政府性基金收支规模较大且呈增长态势。

（三）上海市整体负债率和债务率相对较低，债务率远低于国际警戒标准

上海市经济和财政实力很强，地方债务规模不高，负债率和债务率相对较

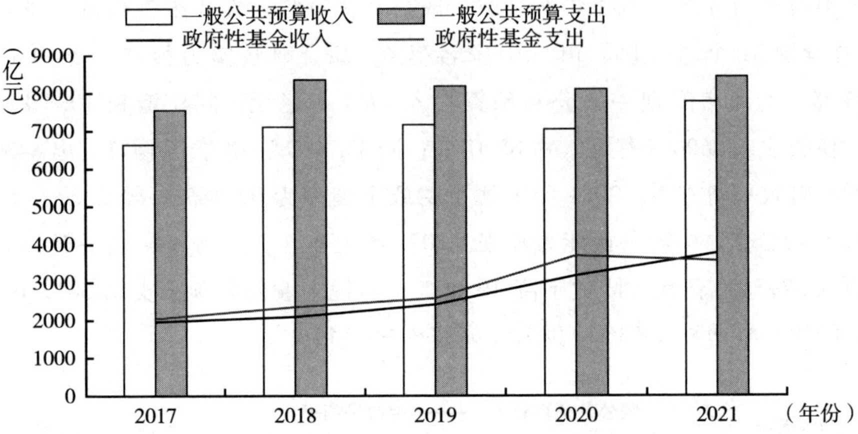

图 14　2017~2021 年上海市财政情况

数据来源：上海市财政预算执行及决算报告，中诚信国际整理计算。

低。2021 年上海市负债率为 17.02%，在全国 31 个省（区、市）中位列第 29，远低于欧盟 60%的警戒线；债务率为 57.83%，在全国 31 个省（区、市）中位列第 30，远低于 100%的国际警戒标准（见图 15），债务偿付风险较低。

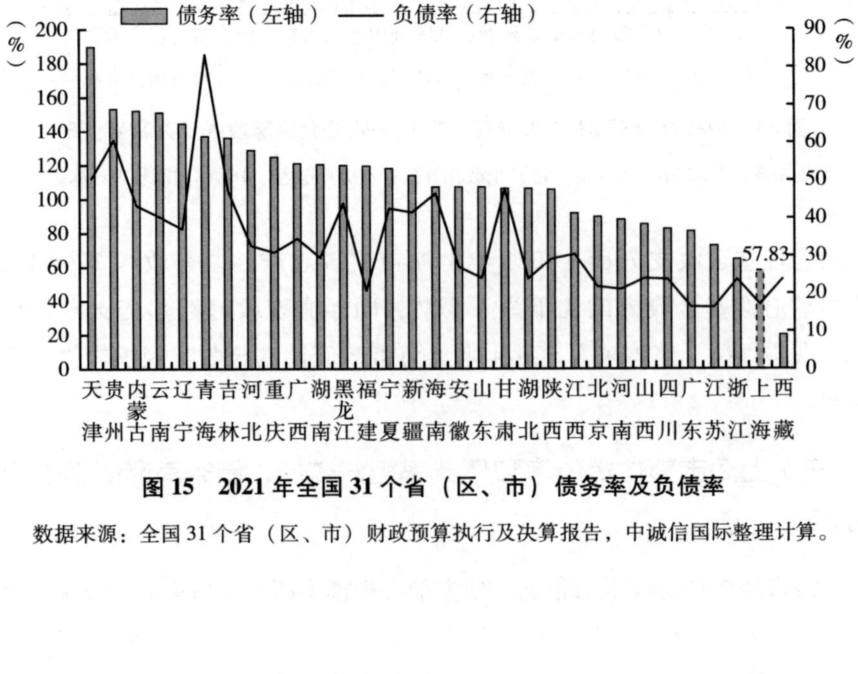

图 15　2021 年全国 31 个省（区、市）债务率及负债率

数据来源：全国 31 个省（区、市）财政预算执行及决算报告，中诚信国际整理计算。

债务管理及债务风险政策措施方面，上海市委、市政府高度重视政府性债务风险防控工作，采取诸多措施切实防范和化解财政金融风险，如严格实行政府债务月报制度、建立政府债务风险预警和应急处置机制等。2022 年 6 月，市财政局发布政府债务管理新政策，一是加强政府债务管理制度建设，探索实施专项债项目绩效全生命周期管理；二是积极拓宽专项债使用领域，指导相关区早谋划、早准备符合国家政策导向的专项债项目；三是持续做好政府债务风险防控，积极指导和督促相关区不断提高债务管理水平，严守债务风险底线。此外，2021 年 10 月上海市正式启动“全域无隐性债务”试点工作，成为国内首批启动隐性债务清零试点的城市之一，隐性债务清零工作有助于上海市进一步降低区域债务风险。

四　小结

2022 年，上海市地方债呈现发行额度上升、进度加快、成本下降的特点，主要投向交通基础设施领域。从上海市存量地方债角度看，上海市地方政府债务规模适中，债务率较低，集中到期压力较小。上海市项目收益专项债未用作资本金，均用作配套融资。

2022 年，尽管面临国内外经济复杂多变等形势，上海市经济、财政实力依然雄厚，且负债率和债务率在全国处于较低水平，同时，上海市积极采取各项债务管理措施，防范财政金融风险，区域债务风险整体较低。基于强大的财政实力，上海市项目收益专项债暂未用作资本金，在一定程度上限制了专项债投资拉动经济增长作用的发挥。未来，在债务风险可控的前提下，建议上海市放开一定额度项目收益专项债用作资本金，以充分发挥专项债对基建投资和经济增长的撬动作用。

B.39
2022年福建省地方政府债券分析报告

刘凯　孙悦*

摘　要： 2022年1~9月，福建省地方债发行规模较上年同期略有下降，发行进度有所前置。新发行地方债仍以新增专项债为主，10年及以上期限占比进一步提升，地方债发行成本整体持续回落；二级市场交易规模高于上年同期，各期限债券收益率均呈现波动下行态势。福建省专项债发行数量和规模稳步提升，存量债投向较为多元，理论上可撬动基建投资约2754.39亿元。总体来看，现阶段福建省地方债发行规模相比债务限额仍有一定空间，债务风险总体可控。下一阶段，应坚持经济高质量发展的方向，并积极探索经济发展新引擎，提高资金使用效率；继续遵循地方债务风险可控要求，严控债务风险。

关键词： 地方债　专项债　福建省

一　福建省地方债运行情况分析

福建省地方债存量规模处于全国中游水平并略高于平均水平，新发行券种仍主要为新增专项债，期限集中于10年及以上。从规模看，截至2022年9月，福建省地方债存量规模为11576.60亿元①，占全国总规模的3.35%，在全

---

* 刘凯，中诚信国际政府公共评级二部副总监，主要研究领域为地方政府债券、基础设施投融资行业等；孙悦，中诚信国际政府公共评级二部分析师，主要研究领域为地方政府债券、基础设施投融资行业等。

① 如无特别说明，本报告中引用的地方债存量、发行量、发行利率、发行利差、交易量、到期收益率等债券相关数据均来自截至2022年9月的Wind数据库，并由中诚信国际整理计算。

国 31 个省（区、市）中排名第 13（见图 1），较 2021 年上升 1 个位次。从券种结构看，存量地方债主要为专项债，专项债存量规模在全国居中游水平，达 8000.70 亿元。从期限品种看，主要为 10 年期及以上品种，在全省地方债总规模中占比为 78.38%。

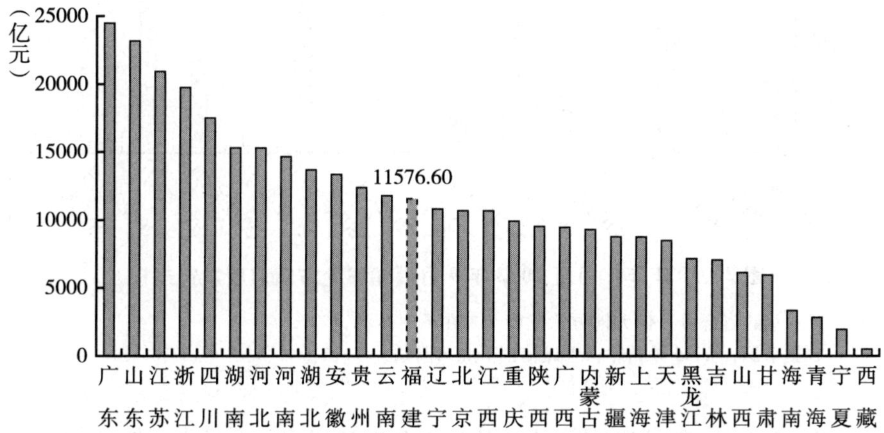

图 1　截至 2022 年 9 月全国 31 个省（区、市）地方债存量规模

数据来源：Wind 数据库，中诚信国际整理计算。

（一）发行规模同比有所下降，发行进度有所提前

2022 年，受国内经济下行压力进一步加大及“提前批”额度下达较早的影响，福建省地方债发行进度有所提前，第一季度发行规模高于 2021 年第一季度；同时，受第三季度发行规模明显缩减影响，2022 年 1~9 月整体发行规模较上年同期有所减少。2021 年，福建省共发行 88 只地方债，规模共计 2648.25 亿元（见图 2），2022 年 1~9 月福建省共发行 74 只地方债，规模共计 2094.01 亿元，发行规模较上年同期（2289.28 亿元）略有减少。2021 年发行时间集中在 1 月、6 月和 9 月，而 2022 年 1~9 月主要集中在 2 月、5 月和 6 月，整体发行进度较上年有所提前。

（二）发行品种仍主要为新增债券，15年期及20年期占比明显增加

2022 年 1~9 月，福建省发行的地方债仍主要为新增债券，15 年期占比最

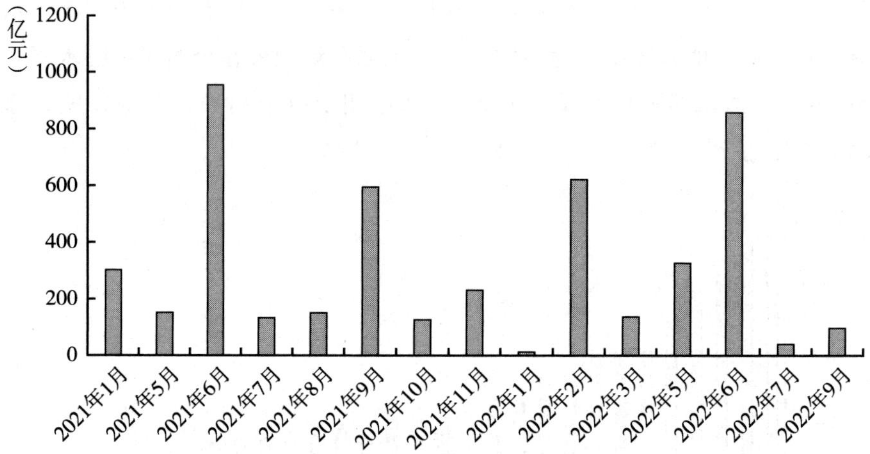

图2 2021年1月至2022年9月福建省地方债月度发行规模

注：福建省部分月份无地方债发行，未在图中显示。

数据来源：Wind数据库，中诚信国际整理计算。

大，并且15年期、20年期债券占比均较上年明显增加，合计占比已达到55%以上。从券种结构看，占比最大的新增专项债发行规模为1472.00亿元，占比达到70.30%，且发行规模及占比均同比明显提升。此外，福建省发行了新增一般债（167.21亿元）、再融资一般债（271.43亿元）以及再融资专项债（183.37亿元）。再融资债券发行规模较2021年有所下滑，期限结构以15年为主，占比达到30.12%，较2021年明显增加，但较上年减少了30年期品种，10年及以上期限品种所占比例为78.38%（见图3），较2021年上升6.86个百分点。

（三）发行成本呈持续下行趋势，利率回落且幅度较大

近年来，福建省地方债发行利率[①]整体呈下降趋势，2019~2021年及2022年1~9月发行成本分别为3.47%、3.47%、3.41%和3.07%（见图4）。从利率的月度分布看，发行成本于2022年9月到达最低点2.71%（见图5）。从期限分布看，与上年同期发行的同期限债券相比，发行利率均有所下降，发行利差也呈现明显收窄趋势，其中5年期债券发行利差为12.40BP，收窄幅度最

① 如无特别说明，本报告中发行利率、利差为根据发行额计算的加权平均发行利率、利差，发行利差计算公式：债券发行利率-对应期限国债收益率。

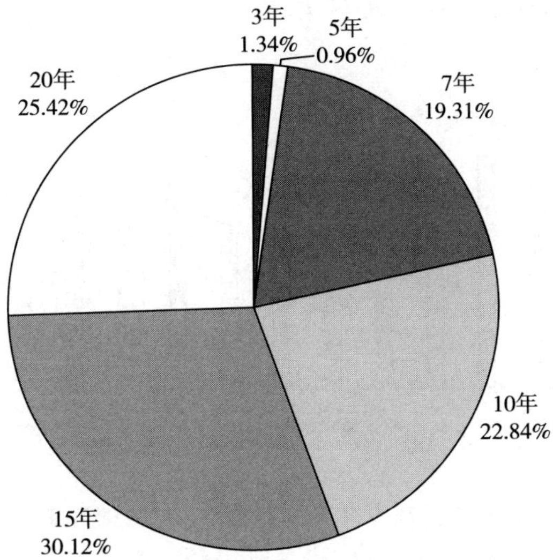

图 3　2022 年 1~9 月福建省新发行地方债期限结构

数据来源：Wind 数据库，中诚信国际整理计算。

大。从不同券种发行利率分布看，一般债和专项债的发行利率较 2021 年分别略有回落至 2. 89% 和 3. 12%，一般债及专项债发行利差分别明显回落至 12. 77BP 和 12. 92BP。与其他省（区、市）相比，福建省地方债发行利率在全国处于中等以上水平（见图 6）。

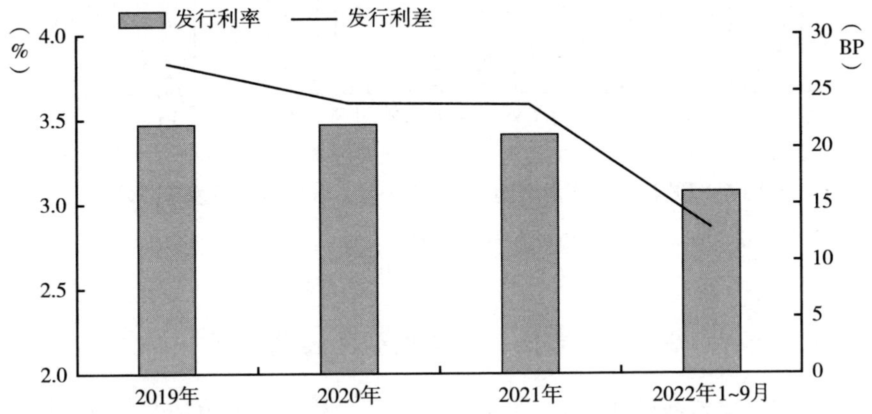

图 4　2019 年至 2022 年 9 月福建省地方债发行成本

数据来源：Wind 数据库，中诚信国际整理计算。

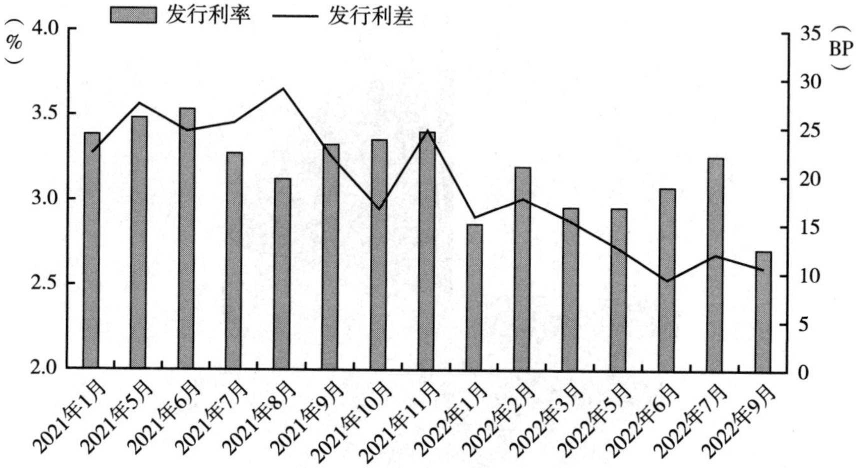

图 5　2021 年 1 月至 2022 年 9 月福建省地方债月度发行成本

注：福建省部分月份无地方债发行，未在图中显示。

数据来源：Wind 数据库，中诚信国际整理计算。

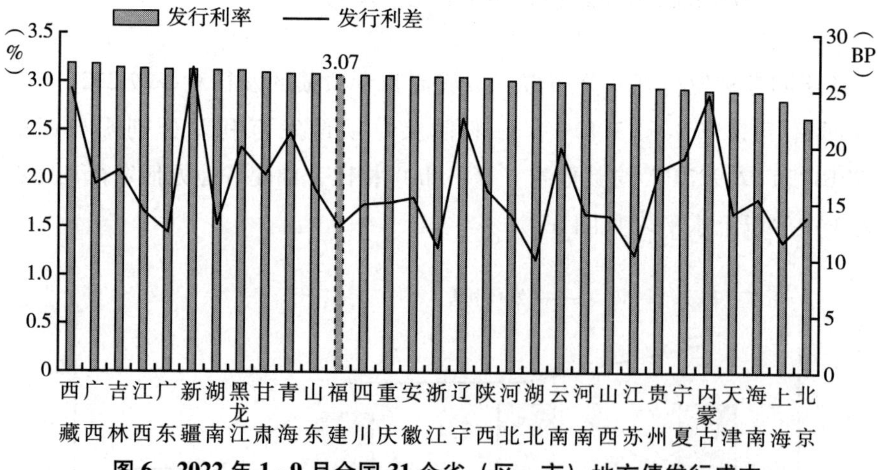

图 6　2022 年 1~9 月全国 31 个省（区、市）地方债发行成本

数据来源：Wind 数据库，中诚信国际整理计算。

（四）交易规模同比增长，到期收益率波动下行

从二级市场交易规模①看，2022 年 1~9 月，福建省地方债交易规模同比提

① 交易统计包含回购交易、现券交易等部分。

升 2.95%至 2566.09 亿元，在全国排名第 18。从到期收益率[①]走势看，2021 年 1 月至 2022 年 9 月，福建省各期限地方债到期收益率均值整体呈现波动下行的态势（见图 7），受利率中枢波动下行、发行期限缩短、发行市场化程度提升等影响，2022 年 1~9 月福建省地方债到期收益率波动下降，并于 2022 年 8 月到达最低点。

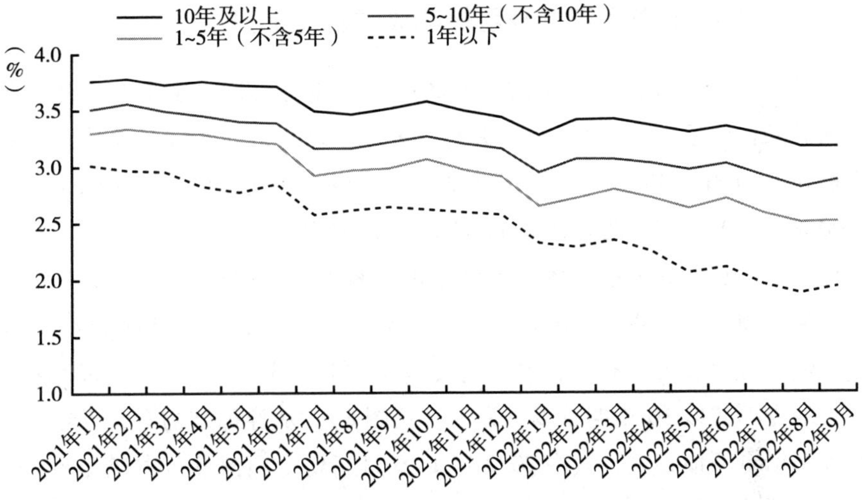

图 7　2021 年 1 月至 2022 年 9 月福建省地方债到期收益率走势

数据来源：Wind 数据库，中诚信国际整理计算。

二　福建省地方政府专项债分析[②]

福建省专项债存量规模居全国各省（区、市）中游水平，截至 2022 年 9 月，专项债存量规模为 8000.70 亿元；存量专项债期限结构主要为 10 年及以上，品种以新增专项债为主。2022 年 1~9 月，福建省专项债发行规模为

① 此处到期收益率均值采用的是算术平均值。

② 2020 年 7 月 29 日财政部《关于加快地方政府专项债券发行使用有关工作的通知》（财预〔2020〕94 号）明确 2020 年新增专项债必须保证融资规模与项目收益相平衡，因此 2020 年以来的新增专项债均为项目收益专项债。本部分项目收益专项债的统计样本为 2018~2019 年项目收益专项债与 2020 年至 2022 年 9 月的新增专项债。

1655.37亿元，以新增专项债为主，近年在抗疫情、稳增长背景下加快扩容；发行期限主要为10年及以上，投向领域以市政和产业园区基础设施、交通基础设施、民生服务和农林水利为主，募投项目主要为园区建设及各类民生工程；此外，福建省发行的专项债用作项目资本金仍相对较少，对基建投资的拉动效果仍有所不足。

（一）发行规模逐年上升且长期债券占比提升

2017年财政部发布《关于试点发展项目收益与融资自求平衡的地方政府专项债券品种的通知》（财预〔2017〕89号）以来，福建省专项债发行数量和规模稳步提升。2019～2021年及2022年1～9月福建省分别发行专项债812.00亿元、1541.51亿元、2016.58亿元和1655.37亿元。2021年以来，在抗疫情、稳增长背景下福建省专项债规模扩容加快，截至2022年9月福建省专项债存量规模为8000.70亿元。从债券期限看，近年来福建省15年期及以上专项债发行规模占比有所提升，与专项债项目期限更为匹配。2022年1～9月发行的专项债以10年期及以上为主（见图8）。从券种结构看，近年发行地方债以新增专项债为主，其中2022年1～9月新增专项债发行占比为88.92%、再融资专项债发行占比为11.08%。从发行成本看，近年来福建省专项债发行利率及利差呈下行态势，其中2022年1～9月发行利率及利差分别为3.12%和12.92BP。

（二）募投领域以基础设施为主，新能源、新基建领域专项债发行增加，募投项目整体偿债能力很强

2022年1～9月，福建省共发行65只专项债，募集资金1655.37亿元，其中新增专项债62只，募集资金1472.00亿元。从新增专项债投向看，主要投向市政和产业园区基础设施、交通基础设施和民生服务领域，募集资金占比分别为44.93%、18.93%和11.99%（见图9），近年来募集资金投向领域较为固定。2022年以来，专项债对市政和产业园区基础设施领域的投资集中于信息网络建设，同时新增5G、基站建设、城际高速铁路和城际轨道交通、人工智能和新能源汽车充电桩等新基建、新能源领域项目收益专项债，募投项目实现范围拓宽，形成“9+3”格局。从项目行政层级看，以区县级项目为

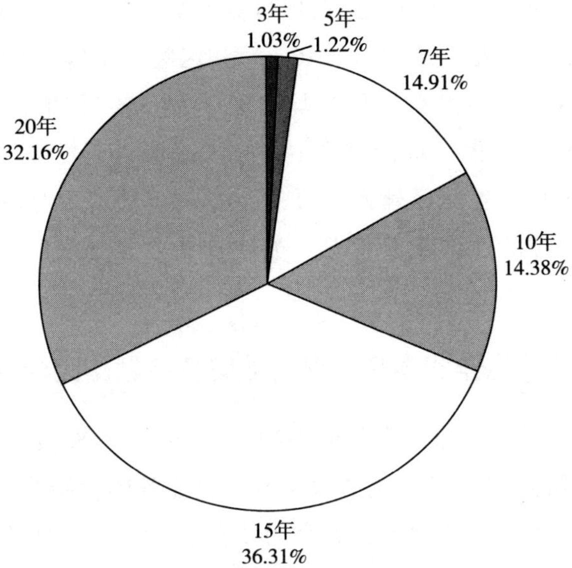

图8　2022年1~9月福建省新增项目收益专项债期限结构

数据来源：福建省地方政府新增专项债信息披露文件，中诚信国际整理计算。

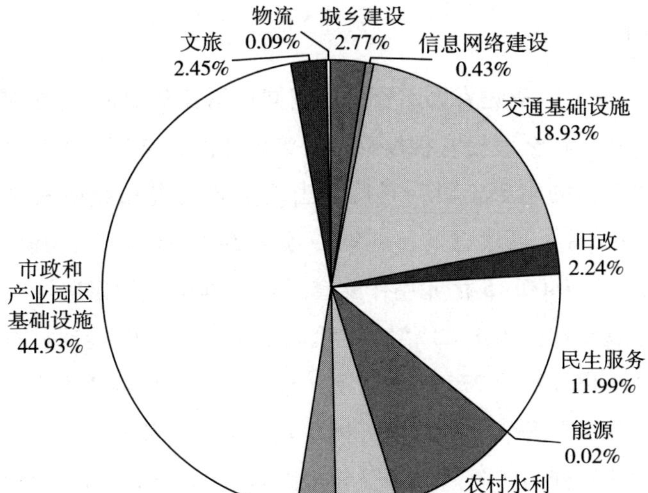

图9　2022年1~9月福建省新增项目收益专项债募投领域分布

数据来源：福建省地方政府新增专项债信息披露文件，中诚信国际整理计算。

主，占比为62.95%；从各行政层级项目资本金比例看，省级项目资本金比例均值为65%，高于地市级项目（46%）和区县级项目（47%）；从项目偿债能力看，项目融资本息覆盖倍数均值为1.74倍，其中，81.86%的项目本息覆盖倍数为1~2倍。募投项目主要收入来源为所在区域政府的土地出让收入和项目本身产生的经营性现金流，考虑到项目本身本息覆盖倍数良好加上福建省良好的经济发展状况，福建省专项债募投项目具备较强的偿债能力。

（三）专项债用作资本金的项目数量及金额占比相对较小

2022年1~9月，福建省发行的专项债中共计71.85亿元用作项目资本金。从募投项目类型看，主要为农林水利、交通基础设施等，项目收入来源主要为通行费收入和水费收入，其余为票务收入、停车费收入和租金收入等。整体而言，福建省专项债对募投项目资本金贡献有限，地方财政拨付资金和自筹资金仍为募投项目主体开展建设的主要资本金来源。

（四）理论上可撬动基建投资约2754.39亿元，但实际效果仍受多重因素限制

2022年1~9月，福建省固定资产投资同比增长9.2%，其中基础设施投资同比增长14.4%，在全面提升积极财政政策效能的背景下，专项债作为基础设施建设和改造工作的重要工具，对拉动当地基建投资和经济发展起到关键作用。2022年1~9月，福建省发行新增专项债1472.00亿元，其中71.85亿元用作项目资本金，1400.15亿元用作配套融资。据中诚信国际测算，专项债用作项目资本金撬动杠杆为1.83倍，专项债用作配套融资撬动杠杆为1.89倍，理论上可撬动基建投资约2754.39亿元（包含专项债作为资本金撬动基建投资131.32亿元①和专项债作为配套融资撬动基建投资2623.06亿元）。需要说明的是，上述撬动杠杆的实际效果仍受较多因素限制，如项目建设进度和其他来源资金的到位情况等。

---

① 专项债撬动基建投资方法参见袁海霞、汪苑晖、卞欢《专项债兼顾扩容提效，助力基建托底稳增长——地方政府专项债2019年回顾与2020年展望》，《财政科学》2020年第1期。

三　福建省偿债能力分析

福建省地方政府债务余额规模呈现逐年增长态势，其中专项债占比超过60%，整体规模在全国居中游水平，债务期限结构较为合理，不存在较大的债务集中到期偿付压力。福建省财政实力位于全国31个省（区、市）中上游水平，同时财政平衡率较高，整体债务压力不大，尽管近年来地方债发行提速令负债率及债务率水平边际有所抬升，但债务风险可控。

（一）地方政府债务限额仍有一定空间，地方债到期分布较为均衡

近年来，福建省地方政府债务年度余额逐年加速增长，但相较上级政府下达的债务限额仍持续保留一定的使用空间。截至2021年，福建省地方政府债务余额为10091.47亿元①（一般债务3485.69亿元，专项债务6605.78亿元），较2020年增长21.0%（见图10），在全国31个省（区、市）中位列第14（见图11），未使用的债务限额达1196.73亿元，仍有一定空间。

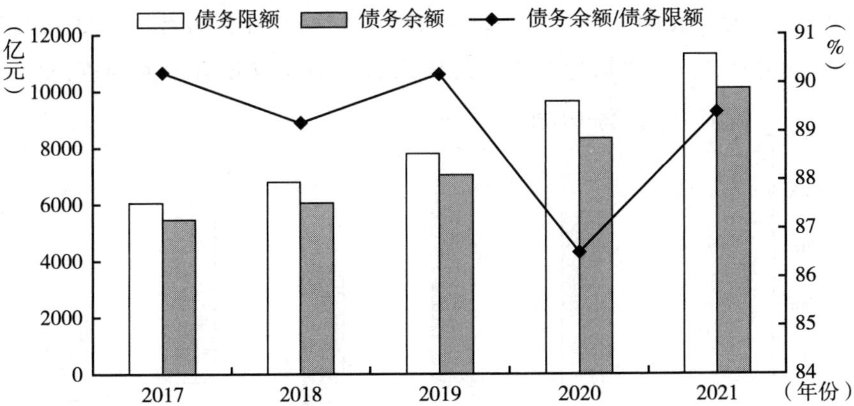

图10　2017~2021年福建省地方政府债务限额及余额

数据来源：福建省财政预算执行及决算报告，中诚信国际整理计算。

① 如无特别说明，本报告中引用的福建省政府债务限额、余额，一般公共预算收入、支出，财政平衡率，债务率、负债率等财政相关数据均来自福建省财政预算执行及决算报告，并由中诚信国际整理计算。

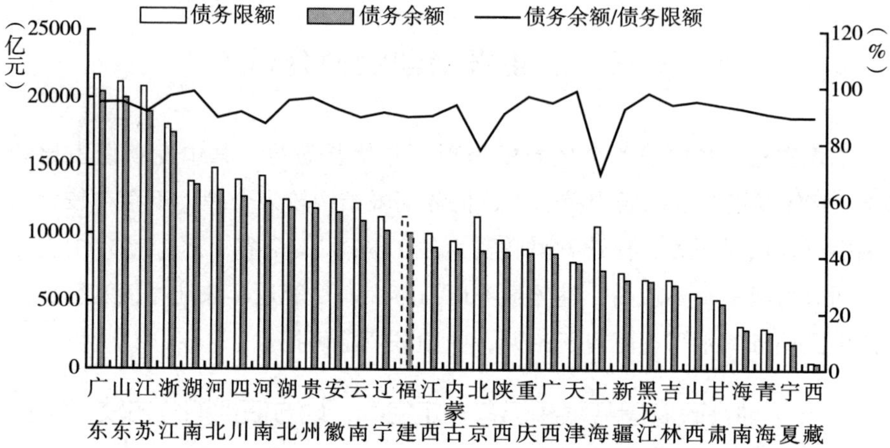

图 11　2021 年全国 31 个省（区、市）地方政府债务限额及余额

数据来源：全国 31 个省（区、市）财政预算执行及决算报告，中诚信国际整理计算。

截至 2022 年 9 月，存续地方债余额为 11576.60 亿元，其中一般债余额为 3575.89 亿元、专项债余额为 8000.70 亿元。从地方债到期分布看，2023 年、2024 年和 2026 年偿还债务规模较大，分别需偿还 932.17 亿元、997.44 亿元和 918.74 亿元（见图 12）。从 2023～2027 年到期券种分布看，2023～2027 年均以专项债为主，占比均超 50%。总体来看，福建省政府债务融资仍保有一

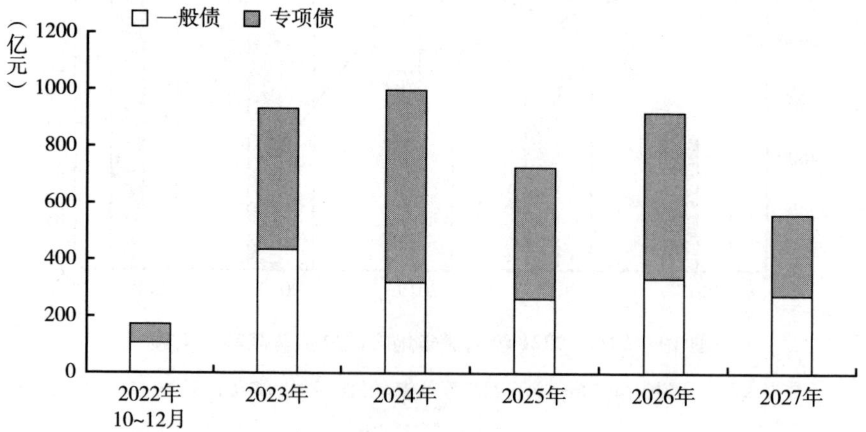

图 12　截至 2022 年 9 月福建省存量地方债到期分布

数据来源：Wind 数据库，中诚信国际整理计算。

定新增空间，且地方债债务期限结构较为合理，未来几年没有债务集中到期偿付压力，地方债风险可控。

（二）经济增长水平维持高位，财政实力不断增强，财政平衡率位居全国前列

近年来，福建省经济发展保持强劲势头，其中2021年实现地区生产总值（GDP）4.88万亿元，在全国31个省（区、市）中排第8位，较上年排名下降1个位次。当年GDP增速为8.0%，增速较2020年提升明显，与全国平均水平基本持平。2021年，福建省人均GDP为11.68万元，较2020年增长10.43%。福建省逐渐优化产业结构，形成第二产业和第三产业并重的产业格局。从产业结构来看，2021年第一、第二、第三产业分别增长4.9%、7.5%和8.8%。三次产业结构由2020年的6.2∶46.3∶47.5调整为2021年的5.9∶46.8∶47.3。

福建省综合财政实力提升较快，2021年福建省一般公共预算收入为3383.40亿元，同比增长9.0%，在全国处于第11位（见图13）；一般公共预算支出为5204.72亿元。从一般财政收入构成来看，2021年福建省一般公共预算收入中税收收入为2493.14亿元，占比为73.69%，收入成分较好。2021年，福建省政府性基金收入为3342.72亿元，较2020年下降2.5%，主要是国

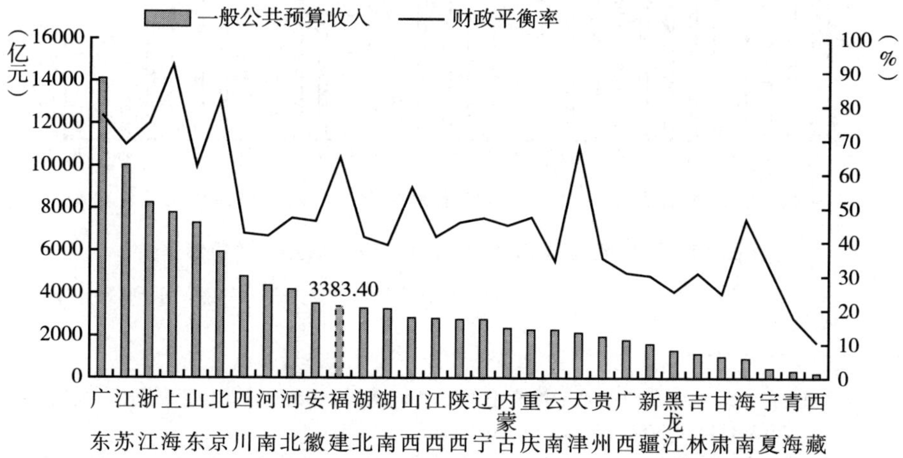

图13　2021年全国31个省（区、市）一般公共预算收入及财政平衡率

数据来源：全国31个省（区、市）财政预算执行及决算报告，中诚信国际整理计算。

有土地使用权出让收入减收。2021 年福建省财政平衡率为 65.01%，较 2020 年上升 5.98 个百分点，位居全国前列。

（三）债务压力一般，债务风险可控

截至 2021 年，福建省债务率及负债率分别较前值增加 20.07 个和 1.68 个百分点至 119.48%和 20.67%，债务率处于全国 31 个省（区、市）中游水平，负债率在全国位列倒数第 4（见图 14），整体债务压力一般；2021 年，债务余额占一般公共预算收入的比重为 298%，较前值有所提高，尽管偿债能力较 2020 年有所弱化，但债务风险整体可控。从地方债务政策来看，福建省严控地方债务风险，强化地方债务管理，出台《福建省人民政府关于加强政府性债务管理的实施意见》①、《福州市政府性债务风险应急处置预案》② 等一系列控制债务风险的政策文件，构建地方债务管理的制度框架，完善地方债务风险预警机制。

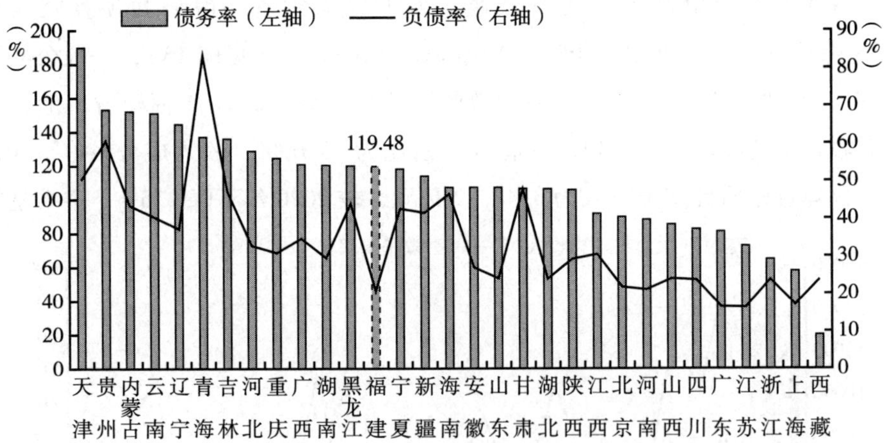

图 14　2021 年全国 31 个省（区、市）债务率及负债率

数据来源：全国 31 个省（区、市）财政预算执行及决算报告，中诚信国际整理计算。

① 《福建省人民政府关于加强政府性债务管理的实施意见》（闽政〔2015〕55 号），福建省政府网，2015 年 11 月 30 日，http：//zfgb. fujian. gov. cn/320。

② 《福州市人民政府办公厅关于印发福州市政府性债务风险应急处置预案的通知》（榕政办〔2017〕347 号），福州市政府网，2017 年 12 月 11 日，http：//www. fuzhou. gov. cn/zfxxgkzl/szfbmjxsqxxgk/szfbmxxgk/fzsrmzfbgt/zfxxgkml/tfggsjdyjyayjxxjydqk _ 2578/201712/t20171 225 _ 1942889. htm。

四 小结

2022 年 1~9 月，福建省地方债发行规模较上年同期略有下降，整体发行进度有所前置，新发行地方债仍以新增专项债为主，10 年及以上期限债券占比进一步提升。发行成本呈现下行趋势，各期限债券发行利差均明显收窄；二级市场交易规模高于上年同期，各期限债券收益率均呈现波动下行态势。从专项债发行情况看，福建省专项债发行数量和规模稳步提升，存量专项债投向较为多元，对基建投资具有一定拉动效果。

总体来看，福建省整体财政实力不断增强，且现阶段债务限额仍有一定空间，债务风险总体可控。但是，近年来受疫情影响，福建省存在一定的财政收支矛盾，地方政府债务规模不断上升，且投放效率受到一定影响。随着经济增长预期的增强，下一阶段福建省应坚持经济高质量发展的方向，积极探索经济发展新引擎，提高资金使用效率，并继续遵循地方债务风险可控要求，严控债务风险。

B.40
2022年四川省地方政府债券分析报告

张 敏 郑远航*

摘 要： 2022年以来，四川省地方债发行明显提速，存量地方债规模维持高位，新发行地方债以新增专项债为主且占比大幅上升，债券期限明显拉长，整体发债成本下行，二级市场交易活跃度提升。从专项债使用情况看，新增专项债主要投向市政和产业园区基础设施、民生服务及“两新一重”领域，专项债所募资金多以配套融资的形式投资，用作项目资本金比例上升但仍较低，对基建投资的实际撬动效应仍有较大提升空间。此外，四川省经济及财政实力均较强，政府债务率和负债率均处于较低水平，且地方债的到期分布相对均衡，四川省债务化解及国资改革工作稳步推进，整体显性债务压力相对可控。

关键词： 地方债 专项债 四川省

一 四川省地方债运行情况分析

截至2022年9月，四川省地方债存量规模为17517.13亿元（见图1），在全国31个省（区、市）中排第5位。从债券种类看，一般债和专项债存量规模分别为7223.33亿元和10293.80亿元，分别占全省地方债存量的41.24%和58.76%。从期限看，以5~10年期为主，占四川省存量地方债总规模的72.39%。

* 张敏，中诚信国际政府公共评级部（武汉）副总监，主要研究领域为地方政府债券、基础设施投融资行业等；郑远航，中诚信国际政府公共评级部（武汉）高级分析师，主要研究领域为地方政府债券、基础设施投融资行业等。

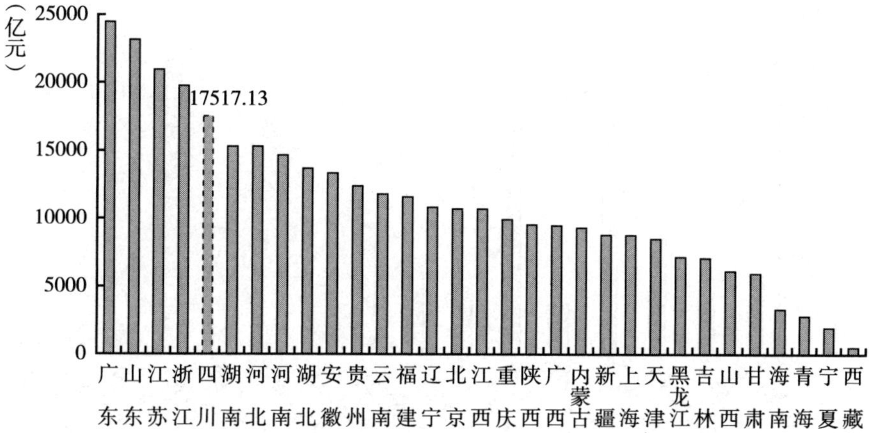

图 1　截至 2022 年 9 月全国 31 个省（区、市）地方债存量规模

数据来源：Wind 数据库，中诚信国际整理计算。

（一）发行规模同比实现大幅增长，发行明显前置

在稳增长压力较大的背景下，积极财政政策继续支持各地新增地方债尤其是专项债加快发行。2022 年 1～9 月，四川省共发行地方债 3350. 64 亿元，较上年同期增加 980. 30 亿元，增幅为 41. 36%。分月来看，2022 年 1～9 月四川省地方债月度发行规模波动较大，在 4 月步入 2021 年以来的低谷，为 84. 81 亿元。5 月底出台的《国务院关于印发扎实稳住经济一揽子政策措施的通知》（以下简称“稳经济 33 条”）要求，3. 45 万亿元用于项目建设的专项债要在 6 月底前基本发行完毕，四川省地方债在 6 月迎来发行高峰，规模达 1208. 40 亿元（见图 2），与此同时，2022 年第三季度发行大幅放缓，且低于同期水平。

（二）新增专项债占比接近六成，整体发行期限明显拉长

从券种结构看，2022 年 1～9 月四川省新发行地方债以新增专项债为主，新增专项债、再融资一般债、新增一般债和再融资专项债的发行规模占当期总发行规模的比重分别为 57. 13%、23. 00%、11. 56%和 8. 32%（见图 3）。与上年同期相比，受新增专项债发行进度靠前、支持范围适当拓宽的影响，2022 年 1～9 月四川省新增专项债规模占比大幅上升。从期限结构看，与 2021 年同

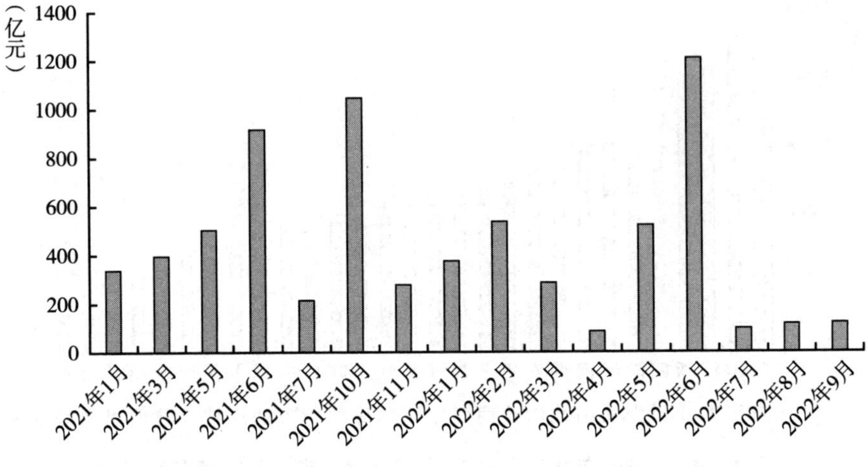

图 2　2021 年 1 月至 2022 年 9 月四川省地方债月度发行规模

注：四川省部分月份无地方债发行，未在图中显示。

数据来源：Wind 数据库，中诚信国际整理计算。

期相比，四川省新发行地方债的期限明显拉长，以 7~20 年为主，占发行总数的比重为 78.89%（见图 4）。

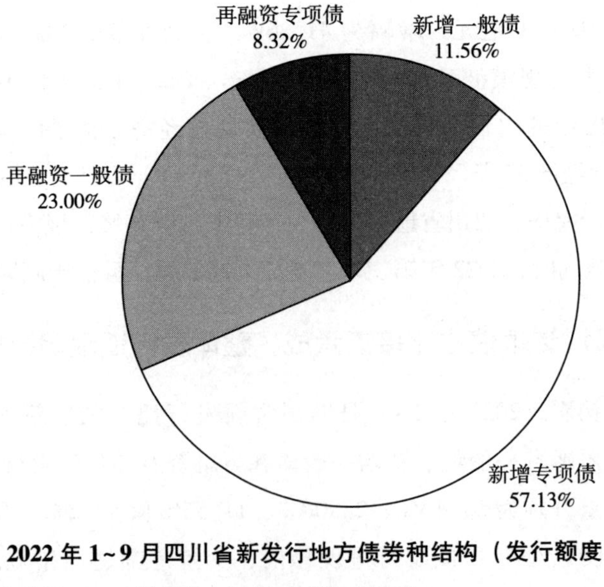

图 3　2022 年 1~9 月四川省新发行地方债券种结构（发行额度占比）

数据来源：Wind 数据库，中诚信国际整理计算。

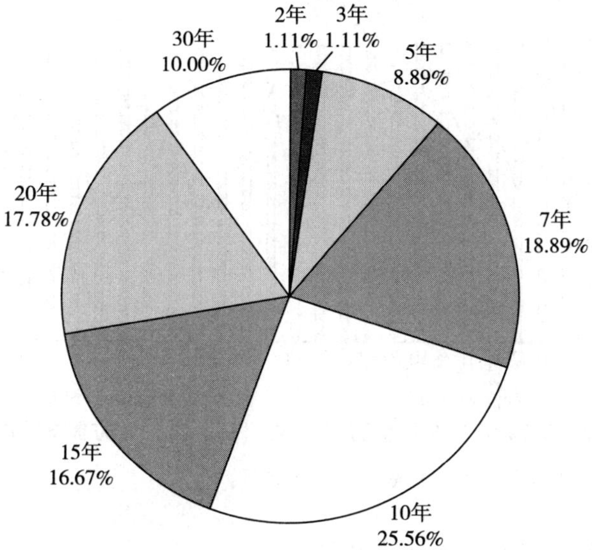

图 4　2022 年 1~9 月四川省新发行地方债期限结构（发行只数占比）

数据来源：Wind 数据库，中诚信国际整理计算。

（三）整体发行成本下行，但发行利率在全国排名较上年上升

受债券市场收益率中枢持续下移、市场化发行程度提升等影响，2022 年 1~9 月，四川省地方债发行利率[①]为 3.07%，与 2021 年同期相比有所下降；但从全国范围来看，四川省地方债发行利率在全国 31 个省（区、市）中排名较上年上升 6 个位次至第 13 位，处于中等偏上水平。2022 年 1~9 月，四川省地方债发行利差为 14.89BP，在全国 31 个省（区、市）中处于中等偏下水平（见图 5），发行利差较 2021 年有所收窄。整体来看，2022 年 1~9 月四川省地方债发行成本下行。从月度分布来看，四川省地方债发行利率整体呈下降趋势，发行利差则波动较大，并在 9 月大幅收窄（见图 6），与全国整体趋势相同。

① 如无特别说明，本报告中发行利率、利差为根据发行额计算的加权平均发行利率、利差，发行利差计算公式：债券发行利率-对应期限国债收益率。

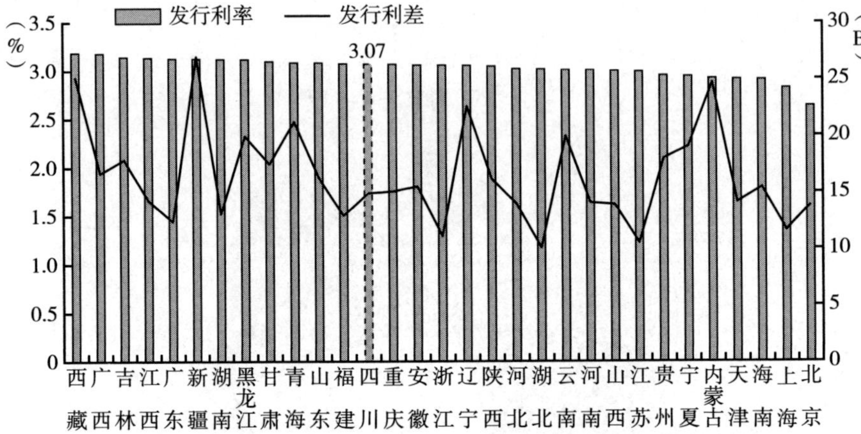

图5　2022年1~9月全国31个省（区、市）地方债发行成本

数据来源：Wind数据库，中诚信国际整理计算。

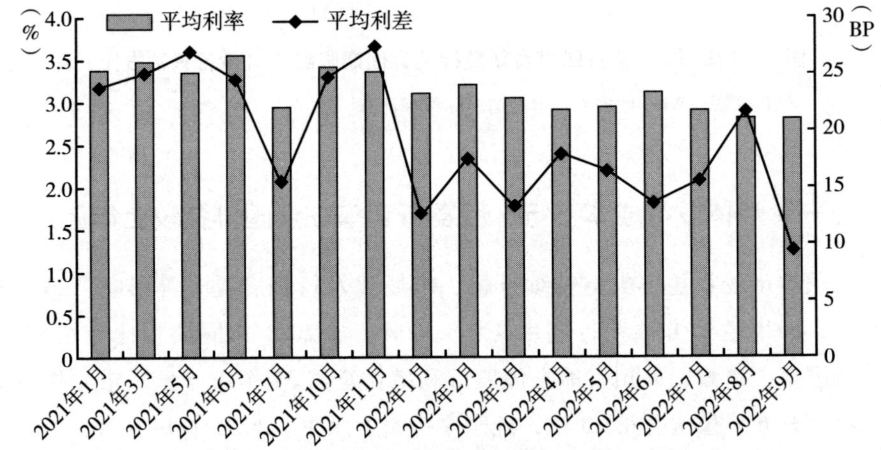

图6　2021年1月至2022年9月四川省地方债月度发行成本

注：四川省部分月份无地方债发行，未在图中显示。

数据来源：Wind数据库，中诚信国际整理计算。

（四）地方债二级市场交易活跃度[①]提升，到期收益率[②]呈现波动下降趋势

2022年1~9月，受资金面宽松的影响，四川省地方债二级市场交易规模

① 交易统计包含回购交易、现券交易等部分。

② 此处到期收益率均值采用的是算术平均值。

为4552.03亿元，较2021年1~9月大幅上升73.47%；二级市场交易规模在全国31个省（区、市）中排名第8，较2021年同期上升2个位次。到期收益率方面，2022年1~9月四川省各期限地方债到期收益率均呈波动下降趋势（见图7）。分债券期限来看，2021年1月至2022年9月，1年以下期限的地方债到期收益率变化幅度相对较大，而5年以上（含5年）期限的地方债到期收益率则变化相对较小。

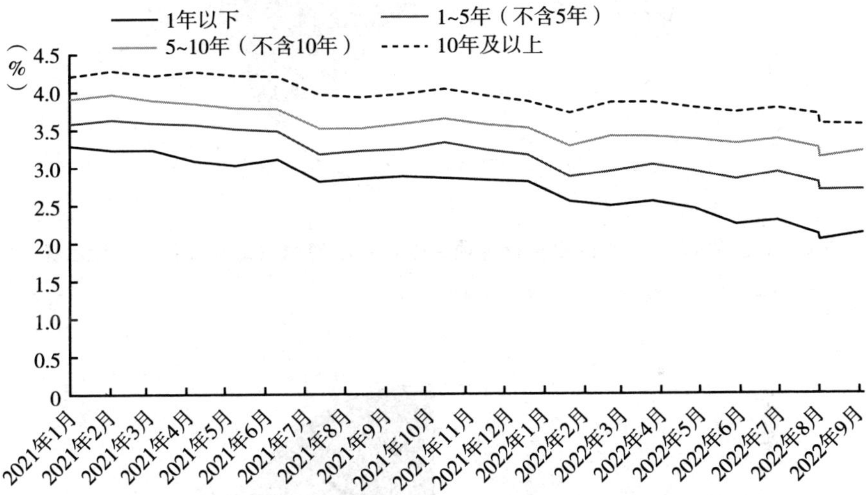

图7　2021年1月至2021年9月四川省地方债到期收益率走势

数据来源：Wind数据库，中诚信国际整理计算。

二　四川省地方政府专项债分析[①]

截至2022年9月，四川省存量地方政府专项债433只，存量余额为10293.80亿元；期限结构方面，以5~10年（不含10年）和10年及以上为主（见图8），存量余额分别占四川省存量专项债余额的35.00%和34.82%（见图9）。

① 2020年7月29日财政部《关于加快地方政府专项债券发行使用有关工作的通知》（财预〔2020〕94号）明确2020年新增专项债必须保证融资规模与项目收益相平衡，因此2020年以来的新增专项债均为项目收益专项债。本部分项目收益专项债的统计样本为2017~2019年项目收益专项债与2020年至2022年9月的新增专项债。

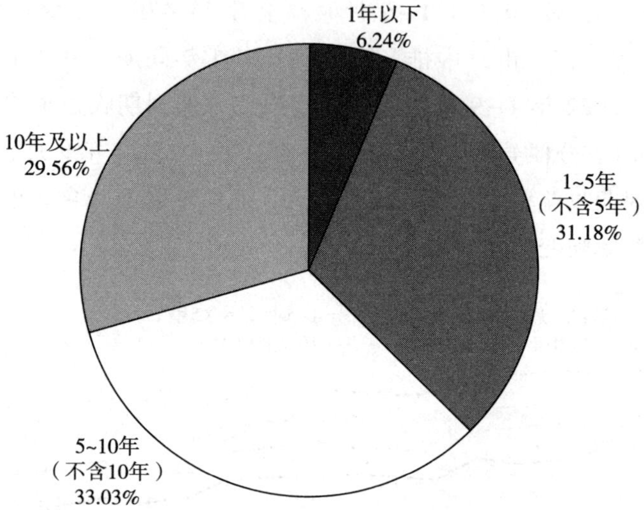

图8　截至2022年9月四川省存量项目收益专项债期限结构（债券只数占比）

数据来源：Wind数据库，中诚信国际整理计算。

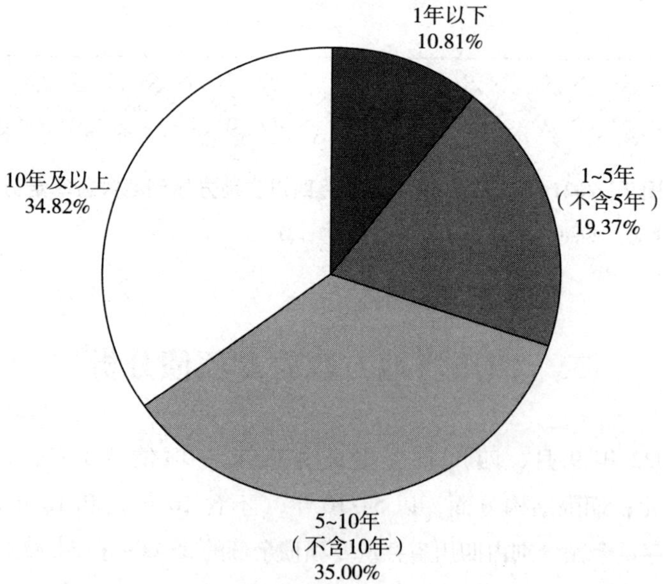

图9　截至2022年9月四川省存量项目收益专项债期限结构（债券余额占比）

数据来源：Wind数据库，中诚信国际整理计算。

（一）发行利率波动下降，新增专项债规模远超同期水平

2017 年至 2022 年 9 月，四川省专项债发行利率呈波动下降趋势，且 2020 年 1~9 月均保持较大的发行规模（见图 10）。2022 年 1~9 月，四川省共发行专项债 76 只，规模合计 2192.77 亿元，较上年同期大幅增长 68.97%；发行券种以新增专项债为主，发行数量和规模占比分别为 89.47%和 87.29%；发行利率和发行利差分别为 3.13%和 15.18BP，较上年同期分别减少 0.3 个百分点和 8.60BP。

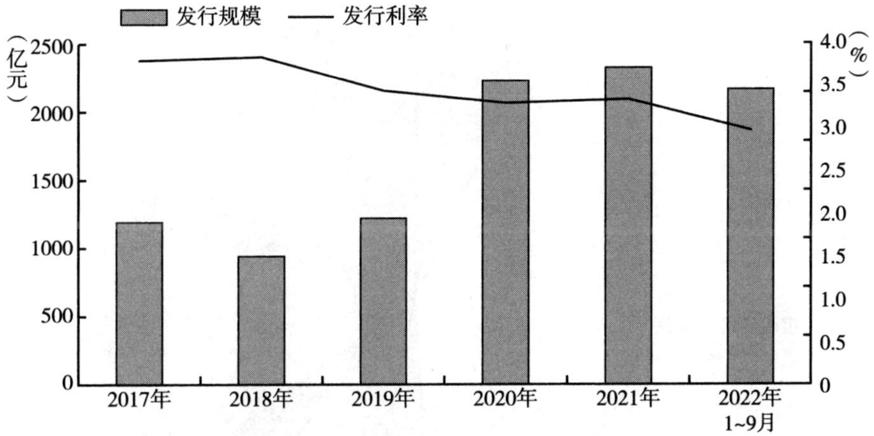

图 10　2017 年至 2022 年 9 月四川省项目收益专项债发行规模及发行利率

数据来源：Wind 数据库，中诚信国际整理计算。

（二）新增专项债多集中投放于市政和产业园区基础设施、民生服务领域，以区县级项目为主且占比进一步增加，项目融资本息覆盖倍数较高

2022 年 1~9 月，四川省发行新增专项债 68 只，发行总规模为 1914.00 亿元，较上年提升 28.74%。68 只新增专项债全部集中在 1 月、2 月和 6 月发行，规模分别为 376.63 亿元、537.37 亿元和 1000.00 亿元，发行集中度很高。从投向领域一级分类来看，2022 年 1~9 月四川省新增专项债主要投向市政和产业园区基础设施、民生服务、交通基础设施、城乡建设、棚改和文旅领域，额度占比

分别为42.12%、14.40%、9.36%、7.91%、7.91%和4.57%（见图11）；从二级分类来看，主要投向产业园（其他）、城乡建设、棚改、其他市政等领域，额度占比分别为17.95%、7.91%、7.91%和6.72%。整体看，专项债投向仍以“两新一重”为主，占比接近40%。其中，市政和产业园区、民生服务占比较高，“新型城镇化建设”为最主要投向，占“两新一重”项目的52.20%；交通、能源和农林水利等“重大工程”次之，占比为25.45%；“新基建”占比较低，但在政策引导下较上年有所抬升。

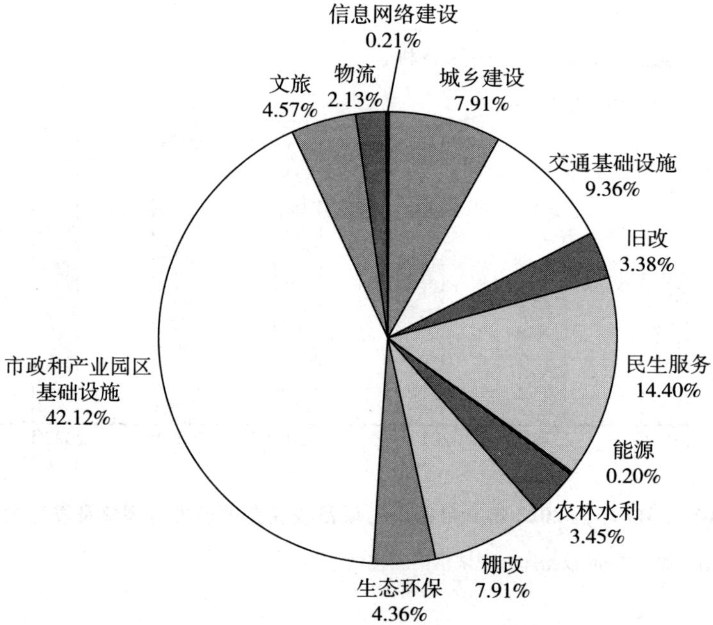

图11　2022年1~9月四川省新增项目收益专项债募投领域分布（额度占比）

数据来源：Wind数据库，中诚信国际整理计算。

长期以来，四川省存在区域发展不平衡的问题，成都市与其他市（州）的经济体量相差悬殊。因此，四川省致力于推动区域协同发展，破解发展不平衡不充分的问题。2022年7月，国家发改委出台《“十四五”新型城镇化实施方案》，强调开拓乡村建设多元化融资渠道，发行专项债支持公益性城镇基础设施建设项目，基建下沉态势进一步确认。2022年1~9月，四川省区县级项目占项目总数的比重进一步增至76.43%，地级市项目占比降至23.57%；地级市和市本级项目仍然较少，且无省级项目。

从项目偿债情况看，项目融资本息覆盖倍数均值为 2. 75 倍，其中区县级项目和地市级项目的融资本息覆盖倍数均值分别为 3. 22 倍和 2. 60 倍，整体偿债指标较好。

（三）专项债用作项目资本金比例上升但仍较低，仍集中于交通基建领域

2022 年 1~9 月，四川省新增专项债用作资本金的募投项目共 74 个，占项目总数的 3. 33%，较上年同期提升 1. 2 个百分点，但占比仍然很低。其中，交通基础设施领域、市政和产业园区基础设施领域、农林水利领域和生态环保领域专项债投向的项目分别有 30 个、17 个、12 个和 9 个，各领域专项债用作项目资本金的平均比例分别为 61. 75%、42. 51%、59. 47%和 33. 90%。从收入来源看，专项债用作资本金的项目对收益平衡可行性要求相对更高，项目收入大多以自身收益为主，涉及土地出让收入的项目仅占总数的 14. 41%，且多数作为专项收入外的补助收入。

（四）专项债用作资本金和配套融资对基建投资的撬动力度不足，在全国处于中等偏下水平

2021 年，四川省全社会固定资产投资比上年增长 10. 1%，较全国平均水平高出 5. 2 个百分点。2022 年 1~9 月，四川省全社会固定资产投资增速为 5. 9%。2022 年 1~9 月，四川省发行新增专项债 1914. 00 亿元，其中用作项目资本金规模为 65. 91 亿元，占新增专项债总规模的 3. 44%，较上年略有下降，且整体规模较小；专项债用作项目资本金撬动杠杆为 1. 93 倍（上年同期为 2. 05 倍），可撬动基建投资 127. 21 亿元①；专项债用作配套融资撬动杠杆为 1. 66 倍，可撬动基建投资 3189. 73 亿元，专项债用作项目资本金和用作配套融资撬动杠杆倍数均在全国 31 个省（区、市）中处于中等偏下水平。

---

① 专项债撬动基建投资方法参见袁海霞、汪苑晖、卞欢《专项债兼顾扩容提效，助力基建托底稳增长——地方政府专项债 2019 年回顾与 2020 年展望》，《财政科学》2020 年第 1 期。

三　四川省偿债能力分析

四川省地方政府债务余额居全国前列，各期偿债金额均较大，2023 年将迎来地方债到期高峰。四川省经济及财政实力均较强，债务率和负债率较低，且近年来出台了多项政策措施，省内债务化解及国资改革工作稳步推进，整体债务压力相对可控，但未来仍需关注局部地区的债务风险。

（一）四川省债务总量和各期偿债金额均较大，2023年是四川省的偿债高峰

截至 2021 年，四川省地方政府债务余额为 15237.5 亿元、债务限额为 16293 亿元，债务总量在全国 31 个省（区、市）处于第 5 位（见图 12），与其较大的经济体量和较大力度的固定资产投资相适应。2022 年 10~12 月，四川省到期的地方债余额为 373.86 亿元，2023~2025 年四川省需要偿还的地方债余额均超过千亿元，整体存在一定偿债压力，2023 年是四川省的偿债高峰，当年需要偿还地方债规模高达 1908.15 亿元，其中需要偿还的一般债和专项债分别为 982.98 亿元和 925.17 亿元；2026 年及以后，四川省需要偿还地方债 12626.98 亿元（见图 13）。

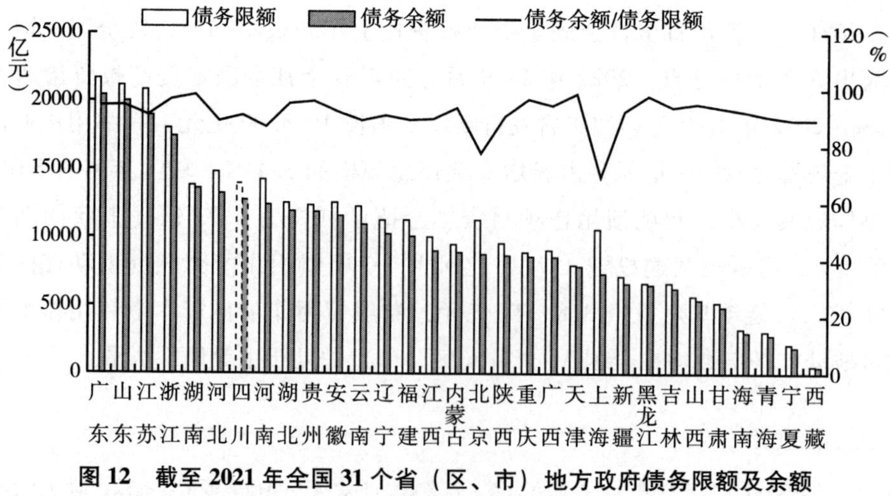

图 12　截至 2021 年全国 31 个省（区、市）地方政府债务限额及余额

数据来源：Wind 数据库，中诚信国际整理计算。

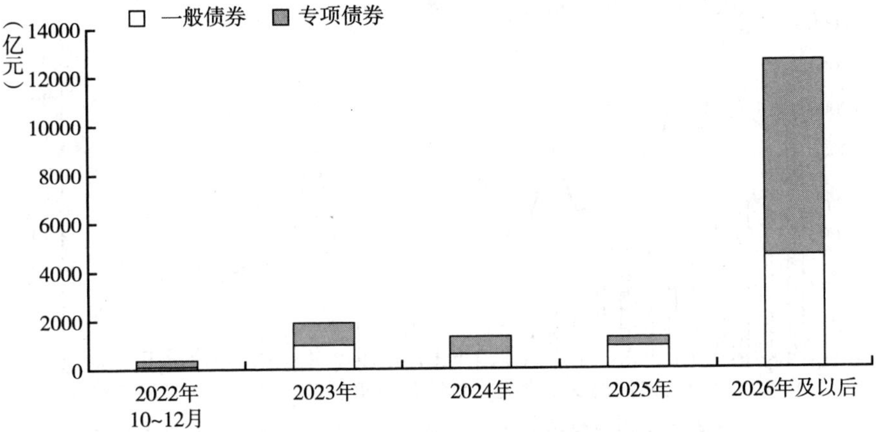

图 13　截至 2022 年 9 月四川省存量地方债到期分布

数据来源：四川省财政预算执行及决算报告，中诚信国际整理计算。

（二）四川省经济及财政实力均较强，但财政自给能力较弱

总体来看，四川省长期以来存在区域经济发展不平衡的问题，虽然四川省经济及财政实力均较强，但财政自给能力较弱，财政支出规模较大，财政收支平衡主要依赖上级补助。具体来看，2021 年四川省实现地区生产总值（GDP）53850.8 亿元，按可比价格计算，比上年增长 8.2%。其中，第一产业增加值 5661.9 亿元，增长 7.0%；第二产业增加值 19901.4 亿元，增长 7.4%；第三产业增加值 28287.5 亿元，增长 8.9%。三次产业对经济增长的贡献率分别为 9.8%、33.0%和 57.2%。三次产业结构由上年的 11.5：36.1：52.4 调整为 10.5：37.0：52.5。财政实力方面，2021 年四川省实现一般公共预算收入 4773.30 亿元（见图 14），在全国 31 个省（区、市）中排名第 7，由于新冠疫情影响减小，一般公共预算收入增速回升至 12.0%，税收收入占比为 69.86%，财政收入质量良好，得益于土地市场的良好表现，政府性基金预算收入继续呈现上升趋势，为 4950.49 亿元；2021 年，四川省一般公共预算支出为 11215.57 亿元，增长 9%，财政平衡率虽小幅上升至 42.56%，但财政自给能力仍显不足，收支平衡较为依赖上级补助。未来，在持续破解区域发展不平衡不充分矛盾和建设成渝地区双城经济圈的过程中，四川省可能继续扩大举债规模和财政支出，因此需要进一步关注财政平衡情况。

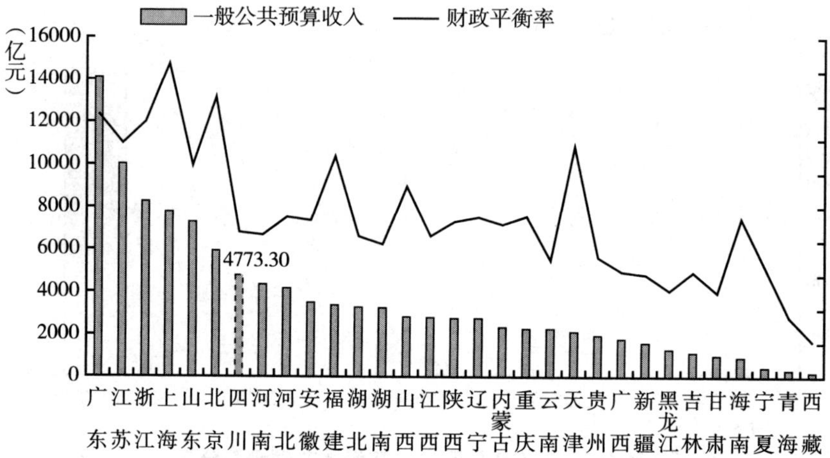

图 14　2021 年全国 31 个省（区、市）一般公共预算收入及财政平衡率

数据来源：全国 31 个省（区、市）财政预算执行及决算报告，中诚信国际整理计算。

（三）四川省整体债务压力相对可控，但未来仍需关注局部地区的债务风险

四川省显性债务规模持续增长，存量债务规模居全国前列。截至 2021 年，四川省地方政府债务余额为 15237.5 亿元，相比 2020 年增加 2494.7 亿元，但仍保持在债务限额内。截至 2021 年，四川省债务率为 98.55%，较 2020 年上升 16.19 个百分点；负债率为 28.30%，较 2020 年上升 2.08 个百分点（见图 15）。基于推进重大战略项目建设的考虑，2021 年四川省债务余额同比增加较多，当期债务余额是一般公共预算收入的 3.19 倍，较 2020 年的 2.98 倍有所上升，债务增速高于一般公共预算收入增速。

为全面落实国家防风险要求并持续推进省内地方债务风险化解，四川省出台了一系列控制债务风险的政策，加强债务管理。2016 年 7 月 21 日，四川省连发四文，将政府债务分类纳入预算管理，提出有序高效处置政府债务风险突发事件的措施，针对存量债务，提出了化解期限和化解方案，并对债务进行分级分类管理；2017 年 2 月，下发通知规范政府举债担保行为，对新型融资模式加以规范，对平台企业转型提出指导，定期监测债务风险，出台相应的问责制度；2017 年 9 月，印发《四川省政府性债务风险应急处置预案》，明确风险

等级分类及认定标准，并对相应责任人依法认定责任，纳入考核范围；2018年6月，发文制止和纠正违规以地融资行为，进一步规范土地融资管理，进一步清理不合规的土地融资行为，对土地抵押融资提出明确标准，对平台企业和土储机构的土地业务开展提出指导意见；2019年3月，印发《四川省加快重点项目建设开展基础设施等重点领域补短板三年行动实施方案的通知》，基建补短板与防范化解隐性债务并举；2021年4月，正式印发实施全国首个省级政府出台的专项债全生命周期管理办法，健全专项债“借、用、管、还”全生命周期管理；2022年1月，四川省财政厅在《四川省2021年预算执行情况和2022年预算草案的报告》中指出，部分市县“三保”压力较大，个别区域债务风险不容忽视，严控隐性债务增量压力仍然较大；2022年8月，为规范政府投资行为，四川省发布政府投资管理办法，规定政府投资应当与经济社会发展水平和财政收支状况相适应，政府及其有关部门不得违法违规举借债务筹措政府投资资金，严控债务高风险地区新上政府投资项目。总体来看，四川省显性债务体量较大，地方债的到期分布相对均衡，全省显性债务压力相对可控，但若将融资平台有息债务纳入考量，四川省债务压力显著上升，同时未来仍需持续关注部分市县的债务风险和偿债压力。

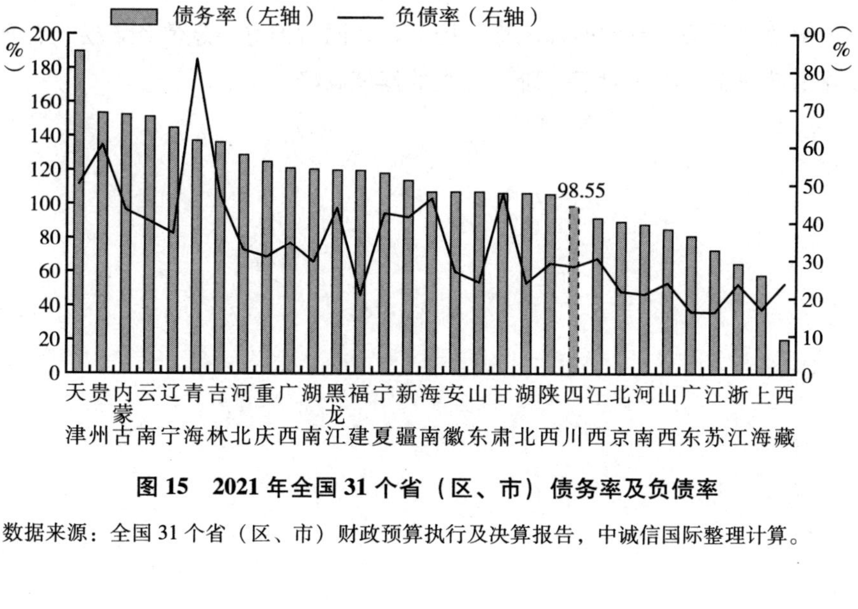

图15　2021年全国31个省（区、市）债务率及负债率

数据来源：全国31个省（区、市）财政预算执行及决算报告，中诚信国际整理计算。

四　小结

整体来看，2022年以来四川省地方债发行明显提速，存量债规模维持高位，发债成本的下降及二级市场交易活跃度的提升反映区域融资环境有所改善，新增专项债仍主要投向市政和产业园区基础设施、民生服务及“两新一重”领域，募投项目行政层级以区县级为主且占比进一步增加，同时专项债用作项目资本金比例上升但仍较低，对基建投资的实际撬动效应仍有较大提升空间。

未来，在持续改善区域发展不平衡不充分矛盾和建设成渝地区双城经济圈过程中，四川省较大的融资需求将继续推动政府债务规模的增加，经济下行等外部环境的变化也将进一步加重四川省财政收支压力。此外，即将到来的偿债高峰和局部地区的债务风险情况也需要持续关注。鉴于以上可能存在的压力及风险，应重点关注：第一，专项债利用的科学性和合理性，要优先保障重大项目的融资需求，充分发挥专项债作为项目资本金的撬动作用，同时应进一步丰富资金投向和合理安排期限结构，加大对乡村振兴、生态建设等领域的投资力度；第二，债务风险的管控，在发挥地方债资金聚力增效作用的同时，应强化债务风险监测预警，有效前移风险防控关口，同时推进高息债务置换，合理统筹安排财政资金，以应对下一阶段到来的偿债高峰。

专题篇

Special Reports

B.41

2022年地方政府债券募投特点分析

闫彦明　袁海霞*

摘　要： 2022年，在稳增长压力下，专项债持续聚焦稳增长、惠民生、补短板、强弱项板块，进一步加大对基建领域的支持力度，有力保障重大项目开工建设。各地因地制宜，基于地方经济发展需要，各有侧重投向不同领域。伴随基建投资持续发力，新开工专项债项目有所增加，项目行政层级继续下沉且收益能力有所提升，对社会资本的撬动效应也进一步扩大。后续来看，围绕党的二十大战略部署，专项债募投将更加精准，各地也将兼顾经济增长与风险防范，合理优化具体投向，同时项目行政层级下沉趋势或有所延续。

关键词： 地方债　专项债　促基建

* 闫彦明，中诚信国际研究院研究员，主要研究领域为地方债与城投行业、财政政策等；袁海霞，经济学博士，高级经济师，中诚信国际研究院副院长，中国人民大学国家发展与战略研究院中国政府债务研究中心联席主任，主要研究领域为地方债与城投行业、宏观经济、债券市场等。

一　地方政府债券重点募投领域梳理[①]

2022 年，在新冠疫情反复、俄乌冲突等超预期冲击下，我国经济下行压力进一步加大，作为积极财政政策的重要发力点，地方债尤其是专项债围绕国家重大战略部署，持续聚焦稳增长、惠民生、补短板、强弱项板块，不断投向经济社会效益明显、带动效应强的重大项目。

（一）继续聚焦重大项目建设，新基建与传统基建协同发力

在经济下行压力进一步加大的背景下，基建投资成为稳增长的重要抓手，专项债作为支撑基建投资的发力点之一，持续聚焦重大工程、重点项目，统筹推进传统基础设施和新型基础设施建设，为稳增长、促投资发挥积极作用。一方面，传统基建领域继续发力。超万亿元新增专项债投向市政和产业园区基础设施领域，占全部规模的 30%，与上年基本持平；约 18%的专项债资金投向交通基础设施领域，占比与上年基本持平，其中超 70%用于铁路、轨道交通及公路等建设，除去纳入新基建的城际高铁和城际轨道交通后，剩余一般铁路及公路合计占比过半数；约 6%的专项债资金投向农林水利领域（见图 1），较上年同期回升近 1 个百分点，其中超 80%投向水利工程。另一方面，国常会强调“支持新基建等增后劲、上水平项目建设”，并将新基建纳入专项债重点支持范围，新基建领域支持力度不断加大，投向该领域的专项债占比较上年同期抬升 1 个百分点至 7%。其中，过半数资金投向城际高铁和城际轨道交通领域，同时 5G、物联网、人工智能等信息网络建设领域占比较上年同期抬升近 3 个百分点。

（二）新型城镇化持续深入，乡村振兴、城市更新全面铺开

“十四五”规划[②]明确提出“坚持农业农村优先发展，全面推进乡村振兴”

---

① 本报告地方政府债券募投领域主要涉及新增专项债募投领域。若无特殊说明，涉及专项债募投领域规模、占比等数据均为中诚信国际根据 2022 年 1~9 月专项债所有募投项目统计所得，募投项目信息来自专项债信息披露文件。

② 《中华人民共和国国民经济和社会发展第十四个五年规划和 2035 年远景目标纲要》，中国政府网，2021 年 3 月 13 日，http：//www. gov. cn/xinwen/2021-03/13/content_ 5592681. htm。

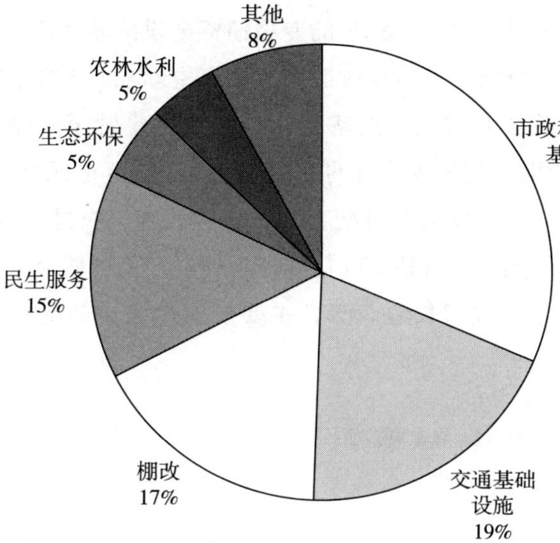

(a) 2021年1~9月

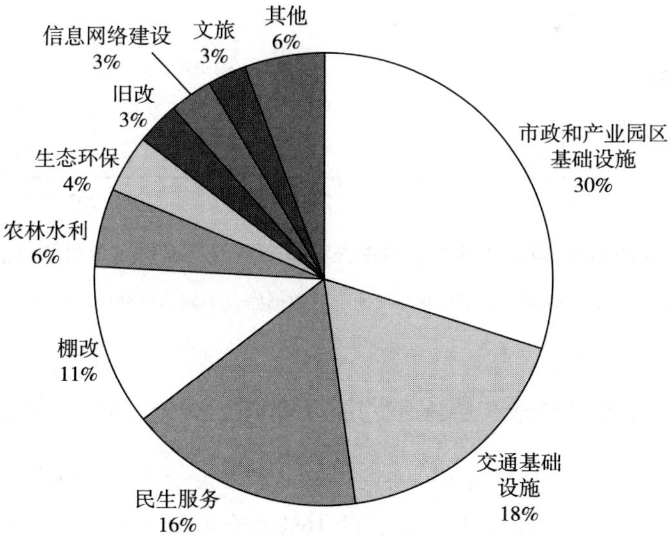

(b) 2022年1~9月

图1　2021年1~9月及2022年1~9月新增专项债募投领域分布

数据来源：中诚信国际地方政府专项债项目数据库，中诚信国际整理计算。

“完善新型城镇化战略，提升城镇化发展质量”，并要求实施乡村建设行动和城市更新行动。2022 年 1~9 月，超 2%的专项债资金投向城乡建设领域，较上年全年抬升约 0.5 个百分点，投向乡村振兴及城市更新项目①的专项债资金规模大幅增长，有力支持了乡村振兴战略和新型城镇化建设深入推进。具体来看，2022 年 1~9 月投向乡村振兴项目的专项债资金超 600 亿元（见图 2），约为上年全年的 1.3 倍，主要投向农村配套基础设施改善、农村人居环境整治、乡村生态修复等领域。同时，有超 150 亿元专项债资金用于城市更新项目，使用资金规模较上年全年大幅增长超 50%，主要投向市政设施更新改造、历史文化街区改造等项目。

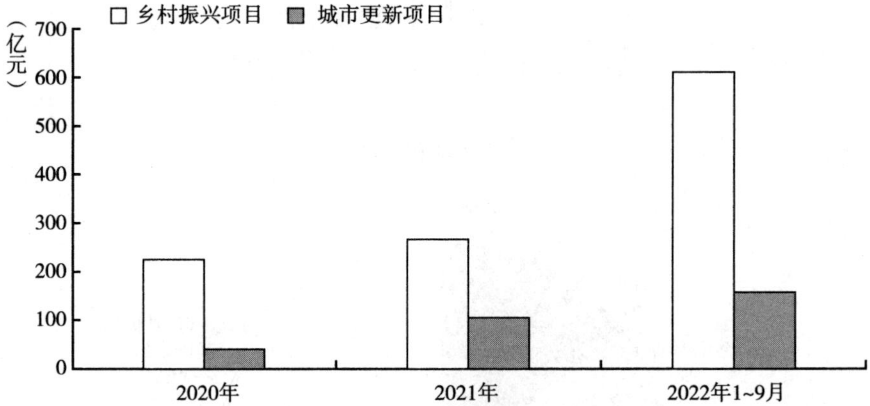

图 2　2020 年至 2022 年 9 月乡村振兴和城市更新项目使用专项债资金规模

数据来源：中诚信国际地方政府专项债项目数据库，中诚信国际整理计算。

（三）加大补短板、惠民生力度，管网、冷链物流等领域支持增强

2022 年《政府工作报告》② 强调，政府投资更多向民生项目倾斜，加大社会民生领域补短板力度，1~9 月，约 16%的专项债资金投向民生服务领域，

① 本节中，“乡村振兴项目”指地方政府专项债项目名称中带有“乡村振兴”的项目，“城市更新项目”指地方政府专项债项目名称中带有“城市更新”的项目。

② 《政府工作报告》，中国政府网，2022 年 3 月 12 日，http：//www.gov.cn/premier/2022-03/12/content_ 5678750.htm。

占比较上年同期增加近2个百分点。其中，在《政府工作报告》“加快城市燃气管道、给排水管道等管网更新改造”“推进地下综合管廊建设”的要求下，超600亿元专项债资金用于经济社会效益明显的气热管网、地下综合管廊项目，占比较上年同期抬升0.5个百分点至2%。此外，由于起步较晚、基础薄弱，我国冷链物流基础设施还相对落后，同时疫苗、生鲜等冷链运输需求较高，财政部多次强调专项债重点支持城乡冷链等物流领域，2022年1~9月，约1.5%的专项债资金投向冷链物流领域，较上年增加约0.5个百分点。

（四）基建发力、棚改领域占比回落，主要支持在建项目收尾

棚户区改造是重大民生工程和发展工程，2018年起，棚改专项债大规模发行，此后虽经历数月暂停发行，但始终保持较高的发行规模。2022年1~9月，在存量项目资金接续压力下，超4000亿元专项债资金投向棚户区改造领域，占全部新增专项债资金的比重达11%，处于较高水平。但伴随基建投资不断发力，专项债更多投向基建项目，资金占用增加，投向棚改领域的资金占比有所减少，较上年同期大幅回落约6个百分点，且主要支持在建项目收尾，适度支持新开工项目。具体来看，投向棚改领域的项目超2600个，与上年同期基本持平，其中超80%为已开工建设项目，且超60%为此前发行过专项债的项目，有力保障了存量项目的资金接续。

二　地方政府债券区域募投重点研究

作为地方基建的重要资金来源，专项债在支撑地方经济增长的同时，为促进区域协调发展发挥了重要作用。2022年，各地因地制宜，结合区域经济发展需要，各有侧重地投向不同领域。

（一）东部地区[①]积极开展城市更新及乡村振兴建设

2022年1~9月，东部地区发行新增专项债16616亿元，在主要投向市政

① 本报告中，“东部地区”指北京、天津、河北、上海、江苏、浙江、福建、山东、广东和海南；“中部地区”指山西、安徽、江西、河南、湖北和湖南；“西部地区”指内蒙古、广西、重庆、四川、贵州、云南、西藏、陕西、甘肃、青海、宁夏和新疆；“东北地区”指辽宁、吉林和黑龙江。

和产业园区基础设施、交通基础设施领域的同时，进一步加大对城乡建设的支持力度，约3%的专项债资金投向城乡建设领域，占比远高于其他地区且较上年同期抬升超1个百分点，有力支持了城乡融合发展。东部地区城镇化水平高，人口分布稠密，城市更新需求较大，2022年1~9月，近百亿元资金投向城市更新项目，规模及占比均超过其他地区；其中，广东、福建、浙江等省份资金使用规模较大，均超60亿元。同时，东部地区城乡均衡发展水平较高，乡村振兴的基础条件较好，乡村振兴建设走在全国前列。2022年1~9月，东部地区发行的专项债中有近2%的资金投向乡村振兴项目，不断强化乡村建设，以基础设施现代化促进农业农村现代化。

（二）中部地区多投向保障性安居工程等民生项目

2022年1~9月，中部地区发行新增专项债8836亿元，其中投向保障性安居工程及民生服务领域的专项债规模占比较大，分别为21%和17%，远超其他地区。具体来看，中部地区棚改及旧改领域存量项目较多，投向上述领域的专项债资金较多，资金规模占比也较高，分别为16%和5%，远超其他地区；其中，河南持续积极开展棚改工作，超500亿元专项债资金投向棚改领域，居全国首位。此外，2020年以来，受疫情影响，中部省份着力补齐医疗卫生领域短板弱项，2022年1~9月，约千亿元专项债资金投向超1500个医疗卫生项目，占所发行新增专项债规模的比重超10%，领先其他地区，且在存量项目资金接续压力下过半数投向已开工项目。

（三）西部地区继续支持农林水利及文旅领域建设

2022年1~9月，西部地区发行新增专项债8319亿元，在聚焦市政和产业园区基础设施、交通基础设施和民生服务领域的同时，保持对农林水利及文旅领域的支持力度。“十四五”规划强调“加强水利基础设施建设”，并发布了一批国家水网骨干工程名单，其中多数项目位于西部地区。2022年1~9月，西部地区省份发行超400亿元专项债用于农林水利项目建设，占比超5%，与上年同期基本持平，保持了较大支持力度。此外，西部地区旅游资源丰富，但配套基础设施建设短板仍较明显，近年来西部省份持续加大投入力度，不断健全旅游基础设施。2022年1~9月，西部地区近4%的专项债资金投向文旅领域，占比高于其他地区，主要用于游客集散中心提升改造、旅游厕所建设等旅游配套基础设施项目。

（四）东北地区进一步向市政和产业园区建设领域倾斜

2022 年 1~9 月，东北地区发行新增专项债 1661 亿元，投向领域仍集中在市政和产业园区基础设施、交通基础设施领域。《东北全面振兴“十四五”实施方案》① 明确提出“推动产业结构调整升级”的重要任务，为加快改造升级传统优势产业，培育壮大新兴产业，东北地区投入近千亿元专项债资金用于市政和产业园区基础设施建设，使用资金规模占发行规模的比重达 53%，高于其他地区 20 余个百分点，且较上年同期大幅抬升 10 个百分点，进一步向该领域倾斜。此外，东北地区继续发挥能源资源优势，超 1%的专项债资金投向能源领域，占比高于其他三大地区之和，积极促进能源优势向经济优势转化。

三 地方政府债券募投项目特点分析

在稳增长压力较大的背景下，基建项目储备进一步充足，且开工建设进度有所加快。2022 年 1~9 月，投向新开工项目的专项债占比增加，且项目行政层级继续下沉，项目收益能力有所提升，对社会资本的撬动效应也进一步扩大。

（一）加快推进项目开工建设，新开工项目占比增加

2022 年是“十四五”规划实施落地的关键之年，一批重大项目相继开工建设，同时在稳增长压力较大的背景下，政策多次强调加快基建项目开工和建设。2022 年 1~9 月，超 40%的专项债资金投向约 1.4 万个新开工项目，项目数量及资金规模占比均较上年同期有所抬升，有力支持了基建项目开工建设，为稳增长提供了重要支撑；为保障存量项目资金滚动接续，有近 60%专项债资金投向约 1.7 万个在建项目，资金规模占比较上年同期有所回落但仍保持较

① 《国家发展改革委有关负责同志就〈东北全面振兴“十四五”实施方案〉答记者问》，中国政府网，2021 年 10 月 22 日，http：//www.gov.cn/zhengce/2021-10/22/content_5644223.htm？trs=1。

高水平，其中近70%为此前已发行专项债的项目。从募投领域看，物流、文旅、生态环保领域新开工项目数量较多，均过半数；而棚改领域存量项目较多，超80%为已开工项目（见图3）。

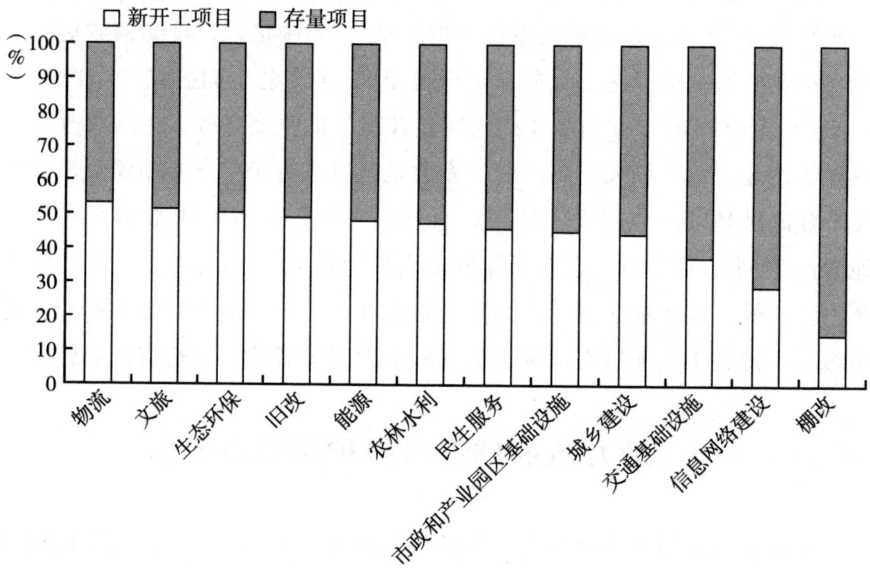

图3　2022年1~9月不同领域专项债新开工项目及存量项目占比

数据来源：中诚信国际地方政府专项债项目数据库，中诚信国际整理计算。

（二）项目行政层级继续下沉，保障区县级项目建设

伴随以县城为重要载体的城镇化建设逐步加快，区县级项目建设资金需求上升，成熟项目不断增加。2022年1~9月，专项债项目行政层级继续下沉，区县级项目占比进一步提高，资金更多向基层倾斜。具体来看，区县级项目规模占比为68%，较上年同期抬升约8个百分点；省级项目、地市级项目规模占比分别为6%和26%，较上年同期分别回落约2个和6个百分点。从投向领域看，省级项目主要集中在交通基础设施、民生服务领域，其中交通基础设施领域规模最大，约3/4的专项债资金投向这一领域，占比远超其他层级项目；地市级项目主要集中在市政和产业园区基础设施、交通基础设施领域，专项债规模占比分别为36%和26%。区县级项目主要集中在市政和产业园区基础设施、

民生服务、棚改领域，其中棚改领域使用资金规模占比约为 14%，显著高于省级项目（1%）和地市级项目（8%）（见图 4）。

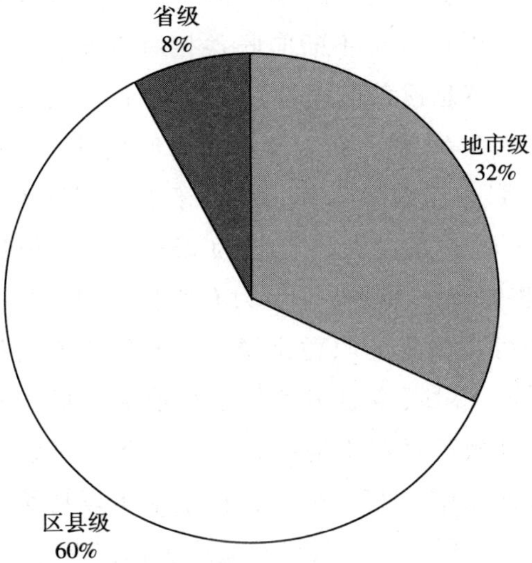

（a）2021年1~9月

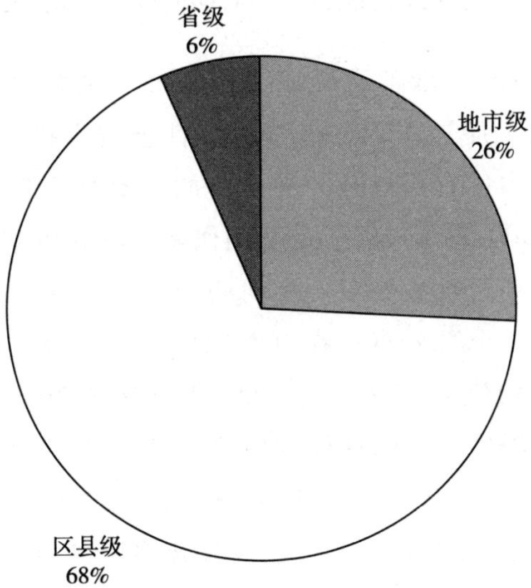

（b）2022年1~9月

图 4　2021 年 1~9 月和 2022 年 1~9 月新增专项债项目行政层级结构

数据来源：中诚信国际地方政府专项债项目数据库，中诚信国际整理计算。

（三）项目收益能力有所提升，但部分领域仍然偏低

近年来，财政部多次强调提高专项债项目的融资收益平衡水平，在一系列政策引导下，专项债资金不断向收益相对更高、融资自求平衡的公益性项目倾斜。从融资本息覆盖倍数看，2022年1~9月专项债项目的融资本息覆盖倍数均值约为2.53倍，较上年同期有所提升，融资本息覆盖倍数介于1~2倍的项目数量占比约为74%，略低于上年同期1个百分点，融资本息覆盖倍数介于2~10倍的项目占比约为23%，其余项目融资本息覆盖倍数在10倍以上。整体看，项目收益能力有所抬升但仍然偏低，且部分领域项目仍不具备较为可靠稳定的收益来源，收益能力有待提升，如物流、旧改、生态环保等领域，融资本息覆盖倍数均值显著低于专项债项目整体水平；棚改、旧改等领域项目对土地出让收入依赖程度仍较高，且部分棚改项目以土地出让收入为唯一收入来源，在土地市场持续低迷的情况下，后续偿债来源稳定性或有所下降，项目收益质量仍待提升。

（四）专项债资本金应用推广，市场化融资仍较不足

2022年3月29日，国常会提出“要用改革的举措、市场的办法，发挥专项债‘四两拨千斤’作用，吸引更多社会资本投入”，1~9月，专项债用作项目资本金占比有所提升，进一步放大对社会资本的撬动效应。具体来看，有超过2500亿元专项债资金用作重大项目资本金，投向超500个项目，资金规模及项目数量均较上年同期增加，且约占全部专项债的7%、较上年全年上升超1个百分点；在以专项债为资本金的项目中，专项债占项目资本金比重的均值为22%，与2021年全年的36%相比有所下降，在一定程度上表明专项债资金的杠杆效应进一步扩大。值得注意的是，专项债用作项目资本金的比例仍远低于财政部允许的25%，且市场化融资参与专项债项目仍较少。2022年1~9月，市场化融资参与专项债项目的数量占比仅为约6%，但在政策鼓励金融机构加大支持力度的情况下较上年同期有所提升。

四　地方政府债券募投方向展望

党的二十大报告[①]对“加快构建新发展格局，着力推动高质量发展”做出了一系列重要安排，围绕相关战略部署，专项债募投将更加精准，持续保障重大项目建设资金需求；同时，各地将兼顾经济发展与风险防范，因地制宜合理优化专项债投向；此外，伴随乡村振兴、新型城镇化全面推进，基建下沉趋势或将延续，区县级政府应严格把关项目质量，着力提升项目收益能力。

（一）投向领域更加精准，围绕党的二十大部署保障重大项目建设

在加快构建新发展格局的进程中，专项债募投领域或将有序拓宽并且更加精准，围绕党的二十大部署，集中保障国家重大基础设施建设的资金需求，助力构建现代化基础设施体系。第一，按照“全面加强基础设施建设”要求，专项债将持续聚焦基建领域，统筹推进传统基础设施建设和新型基础设施建设，在提升传统基础设施水平的同时加快新型基础设施建设，既促消费惠民生又调结构增后劲的“两新一重”领域支持力度或进一步加大。第二，为落实党的二十大报告“增强消费对经济发展的基础性作用”的要求，专项债将逐步向消费领域倾斜，城乡商业步行街、乡镇商品物流集散中心等消费基础设施建设将加快，切实以投资带动消费。第三，伴随新型城镇化及乡村振兴战略深入实施，城乡建设领域专项债将稳步扩容，推动乡村建设及城市更新行动有序进行，不断提升城乡基础设施建设和公共服务水平。第四，在“积极稳妥推进碳达峰碳中和”的要求下，专项债对新能源及生态环保领域项目的投入力度也将有所加大，推动发展方式绿色转型。

（二）区域募投因地制宜，兼顾经济发展需求及债务风险防范

在“推动西部大开发形成新格局，推动东北全面振兴取得新突破，促进中部地区加快崛起，鼓励东部地区加快推进现代化”的要求下，各地区将因

① 《习近平：高举中国特色社会主义伟大旗帜　为全面建设社会主义现代化国家而团结奋斗——在中国共产党第二十次全国代表大会上的报告》，中国政府网，2022 年 10 月 25 日，http：//www. gov. cn/xinwen/2022-10/25/content_ 5721685. htm。

地制宜，结合区域经济发展需求，合理优化专项债资金投向，推动区域协调发展。东部地区可继续支持城市更新、乡村振兴建设，同时考虑到居民收入水平相对较高、消费贡献度较高，且物流运输体系相对成熟，或可率先探索加强专项债对消费基础设施领域支持的实践路径；中部地区可不断加大民生领域支持力度，并积极保障棚改、旧改等领域存量项目资金滚动接续；西部地区在继续加快补齐文旅、水利、城乡建设等基础设施领域短板的同时，或可深入推进"东数西算"工程实施，加大新基建领域的投入力度；东北地区仍继续保持对市政和产业园区基础设施建设的支持，并且适度向新能源等领域倾斜，推动资源型地区转型发展。与此同时，为"守住不发生系统性风险底线"，各地将不断强化政府债务风险管理，强化专项债投向管理，中西部等部分债务负担较重、财政收支压力较大的省份更应重视优质项目储备，在保障重大项目建设的同时，专项债资金可更多向收益更为可靠稳定的项目倾斜，切实防范风险。

（三）项目下沉趋势持续，严选优选区县级项目提升收益质量

我国区县数量众多、类型丰富，且由于经济发展阶段不同，发展水平差异较大，部分区县基础设施仍较为薄弱，"十四五"规划明确提出"以县域为基本单元推进城乡融合发展"，党的二十大报告也强调"推进以县城为重要载体的城镇化建设"。在政策引导下，专项债项目行政层级逐步下沉的趋势或有所持续。但需要注意的是，相较省级、地市级项目，区县级专项债项目收益能力整体偏低，且多投向依赖土地出让收入偿还债务的棚改领域项目，在区县级政府财力较为有限叠加土地财政弱化的背景下，区县级专项债项目收入来源波动性加大，收益质量亟待提升。伴随基建项目不断下沉，区县级政府需严格把关专项债项目质量，严选优选符合条件的项目，针对较难把握储备申报标准的情况，加强基层人员培训，完善与省级部门的联动机制，并审慎投向土地偿还类项目，对确需依赖土地出让收入的项目及时跟进相关地块出让进度，加强监督管理；此外，重视项目融资平衡方案编制的科学性、严谨性，加强对第三方机构的筛选，提升项目收益的测算准确性，降低收益不及预期风险。

B.42
地方政府专项债项目“债贷组合”模式研究

汪苑晖　袁海霞*

摘　要： 2022年以来，我国经济运行面临“需求收缩、供给冲击、预期转弱”三重压力，中央多次强调用好用足地方政府专项债，并鼓励金融机构主动对接重点项目，以专项债搭配银行贷款的“债贷组合”模式逐步发挥重要作用。在党的二十大强调加快构建新发展格局、构建现代化基础设施体系的背景下，需进一步形成专项债、银行信贷等重要基建资金的合力，更好发挥“债贷组合”促基建、稳增长的积极作用。同时，在党的二十大重申“守住不发生系统性风险底线”的要求下，应加强信贷投放的全流程风险管控，避免风险在项目各参与方之间积聚及传导。

关键词： 地方债　专项债　商业银行贷款

一　地方政府专项债项目“债贷组合”模式[①]发展历程

近年来，在稳增长压力下，地方政府专项债作为基建领域的重要资金来

---

* 汪苑晖，中诚信国际研究院副总监，主要研究领域为宏观经济、地方债与城投行业、货币政策等；袁海霞，经济学博士，高级经济师，中诚信国际研究院副院长，中国人民大学国家发展与战略研究院中国政府债务研究中心联席主任，主要研究领域为地方债与城投行业、宏观经济、债券市场等。

① 本文中的“债贷组合”模式均指专项债领域申请了银行贷款作为项目配套融资的模式。

源，持续大幅扩容，发挥了稳投资、补短板的重要作用。但整体看，专项债对扩大有效投资仍有一定限制，例如用作项目资本金比例不高、撬动能力仍待进一步提升、项目配套资金到位压力较大、开工建设进度缓慢等。当前，稳增长压力不减，在党的二十大强调加快构建新发展格局的背景下，各类基建资金应主动形成合力，专项债项目“债贷组合”模式也应发挥更积极作用。

（一）专项债项目“债贷组合”模式始于2019年，是基建需求与供给矛盾下的创新模式

专项债项目“债贷组合”模式是基建需求与地方财力、投融资机制不匹配矛盾下产生的全新融资模式，是基建项目投融资机制的重大突破。2019 年，面对国内经济下行压力和中美贸易摩擦带来的外部不确定性，国务院《政府工作报告》提出有效发挥地方债作用。当年 6 月，中办、国办印发《关于做好地方政府专项债券发行及项目配套融资工作的通知》，允许专项债作为重大项目资本金，突破了此前“债务性资金不得用于项目资本金”的限制，也明确了金融支持标准：“收益兼有政府性基金收入和其他经营性专项收入（包括交通票款收入等），且偿还专项债券本息后仍有剩余专项收入的重大项目”，可向金融机构市场化融资。自此，专项债项目从“财政资本金+专项债融资”向“财政资本金+专项债资本金+市场化融资+专项债融资”的混合融资模式转变。

（二）党的二十大强调构建新发展格局，专项债项目“债贷组合”模式应发挥更重要作用

进入 2022 年，“三重压力”下促基建成为稳增长的重要抓手，政策密集出台支持全面基础设施建设、扩大有效投资，持续强调发挥专项债、金融机构的重要作用，地方财政承压下专项债项目“债贷组合”模式进一步发力。2022 年第二季度以来，央行“金融支持 23 条”（《关于做好疫情防控和经济社会发展金融服务的通知》）、国发〔2022〕12 号文（《国务院关于印发扎实稳住经济一揽子政策措施的通知》）等多项政策密集出台，不断强调加大金融机构支持力度，并调增政策性、开发性银行 8000 亿元信贷额度、新增 6000 亿元专项建设债支持基建，引导商业银行主动对接重大项目，加大信贷支持力度，重点领域专项债项目“债贷组合”逐步扩容。在党的二十大报告强调构

建新发展格局，要求全面推动乡村振兴，深入实施区域协调发展战略、区域重大战略、主体功能区战略、新型城镇化战略的背景下，专项债项目“债贷组合”模式应进一步推广，并向基层下沉，发挥更加积极有效的投资拉动作用。

二　地方政府专项债项目“债贷组合”模式应用情况

伴随稳增长持续发力，基建资金需求日益增加，地方有限财力下专项债领域进一步推行“债贷组合”模式更为必要。对地方政府而言，银行信贷资金成本相对低于其他市场化融资资金，还本付息压力减轻；对商业银行而言，地方政府专项债项目风险相比其他贷款主体低，安全边际高。目前，在政策持续强调加大金融支持力度的背景下，银行信贷在专项债领域的参与度有所提升，但基建项目整体仍较依赖财政资金及专项债资金，“债贷组合”扩大有效投资仍有空间。

（一）银行贷款参与专项债项目数量占比不足5%，支持程度较低但比例有所上升

近年来，在稳增长压力下，专项债作为积极财政政策的主要着力点，持续大幅扩容，2022 年上半年快速完成 3.4 万亿元的新增额度发行，规模创历史新高，但使用上仍以项目配套融资为主，市场化配套融资尤其是金融机构信贷支持程度较低。根据中诚信国际不完全统计，2022 年 1~9 月申请市场化配套融资的专项债项目数量仅占募投项目总数的 5.7%，其中明确标识为银行贷款融资的项目仅占 3.0%（见图 1），且极少数以贷款作为单一配套融资，银行信贷参与程度较低，但该比例较 2021 年有所提升，且贷款规模占项目投资及配套融资的比重均有增加（见图 2）。

（二）银行贷款更多投向交通及市政基建，新基建领域参与度不高

从项目配套融资构成看，能源、交通、农林水利等重点领域建设资金需求较高，融资对贷款依赖较大，贷款占项目配套融资的比重均超过 50%（见图 3）。从贷款参与项目数量看，“债贷组合”项目[①]更多投向交通及市政和产业

① 2021~2022 年样本均为明确标识了银行贷款作为配套融资的专项债项目。

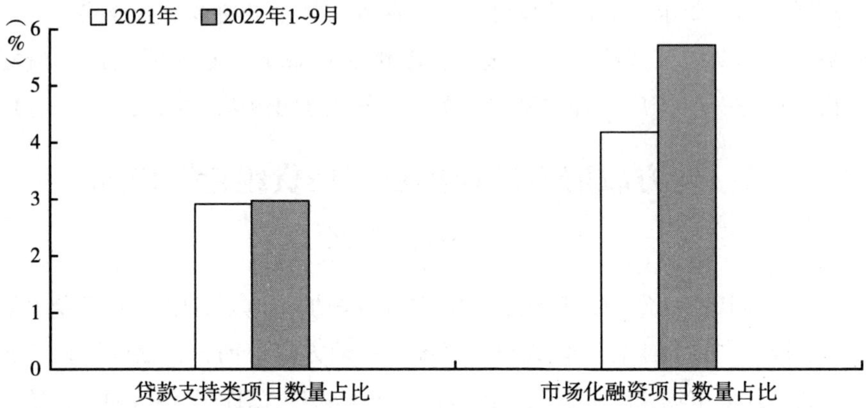

图 1　2021 年及 2022 年 1~9 月专项债项目中市场化融资项目数量占比

数据来源：中诚信国际地方政府专项债项目数据库。

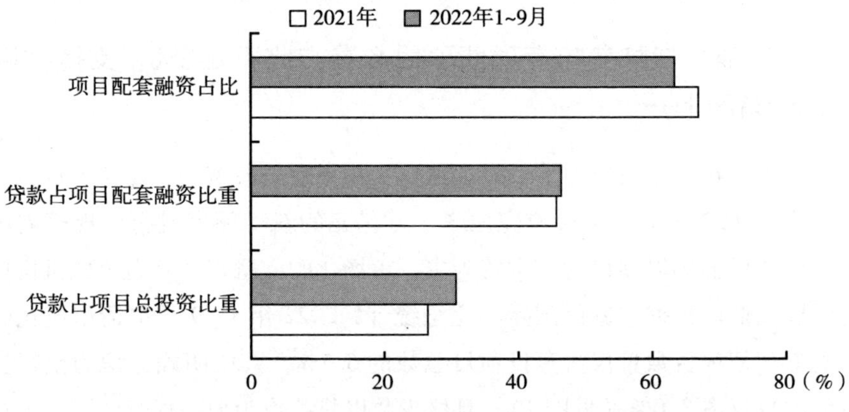

图 2　2021 年及 2022 年 1~9 月贷款融资占专项债项目投资比重

数据来源：中诚信国际地方政府专项债项目数据库。

园区基础设施领域，2022 年 1~9 月两个领域项目数量占比分别为 27%和 24%，占比较 2021 年进一步上升；棚改、民生服务领域项目数量占比均达 10%，为惠民生、补短板提供了一定金融支持（见图 4）。但需要关注的是，银行信贷在新基建领域的参与度仍较低，信息网络建设类“债贷组合”项目数量占比不足 5%，或与该类项目投资周期长、资金投入多、回报不确定性较大有关，银行贷款投放相对谨慎。若结合项目建设周期看，银行贷款整体偏好中短期项目（见

图 5)，与长期项目建设及收益不确定性较高有关，投向 5 年及以上期限项目的贷款资金也更多集中于收益相对更稳定的交通基础设施领域（见图 6)。

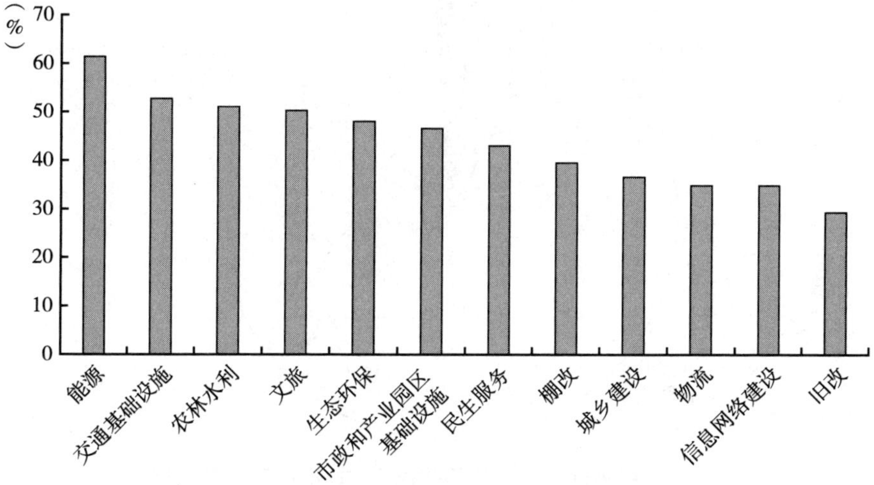

图 3　2022 年 1~9 月各领域专项债项目配套融资中贷款占比

数据来源：中诚信国际地方政府专项债项目数据库。

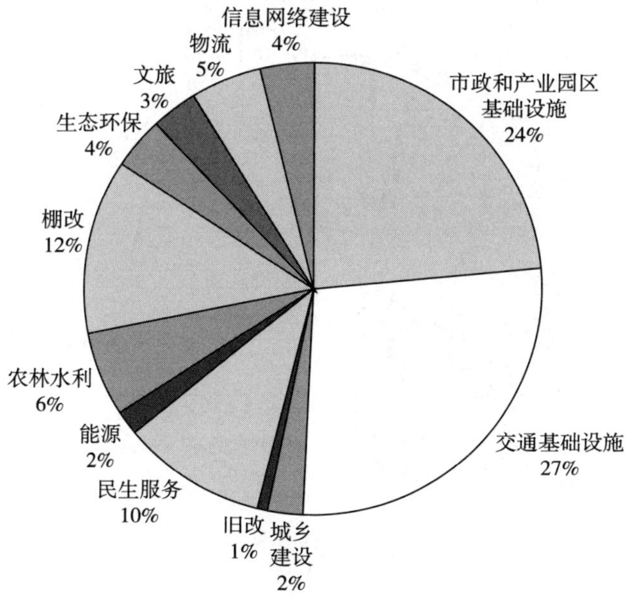

图 4　2022 年 1~9 月“债贷组合”专项债项目领域分布

数据来源：中诚信国际地方政府专项债项目数据库。

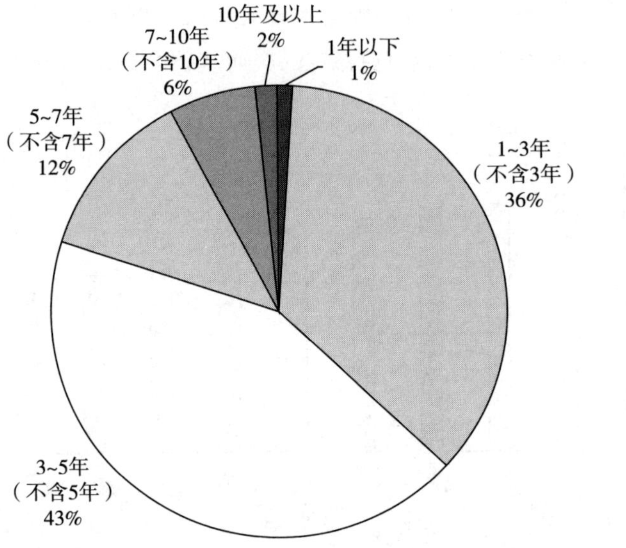

图5　2022年1~9月“债贷组合”专项债项目期限分布

数据来源：中诚信国际地方政府专项债项目数据库。

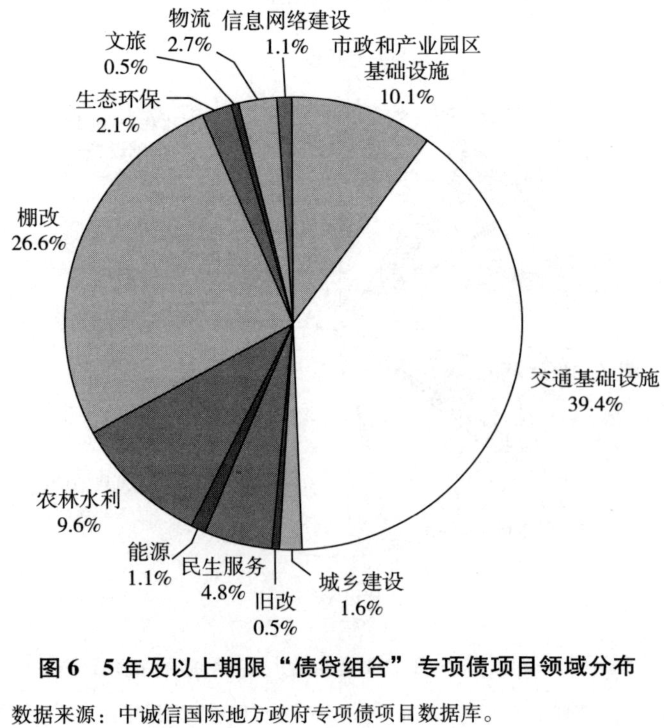

图6　5年及以上期限“债贷组合”专项债项目领域分布

数据来源：中诚信国际地方政府专项债项目数据库。

（三）“债贷组合”项目以区县级为主但逐步上移，中西部项目建设对贷款需求更高

近年来，在持续推进新型城镇化建设中，专项债项目行政层级整体下沉，区县级项目占比上升，接近 80%（见图 7），与之相反的是，“债贷组合”专项债行政项目层级逐步上移，占比不足 60%（见图 8），或在一定程度上表明金融机构愈加偏好政府财力相对较强、安全边际更高的省市级项目，也与区县金融资源相对不足、省市级项目建设资金需求更大等硬性因素有关。结合区域看，与专项债项目整体分布特点不同，中西部省份“债贷组合”专项债项目居多，且贷款占项目配套融资比重较高，在一定程度上表明中西部省份财政压力相对更大，基建项目建设资金更加依赖专项债及其他配套融资，对银行贷款需求相对较高。部分经济财政实力相对更弱的省份贷款支持专项债项目力度较小，表明银行贷款投放仍然谨慎，也与当地金融资源有限等因素有关。

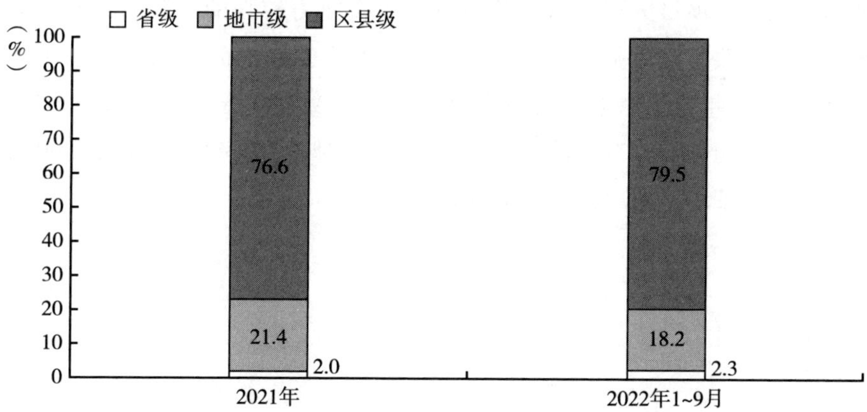

图 7　2021 年及 2022 年 1~9 月专项债项目行政层级分布

数据来源：中诚信国际地方政府专项债项目数据库。

（四）“债贷组合”项目收益能力整体偏低，偿债对土地出让收入有一定依赖

目前，专项债项目收益能力整体偏低，近 80%“债贷组合”项目融资本息覆盖倍数小于 2 倍，自身偿付压力下项目对土地出让收入有一定依赖，约 20%项目收入来源包含土地出让收入，近 10%项目以土地出让收入作为单一偿

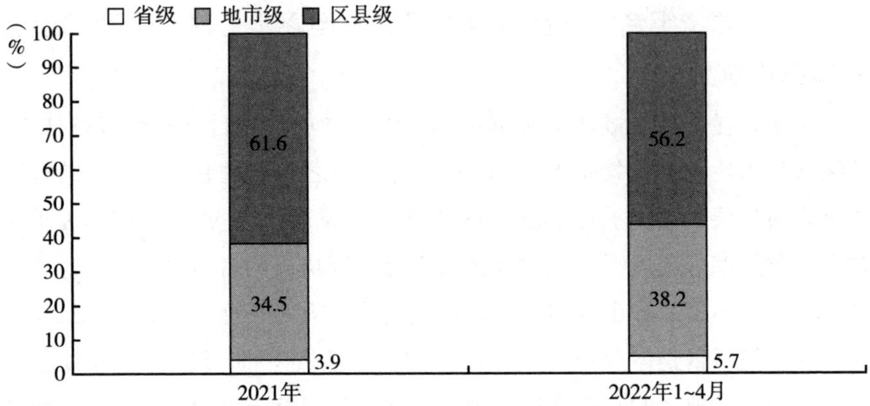

图 8　2021 年及 2022 年 1~9 月“债贷组合”专项债项目行政层级分布

数据来源：中诚信国际地方政府专项债项目数据库。

债来源。值得注意的是，由于部分区域地块溢价较高，土地偿还类项目整体收益能力相比其余项目更高。结合领域看，收益能力较强的“债贷组合”项目主要集中于棚改及交通基础设施领域，合计占比接近 80%（见图 9），该比例明显高于 2021 年全年水平，且多依赖土地出让收入偿还（见图 10），或表明在目前收益普遍偏低的专项债项目中，银行更加偏好那些有绝对收益且市场表现相对稳定的依赖地块出让收入的项目。

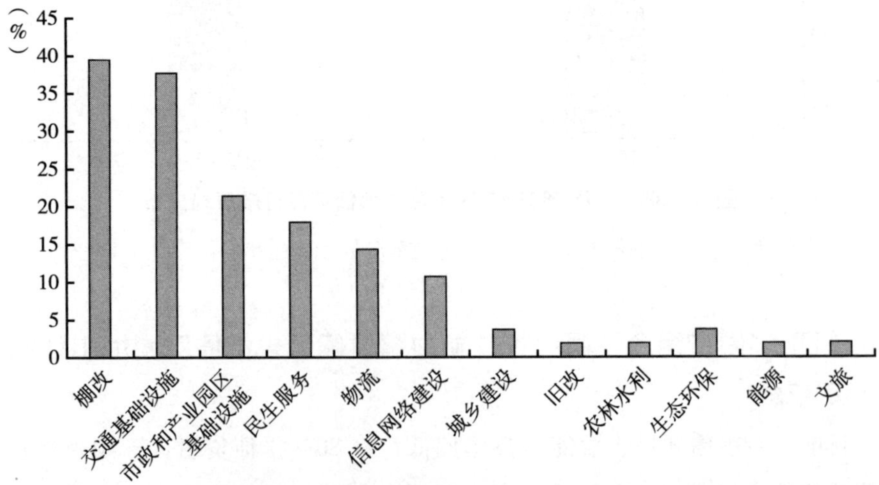

图 9　2022 年 1~9 月融资本息覆盖倍数超过 5 倍的“债贷组合”专项债项目领域分布

数据来源：中诚信国际地方政府专项债项目数据库。

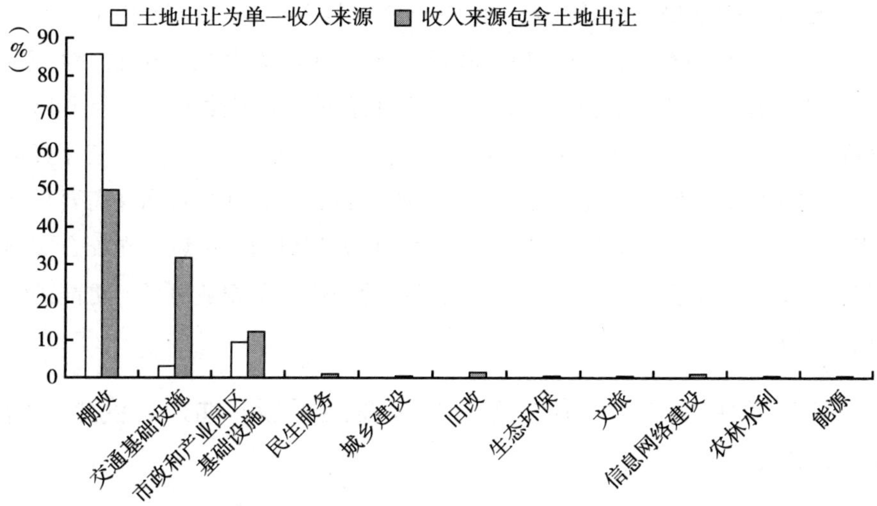

图 10　2022 年 1~9 月依赖土地出让收入专项债"债贷组合"项目在各领域分布

数据来源：中诚信国际地方政府专项债项目数据库。

三　新形势下地方政府专项债项目"债贷组合"模式投向研究

当前稳增长压力不减，为更好发挥"债贷组合"模式积极作用，商业银行提供信贷支持需精准投向，明确"怎么投"及"投什么"。一方面，由于"债贷组合"项目涉及多方利益，商业银行需严格遵循资金跟着项目走、不新增隐性债务两大原则，避免信贷资金违规挪用及盲目重复建设，提高资金使用效率，同时严防债务风险。另一方面，扩大有效投资也不能完全"大水漫灌"而是要"精准滴灌"，需结合宏观形势明确投资范围、严选合格项目。

（一）信贷支持需因地制宜注重区域协调发展，合理分配信贷资源及额度

党的二十大强调促进区域协调发展，深入实施区域协调发展战略、区域重大战略、主体功能区战略、新型城镇化战略，各类银行需紧密围绕国家重大战略进一步优化信贷结构。当前，中西部区域财政更为承压，财政平衡率普遍较

低，基建领域融资缺口相对较大，且中西部省份专项债“债贷组合”项目更多，基建项目对银行贷款需求相对较高。在“西部大开发、东北全面振兴、中部加快崛起、东部加快推进现代化”的目标下，全国性银行应合理分配各区域信贷资源及新增额度，在风险可控的前提下对财政压力较大、基建资金需求更高的区域适当倾斜，优先支持重大战略项目；地方性银行同样需要积极支持当地重大项目开展，尤其是经济欠发达、财力相对薄弱区域，在配合实施国家战略的同时，这类区域内政府投资项目风险相比其他企业更低，更能满足银行风控要求。

（二）项目领域需聚焦国家规划及发展短板，助力惠民生、增后劲、稳增长

结合党的二十大报告及“十四五”规划，商业银行可基于政策重点，优化信贷结构。具体看，既促消费、惠民生又调结构、增后劲的“两新一重”领域仍应是支持重点。一是交通、水利、能源等投资拉动效应明显的重大项目，建设资金需求高，可合理增加信贷供给，尤其是新纳入专项债支持领域的新能源项目，在党的二十大强调推动绿色发展、完善财税金融支持的背景下，商业银行可主动对接；二是新型城镇化建设，党的二十大报告部署实施城市更新行动、加强城市基础设施建设，可重点支持如老旧小区改造、综合管廊建设等项目，同时在乡村振兴全面推进、县城城镇化建设全面铺开的过程中进一步下沉信贷投放，提供更大范围的金融支持；三是新基建领域，党的二十大强调加快建设网络强国及数字中国、构建现代化基础设施体系，可仔细筛选回报率高、建设风险可控的项目，围绕新一代信息技术、人工智能等助力传统基建升级，探索形成新的经济增长点。此外，新冠疫情扰动暴露出医疗卫生、应急救治领域的短板，在健康中国目标下，公共卫生服务、应急医疗建设等惠民生项目均可适当提高银行信贷参与度。

（三）项目收益需与还本付息相匹配，防范信贷资产质量恶化并提升投资有效性

在混合融资模式中，专项债项目收益所得需优先偿还债券本息，剩余专项收入由实施单位偿还社会资本方。因此，商业银行在提供信贷前，需严格论证

项目收益与还本付息匹配度，并考虑各类建设运营压力，原则上满足覆盖倍数1.2倍的要求，避免收益不及预期可能导致的信贷资产质量恶化风险。第一，合理投向专项债用作资本金的项目。目前贷款支持类项目中，专项债用作资本金的项目本息覆盖倍数高于其余项目，且理论上均属于重点领域并进行过收益论证，可为商业银行贷款审核节省一定评估成本及时间，可优先考虑。第二，审慎挖掘非专项债资本金项目中符合条件项目。对于非专项债资本金项目，商业银行可结合重大项目清单，在仔细挖掘、严格论证收益情况后对偿还专项债本息后仍有剩余专项收入的项目提供支持，或可优先投向收益更为确定及稳定的交通等领域。第三，谨慎投向以土地出让收入作为还款来源的项目。党的二十大继续强调“房住不炒”，房地产调控或将持续，叠加“停贷”风波发酵或诱发房地产信心危机，需警惕土地偿还类项目收益下滑风险，以及土地出让实现前项目付息压力。

四 商业银行参与“债贷组合”模式的风险防范建议

在党的二十大定调高质量发展的背景下，专项债项目“债贷组合”模式有进一步推广的空间和需要，商业银行可继续加大对政府投资领域的信贷支持力度，充分发挥基建资金合力，有效释放稳投资、稳增长潜力。但在积极提供融资支持的同时，商业银行需切实做好风险防范，在明确投资原则及范围的基础上，加强贷前、贷中、贷后全流程风险管控，避免潜在风险在各参与方之间传染蔓延，牢牢守住不发生系统性风险的底线。

（一）审慎评估是否提供融资，遵循稳投资与防风险原则

在当前政策要求金融机构加大对基础设施建设支持力度的背景下，商业银行应主动对接符合条件的重点领域、重大项目，提高稳基建、扩大有效投资的参与度。但在加大专项债领域信贷支持力度的同时，需遵循防风险原则，避免风险在各参与方之间无序扩散。第一，合理制定参与“债贷组合”的银行标准，严格评估银行放贷能力，尤其是部分信贷资金紧张、来源渠道单一的地方银行，避免弱资质银行风险向地方政府传导。第二，严格筛选符合条件的专项债项目，审慎做好项目合规性和融资风险审核，充分论证项目预期收益和融资

期限及还本付息的匹配度，避免项目潜在风险向金融领域传导。第三，应与地方政府保持及时有效的沟通，掌握专项债项目全面信息及真实情况，避免信息不对称可能导致的潜在风险。

（二）合理增加信贷供给，结合实际制定差异化贷款比例

商业银行在确定参与专项债项目后，应本着审慎决策的原则合理确定具体融资规模。既需要形成一定考核激励机制，整体上增加专项债领域的信贷供给，以扩大有效投资，也需要强化风控意识，结合领域投向及银行层级制定差异化贷款比例。一方面，结合领域投向，设定贷款投放顺序及比例，并提升贷款精细化定价水平，优先支持重点领域并鼓励实行更优惠利率，谨慎投向风险较高、投资拉动作用不明显领域。另一方面，结合银行层级，根据当地各类贷款需求优化贷款投放结构，设立一定比例支持专项债项目，全国性银行可向风险较低但信贷增长缓慢、专项债资金需求较大的地区倾斜，地方法人银行可向重点领域收益较高的项目倾斜；同时根据专项债项目分布及区域风险相应调整贷款比例，中西部地区向省市级项目集中，东部地区逐级下沉。此外，商业银行还可进一步完善绩效考核机制，将评估结果纳入对分支机构的考核。

（三）延长贷款期限并加强监测，避免项目断贷及坏账风险

当前，基础设施建设领域资金需求日益增加，商业银行在增加信贷投放的同时可结合项目情况优化并延长贷款期限，减轻基建资金长期不足的压力。同时，在持续推进新型城镇化、基建下沉信号更加积极的过程中，区县级项目或进一步增加，但这类项目收益普遍较低，且大多从事基础设施建设及更新，项目周期相对较长，商业银行需要在合理延长贷款期限的同时，严格做好贷款项目进度监测，加强全流程风控管理，提升贷款风险识别、预警、处置能力。一方面，通过大数据分析、多维度监测等手段，有效识别项目建设中的潜在风险，对突发情况做好应急预案，避免在建项目断贷；另一方面，对建设周期较长的专项债项目，各批次贷款审慎投放，避免突发叫停因素、收益不及预期等造成资金坏账。此外，可研究适当提高政府项目不良容忍度的可行性，对可能形成的不良贷款优先安排核销计划。

（四）严格落实偿还责任，防范资金混同管理及偿付风险

根据相关政策文件要求，专项债项目收益偿还按照项目收益优先偿还专项债本息，剩余专项收入偿还市场化融资的原则展开，且项目单位依法对市场化融资承担全部偿还责任。因此，为保障市场化融资到期偿付，避免损害社会资本方利益，需严格落实项目单位到期偿还责任。一方面，商业银行在参与专项债项目前需对项目单位进行严格背景调查，既需要规避市场化转型尚未完成、存量隐性债务尚未化解完毕的融资平台，避免与地方政府信用捆绑，引发到期责任混淆、政府兜底预期，也需要综合考量企业信用状况、财务情况，规避部分信用实力较弱的企业作为项目单位，以防企业风险“外溢”。另一方面，严格落实收入分账管理，项目单位需将市场化融资资金及对应用于偿还的专项收入及时归集至银行监管账户，避免偿债资金混同、市场化融资到期不能偿付及相关道德风险等。

B.43
城投企业承接地方政府专项债项目研究

张堃　鲁璐　袁海霞*

摘　要： 伴随地方政府专项债大幅扩容，城投企业作为基础设施建设的主力，在促基建中发挥了重要作用，也从中获得了融资支持。城投企业承接的专项债项目呈现以交通基础设施为主、期限中短期化、收益与融资平衡性良好等特点。同时，承接项目的城投企业相比未承接项目的城投企业，具有偿债能力更强、再融资渠道更为畅通等特点。在党的二十大报告提出加快构建现代化基础设施体系的背景下，伴随促基建政策不断落地、新型城镇化与乡村振兴战略推进，承接专项债项目建设的城投企业将迎来新的发展机遇。基建下沉中区县城投也将迎来一定利好，但需关注在此过程中城投企业信用分化加剧以及专项债项目风险向城投企业传导的可能。

关键词： 地方债　专项债　城投企业

2022年以来，在国内新冠疫情局部反复、俄乌冲突等外部扰动加剧国际形势动荡背景下，我国经济稳增长压力加大，专项债作为积极财政政策的重要抓手，发行前置且大幅扩容，在促进基建发力、托底经济发展中发挥了重要作用。2022年1~9月，地方政府共发行新增专项债3.54万亿元，较上年同期增

* 张堃，经济学博士，中诚信国际研究院高级研究员，主要研究领域为评级监管、地方债与城投行业等；鲁璐，中诚信国际研究院研究员，主要研究领域为地方债与城投行业、财政政策等；袁海霞，经济学博士，高级经济师，中诚信国际研究院副院长，中国人民大学国家发展与战略研究院中国政府债务研究中心联席主任，主要研究领域为地方债与城投行业、债券市场、宏观经济等。

长49.75%，主要投向市政和产业园区基础设施（30%）、交通基础设施（18%）、民生服务（16%）、棚改（11%）、农林水利（6%）等领域[①]。城投企业作为地方基础设施建设的主力，承接专项债项目建设具有天然优势。据中诚信国际不完全统计，2022年1~9月，承接专项债项目的城投企业共383家，对应专项债投资规模为2398.60亿元，涉及项目投资总额为5.58万亿元，项目数量为1017个。伴随促基建政策不断落地，或有更多城投企业承接专项债项目，城投企业也可抓住机遇提升自身信用资质，但需关注在此过程中城投企业信用进一步分化加速尾部风险释放的可能。此外，考虑到经济下行、地方财政承压叠加土地出让仍较为疲软，需警惕专项债资本金到位压力加大以及项目收益不及预期对城投企业流动性造成的负面影响。

一 城投企业承接地方政府专项债项目的概况

随着地方政府专项债持续扩容，越来越多的城投企业参与承接专项债项目。通常来说，能够承接专项债项目的城投企业和地方政府关系相对更为紧密，在地方基础设施建设上更有经验。从2022年1~9月承接专项债项目的城投企业特征看，呈现区域差异明显、以市县级企业为主、AAA级城投企业承接规模最大等特点。

（一）城投企业承接专项债项目总投资超5万亿元，区域差异显著

2022年1~9月，承接专项债项目的城投企业共383家，对应专项债投资规模为2398.60亿元，涉及项目投资总额为5.58万亿元，项目数量为1017个，其中深圳市地铁集团、广州地铁集团和甘肃省公路交通建设集团承接专项债项目投资规模居全国前列。从区域分布看，广东、浙江、山东的城投企业承接专项债项目较多，对应专项债的项目投资规模均超过200亿元。其中，广东城投企业承建项目总投资额达到2.06万亿元，居全国第1位，而贵州、湖南、上海、黑龙江、云南的城投企业承接专项债项目规模较小，均低

① 如无特别说明，本报告中引用的专项债与城投企业相关数据均来自截至2022年9月底的中诚信国际地方政府专项债项目数据库与Wind数据库，并由中诚信国际整理计算。

于10亿元（见图1），且除上海外，其余四省城投企业承建项目总投资额均不足100亿元。

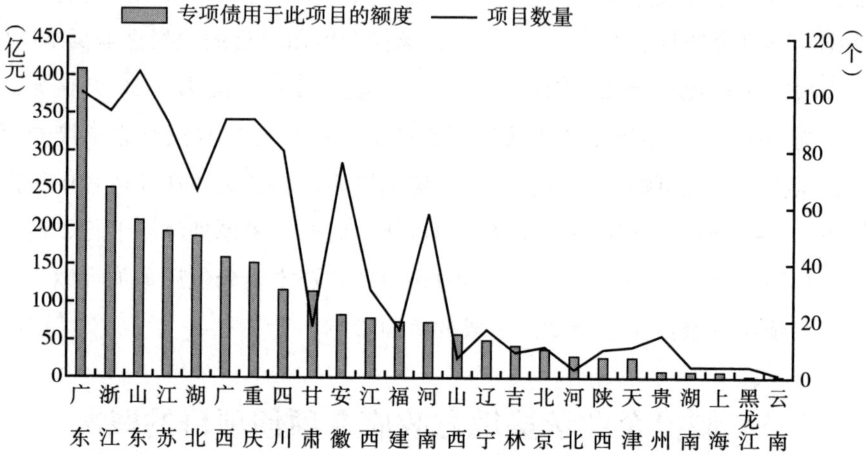

图1　2022年1~9月不同省（区、市）城投企业承接专项债项目规模与数量

数据来源：中诚信国际地方政府专项债项目数据库，Wind数据库，中诚信国际整理计算。

（二）市县级城投成为专项债项目承建主力军，AAA级城投承接专项债规模最大

从行政层级看，地市级城投企业承接专项债项目投资规模最大，为1291.32亿元，涉及项目总投资额达到3.30万亿元，项目数量达到438个；其次是区县级和省级城投企业，对应专项债项目投资规模分别为664.44亿元和442.84亿元，涉及项目总投资额分别为0.77万亿元和1.51万亿元（见图2），项目数量分别为461个和118个。从主体级别看，AAA级城投企业承接专项债项目投资额最高，为1192.69亿元，涉及项目数量与总投资分别为236个和4.16万亿元；其次是AA级和AA+级城投企业，承接专项债项目数量分别为445个和206个，对应专项债项目投资规模分别为706.83亿元和398.05亿元（见图3）。从主体数量看，AA级城投企业数量占比过半，为207家；AA+和AAA级城投企业次之，分别为89家和46家。

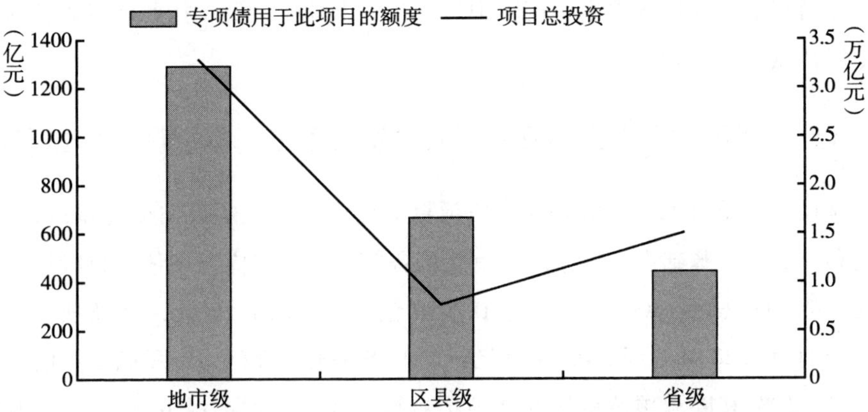

图 2　2022 年 1~9 月不同行政层级城投企业承接专项债规模与项目投资总额

数据来源：中诚信国际地方政府专项债项目数据库，Wind 数据库，中诚信国际整理计算。

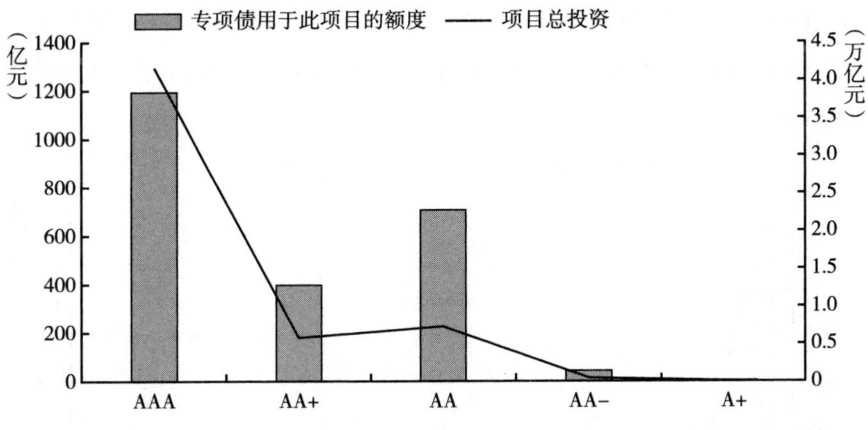

图 3　2022 年 1~9 月不同主体级别城投企业承接专项债规模与项目投资总额

数据来源：中诚信国际地方政府专项债项目数据库，Wind 数据库，中诚信国际整理计算。

二　城投企业承接的地方政府专项债项目特点分析

城投企业作为地方基础设施建设的主力，在推进专项债项目实现实物工作量过程中发挥了重要作用。整体来看，城投企业承接的地方政府专项债项目呈现以交通基础设施建设为主、期限中短期化、市场化融资支持、项目收益能力良好等特点。

（一）承建项目以交通基础设施建设类为主，项目期限中短期化

城投企业作为承建主体的专项债项目类型丰富，主要投向交通基础设施、市政和产业园区基础设施、棚改、民生服务等领域，对应专项债项目投资额分别为1274.04亿元、604.47亿元、182.10亿元和125.14亿元，涉及项目投资总额分别为4.28万亿元、0.80万亿元、0.18万亿元和0.10万亿元。信息网络建设、物流和能源领域承接专项债项目规模较小，均不足10亿元，涉及项目投资总额低于50亿元（见图4）。从期限结构看，城投企业承接的专项债项目平均期限为3.72年，其中期限为1~3年（含3年）的项目数量最多，为435个，占比为43%；其次是3~5年（含5年）与5年以上，项目数量分别为321个和160个，占比分别为31%和16%（见图5）。但从规模看，期限为3~5年（含5年）的项目专项债投资额度最大，为1086.04亿元，对应项目投资总额达到3.48万亿元。

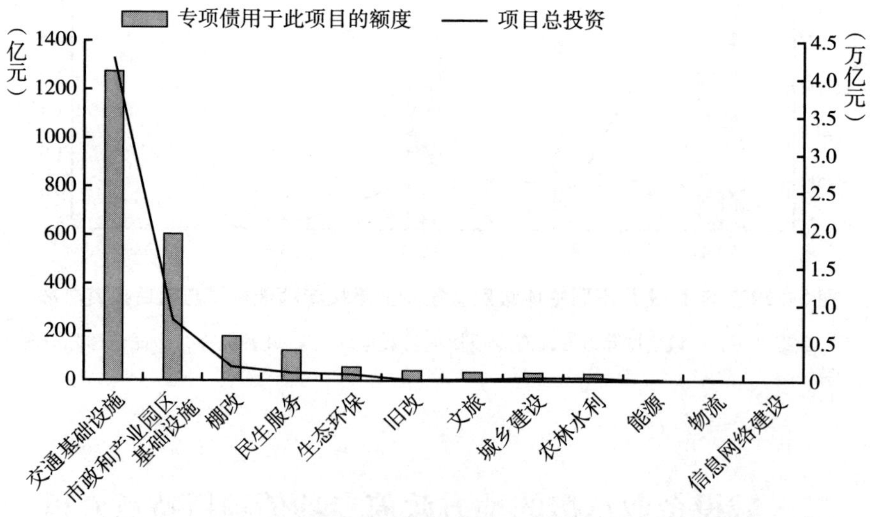

图4 2022年1~9月城投企业承接专项债项目的募投领域分布

数据来源：中诚信国际地方政府专项债项目数据库，Wind数据库，中诚信国际整理计算。

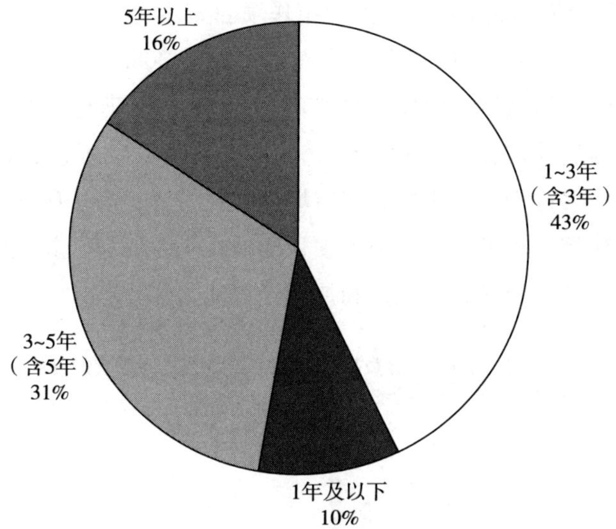

图5　2022年1~9月城投企业承接专项债项目的期限结构分布

数据来源：中诚信国际地方政府专项债项目数据库，Wind数据库，中诚信国际整理计算。

（二）专项债用作项目资本金比例仍较低，市场化融资支持相对高于其余项目

自2019年中共中央办公厅、国务院办公厅发布《关于做好地方政府专项债券发行及项目配套融资工作的通知》① 起，专项债项目从“财政资本金+专项债融资”向“财政资本金+专项债资本金+市场化融资+专项债融资”的混合融资模式转变。2022年，央行“金融支持23条”②、国发〔2022〕12号文③等多项政策出台，积极鼓励金融机构加大基建领域融资支持力度，专项债项目获得市场化融资支持力度进一步加大。从城投企业承接专项债项目的资金结构

① 《关于做好地方政府专项债券发行及项目配套融资工作的通知》，中国政府网，2019年6月10日，http：//www.gov.cn/zhengce/2019-06/10/content_5398949.htm。

② 《关于做好疫情防控和经济社会发展金融服务的通知》，中国人民银行网站，2022年4月18日，http：//www.pbc.gov.cn/goutongjiaoliu/113456/113469/4533227/index.html。

③ 《国务院关于印发扎实稳住经济一揽子政策措施的通知》，中国政府网，2022年5月31日，http：//www.gov.cn/zhengce/zhengceku/2022-05/31/content_5693159.htm。

看，有 90 个项目将全部或部分专项债用作项目资本金，用作项目资本金的比例均值为 32. 97%，用作项目资本金的资金总额为 308. 71 亿元（见图 6），占城投企业承接专项债项目对应投资规模的 12. 87%，高于整体专项债用作项目资本金的比例与规模占比；同时，约 15% 的项目配套融资包含银行贷款或市场化融资，其中银行贷款占比略高于市场化融资占比，高于所有专项债项目市场化融资参与比例。对于承接专项债项目的城投企业而言，其融资渠道和来源或更加广泛，有助于增强后续融资和持续经营能力。

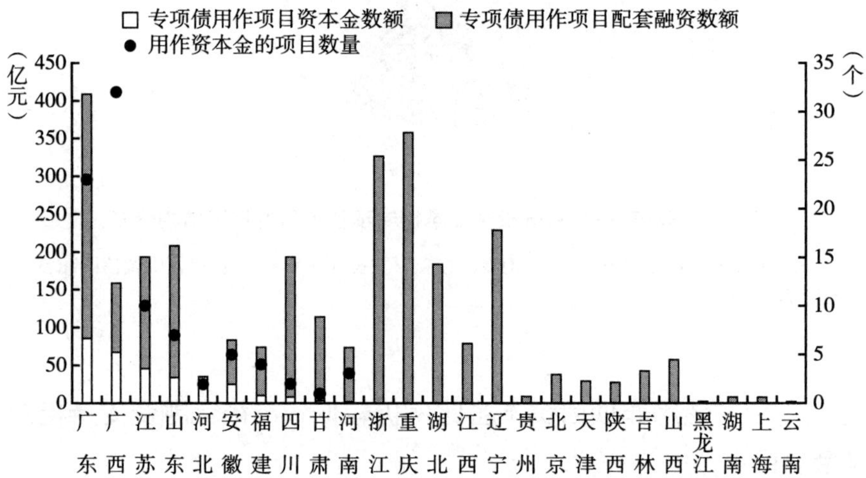

图 6　2022 年 1~9 月城投企业承接专项债项目的区域分布情况

数据来源：中诚信国际地方政府专项债项目数据库，Wind 数据库，中诚信国际整理计算。

（三）超两成项目融资本息覆盖倍数超过2倍，收益与融资平衡能力良好

从收入来源看，城投企业承接的专项债项目收入来源多元化，以项目运营收入为主，既包含公路铁路收费、停车费、租金、污水处理费等与项目经营直接相关的收入，也涵盖土地出让收入、政府运营补贴收入等，以增厚本息覆盖倍数。从收益能力看，项目融资本息覆盖倍数均值为 3. 09 倍，高于全部专项债项目融资本息覆盖倍数均值（2. 57 倍），其中七成左右的项目融资本息覆盖倍数为 1~2 倍，超一成的项目融资本息覆盖倍数为 2~3 倍，另有超一成的项目融资本息覆盖倍数超过 3 倍，项目收益与融资自平衡情况表现良好。

三　承接地方政府专项债项目的城投企业财务分析

相较而言，承接专项债项目的城投企业财务整体较为稳健，偿债能力优于未承接专项债项目的城投企业，且在政策鼓励金融机构为专项债项目建设提供配套融资的背景下，承接专项债项目的城投企业再融资情况整体向好，银行贷款等融资渠道更为畅通。

（一）承接专项债项目的城投企业整体债务水平适中，债务期限结构较平衡

以 2020 年年报、2021 年年报、2022 年中报数据均完整的城投企业为样本进行财务分析，包括 353 家承接专项债项目的城投企业（以下简称“承接企业”），以及 1770 家未承接专项债项目的城投企业（以下简称“未承接企业”）。从资本结构看，承接企业整体债务水平适中，2020 年以来资产负债率、总资本化比率均略高于未承接企业，如 2022 年上半年承接、未承接企业资产负债率中位数分别为 59.71%和 58.54%，总资本化比率分别为 47.24%和 46.41%（见图 7），尽管承接专项债项目面临稍高的债务压力，但在一定程度上反映了承

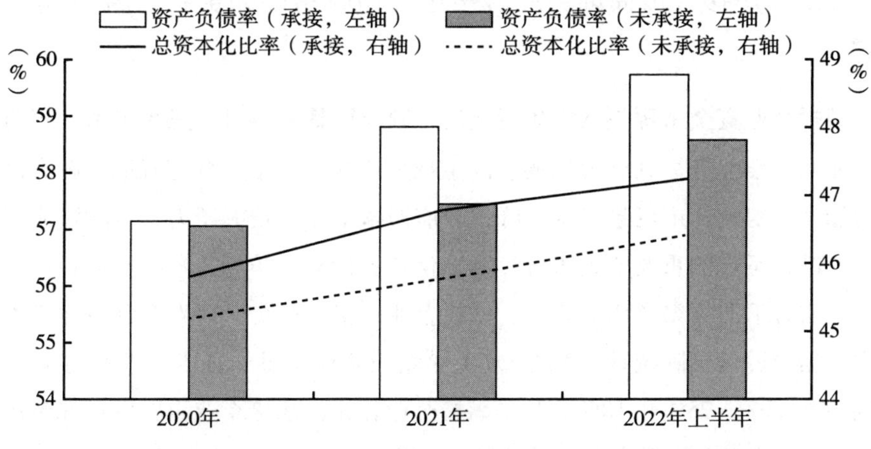

图 7　2020 年至 2022 年上半年承接企业与未承接企业的资本结构

数据来源：Wind 数据库，中诚信国际整理计算。

接企业运用外部资金实现资本扩张的能力更强。从债务期限结构看，2020 年以来未承接企业的债务短期化程度明显较承接企业更深，短期债务压力更大，如 2022 年上半年承接、未承接企业短期债务占比中位数分别为 23.60% 和 26.34%（见图 8）。

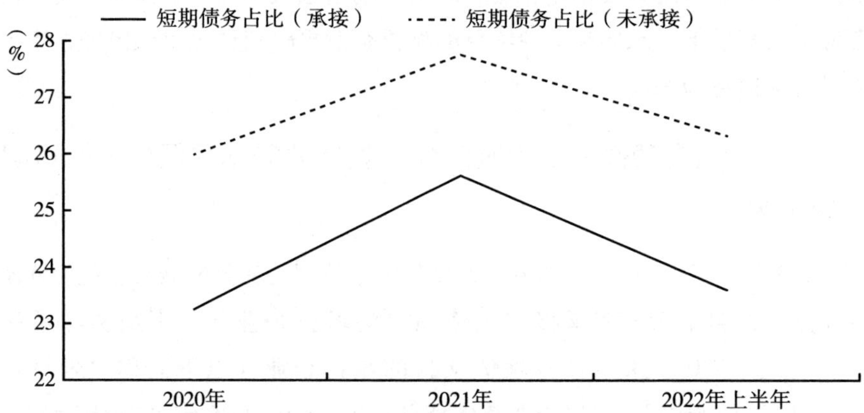

图 8　2020 年至 2022 年上半年承接企业与未承接企业的短期债务占比

数据来源：Wind 数据库，中诚信国际整理计算。

（二）承接专项债项目的城投企业再融资能力更强，融资渠道更畅通

城投企业资金来源包括内生现金流、政府回款和再融资三大渠道，当前城投企业经营性业务盈利能力偏弱、内生现金流规模较小，且随着地方政府财政压力加大、房地产市场景气度下降，政府回款也面临较大压力，再融资成为城投企业维持运转的重要资金来源，涵盖信贷、债券、非标三种融资途径。近年来，严监管下非标渠道明显收缩，城投企业以银行信贷、债券两种再融资方式为主。据中诚信国际统计，截至 2021 年城投企业贷款、债券、非标存量占比分别约为 65%、25%和 10%。与未承接企业相比，承接企业再融资情况整体更优，尤其是获取银行信贷的能力更强，债券融资成本也低于未承接企业。从整体筹资能力看，2020 年以来承接企业筹资活动产生的现金流量净额平均值持续高于未承接企业，如 2022 年上半年承接、未承接企业筹资活动现金流平均

值分别为 21.91 亿元和 10.82 亿元（见图 9）。从银行信贷看，2020 年以来承接企业商业银行授信额度平均值明显高于未承接企业，如截至 2022 年 9 月的承接、未承接企业授信额度平均值分别为 435.73 亿元和 291.30 亿元（见图 10）；2020 年至 2022 年 9 月授信额度增加的城投企业中，承接企业数量占比为 17.26%，高于其在全部城投企业中的数量占比（16.63%），反映承接企业

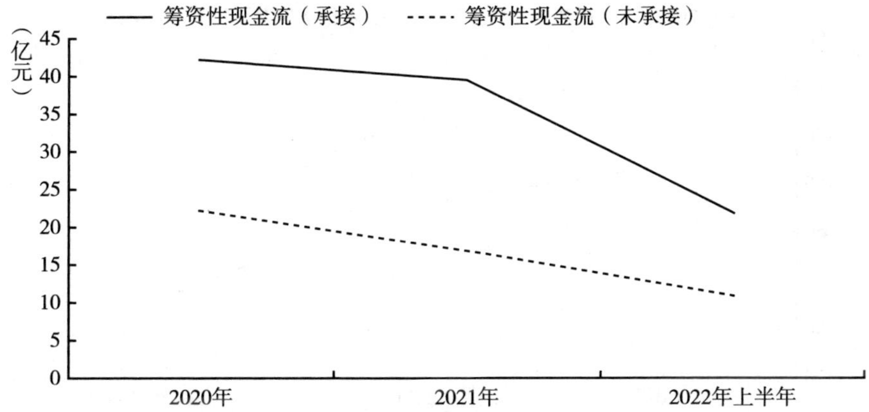

图 9　2020 年至 2022 年上半年承接企业与未承接企业的筹资能力

数据来源：Wind 数据库，中诚信国际整理计算。

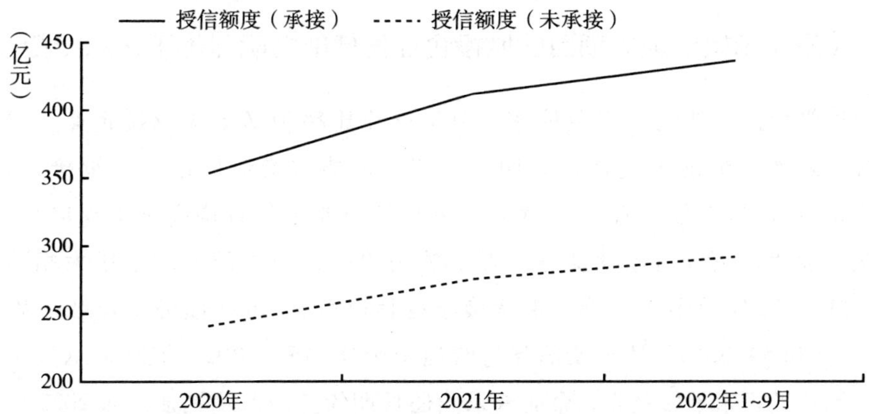

图 10　2020 年至 2022 年 9 月承接企业与未承接企业的银行授信额度

数据来源：Wind 数据库，中诚信国际整理计算。

银行信贷改善较未承接企业更明显。从城投债看，2022 年以来在银行信贷途径相对宽松的背景下，承接企业城投债净融资规模降幅大于未承接企业，但融资成本明显更低。2020 年以来，承接企业城投债加权平均发行利差均小于未承接企业，如 2022 年 1～9 月承接、未承接企业加权平均发行利差分别为 135.19BP 和 150.59BP（见图 11）。

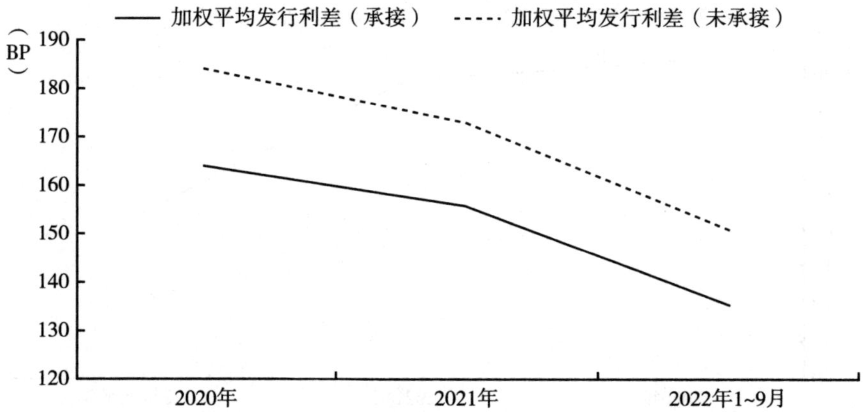

图 11　2020 年至 2022 年 9 月承接企业与未承接企业城投债发行利差

数据来源：Wind 数据库，中诚信国际整理计算。

（三）承接专项债项目的城投企业偿债能力明显优于未承接企业

尽管承接企业的资产负债率、总资产化比率稍高于未承接企业，但其债务结构和偿债能力更优，短期、长期偿债能力均明显强于未承接企业。从货币资金/短期债务看，2020 年以来承接企业中位数均高于未承接企业，承接企业货币资金对短期债务的覆盖能力更强，面临的流动性压力相对较小，如 2022 年上半年承接、未承接企业货币资金/短期债务中位数分别为 75.33%和 64.35%。从长期债务与营运资金比率看，2020 年以来承接企业中位数均低于未承接企业，企业未来偿还长期债务的保障更强，如 2022 年上半年承接、未承接企业的长期债务与营运资金比率中位数分别为 67.17%和 68.91%（见图 12）。

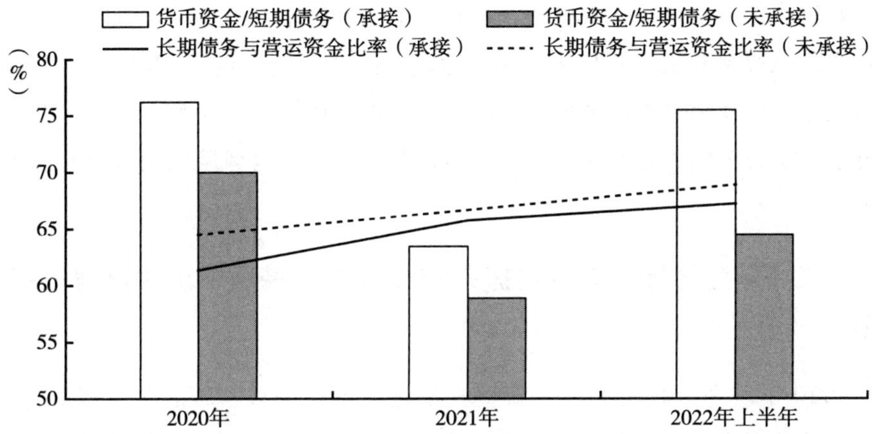

图 12　2020 年至 2022 年上半年承接企业与未承接企业的偿债能力

数据来源：Wind 数据库，中诚信国际整理计算。

四　城投企业承接地方政府专项债项目的信用趋势分析

党的二十大报告提出，优化基础设施布局、结构、功能和系统集成，构建现代化基础设施体系。伴随基建持续发力以及新型城镇化建设、乡村振兴战略等的推进，承接专项债项目的城投企业将迎来新的发展机遇，或在政策利好下提升自身信用资质，尤其是在基建下沉中区县城投或迎一定利好。但同时应关注，在经济下行、财政承压叠加土地出让市场不景气背景下，专项债资本金到位压力加大以及项目收入不及预期引发的专项债项目风险向城投企业传导的可能。

（一）促基建政策持续发力，城投企业信用分化或加剧

基础设施建设作为当前促进国内大循环的有力抓手，预计后续将持续发力、托底经济增长。在此过程中，承接企业将迎来更多政策支持，可抓住机遇获取更优质的经营资产、创新经营模式、提高投资回报率，从而提升自身信用实力，拉开与未承接企业的差距。在“市场化转型尚未完成、存量隐性债务尚未化解完毕的融资平台公司不得作为项目单位”限制下，承接企业安全边

际相对较高，未承接企业安全边际或有所下滑，再融资或进一步受限。后续需重点关注城投企业是否参与重点项目建设，如“两新一重”、乡村振兴、新型城镇化等，以及是否承担区域重要职能对城投信用资质的影响。同时，需警惕部分信用实力较弱的企业作为项目单位情况下企业自身风险向地方政府蔓延的可能。

（二）新型城镇化与乡村振兴持续推进，基建下沉中区县城投或迎利好

2020 年以来，政策层面对新型城镇化、乡村振兴领域的关注明显上升，党的二十大报告也强调推进新型城镇化与乡村振兴战略，并将其作为构建新发展格局的重要部署。基建下沉趋势进一步明确，专项债对区县基础设施建设的支持力度加大，2022 年 1~9 月，城投企业承接专项债项目中区县级项目占比过半，对应专项债投资额度居首位。在政策支持下，专项债将继续加大对区县基础设施建设的资金支持力度，为区县城投企业通过承接专项债项目参与新型城镇化建设、乡村振兴提供机遇。此外，《关于推进以县城为重要载体的城镇化建设的意见》① 提出，“引导有条件的地区整合利用好既有平台公司”，区县城投企业也可抓住政策机遇，通过兼并重组、注入经营性资产和与央企在股权或项目上深入合作等方式，提升信用资质，拓宽融资渠道。

（三）地方财政持续承压下，关注专项债项目风险向城投企业传导

目前，城投企业承接的专项债项目资本金仍较为依赖财政补贴，且超两成专项债项目收入来源主要为土地出让收入。在房地产市场景气度下行、市场信心不足等影响下，土地出让市场仍疲软，地方财政持续承压。一方面，财政承压导致专项债项目资本金到位压力加大，资本金到位不及时不仅拖累项目进度，影响城投企业正常经营活动及后续现金流，还会限制金融机构等市场化融资支持意愿，对承接项目的城投企业再融资带来一定影响。另一方面，以土地

① 《关于推进以县城为重要载体的城镇化建设的意见》，中国政府网，2022 年 5 月 6 日，http：//www. gov. cn/zhengce/2022-05/06/content_ 5688895. htm。

出让收入为主要还款来源的项目收入不确定性加大，项目实际收益不能覆盖成本会加大承建城投企业资金周转压力，影响其偿债能力与再融资能力。此外，预期收入下滑还会诱发城投企业违规挪用资金、新增隐性债务等风险。后续需持续关注地方财政承压下，专项债项目资本金到位不及时和项目收入不及预期对承建城投企业资金流动性造成的负面影响。

B.44
地方政府债务管理的国际比较研究

袁海霞　汪苑晖　彭月柳婷*

摘　要： 党的二十大报告再度强调“守住不发生系统性风险底线”，并从战略及全局角度明确了深化财税体制改革的重要举措。防范地方政府债务风险依然是新形势下牢牢守住不发生系统性风险底线的重中之重，是实现“十四五”规划“防范经济和金融风险”目标的必然要求与重中之重。国际上，地方政府债务风险控制机制有四种，本文重点研究了美国、巴西、日本地方政府债务管理机制，详细分析了上述三国在举债管理、风险管理、信息披露等方面的重点机制设计，并在借鉴国际经验基础上提出了完善我国政府债务管理的若干对策建议。

关键词： 地方政府债务　债务管理　财政体制改革　财政金融

财政部部长刘昆在《健全现代预算制度》中指出，防范化解政府债务风险，坚决遏制隐性债务增量，妥善化解存量，筑牢风险防范制度机制。根据特-迈纳斯安（Ter-Minassian）和克瑞格（Craig）的研究①，国际上地方政府债务风险控制机制有四种，即市场约束机制、规则控制机制、行政约束机制和

---

* 袁海霞，经济学博士，高级经济师，中诚信国际研究院副院长，中国人民大学国家发展与战略研究院中国政府债务研究中心联席主任，主要研究领域为地方债与城投行业、宏观经济、债券市场等；汪苑晖，中诚信国际研究院副总监，主要研究领域为宏观经济、地方债与城投行业、货币政策等；彭月柳婷，中诚信国际研究院助理总监，主要研究领域为债券市场、地方债与城投行业、信用债、高收益债等。

① Ter-Minassian, T. , Craig, J. , “Control of Subnational Government Borrowing,” *Fiscal Federalism in Theory and Practice*, 1997: 156-172.

共同协商机制（见表1）。实践中，各个国家由于政治体制、财政纪律、金融市场环境不尽相同，因此采用不同的债务风险控制机制，也可能同时采用多种机制进行债务风险管理。

表1　世界各国地方政府债务风险控制机制比较

机制	方式	适用范围	特点	主要国家
市场约束	中央对地方政府债务管理不做具体规定，由地方政府基于市场秩序进行自我约束	适用于自由开放的资本市场，经济发达、财政透明度高，具有较为完备的债券市场基础设施的国家	债务管理成本低、效率高，市场机制对风险管理较为有效，但对市场条件具有较高要求	美国、加拿大、新西兰等
规则控制	通过制定明确的宪法、法律和规章等制约地方政府	适用于法制化水平高的国家	制度规则透明、公正，有效降低地方债务管理摩擦，缺点在于缺乏灵活性，存在逃避法规等行为	巴西、南非、德国、美国等
行政约束	由中央政府直接运用行政手段控制地方政府举债行为	适用于中央集权、行政控制能力强的国家，多为单一制国家	中央对地方政府债务管理约束较为有力，有效防范债务风险发生，但不利于调动地方政府的积极性，或造成中央对地方政府兜底的潜在风险	日本、法国、英国等
共同协商①	通过中央政府和地方政府之间协商途径来实现对地方政府债务控制	适用于财政纪律和市场秩序良好，人口少、地方政府层级少的国家	有利于增强各级政府间交流和沟通，但在市场秩序差、财政管理薄弱的国家效果欠佳	澳大利亚、丹麦等

① 共同协商机制通常只适用于人口少、地方政府数量少的国家，而对于人口众多，地方政府层级多、数量多的国家参考价值有限，因此本文未对该管理模式的案例予以展开。

一　美国：市场约束机制与规则控制机制相结合

美国的财政体制具有典型的联邦主义特征，在长期的实践过程中，美国形成了规则控制机制与市场约束机制有机结合的地方政府债务风险管理模式。地方政府严格执行以硬预算约束为核心的财政纪律，构建了全面的债务风险预警机制、偿债保障机制，并利用标准化信息披露和相对完善的信用评级制度发挥市场机制约束效能。

（一）举债管理：平衡预算规则下，以硬预算约束为核心的财政纪律

美国各州宪法或法令要求实施平衡预算规则，地方政府严格执行以硬预算约束为核心的财政纪律，以实现有效债务管理。美国财政体系以联邦、州和地方三级构成，各级政府均拥有较高的财政自主权，中央政府对地方政府借债不做任何限制、约束和监督。州及州以下地方政府均具有举债自主权，并通过州级法律规章对地方政府发债行为进行控制。首先，各州的宪法或法令都要求实施平衡预算规则。① 对经常性预算和资本性预算实行分类管理，经常性预算需保持收支平衡，只有资本性预算才可通过发行债券筹集资金②；地方债资金用途需严格遵守马斯格雷夫“黄金法则”，严禁用于弥补经常性财政赤字。其次，地方政府需严格执行以硬预算约束为核心的财政纪律。监管部门对地方债务规模的控制通常体现在一般责任债券上，通过设置债务率、负债率、偿债率等指标严格约束地方政府债务规模（见表 2）。

---

① 梅建明、雷同：《地方政府债务风险管理及控制的国际经验》，《经济研究参考》2011 年第 23 期。

② 美国地方政府债券（Municipal Bond）又称市政债券，是指由地方政府或其授权代理机构发行的、以地方政府信用为保障的有价证券。根据偿债来源，美国市政债券可划分为一般责任债券（General Obligation Bonds）与收益债券（Revenue Bonds）两大类，前者由州或下辖政府发行，以政府的全部信用与信誉为担保，用于政府开支、年金以及其他社会福利支出，其发行需要获得地区议会通过；后者是为项目或公用事业类企业融资而发行的债券，主要用于机场、大学、医院、水务、天然气管道等公营基础设施建设，由募投项目的经营收入和财务能力作担保。

表 2　美国一般责任债券主要控制指标

指标名称	控制标准	指标解释
债务率	90%～120%	州政府债务余额/州政府年度总收入
负债率	13%～16%	州政府债务余额/州内生产总值
偿债率	7%	债务支出/经常性财政收入
税收还款与一般预算收入比	3.6%	当年税收还款本息额/一般预算收入

数据来源：西尔万·G. 费尔德斯坦、弗兰克·J. 法博齐编《美国州与地方政府债券手册》，中国财经经济出版社，2012。

（二）风险管理：地方政府债务风险预警机制和偿债保障机制

为增强地方债风险管理、防范债务风险，美国建立了全面的债务风险预警机制和多重偿债保障机制。债务风险预警方面，美国政府间关系协会构建了一套包括平衡表缺额、债务期限、赤字等指标的风险监测指标体系，① 持续监测地方政府债务运行情况；俄亥俄州的《地方财政紧急状态法》明确规定了地方债务风险预警监控体系的指标设置和风险化解的操作程序等内容，根据不同风险程度建立"预警名单"和"危机名单"后，需采取一系列限制约束措施恢复地方政府的偿债能力。② 偿债保障机制方面，市政债券可由州及州以下地方政府或其他第三方进行担保或保险，包括州政府信用担保、银行信用担保和市政债券保险。③ 州政府信用担保是通过地方财政为市政债券提供增信；银行信用担保大多通过出具信用证的方式为市政债券提供增信；市政债券保险则由第三方保险公司提供保险服务。此外，美国还建立了偿债准备金制度。偿债准备金额度为当年应偿还债务本息总额的 100%～120%，或当年债券发行价值的 10%，未使用的偿债准备金只允许用于投资低风险的联邦政府支持债券，且投资期限不能超过偿债剩余期限。

（三）信息透明度：标准化信息披露和相对完善的信用评级制度

美国所建立的标准化信息披露制度和完善的信用评级制度是地方政府举债

① 张乐乐：《地方政府债务管理的国际经验借鉴》，《财会通讯》2021 年第 7 期。

② 袁海霞、王秋凤：《他山之石：化解和防范地方政府债务风险的国际经验及启示》，中诚信国际网站，2017 年 8 月 11 日，https：//www.ccxi.com.cn/coreditResearch/detail/6901？type=1。

③ 许云霄：《美国州、地方政府预算与政府债务管理》，《财政研究》2015 年 10 期。

行为市场约束机制的重要体现。首先，20 世纪 70 年代美国经历纽约财政危机后，大力推进地方债务透明化，1989 年修订的《证券法》进一步提高了地方政府债券信息披露的质量和及时性要求。标准化信息披露制度有利于发挥市场监督引导作用。州与州以下地方政府需要按照法律要求报告债务情况，并执行由政府会计标准委员会（GASB）统一制定的会计和财务报告标准。其次，为保障地方政府财务数据和信息真实性，政府财务报告需要经由审计机构审计并出具意见，《证券法》中也设置了反欺诈条款，防范发行人道德风险和舞弊行为。在此基础上，美国逐步形成较为完善的地方债信用评级体系。地方债发行前，发行主体必须获得信用评级机构出具的评级报告。信用评级结果好坏对地方债能否成功发行及发行成本高低具有重要影响，可有效发挥市场机制对地方债的约束作用。

二　巴西：以《财政责任法》为核心的规则控制机制

20 世纪末，巴西经历 3 次大规模债务危机后，逐步形成以宪法、法律及各类规章制度约束地方政府行为的地方政府债务规则控制机制。在 1998 年颁布财政稳定计划的基础上，2000 年 5 月巴西中央政府出台了《财政责任法》，从目标性规则、惩罚性规则和透明度规则 3 个角度全面加强地方政府债务管理。①

（一）举债管理：以《财政责任法》为核心，强化地方债规则约束

巴西通过立法确立了以《财政责任法》及其配套法案为核心的公共财政规则，强化财政及债务管理责任，对地方政府举债行为进行严格约束。一是严格限制债务规模。例如，借款额不得超过资本性预算规模，州和市政府债务率分别不超过 200%和 120%，新增债务率不高于 18%，政府担保债务余额不超过政府净收入的 22%等。② 二是规范举债途径及方式。《财政责任法》明确禁

① 谭道明：《巴西化解和防控地方债务危机的启示》，《法学》2014 年第 4 期。

② 袁海霞、王秋凤：《他山之石：化解和防范地方政府债务风险的国际经验及启示》，中诚信国际网站，2017 年 8 月 11 日，https://www.ccxi.com.cn/coreditResearch/detail/6901?type=1。

止关联借款，即地方政府供应商与合同承包方、地方政府所属的国有银行不得向政府发放借款，中央银行不允许购买各州政府债券。三是对举债时间进行要求，以防止债务“借、用、管、还”脱节，州及市政府换届前8个月不允许举借新债。

（二）风险管理：完善的地方政府债务管理纠错与问责机制

为增强地方政府债务风险管理，巴西建立了完善的地方政府债务管理纠错与问责机制。首先，高度独立的审计法院对地方政府举债行为起到有效监督作用。按照《财政责任法》要求，巴西各州的审计法院负责审查州内地方政府的账目报告，并在债务规模超出限额、存在违约风险时，及时纠偏、强化财政和举债的“硬”约束。例如，当地方债务超过控制限额时，将禁止发行新债；总债务规模超过限额的州需要在规定期限内将债务规模削减至限定范围内；若超过规定整改时限仍未将债务规模缩减至限额内，上级政府将停止对地方政府的转移支付；等等。此外，巴西还会对违规的相关责任人进行问责和惩罚。根据《财政责任法》及其配套的《财政犯罪法》，政府官员在任期违法违规举债将受到行政撤职、不得参与公职和竞选的惩罚，并判处罚金和有期徒刑等。

（三）信息透明度：债务定期报告制度及国家信息系统保障信息公开透明

信息披露方面，巴西建立了债务定期报告制度，并通过国家信息系统的运行保障地方政府债务信息的公开和透明。首先，根据债务定期报告制度要求，地方政府每年向联邦政府报告财政账户收支情况，每4个月向公众发布经地方行政长官签署的地方政府债务报告，为联邦政府和社会公众对地方政府债务开展监督提供信息基础。① 其次，国家信息系统的建立进一步降低了地方政府债务信息舞弊风险，确保债务信息公开、透明。巴西建立了与银行联网的国家信息系统，地方政府所有借贷交易行为均需在该系统中登记，否则将被视为非法交易，且该系统内的数据不能人为调整，以确保信息的真实

① 廖乾：《完善地方政府债务管理机制：国际经验与启示建议》，《西南金融》2017年第5期。

性；任何部门和银行都可通过官方网站查看信息，提高了地方政府债务透明度。

三　日本：以协商发债机制为中心的行政控制模式

日本是单一制国家，形成了以行政控制为主的地方政府债务管理体制，通过中央债务计划管理、协商发债机制、债务预警机制和审计监察机制从严控制地方债务风险，具有较为鲜明的行政特色。

（一）举债管理：从审批制到协商制的发债机制转变

日本拥有较为严密的国家财政计划管理体系，尽管地方债务管理发行机制逐步由审批制过渡到协商制，但中央仍对地方政府举债行为具有重要影响。一方面，中央政府通过制定年度地方债发行计划来控制地方债总规模，优化债务资金分配流向。总务省在各地上报的债券发行计划和财务省编制的地方公告财政计划基础上，拟定全国地方政府债务计划，作为地方政府举债的重要依据。另一方面，日本地方债发债机制由审批制逐步过渡到协商制。2006 年以前，日本地方债发行沿用严格的审批制，举债前除需经由地方议会表决，还需获得总务大臣或都道府县知事许可，债务风险向中央政府集中。2006 年以来，地方政府举债模式逐渐过渡为协商制，① 都道府县级政府与总务省和财务省协商，而市町村级政府则与都道府县级政府和财务省协商，获得首肯后，则将地方债本息纳入地方财政计划，而未获得协商许可的债务则遵从市场机制，由地方政府自行融资和偿还资金。

（二）风险管理：地方债务风险预警、财政重建和审计监督

风险管理方面，日本建立了债务风险预警指标体系，并通过财政改进和重建计划防范化解地方债务风险，利用审计监察机制实现对地方政府债务行为的纠偏与问责。首先，日本设立了较为全面的债务风险预警指标体系，包括实际赤字

① 参见中诚信国际信用评级有限责任公司、中国国债协会联合课题“当前我国地方政府债券信用评级存在的问题及对策研究”。

率、实际债务偿付率、未来债务负担率等指标，并设立了预警线和重建线（见表 3）。当地方财政进入早期预警阶段，地方政府需要制定财政改进计划，并通过外部审计进行监督；若财政指标突破重建线，地方政府则需要制定财政重建计划，并由中央政府代为管理，以确保财政重建计划的稳妥实施。其次，日本利用审计监察机制实现对地方政府债务行为的纠偏与问责。地方监察委员会负责对地方财政计划执行情况和债务情况开展责任审计，审计报告内容包括审计过程中发现的问题及相关改进措施和意见，以实现对地方政府债务行为的纠偏与问责。

表 3　日本地方政府债务预警指标

财政指标	预警线		重建线	
	都道府县	市町村	都道府县	市町村
实际赤字率	3. 75%	11. 5%～20%	5%	20%
合并实际赤字率	8. 75%	16. 25%～20%	15%	30%
实际债务偿付率	25%	25%	35%	35%
未来债务负担率	400%	400%	—	—
公营企业融资缺口率	20%	20%	—	—

数据来源：Ministry of Internal Affairs and Communications，“Local Government Bond System and Market in Japan”。

（三）偿债保障：纳入财政预算编制和偿债准备金制度作为偿债保障措施

日本地方政府会将到期及新增债务纳入财政预算编制，并要求地方政府设立偿债准备金，以强化地方政府自主还债的财力。首先，日本地方政府通常在编制财政预算过程中，考虑当期还本付息额和新增债务额。中央政府对地方偿债也会予以一定支持，通常在拨付给地方政府的地方交付税中体现。[①] 随着日本地方债发行机制由审批制向协商制过渡，日本中央政府对地方政府自主偿债能力的要求逐步增强，因此日本中央政府在编制预算时，要求地方政府定期通过财政划拨设立偿债准备金，所计提的偿债准备金额度为当年地方政府债务余额的1/3，以此保障地方政府偿债能力。

① 杨婷婷：《我国地方政府债务风险管理研究》，博士学位论文，中共中央党校，2019。

四　对我国地方债务管理的启示与建议

从国际经验看，美国、巴西、日本根据自身体制特征，采用了不同的地方政府债务风险控制机制，形成了相应的理论和实践成果。事实上，2014 年以地方政府为主体的举债融资机制正式确立以来，我国推出了一系列规范地方政府债务管理的规章制度，“借、用、管、还”全流程逐步规范。举借环节遵循“开前门、堵后门”思路，对地方债实行限额控制，并坚决遏制隐性债务增量；同时，探索建立了一系列常态化严格监管制度，在信息披露、风险预警、绩效管理方面持续完善，逐步提升市场化、透明化、规范化水平；此外，创新再融资债品种，进行债务滚动偿还，防范兑付风险，推进隐性债务显性化。为进一步完善地方政府债务运行及管理机制建设，本文从国际经验中总结和分析出具有共性的规则及制度设计，以供我国参考借鉴。

（一）地方政府债务管理的国际经验启示

第一，明确各级政府事权、财权，硬化预算约束有利于从源头控制地方政府债务风险。一方面，财权、事权不匹配是地方政府债务风险产生的根本原因，地方政府事权、财权与有限债权相匹配是防范化解地方政府债务风险的内在保障，可从根源上抑制地方政府被动举债引发的债务扩张和风险溢出效应。例如，美国遵循财权事权对称原则，权责利匹配关系下各级政府过度举债意愿不足，且州和州以下地方政府均拥有举债自主权，“借用还”主体统一将进一步防止地方政府过度负债。另一方面，从国际经验看，美国、巴西均出台了相关法案，加强地方政府债务法制化管理，规范政府举债和担保行为，建立以硬预算约束为核心的财政纪律可从源头上控制地方政府债务过度膨胀，强化财政及债务管理责任。

第二，前瞻性的地方政府债务风险预警机制及偿债保障机制，对于预警和识别地方财政风险、有效防范债务危机具有重要作用。国际上，地方政府债务风险预警指标主要有债务率、负债率、偿债率等，各国根据体制特征、经济规模和结构、治理机制和目标等设定不同的风险预警线。此外，美国、日本等国家还建立了偿债准备金制度、债券保险制度等偿债保障机制，有效缓释地方债务违约风险。

第三，公开透明的地方政府信息披露制度和完善的信用评级制度有利于发挥市场机制对地方债的约束作用。一方面，信用评级制度是保障地方债市场健康有序发展的制度基础，通过提供独立、客观的评级信息，有效降低地方债市场信息不对称风险，推动市场效率提高、优化社会资源配置。另一方面，标准化的信息披露有利于提高地方政府债务信息透明度，为中央政府和社会公众对地方政府债务开展监督提供信息基础，有效发挥市场监督引导作用。

（二）关于完善我国政府债务管理的若干建议

第一，持续推进财税体制改革，细化完善省以下财政体制改革。党的十八大以来，我国财政体制改革持续推进，逐步促进央地间权责清晰、财力协调，国办发〔2022〕20号文①也针对省以下财政体制改革提供了纲领性指引。但截至2022年地方政府财权事权仍未完全匹配，地方财政收入约占全国财政收入的53%，但地方财政支出占全国财政支出的比重接近90%；同时，作为央地财政关系的延伸，省以下财政权责利划分仍待进一步明晰，收支矛盾下或推升举债融资意愿，且投融资机制尚不完善、组织管理偏散乱易引发违规举债、新增隐债等问题。因此，为真正解决地方债务风险，需从根本上推进建立权责清晰的财政体系。党的二十大强调健全现代预算制度，后续需进一步出台细化指导措施，并加速推进省以下财政体制改革，缓解地方财政收支矛盾，从源头遏制与财力不相匹配的过度举债需求，从根本上化解债务风险。

第二，完善财政预算跨年度平衡机制，优化各级政府债务额度分配。当前外部形势复杂多变，国内经济运行仍面临困扰，稳增长压力下地方财政支出责任加大，收支平衡承压。为避免政策出现太大波动，地方债务新增限额仍需保持高位，同时应从更长周期的视角看待地方政府债务的合理扩张，强化地方债尤其是专项债在跨周期、逆周期调节中的作用，加强财政预算跨年度平衡，科学安排赤字及债务规模，预留应对经济周期变化的政策空间。此外，在各级政府债务额度的分配中，应加强绩效管理及绩效评价的运用。对于往年债务限额使用不足或

---

① 《国务院办公厅关于进一步推进省以下财政体制改革工作的指导意见》，中国政府网，2022年6月13日，http：//www.gov.cn/zhengce/zhengceku/2022-06/13/content_5695477.htm。

产生效益不足的区域，可酌情调减下一年度新增限额；对于确有举债需求且债务管控有力的区域，可适当增加额度，并加强跟踪督查和绩效管理；对于违规举债、新增隐债的情形，须从严落实终身问责机制，加大追责处罚力度。

第三，推动债务合并监管，建立健全前瞻性风险预警及偿债保障机制。目前，我国已逐步建立规范的政府性债务管理框架，但隐性债务涉及范围广且触及程度深，是地方政府面临的中长期风险。为构建债务管理长效机制，应设立完整的债务监管框架，将隐性债务与法定债务“合并监管”，并按一定的时间频次、可比的统计口径进行公开，合理引导和稳定各方预期。同时，应进一步健全包含隐性债务的前瞻性风险预警机制，完善以债务率为主的评估指标体系，在“红橙黄绿”评定基础上探索构建更多情境下的预警模型，并加强预警结果应用，提升预判性及准确性，有效前移风险防控关口。对于现有或潜在高风险地区，应细化应急处置及惩罚措施，在其有效控制债务规模前完善举债约束机制，并加大督查问责力度。此外，在目前地方财政承压、债务到期普遍依赖借新还旧的背景下，可进一步创新完善偿债保障机制，如提前安排偿债计划、盘活存量资产、推广含权地方债等，还可结合项目收入探索设立偿债备付金制度，并因地制宜稳步推进。

第四，强化政府治理能力建设，推动完善信息披露及信用评级制度。一方面，加强地方政府信息公开，提高债务管理透明度。自 2017 年末开始，财政部逐月公布地方债发行和债务余额情况；2019 年，财政部对政府财务报告编制方法进行修订①；财预〔2021〕5 号文②要求各级财务部门按要求公布政府债务信息；国发〔2021〕5 号文③强调健全政府债务信息公开及债券信息披露机制，发挥全国统一的债务信息公开平台作用。伴随相关顶层设计持续完善，地方政府债务透明度逐渐上升，地方债尤其是专项债信息披露也愈加具体及规范，后续需进一步加强项目全生命周期的信息跟踪披露，强化债券存续期内资

① 《关于修订印发〈政府综合财务报告编制操作指南（试行）〉的通知》，中国政府网，2019 年 12 月 12 日，http：//www. gov. cn/zhengce/zhengceku/2018-12/31/content_ 5439416. htm。

② 《关于印发〈地方政府债券信息公开平台管理办法〉的通知》，中国政府网，2021 年 1 月 14 日，http：//www. gov. cn/zhengce/zhengceku/2021-02/09/content_ 5586267. htm。

③ 《国务院关于进一步深化预算管理制度改革的意见》，中国政府网，2021 年 3 月 7 日，http：//www. gov. cn/zhengce/content/2021-04/13/content_ 5599346. htm。

金使用情况、项目建设进度、绩效管理、重大事项的披露，为投资者提供更有价值的参考。另一方面，推动完善信用评级制度，加强评级结果的运用。从市场秩序、业务程序、行业监管等方面进一步细化完善顶层设计，从制度层面保障地方债信用评级的有效性，提升评级结果的区分度，并加强对评级结果的运用，增强市场约束力。

附录一　2022年地方政府债券政策汇编

表1　2022年地方政府债券政策汇编

政策名称	成文/发布时间	出台机构	政策要点
《中共中央　国务院关于做好2022年全面推进乡村振兴重点工作的意见》	2022年1月4日	中共中央、国务院	该意见提出,支持地方政府发行政府债券用于符合条件的乡村振兴公益性项目。此外,还提出要立足村庄现有基础开展乡村建设,不盲目拆旧村、建新村,不超越发展阶段搞大融资、大开发、大建设,避免无效投入造成浪费,防范村级债务风险
《国务院关于支持贵州在新时代西部大开发上闯新路的意见》	2022年1月18日	国务院	该意见提出,完善地方政府债务风险应急处置机制,在确保债务风险可控的前提下对贵州适度分配新增地方政府债务限额,支持符合条件的政府投资项目建设,研究支持在部分高风险地区开展降低债务风险等级试点
《2021年中国财政政策执行情况报告》	2022年2月24日	财政部	该报告对2021年中国财政政策执行情况进行了回顾,并对2022年财政政策进行了展望。报告强调,2022年要合理安排地方政府专项债券,优化债券使用方向,不撒"胡椒面",重点支持在建项目后续融资。按照"资金跟着项目走"的原则,做深做细项目储备,合理加快使用进度,确保债券资金尽快形成实物工作量,更好发挥对投资的拉动作用
《政府工作报告》	2022年3月5日	国务院	该报告提出,2022年赤字率拟按2.8%左右安排、比去年有所下调,有利于增强财政可持续性。同时,拟安排地方政府专项债券3.65万亿元,要求强化绩效导向,坚持"资金、要素跟着项目走",合理扩大使用范围
《关于2021年中央和地方预算执行情况与2022年中央和地方预算草案的报告》	2022年3月5日	财政部	该报告指出,2021年部分地方专项债券项目储备不足,债券资金闲置,投向领域不合规;新增隐性债务情况仍然存在,有的地方政府债务负担较重,部分地方偿债压力较大。2022年将适当降低赤字率,合理安排债务规模,有效防范化解风险;特别是要合理安排地方政府专项债券,坚持"资金跟着项目走",做深做细专项债券项目储备,用好用足专项债券作为重大项目资本金政策,优化专项债券投向领域,严格资金使用监管,不撒"胡椒面",重点支持在建和能够尽快开工的项目,扩大有效投资

续表

政策名称	成文/发布时间	出台机构	政策要点
《关于做好疫情防控和经济社会发展金融服务的通知》	2022年4月18日	中国人民银行、国家外汇管理局	该通知提出，加大对有效投资等金融支持力度，金融机构要合理购买地方政府债券，支持地方政府适度超前开展基础设施投资
《关于进一步释放消费潜力促进消费持续恢复的意见》	2022年4月20日	国务院办公厅	该意见提出，统筹利用现有财政资金渠道，支持消费相关基础设施和服务保障能力建设，符合条件的项目可纳入地方政府专项债券支持范围，更好以投资带消费
《关于推进以县城为重要载体的城镇化建设的意见》	2022年5月6日	中共中央办公厅、国务院办公厅	该意见提出，建立多元可持续的投融资机制，对公益性项目加强地方财政资金投入，其中符合条件项目可通过中央预算内投资和地方政府专项债券予以支持，同时要有效防范化解地方政府债务风险，促进县区财政平稳运行
《关于印发扎实稳住经济一揽子政策措施的通知》	2022年5月24日	国务院	该通知提出六个方面共33项具体政策措施。要求抓紧完成2022年专项债券发行使用任务，加快已下达的3.45万亿元专项债券发行使用进度，在6月底前基本发行完毕，力争在8月底前基本使用完毕；引导商业银行对符合条件的专项债券项目建设主体提供配套融资支持，做好信贷资金和专项债资金的有效衔接；适当扩大专项债券支持领域，优先考虑将新型基础设施、新能源项目等纳入支持范围
《财政支持做好碳达峰碳中和工作的意见》	2022年5月25日	财政部	该意见围绕如期实现碳达峰碳中和目标，提出了六大支持重点方向和领域，以及五大财政政策措施。在“健全市场化多元化投入机制”措施方面，提出要将符合条件的绿色低碳发展项目纳入政府债券支持范围
《关于进一步推进省以下财政体制改革工作的指导意见》	2022年5月29日	国务院办公厅	该意见从清晰界定省以下财政事权和支出责任、理顺省以下政府间收入关系、完善省以下转移支付制度、建立健全省以下财政体制调整机制、规范省以下财政管理等五个方面部署了进一步推进省以下财政体制改革的任务举措，提出了“坚持省级党委和政府对本地区债务风险负总责”的要求
《国务院关于2021年中央决算的报告》	2022年6月21日	财政部	该报告披露了2021年中央财政收支决算、积极财政政策实施、深化财税体制改革与加强预算管理等情况，提出未来要加快落实已经确定的政策，加大宏观政策调节力度，谋划增量政策工具。要加快地方政府专项债券发行使用并扩大支持范围，向项目准备充分地区倾斜，用好专项债券作为重大项目资本金的政策，带动更多社会资本投入；还要提高专项债券资金使用集中度，支持适度超前开展基础设施投资，推进交通、能源、水利等领域项目建设，将专项债券支持领域扩大到新型基础设施等，尽快形成实物工作量

续表

政策名称	成文/发布时间	出台机构	政策要点
《国务院关于2021年度中央预算执行和其他财政收支的审计工作报告》	2022年6月21日	审计署	该报告指出，2021年地方政府债务管理更加规范，但地方政府专项债务管理中专项债资金违规使用与闲置现象仍存，有10个地区违规将136.63亿元专项债券资金用于企业经营、人员工资等，33个地区217亿元专项债券资金闲置1年以上。在审计建议中，该报告提出要确保地方政府专项债券实际使用形成的投资规模大幅增加，并重点防范化解地方政府债务风险，对违规举债情节严重的地区和单位主要负责人倒查责任、终身追责
《"十四五"新型城镇化实施方案》	2022年6月21日	国家发改委	该方案提出优化财政资金支出结构，发行地方政府专项债券支持符合条件的公益性城镇基础设施建设项目；防范化解城市债务风险，强化政府预算约束和绩效管理，合理处置和分类化解存量债务，严控增量债务
《2022年上半年中国财政政策执行情况报告》	2022年8月30日	财政部	报告要求下半年要用好地方政府专项债券资金，支持地方政府用足用好专项债务限额；压实主管部门和项目单位责任，实施支出进度通报预警机制，推动尽快形成实物工作量
《高举中国特色社会主义伟大旗帜 为全面建设社会主义现代化国家而团结奋斗——在中国共产党第二十次全国代表大会上的报告》	2022年10月16日	中共中央	该报告提出要加快构建新发展格局、着力推动高质量发展，在构建高水平社会主义市场经济体制、建设现代化产业体系、全面推进乡村振兴、促进区域协调发展等方面发力，推动经济实现质的有效提升和量的合理增长。以上高质量发展目标的提出，为地方债尤其是专项债发挥稳增长、促基建作用提供了重点支持方向
《关于支持深圳探索创新财政政策体系与管理体制的实施意见》	2022年10月27日	财政部	该意见提出健全地方政府债务管理制度，对深圳新增地方政府债务限额给予积极支持；支持深圳继续赴境外发行离岸人民币地方政府债券；探索建立政府偿债备付金制度，防范地方政府专项债券兑付风险
《关于贯彻落实〈国务院关于支持山东深化新旧动能转换推动绿色低碳高质量发展的意见〉的实施意见》	2022年10月27日	财政部	该意见提出健全政府债务管理体系，指导加强地方政府债务管理，强化财政预算约束，实现限额分配与偿债能力相匹配；强化专项债券"借用管还"全流程管理，推进专项债券项目穿透式监管；加强债务风险评估预警结果应用，有效前移风险防控关口；指导山东逐步降低高风险地区债务风险水平

资料来源：各政府部门官方网站，中诚信国际整理。

附录二　2022年影响中国地方政府债券发展十大事件

2022 年，我国地方政府债券发行规模创历史新高、市场配套制度体系持续完善、常态化监管模式逐渐形成。本文立足地方政府债券长期发展视角，选取 2022 年推进地方政府债券市场高质量发展，以及在地方政府债券发展历程中具有重要意义的十大标志性事件，按时间顺序予以排列，具体如下。

第一件：金融领域加大对专项债项目支持力度，两批次、超 6000 亿元专项建设债发行，用以补充包括新型基础设施在内的重大项目资本金或为专项债项目资本金搭桥。

2022 年 3 月 29 日国常会提出，要发挥专项债“四两拨千斤”作用，吸引社会资本投入。2022 年以来，政策不断引导金融机构加大对基建项目特别是专项债项目的支持力度，4 月 18 日中国人民银行、国家外汇管理局印发《关于做好疫情防控和经济社会发展金融服务的通知》（银发〔2022〕92 号），提出金融机构要合理购买地方政府债券，支持地方政府适度超前开展基础设施投资。5 月 24 日，《关于印发扎实稳住经济一揽子政策措施的通知》（国发〔2022〕12 号），要求引导商业银行对符合条件的专项债券项目建设主体提供配套融资支持，做好信贷资金和专项债资金的有效衔接。2022 年 6 月 29 日、8 月 24 日国常会分别提出发行 3000 亿元、3000 亿元以上额度的政策性开发性金融工具，补充包括新型基础设施在内的重大项目资本金或为专项债项目资本金搭桥；8 月 31 日国常会提出，扩大政策性开发性金融工具支持范围及领域，将上半年开工项目、之前符合条件但因额度限制未投放项目纳入支持，将老旧小区改造、省级高速公路等纳入，并尽可能吸引民间投资。

第二件：专项债募投范围拓宽，纳入了消费相关基建、新基建、新能源领域。

2022年4月20日，国务院办公厅发布《关于进一步释放消费潜力促进消费持续恢复的意见》（国办发〔2022〕9号），提出支持消费相关基础设施和服务保障能力建设，符合条件的项目可纳入地方政府专项债支持范围。2022年5月24日，《关于印发扎实稳住经济一揽子政策措施的通知》提出，适当扩大专项债券支持领域，优先考虑将新型基础设施、新能源项目等纳入支持范围。由此，专项债的募投领域由9个①扩展至12个。

第三件：国务院办公厅发布《关于进一步推进省以下财政体制改革工作的指导意见》（国办发〔2022〕20号）。

2022年5月29日，国务院办公厅印发《关于进一步推进省以下财政体制改革工作的指导意见》，为推进省以下财政体制改革提供了纲领性意见和具体措施，明确提出要加强地方政府债务管理，坚持省级党委和政府对本地区债务风险负总责。具体来看，该意见包括三个方面内容，一是清晰界定省以下财政事权和支出责任，注重减轻基层负担；二是理顺省以下政府间收入关系，加强省级统筹稳定基层收入；三是完善省以下转移支付制度，强调兜底线、促均衡、保重点。

第四件：新型城镇化等多项“十四五”国家级专项规划发布，支持符合条件项目纳入地方政府专项债支持范围。

2022年6月21日，国家发改委发布《“十四五”新型城镇化实施方案》（发改规划〔2022〕960号），提出推进新型城市建设、推进城乡融合发展等措施，并强调健全投融资机制，开拓乡村建设多元化融资渠道，优化财政资金支出结构，发行地方政府专项债券支持符合条件的公益性城镇基础设施建设项目；同时要求防范城市债务风险，合理处置和分类化解存量债务，严控增量债务。除新型城镇化外，2022年以来国家发改委陆续发布14项“十四五”国家级专项规划，内容涉及多个关系国民经济和社会发展全局的重要领域。其中，

① 2021年12月加强和完善地方政府专项债券管理有关情况政策例行吹风会披露，2022年专项债券重点用于九大方向：一是交通基础设施，二是能源，三是农林水利，四是生态环保，五是社会事业，六是城乡冷链等物流基础设施，七是市政和产业园区基础设施，八是国家重大战略项目，九是保障性安居工程。

现代流通体系、现代综合交通运输体系、旅游业、老龄事业发展和养老服务体系、农业农村现代化、中医药、新型城镇化7项专项规划提到，要在防范化解地方政府隐性债务风险前提下，将符合条件的建设项目纳入地方政府专项债券支持范围。

第五件：中央政治局会议、国常会部署盘活5000多亿元地方政府专项债务限额。

经全国人大批准，2022年预算安排新增地方政府债务限额4.37万亿元，包括一般债务限额7200亿元、专项债务限额3.65万亿元。在3.45万亿元用于项目建设的专项债基本发行使用完毕的基础上，为继续支持基建投资，2022年7月28日中共中央政治局会议提出“支持地方政府用足用好专项债务限额”。此后，8月16日经济大省政府主要负责人座谈会、8月18日国常会均强调“依法盘活地方专项债限额空间”；8月24日国常会明确了要依法用好5000多亿元专项债地方结存限额，10月底前发行完毕；9月7日国常会进一步明确了专项债结存限额的使用规则，要求70%各地留用、30%由中央财政统筹分配并向成熟项目多的地区倾斜，优先支持在建项目，年内形成更多实物工作量。

第六件：党的二十大报告发布，定调高质量发展目标。

2022年10月16日，习近平总书记在中国共产党第二十次全国代表大会上作了题为《高举中国特色社会主义伟大旗帜　为全面建设社会主义现代化国家而团结奋斗》的报告。党的二十大报告提出，要加快构建新发展格局、着力推动高质量发展，在构建高水平社会主义市场经济体制、建设现代化产业体系、全面推进乡村振兴、促进区域协调发展等方面发力，推动经济实现质的有效提升和量的合理增长。以上高质量发展目标的提出，为地方债尤其是专项债发挥稳增长、促基建作用提供了重点支持方向。

第七件：财政部发文鼓励深圳建立地方政府专项债偿债备付金制度。

2022年10月27日，财政部发布《关于支持深圳探索创新财政政策体系与管理体制的实施意见》（财预〔2022〕139号），提出支持深圳探索促进公共服务优质均衡的财政政策体系、探索促进经济高质量发展的财政政策体系、加快建立与先行示范区相适应的现代财税体制、探索提升财政管理效能的有效路径四条措施。在建立现代财税体制方面，提出健全地方政府债务管理制度，探索建立政府偿债备付金制度，防范地方政府专项债券兑付风险。

第八件：海南省、广东省、深圳市在港交所、澳门金交所发行离岸人民币地方债。

继 2021 年 10 月深圳、广东离岸人民币地方债首发后，2022 年 11 月迎来新一轮发行，发行人包括海南、广东、深圳三地政府，共发行 7 只专项债、规模合计 120 亿元。具体来看，11 月 2 日，海南在港交所发行 3 只债券，总规模 50 亿元；11 月 7 日，深圳在港交所发行 3 只债券，总规模 50 亿元；广东在澳门金交所发行 1 只债券，规模 20 亿元。截至 2022 年 11 月，我国已在离岸市场发行上市 11 只地方债，规模合计 192 亿元，离岸人民币地方债侧重于可持续发展领域，在港交所上市的部分债券得到了香港品质保障局绿色、蓝色和可持续发展债券认证，涉及绿色、蓝色、社会责任三类合格项目，在品种上实现了突破创新。

第九件：广东省探索以“财政部—中国地方政府债券收益率曲线”作为地方债发行定价参考基准。

2022 年 11 月 8 日，广东省财政厅披露《关于 2022 年广东省地方政府再融资专项债券（八期）发行有关事宜的通知》（粤财债〔2022〕88 号）和《关于 2022 年广东省地方政府再融资一般债券（九期）发行有关事宜的通知》（粤财债〔2022〕87 号），规定投标标位区间下限为招标日前 1~5 个工作日（含）“财政部—中国地方政府债券收益率曲线”同期限地方债收益率算术平均值下浮 4%（一般债）或 5%（专项债），且不低于招标日前 1~5 个工作日（含）“财政部—中国国债收益率曲线”同期限国债收益率算术平均值；上限为前述地方债收益率算术平均值上浮 10%。这是我国首次采用地方债收益率曲线作为地方债的发行定价基准。

第十件：多地人大建立听取政府债务报告制度，积极贯彻落实地方债审查监督职能。

2022 年 11 月 22 日，《人民日报》发文指出，据全国人大常委会预算工委召开的部分省（区、市）人大常委会预算工委地方政府债务审查监督工作座谈会介绍，地方各级人大从七大方面积极贯彻落实审查监督职能。在“加强法规制度建设”方面，截至 2022 年 10 月全国已有 24 个省（区、市）出台实施意见或工作方案，积极建立地方政府债务报告制度，多数地方人大探索建立了听取政府报告债务情况的制度，如建立政府财政部门每年向人大报告政府隐性债务化解情况制度，每半年向人大报告政府债务管理情况制度，每季度向人大常委会预算工委提供政府债务报表及说明的制度等。

附录三　2022年31个省（区、市）地方政府债券发行情况

表1　2022年1~9月全国31个省（区、市）地方政府债券发行规模

单位：亿元，年

序号	省(区、市)	地方债发行规模	一般债发行规模	专项债发行规模	加权平均期限
1	广　东	5412.05	820.08	4591.97	16.53
2	山　东	4699.78	1010.37	3689.41	14.06
3	江　苏	3598.63	1353.26	2245.37	12.95
4	浙　江	3538.25	797.25	2741.00	14.77
5	四　川	3350.64	1157.87	2192.77	13.21
6	河　南	3303.06	853.78	2449.28	12.55
7	河　北	3171.38	984.04	2187.34	13.65
8	北　京	2696.56	277.66	2418.90	4.80
9	安　徽	2596.65	567.39	2029.26	12.50
10	湖　北	2588.52	773.60	1814.92	13.54
11	湖　南	2246.39	675.39	1571.00	15.69
12	江　西	2222.91	613.02	1609.89	16.83
13	福　建	2094.01	438.64	1655.37	13.33
14	重　庆	1902.80	504.13	1398.67	15.62
15	云　南	1900.34	890.60	1009.75	11.18
16	广　西	1801.78	818.45	983.33	17.53
17	上　海	1776.00	787.90	988.10	8.71
18	新　疆	1725.20	615.10	1110.10	11.70
19	贵　州	1650.15	993.71	656.44	9.86
20	陕　西	1602.04	573.53	1028.51	13.44
21	辽　宁	1473.98	630.74	843.23	13.09
22	甘　肃	1362.25	331.79	1030.46	14.46

续表

序号	省(区、市)	地方债发行规模	一般债发行规模	专项债发行规模	加权平均期限
23	吉　林	1308.90	428.67	880.23	16.51
24	天　津	1228.14	272.13	956.01	11.14
25	山　西	1127.10	329.68	797.42	11.61
26	黑龙江	1040.92	582.23	458.69	14.76
27	内蒙古	1002.62	688.85	313.78	8.73
28	海　南	574.65	221.15	353.49	9.97
29	青　海	249.43	177.98	71.44	12.98
30	宁　夏	171.39	147.96	23.43	12.43
31	西　藏	68.41	51.00	17.41	12.18

注：依据2022年1~9月全国31个省（区、市）地方债发行规模进行排序。

数据来源：中国地方政府债券信息公开平台，中诚信国际整理计算。

Abstract

The local government bond market has maintained rapid development since its full launch in 2015. Up to 2022, the existing scale of China's local government bond has approached RMB 35 trillion, accounting for about 25% of the bond market, and it continues to be the largest in terms of volume in the bond market. In 2022, under the impact of internal and external super-expected shocks, China's economic operation has been continued to face the triple pressure of demand contraction, supply shocks and weakening expectations. As an important tool for macro regulation, local government bond, supported by policies such as ensuring stable growth and promoting infrastructure, maintains a high level of new quotas and actively revitalizes the previous quotas. The scope of special bond of local government support continued to expand and was further promoted in the process of marketization and opening up, giving full play to its positive role in stabilizing the economy. At the same time, the normalized risk prevention and control efforts have not been reduced, the construction of local government bond management system has continued to advance, the mechanism for adjusting the use of special bond funds has been widely used, and strict regulatory measures such as penetrating monitoring have been fully rolled out to further promote the high-quality development of the local government bond market.

Looking into the future, the report of the 20th CPC National Congress emphasizes accelerating the establishment of a new development pattern, building a modern infrastructure system, and reaffirming the bottom line of avoiding systemic risks. Under the long-term equilibrium goal of steady growth and risk prevention, local government bond is expected to continue to expand steadily and invest accurately. At the same time, it is expected to pay more attention to efficiency improvement, the balance between stock and increment, the balance between total quantity and quality, and promote the effective transformation of "debt-asset", so as to promote the steady growth of the "14th Five-Year Plan" and embark on a new journey of higher quality.

Keywords: Local Government Bonds; Special Bonds; Bond Management; High-quality Development

Contents

I General Report

Abstract: In 2022, under the impact of internal and external exceeding expectations, China's economic operation continued to face the triple pressure of "demand contraction, supply shock, and weakening expectations". As an important tool for macro-control, the issuance scale of local bonds reached a record high, and the support areas were further expanded, giving full play to the important role of stabilizing investment and complementing weaknesses. This report combs and analyzes the current development and existing problems of the local bond market in combination with the new changes in the local bond policy environment of China in 2022. Looking ahead, the report of the 20th National Congress of the Communist Party of China emphasizes accelerating the construction of a new development pattern and a modern infrastructure system, and reaffirms that the bottom line of avoiding systemic risks will be maintained. Under the long-term goal of stable growth and risk prevention, local debt will continue to expand steadily and invest accurately. At the same time, more attention will be paid to efficiency improvement, the balance between stock and increment, the balance between total amount and quality, so as to promote the effective transformation of "debt-assets" and help the "14th Five-Year Plan" to achieve stability and start a new journey of higher quality.

Keywords: Local Government Bonds; Special Bonds; Growth Stabilization; Risk Prevention

Ⅱ Topical Reports

Abstract: The investment field for transportation infrastructure Local Government Special Bonds has gradually expanded from toll road to intercity high-speed railway and intercity rail transit, metro and other mass transportation infrastructure. The issuing period is characterized by long-term, debt service coverage ratios are good. However, we should pay attention to regional credit risk. Local Government Special Bonds for transportation infrastructure can play an active role in promoting investment in means of capital investment. However, we need to ensure that private capital gains profits as expected. With more regulation on performance management, project monitoring and information disclosure of Local Government Special Bonds, funds will be used more efficiently and effectively.

Keywords: Local Government Bonds; Special Bonds; Transportation Infrastructure

Abstract: At present, local government special bonds in energy field are still in the early stage of development, and its issuance is a little bit lower. In 2022, the issuance period of energy project income special bonds is mainly medium and long term, the aggregate type of energy special bonds is in the majority. The fundraising projects are concentrated in the power and gas industries, also, the new infrastructures such as UHV and new energy vehicle charging piles gradually increased. From the credit characteristics of the project, the electrical or gas pipe network projects are franchise, with stable cash flow and good profitability, the LNG peak station projects have the nature of public welfare, and its investment can be balanced by its own income and government subsidies. In the future, benefiting from the relaxed environment created by policies and the demand for construction funds, the issuance of special energy bonds is expected to continue to grow, and local governments can make full use of the advantage of special bonds as project capital to improve the leverage effect on investment.

Keywords: Local Government Bonds; Special Bonds; Energy Field

Abstract: Driven by the concept of green development, China's efforts in preventing and controlling of pollution continue to increase. In 2021, although the issuance scale of ecological and environmental projects income special bonds remains regionally differentiated, the total amount issued is more than 100 billion RMB, the issuance period is mainly medium and long-term, and the issuance rate is slightly decreased. The ecological and environmental protection special bonds financing projects are mainly at the district level, the proportion of special bonds to capital in such projects is relatively high, but the scale of special debt used as capital is not large. Overall, ecological and environmental special bond project financing has a good coverage of principal and interest, and relevant local governments can provide strong credit support. In the future, benefited from the policy and the need for funds, the issuance scale of ecological and environmental special bonds shall be further expanded.

Keywords: Local Government Bonds; Special Bonds; Eco-environmental Protection

B.5 Analysis of Local Government Project Income Special Bonds for Shantytown Renovation in 2022

Yu Qian / 057

Abstract: The repayment fund of shantytown renovation special bonds' principal and interests are mainly based on the income from the transfer of state-owned land use rights, debt service coverage ratios were good, and relevant local government can provide strong credit support. However, under the background of the downturn of the real estate industry and the declining prosperity of the land market, it is necessary to improve scientificity and rationality of land transfer price prediction and selection of pressure coefficient, focus on the changes in future income levels of the investment projects.

Keywords: Local Government Bonds; Special Bonds; Shantytown Renovation

B.6 Analysis of Local Government Project Income Special Bonds in Water Conservancy Construction in 2022

Wang Chen / 066

Abstract: Water conservancy projects are related to the people's livelihood, and the Government Work Report 2022 emphasized "building key water conservancy projects", therefore, special bonds for water conservancy continued to expand in 2022. Water conservancy projects are mainly invested at the district and county levels, and the project revenue is mainly derived from water supply revenue with a good balance of revenue and financing. The construction risk of water projects can be controlled, but the availability of special funds may have a certain impact on the start of projects, and estimation deviation may bring debt repay risk. Therefore, the report puts forward some suggestions on the development of the special bond market of water conservancy projects, such as strengthening the screening of projects, standardizing the project revenue cost measurement, and giving full play to the role of special debt capital.

Keywords: Local Government Bonds; Special Bonds; Water Conservancy

Abstract: Information infrastructure is the core of new infrastructure and an important force for accelerating the development of modern industries and fostering new drivers of economic growth. Under the active guidance of national policies, the issuance scale of such type of newly-added special bonds increased significantly with uneven distribution of issuance scale and differentiation of issuance spreads among regions during the period of January to September 2022. The raised projects mainly take industrial parks as the carrier, most of which are district and county level projects and have diversified income sources and short project cycle. From the perspective of project credit characteristics, the change of market demand and the iteration of technological update may increase operational uncertainty. Projects that take industrial parks as the carrier also need to take the engineering construction risk and operation management risk into account. Additionally, as the information infrastructure projects are usually capital intensive, the availability of special funds and fiscal funds will affect the cash flow of the project. In the future, in order to achieve the further development of special bond for information infrastructure projects, it is necessary to strengthen the selection of projects, further leverage the advantages of special bond funds used as project capital, standardize the calculation of project revenue and cost, and optimize the design of bond term structure.

Keywords: Local Government Bonds; Special Bonds; Information Infrastructure

Abstract: The report of the 20th National Congress of the Communist Party in China mentioned that rural revitalization should be comprehensively promoted. In recent years, the support of government special debt for rural revitalization has been increased and there is room for further improvement. Because the project capital is relatively dependent on government funds and the repayment of debt depends on the revenue from the sale of land. Under the background of that land sale revenue is shrinking, projects sponsored by certain regions are faced with larger pressure and the solvency risk of certain project may increase. In order to fully implement the rural revitalization strategy, there are three suggestions. Firstly, local industry advantages should be considered when applying for rural revitalization project to improve the qualification of special debt financing projects. Secondly, the advantage that special local bonds can be used as capital should be made full use of, and the supporting financing mechanism should be developed at the same time to expand effective investment. Thirdly, project revenue sources should be diverse to improve the guarantee mechanism for special debt repayment.

Keywords: Local Government Bonds; Special Bonds; Rural Revitalization

Abstract: In the background of recurring epidemics and economic pressure, the lack of demand has become one of the major problems. The policy focused on boosting demand through consumption and investment, and included consumption-related infrastructure construction in the scope of special debt support. The logistics industry is an important link to improve the speed of product circulation and promote consumption. The issuance of special bonds has played a positive pulling effect for the development of logistics industry. From January to September 2022, the issuance of logistics-type special bonds heated up. The balance of revenue and financing of the project is good, and the risk of debt service is under control. However, it is still necessary to pay attention to the impact of economic cycles and social factors on logistics projects. The 20th National Congress report emphasizes the construction of an efficient and smooth circulation system. Starting from a reasonable allocation of special debt quota, standardizing project revenue cost measurement and stress test require-ments is beneficial to promote the high-quality development of the logistics industry and further play its important role in improving the livelihood of society, releasing consumption potential and boosting economic growth.

Keywords: Local Government Bonds; Special Bonds; Logistics

Ⅲ Regional Reports

B.10 Report on the Analysis of Local Government Bonds in Beijing of Year 2022 *Huang Fei* / 112

Abstract: Since 2022, the issuance of local bonds in Beijing has significantly accelerated, with the issuance scale still at a high level. The short-term and medium-term refinancing special bonds have dominated, the issuance cost has significantly declined, and the transaction activity has further increased; The newly added special debt raised investment is still mainly focused on infrastructure and people's livelihood, but the application of capital has not yet started. Although Beijing has the leading economic and financial strength in the country, and there is still much room for the debt limit, the growth of debt balance has accelerated significantly in the context of debt replacement in recent two years. It is suggested to lead the investment of local debt to focus on scientific research and public governance in the future, expand the utility of special debt to leverage infrastructure investment, and coordinate debt maturity and budget fund management.

Keywords: Local Government Bonds; Special Bonds; Beijing

B.11 Report on the Analysis of Local Government Bonds in Tianjin of Year 2022 *Huang Fei*, *Xi Yue* / 128

Abstract: Since 2022, the issuance scale of local bonds in Tianjin has decreased, the term structure has been lengthened, the issuance cost has continued to fall, and the activity of secondary market trading has increased. However, the issuance scale of special bond has decreased and the investment is still focused on infrastructure. At present, the scale of special bonds used as capital is still small, and there is room for releasing the leverage effect of investment. In addition, Tianjin's fiscal revenue recovered in 2021, but the debt scale and debt ratio have further increased, and the debt ratio ranks at first place in China. In the future, it is still necessary to enhance financial sustainability and strengthen the normalization management of local debt to effectively prevent debt risks.

Keywords: Local Government Bonds; Special Bonds; Tianjin

Abstract: Since 2022, the issuance of local government bonds in Liaoning province has slowed down. Newly-issued local government bonds are mainly special bonds and the proportion of long-term bonds has increased sharply. The issuance cost has declined, and the activity of secondary market transactions has improved. From the perspective of the use of special bonds, the newly added special bonds is continuing to increasing, and is mainly invested in municipal and industrial park infrastructure fields. However, the bonds have not been used for project capital, there is still much room to release the actual crowding effect of infrastructure investment. On the whole, Liaoning province has been facing the problems of population outflow and slow economic development; at the same time, the high ratio of government debt and the low debt-paying ability restrict the government investment. However, the local government debt ceiling still has a large space, with the government taking the liquidity of government debt seriously, the debt risk is under control. Looking forward to the next stage, this report suggests that Liaoning province local governments should release the actual crowding effect of infrastructure investment and invest funds in various areas.

Keywords: Local Government Bonds; Special Bonds; Liaoning

B. 13 Report on the Analysis of Local Government Bonds in Jilin of Year 2022

Abstract: The issuing pace of local government bonds in Jilin province has accelerated since 2022, and the newly added special bonds has achieved a dominant position in the bond issuing, the term structure of bonds in Jilin province extended year by year. The issuance scale of newly added special bonds has increased significantly and has been concentrating on municipal construction and infrastructure construction in industrail parks. However, the newly added special bonds are highly concentrated in supporting financing rather than capital base. The local government liability and the debt-ratio in Jilin province is increasing year by year, while its economic and financial strength ranks at a relatively low level in China. In summary, this report suggests that Jilin local government maintains current investment orientation and focuses on the fields, which can promote the economic development of the province. At the same time, the local government also needs to pay attention to debt risk in long-term.

Keywords: Local Government Bonds; Special Bonds; Jilin

B. 14 Report on the Analysis of Local Government Bonds in Hebei of Year 2022

Abstract: From January to September of 2022, the issuing pace of local government bonds in Hebei province has accelerated sharply, and the issuing scale greatly increased compared with the same period in 2021. The issuance scale of newly added special bonds has increased significantly while the issuance scale of refinancing bonds has declined. The newly added special bonds are still mainly used for infrastructure construction, but highly concentrated in supporting financing rather than capital base. The debt-ratio of Hebei province is relatively higher than others, and the local debt maturity peak will be met in 2023. It is suggested that the government of Hebei province continuously optimize the maturity structure of local bonds, reduce financing costs, and make greater use of the leverage of newly added special bonds.

Keywords: Local Government Bonds; Special Bonds; Hebei

Abstract: Since 2022, the issuance scale of local government bonds in Heilongjiang Province has declined but stayed high; The cost of bond issuance continued to fall, and the activity of the secondary market increased significantly. The special debt of local governments in Heilongjiang Province has been expanded, and funds have been invested mainly in infrastructure. The proportion of new special bonds used as capital in Heilongjiang Province is relatively small, and its leverage effect on investment growth has not been fully released. During 2021, the debt ratio of Heilongjiang Province increased significantly, and the debt risk increased. In the future, Heilongjiang Province can strengthen institutional construction, prevent government debt risks, continue to strictly manage government debt limits, and make the local government bonds play a positive role.

Keywords: Local Government Bonds; Special Bonds; Heilongjiang

Abstract: The balance of local government bonds in Inner Mongolia is at a intermediate level in our country since 2022. Both the scale and cost of newly issued local government bonds decreased, and the most are general bonds; The debt is mostly for transportation infrastructure, municipal and industrial park infrastructure, and people's livelihood services; The ratio on revenue and the ratio on GDP are both high, and the debt repayment pressure is significant. Overall Inner Mongolia can appropriately extend the term of local government bonds, and promote the high-quality development of the regional economy.

Keywords: Local Government Bonds; Special Bonds; Inner Mongolia

B.17 Report on the Analysis of Local Government Bonds in Xinjiang Uygur Autonomous Region of China of Year 2022

Zhou Fei, Li Pan and Zhao Zihe / 220

Abstract: The scale of local government bonds in Xinjiang Uygur Autonomous Region is in the middle and lower reaches of the country; from January to September in 2022, the scale of new local government bonds issued decreased slightly, the cost decreased, and the new bonds issued were mainly special bonds. The scale of special bonds issued for project revenue has increased significantly, and the areas of fund-raising are mainly in municipal and industrial park infrastructure, livelihood services and other areas of national importance and livelihood, and the scale used as project capital is small. Against the background of marginal weakening of the epidemic and the impact brought by epidemic prevention and control, Xinjiang's economic growth rate has increased; at the same time, Xinjiang's local government debt has grown faster and is poorly matched with the financial strength of the local economy, and the pace of local debt issuance needs to be reasonably controlled in the future.

Keywords: Local Government Bonds; Special Bonds; Xinjiang Uygur Autonomous Region of China

B.18 Report on the Analysis of Local Government Bonds in Shaanxi of Year 2022

Gui Lanjie, Chen Cheng and Tang Tianhao / 236

Abstract: The scale of the existing local government bonds in Shaanxi Province is at the medium level over through the country, and the maturity of bonds is mainly distributed in the medium and long term. In 2022, comparing with the first three quarters of the previous year, the issuance scale of local government bonds in Shaanxi Province decreased, with large-scale issuance concentrated in June and slightly earlier than the issuance concentration month in the same period of the previous year. The structural characteristics of bond issuance are: new special bonds are the main part, the long-term bonds accounting for a relatively high proportion, and issuance costs have decreased. Special project revenue bonds in Shaanxi Province continue to expand, mainly to the municipal and industrial park infrastructure, livelihood services and other fields. But it mainly plays a role in leveraging the scale of infrastructure investment through supporting investment. In addition, considering that fundraising projects of special project revenue bonds are mainly at the district and county levels, the future capital balance is worthy of attention. Overall, Shaanxi's economic and financial strength is at the middle level of the country. Although the debt level of Shaanxi Province has increased, it still matches the level of economic development, and the debt risk remains within a controllable range. However, the new implicit debt risk needs to be strictly controlled.

Keywords: Local Government Bonds; Special Bonds; Shaanxi

Abstract: There was slight increase in the issuance scale of local government bonds in Shanxi Province since 2022. The cost of bond issuance continued to fall, and the activity of the secondary market still remained in a comparatively low level. The special debt of local governments in Shanxi Province has been expanded, and funds have been invested mainly in infrastructure, people's livelihood and transportation infrastructure. The proportion of using new special bonds as capital fund in Shanxi Province is relatively small, and its leverage effect on investment growth could make further improvement. Besides, the debt ratio of Shanxi Province has increased significantly for the past few years, as well as the overall debt risk. In the future, Shanxi Province should pay more attention to dynamic equilibrium between debt and investment, and promote regional transformation and industry upgrading.

Keywords: Local Government Bonds; Special Bonds; Shanxi

B.20 Report on the Analysis of Local Government Bonds in Gansu of Year 2022

Wang Shaoqiang, Wang Jiahui and Wang Yitao / 267

Abstract: From January to September of 2022, the issuance scale of local bonds in Gansu province ranks the lower of the country, and the issuance structure is mainly new special bonds, with medium-term and long-term accounting for a relatively high proportion, and the issuance cost decreases. Besides, the scale of special bonds that using project income is increasing year by year, and the fund-raising field is inclined to people's livelihood services. The proportion of capital used for projects is small, and the actual leverage effect on infrastructure investment is still limited by multiple factors. By the end of September 2022, the scale of local debt stock in Gansu province ranks in the lower reaches of China, and it will enter the peak of debt repayment in 2023. Gansu Province's financial strength is weak, and its fiscal balance rate ranks in the lower reaches of China. Currently, the government of Gansu province faces great debt repayment risk.

Keywords: Local Government Bonds; Special Bonds; Gansu

B.21 Report on the Analysis of Local Government Bonds in Qinghai of Year 2022

Li Wen, Liu Jiangnan / 281

Abstract: The balance of local government bonds in Qinghai Province is at the bottom level in the country. In the first three quarters of 2022, the scale of newly issued local government bonds has decreased, the cost has decreased, and the newly issued bonds are mainly general bonds. The scale of special bonds issued for project revenue in Qinghai Province has increased compared with the same period last year, the areas of fund-raising are mainly in municipal and industrial park infrastructure and transportation infrastructure. Qinghai Province's overall economic and financial strength is at the bottom level in the country, the ratio on revenue and the ratio on GDP are high, and the debt repayment pressure becomes bigger. This article suggests that Qinghai Province should strengthen real-time monitoring of debt risk, further extend the maturity of local government bonds, rationally allocate special debt investment, and accelerate the high-quality development of the regional economy.

Keywords: Local Government Bonds; Special Bonds; Qinghai

B.22 Report on the Analysis of Local Government Bonds in Ningxia Hui Autonomous Region of Year 2022

Li Chunhui, Wang Yuqing / 296

Abstract: Ningxia has a relatively small stock of local debt and ranks at the bottom of the country. From January to September of 2022, under the dual background of expanding effective investment and strong local debt supervision policies, the scale of local bond issuance in Ningxia declined, but the rate of decline has slowed. The issuance structure was mainly refinancing general bonds, the proportion of long-term bonds increased significantly, and the overall issuance cost decreased. In the same period, the scale of new project income special bonds in Ningxia increased, but they were not used as project capital, and the leverage scale for infrastructure investment was limited. On the whole, the available space of local government debt in Ningxia is slightly insufficient, the economic and financial strength is weak, and the financial gap is more dependent on the superior subsidy income. The debt and debt ratios are at a moderate level in the country, and the debt risks are still worthy of attention.

Keywords: Local Government Bonds; Special Bonds; Ningxia

B.23 Report on the Analysis of Local Government Bonds in Henan of Year 2022

Liu Chuntian, Wu Yuying and Peng Zhe / 313

Abstract: The balance of local government bonds in Henan Province is at an upper-middle level in China. In the first three quarters of 2022, the scale of newly issued local government bonds kept growing trend, the issuing cost has fallen, the proportion of long-term bonds increased, and newly issued bonds are mainly special bonds. Besides, the project income special bond funds continue to increase, and most of special bond funds are used as project supporting financing capital, which leads to the better actual leveraging result. Henan Province's overall economic and financial strength is relatively high, but the liability ratio and debt ratio are relatively low. The debt risk is under control. In summary, this article suggests that Henan Province can continue to extend the term of local government bonds, increase the investment of local debt funds in the public domain and improve the capabilities of debt risk monitoring.

Keywords: Local Government Bonds; Special Bonds; Henan

B.24 Report on the Analysis of Local Government Bonds in Hubei of Year 2022

Quan Xiaoyan / 328

Abstract: The scale of local government bonds in Hubei Province is in the middle and upper reaches of the whole country. Local government bonds issuance was relatively active and the scale of issuance increases yearly, while the cost of issuance is decreasing and the issuance period is also being extended. From January to September 2022, the pace of local government bond issuance in Hubei Province has been advanced and concentration of the issue time is higher, while is mainly based on new-added special bonds issued mainly and the proportion of long-term bonds increased. The new-added special bonds in Hubei Province continues to expand, its raised investment areas is inclined to municipal and industrial park infrastructure projects, but the proportion of capital used for projects is small. Overall, there is still some space for the debt limit of local governments in Hubei Province. While Hubei Province's general public budget revenue has declined affected by the tax rebate. Hubei Province is facing certain debt repayment pressure. From the perspective of long-term sustainable development, this report suggests that Hubei local government focuses on the province's refinancing capacity, prevents and controls debt risk by strengthening the penetrating supervision of the whole process of special debt. At the same time, it's better to reasonably arranges the debt limit and debt term structure and further enriches the investment direction of the raised funds.

Keywords: Local Government Bonds; Special Bonds; Hubei

B.25 Report on the Analysis of Local Government Bonds in Hunan of Year 2022

Yan Hong / 344

Abstract: The scale of local government bond in Hunan Province is large. By the end of September 2022, it has reached 2246 billion. In 2022, there will be strong demand for stable economic growth and great pressure on local fiscal expenditure. The issuance scale of local government bonds in Hunan Province continued to increase, and the proportion of long-term bonds increased. The paper firstly describes the operation of Hunan Province local government bond market from the perspective of primary market and secondary market, and then analyzes the use of project income special bond funds and the pulling effect on regional investment in detail. Finally, it analyzes the regional debt risk around the overall situation and financial performance of Hunan Province local government debt.

Keywords: Local Government Bonds; Special Bonds; Hunan

B.26 Report on the Analysis of Local Government Bonds in Guangxi of Year 2022

Huang Wei / 359

Abstract: From January to September of 2022, the issuance scale of local bonds in Guangxi Zhuang Autonomous Region ranks the medium of the country, and the issuance structure is mainly new special bonds, with long-term accounting for a relatively high proportion, and the issuance cost decreases, but remains at the top. Among them, the issuance scale of special bonds for project income is increasing year by year, and the fund-raising field is inclined to municipal and industrial park infrastructure projects. By the end of September 2022, the scale of local debt stock in Guangxi Zhuang Autonomous Region ranks in the lower reaches of China, and it will enter the peak of debt repayment in 2023. Guangxi Zhuang Autonomous Region's financial strength is weak, and its fiscal balance rate ranks in the lower reaches of China, so it faces great debt repayment pressure.

Keywords: Local Government Bonds; Special Bonds; Guangxi

Abstract: Since 2022, the scale of issuance of local bonds in Tibet has slowed down. Although the cost of issuance has decreased, the interest rate and spread rate are higher than the national average. From the perspective of special bonds, the decrease of issuance scale and cost is mainly invested in municipal and industrial park infrastructure. Limited by the issuance scale, the effect of special bonds on investment is limited. On the whole, the scale of local government debt in Tibet is relatively small, and the overall debt repayment pressure is relatively small. As for the situation in 2022, the local financial operation of Tibet is excessively dependent on the central government subsidy revenue, and the local government's own hematopoietic capacity is weak. In recent years, the outstanding debt of the Tibetan government has grown rapidly, but the general public budget revenue has declined slightly. Xizang project income special debt is not used for capital, the leverage effect on investment is small.

Therefore, the following points should be paid attention to in the follow-up debt management of the local government of Tibet: first, make use of the unique policy and location advantages, continue to promote the development of local economy according to their own development of the municipal level, and strive to improve their own self-restoration ability; second, we will strengthen supervision over the flow of government bond funds, improve the efficiency of bond funds allocation and use, and ensure that the supporting funds and capital for projects to be raised are available in time; third, we should rationally arrange the maturity of bonds, appropriately increase the types of bonds and enrich the structure of bond issuance; fourth, we should make full use of preferential policies such as special bonds used as project capital to leverage funds, diversify their investment, and reduce fiscal pressure.

Keywords: Local Government Bonds; Special Bonds; Tibet

Abstract: The current stock of local government bonds in Yunnan Province (hereinafter referred to as "local bonds") is at a mid-to-high level among all provinces in the country. Local government bond issuance continue accelerating in the first three quarters of 2022, and the importance of debt risk control is becoming increasingly prominent. This article firstly introduces the present situation of the local debt market in Yunnan Province ; then analyzes the use of special bond funds and the expectation of pulling regional investment; finally analyzes the regional debt risk based on the fiscal performance and overall situation of Yunnan Province's local debt and put forward suggestions on the next stage of development of the local debt market in Yunnan Province.

Keywords: Local Government Bonds; Special Bonds; Yunnan

Abstract: The stock local debt scale of Guizhou Province is at a relatively high level among 31 provinces (autonomous regions and municipalities) in China, but the overall financial and economic strength is weak. In recent years, the ratio on GDP and ratio on revenue are high, and the debt risk cannot be underestimated. The report first describes the operation of local bond market in Guizhou Province, and analyzes the use of special bond funds for project income and its driving effect on regional investment in detail. Finally, the paper analyzes the regional debt risk around the overall situation of local government debt and economic and financial performance of Guizhou Province, and puts forward suggestions on the development of local bond market in the next stage of Guizhou Province.

Keywords: Local Government Bonds; Special Bonds; Guizhou

Abstract: The scale of subsisting local government bond issued by Guangdong ranked first among all the provincial administrative regions in China. The bond issuance in Guangdong has been exceeded the same period last year, but the issuance pace has slowed down since the third quarter. Newly added special bonds dominated the new issuance, the proportion of long-term bonds increased. The overall cost of issuing special bonds has declined. Besides, investment of special bonds was skewed towards municipal and industrial park infrastructure as well as transportation infrastructure, The proportion of special bonds used as project capital is very low, and the actual leverage effect of special bonds on infrastructure investment is not as good as the theoretical level. On the whole, Guangdong's local government debt ceiling has been compressed, but it leads the country in economic and financial strength, its debt solvency is strong and the debt risk is under control. Looking forward to the next stage, this report suggests that Guangdong local governments should invest special bonds in various fields and release the leverage effect of special bonds used as capital.

Keywords: Local Government Bonds; Special Bonds; Guangdong

Abstract: The scale of local government bonds issuance in Jiangxi Province has been growing, and by September in 2022, the cumulative issuance scale has exceeded

1. 2 trillion yuan. The issuance of local government bonds in 2022 to maintain the growth trend has become an important measure to implement a proactive fiscal policy. Newly issued local government bonds were dominated by newly added special bonds and the proportion of long-term bonds increased. Jiangxi Province's special bonds continue to expand, and the areas raised and invested are tilted towards municipal and industrial park infrastructure. Influenced by various factors, Jiangxi Province's special bonds are rarely used as project capital, and their actual pulling effect on regional project construction investment is limited. On the whole, Jiangxi Province's economic and financial strength ranks in the middle of the national level, the government debt limit space is limited, and the overall debt risk is controllable. This report recommends that local governments in Jiangxi Province further optimize the investment of special bond funds, simplify the approval procedures for special bond funds to be used as capital to improve the efficiency of the use of special bond funds, and give play to the driving role of special bond funds in project investment.

Keywords: Local Government Bonds; Special Bonds; Jiangxi

Abstract: Since 2009, the cumulative issuance scale of government bonds in Jiangsu Province has exceeded 2000 billion yuan, and its stock scale ranks among the top in the country. In 2022, since the COVID-19 epidemic spread in many places, the macro economy continues to face downward pressure. The issuance of local bonds has become an important measure to implement a proactive fiscal policy. In the first three quarters of 2022, the issuance of local government bonds in Jiangsu Province continued to grow, and the pace of issuance accelerated at a new historical height. Special bonds are still the main issue composition, and the bond maturity structure is gradual dominated by short-term. Special bonds in Jiangsu Province are mainly invested in the infrastructure field represented by transportation infrastructure, of which the proportion of project capital is relatively low, and there are uncertainties in the actual levering effect on infrastructure investment. On the whole, Jiangsu

Province has an outstanding economic foundation and comprehensive financial resources, and its debt risk is controllable. In the next stage, this report recommends that while speeding up the issuance progress, Jiangsu Province can continue to enrich project reserves, optimize the investment direction and structure of special bonds, while speeding up the bond issuance progress. Further Jiangsu Province can enhance the role of special bonds in improving efficiency, take multiple measures to standardize the use of special bond, and strengthen the performance management of special bonds.

Keywords: Local Government Bonds; Special Bonds; Jiangsu

B.33 Report on the Analysis of Local Government Bonds in Zhejiang of Year 2022

Abstract: As a province with strong economic and financial strength, Zhejiang Province ranks the fourth in the stock of local government bonds in China. The issuing structure is dominated by new special bonds, the issuing schedule is obviously ahead, and the issuing cost continues to fall. Most of the special bonds in Zhejiang Province are invested in municipal and industrial park infrastructure and people's livelihood service projects, which to a certain extent, has leveraged the scale of infrastructure investment and industrial economic development of Zhejiang Province. In general, local government bonds in Zhejiang Province have played an important role in stabilizing economy and growth. We suggest that the government should continue to give full play to its investment advantages, utilize special bonds as the leverage of capital, reduce financial pressure, and further enrich the investment of funds.

Keywords: Local Government Bonds; Special Bonds; Zhejiang

Abstract: In the first three quarters of 2022, with the pressure of the economic downturn increa-singlyt, the tone of the proactive fiscal policy has not changed. The pace of local government bonds issuance in Chongqing has been rspeeded up, and the scale of issuance has increased, but the issuance cost is declined. , The yield to maturity of local government bonds of various maturities fluctuated downward, and the scale of secondary market transactions increased. From the perspective of local government special bonds, the issuance of local government special bonds in Chongqing has increased and the term has been extended. The raised funds are mostly invested in infrastructure construction, people's livelihood services, squatter settlement rebuilding and culture and tourism projects, leveraging infrastructure investment is in the forefront of the country, but the proportion used for capital is small, and there is still a lot of room for release in the future. The explicit debt of the Chongqing is relatively controllable. The debt ratio and debt ratio are located in the middle and upper reaches of the country. However, in recent years, the borrowing space has narrowed in recent years. The fiscal balance mainly relies on higher-level subsidies, and the solvency of the districts and counties is clearly polarized.

Keywords: Local Government Bonds; Special Bonds; Chongqing

Abstract: The scale of local government bonds in Anhui Province ranks in the top of the country; From January to September 2022, the issuance scale of local bonds in Anhui Province has increased significantly, and the bonds structure is dominated by newly added special bonds, the proportion of 7-year bonds has increased, and the issuance cost has decreased; Most of newly added special bonds is invested in areas such as municipal and industrial park infrastructure, transportation infrastructure, and quatter settlement rebuilding, but the prying effect on investment needs to be improved. The local government bonds in Anhui Province will enter the peak of debt repayment in 2023. However, Anhui Province has strong financial strength and controllable credit risk as a whole. In summary, this article suggests that Anhui Province can give further play to the prying effect of special bonds on infrastructure investment, appropriately arrange the term of local government bonds, and relieve the pressure of debt repayment.

Keywords: Local Government Bonds; Special Bonds; Anhui Province

B.36 Report on the Analysis of Local Government Bonds in Shandong of Year 2022

Liu Yanmei, Hu Lingya, Cheng Zheng and Gao Xiangyun / 508

Abstract: With the continuous evolution of COVID－19, the increasing downward pressure on the economy, and the peak of local debt maturity coming, the issuance scale of local government bonds in Shandong has risen rapidly since the three quarters of 2022. The issuance structure is dominated by newly added special bonds and the proportion of long-term bonds is increased. Besides, the special bond funds continue to increase. Its investment is skewed towards infrastructure, especially the traditional aspect, but only a little used as project capital, the actual leveraging result is still limited by many factors. On the whole, Shandong's local government debt scale ranks second in China, one drop from the previous year, its debt ratio has exceeded the international security line. Based on the above situation, it is recommended to continue to make good use of the local government debt limit, make full of the leveraging role of special bonds as project capital, and continue to play the role of local debt cohesion to enhance efficiency; at the same time, grasp the opportunity of special bonds supporting scope has expanded, enrich the capital investment, and arrange the maturity structure rationally, then promote industrial transformation and upgrading; lastly, strengthen debt management and risk monitoring, meanwhile strengthen the full process management of special bonds, and properly deal with the peak of local debt maturity in the next stage.

Keywords: Local Government Bonds; Special Bonds; Shandong

B. 37 Report on the Analysis of Local Government Bonds in Hainan of Year 2022

Qiu Xueyou / 523

Abstract: In the first three quarters of 2022, the scale of local government bonds issuance in Hainan Province increased and the scale of issuance in June accounted for the highest proportion. The issuance structure is dominated by newly added special bonds, with the highest share of 5–10 year bonds. Besides, the special bonds scale continue to increase. Its investment is skewed towards municipal and industrial park infrastructure, and the scale of project capital is very small, the actual leverage effect of infrastructure investment is still limited by many factors. On the whole, Hainan province's local government debt ceiling still has a little space, its economic and financial strength rank in the lower reaches of China and the debt risk is under control. Looking forward to the next stage, this report suggests that Hainan province local governments should invest funds in various fields, optimize the efficiency of the use of special bond funds, and manage government debt risks through information technology

Keywords: Local Government Bonds; Special Bonds; Hainan

B. 38 Report on the Analysis of Local Government Bonds in Shanghai of Year 2022

Zhang Ka, Song Dandan and Zhang Zirui / 538

Abstract: Shanghai's economic development level and financial strength rank among the top in the country. The issuance of local government bonds is in good condition. From January to September 2022 Shangha issued a total of 177. 6 billion yuan of local government bonds, basically completing the annual issuance target. In the first three quarters of 2022, the government bonds with a large increase in issuance scale are general bonds, mainly refinancing, and the new special bonds are mainly invested in transportation infrastructure. On the whole, Shanghai's economic and financial strength remains at the forefront of the country under the impact of the increasingly severe external environment and the epidemic situation. At the same time, Shanghai's overall debt ratio and debt ratio are relatively low, and the regional debt risk is low. Considering the large space for debt financing in Shanghai and the fact that special bonds are not used as project capital, it is suggested that Shanghai, in combination with industrial planning and other directions, can increase the use of local government debt quota, and explore the application of special bonds in project capital, so as to amplify the positive effect of special bonds on infrastructure investment and economic growth.

Keywords: Local Government Bonds; Special Bonds; Shanghai

Abstract: From January to September 2022, the issuance scale of local government bonds in Fujian Province decreased slightly compared with the same period last year, and the overall issuance rhythm was ahead of schedule. The newly issued local government bonds are mainly new special bonds, the proportion of 10-year and other long-term bonds has further increased. The issuance cost showed a downward trend, the issuance interest margin of each term showed a significant narrowing, the overall trading scale of the secondary market rebounded, and the yield to maturity of each term showed a downward trend of fluctuation. The number and scale of the issuance of Fujian special bonds for project income has steadily increased, and the stock investment is relatively diversified, which theoretically has 275.44 billion yuan stimulating effect on infrastructure. Overall, there is still space for the debt limit in Fujian Province at this stage, and debt risks are generally controllable. The next stage we should fully integrate the high-quality economic development and the controllable requirements of local debt risks, improving the efficiency of fund use and strictly controlling debt risks.

Keywords: Local Government Bonds; Special Bonds; Fujian

Abstract: Since 2022, the issuance of local government bonds in Sichuan Province has accelerated significantly, and the scale of local government bonds in stock has remained high. Newly-issued local government bonds are mainly new special bonds, and their proportion has increased sharply. The issuance cost has declined, and the activity of secondary market transactions has improved. From the perspective of the use of special bonds, new project income special bonds are mainly invested in municipal and industrial park infrastructure fields. The funds raised from special bonds are mostly invested in the form of supporting financing, and the proportion of special bonds used as project capital is still low, there is still much room to release the actual crowding effect of infrastructure investment. In addition, Sichuan Province has strong economic and financial strength, its debt ratio and debt ratio are at a low level, and the maturity distribution of local government bonds is relatively even. At the same time, the debt resolution and state-owned assets reform in Sichuan Province are progressing steadily, and the overall explicit debt pressure is relatively controllable.

Keywords: Local Government Bonds; Special Bonds; Sichuan

Ⅳ Special Reports

Abstract: In 2022, under the pressure of stabilizing growth, special bonds will focus on stabilizing growth, benefiting people's livelihood and making up for weaknesses, further increase support for infrastructure, and effectively guarantee the commencement of major projects. Each region, based on local conditions and local economic development needs, focuses on different projects. The number of newly started special debt projects has increased, the administrative level of the project has continued to sink and the profitability has improved, and the crowding effect on social capital has also further expanded. In the future, based on the strategic deployment of the 20th National Congress of the Communist Party of China, the special bonds project will be more accurate, and all regions will also give consideration to economic growth and risk prevention. At the same time, the downward trend of the administrative level of the project may continue.

Keywords: Local Government Bonds; Special Bonds; Strengthen Infrastructure Construction

B.42 Study on the Mode of "Bond-Loan Portfolio" of Local Government Special Bond Projects

Abstract: Since 2022, China's economic operation has been under the triple pressure of "shrinking demand, supply shocks and weakening expectations". The central government has repeatedly stressed the need to make full use of local government special bonds, and encouraged financial institutions to take the initiative to interface with key projects. Afterwards, the "bond-loan portfolio" model of matching special bonds with bank loans gradually played an important role. Under the background that the 20th National Congress emphasized to accelerate the construction of a new development pattern and a modern infrastructure system, it is necessary to further form the joint force of major infrastructure funds such as special bonds and bank loans, and better play the positive role of "bond-loan portfolio" in promoting infrastructure construction and stabilizing growth. At the same time, under the premise that the 20th National Congress reiterated the requirement of "holding the bottom line without systematic risk", the risk control of the whole process of loan granting should be strengthened, to avoid risk accumulation and transmission among all participants of the projects.

Keywords: Local Government Bonds; Special Bonds; Commercial Bank Loans

Abstract: With the substantial expansion of local government special bonds, urban investment enterprises, as the main force of infrastructure construction, undertake the construction of local government special bond projects, have played an important role in promoting infrastructure construction, and obtain more financing support. The projects which are undertook by urban investment enterprises focus on transportation infrastructure construction, within medium and short term, and have good income and financing balance. Relatively speaking, the urban investment enterprises undertaking projects have stronger debt paying ability and good financial condition channels, etc. Under the background of accelerating the construction of modern infrastructure system proposed in the Report of the 20th National Congress of China, with the continuous implementation of infrastructure promotion policies, the promotion of new urbanization construction and rural revitalization strategy, urban investment enterprises undertaking the construction of special bond projects will embrace new development opportunities, especially the urban investment enterprises of county city will usher in good news associating infrastructure subsidence. In this process, we should pay attention to intensification of credit differentiation of urban investment enterprises and the transmission of special bond project risks to urban investment enterprises.

Keywords: Local Government Bonds; Special Bonds; Urban Investment Enterprises

Abstract: The report on 20th CPC National Congress highlights again that "All these efforts will ensure that no systemic risks arise", and important measures to deepen the reform of the fiscal and taxation system were clearly defined. Preventing the risk of local government bonds is still a necessary requirement and a top priority to achieve the goal of "preventing economic and financial risks" in the 14th Five-Year Plan under the new situation. There are four control mechanisms for local government debt risk internationally. This paper focuses on the local government bonds management mechanisms in the United States, Brazil and Japan, and analyses their key mechanisms in debt management, risk management and information disclosure. Finally, this paper proposes some countermeasures for further improving government debt management in China.

Keywords: Local Government Bonds; Debt Management; Fiscal System Reform; Fiscal Finance

皮 书

智库成果出版与传播平台

皮书定义

皮书是对中国与世界发展状况和热点问题进行年度监测，以专业的角度、专家的视野和实证研究方法，针对某一领域或区域现状与发展态势展开分析和预测，具备前沿性、原创性、实证性、连续性、时效性等特点的公开出版物，由一系列权威研究报告组成。

皮书作者

皮书系列报告作者以国内外一流研究机构、知名高校等重点智库的研究人员为主，多为相关领域一流专家学者，他们的观点代表了当下学界对中国与世界的现实和未来最高水平的解读与分析。截至 2022 年底，皮书研创机构逾千家，报告作者累计超过 10 万人。

皮书荣誉

皮书作为中国社会科学院基础理论研究与应用对策研究融合发展的代表性成果，不仅是哲学社会科学工作者服务中国特色社会主义现代化建设的重要成果，更是助力中国特色新型智库建设、构建中国特色哲学社会科学“三大体系”的重要平台。皮书系列先后被列入“十二五”“十三五”“十四五”时期国家重点出版物出版专项规划项目；2013~2023 年，重点皮书列入中国社会科学院国家哲学社会科学创新工程项目。

皮书网

（网址：www.pishu.cn）

发布皮书研创资讯，传播皮书精彩内容
引领皮书出版潮流，打造皮书服务平台

栏目设置

◆ 关于皮书

何谓皮书、皮书分类、皮书大事记、
皮书荣誉、皮书出版第一人、皮书编辑部

◆ 最新资讯

通知公告、新闻动态、媒体聚焦、
网站专题、视频直播、下载专区

◆ 皮书研创

皮书规范、皮书选题、皮书出版、
皮书研究、研创团队

◆ 皮书评奖评价

指标体系、皮书评价、皮书评奖

◆ 皮书研究院理事会

理事会章程、理事单位、个人理事、高级研究员、理事会秘书处、入会指南

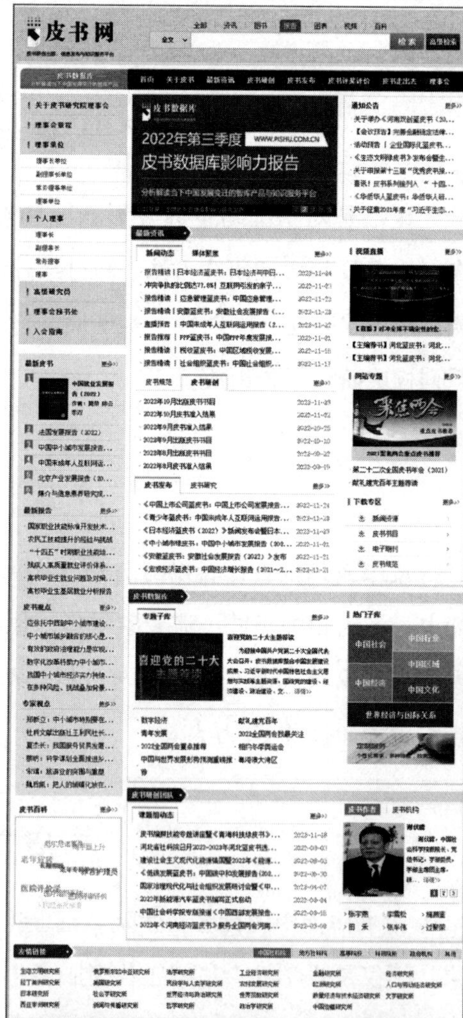

所获荣誉

◆ 2008 年、2011 年、2014 年，皮书网均在全国新闻出版业网站荣誉评选中获得“最具商业价值网站”称号；

◆ 2012 年，获得“出版业网站百强”称号。

网库合一

2014年，皮书网与皮书数据库端口合一，实现资源共享，搭建智库成果融合创新平台。

皮书网

“皮书说”
微信公众号

皮书微博

S 基本子库
UB DATABASE

中国社会发展数据库（下设 12 个专题子库）

紧扣人口、政治、外交、法律、教育、医疗卫生、资源环境等 12 个社会发展领域的前沿和热点，全面整合专业著作、智库报告、学术资讯、调研数据等类型资源，帮助用户追踪中国社会发展动态、研究社会发展战略与政策、了解社会热点问题、分析社会发展趋势。

中国经济发展数据库（下设 12 专题子库）

内容涵盖宏观经济、产业经济、工业经济、农业经济、财政金融、房地产经济、城市经济、商业贸易等 12 个重点经济领域，为把握经济运行态势、洞察经济发展规律、研判经济发展趋势、进行经济调控决策提供参考和依据。

中国行业发展数据库（下设 17 个专题子库）

以中国国民经济行业分类为依据，覆盖金融业、旅游业、交通运输业、能源矿产业、制造业等 100 多个行业，跟踪分析国民经济相关行业市场运行状况和政策导向，汇集行业发展前沿资讯，为投资、从业及各种经济决策提供理论支撑和实践指导。

中国区域发展数据库（下设 4 个专题子库）

对中国特定区域内的经济、社会、文化等领域现状与发展情况进行深度分析和预测，涉及省级行政区、城市群、城市、农村等不同维度，研究层级至县及县以下行政区，为学者研究地方经济社会宏观态势、经验模式、发展案例提供支撑，为地方政府决策提供参考。

中国文化传媒数据库（下设 18 个专题子库）

内容覆盖文化产业、新闻传播、电影娱乐、文学艺术、群众文化、图书情报等 18 个重点研究领域，聚焦文化传媒领域发展前沿、热点话题、行业实践，服务用户的教学科研、文化投资、企业规划等需要。

世界经济与国际关系数据库（下设 6 个专题子库）

整合世界经济、国际政治、世界文化与科技、全球性问题、国际组织与国际法、区域研究 6 大领域研究成果，对世界经济形势、国际形势进行连续性深度分析，对年度热点问题进行专题解读，为研判全球发展趋势提供事实和数据支持。